| 博士生导师学术文库 |
A Library of Academics by
Ph.D.Supervisors

中国新闻史：
基于凉亭结构模式视角

倪延年 著

光明日报出版社

图书在版编目（CIP）数据

中国新闻史：基于凉亭结构模式视角 / 倪延年著. --北京：光明日报出版社，2022.8
ISBN 978-7-5194-6487-5

Ⅰ.①中… Ⅱ.①倪… Ⅲ.①新闻事业史—研究—中国 Ⅳ.①G219.29

中国版本图书馆 CIP 数据核字（2022）第 036121 号

中国新闻史：基于凉亭结构模式视角
ZHONGGUO XINWENSHI：JIYU LIANGTING JIEGOU MOSHI SHIJIAO

著　　者：倪延年	
责任编辑：杨　茹	责任校对：陈永娟
封面设计：一站出版网	责任印制：曹　净

出版发行：光明日报出版社
地　　址：北京市西城区永安路 106 号，100050
电　　话：010-63169890（咨询），010-63131930（邮购）
传　　真：010-63131930
网　　址：http://book.gmw.cn
E - mail：gmrbcbs@gmw.cn
法律顾问：北京市兰台律师事务所龚柳方律师
印　　刷：三河市华东印刷有限公司
装　　订：三河市华东印刷有限公司

本书如有破损、缺页、装订错误，请与本社联系调换，电话：010-63131930

开　　本：170mm×240mm
字　　数：490 千字　　　　　　　　　　印　张：27
版　　次：2022 年 8 月第 1 版　　　　　印　次：2022 年 8 月第 1 次印刷
书　　号：ISBN 978-7-5194-6487-5
定　　价：99.00 元

版权所有　　翻印必究

目 录
CONTENTS

绪　论　中国新闻史叙事与凉亭结构模式 ……………………………… 1
 第一节　中国新闻史叙事模式的历史发展 ……………………………… 1
 第二节　中国新闻史叙事的"凉亭结构模式" ………………………… 10

第一篇　"凉亭结构模式"之"亭脊篇"

第一章　中国新闻史研究的基本问题 ……………………………………… 21
 第一节　中国新闻史的研究对象 ……………………………………… 21
 第二节　中国新闻史研究的追求目标 ………………………………… 26
 第三节　中国新闻史研究的社会功能 ………………………………… 30
 第四节　中国新闻史研究的基本方法 ………………………………… 34

第二篇　"凉亭结构模式"之"亭顶篇"

第二章　中国新闻史的起源及发展阶段 ………………………………… 45
 第一节　中国新闻史的起源探微 ……………………………………… 45
 第二节　中国新闻史的发展阶段 ……………………………………… 54
 第三节　中国新闻史不同阶段的特点 ………………………………… 66

第三篇　"凉亭结构模式"之"亭柱篇"

第三章　中国新闻活动发展史 …………………………………………… 73
 第一节　新闻活动出现的社会条件及构成要素 ……………………… 73
 第二节　中国古代新闻活动的起源和发展 …………………………… 80
 第三节　中国近代新闻活动的起源及发展 …………………………… 93
 第四节　中国当代新闻活动的起源及发展 …………………………… 120

1

第四章　中国新闻人发展史 ······ **141**
- 第一节　中国古代新闻人的出现 ······ **141**
- 第二节　中国古代新闻人的发展演变 ······ **144**
- 第三节　清朝中后期的特殊新闻人：外国在华报人 ······ **158**
- 第四节　中国近代新闻人的出现及发展演变 ······ **164**
- 第五节　中国当代新闻人的产生及发展演变 ······ **189**

第五章　中国新闻媒介发展史 ······ **199**
- 第一节　中国古代新闻媒介的出现和发展 ······ **199**
- 第二节　中国近代新闻媒介的出现及发展 ······ **209**
- 第三节　中国当代新闻媒介的孕育和发展 ······ **244**

第六章　中国新闻史事件发生史 ······ **266**
- 第一节　中国新闻史事件构成要素及研究内容 ······ **266**
- 第二节　中国古代重要新闻史事件 ······ **269**
- 第三节　中国近代重要新闻史事件 ······ **287**
- 第四节　中国当代重要新闻史事件 ······ **308**

第七章　中国新闻管理体制发展史 ······ **328**
- 第一节　中国新闻管理体制的起源 ······ **328**
- 第二节　中国近代新闻管理体制的诞生及发展 ······ **340**
- 第三节　中国当代新闻管理体制的诞生和发展 ······ **356**

第四篇　"凉亭结构模式"之"亭基篇"

第八章　中国新闻史研究史料及其利用 ······ **385**
- 第一节　中国新闻史研究史料的类型及特点 ······ **385**
- 第二节　中国新闻史研究史料的发展及分布 ······ **392**
- 第三节　中国新闻史研究史料的检索 ······ **401**
- 第四节　中国新闻史研究史料的辨析及利用 ······ **405**

主要引用文献 ······ **412**

后记 ······ **420**

绪 论

中国新闻史叙事与凉亭结构模式

所有新闻史著作都是"这一个"新闻史学者眼里看到并书写出来的新闻史知识信息和观点（念）结晶，其内容体系都是"这一个"新闻史学者心目中的内容体系。"这一个"新闻史学者建构新闻史内容体系的出发点和归宿则是他依据或设想的理论框架。

第一节 中国新闻史叙事模式的历史发展

中国新闻史研究最早问世的著作应是姚公鹤撰写的《上海报纸小史》（1917年6月15日、7月15日和12月15日在上海《东方杂志》"内外时报"栏连载；1917年7月收入《上海闲话》出版），以"学"相称则大概始于戈公振的《中国报学史》，被后人誉为"是中国新闻史研究的开山之作"[①]。由此形成了中国新闻史叙事的第一个模式。

一、中国新闻史叙事的"列车结构模式"

以戈公振的《中国报学史》为开端，后来的中国新闻史著作大多采用以朝代（时段）为标准划分新闻史发展阶段的纵向横断结构模式——整列火车代表纵贯千年的"中国新闻史"，一节车厢代表"某一阶段新闻史"。我们称为"列车结构模式"。

历经数十年学术积淀，中国新闻学史界产出了丰富的中国新闻史研究学术著作成果（专著或高校教材）。其中采用"列车结构模式"叙事并且产生较大学术影响的代表性著作（教材）主要有：

---

① 方汉奇．序言［M］//中国新闻事业通史：第1卷．北京：中国人民大学出版社，1996：7.

(一) 戈公振的《中国报学史》①

该书把从古代到20世纪20年代中期中国新闻史划分成为官报独占时期、外报创始时期、民报勃兴时期、民国成立以后等四个阶段。从"列车结构模式"的视角认识，戈公振是把数千年中国新闻史建构成一列由"官报独占时期""外报创始时期""民报勃兴时期"和"民国成立以后"四节车厢组成的"中国报学史"列车。

(二) 方汉奇主编的《中国新闻事业通史》(三卷本)②

该书把从古代到20世纪90年代的中国新闻事业史分成十六个阶段③。从"列车结构模式"的视角认识，方汉奇等先生是把数千年的中国新闻史建构成为一趟由16节车厢组成的"中国新闻事业通史"列车。车厢分别是：中国古代的新闻事业、外国人在华早期办报活动、中国人自办报刊历史的开端、维新运动时期的新闻事业、民主革命准备时期的新闻事业、辛亥革命前后的新闻事业、民国初期的新闻事业、五四时期的新闻事业、中国共产党成立和大革命时期的新闻事业、十年内战时期的新闻事业、抗日战争时期的新闻事业、解放战争时期的新闻事业、新中国成立到基本完成社会主义改造时期（1949—1956）的新闻事业、全面建设社会主义时期（1957—1966）的新闻事业、"文化大革命"时期（1966—1976）的新闻事业、社会主义现代化建设新时期（1976—1991）的新闻事业。

(三) 丁淦林主编的《中国新闻事业史》④

该书把中国新闻事业史划分为十四个发展阶段⑤。从"列车结构模式"的视角认识，丁淦林先生等把数千年的中国新闻史建构成一趟由14节车厢组成的"中国新闻事业史"列车。车厢分别是：中国古代的新闻传播、中国近代报刊的产生、维新运动中的国人办报热潮、辛亥革命时期的新闻事业、民国初期的新闻事业、五四时期的新闻事业、中国共产党成立和大革命时期的新闻事业、十年内战时期的新闻事业、抗日战争时期的新闻事业、人民解放战争时期的新闻

---

① 戈公振.中国报学史[M].北京：中国新闻出版社，1985.
② 方汉奇.中国新闻事业通史：第1—3卷[M].北京：中国人民大学出版社，1996—1999.
③ 方汉奇主编的《中国新闻事业通史》(三卷本)第二十五章"1949年以来的台湾、香港、澳门新闻事业"，叙述时间与上述有关阶段重合，故不视为单独阶段。
④ 丁淦林.中国新闻事业史[M].2版.北京：高等教育出版社，2007.
⑤ 丁淦林主编的《中国新闻事业史》第十五章"1949年以来香港、澳门、台湾的新闻传播事业"和第十六章"中国少数民族新闻事业的兴起、发展与繁荣"，叙述时间与上述有关阶段重合，故不视作单独阶段。

事业、基本完成社会主义改造时期的新闻事业、全面建设社会主义时期的新闻事业、"文化大革命"时期的新闻事业、社会主义现代化建设中的新闻事业。

（四）方汉奇主编的《中国新闻传播史》①

该书把中国新闻传播史划分成十四个阶段②。依"列车结构模式"的视角认识，方汉奇等先生把数千年的中国新闻史建构成为一趟由14节车厢组成的"中国新闻传播史"列车。车厢分别是：中国古代的新闻传播活动、中国近代报刊的产生与初步发展、国人办报活动的兴起与维新运动中报业的大发展、辛亥革命时期的新闻事业、民国初年的新闻事业、"五四"时期的新闻事业、中国共产党成立和大革命时期的新闻事业、十年内战时期的新闻事业、抗日战争时期的新闻事业、人民解放战争时期的新闻事业、基本完成社会主义改造时期的新闻事业、全面建设社会主义时期的新闻事业、"文化大革命"时期的新闻事业、改革开放以来新闻传播事业的总体变化。

（五）白润生编著的《中国新闻通史纲要》③

该书是以方汉奇主编的《中国新闻事业通史》为底本编著的。该书把中国新闻事业史划分为十四个阶段④。从"列车结构模式"的视角认识，白润生先生把数千年的中国新闻史建构成为一趟由14节车厢组成的"中国新闻通史"列车。车厢分别是：中国古代的新闻传播、我国近代报业的兴起、第一次办报高潮的形成与发展、第二次办报高潮与少数民族报刊的兴起、第一批名记者的出现与民国初年的少数民族文字报业、革命民主主义报刊的产生、无产阶级报刊破土而出及其初步发展、资产阶级新闻事业的发展与两极新闻事业的形成、多元化的政治势力及其新闻事业的共存、多元化政治势力及其新闻事业的最后较量、中华人民共和国新闻事业的建立、社会主义新闻事业在探索改革中曲折前进、浩劫中的社会主义新闻事业、新时期新闻事业的繁荣。

（六）黄瑚著《中国新闻事业发展史》⑤

该书把中国新闻事业史划分为八个阶段。按"列车结构模式"的视角，黄

---

① 方汉奇．中国新闻传播史［M］．北京：中国人民大学出版社，2002．
② 方汉奇主编的《中国新闻传播史》第十四章和十五章分别是"改革开放以来新闻传播事业的总体变化"（上、下），应视为一个时间阶段；第十六章"1949年以来的台湾、香港、澳门新闻传播事业"的叙述时间和上述有关阶段重合，故不视为单独阶段。
③ 白润生．中国新闻通史纲要［M］．北京：新华出版社，1998．
④ 白润生编著的《中国新闻通史纲要》第十五章是"台湾、香港、澳门的新闻与新闻传播事业"，叙述时间与上述有关阶段重合，故不视作单独阶段。
⑤ 黄瑚．中国新闻事业发展史［M］．2版．上海：复旦大学出版社，2009．

瑚先生是把中国新闻史建构成为一趟由8节车厢编组的"中国新闻事业史"列车。车厢分别是：中国新闻事业的诞生和初步发展、中国民族报业的兴起与第一次国人办报高潮、清末新闻法制的建设与第二次国人办报高潮、自由新闻体制与新闻事业的职业化、新闻事业在新文化运动的发展、无产阶级新闻事业的诞生与初步发展、国民党新闻统制制度的建立与党营新闻事业的发展，社会主义新闻事业的建立和发展。

（七）曾虚白主编的《中国新闻史》①

该书把数千年中国新闻史划分为十一个阶段，按"列车结构模式"的视角，曾虚白等把数千年的中国新闻史建构成为一趟由11节车厢组成的"中国新闻史"列车。车厢分别是：民意的形成与发展、汉唐邸报至清末官报、外人在华创办的报纸、政论报纸的兴起、民国初年的报业、从"五四"到"北伐"的报业、从"北伐"到"抗战"的报业、抗战时期的报业、抗战胜利后的报业、自由中国的报业（1949—1965）、近年新闻事业的发展（1965年后台湾地区新闻事业状况）。

（八）吴廷俊著《中国新闻史新修》②

该书把中国数千年新闻史划分为三个阶段。按"列车结构模式"的视角，吴廷俊先生把数千年的中国新闻史建构成为一趟由3组车厢组成的"中国新闻史"列车。车厢3组分别为：上编：帝国晚期的新闻事业（古代至1912）、中编：民国时期的新闻事业（1912—1949）和下编：共和国时代的新闻事业（1949—）。若把编的"章"视为车厢，则是由集权制度下的古代报纸、西力东渐与在华外报、向西方学习与国人办报发轫、维新运动与政治家办报开端、革命改良双重奏与政党报刊斗争、民初混乱与新闻事业的被动进步、新文化运动与启蒙报刊、大革命运动推动新闻事业黄金发展、两极政治环境下的新闻事业、抗战烽火中的新闻事业、两极对决中的新闻事业、新中国成立与新闻事业一元格局形成、探索建设社会主义与新闻事业曲折发展、"文化大革命"与黑暗新闻业、走进新时期与新闻事业新篇章等15章，也可视为15节车厢组成的"中国新闻史"列车。

---

① 曾虚白.中国新闻史[M].6版.台北：三民书局股份有限公司，1989.
② 吴廷俊.中国新闻史新修[M].上海：复旦大学出版社，2008.

（九）赖光临著《中国新闻传播史》[①]

该书把中国新闻史划分为十个阶段。按照"列车结构模式"的视角，赖光临先生把数千年的中国新闻史建构成为一趟由 10 节车厢组成的"中国新闻传播史"列车。车厢分别是：古代新闻传播与演进、近代报业的萌芽、近代报业的开拓、政论报章勃兴、宣传革命的报刊、民国开国以后的新闻事业、北伐建国时期的新闻事业、抗战与胜利时期的新闻事业、新闻事业现况（20 世纪 80 年代末台湾地区的新闻业概况）、七十年代新闻传播事业的发展——报业的新貌（解除报禁至 90 年代台湾地区的报业）。

（十）陈昌凤著《中国新闻传播史：传媒社会学视角》[②]

该书把中国新闻传播史分为八个阶段。按"列车结构模式"的视角认识，陈昌凤先生把数千年的中国新闻史建构成为一趟由 8 节车厢组成的"中国新闻传播史"列车。车厢分别为：新闻传播活动与古代中国社会、中国近代新闻业：西学东渐的产物、近代化图景中的国人报刊、五四时期报刊与文化现代化、商业报刊及其资本主义企业化运营、新闻传媒与中国现代政党政治、泛政治化的新闻传播（1949—1976）、改革开放的新闻传播（1976—2006）。

（十一）王润泽主编的《中国新闻传播史新编》（第 2 版）[③]

该书把中国新闻传播史分为八个阶段。按"列车结构模式"的视角认识，王润泽等先生是把数千年的中国新闻史建构成一趟由 8 节车厢组成的"中国新闻传播史"列车。车厢分别为：古代的信息传播、西方近代新闻业的殖入——外国人在华办报活动、本土新闻业的诞生与早期国人的办报活动、新闻业现代化建设、现代新闻业的确立、战时宣传与新闻自由斗争、社会主义新闻业的探索、社会主义新闻业模式的改革。

"列车结构模式"具有如下特点：（1）由若干车厢组成的新闻史完整列车，涵盖了数千年的中国新闻史发展历程；（2）每节车厢是独立单元且单元与单元间有明显的"隔断标志"；（3）每节车厢包含特定阶段新闻业所有要素，形成互不交叉、并行不悖的"通道"空间；（4）若打通车厢间的"隔断标志"（如朝代或其他时段），同一新闻事业要素可联结成特定新闻业要素数千年连续的历

[①] 赖光临. 中国新闻传播史 [M]. 增订初版. 台北：三民书局股份有限公司，1999.（注：该书最后两章仅叙述了我国台湾地区新闻业，不能代表"中国新闻事业"，仅从叙述时间考虑视为单独阶段。）

[②] 陈昌凤. 中国新闻传播史——传媒社会学的视角 [M]. 2 版. 北京：清华大学出版社，2009.

[③] 王润泽. 中国新闻传播史新编 [M]. 2 版. 北京：中国人民大学出版社，2020.

史轨迹。

二、中国新闻史叙事的"捆绑结构模式"

进入20世纪90年代后，中国新闻史在"列车结构模式"基础上出现一种新的叙述模式。这种叙述模式主要是体现在中华人民共和国成立后的这一时间段"中国新闻史"的叙述上。1949年10月1日，中华人民共和国中央人民政府成立后，统一的多民族国家"中国"实际包括实行社会主义制度的中国大陆地区、在国共内战中被打败的蒋介石国民党集团溃退后盘踞的台湾地区、1997年7月1日前由港英殖民当局管治并实行资本主义制度的我国香港地区和1999年12月20日前由澳葡殖民当局管治并实行资本主义制度的我国澳门地区。中国政府对香港和澳门地区恢复行使主权后，按照"一国两制""港（澳）人治港（澳），高度自治"原则制定的香港和澳门"基本法"规定，香港和澳门现行社会制度"五十年不变"，台湾地区至今未和大陆统一。为体现"完整中国"，新闻史著者（编著者）创造了以"大陆地区为叙述主体，但也不遗漏台湾、香港和澳门地区"的中国新闻史叙述新模式：从古代开始分时段（朝代）叙述特定阶段（先秦、汉朝、唐朝、宋朝、元朝、明朝、清朝、民国）的中国新闻史；进入中华人民共和国时期后，先是分阶段叙述中国大陆地区新闻业发展史，然后专设一章（几章）叙述新中国成立后我国台湾、香港和澳门地区新闻事业的发展状况。这种叙述模式似乎像"长征"二号捆绑运载火箭（CZ-2E）结构，从古到今的"主干"（数千年中国新闻史）直插云霄，底座是"捆绑"助推器（新中国成立后台湾地区、香港地区及澳门地区新闻业发展概况）。由此我们称为"捆绑结构模式"。采用这种叙述模式的中国新闻史著作如：

（一）方汉奇主编的《中国新闻事业通史》（3卷本）

该书前二十四章叙述了从"中国古代的新闻事业"到"社会主义现代化建设时期的新闻事业"（1976—1991），第二十五章是"1949年以来的台湾、香港、澳门新闻事业"。

（二）丁淦林主编的《中国新闻事业史新编》

该书前十四章叙述了从"中国古代的新闻传播活动"到"社会主义现代化建设中的新闻事业"，第十五章是"1949年以来香港、澳门、台湾的新闻传播事业"。

（三）吴廷俊著《中国新闻史新修》

该书前三编（第一章到第十五章）叙述了从"八面来风：帝国晚期的新闻

事业"到"定于一尊：共和国时代的新闻事业"，补编（第十六章）是"1949年后台、港、澳的新闻传播事业"。

（四）王润泽主编的《中国新闻传播史新编》

该书前面八章叙述了"古代的信息传播"到"社会主义新闻业模式的改革"，第九章则是"新中国成立以后港澳台新闻事业的发展"。

（五）赵玉明主编的《中国广播电视通史》

该书前九章叙述"中国早期的广播事业"到"社会主义建设新时期的广播电视事业（下，截至 2000 年）"，第十章为"1949 年以来香港、澳门和台湾的广播电视事业"。

（六）倪延年著《中国报刊法制发展史》（5 卷 6 册）

该书前四卷（古代卷、现代卷、当代卷和史料卷）是主体，从有文献记载的源头叙述到 20 世纪末的中国报刊法制发展概况。为体现尚未统一的台湾地区和已回归的香港、澳门地区都是"中国不可分割领土一部分"，著者专门写了《中国报刊法制发展史》（港澳台卷，上下），形成了《中国报刊法制发展史》（5 卷 6 册）的"捆绑模式结构"。

三、中国新闻史叙事的"顶柱结构模式"

进入 21 世纪后，中国新闻史学界的研究成果出现迸发之势，而且出现大格局、大部头的趋势。随着新闻史研究内容的不断丰富，新闻史学界在新闻史学史模式方面出现一个新的叙述模式萌芽，我们暂且称为"屋顶+屋柱结构模式"（简称"顶柱结构模式"）。这一叙事模式的主要特点是先从宏观、整体角度观察、认识、研究新闻史对象，而后在同一体系中又从不同的侧面予以重点（深入）叙述。这一叙事模式的出现时间还不是很长，目前所见采用"顶柱结构模式"进行新闻史叙事的代表性著作主要有：

（一）朱汉国、杨群主编的《中华民国史》（10 卷本）①

全书分论、志、传、表（附"中华民国大事记"）四大部分。其中第一卷"论"是一部纪传体的断代史著作。该卷共包含十四章，即中华民国的创立、民国初年的政局、军阀割据与军人专制、民众的觉醒、国民革命、南京国民政府初期的政争与外交、国民党统治的基本架构、中共反对国民党统治的斗争、中日关系的发展与国内政治的变化、抗日战争的爆发、抗日战争与民族主义的兴

---

① 朱汉国，杨群. 中华民国史：第 1 册［M］. 成都：四川人民出版社，2006.

起、抗战形势的演变与抗日战争的胜利、战后初期的中国政局与国民党统治的危机和南京国民政府的覆亡。章标题清楚表明这是一部完整的《中华民国史》，并"在全书中，应起到统领全局的作用。它一方面是对中华民国历史发展全过程的概述，另一方面力求反映作者对中华民国史的整体看法"①。第2—4册为"志"（"志一 政治卷""志二 经济卷""志三 军事外交卷"和"志四 文教社会卷"），第5—9册为"传"（"传一 南京临时政府和北洋政府人物卷""传二 南京国民政府人物传""传三 中共及中间派人物传"以及"传四 社会各界人物传"），第10册为"表"（包含政治类、经济类、军事外交类、文教社会类的各种历史信息，以表格的形式叙述）。从全套《中华民国史》内容体系框架结构认识，该书第一卷《中华民国史：论》像房屋的"顶"，而"志""传""表"则像支撑屋顶的"柱"。

（二）宁树藩先生主编的《中国地区比较新闻史》（上、中、下卷）②

该书内容由三大板块组成。第一板块是"总论：中国近现代新闻事业发展的地区轨迹"由十一章组成，即外报全面垄断时期（1822—1894）、维新运动时期（1895—1898）、辛亥革命准备时期（1899—1911）、民国成立初期（1912—1919）、"五四"和第一次国内革命战争时期（1919—1927）、十年内战时期（1927—1937）、全面抗日战争时期（1937—1945）、解放战争时期（1946—1949）、社会主义新闻事业的奠基时期（1949年10月—1957年春）、探索社会主义道路的曲折时期（1957—1978）和改革开放时期（1978—2000），章标题清楚表明这是一部完整的《中国地区新闻史》。第二板块是"地区分述"，包括第二部分到第八部分。其中第二部分"东北地区"，第三部分"华北地区"，第四部分"华东地区"，第五部分"华中地区"，第六部分"华南地区"，第七部分"西北地区"和第八部分"西南地区"。第三板块"附录"：各省、自治区、直辖市首家期刊调查表，各省、自治区、直辖市首家报纸调查表，各省、自治区、直辖市首家通讯社调查表，各省、自治区、直辖市首家广播电台调查表，各省、自治区、直辖市首家新闻团体调查表，各省、自治区、直辖市首家新闻教育机构调查表，各省、自治区、直辖市首家晚报调查表，新中国成立前各省、自治区、直辖市出版时间最长报纸调查表，1911年10月辛亥革命前各地报刊，1937年6月前抗战前各地报刊名录，1942年年底汪伪沦陷区报纸名录，1947年9月各地报纸名录（解放区不在内），各革命根据地报刊调查表（1931—1949），

---

① 朱汉国，杨群．中华民国史：第1册［M］．成都：四川人民出版社，2006：前言．
② 宁树藩．中国地区比较新闻史［M］．上海：复旦大学出版社，2018．

1981年各地报纸名录和2000年各地报纸分类统计等计15种表格，历史资料信息的功能十分明显的。在这三个板块中，第一板块"总论"是"屋顶"，第二板块"地区分述"则是支撑屋顶（7根）"柱"，而第三板块"附录"则应具有"屋基"的意义。从这一点理解，被方汉奇先生誉为"以研究和比较全国各地区新闻史发展历史为主要内容的鸿篇巨制"① 的《中国地区比较新闻史》就建构起了包含屋顶、屋柱和屋基的叙述模式架构。

（三）倪延年主编的"中华民国新闻史"研究系列著作

该系列著作由不同研究视角的《中华民国新闻史》（5卷10册）和《民国新闻专题史研究丛书》（10种12册）专著组成。而《中华民国新闻史》5卷本②包含了《中华民国新闻史：绪论》《中华民国新闻史：第一卷》《中华民国新闻史：第二卷》《中华民国新闻史：第三卷》《中华民国新闻史：第四卷》《中华民国新闻史：第五卷》和《中华民国新闻史：大事记》。其中"就涉及全书整体的有关问题作一总的说明和介绍"的《中华民国新闻史：绪论》对"民国新闻史研究"概念的含义、"民国新闻史研究"的起源和发展阶段、"民国新闻史"研究对象的内涵、民国新闻史研究对象的外延、民国新闻史发展阶段的划分以及民国新闻史研究的基本原则等"理论性问题"进行了阐释，初步具有"屋脊"的功能；《中华民国新闻史》五卷正文按照中华民国新闻事业从孕育、诞生、发展、鼎盛到衰亡的历史进程进行叙述，相当于"屋顶"；十册分别研究民国时期的新闻广播业、新闻通讯业、新闻教育、少数民族新闻业、新闻管理体制、新闻学研究、图像新闻业、军队新闻业、外国在华新闻业和新闻业经营等专题的《民国新闻专题史研究丛书》③ 则是支撑屋顶的（10根）"屋柱"。

可能还有其他著作采用以上相同或相近的内容叙事结构，因笔者所见有限，不再赘言。正是在此前各位专家学者数十年乃至一百余年不懈探索的基础上，笔者尝试建构中国新闻史叙事的"凉亭结构模式"。

---

① 方汉奇.序［M］//宁树藩.中国地区比较新闻史.上海：复旦大学出版社，2018：1-2.
② 倪延年.中华民国新闻史：第1—5卷［M］.新北：花木兰文化事业有限公司，2020.
③ 倪延年.民国新闻专题史研究丛书：10种［M］.新北：花木兰文化事业有限公司，2020.

第二节 中国新闻史叙事的"凉亭结构模式"

凉亭在中国园林建筑中几乎是不可缺少的要素,是中国园林中重要的民族文化载体,是中国古代园林建筑自立于世界民族之林的代表性标志之一。或在后园用假山石堆成一小山,山顶成一面积大小不等的平面,在其上建一凉亭,亭脊、亭顶、亭柱、亭栏、扶手、座椅等处,绘以风景或人文彩画,别有雅趣。主人或率家小,或邀友人,于朝阳东升,或秋阳西斜,拾级而上,谈笑风生;在天晴日丽、秋高气爽之时,可对诗谈文,或幽叙亲情,好不雅然。在自然园林景区择一通风便利且位置较高处,或是小山顶平地,或是开阔平地的迎风口,看方位、辨风路、运材料、打地基,然后立柱造顶、描画花纹或图画,即成结构简洁、老少皆宜之凉亭,既为自然景观添情趣,更显人文精神之造诣。老者在此歇脚聊天,回味古今;孩童在此玩耍嬉闹,备享童趣;年轻伴侣相谈天人,同享友情,乃享亲情、赏雅景、添情趣、增友情之绝佳场所。

一、"凉亭结构"特征与基本原理

纵观中国传统园林建筑艺术中的"凉亭",其结构主要表现如下几个特征:第一,具有同一平面高度且具有均衡承受力的平地,是凉亭得以建造的空间起点;第二,设计四边形、六边形或更多边形的空间格局;第三,根据设计等距离地设置既定数量亭柱作为亭顶的支撑;第四,两根亭柱上部按设计斜度和角度以亭顶形式向亭脊汇拢;第五,为使亭顶更为坚固和结实及使凉亭在视角上显得更加挺拔,建者会建造盖住亭顶交汇处的亭脊(圆柱或多面柱形状);第六,坚实的亭基、等距离亭柱、等三角形的亭顶及亭顶之上的亭脊,共同组成稳固的"凉亭结构"。

仔细审视、分析和认识"凉亭"的整体结构。我们认为蕴含着如下几方面基本原理:首先,凉亭是一个不可分裂的完整体。无论是从外观形象还是从基本构件组合均是如此。其次,凉亭每部分功能不可替代。整座凉亭主要由亭基、等距离的亭柱、亭柱支撑的亭顶及亭顶之上的亭脊组成,各部分相互依赖、不可分离。再次,不同部分共同组成凉亭整体。亭基、亭柱、亭面和亭基缺一不可、缺一不成。最后,所有亭柱对凉亭的支撑作用和价值是等同的,共同成为连接亭基和亭顶并成为支撑亭顶和亭脊不可缺少的组成部分。

二、"凉亭结构模式"的理论基点

"凉亭结构模式"是指以中国传统园林中的凉亭结构特征比拟、建构的一种中国新闻史叙述模式。中国新闻史的内容是客观的历史存在，是不以人们意志为转移的事实存在，是蕴含内在规律既与相关事物有联系又具有自身本质特征的物质存在。人们可从不同角度去观察、认识、分析、研究和叙述它。"凉亭结构模式"只是设想的一种中国新闻史叙述模式，随着人们的不懈探索和总结，肯定还会有新的中国新闻史叙事模式被创造出来。

作为"凉亭结构模式"的理论基点，所体现的"事物的整体性和多面性"主要表现在以下几方面：

（一）由相互直接关联的若干部分组合成的整体

和世界上任何事物一样，一座完整的具有实际功能的"凉亭"，必然是由亭脊、亭顶、亭柱和亭基等部分共同组成一个完整的事物（凉亭），每一部分拆开来后，就不再是"凉亭"，而仅仅是"配件"而已。

（二）组成事物的若干部分在事物整体中的地位和功能不尽相同

凉亭之"脊"虽和凉亭之"顶"都处上层，但"脊"需依"顶"而存在，"顶"是"脊"支撑；"柱"只能在"脊"和"顶"之下而不能在上；"亭基"虽处底层，但如不能承担"基础"功能就失去存在价值。

（三）顶层设计制约结构的存在方式和相互关系

在完整的"凉亭"结构中，"亭脊"是"亭顶"的汇聚处；"亭柱"间的等距离决定"亭顶"对称和坚固及凉亭艺术观感；亭"顶"交汇于"亭脊"一点。而无论是"亭顶"，或者是"亭柱"和"亭基"，它们存在的价值就是支撑"亭脊"，作为顶层设计存在的"亭脊"对于构成"凉亭"的其他部分具有统领的功能。

（四）主要因素对事物整体起支撑作用

在构成完整"凉亭"的因素中，可以根据它们在凉亭结构中所承担的功能大致划分成为"主要因素"和"一般因素"。主要因素如"亭脊""亭顶""亭柱"和"亭基"，这些因素缺一不可，缺一即构不成具有特定功能的"凉亭"，"一般因素"则如凉亭上的绘画、图案、台阶及其他装饰等。很显然，是"亭脊""亭顶""亭柱"和"亭基"等主要因素对整座凉亭的存在发挥支撑作用，而作为"一般因素"的绘画、图案、扶手、台阶等则主要是发挥美化和辅助的功能。

（五）主要构成因素是可能发展和变化的有机体

无论是"亭基""亭柱""亭顶"和"亭脊"，都可以根据设计者（用户）的需要加以变化，或扩大"亭基"，或加长"亭柱"，或扩展"亭顶"，或升高"亭脊"，所有的因素都可以根据情况的变化而有所变化，或延长、缩短，或加宽、变窄，是可变"量"而非"不变量"。

（六）同一层面的要素在事物中同向发展

不可能这根"亭柱"长一些，那根"亭柱"短一些（当然如因为因应特殊地形采取的特殊举措是例外）；也不能这一根"亭柱"细一些，那一根"亭柱"粗一些，这是常识。凉亭各要素在整体事物中的地位是不可被替代的，不能在已经建成的凉亭中任意抽去一根"亭柱"或缺少一面"亭顶"。即使是处于最高处的"亭脊"，也不能随意去掉——它是整个凉亭艺术结构中不可缺少的组成部分。

三、中国新闻史叙事的"凉亭结构模式"

"凉亭结构模式"是把数千年"中国新闻史"设想成由"亭脊""亭顶""亭柱"及"亭基"组成的"凉亭结构"，并据此建构"凉亭结构模式"视角下的《中国新闻史》叙述体系。基于"凉亭结构模式"的中国新闻史内容体系如下：

（一）中国新闻史"凉亭"的"亭脊"

屋有顶，顶上有脊，脊为最高点。"亭脊"是亭顶面顺势向上的汇聚处，是"凉亭结构"最高层级。因其高高在上，故是宏观、整体思考的结晶。"亭脊"是对中国新闻史研究有关基本理论问题的探究。研究和叙述中国新闻史的首要问题应是也必须是明确其研究对象、目标、功能、方法，这是决定新闻史研究者的视角、追求、目的和手段的基本问题。"亭脊"主要阐释中国新闻史研究对象的内涵和外延、中国新闻史研究宏观、中观和微观对象的不同层面；阐述中国新闻史研究的目标，探讨中国新闻史研究的社会功能，阐释中国新闻史研究方法体系及基本研究方法等。

（二）中国新闻史"凉亭"的"亭顶"

"亭顶"是由两根亭柱和亭顶间构成的锐角形斜位的亭顶面——如是一般房屋则是上下同宽窄、分处屋脊两面的屋顶。若干个下宽上窄并合为一点的锐角三角形斜面，最后成为一个以亭脊为中心并顺势而下的完整凉亭顶。如把每个锐角三角形斜面（单一"亭顶面"）视为数千年中国新闻史中的一个发展阶段，所有锐角三角形斜面（单一"亭顶面"）组成的完整"亭顶"就像一部按历史阶段组成的中国新闻史"列车"。"亭顶"旨在探索和思考特定视野下纵向划分数千年中国新闻史的不同发展阶段，及中国新闻史数千年历史进程中各个不同阶段的主要特征及其内在规律等问题。本书参照"列车结构模式"把中国新闻史的数千年发展历程划分为七个发展阶段，对每一阶段特征尝试进行阐释。

（三）中国新闻史"凉亭"的"亭柱"

"亭柱"是支撑"亭脊"和"亭顶"的圆形或菱形立柱。中国凉亭大多为"多角凉亭"，由多根"亭柱"共同支撑"亭脊"和"亭顶"。"凉亭结构模式"中的"亭柱"是代指构成数千年"中国新闻史"的基础性要素，因而这一部分是对构成数千年中国新闻史之基础性要素的探究。中国新闻史"凉亭结构"中的"亭柱"分别是新闻活动史、新闻人史、新闻媒介史、新闻史事件史、新闻管理体制史等。既是构成中国新闻事业的主体要素，也是中国新闻事业中出现较早、发展历史较长的基本要素，是中国新闻史研究的基础领域，并具有"一以贯之"的叙述可能。上述"亭柱"构成中国新闻史"凉亭"的主干性内容，当然还可增加"新闻受众史""新闻阅读史"及"新闻技术史"等"亭柱"，但那是后话。

（四）中国新闻史"凉亭"的"亭基"

"亭基"是支撑"亭脊""亭顶"和"亭柱"的基础，是整座中国新闻史"凉亭"不可也不应缺少的组成部分，是"中国新闻史凉亭"得以立足的根基。新闻史研究史料既是新闻事业发展轨迹的历史遗存，也是后人探究新闻事业历史真相、探寻新闻事业发展内在规律、进行特定主题的新闻史研究的唯一基础，更是阐释新闻史现象、认识新闻史人物、评价新闻媒体功过是非的第一手素材，所以是中国新闻史"凉亭"的"亭基"。正确界定"新闻史料"、探讨中国新闻史研究史料的发展轨迹，叙述新闻史料的特征和分布，提供新闻史研究常见检索思路，介绍新闻史料的辨析和利用知识，更是新闻史研究的基础。

四、"凉亭结构模式"的叙事路径及辩证关系

以"凉亭结构"建构中国新闻史叙述模式，意在既继承"列车结构模式"、"捆绑结构模式"对中国新闻史"一以贯之"叙述的传统优势，又吸收"顶柱结构"的纵横结合的叙述特长，通过"凉亭结构"的"亭脊""亭顶""亭柱""亭基"等展示中国新闻史不同侧面的发展轨迹。中国新闻史"凉亭结构模式"的叙事路径是：

(一) 遵循中国新闻史"一以贯之"的叙事路径

"凉亭结构模式"遵循中国新闻史脉络即中国新闻事业各要素及其与社会环境互动发展过程中表现出来的时间次第顺序及其表现形式[①]叙述中国新闻史,对中国新闻事业诸要素从起源、发展、变化和成熟过程进行不可换位、不可颠倒的叙述,形成从古到今再现中国新闻事业发展历程的叙述路径。

"亭顶"从宏观的纵向发展着眼,对中国新闻活动自起源、发展和演变的数千年历程予以"一以贯之"的叙述。从中国古代新闻业基本要素传播媒介的视角,把中国数千年新闻史分为言传新闻、字传新闻、信传新闻、书传新闻、纸传新闻、机传新闻、网传新闻等七个阶段,勾勒出数千年中国新闻史"一以贯之"的发展轨迹。

"亭柱"旨在对构成中国新闻史的基础性要素从起源、发展和演变过程予以专题性叙述。选择构成中国新闻史最基本的新闻活动、新闻人、新闻媒介、新闻史事件和新闻管理体制等要素,按照起源、发展、演变的基本路径叙述,以便读者对构成中国新闻史的基本要素有"一以贯之"的了解。

"亭基"从中国新闻史史料载体的视角切入,自甲骨、竹简、简帛到纸张、计算机软盘及互联网载体,遵循从古到今的思维和叙述路径,再现中国新闻史史料的古代出现、近代发展、当代多样化的历史进程。在此基础上介绍中国新闻史专题研究史料的分布、检索、辨析及利用的基础性知识,以拓展"中国新闻史"的研究空间。

(二)"凉亭结构模式"的辩证关系

"凉亭结构模式"蕴含诸方面辩证关系,中国新闻史"凉亭"正是有赖诸要素间多角度、多层面相互联系才得以存在和牢固。

1. 综合叙述和专题叙述相结合

"综合叙述"是把中国新闻史作为"整体"予以观察、分析、研究和思考。"亭脊"的中国新闻史研究对象、研究功能、研究目标和研究方法等,是从中国新闻史"整体"视角进行观察、分析、研究和思考;"亭顶"把中国新闻史划分成"口传新闻""字传新闻""书传新闻""纸传新闻""机传新闻""电传新闻""网传新闻"等阶段则是对中国新闻媒介史演变历程进行"整体"叙述;"亭柱"即新闻活动、新闻人群体、新闻媒介、新闻史事件、新闻管理体制等,则是对中国新闻史基本要素从起源、发展和演变历程叙述。整体叙述和专题叙述结合的模式既可予读者以整体印象,又可使读者对"个体"要素有连续完整

---

① 倪延年.论"新闻史的脉络"和"新闻史多角度书写"[J].新闻春秋,2017(1):4-9.

且具体的了解，兼收"森林"和"树木"的效果。

2. 理论阐释和实践叙述相结合

中国新闻史研究应对历史予以再现，但又不能仅仅是再现历史。没有理论支撑的史实再现只是史实碎片拼接，而不能体现研究者的史观和史识。"凉亭结构模式"通过对中国新闻史研究对象、研究功能、研究目标和研究方法等"理论"阐释及对"亭柱"起源和发展规律的探讨等属于为中国新闻史研究奠定基础的"理论阐释"范畴；而对新闻史研究史料的分布、检索和辨析，以及新闻活动、新闻人、新闻媒介、新闻史事件、新闻管理体制等专题叙述则更多具有"实践叙述"的色彩。

3. 历史叙述和现实叙述相结合

中国新闻史著作当然应以"历史"叙述为主，但"历史"应可作为"现实"的观照，同时"历史"又必然发展到"现在"。无论是"新闻活动""新闻人""新闻媒介"，或是"新闻史事件"和"新闻管理体制"，都随着历史脚步、伴随社会进步，以不同姿态进入当今生活领域成为"现实"组成部分。"中国新闻史"理应叙述中国新闻史诸方面要素在中国当代社会环境中的新发展。在"历史环境"中产生的新闻媒介（新闻报刊、新闻电影、新闻广播、新闻电视、互联网媒介及智能手机媒介）、新闻人群体、新闻史事件及新闻管理体制都延伸到"现实环境"中。尽管史学著作应"详史略今"，但叙述新闻史要素在"当代中国"发展则是理所当然是"中国新闻史"这一议题中不应缺少的部分。

4. 纵向叙述和横向叙述相结合

"纵向叙述"是从中国新闻事业及其要素起源着笔，依次叙述它们的发展和演变过程。探讨中国新闻史的千年发展历程及其发展阶段和特点必须采用"纵向叙述"路径。"亭柱"内容的叙述也是按"纵向"路径分别叙述其数千年发展历程。"横向叙述"则是对支撑中国新闻史"凉亭"的各根"亭柱"的横向平行叙述。对同一社会发展阶段（古代、近代和当代）的新闻活动、新闻人、新闻媒体、新闻史事件及新闻管理体制予以"横向"的叙述，以使读者了解"中国新闻史"诸要素在同一环境中的不同发展状况。

五、"凉亭结构模式"的内在逻辑

中国新闻史——包括新闻活动史、新闻人史、新闻媒介史、新闻史事件史、新闻管理体制史乃至新闻技术史、新闻受众史等，随着时间的逝去已凝固成为既不可能重构，也不可能颠覆，更不可能改写的客观存在。本书对内容编次的基本逻辑有两个层面：

（一）贯彻从远到近、从古到今的叙述原则

本书按照"中国新闻史"数千年发展历史的固有时间次序，先追根寻源，再成长发展，直到最近概况的思维路径，介绍中国新闻史"从起源到现在"的发展过程，从最早出现的"言（语）传（播）新闻"阶段，到文字出现后的"（文）字（记录）传（播）新闻"阶段，再到以新闻信方式传播新闻的"（新闻）信传（播）新闻"阶段，此后是"书（本式媒介）传（播）新闻"阶段、"（散页）纸传（播）新闻"阶段、"（借助）机（器设备）传（播）新闻"阶段，以及"（互联）网（媒介）传（播）新闻"阶段的发展历程。同样，对本书"中国新闻史凉亭"每一"亭柱"内容的叙述及对新闻史研究史料的发展历程，也是按照"追根寻源、成长发展、最近概况"的思维路径予以叙述的。

（二）依要素出现的先后次第确定"亭柱"次序

对支撑中国新闻史"凉亭"的诸根"亭柱"，按照如下思维逻辑决定先后次序：新闻活动史→新闻人史→新闻媒体史→新闻事件史→新闻管理体制史。之所以如此，是因为：

首先出现的应是"新闻活动"。即"那一个"人类部落成员有意或无意地将发现的新闻传播给部落其他成员的行为（活动）。

其次出现的是"新闻人"。几乎在人类先祖"第一次"新闻活动完成时就产生了理论意义上的"新闻人"。"新闻人"是新闻活动的实践者，没有"新闻人"就不会出现"新闻活动"。

再次出现的是"新闻媒介"。"新闻媒介"是"新闻人"从事"新闻活动"的工具（载体），是"新闻人""新闻活动"的成果（新闻物件），也是"新闻人"为了实施"新闻活动"创造出来的特定手段。

接着是"新闻史事件"。是"新闻人"依托或借助"新闻媒介"从事"新闻活动"过程中偶然或必然与社会生活特定要素发生碰撞后出现的社会现象。"新闻史事件"也是"新闻人"借助"新闻媒介"从事"新闻活动"后的成果形式之一。

最后出现的是"新闻管理体制"。为使"新闻人"依托"新闻媒介"在"新闻活动"过程中尽量少发生与政府冲突的"新闻事件"，就要对"新闻人"依托"新闻媒介"进行的"新闻活动"进行管理（包括处理"新闻史事件"），这就出现了对"新闻人""新闻媒介"及"新闻活动"进行管理的需要并逐渐成为完善严密的"新闻管理体制"。

上述相互关系就是本书"新闻活动史→新闻人史→新闻媒体史→新闻事件史→新闻管理体制史"的叙述体系结构的内在逻辑。

把中国新闻史（著作）的内容结构（叙述模式）称作"列车结构模式""捆绑式结构""顶柱结构模式"或"凉亭结构模式"，只是一种比喻，目的是使其通俗易懂。有人说过"任何比喻都是跛足的"，即是说"任何"比喻都不可能完全表达出所比喻事物的全部内涵和特征。因此本书的中国新闻史"凉亭结构模式"只是一个比喻、一种设想和一次尝试。拙作如有不妥、不当、不敬及不周之处，恭请海内专家学者赐教。

01

第一篇

|"凉亭结构模式"之"亭脊篇"|

第一章

中国新闻史研究的基本问题

作为世界新闻史研究的组成部分，中国新闻史研究既有其他各国（民族）新闻史研究相同之处，又有与其他国家（民族）新闻史研究不同之处，正是这些与其他国家（民族）新闻史研究的不同之处，产生了中国新闻史研究的国家（民族）特征，形成中国新闻史研究的特定对象、目标、功能和方法。这是中国新闻史研究者应思考和解决的基本问题。

第一节 中国新闻史的研究对象

中国新闻史的研究对象是指作为"中国新闻史"这一专门学科所研究的客体对象。它具有客观性和物质性两大特性。"客观性"是指超越主观的客观存在，不管是否有学者研究，中国新闻史都是客观存在的；"物质性"是指超越意识的物质存在，不管是否有人研究，中国新闻事业的组成要素（新闻活动、新闻人、新闻媒介、新闻史事件及与新闻管理体制）等都是曾经的客观物质存在。中国新闻史随着社会延伸而延伸，新闻事业要素在不同社会环境中发展变化，并随时间推移凝固成为后人研究的历史现象。

一、"中国新闻史"概念的内涵

"中国新闻史"由"中国""新闻"和"历史"三个子概念组成。三个子概念组成"中国新闻史"这个上位概念后，原本的概念内涵产生溢出现象，具有了更丰富的内涵。

（一）"中国新闻史"概念中"中国"的内涵

"中国新闻史"中的"中国"概念应至少包括三层意思，即可以从三方面对"中国"这一概念加以阐释，才能表现"中国新闻史"的完整内涵。

1. "中国"是一个客观存在的现实国家

"中国"这一概念的早期含义是"中原之国"或"中央之国"，以春秋战国时期的"七国"疆域为基础,而后曾经历多次向南方和北方继续扩展或因外族紧逼而收缩。经过数千年的历史发展变化,形成现在 960 万平方千米陆地疆域和相应领海、领空等空间的当代中国。

2. "中国"是一个不断变化的、从历史到当代的现代文明国家

在"中国"作为国家客体出现后,尽管这一概念内涵中的土地(疆域、空间)经历多次变化,但"中国"还是称为"中国",只是所指代的疆域(空间)范围有所不同。不仅这个朝代和那个朝代不尽相同,同一朝代不同皇帝主政、甚至同一皇帝主政的不同阶段所拥有的疆域(空间)范围也不尽相同。

3. "中国新闻史"就是"中国"疆域中新闻事业发展变化的历史

从这个角度理解,在不同社会环境下的"中国新闻史"所指的地理空间范围是不尽相同的。从远的说,秦、汉、唐、宋、元、明及清朝的疆域版图均有所不同。因此"中国新闻史"所指代的疆域空间在不同时期是有所不同的。

(二)"中国新闻史"概念中"新闻"的内涵

"新闻"包括五个不同层次:人与人之间相互传达的最新的所见所闻;新闻媒体向受众传播的最新发现的史实的信息;新闻体裁中的消息即简明报道新近发现的事实的新闻作品;新闻报道,泛指消息、通讯、特写中的各种体裁,如国内新闻、经济新闻;包括新闻媒介报道的全部体裁的新闻作品,如中国新闻奖评选,也包括新闻评论在内。① 中国新闻史当然应研究上述内容,但又不能仅仅研究"新闻内容"及新闻"作品体裁"或"形式"。

1. "中国新闻史"概念中的"新闻"应是"新闻事业"("新闻业")的简略表达

新闻事业是以新闻人依托新闻媒介实施新闻活动进而实现新闻传播功能为目标,从事新闻活动的社会成员群体及新闻媒介数量和体量具有一定的社会(存在)规模且形成新闻采访、编辑、制作、销售等持续运行的社会系统及相关社会活动之总和。简单地说,新闻(事)业是以新闻人依托新闻媒介实施新闻活动为中心的、具有明确目标并具有一定物质存在规模的社会事业。

2. 中国新闻史研究对象涵盖了"新闻事业"所有要素

构成"新闻事业"的要素不但包括自古到今产生的新闻内容(新闻人予以记录和报道的社会生活场景以及通过特定新闻媒介平台发布的其他内容);还包括"生产"新闻内容的"新闻人"(从早先处于兼职状态的业余新闻人到以从事新闻活动为职业的专业新闻人,再到当今环境下出现的自媒体新闻人等),研

---

① 童兵. 新闻传播学大辞典 [M]. 北京:中国大百科全书出版社,2014:1-2.

究"生产和传播"新闻内容的"新闻媒介"（从最原始的非纸质新闻媒介到以纸张为介质的传统新闻媒介，再到以广播、电视、电影、互联网及智能手机等机械设备为介质的新兴新闻媒介），研究新闻人依托新闻媒介开展的"新闻活动"（从早期官报、小报收集、筛选和发布新闻，到专业新闻人的新闻采访、新闻编辑、新闻媒体制作及新闻产品销售等活动），研究新闻活动产生的"新闻效果"（包括受众接受效果、社会反映效果、文化传承效果及官方评价效果）。"中国新闻史"的研究对象应该涵盖新闻人及其新闻活动，新闻媒介与新闻作品，新闻人与新闻媒介，新闻人、新闻媒介及新闻活动与政府管理等方面。

（三）"中国新闻史"中的"史"内涵

"中国新闻史"中的"史"是"历史"的意思。"历史"可以是"自然界和人类社会的发展过程，也指某种事物的发展过程和个人的经历"，也可以指"以往的事实"[①]。"关于历史的记载和阐释，也称为历史。"[②] 实际是"研究和阐述人类社会发展的具体过程及其规律性的科学"即"历史学"。"中国新闻史"不仅要记载"以往"在中国新闻史上发生的"事实"，更要通过对中国新闻史发展历程的"研究"来"阐述"蕴含在发展过程中的"规律"，以作为后人之鉴。因此"中国新闻史"概念中的"史"应包括三个含义：

1. "中国新闻事业发展过程"

即从中国这块土地上出现有意识地传播社会新闻的社会成员、所实施的社会新闻活动及被借助（或依托）进行新闻传播的特定媒介（早期的竹简、木牍及丝帛）起，到现今上千年间中国新闻事业发展的历史过程，意在再现"中国新闻事业"从"开始出现"，经历的"发展过程"及目前的"发展现状"这一"历史过程"，以体现"中国新闻史"的客观完整性。从这个意义上讲，本书《中国新闻史》书名中的"史"实际还蕴含"通史"之意，即"贯通古今的中国新闻史"。

2. "中国新闻史上的历史事实"

中国新闻史研究"中国""新闻事业"的"历史"。历史是由一个个特定场景组成的有背景、有人物、有事件、有原因、有发展和变化的连续剧。中国新闻史研究的主要内容之一，就是历朝历代的中国新闻人依托新闻媒介从事新闻活动及相关社会系统在运行中发生的客观"事实"的历史记述。研究者通过对以往新闻媒介荷载的原始的历史的新闻活动内容及有关历史文献记载的研究，

[①] 李行健. 现代汉语规范词典 [M]. 北京：外语教学与研究出版社，2004：806.
[②] 《辞海》编辑委员会. 辞海 [M]. 6版缩印本. 上海：上海辞书出版社，2010：1124.

再现特定时代环境下的新闻活动、新闻人物、新闻事件及新闻媒介发展、演变、进步的历史进程，构建起"这一个"研究者心中的"中国新闻史"内容体系和主要内容，以体现研究者的"主观选择性"。

3. 对"中国新闻史相关内容进行阐述"

所有历史都是当代史，所有历史都是历史学家心里或眼里的历史。每个研究者看到、想到和写出来的"中国新闻史"都是"这一个"研究者按照自己理解和倾向对"中国新闻史"的再现。新闻史研究者在对自古到今"中国新闻史"上的新闻史人物、新闻媒介、新闻活动、新闻事件进行再现的基础上，还应对中国新闻史上的历史人物进行"评价"，对历史事件加以"分析"，对新闻内容加以"阐释"，对新闻媒介在特定环境或特定事件中的言行加以"点评"，对新闻技术的效能加以"评论"，并对"中国新闻史"在数千年或特定历史时期发展的内在规律进行探索、思考和阐释，以体现研究者的"创新性"及"独特性"。这是研究者"史德""史识"水平的主要体现，以体现研究成果的"价值引导性"。

二、中国新闻史研究对象的层次结构

中国新闻史是研究中国新闻事业产生、发展、变化历程及其内在规律的学科。中国新闻史研究对象主体是中国新闻事业及和中国新闻事业直接相关的政治、经济、文化等社会生活系统。中国新闻史的研究对象可从宏观、中观和微观三个层次予以认识。①

（一）宏观研究对象：整体的中国新闻事业发展历程及其内在规律

"宏观研究对象"是指对"中国新闻史"从集体的、系统的、结构的、合成的或团体的层次进行研究的对象，在中国新闻史研究对象整体结构中居于顶层。从宏观角度研究"中国新闻史"即是把"中国新闻史"作为一个事物进行整体的、综合的、连续的研究，而不是分解的、部分的、断裂的研究。这类研究如对中国新闻事业的起源及标志的研究；中国新闻事业产生、发展、变化社会环境的研究；中国新闻事业发展变化与社会政治、军事、经济、文化、外交等因素互动变化关系的研究；中国新闻事业体系内部结构及其变化规律的研究，中国新闻事业组成要素（新闻报刊、通讯社、新闻广播、电视台、纪录电影及互联网等）间相互关系的研究；中国新闻史发展阶段及划分标准研究、中国新

---

① 倪延年. 论民国新闻史研究的对象、目标、功能及态度诸问题[J]. 南京师大学报（社会科学版），2018（1）：133-140.

闻史研究方法研究、中国新闻史的民族、文化和地域特征研究及中国新闻史在世界新闻史中的独特地位和贡献的研究等。

（二）中观研究对象：类群的中国新闻事业要素发展历程及其内在规律

中国新闻史的中观研究对象介于宏观研究对象和微观研究对象之间，是构成"中国新闻事业"的要素类群。特定阶段的中国新闻事业是由这一阶段的新闻媒介、新闻工作者、新闻活动等多种要素组成的有机整体。这些不同类别（群体）要素产生、发展和变化的历史进程及其内在规律就是"中国新闻史"研究的中观研究对象。如对中国新闻通信业发展史研究；中国新闻广播业发展史研究；中国新闻教育业发展史研究；中国军事新闻业发展史研究；中国的外国在华新闻业发展史研究；中国少数民族新闻事业发展史研究；中国图像新闻业发展史研究；中国新闻报业发展史研究；中国新闻杂志业发展史研究；中国新闻电影（新闻纪录片）业发展史研究；中国新闻学术研究发展史研究；中国新闻人群体发展演变史研究；中国新闻业中外交流发展史研究；中国新闻技术发展史研究；中国新闻管理体制及机制发展史研究；中国新闻业务发展史研究等。这一类研究的基本特征是对某一类或某一次类（如"新闻广播业"中的官办广播业或民办广播业；国人广播业或外国在华广播业；新闻报刊中的官办报刊、政党报刊、民营报刊等）的整体性类群研究。尽管是"类群"甚至是"次类群"专门研究，但仍是对这一类群"整体"的而不是"个别"的研究。

（三）微观研究对象：个别的中国新闻事业要素发展历程及其个体特征

中国新闻事业诸要素（新闻媒介、新闻业者、新闻活动）是由一个个具体的个体组成的集合体。"中国新闻媒介"包括中国的新闻报纸、新闻杂志、新闻广播、新闻通讯社、新闻电影等具体新闻媒介类群。其中每个"新闻媒介"类群又是以具体新闻媒介个体（特定主办宗旨、社会组织形态、社会活动内容及社会活动效果的个体如某一报纸、杂志、新闻纪录片或新闻媒介组织如某一新闻通讯社、新闻广播电台、电视台）形式存在。"新闻报纸"这一类群就包括了诸如新记《大公报》、成舍我的《民生报》及陈铭德的《新民报》等民营报纸，《申报》《新闻报》等由外国人先起家后为国人所有的商业报纸，中共中央机关报《向导》周刊、《布尔什维克》《红色中华》《新中华报》《解放日报》和《人民日报》以及国民党的中央机关报《中央日报》等组成的政党机关报。因此"新闻报纸"是数以千计的新闻报纸个体组成的群体，新闻广播、新闻电影及新闻通讯社等类群也是由一个个具体个体组成的集合体。

上述三个层次从顶层往底层研究的思维逻辑是：从"中国新闻事业"宏观角度把握整体性质，到"中国新闻事业构成要素"中观角度认识某一要素类群的群体特征，最后到"中国新闻事业构成要素"的个体内部（微观）辨别个体特点；而从底层往顶层研究的思维逻辑则是：先从"中国新闻事业构成要素"的个体解剖"麻雀"认识特定个体的个性化特点，在个体研究基础上概括该个体所在类群的整体特征；然后在所有类群研究基础上再现中国新闻事业历史进程，总结归纳中国新闻事业发生、发展、变化的内在规律及探求中国新闻史的民族、文化和地域特征和中国新闻史在世界新闻史中的独特地位和贡献。

第二节 中国新闻史研究的追求目标

新闻史的研究应能提高或加深或明晰当今对某一历史问题或事物，或事实真相的认识，或能解决现实生活中需要或为应该解决的问题提供参考经验或启迪，或对当今社会生活进一步完善或提高具有参考借鉴作用。中国新闻史研究的目标是"再现"中国新闻事业产生、发展和变化的真实历史，"探寻"中国新闻史中蕴含并具有借鉴或指导价值的客观规律。

一、再现历史：中国新闻史研究的基础性目标

再现历史是指将中国新闻史上客观存在过的社会环境、新闻媒介、新闻人物、新闻活动及社会影响等诸多"历史的事实"，通过今人对历史文献中的记载、发掘的原始史料及前人研究成果的搜集、排列、组合、呈现，让当时曾经出现过的历史现象"再次展现"在今天研究成果中，尽可能还历史的本来面目，使今人能从当时的"历史真实"中感受、认识和理解"真实的"历史。这是中国新闻史研究的基本目标，也是深入研究和学术创新的基础积累。

中国共产党上海发起组从1920年11月7日创办半公开《共产党》月刊并打出"共产党"旗帜，到中华人民共和国宣告成立的1949年10月1日前，共产党领导的人民新闻业经历了曲折的发展历程，在一些阶段甚至处于几乎难以为继的困难状态。江西中央根据地创办的中华苏维埃临时中央政府机关报《红色中华》等在红军主力长征后被迫停刊。长征途中红军坚持出版的中共中央和中央军委机关报《红星报》是油印小报，每期报纸只印几百份在红军中传阅。国民党政府占据着经济文化比较发达的大中城市，以优越的社会资源开办大批"党化"新闻媒介，宣传蒋介石国民党的"三民主义"和"一个党、一个国家、一个领袖"独裁理论。一些民营报纸在国民党当局的政治高压和经济诱导下对国民党政府采取"小骂大帮忙"的策略以图生存。这是蒋介石国民党政府前期

新闻业的实际情况。但新中国成立初期特殊环境加上受"左"的思想影响，新闻史学界在叙述"民国时期"新闻业时，对共产党新闻事业在当时的社会影响及叙述篇幅等方面出现过不同程度"拔高"，对当时实际处于强势地位的国民党新闻事业和民营新闻事业则采用相对"淡化"乃至视而不见的态度。如20世纪50年代以中央党校新闻班为基础联合中国人民大学新闻系部分教员编写的《中国现代报刊史》讲义，从题目看应涵盖"中国现代"（1919—1949）这一阶段所有"报刊"，但实际上是"着重介绍和论述了五四运动以后到建国以前的近30年的无产阶级革命报刊的历史"[①]。很显然，这一"着重"不仅与书名不相一致，也与当时实际情况不尽相符，与学术研究应坚持的历史唯物主义和辩证唯物主义方法也有差距。"再现"接近"历史真实"的图景，需要研究者在大量真实、可靠、全面的史料基础上进行实事求是的分析研究和独立辨析思考，当然研究者的研究活动必然会受到社会环境的制约或影响。

有人认为客观叙述大革命失败后（时）共产党报刊低落、国民党报刊兴盛、民营报刊观望的实际情况，是为国民党树碑立传，会有损于共产党新闻事业的整体形象，其实大可不必。因为历史已经证明，共产党领导的人民新闻事业最后取得了全面胜利，建立起了人民新闻事业完整体系，并在全国革命胜利后继续发展。江西中央根据地的中央红军在第五次反"围剿"战役失败后被迫进行战略大转移，经历了血与火的考验和历练，最后胜利冲破国民党军队的围追堵截到达陕北并和其他红军主力胜利会师，建立起以延安为中心的稳定的红色根据地。在陕甘宁苏区（后为"陕甘宁边区"），共产党领导的人民新闻事业迅速恢复和发展。长征前停刊的中华苏维埃中央人民政府机关报《红色中华》报迅速复刊，后来为促进形成全民族抗日大局改名为《新中华报》。国共合作抗日后又改为陕甘宁边区政府机关报。为反击国民党顽固派制造反共摩擦"改组"成"中国共产党中央委员会机关报"，1941年5月16日和《今日新闻》合并改办成《解放日报》，后在国民党军队"重点进攻"中被迫停刊。中共中央在全国革命胜利前决定把华北局机关报《人民日报》"转为"中共中央机关报。到1950年年底，全国（除港澳台和少数省份外）中国共产党的省级领导机关都创办起机关报，形成了以中共党报为主体，党外报刊为代表，民营报刊为补充，工青妇农报刊成体系的人民新闻事业体系。这一历程充分验证了代表社会进步方向和大多数人利益的新事物尽管在特定环境下受到背叛、镇压和摧残而处于弱小、艰难境地，但因其代表社会进步方向和大多数人利益，所以得到大多数

---

① 方汉奇. 方汉奇文集［M］. 汕头：汕头大学出版社，2003：10.

人的拥护和支持，最终必然战胜敌人取得胜利的社会发展规律。真实"再现历史"，是我们研究的目标所在，也是我们的自信所在、力量所在。

"再现历史"既不同于"重构"历史，也不同于"颠覆"历史，更不等于"还原"历史。① "重构历史"是"重新构建"历史，但构成历史内涵的要素（历史的人物、事件、媒介、活动等）实际已固化为"历史"遗存，固化为历史存在大厦。"重构历史"就要把原本已存在的按照客观时间次序构建的"历史存在"大厦，先解构成一个个可重新组合的"部件"，再按"重建者"的意图把"历史存在"部件"重新建构"成新的"历史存在"大厦——这实际上似乎是不可能的，因为至少在历史进程的时间次第顺序维度是不可能逆转或重组的。"再现历史"不同于"颠覆历史"，"颠覆历史"是要"颠覆"前人对中国新闻史上发生的历史事件、从事新闻活动的新闻人和特定历史环境中新闻媒介的历史评价。从时间、阶级、政党、集团利益角度，对民国时期新闻界发生的历史事件、进行新闻活动的新闻人及民国时期的一些新闻媒介可能会有不同的评价。但不管在什么时间、什么阶级、什么政党或集团的评价标准中，卖国求荣的新闻媒介、新闻人及新闻活动都不会有"正面"的评价，否则就会受到民心民意的唾弃——因此今人是不可能彻底"颠覆"历史的。"再现历史"不等于"还原历史"。"还原"是通过后人努力"完全恢复"原来的历史。史料埋没、时人亡去、社会变迁、文献失传及社会生活极其丰富性等原因，后人很难完全"还原"全部的真实历史——历史事实只有一个，不同学者则可能写出政治倾向、学术观点、审美情趣相差很大甚至是完全对立的"中国新闻史"。所有书写出来的"历史"都是历史学者心里的"历史"，是借助历史事件、人物和活动表达其历史选择观的载体，而不是照片式"还原"。"再现"是研究者借助于真实、完整、系统、全面的史料以及正确世界观和方法论指导下把已存在过的历史图景"再现"出来。"再现"可以是宏观的整体的"再现"，也可以是特定角度、侧面的"再现"。但"再现"是研究者的主观行为，"再现"结果的真实、可信、客观、全面程度受研究者的政治立场、学术观点、学养积累及思辨分析研究能力制约，因而具有鲜明的个体化特征。

二、探寻规律：中国新闻史研究的努力目标

探寻规律是指对中国新闻事业发展历程中新闻媒介变迁、新闻人沉浮、新

---

① 倪延年. 论"新闻史的脉络"和"新闻史多角度书写"[J]. 新闻春秋，2017（1）：4-9.

闻活动发展、新闻内容衍变及新闻技术进步等研究、思考、分析、综合、升华和提炼后，从"众多""零碎""随机"的历史片段中发现其内在必然联系，并以科学语言形成别人可以理解、解释、验证甚至再现（重复）的规律性表述的过程。"规律是事物间的必然关系。"中国新闻史的历史现象中蕴含着丰富、错综复杂且多变的关系。如民国时期就有如新闻业和社会政治的关系；社会发展与新闻业发展的关系；新闻业者与新闻媒介、新闻活动及新闻活动发展的关系；民间新闻业与官方新闻业的关系；科学技术发展与新兴新闻媒介的关系；社会意识形态与新闻活动氛围的关系；民意民心与新闻业兴衰的关系等。这些"关系"揭示了民国时期新闻史中蕴含的"规律性"东西，而客观存在的"规律"则不管在什么社会环境下都"顽强"地发挥作用，推动或制约新闻事业发展及和社会的互动。

三、"再现历史"和"探寻规律"之关系

"再现历史"只是对特定事件、人物、媒介的某一侧面或专题点进行"再现"，且应该、必须或仅仅是对"历史"现象在尽可能完整、系统、全面史料支撑下的客观"再现"，是对新闻史上存在过的场景、事实、经过、次序、活动等历史存在的"再现"，所以是中国新闻史研究创新和拓展的基础和前提，是中国新闻史研究的基础性目标。实现这一目标需要有丰富、完整、全面、系统的史料作为支撑，尽管很困难，但可以通过研究者长期关注和积累拥有比较充分、完整的历史文献或实物文献，遵循历史唯物主义和辩证唯物主义立场、原则和方法，"再现历史"是可以通过努力达到的。中国新闻史研究领域出现不少在特定方面（如军队新闻史、少数民族新闻史、新闻教育史等）研究的专家，已从一个侧面予以验证。

"探寻规律"则是从似乎没有联系的两者或多者事物中"探索"和"寻找"具有规律性的东西并予以学术性表述。在杂乱乃至无序的历史现象"碎片"中探索和寻找具有客观性、普遍性及规律性的存在，不但要有"史实"（充分、完整的文献或实物），也要有"史识"（发现前人没有发现、或没有解决或没有正确解决的问题），更要有"史德"（充分尊重客观史料、充分尊重前人的研究成果，充分尊重不同甚至是相反的学术意见），还要经历艰难、刻苦、纠集、矛盾、冲撞乃至否定之否定（思维创新、视角创新、史料运用创新及学科框架创新）的过程。依托客观、全面、系统、完整的史料"再现"历史现象，通过对历史现象的探索寻觅发现规律，以"科学"方法和"准确"语言表述规律，这就是中国新闻史（也是其他国家民族新闻史）研究所追求的目标。

第三节 中国新闻史研究的社会功能

学科研究有没有价值取决于所从事的研究及产出的研究成果对社会进步、经济发展、文化提升、学术创新等是否具有其他学科研究不可替代的社会功能。方汉奇先生认为学习和研究新闻史具有四方面作用：①帮助我们更好地继承和发扬革命和进步报刊的优良传统；②帮助我们更好地借鉴和参考历史上各类报纸的办报经验；③帮助我们更好地向老一辈新闻工作者学习；④帮助新闻工作者丰富本专业的历史知识。① 从社会功能角度认识，中国新闻史研究具有"借鉴当下""清晰先人"和"提升学人"等功能。

一、借鉴当下：中国新闻史研究的现实功能

借鉴当下是指从中国新闻史上的新闻媒介、新闻活动、新闻事件、新闻人物及新闻效果等方面或专题的研究中发现、总结、提炼出对"当下"的新闻实践具有直接"借鉴"作用的规律性认识。纵观上千年中国新闻史，既有民间小报在朝廷打压下"伤而不死"的发展遗存，也有各郡州道在京师自办"进奏院状报"影响朝政统一而被朝廷收编办成"朝廷官报"的历史经历，还有朝廷官报不适应时代和社会生活需要被淘汰"自行消亡"的历史事实。进入近代后，既有孙中山领导南京临时政府时期办报不须申请、新闻不受检查、言论不受约束的"极度宽松"环境，也有袁世凯时期查封异党报刊、扶植亲信报刊、打压商业报刊的"癸丑报灾"，更有国民党"统一"全国后"党营"新闻报刊迅速发展、抗战胜利后急剧扩张、全面内战失败后急剧衰退，最后败退到小岛台湾的曲折历程。当然也有共产党报刊在大革命时期蓬勃发展、"四一二政变"后跌落低潮、抗日救亡中恢复生机、国共合作抗日得到发展、国民党军队重点进攻中全面紧缩，又在解放军大踏步反攻中迅速发展的历史过程。进入中国当代后，新闻界也是繁杂纷纭，既有新中国成立初期民营报纸不适应新环境难以为继主动要求"公私合营"，也有因"反右"运动中所载言论被认为越界遭受不公正待遇的新闻报人和报纸，还有在"十年浩劫"中的"社论治国"现象，当然也有一篇"特约评论员文章"就引起一场"真理标准大讨论"的宏伟壮举。

中国新闻史的复杂历史过程及其纷繁历史现象中蕴含了制约或推动新闻事

---

① 方汉奇. 方汉奇文集 [M]. 汕头：汕头大学出版社，2003：4-7.

业发展、变化、兴衰的诸多内在客观规律。诸如新闻事业必须紧随社会科学技术进步而进步的规律，新兴新闻媒介先在民间被创造出来而后被官方垄断并用以挤兑民间媒介，最后又被民间创造的新兴媒介替代的规律；新闻媒介既应从受众（读者）利益、思维角度报道新闻以吸引读者但同时又能通过新闻报道和新闻言论对读者起到教育、启发和引导作用的规律；新闻事业只有代表最广大民众利益并得到民众真心拥护才能在民众中站住脚跟、生根发芽并不断壮大，反之必然被民众抛弃，落得"众叛亲离"悲惨结局的规律。即使是幼小、柔弱的新闻事业，只要是代表民众的切身利益，顺乎民心民意和社会发展趋势，也能在强敌打压下坚持生存并发展壮大；反之即使凭借军队夺得政权，利用行政资源"数量对质量"成为拥有相当体量的"胖子"，那也只是"虚胖"，最终还是难以逃脱结果被民众抛弃的规律。

无论什么时代的新闻人都应懂得"民心所向、民望所归"是新闻业"兴旺发达""枝繁叶茂"的客观规律。"得民心者昌，失民心者亡"是任何个人、政党及团体都违抗不了的客观规律。新时代的新闻人应认识到"人民的新闻媒介为人民利益服务"而不是为权贵利益服务；应认识到"人民新闻工作者应为人民服务"而不是"为人民币服务"；应认识到新闻活动"坚持党性和人民性的和谐统一"以及对党负责和对人民负责的一致性，而不是把党性和人民性相对立，以"人民性"否定"党性"。坚持从人民整体利益、长远利益、根本利益着眼，坚持服务大局和舆论监督的责任担当，坚持新闻言论和自由权利应用于"为人民服务"而不是为个人谋财谋权、为"公知"发声、为权贵辩护。坚持把国家、民族、人民利益作为新闻活动的出发点和归宿，力戒哗众取宠的虚假新闻、蛊惑人心的过激言论、一己私利的错误导向。总而言之，"顺民心则能强，逆民心则必亡"的客观规律，对今天的新闻媒介、新闻人及其新闻活动仍然具有启迪意义和警示作用。

二、清晰先人：中国新闻史研究的历史功能

"清晰先人"是指通过充分挖掘和研读历史文献，在对客观、真实、全面、系统历史文献的梳理、剔抉、分析、考证中，对那些在特定时代和社会环境中从事新闻活动的"先人"予以实事求是、完整客观、一分为二的再现。尽量呈现完整、多面、真实的"先人"，尽量从不同维度认识、分析和理解当时的"先人"，尽量采取宽容和底线思维来评价历史的"先人"，使历史新闻人的形象能够突破、超越或消除以往形成的绝对性和"模糊感"，还其"本来面目"，让今人或后人认识一个个更加"完整""全面""清晰"的先人形象。

31

人是各种社会关系的总和。中国新闻人走上社会或开始新闻活动后，必然要和与他相关的各式人等发生不同内容、性质、层次、目的的联系，形成某种关系，这些关系肯定会对"他"产生不同的影响。在复杂影响下做出的人生决定和做出的言行举止，又会对曾经影响过"他"的人产生不同范围和社会效果的影响，进而成为"他"历史定位的参照甚至是决定性因素。大多数新闻人的一生是在错综复杂、不断变化的社会环境中走过来的，不同社会环境必然会对新闻人的生活道路产生复杂的影响。随着社会环境中各种关系的不断变化，作为"各种社会关系总和"的新闻人也不断变化。以民国时期新闻人为例，有些人开始走的是错路后来幡然醒悟改走了正道；也有人开始走了正路但后来拐上了"不归路"；有的人经过数十年思考探索最终在比较中走向了光明；当然也有很多人几十年一直在自认为正确的道路上走着，但始终没有达成自己预想的人生目标。尽管这些新闻人的结局不尽相同，但他们都不是从娘胎里一出来就是共产党人、民主主义新闻战士或汉奸新闻人，而是他们各自人生经历、社会思潮影响、人生价值观转移、社会道德观动摇或坚定等多方面变化或转折的结果。

　　民国新闻史研究不应绕过但一直存在争议的新闻史人物陈独秀，在辛亥革命时期创办《安徽俗话报》宣传维新改良和反清革命，五四新文化运动时期创办《新青年》（原名《青年杂志》）成为五四新文化运动倡导者，和李大钊等积极筹建中国共产党，成为"南陈北李"中共早期领导人之一。中共"一大"到"五大"担任中共中央主要领导人，亲自领导建立较完整的中国无产阶级新闻宣传体制和机制，大革命后期因各种原因犯了右的错误，"八七会议"后离开中共领导岗位。因参加托派活动并拒绝改正，中共中央政治局于1929年11月15日通过决议，开除包括陈独秀在内的从事托派活动的党员党籍。① 1931年5月被选为托派组织"中国共产党左派反对派"中央书记。1932年在上海被国民党当局逮捕，1937年获释。出狱后主张发动群众抗日，拒绝国民党高官厚禄，在四川江津（今属重庆）以教书为生，直至病逝。鉴于陈独秀在中共中央主要领导人岗位上的右倾机会主义错误造成"大革命"运动失败，后又参加托派且拒不认错被党中央开除党籍等原因，新中国成立后出版的一些新闻史著作中对其前期新闻活动也言之甚少。1959年编写的《中国现代报刊史讲义》等对"陈独秀"言之不多，就是改革开放10年后出版的新闻史著作如《中国新闻事业史稿》② 中也没有曾创办《新青年》杂志、《每周评论》等报刊，领导出版中共

---

① 张朋. 民国新闻人陈独秀研究［D］. 南京：南京师范大学，2018.
② 李龙牧. 中国新闻事业史稿［M］. 上海：上海人民出版社，1985：92-100.

"第一个半公开的政治机关报"《向导》及领导创立中共早期新闻事业管理体制和运行机制的中共早期领导人陈独秀的照片（只是用了《新青年》的书影，但出现了时任《晨报》总编辑李大钊的照片），当然就不可能对陈独秀从创办《安徽俗话报》到领导创办《向导》并构建早期中共新闻宣传体制机制的历史贡献进行比较客观的评价。1996年出版的《中国新闻事业通史》（第二卷）中就出现了"《新青年》初名《青年杂志》"的书影和"《新青年》主编陈独秀"的照片①。

新闻史研究应对陈独秀在不同历史阶段的新闻活动性质、功能和社会作用进行有区别的评价。"是"就是"是"，"非"就是"非"。这一阶段（创办《安徽俗话报》《新青年》及中共建党早期探索实践共产党新闻工作体制）"是"就说"是"，那一阶段（参加中国托派并拒绝改正，组织托派小集团并成为首领）"非"就说"非"，把他的新闻活动放在特定社会环境中考察，让后人了解和认识一个更接近历史真实的、多侧面的"陈独秀"，是中国新闻史研究应有的历史功能。

三、提升学人：中国新闻史研究的潜在功能

知识分子群体是掌握和运用人类创造的知识、服务社会进步和科学技术发展的特殊群体。不同群体的区分标准是拥有并利用学科专业知识服务社会的系统性、完整性及精深程度。研究得越深入精细，获得的专业知识就越系统。新闻学群体与其他学科群的区分标志就是所拥有知识（包括基础知识和专业知识）的新闻学特征。新闻学群体的新闻学基础知识或专业知识水平一般应超出非新闻学专业人员。而新闻史基础知识和专业知识则应是知识结构中不应缺少的部分。从事新闻学研究却对新闻史基础知识缺少必要了解掌握不是理想或合理的知识结构。中国是这样，美国是这样，日本是这样，其他国家也是这样。

新闻传播学的博士研究生是未来（有些已是现实）的新闻传播学研究者。作为定位于研究者的社会成员应建构起比较科学完整的学科知识结构。一般认为，新闻传播学高层次专业人员的知识结构主要包括公共知识和专业知识两大部分：专业知识按照水平层次分为基础性专业知识和研究性专业知识。把"中国新闻史"有关课题作为博士学位论文选题的博士生，应使自己的中国新闻史基础知识上升到研究性专业水平；即使不以"中国新闻史"有关课题作为博士学位论文的博士生，也应使中国新闻史知识在知识结构中超过一般专业人员水

---

① 方汉奇.中国新闻事业通史：第2卷[M].北京：中国人民大学出版社，1996：3.

平。中国新闻史知识应是新闻传播学博士知识结构中不应缺少的组成部分。

以史为鉴，提升自身。新闻学科教学研究人员对新闻史知识水平的提升不是关乎个人兴趣好恶，而是事关能否适应新闻业发展，能否适应现实新闻活动发展需要的社会任务。通过中国新闻史研究，后人可了解和借鉴"先人"把握新闻时机，使新闻活动获得最大社会效果的历史经验；了解和借鉴"先人"应对突发政治事件、社会重大事件、重大新闻事件，以新闻报道引导社会舆论的历史经验；了解和借鉴"先人"摸索和总结新闻采访、编排、印制及销售技能，保持或推进新闻媒体持续发展的历史经验。对于丰富教学内容，升华思想境界，提高教学生动有效性，增强应对和处理教学研究现实问题的能力具有直接的意义。

第四节　中国新闻史研究的基本方法

中国新闻史研究一般属于人文社会科学领域的研究，在研究中应用较多的也属于人文社会科学方面的研究方法。由于功能、效用和特征不在同一层面，新闻史学者的研究方法体系呈现出"塔形结构"。

一、中国新闻史研究方法的塔形结构

对于大多数中国新闻史研究者而言，应该是具有较厚实学术修养和积淀基础的，从研究方法角度认识，新闻史研究者拥有的研究方法大致呈现一个"塔形结构"。

（一）微观的具体研究方法

塔尖是随着学科细分和研究深入趋于微观和细化的图表数据比较研究法、文本分析比较法、史料辨析法、田野调查法、自然观察法、田野研究法、统计研究法、抽样研究法等。

（二）中观的定性的研究方法

塔身则由质化研究方法和量化研究方法、人文主义和科学主义、纵向研究方法和横向研究方法等类群组成。前者主要为定性研究，后者主要为定量研究，也有量化质化相结合的研究方法。塔身一方面支撑具体研究方法的应用，同时又接受研究者世界观和方法论的制约。

（三）宏观的根本的研究方法

塔基则是由研究者世界观和方法论决定或制约的基础性研究方法。世界观和方法论属于哲学范畴。古今中外哲学派别根据对这一问题的不同回答分成唯物主义和唯心主义两大派别，它们在斗争中互相渗透和互相转化，伴随的还有辩证法和形而上学的斗争。

二、中国新闻史研究的基础性方法

新闻史（包括但不限于中国新闻史）研究只有倡导和运用唯物的研究方法、历史的研究方法和辩证的研究方法①，才能客观、科学、全面地认识新闻史起源、发展、变化及诸多因素的交互、交织和发展演变。

（一）唯物的研究方法

唯物的研究方法是指以"客观存在"历史事实为基础和前提的认识和研究中国新闻史的方法。如依托历史档案文献、历史人物的书信、日记、会议录及当时报纸、杂志等新闻介质所载历史事实进行研究的方法。强调中国新闻史研究从"客观存在"出发，以确凿的历史文献为依据，使新闻史学者书写所"再现"的历史接近"历史"的真实。强调尊重历史和从史实出发，以"历史真实"的目标"再现历史"，奠定"论从史出"矛盾中"史"的基础。

"九一八"事变发生时，东北边防军驻沈阳王以哲旅尽管在兵力、装备等方面占据优势，但在仅300多日军的进攻前却"仓皇退走"，是因东北边防军司令部事先"力持镇静，不准抵抗"之令。日军向长春发动总攻时，中国守军又因吉林边防军参谋长熙洽"毋须抵抗"之令"含愤撤退"。时为全国海陆空军副总司令兼东北边防军总司令、东北地区最高军政长官的张学良，同日在北平协和医院接受《大公报》记者采访时称："吾早已令我部士兵，对日兵挑衅不得抵抗，故北大营我军早令收缴军械，存于库房，昨晚日军以三百人攻入我军营地，开枪相击，我军本无武装，自无抵抗。"此言一出，全国愕然，张学良自此被冠以"不抵抗将军"。东北军队在"九一八"事变中执行的"不予抵抗"命令是出于蒋介石还是张学良？史学界历来有不同说法。是否真如张学良所说是他在日军武装挑衅前"早已"下令部队"不抵抗"？还是张学良按照蒋介石指令事先要求部队"不得抵抗"？归根结底是张学良还是蒋介石做出"不抵抗"决策并下达了"不抵抗"命令？这个问题须依据史料所载的确凿无误历史事实才能得出令人信服的结论，才能使真相大白于天下。

据中国国民党中央委员会党史委员会出版的史料记载：蒋介石于1931年8

---

① 倪延年.再论民国新闻史研究的三个基本问题——基于国家社科基金重大项目"中华民国新闻史"研究的思考［J］.现代传播—中国传媒大学学报，2020，42（3）：29-35.

月16日指示张学良"无论日本军队以后如何在东北寻衅，我方应不予抵抗，力避冲突。吾兄万勿逞一时之愤，置国家民族于不顾"。这是蒋介石明确"指示"张学良"不予抵抗，力避冲突"，并且要求"吾兄万勿逞一时之愤，置国家民族于不顾"。时任"中华民国"国民政府主席兼中国海陆空军总司令同时还是中国国民党总裁的蒋介石把话都说到这个份上了，张学良理应不会再"逞一时之愤"了。那么在8月16日以后会不会有变化呢？台湾地区"国防部民国105年11月10日国办文档字第1050005267号函注销密等"的"民国二十年八月二十四日由上海"转发给"南昌蒋总司令钧鉴"的电报称"密顷接汉卿电称：近日对日外交情形紧迫，彼国①朝野上下公然图谋侵占我东北。彼方谓满蒙势甚积极，不可终日，弟曾尽力设法以谋疏解，终鲜效果。所有一切曾经维寅兄电达左右。荷蒙鉴詧转呈总座，至深佩感。近数日来情况益紧，辽宁东边沿江接近韩岸各县，纷纷告警，均谓韩人将对华人实行袭击，人心异常。惶恐其他各处日韩侨民复多到处寻衅凶横异常，虽经严令各地方官民特别注意，持以镇静，避免冲突，一方设法消解，一时暂得无事，但日人方面系属有意动作，现已揭开面目，必将另造"②。这是张学良在蒋介石于8月16日下达"不予抵抗，力避冲突"指示后的8月24日，再次把"日人方面系属有意动作，现已揭开面目，必将另造理由，借机寻衅"等危急情况向蒋介石汇报并请求新的指示。但直到"九一八"事变发生时，东北边防军参谋长熙洽下达的命令仍是"毋须抵抗"。可知蒋介石在接到张学良8月24日电报后没有改变他在8月16日"无论日本军队以后如何在东北寻衅，我方应不予抵抗，力避冲突"的命令。由此才有张学良"早已令我部士兵，对日兵挑衅不得抵抗"。

上述史料澄清了一个历史事实：东北边防军在"九一八"事变中执行的"不抵抗"命令来自蒋介石于1931年8月16日的"指示"。蒋介石1931年8月16日"指示"张学良"无论日本军队以后如何在东北寻衅，我方应不予抵抗，力避冲突"，张学良通过东北边防军司令部（参谋长熙洽）向部队下达了"不予抵抗，力避冲突"的命令。8月24日，张学良再次电报向蒋介石汇报"近日对日外交情形紧迫，彼国③朝野上下公然图谋侵占我东北"，"近数日来情况益

---

① 指日本。
② 下缺。似是"必将另造理由，借机寻衅。如日人借机寻衅如何处置，敬请总座明示"云云。[张学良就近来对日外交情形致蒋中正电（民国20年8月24日）[A]．台北：台湾"国史档案馆"，台湾"国防部"2016年11月10日《国办文档字第1050005267号函》注销密等．]
③ 指日本

紧，辽宁东边沿江接近韩岸各县，纷纷告警"，"日人方面系属有意动作，现已揭开面目"的"紧迫"动态并请求指示。尽管没有发现档案文献记载蒋介石再次以文字形式强调"不抵抗"命令，但从9月18日沈阳守军王以哲旅因执行"力持镇静，不准抵抗"命令仓皇退走和长春守军执行吉林边防军参谋长熙洽"毋须抵抗"命令"含愤撤退"的结果分析，蒋介石接到张学良8月24日电报后并未改变8月16日"不予抵抗，力避冲突"的"指示"。"九一八"事变中的东北军之所以在区区数百日军进攻面前或"仓皇退走"或"含愤撤退"使东三省迅速落入敌手的根本原因，是张学良的部队执行了蒋介石"不予抵抗，力避冲突"命令。蒋介石下达了"不予抵抗"命令，张学良是蒋介石"不抵抗"命令的执行者——新发现的张学良1931年8月24日给蒋介石的电报（档案），坐实了"不抵抗"命令出于蒋介石的这一历史事实，张学良由此甩掉了数十年来"不抵抗将军"的恶名。

（二）历史的研究方法

历史的研究方法是指把"历史"的新闻史人物、事件及媒介言论放在当时（历史）的社会语境中认识、思考和解读的研究方法。具体如对历史文献的解读、历史事实的考证、历史背景的再现等研究方法。

中国古代新闻媒介最早出现于何时？有学者认为："中国的原始形态报纸应始见于唐代。而且很可能是在'盛唐'的历史条件下，创始于开元年间。"[1] 其标志是出现了第一级由当时的中央政府（朝廷的中书省、枢密院或六部）"牒布于外"的"报状"和第二级由藩镇在京师所设进奏院的"邸吏"根据长官要求搜集京师新闻并抄报给地方"当道"以使获得京师朝政新闻的"进奏院状报"。这一结论既有朝廷文献记载，又有时人著作叙述，且和当时的政治、经济发展水平相适应，所以完全站得住脚。但唐朝"报状"或"进奏院状报"应是中国的原始形态报纸"起源"后经过相当时间发展才达到的水平而不是"起源"时的水平。

中国古代新闻媒介何时"起源"？应把中国古代早期新闻媒介的"起源"放到"历史"的环境中去考察。首先中国古代早期新闻媒介的外观形象是随着人类社会成员自身的完善、社会生产力的发展和科学技术的进步不断发展完善的。其次是可以肯定在纸张产生并较为普遍地使用前，中国古代新闻媒介不可能出现以纸张为新闻介质的物质形态。最后是在纸质媒介出现前就已经出现承担荷载新闻信息并在社会成员间传播的如竹简、木牍等非纸质新闻媒介。竹简、

---

[1] 黄卓明. 中国古代报纸探源 [M]. 北京：人民日报出版社，1983：38.

木牍等非纸质文献载体应早于唐朝抄写"报状"或"进奏院状报"的纸质媒介。而出现荷载新闻信息并在社会成员间传播的非纸质媒介时间节点才应是中国古代新闻媒介"起源"的时间点。尽管我们先人到西汉时期才发明纸张，唐朝时使用才比较普遍，但可以肯定当时社会生活中的非纸质介质已承担荷载新闻信息并在社会成员间传播的功能。有人根据《墨子·明鬼》中当时一些重大社会政治新闻被"著在"周、燕、宋、齐等国《春秋》的文献记载和孟子见到过百余《春秋》[①] 的记载及当代学者关于"古代的春秋或历史记录，倒很类似今天的报纸"等史实，得出"中国古代传统新闻媒介起源于东周末年《春秋》"的结论，应有一定的科学可行性，至少可视为一个学术假设。

如何"评价"民国时期那些既不属于共产党阵营又不属于国民党派别的民间新闻人在国民党统治的特定历史环境中，创办、发行、生存、发展的新闻报纸及其新闻消息、新闻言论及对政治事件的表态，只有用历史的研究方法才能对特定历史现象"予以合理解释"，得出"符合历史真实"的结论。民国时期各阶段的社会主要矛盾和政治力量对比变化很大，因此社会语境又不尽相同。以袁世凯为首领的北洋军阀是主导北京政府的力量，以蒋介石为政治领袖的中国国民党是主导南京政府的力量，代表日本侵略者利益的汪伪集团则是沦陷区汉奸傀儡政府最得力干将。由于政府掌握军队、警察、监狱、法院及政治、经济、文化和自然资源，新闻人与社会统治者的"相处之道"决定着新闻人及新闻媒介的命运：与社会统治者"合作相处"就能合法存在；选择"对抗"就必然受到社会统治者"压迫"。在民国时期特定社会语境中，除政治信仰与统治集团对立的新闻人和新闻媒介外，大多数民间新闻人和媒介都会选择与社会统治者"共处"。这种情况下的民间新闻人及媒介会发声批评统治者施政的欠缺或失责，但不会鼓动"推翻政府"，否则就难以生存。应把选择与统治者"共处"的民间新闻人及媒体言论放到"民国时期"特定"历史"环境中去认识，对特定环境下刊载过当局要求发布的诸如污蔑新四军为"叛军"或指责八路军"游而不击""制造摩擦"等新闻消息或言论的国统区民营报纸，只要不是长期并一贯为虎作伥、沆瀣一气，或暗中勾结、串通一气、出谋划策并从中获利，就可理解是民间新闻人及媒体的"无奈之举"，是特定社会环境下的"谋生之策"。

在成为中华人民共和国执政党前的 28 年间，共产党和国民党的关系先后经历了如下历史阶段：国共合作"北伐"的蜜月期；在蒋介石、汪精卫分别制造上海"四一二"和武汉"七一五"反革命政变后进入国共决裂期；日军制造北

---

① 赵振祥. 唐前新闻传播史论［M］. 北京：中国文联出版社，2002：48.

平卢沟桥"七七事变"后又进入全民族抗日的国共合作时期；抗战胜利后因国民党发动内战进入两党决战时期等。共产党新闻媒介随着不断变化的两党关系"起舞"，宣传口径先后发生明显变化：在北京政府时期政党为私利玩弄政治、黄色知识分子依附军阀横行无忌的"历史"环境中，《中国共产党第一个纲领》提出"彻底断绝同黄色知识分子阶层及其他类似党派的一切联系"①。在国共合作"大革命时期"的"历史"环境中，共产党中央机关报《前锋》号召同"爱国的"国民党合作以"去掉军阀和外国势力的压迫"②。在国民党"清共"的"历史"环境下，中共中央机关报《布尔什维克》宣称"国民党，中国最早的革命政党已经因此灭亡了"③。在日本全面武装侵略、中华民族生死存亡的"历史"环境下，共产党在《中共中央为公布国共合作宣言》提出实现国共合作与全国大团结的三项基本政治纲领，为表示实现国共合作的诚意再次宣布孙中山先生的三民主义为中国今日之必需，本党愿为其彻底实现而奋斗；取消一切推翻国民党政权的暴动政策及赤化运动，停止以暴力没收地主土地的政策；取消现在的苏维埃政府，实行民权政治，以期全国政权之统一；取消红军名义及番号，改编为国民革命军，受国民政府军事委员会之统辖并待命出动，担任抗日前线之职责。④ 在国共合作抗日的"历史"环境下，共产党新闻媒体称南京政府为"国民政府"、蒋介石为"蒋委员长"或"蒋主席"、国民党军队为"国军"。在蒋介石国民党集团发动全面内战的"历史"环境下，共产党新闻媒介称蒋介石为"战争罪犯""独夫民贼"，明确喊出了"打倒蒋介石，解放全中国"⑤ 的口号；称南京政府为"反动政府""卖国政府"，称国民党军队为"蒋匪军""反动军队"。"历史的研究方法"就是应把共产党新闻媒介在民国时期各阶段的新闻言论及新闻消息甚至新闻用语，放到不同阶段的"历史"环境（如"大革命时期""十年内战时期""抗战时期"及"国共决战时期"）中认识分析，而不是用"当代"语境标准来衡量、评判共产党新闻媒介在民国时期

---

① 《中国共产党历次党章汇编》编委会.中国共产党历次党章汇编（1921—2012）[G].北京：中国方正出版社，2012：49-51.
② 郗卫东.解放前红色报刊发刊词：从《新青年》到《人民日报》原貌重现[M].北京：中央编译出版社，2011：77.
③ 郗卫东.解放前红色报刊发刊词：从《新青年》到《人民日报》原貌重现[M].北京：中央编译出版社，2011：125-126.
④ 李新，韩信夫，姜克夫.中华民国大事记：第4册（1937—1943）[M].北京：中国文史出版社，1997：94.
⑤ 毛泽东.中国人民解放军宣言[M]//毛泽东选集：第4卷.2版.北京：人民出版社，1991：1235-1240.

某一特定"历史"环境下的某篇文章甚至某篇文章的一句话,更不能用共产党领导人在民国时期特定"历史"环境下某次公共集会上讲过的某一句话或喊过的某个口号作为立论的依据,以免跌入机械唯物主义和教条主义的泥坑。

(三) 辩证的研究方法

辩证的研究方法是指把中国新闻史上的新闻现象、新闻史人物、新闻媒介、新闻活动及新闻事件进行全面客观认识和思考的研究方法。充分认识客观事物的复杂性和多面性特征,避免"是"即"全是"、"非"则"都非"一刀切式的简单化判断。具体如一分为二的研究方法、多视角的研究方法及多元思维研究方法等。

共产党重庆《新华日报》1945年11月刊载社评指出重庆《大公报》"在若干次要的问题上批评当局因而建筑了自己地位的大公报,在一切首要的问题上却不能不拥护当局"①。这是共产党新闻媒介对《大公报》与国民党政府关系的第一次表述。1947年7月5日新华社的时评《家臣失态》中说《大公报》向来对蒋介石的态度就是"小处批评,大处帮忙"。中共中央1949年1月23日《关于对天津〈大公报〉〈新星报〉〈益世报〉三报处理办法复天津市委电》指出:"《大公报》……过去对蒋(介石)一贯小骂大帮忙,如不改组不能出版。"②停刊《大公报》(津版)创办的《进步日报》在"代发刊词"中说"'小骂大帮忙'是大公报的得意手法。它骂的是无关痛痒的枝节问题和二、三等的法西斯小喽啰,它所捧的是反动统治者的基本政策和统治国家地位的法西斯首领,即其所谓'国家中心'"③。《新闻战线》在反"右"运动后期载文称:"旧大公报是国民党政学系的报纸,是国民党反动派头子蒋介石的帮凶;是在什么'文人论政'、'不党不卖不私不盲'、'超政治'、'中间路线'种种烟幕下,通过'小骂大帮忙'的鬼蜮伎俩,帮着国民党反动派统治集团为非作歹的。"④ 一直到20世纪结束,"小骂大帮忙"一直是新闻史学界对《大公报》与国民党当局关系的基本定论。21世纪初有学者认为:"《大公报》对中国革命的胜利,有其特殊的贡献。无论如何,再也不该把'小骂大帮忙'这个说法强加在她的头上了。"⑤ 2014年"基本上将'蒋档'中与《大公报》及其报人的所有材料一

---

① 与大公报论国是 [N]. 新华日报, 1945-11-21.
② 中国社会科学院新闻研究所. 中国共产党新闻工作文件汇编: 上卷 [G]. 北京: 新华出版社, 1980: 270.
③ 方汉奇, 等. 《大公报》百年史 [M]. 北京: 中国人民大学出版社, 2004: 329-330.
④ 德山. 旧大公报剖析 [J] 新闻战线, 1958 (1): 25-32.
⑤ 方汉奇, 等. 《大公报》百年史 [M]. 北京: 中国人民大学出版社, 2004: 21.

网打尽，并且基本都是以第一手的档案文献为基础进行研究"① 的《新记〈大公报〉再研究》一书出版。该书采用文献抽样定量统计、权值打分等方法研究《大公报》对国民党和共产党态度的变化，认为："该报经历了从'疑蒋反共'到'拥蒋反共'，再到'反蒋反共'的过程，对蒋政府的态度虽有变化，但反共却是一贯的"，"所谓'小骂大帮忙'在《大公报》历史上的绝大部分时间里确实存在。"② 作者运用辩证研究方法所阐述的《大公报》与国民党政府关系的结论，既符合辩证法一分为二的思想，也符合《大公报》在民国时期与国民党政府关系的基本发展过程和整体情况：不回避《大公报》在民国时期"历史上的绝大部分时间里"的确曾为蒋介石国民党政府"小骂大帮忙"的事实，同时肯定《大公报》也有不为蒋介石国民党政府"小骂大帮忙"的时候。如《大公报》所载范长江"西北通讯"中透露红军没有被国民党军队"剿灭"的信息、报道河南大旱灾真实情况及揭露政府救灾不力和地方官吏大发"救灾财"等就不属于"小骂大帮忙"。港版《大公报》发表《和平无望》社评和沪版《大公报》发表《大公报新生宣言》等则是公开与国民党当局决裂。

对中华人民共和国成立后大陆新闻媒介在不同历史阶段中新闻言论的评价也应采用辩证的研究方法。新中国成立已70多年，在这并不算短的时间里，中国大陆上有过多次规模、时间和范围大小不等的政治运动：土地改革、镇压反革命、三反五反、抗美援朝、工商业社会主义改造、反对胡风反革命集团运动、人民公社化运动、反"右"运动、"大跃进"运动、社会主义教育运动、"文化大革命"运动、"一打三反"运动、揭批林（彪）陈（伯达）反党集团运动、揭批"四人帮"及拨乱反正运动、以"真理标准"讨论开路的思想解放运动、反对"洋冒进"和个人崇拜运动、反对资产阶级自由化运动、打击经济领域犯罪及共产党内的"讲政治、讲学习、讲正气"活动、"党员先进性教育"活动等。不仅70年间发生过不同政治目的（标）的政治运（活）动，而且某些政治运动的不同阶段由于外部因素变化也表现为明显不同的社会政治氛围。20世纪50年代中后期的反"右"运动，原先设想是共产党"开门整风"，请党外各界（主要是知识、教育、科技界）人士给共产党提意见。运动起来后，一些怀疑、否定共产党领导和社会主义制度的右倾思潮，借共产党开门整风的机会开始冒头和蔓延。极少数资产阶级右派在"帮助共产党整风"名义之下，"向共产党和

---

① 吴廷俊. 新记《大公报》再研究：序一［M］//俞凡. 新记《大公报》再研究. 北京：中国社会科学出版社，2016：4.
② 俞凡. 新记《大公报》再研究［M］. 北京：中国社会科学出版社，2016：421.

工人阶级的领导权挑战","企图乘此时机把共产党和工人阶级打翻,把社会主义的伟大事业打翻,拉着历史向后倒退"①。另一方面是败逃在台湾与新中国政权敌对的蒋介石集团势力蠢蠢欲动、国际反华势力封锁紧缩,经过数十年浴血拼搏才建立新中国的共产党人对此感到严重政治危险和威胁,以《人民日报》发表《这是为什么?》为标志,共产党的"开门整风"转向反"右"运动,并最后导致反"右"扩大化,党和国家事业遭受了重大损失。尽管中国在70年间出现过不同名称的政治运动,但共产党一直处于执政党地位,上自中共中央机关报《人民日报》,下至共产党省委、地委乃至县委机关报一直是主导性的主流新闻媒介,掌握并决定新闻传播话语权,并随着政治环境的变化报道新闻和"发声"。连续出版数十年的新闻报纸在不同历史阶段的新闻报道重点、倾向、立场及新闻用语等必然带着特定时代的政治烙印和色彩。尤其是在两个社会阶段的转折"交接"期,同一新闻媒介对同一主题新闻报道的视角、态度、立场乃至新闻用词等方面均表现出明显的差异,不了解"历史"的后人似乎判若两报,很难理解。对此要客观书写新闻媒介在当时特定环境下的言行举止及社会影响,同时也应分析是特定社会生活氛围产生的制约力使然。中国特色社会主义道路的探索没有先例可循,只能"摸着石头过河",在实践中总结经验(吸取教训),通过不断修正错误到达胜利的彼岸。从某种意义上讲,探索中国特色社会主义道路(包括中国特色社会主义新闻道路)过程中出现阶段性的错误决策,或在某些阶段的某些工作中出现某些工作失误是难免的,且这些错误和失误由我们党自己改正了。只有采用辩证的即客观的而非主观的、以客观事实为依据的而非主观猜测的、全面而非片(单)面的、辩证的而非一刀切的研究方法,才能对当代新闻史上出现过的曲折、波动、反常乃至是非颠倒的"奇怪"现象予以客观、真实、全面和符合历史的书写和再现,做到既对社会和历史负责,又对事业和先人负责。

---

① 中共中央党史研究室. 中国共产党历史: 第2卷(1949—1978, 上册)[M]. 北京: 中共党史出版社, 2011: 443-450.

第二篇 02

"凉亭结构模式"之"亭顶篇"

第二章

中国新闻史的起源及发展阶段

"中国新闻史"中的"新闻"是指向非常明确且集中的词汇。一般认为"新闻是新近发现的事实经公开传播的信息"[①]。如把"中国新闻史"研究仅仅限定在对"产生于中国这块土地上的""新近发现的事实经公开传播的信息"的研究,显然与学术界对"中国新闻史"研究对象内容及成果的共识大相径庭。学术界研究"中国新闻史"的实际对象范围远远超出作为"新近发现的事实经公开传播的信息"的"新闻",涵盖了人类社会特定成员(新闻人)为完成预设的新闻传播目的,进行新闻采集和生产并依托新闻媒介完成新闻活动的方方面面,涉及"新闻事业"所有要素。因此,本书"中国新闻史"中的"新闻"是"中国新闻事业"的省略称谓。

第一节 中国新闻史的起源探微

中国新闻事业是世界新闻事业的有机组成部分之一,中国新闻事业史也是世界新闻事业史的有机组成部分。中国新闻事业的"起源"问题也是世界新闻事业起源研究的一部分。

一、研究中国新闻史起源的意义

由于中国新闻事业历史悠久,大量新闻史料湮没,所以在目前尚没有完全形成共识。探讨中国新闻史"起源"是为中国新闻史学学科奠基的基础性问题。因此研究中国新闻史的"起源"具有如下几方面意义。

(一)中国新闻史研究必须解决的基本问题

中国新闻史的"起源"可视为"中国新闻事业史"的起源。"新闻事业"是社会生活中的新闻活动及其社会效果达到一定水平、产生较大影响并形成一定规模社会运作系统后出现的社会现象,并不是"新闻事业"要素如"新闻活

[①] 童兵,陈绚. 新闻传播学大辞典[M]. 北京:中国大百科全书出版社,2014:1.

动"等一出现就形成完整的"新闻事业"。新闻活动出现后遵循社会活动和自身内在规律不断发展，成为有起点而没终点的不断发展的社会现象，后来发展成为完整的社会新闻事业。探讨"中国新闻事业"各要素从什么地方来，什么时间开始出现，在什么环境下发展并予以科学的解释，是建构中国新闻史学的基本问题。

（二）为探讨中国新闻事业发展趋势提供启迪

探讨中国新闻事业"起源"的特定环境特征——时间特征、社会环境特征、生产力发展特征及人类社会需要不断进步的特征，有利于深刻认识中国新闻事业与中国社会生活要素间的互动关系，探讨中国新闻事业各组成要素（新闻人、新闻活动、新闻媒介、新闻管理体制以及新闻技术、新闻受众及新闻效果等）与中国社会要素（政治、经济、文化、教育、科学、技术、军事等）间的互动关系，为探讨新闻事业要素的发展趋势提供借鉴和启发。中国新闻事业是世界新闻事业的组成部分之一，中国新闻事业相关要素与中国社会生活相关要素的互动关系，实际也是人类新闻事业发展与世界社会生活要素互动发展的一个侧面。对中国新闻史起源的思考探索，对世界各国新闻史学界在该领域的研究无疑具有积极启迪意义。

（三）有助于提高和增强新闻史学界的学术自觉和自信力

对"中国新闻史"研究者而言，把中国新闻史"起源"问题认识、思考分析及阐释清楚，是事关建立和增强中国新闻史专业研究队伍学术自觉和学术自信的问题。对于以"中国新闻史研究"为终身职业的社会成员，不知道自己的研究对象何时"开始"起源，说不清楚"为什么"会在这个时间起源，为什么会在"这个时间"以"这种方式"起源等中国新闻史的基本问题，将有可能在特定的语境中失去话语权。把"中国新闻史"的起源问题思考清楚、分析清楚、说明清楚，对于新闻史研究队伍的建设和稳定具有积极的意义。

二、中国新闻史"起源"的诸家之说

关于中国新闻活动的"起源"问题，一般包括两方面：第一是关于"中国新闻活动"起源时间的判断；第二是关于"中国新闻事业"起源时间的探索。对这两个问题，新闻史学界专家学者一直在思考和探索，并在各自的成果中予以个性化表述。

（一）中国新闻事业"起源"时间的诸家之说

尽管人类社会的新闻活动在"新人时期"（旧石器时期，距今1.8万年）或是"新石器时期"(出现农业和畜牧、广泛使用磨制石器和能够制陶和纺织,开始于距今八九千年以前)就已出现,但按照"新闻(事)业是新闻人依托新闻媒介实施新闻活动为中心的、具有明确目标并具有一定物质存在规模的社会生活系统"的标准判断,出现了新闻活动的人类社会还远远没有具备形成社会新闻事业的条件。中国新闻事业的出现还要经过数千年发展。中国新闻事业何时出现?这一问题的答案仍有多种不同结论。

1. 戈公振的"汉有邸报"说

中国新闻史学的开先河学者戈公振在《中国报学史》中提出"汉有邸报"即中国汉代即存在"邸报"的观点,尽管文中用了疑问词"乎",但结论是肯定的。① 戈公振得出这一结论的依据是《西汉会要》卷六十六所载"大鸿胪属官有郡邸长丞"和颜师古对该条的注:"主诸郡之邸在京师者也。案:郡国皆有邸,所以通奏报,待朝宿也。"意思是西汉朝廷"大鸿胪"(大约相当于后世中央政府中的"部")下属官员中有"郡邸长丞"(大约相当于后世中央政府"部"下的"司")。"郡邸长丞"的公务职责是"主管"各"郡国"设在"京师"(皇城)的"邸(机构)"。当时各"郡国"(皇帝分封同姓王或异姓王的"食邑")在京师(皇城)设"邸(机构)",是为了承担"通"达郡国首领向朝廷递交的"奏章"和抄"报"朝廷关于郡国的朝政指令(也可能抄报郡国首领感兴趣或关心的京师朝政有关人或事的信息)及为郡国来京师公差的大小官员提供"食宿"保障。史料表明"西汉时期"的"诸郡(国)"均在"京师"设"邸",可知"京师邸"是当时的普遍现象;"郡国邸"中的"邸吏"或"邸卒"应有工作职责区分(如承担"通奏报"或"待朝宿"事务的邸卒,或负责管理的"邸吏"),可见"郡国邸"从事"通奏报,待朝宿"的人员已形成一定社会规模;因"郡国邸"的"通奏报"及"待朝宿"活动对朝廷及社会生活具有较重要影响,所以朝廷设专设"大鸿胪"负责管理"郡国之邸"及其"通奏报、待朝宿"活动。由"郡国之邸"的"邸吏"或"邸卒"在京师履行"通奏报"职责过程中顺带收集的郡国首领感兴趣的京师朝政人或事的新闻消息,书写在木牍或竹简等载体上"传"回郡国首领的媒介,因是出于"邸吏之手"就被称为"邸报"(当然不可能是以纸张为传播材料的媒介承担者之邸报,因为当时纸张还没有问世。但又不能同意那种因此而否定西汉帝国拥有类似邸报的报纸存在的可能性:西汉帝国或许已经建立了一个或近似于新闻传播机构如"大鸿胪属官有郡邸长丞"之类;帝国的政治现实和行政管理等多方面

---

① 戈公振. 中国报学史 [M]. 北京:中国新闻出版社,1985:22—26.

的原因，都强烈地要求人们必须建立这样一个适合帝国需要的机构，否则像西汉王朝这样庞大的帝国，其国家机器的运转要达到正常化，将是根本不可能的①）。按照"新闻（事）业是新闻人依托新闻媒介实施新闻活动为中心的、具有明确目标并具有一定物质存在规模的社会生活系统"判断，应可认为中国古代新闻事业雏形在西汉时已开始出现。

2. 方汉奇的"中国新闻事业起自唐朝说"

方汉奇先生执笔的《中国新闻事业通史》（第一卷）"中国古代的新闻事业"认为"唐代的进奏院状已经具有一定的报纸的作用，它是一种原始状态的报纸"②，因此"唐代是中国开始有新闻事业的朝代。中国早期的报纸始见于唐代"；"由诸道邸吏向地方传发的时事报状，其起始时间大约不晚于唐玄宗开元初年，即8世纪初"；"它十分接近于16世纪诞生于欧洲的新闻信，但早于后者约800年"③。方先生展现了他托人从英国不列颠博物馆抄录的"进奏院状"的文字内容并做了考证，得出了"中国新闻事业起自唐朝"的结论。方先生关于"中国新闻事业始于我国唐朝"的结论，既分析合理又有实物证明，得到中国新闻史学界的普遍赞同。后来出版的如丁淦林的《中国新闻事业史》、吴廷俊的《中国新闻史新修》、黄瑚的《中国新闻事业发展史》、白润生的《中国新闻事业通史纲要》、哈艳秋的《中国新闻事业史》、李彬的《中国新闻社会史》和陈昌凤的《中国新闻传播史——传媒社会学的视角》（第二版）及王润泽主编的《中国新闻传播史新编》等专著或教材，也大多持相同或相近的观点。

3. 倪延年的"中国古代报刊事业源自《春秋》说"

倪延年在《中国古代报刊发展史》中依据"（1）社会生活中出现并存在以记录和传播新闻消息为主旨的社会成员和社会活动；（2）社会生活中存在荷载并用于传播新闻消息的较为固定的物质材料及形态；（3）社会生活中出现并存在着从新闻搜集、整理、荷载到发布的初步完整的社会新闻活动运作体制；（4）新闻信息的收集和传播活动在当时的社会生活中的政治、外交或其他领域产生了一定的影响等条件"④，提出中国古代报刊的最早起源可追溯到产生于周王朝分封的各诸侯国的《春秋》的观点，认为"《春秋》可以视为我国古代报刊的最早萌芽或初始性萌芽"，也可以说《春秋》的出现标志"中国古代报刊已经

---

① 尹韵公．中国明代新闻传播史［M］．重庆：重庆出版社，1990：4．
② 方汉奇．中国新闻事业通史：第1卷［M］．北京：中国人民大学出版社，1992：45．
③ 方汉奇．中国新闻事业通史：第1卷［M］．北京：中国人民大学出版社，1992：61-62．
④ 倪延年．中国古代报刊发展史［M］．南京：东南大学出版社，2001：10．

开始起源了"。因此围绕"中国古代报刊"运行的"中国古代报刊事业"也就开始出现了。

根据对前人研究成果和有关史料的阅读、思考和研究,倪延年认为把"中国古代报刊"的"起源"时间确定为"春秋战国时代",有以下几方面的史学依据:

(一)《春秋》之名与古代"天子"获得社会新闻的活动有关

古籍《夏书》称:"遒人以木铎徇于路,官师相规,公执艺事以谏。"《左传》说"正月孟春,于是乎有之,谏失常也"。这是说夏朝"正月孟春"季节,官府委"遒人"摇着装有木舌的铜铃沿大道到四乡采风问俗。"孟春"后"遒人"回到官府或官学整理所采民风民俗以上谏天子,因得于"孟春"故以"春"名之。刘歆在致扬雄信中说:"三代周秦,轩车使者、遒人使者,以岁八月巡路,求代语童谣歌戏。"其中所称"轩车使者"是乘官车察乡情的官员,而"遒人使者"则是官府征召的鳏寡孤独且男性年过60或女性年过50的长者。他们在每年农历八月沿路寻访以搜集民间流传的"代语童谣歌戏"。因时在"八月"故取"秋"为名,这是《春秋》之名的由来。《说文解字·说文五上》有"訊"字。许慎释为"古之遒人以木铎记诗言。从辵从丌。丌亦声,读与记同"。徐锴曰"遒人行而求之,故从辵。丌荐而进之于上也。"① 戈公振认为"訊"从"丌",其义为荐陈,犹今言报也。"訊"从"辵"颉,其义为行走,犹今言采访也。故"訊"与"后世记者之职为近","訊之所采为诗,訊之所记即为春秋"②。著名新闻史学家朱传誉认为"风就是民谣。经采集以后,为了便于合乐,在文字或形式上,可能经过润饰、修改,和原来的面目稍有不同","所谓'讴'、'诵',只能说是有韵的语言,更近于'新闻'或'消息'。我们可以说,谣的原始形式是'新闻','简其语,齐其句,谐其音',是为了便于传播。"③ 由于春秋两季,官府"轩车使者"和民间"遒人使者"到民间采风(民间诗歌、谚语、童谣及封国的政治、社会、军事和民间杂闻)并整理成文,原始的"风"更近于"新闻"或"消息","风"采自民间,采风问俗活动在春秋两季进行,名为《春秋》是与当时采风记事活动规律有关,也与后世新闻采访相似。

(二)《春秋》是记载宫中新闻或社会重大事件的文献类型名称

现在存世的《春秋》一书由我国儒家学说创始人孔丘(字仲尼)依据鲁国

---

① 许慎. 说文解字[M]. 徐铉, 校定. 北京: 中华书局, 1963: 99.
② 戈公振. 中国报学史[M]. 上海: 上海书店出版社, 2013: 21.
③ 朱传誉. 先秦唐宋明清传播事业论集[M]. 台北: 台湾商务印书馆, 1988: 5.

史官所编《春秋》整理修订而成的儒家经典之一，故世人多皆以为《春秋》即是特指鲁国《春秋》。戈公振在数十年前就指出"鲁史曰《春秋》，然《春秋》不必为鲁史"。战国初期墨子曾说"吾见百国《春秋》"（《隋书·李德林传》），但具体见到哪些诸侯国《春秋》并未明言，故后人不知其详。《墨子·明鬼》篇有"日中，杜伯乘白马素车，朱衣冠，执朱弓，追周宣王，射之车上。中心折脊，殪车中，伏弢而死。当时之时，周人从者莫不见，远者莫不闻，著在周之《春秋》……庄子仪之鬼，荷朱杖击燕建公，燕人从者莫不见，远者莫不闻，著在燕之《春秋》……袾子槁观辜，殪之坛上，宋人从者莫不见，远者莫不闻，著在宋之《春秋》……羊触中里徼，殪之盟所，齐人从者莫不见，远者莫不闻，著在齐之《春秋》"的记载，史载周王朝末年曾有"分封百余诸侯国"之说，可知墨子所说"吾见百国《春秋》"之言不虚。春秋时期不少诸侯封国都有记载宫廷和朝政及社会重大事件的《春秋》，所以《春秋》并不是特指某一封国记载宫廷内容的某一种古籍，而是当时记载诸侯国宫中新闻或社会重大事件的文献类型的总名称。中国古代文学研究者徐中舒认为"《春秋》原是朝报邸钞一类的原始记录"①，从一个侧面验证了《春秋》的新闻特点。

（三）《春秋》的篇章结构具有后世新闻消息的基本特征

《春秋》有些篇章对历史事件的记载（书写方式）具有现代"新闻"要素的特征。朱传誉认为"在形式或编排上，如果我们用新闻学的眼光来看，《春秋》的'经'可以说是标题，释经的'传'可以说是新闻的本文。'经'也可以当作新闻的引言（lead）来看。如'夏五月郑伯克段于鄢'这短短几个字，就包括了新闻引言所应有的时、人、事、地等几项要素"②。《左传·鲁襄公二十五年》所载"崔杼弑齐庄公"即是如此。新闻标题是"崔杼弑齐庄公"，新闻时间为"鲁襄公二五年（前548）乙亥（农历五月十七日）"。新闻人物：主角崔杼、齐棠公遗孀棠姜、继棠公为君的齐庄公、因被齐庄公"鞭"后转为崔杼效劳的侍人贾举、由鲁奔齐的齐庄公被杀事件的目击者晏子等。事件起因：齐棠公死后，崔杼前往吊唁时见到棠公遗孀棠姜而心生好感，指使护兵东郭偃把棠姜带回家中成为自己的夫人。继棠公为国君的齐庄公和棠姜私通，常去崔杼家中与之幽会，还把崔杼的帽子送人以炫耀。崔杼对此怀恨于心。他挑拨庄公攻晋以求借晋报仇未果，想杀庄公投奔晋国又没机会。事情经过：侍人贾举因受庄公鞭责转投崔杼。崔杼称病不出。庄公借机来崔杼家中问候，棠姜和庄

---

① 徐中舒．左传选［M］．北京：中华书局，1963：347．
② 朱传誉．先秦唐宋明清传播事业论集［M］．台北：台湾商务印书馆，1988：5．

公照面后出屋。庄公跟随棠姜出去。棠姜回崔杼屋并和崔杼一起从边门离开。庄公在天井拍柱喊棠姜。侍人贾举把其他随从关在门外进入天井，即和庄公甲兵相见。庄公屡求免死均被贾举以"巡夜所捕淫人，崔杼令一律捕杀"拒。庄公逾墙逃命被射中臀部坠地，终死贾举刀下。崔杼报了庄公私通其妻且公然侮辱之仇。事情发展：尽管庄公是死于贾举刀下，但祝佗父、晏子等皆认定庄公系崔杼所杀，并造成普遍的社会舆论。在崔杼成为齐国国相后与邻国商谈结盟时，对方还坚持不与"崔杼、庆封（之流）结盟"。幸亏晏子圆场说"崔杼只是不忠君，但有利国家社稷，是上帝旨意"。结盟才成功。尽管如此，齐国太史还是在齐国《春秋》上记下"崔杼弑其君"。事情结局：为使此事不载《春秋》，崔杼连杀"太史"兄弟三人，太史四弟不畏死继而书之，崔杼"乃舍之"。这样的文本结构应是自周朝及各诸侯封国"太史"们通过实践总结摸索出来的内在规律：国君或朝臣在看到"标题"时就可获得事件发生时间、主要人物及事件内容等方面的信息，形成一个较为完整的轮廓，从而吸引读者看下去。后人正是从前人大量的新闻作品文本中总结出便于新闻传播的"新闻"消息文本的主要特征，并在实践应用验证后归纳总结出后世关于新闻消息文本结构和要求的理论。

（四）"《春秋》人"对内容"真实"的追求与后世记者的职业秉性相近

《春秋》出自诸侯封国宫廷"史官"（有关文献中有"外史""内史""左史""右史""太史"等称谓，甲骨文中有大史、小史、西史、东史等①）之手，我们暂且称为"《春秋》人"。"《春秋》人"非常重视历史记录的真实性，为保证所记录历史事实的真实可信，有些"《春秋》人"甚至"不惜此头"，为坚持所记载内容的真实献出生命。《左传·（鲁宣公二年）晋灵公不君》载："乙丑，赵穿攻（晋）灵公于桃园。宣子未出山而复。太史书曰'赵盾弑其君'，以示于朝。宣子曰：不然。对曰：子为正卿，亡不越境，反不讨贼，非子而谁？宣子曰：呜呼！'我之怀矣，自诒伊慼'。其我之谓也。……宣子使赵穿逆（迎）公子黑臀于周而立之。壬申，朝于武宫。"②《春秋》所记"赵盾弑其君"不是发生在鲁国，而是发生在晋国。可见注重记载内容真实是当时诸侯封国"太史"的共同"笔法"。齐国太史为在齐国《春秋》上书"崔杼弑其君"，兄弟相继以身殉职，这是齐国太史的"春秋"笔法。晋国太史为在晋国《春秋》上书"赵盾弑其君"拼命与手握重权的赵盾争辩这是晋国太史的"春秋"笔

---

① 赵振祥. 唐前新闻传播史论 [M]. 北京：中国文联出版社, 2002: 29.
② 徐中舒. 左传选 [M]. 北京：中华书局, 1963: 116-117.

法。记录"晋灵公不君"的晋国"太史"在《春秋》记下"赵盾弑其君"后，赵盾辩解"晋灵公不是我杀"。太史义正词严驳斥说："你身为朝臣，避难还未出境，听到赵穿攻打晋灵公却不回头平叛，不等于是你杀了晋灵公吗？"毫不胆怯，唯"真实"之求，与现代记者"舍得一身剐，敢把皇帝拉下马"的职业追求如出一辙。

（五）《春秋》当时所发挥的社会功能具有后世新闻舆论监督的性质

是否即时形成社会舆论既是区别"档案"和"新闻"的标志，也是检验某一事物是否具有"新闻"属性的重要标准。春秋时期诸侯封国的《春秋》虽然主要承担"宫廷档案"功能，但有时也发挥"朝政新闻"的功能。因为"当时的史官不但有时记录重大朝政大事，而且也把这些大事作为新闻加以公开传播"。①《左传·（鲁宣公二年）晋灵公不君》记载"太史书曰'赵盾弑其君'，以示于朝。宣子曰：不然。对曰：子为正卿，亡不越境，反不讨贼，非子而谁？宣子曰：呜呼！'我之怀矣，自诒伊慼'。"即晋国"太史"在晋《春秋》上记下"赵盾弑其君"后立即"以示于朝"，即在朝臣们议事的厅堂公布。"太史"所记"赵盾弑其君"在朝廷厅堂公布后迅即在朝臣中引起反应，赵盾大概从朝臣异样的目光中感受到舆论压力，于是找"太史"辩解以开脱责任。若"太史"不是记录"赵盾弑其君"后"以示于朝"，赵盾肯定不会那么快就知道"太史"所记内容及对自己的道德谴责，其他朝臣也不会知道所记内容后对赵盾白眼相看，赵盾也就不会去和"太史"论理。所以赵盾去找"太史"论理的直接原因是"太史"记下"赵盾弑其君"并"以示于朝"形成的舆论压力。联想到"崔杼弑其君"一事，尽管《左传》没有提及"太史"记录后"以示于朝"。但若"太史"记下"崔杼弑其君"后不迅即"以示于朝"而是藏于"石室金匮"，崔杼肯定无法得知"太史"所记内容，也就不会因"崔杼弑其君"五字连杀"太史"兄弟三人。这一切全都因"太史"记下"崔杼弑其君"肯定会"以示于朝"并产生社会舆论。可见"太史"们在《春秋》上记录重大事件后大多会"以示于朝"，以形成劝惩有异的社会舆论。而能够形成社会舆论压力正是"新闻"区别于"档案"的独特社会功能。

（六）出土文物旁证了春秋末期出现新闻事业萌芽的可能性

出土史料证明，早在春秋末期的秦国就已经出现并实际运行稳定可靠的信息传播机制。1975年，我国考古学者在湖北云梦地区首次发现大批珍贵的秦简，

---

① 倪延年．论中国古代地方新闻媒介起源于东周末年《春秋》//新闻春秋［J］．2020（1）：4-33．

其中的两片木牍尤其引人注意。木牍是专门用于画图和写信，当时的规定是写信人在木牍上写完信后，在上面加盖一块版，在版上写明收信和发信人的姓名，而后用特定的绳子扎牢，还须在绳结处加盖封泥以防别人拆看，然后交邮驿寄出。在云梦发现的这两片木牍是当时参加秦国伐楚淮阳之役的两个士兵"黑夫"和"惊"写给家人的私信——一封二百余字，一封一百余字。他们在信中要求远在千里之外的家里人给他们去买衣服布匹，或"与钱借来"，而且紧急得很，否则"即死矣"，最后还向家里人问好。[①] 据有关资料介绍，这些木牍是和刻有政府法令文书的竹简在一口古井中发现的。有人推测是政府部门留存的文件档案，其中的那组前线士兵写给家人的家书可能是主管部门担心该家书内容有泄露前方军事形势之嫌，所以在书信寄发前的例行检查中被扣留而未能寄出，因而就成为工作档案留存在政府机关。由于战争形势变化迅速，这些秦简的所有者（或管理者）仓促中弃于废井，后来就被人遗忘，直到在近2000年后于1975年被考古人员发现。这些竹简说明了两个问题：一是当时秦国已建立起国家的信息传播机制——不但保持了前方将领和后方指挥中枢的联系畅通，而且前线的士兵也可通过国家信息传播机制免费和后方家人保持通信联系（20世纪60年代我国实行军人免费邮寄制度，曾亲见过盖有"免费军事邮件"红色三角章的军人所寄家信）；二是秦国的信息传播机制中已包括了内容审查机制。前方军人（至少是士兵及下级军官）从前方寄出的家信，都必须通过规定的内容审查程序后才能寄出，凡是可能对前方军事行动消息造成泄密的内容都禁止寄发。这才有可能出现前线士兵"黑夫"和"惊"的家书被扣留成为政府档案的情况。在士兵能通过信息传播机制与后方家人保持书信联系的情况下，我们有理由相信前线的军事动态新闻消息也很可能通过这一机制进行汇报和传播。

综上所述，《春秋》出自诸侯封国诸如"太史""南史"等"《春秋》人"之手，承担记载特定区域发生的政治或社会事件，并通过向社会传播形成或引导特定区域社会舆论的功能，因而具有"新闻媒介"的某些属性和功能。伴随《春秋》存在的诸如"太史""南史"等主要从事新闻记载和传播活动的新闻人，曾经存在的"百余国"《春秋》物质形态、诸侯国宫廷对"《春秋》人"履行职责的管理机制及产生社会舆论效果的社会环境等，构成了中国早期原始新闻事业的初步形态，所以我们认为《春秋》出现的中国"春秋时期"既标志中国古代新闻媒介的起源，也是中国古代原始新闻事业的起源。

---

① 尹韵公. 中国明代新闻传播史[M]. 重庆：重庆出版社，1990：2.

第二节　中国新闻史的发展阶段

中国新闻史是伴随中华民族数千年历史进程，经历了起源、发展、变化、曲折、兴盛等阶段才发展到如今的中国新闻事业发展史。中国新闻史的每个阶段因社会环境不同和新闻事业自身差异具有不同的特点和规律。除对"中国新闻史"进行"通史"式研究外，大多数的中国新闻史研究还是"断代史"研究，甚至是"专题"研究。对延绵数千年的中国新闻事业史而言，阶段研究能抓住阶段特征、把握社会特点、勾勒发展轨迹。

一、中国新闻史划分阶段的常见标准

中国新闻史学界经过长期思考和实践，尝试从多个角度或侧面对中国新闻史发展阶段进行划分和研究，以从不同角度认识和把握数千年中国新闻史不同发展阶段的特点和规律。常见的划分标准主要有：

（一）着眼"时代"视角划分中国新闻史发展阶段

着眼"时代"视角是指把数千年中国新闻史划分成为"古、近、现、当"四个时代的阶段划分方法。其中"古代"从上古到近古，具体划到1840年前（如"中国古代新闻史"之谓）；"近代"是从1841年至1911年年底，即从鸦片战争签订"中英南京条约"开始，中国被迫割地赔款，到孙中山在南京领导创立资产阶级共和政体的中华民国临时政府前（如"中国近代报刊史"之谓）；"现代"是从1912年元旦到1949年9月底，即从中华民国临时政府宣告成立，到中华人民共和国中央人民政府宣告成立前（如有《中国现代报刊发展史》之谓）；"当代"则是从1949年10月1日开始（已出版有《中国当代新闻事业史》及《中华人民共和国新闻史》等谓），"当代"这一阶段正在延续下去。

（二）着眼"朝代"视角划分中国新闻史发展阶段

着眼"朝代"视角是指把中国历史上历时较长的封建朝代作为数千年中国新闻史发展阶段的划分标准。如"唐前"时期是从上古到唐朝（李渊登基）前（如《唐前新闻传播史论》）；"唐朝"是从618—907年，从唐太祖李渊称帝到唐哀帝李柷让位于梁王朱全忠（如《唐代文明与新闻传播》）；"宋朝"是从960年宋太祖赵匡胤通过"陈桥兵变"实现黄袍加身开始，到1279年赵昺跳海宋朝灭亡为止（如《宋代新闻史》）；"清朝"是在中国东北建州女真部首领努

>>> 第二章 中国新闻史的起源及发展阶段

尔哈赤建立后金政权，1636年改国号"后金"为"大清"，后于1644年明朝灭亡，顺治帝迁都北京建立具有中央政府性质的清朝廷起，到辛亥起义胜利且中华民国临时政府宣布成立后的1912年2月12日，清廷发布"退位诏书"标志清朝灭亡为止（如《中国清朝前中期新闻传播史》和《晚清报业史》）；"中华民国"（即"近代"）是从孙中山在南京领导创立中华民国的1912年元旦（有人从武昌辛亥起义后成立"中华民国鄂军政府"）起，到蒋介石国民党主导的中华民国首都南京被人民解放军"占领"、中华人民共和国中央人民政府在北京宣告成立的1949年10月1日前为止（如国家社科基金重大项目"中华民国新闻史"的最终成果多卷本《中华民国新闻史》）；"中华人民共和国"（即"当代"）是从1949年10月1日在北京宣告成立"中华人民共和国中央人民政府"至今，并将一直延续下去（如《中国当代新闻事业史》和《中华人民共和国新闻史》等）。

（三）着眼"革命"性质划分中国新闻史发展阶段

着眼"革命"性质视角是按照中国社会历史进程中的不同革命性质作为阶段划分新闻史发展阶段的标准。学界一些学者称为"革命范式"或"阶级斗争范式"。根据这一划分标准，大致把从起源到现在的中国新闻史划分为如下发展阶段：

1. 第一阶段为"奴隶革命阶段"

人类社会在原始共产主义社会后出现的第一个有阶级的社会是奴隶社会（周武王时期达到鼎盛），社会主要矛盾是受压迫的奴隶阶级与压迫者奴隶主阶级之间的矛盾，在大规模奴隶起义和地主阶级兴起的两面夹击下奴隶制最后灭亡。

2. 第二阶段是"农民革命阶段"

在奴隶制社会末期出现以出租土地收取地租的地主阶级和依靠租种土地并在上交地租后留下少量粮食的农民阶级，社会主要矛盾是农民阶级和地主阶级的矛盾，地主阶级的残酷剥削迫使等死不如闯祸的农民阶级举行武装起义以反抗地主阶级统治，《史记》所载陈胜吴广起义是秦朝灭亡的导火索，历史上不少朝代的灭亡都是起因于农民起义。

3. 第三阶段是"资产阶级革命阶段"

"资产阶级革命阶段"又称"旧民主主义阶段"。随着西方近代科学技术传入，中国民族资产阶级在夹缝中产生并逐渐发展，鸦片战争后国内兴起以资产阶级为领导和主要力量的民主主义革命，其目标是"师夷长技以制夷"，主张学习西方先进技术增强中国实力以抵制西方列强的侵略和掠夺，维护封建地主和资产阶级统治地位和根本利益,发展生产力和促进社会文明进步。

4. 第四阶段是"无产阶级革命阶段"

"无产阶级革命阶段"又称"新民主主义革命"阶段。这段时间从1919年发生的"五四"反帝爱国运动开始到中华人民共和国中央人民政府成立的1949年9月底前为止。中国无产阶级在革命先驱知识分子领导下以"五四"反帝爱国运动为标志登上了历史舞台,因无产阶级具有严格组织纪律性和革命斗争彻底性而迅速成为中国社会革命的领导力量。其目标是领导并带领中国绝大多数受压迫和受剥削的工人、农民、小资产阶级和小地主等推翻人剥削人、人压迫人的旧制度,建立一个劳动人民当家做主的"人民国家"。

5. 第五阶段是"社会主义革命和建设阶段"

这段时间从中华人民共和国中央人民政府成立开始(也有学术著作把"中国新民主主义革命"的时间下限划到中国大陆完成公私合营并通过"社会主义"的《中华人民共和国宪法》前),延续至今并将继续延续下去。学术界又有人具体划分为:新民主主义革命向社会主义革命的"过渡时期"(1949—1954),社会主义建设发展时期(1954—1966),"文化大革命"及拨乱反正时期(1966—1978),改革开放时期(1979—2012)及中国特色社会主义新时期(2012—至今),等等。

(四)着眼社会进程"重大事件"划分中国新闻史发展阶段

着眼于社会进程中的"重大事件"视角划分中国新闻史发展阶段是指以中国近代社会发展历史进程中的重大社会事件为标志作为确定和划分新闻发展阶段的标准。一般把"鸦片战争"前称为"传统古代社会",由于中国近代新闻业在封建专制社会环境下不可能出现,所以大多从"鸦片战争"开始。分别以太平天国、洋务运动、戊戌变法、辛亥革命、五四运动、共产党成立、大革命运动、国共内战、抗日战争、解放战争、共和国建立、反"右派"运动、发生"文化大革命"、启动改革开放、反对资产阶级自由化运动、建立社会主义市场经济体制、进入社会主义新时代以及中国特色社会主义新时期等不同"社会重大事件"作为阶段划分标准。一般情况下以某一"社会重大事件"时期新闻事业作为一个阶段进行研究。

二、中国新闻史发展阶段的主要观点

中国新闻史阶段的划分标准没有定规,应该也可以根据研究或叙述需要,分别从不同角度、侧面、方位、性质、形态等划分发展阶段。就目前而言,新闻史学界对中国新闻史发展阶段的划分主要有如下观点：

（一）戈公振的"四阶段说"

戈公振在被誉为"开中国近代新闻史研究先河"的经典著作《中国报学史》中把中国从古代到20世纪20年代中期的中国新闻事业史分为：官报独占时期（时间跨度从汉代至清中叶）、外报创始时期（19世纪初外国在华人员进入中国创办中外文报刊）、民报勃兴时期（清末民办报刊的兴起）、民国成立以后（时间跨度从南京临时政府成立至北京政府时期）等四个阶段。

（二）方汉奇的"十五阶段说"

方汉奇主编的《中国新闻事业通史》（三卷本）把数千年（远古到1991年12月）中国新闻事业史划分成十六个阶段，即中国古代的新闻事业、外国人在华早期办报活动、中国人自办报刊历史的开端、维新运动时期的新闻事业、民主革命准备时期的新闻事业、辛亥革命前后的新闻事业、民国初期的新闻事业、五四时期的新闻事业、中国共产党成立和大革命时期的新闻事业、十年内战时期的新闻事业、抗日战争时期的新闻事业、解放战争时期的新闻事业、新中国成立到基本完成社会主义改造时期的新闻事业、全面建设社会主义时期的新闻事业、"文化大革命"时期的新闻事业、社会主义现代化建设新时期的新闻事业。

（三）丁淦林的"十四阶段说"

丁淦林主编的《中国新闻事业史》把数千年（远古到2000年）中国新闻事业史分为十四个阶段，即中国古代的新闻传播、中国近代报刊的产生、维新运动中的国人办报热潮、辛亥革命时期的新闻事业、民国初期的新闻事业、五四时期的新闻事业、中国共产党成立和大革命时期的新闻事业、十年内战时期的新闻事业、抗日战争时期的新闻事业、人民解放战争时期的新闻事业、基本完成社会主义改造时期的新闻事业、全面建设社会主义时期的新闻事业、"文化大革命"时期的新闻事业、社会主义现代化建设中的新闻事业。

（四）白润生的"十四阶段说"

白润生编著的《中国新闻通史纲要》把中国几千年新闻事业史分成十四个阶段，即中国古代的新闻传播、我国近代报业的兴起、第一次办报高潮的形成与发展、第二次办报高潮与少数民族报刊的兴起、第一批名记者的出现与民国初年的少数民族文字报业、革命民主主义报刊的产生、无产阶级报刊破土而出及其初步发展、资产阶级新闻事业的发展与两极新闻事业的形成、多元化的政治势力及其新闻事业的共存、多元化政治势力及其新闻事业的最后较量、中华人民共和国新闻事业的建立、社会主义新闻事业在探索改革中曲折前进、浩劫中的社会主义新闻事业、新时期新闻事业的繁荣。

（五）黄瑚的"八阶段说"

黄瑚著的《中国新闻事业发展史》把数千年（从古代到1996年前后）中国新闻事业史分成八个阶段，即中国新闻事业的诞生和初步发展、中国民族报业的兴起与第一次国人办报高潮、清末新闻法制的建设与第二次国人办报高潮、自由新闻体制与新闻事业的职业化、新闻事业在新文化运动的发展、无产阶级新闻事业的诞生与初步发展、国民党新闻统制制度的建立与党营新闻事业的发展（"国统区民营新闻事业的艰难发展""沦陷区新闻事业的殖民化"和"中国共产党新闻事业的发展、壮大与全面胜利"属于同一时段）、社会主义新闻事业的建立和发展。

（六）曾虚白的"十阶段说"

曾虚白主编的《中国新闻史》把数千年的中国新闻事业发展史分成十个阶段，即民意的形成与发展、汉唐邸报至清末官报、外人在华创办的报纸、政论报纸的兴起、民国初年的报业、从"五四"到"北伐"的报业、从"北伐"到"抗战"的报业、抗战时期的报业、抗战胜利后的报业、自由中国的报业（1949—1965）、近年新闻事业的发展（1965—1988年前后台湾地区的新闻事业状况）。

（七）吴廷俊的"三阶段说"

吴廷俊著的《中国新闻史新修》以"上编""中编"和"下编"叙述"八面来风：帝国晚期的新闻事业"（古代—1912）、"五方杂处：民国时期的新闻事业"（1912—1949）和"定于一尊：共和国时代的新闻事业"（1949—）等三个阶段中国新闻事业的情况。如从各章内容、时间阶段认识则是把数千年（下限为2000年左右）中国新闻史分成十五个阶段，即集权制度下的古代报纸、西力东渐与在华外报、向西方学习与国人办报发轫、维新运动与政治家办报开端、革命改良双重奏与政党报刊斗争、民初混乱与新闻事业的被动进步、新文化运动与启蒙报刊、大革命运动推动新闻事业黄金发展、两极政治环境下的新闻事业、抗战烽火中的新闻事业、两极对决中的新闻事业、新中国成立与新闻事业一元格局形成、探索建设社会主义与新闻事业曲折发展、"文化大革命"与黑暗新闻业、走进新时期与新闻事业新篇章。

（八）黄瑚的"四阶段说"

黄瑚教授在新版《中国新闻事业发展史》中把中国新闻事业发展历程分为

"新闻事业在中国的出现与长足发展"（1815—1895），"从民族报业的勃兴到新闻事业的全面发展"（1895—1927），"两极新闻事业的发展及其影响"（1927—1949）和"社会主义新闻事业的建立、发展与改革"（1949—）四大阶段。

三、对中国新闻史划分阶段标准之认识

上述对中国新闻事业发展阶段的划分主要是着眼于中国新闻事业与社会发展历程关系之视角。新闻事业是社会生活中的客观存在，新闻人、新闻媒介、新闻活动等是和社会生活同步发展进步的，所以从新闻事业与社会生活角度划分发展阶段有其科学的依据和价值。

（一）新闻事业是社会生活的有机组成部分

新闻事业的产生发展与社会、政治、经济、军事及文化等因素有着割不断甚至是非常密切的联系。从上述著作对中国新闻史阶段的划分中可以看到中国社会政治经济发展打上的浓重烙印，并且反映了中国社会特定阶段政治、经济、军事环境对中国新闻事业的推动和取得的历史性进展。五四运动对新民主主义新闻事业的发展；大革命运动对反帝反封建新闻媒体发展的促进；全民族的抗日救国战争对民族抗日新闻事业发展的促进等都具有十分明显的互动关系，这也从一个侧面反映了中国新闻事业发展的客观规律。上面八部著作以中国社会的政治社会进程为参照对象对中国新闻事业发展史阶段的划分，当然有其科学的意义。

（二）新闻事业和社会生活既有联系又有区别

新闻事业的产生发展和新闻事业产生发展的社会、政治、经济、军事、文化等因素发展不是同一个概念。新闻事业的产生发展的确要受到社会发展进步的制约，在特定社会环境中伴随着政治、经济、军事、文化等因素同步发展；但不是在任何时候都和社会、政治、经济、军事的发展同步进行，也有可能表现出新闻事业在一定的条件下遵循其内在规律向前发展的特殊现象。例如黄瑚教授把中国新闻事业的发展历程分为"新闻事业在中国的出现与长足发展"（1815—1895），"从民族报业的勃兴到新闻事业的全面发展"（1895—1927），"两极新闻事业的发展及其影响"（1927—1949）和"社会主义新闻事业的建立、发展与改革"（1949—）等阶段，就是从中国新闻事业史角度划分中国新闻史发展阶段的成功尝试。

（三）新闻史的阶段划分应立足于新闻事业自身规律

制约新闻事业发展内在规律的因素很多，最主要的应是新闻传播内容的本

质性拓展、新闻传播形式的革命性更新、新闻传播媒体新品种诞生及新闻传播效果跨越式发展等内在因素。这些因素的发展当然离不开社会环境中政治民主、教育发达、文化普及、科学发展及技术进步等因素的支撑，但这些相关因素毕竟不能取代新闻传播事业自身，不能代替新闻传播内容的本质性拓展、新闻传播形式的革命性更新、新闻传播媒体的新品种诞生及新闻传播效果的跨越式发展等内在因素在中国新闻事业发展中的独特地位。

四、中国新闻史发展的"七阶段说"

从新闻事业发展的本质性因素着眼来认识新闻事业发展的规律，并依此探讨新闻史发展阶段的划分。这或许更能体现新闻事业的内在规律，更能符合新闻事业发展的客观实际，使中国新闻史阶段的研究和划分摆脱附属于社会、政治、经济、军事发展历程的"窘境"，成为体现中国新闻事业史学科属性的阶段划分。我们认为从新闻传播媒介发展的角度可把数千年中国新闻事业发展历程划分为七个阶段。①

（一）凭借自身言语传播新闻的阶段

凭借人类社会成员自身拥有的言语传播新闻（简称"言传新闻"）阶段，是特指人类社会成员间借助自身拥有的发音器官发出"有声语言"或以脸部眉眼、肌肉等做出特定表情代表特定意义的"表情语言"以及上下肢体做出特定动作或姿势蕴含特定意义的"肢体语言"等为主要或辅助手段，进行新闻传播活动的历史阶段。时间大致从古人类学上称为"新人"或"真人"即恩格斯在其经典著作《从猿到人》中称作"完全形成的人"出现后到人类社会产生文字前的这一历史阶段，即"远古时期"。

邝云妙在谈到新闻活动起源和新闻活动的物质载体时推理说，比如在狩猎时，哪个山头或草滩发现了羊群或野鹿，发现者就要告诉其他人。当时还没有语言，就发出一种声音或做出一种手势，使其他人明白发生了什么，于是大家协同围捕。如果哪个山窝出现了老虎，发现者就要发出另一种手势或信号，要他们注意警戒或躲藏。从原始人发现羊群或野鹿（老虎）的事实信息通过口头语言或肢体语言传播给其他原始人，并实现"协同围捕"或"注意警戒或躲藏"的过程，具备了完整"新闻传播活动"应具备的传播者、传播内容、传播媒介、传播受众及传播效果等要素，所以已是完整的新闻传播过程。赵振祥认

---

① 倪延年．中国新闻事业发展阶段新论［J］．新闻与传播研究，2010（1）：4-11．

为从音符新闻到图像新闻再到口头新闻①，这应是一种合理的推断。远古时期流传下来的神话故事里，既有先民们对曾经发生过的重大客观自然灾害的真实记忆因子，又有先人在当时所能达到的思维能力和水平条件下，对自然现象的思考、推测和解释。一些神话故事中蕴含了先民对其生活或遭遇的真实记载，是一种经过时光曲射后口耳流传下来的重大新闻事件记录。

（二）借助文字记载传播新闻的阶段

借助文字记载传播新闻（简称"字传新闻"）阶段是特指人类社会成员在继续通过口头或表情及肢体语言方式进行新闻性信息传播的基础上，进入了通过使用文字记录和传播新闻的历史新阶段。大致从人类社会产生文字到春秋战国时期，即人类社会奴隶制终结并完成向封建制过渡前的这一历史时期。

在从奴隶社会向封建社会过渡的进程中，曾存在过一个相当长的巫兼史职、巫史同称、巫史不分的时期。商代的史、卜和祝，甲骨文中的大史、小史、西史、东史以及卜（贞人）和祝，大抵都是巫觋一类的社会角色②，同时他们也是奴隶社会统治机器（原始政府）中的史官。史官的职责主要是围绕帝王的言行记事，如《礼记·玉藻》所言的"动则左史书之，言则右史记之"。当时史官记录下来的东西，如果从新闻角度考察则具有"政要新闻"的味道，出土于晋代的《穆天子传》则是"政要新闻报道的典范"。到春秋时期，史志新闻出现了两种取向，一种是以《春秋》为代表的"正史"新闻系列，就如同今天的官方报纸；另一种是以《汲冢琐语》为代表的"野史"系列，则如同今天以登载社会新闻为主的晚报类报纸。春秋战国时期出现的几部官修史书也都是春秋战国时期的史志新闻著作，如《尚书》是"中国最早的记言新闻"，《春秋》是中国"人本新闻传播的发端"，《左传》是"背景新闻报道的典范"③。朱传誉在《新闻的起源》中一文认为：如果我们用新闻学的眼光来看，《春秋》的"经"可以说是标题，释经的"传"可以说是新闻的本文。"经"也可以当作新闻的引言来看，如"夏五月郑伯克段于鄢"，这短短几个字就包括了新闻引言所应有的时、人、事、地等几项要素。

（三）以新闻信为媒介传播新闻的阶段

以新闻信传播新闻（简称"信传新闻"）阶段是把发生在一时一地（此时此地）的新闻信息书写在纸张上，并以密封方式向身处异地或异时（异时异地）

---

① 赵振祥．唐前新闻传播史论［M］．北京：中国文联出版社，2002：12．
② 赵振祥．唐前新闻传播史论［M］．北京：中国文联出版社，2002：29．
③ 赵振祥．唐前新闻传播史论［M］．北京：中国文联出版社，2002：31-56．

特定社会成员传播并收到预期新闻传播效果的阶段。这一阶段大致从春秋战国后期到唐朝末年。

在统一六国过程中的秦国就出现过内容中含有新闻因子的书信。1975年，我国考古工作者在湖北云梦地区首次发现了大批珍贵的秦简，其中有两片木牍的内容具有特殊的意义。这是当时参加秦国伐楚淮阳之役的两名士兵（一人叫黑夫，一人叫惊）在前线写给家人的书信。信中要求家人为他们买布做成衣服寄给他们，并且还要"与钱偕来"，否则"即死矣"。这两个士兵的家人（包括诸亲六眷乃至同村人等）应该可以从这封书信中获知前方战事紧张，秦国士气低下、军心浮动的信息，因此这封写在秦简上的家信就具有了传播战时新闻信息的"新闻信"的某些特点（可能也就是这个原因使这封信被拦截下来未能寄出而成为工作档案得以保存下来）。我国西汉时期发明了造纸术。东汉元兴元年（105）经皇帝推广后，"自是莫不从用"。晋朝时期左思的《三都赋》因人们纷纷抄读而"洛阳纸贵"，可知纸张书写已非常普遍，人们之间书信往来也更加方便。404年，东晋豪族桓玄称帝颁下诏书曰"用简者，宜以黄纸代"（《初学记·卷二十一》）。从此以后，连官文书也全部使用纸张了。① 唐朝是我国新闻史学界公认的诞生古代新闻事业的朝代，主要载体"进奏院状报"和"报状"等纸质书写品，是诸郡（道、军、州）长官派遣长驻京师的地方官根据长官兴趣搜集京师新闻信息，以手抄方式"专递"给"本道"长官的新闻性信息荷载物。研究认为，敦煌进奏院状是"属于一种由官文书向正式官报转化过程的原始状态的报纸。从单向、双边传递新闻信息这一点来看，它近似于作为西方近代报纸前身的16世纪欧洲的新闻信"②。李彬进一步明确表述为"归义军进奏院状报是中国现存最早的一份新闻信"③。

（四）以书本式介质为媒介传播新闻的阶段

装订成书本形式传播新闻（简称"书传新闻"）阶段是把新闻信息书写在纸张上然后装订成册，并以书本形式在社会上流通，进而实现新闻信息传播目的的历史阶段。这一阶段大致是从宋朝出现公开发布的朝廷官报开始，历经元、明，直到清末民初为止。

北宋太平兴国七年成立"钤辖诸道都进奏院"（简称"都进奏院"），并设"监进奏院"一官专司管理进奏院抄报工作之责，一改以往由各藩镇将军大吏在

---

① 姚福申. 中国编辑史：修订本 [M]. 上海：复旦大学出版社，2004：115.
② 方汉奇. 中国新闻事业通史：第1卷 [M]. 北京：中国人民大学出版社，1992：60.
③ 李彬. 中国新闻社会史 [M]. 北京：清华大学出版社，2008：36.

京城自设进奏院抄传京师文报的传统做法。"进奏院状（报）"自此成为由朝廷命官直接管理且听命于朝廷"沟通上下之情""使（百官）以知朝政"的政府官报，开创了朝政新闻传播的新纪元。为便于长期保存查阅，朝廷把抄写有朝政消息的单张纸装订成册后传送给相应级别官员"阅知"。北宋开始出现由朝廷直接控制的朝廷官报，尽管不同的朝代在名称上有所不同，但即使在蒙古贵族入主中原的元朝，朝廷也仍设有专门的朝政信息收集和传播机构，并且编印有以"除目"形式存在的官报，其性质是官僚系统内部参考性质的中央政府官报，其内容为官员升陟罢黜等。① 至于元朝之后的明朝和清朝，朝廷编印官报已成常态，直到清朝皇帝在辛亥浪潮中被迫宣布"退位"。进入19世纪以后，西方传教士在马六甲创办的《察世俗每月统记传》、在中国广州创办的《东西洋考每月统记传》和后来的《万国公报》以及由资产阶级维新派人士模仿西方传教士创办的诸如《万国公报》（后改名为《中外纪闻》）、《强学报》、《知新报》、《时务报》和《国闻报》等，都是以书本形式传播新闻，达到宣传维新思想的目的。甲午战争后，在清政府推行一系列"新政"举措及后来"仿行宪政"浪潮的推动下，中国近代出现了一个创办"官报"的浪潮。最出名的是袁世凯的《北洋官报》（又称《直隶官报》），后来又有《南洋官报》及各省官报，以及各省创办的诸如"教育官报""警政官报"和"商业官报"等专门性"官报"，最后出现朝廷主办的《政治官报》《内阁官报》及专门性政府官报《教育官报》《商务官报》等，都无一不是以"书本"形式在社会上流传，承担传播综合或专门的新闻信息的社会职能。

（五）以散页纸张为媒介传播新闻的阶段

以散页纸张荷载新闻进行传播（简称"纸传新闻"）阶段是把新闻信息写或印在散页纸张上，就进入传播状态，以尽可能迅速向社会传播新闻消息的阶段。单张新闻纸传播新闻（"纸传新闻"）阶段的开端可追溯到出现民间散页小报的南宋时期，此后一直或隐或现地存在并发展着——自南宋"小报"后，元朝有"小本"，明朝有"匿名贴"，清朝前期的"小报"几乎是公开存在的，只是经顺、康、雍、乾四朝严禁后才少见记载。清朝中叶后在"一些城市也曾出现过一些随时出版的单页小报"②。美国商人亨德在其《古中国拾零》中也记载有他亲眼见到过的"单张的印件"和"单张新闻纸"③ 等在社会上公开流传

---

① 李漫．元代传播考：概貌、问题及限度［M］．北京：北京大学出版社，2013：31.
② 方汉奇．中国新闻事业通史：第1卷［M］．北京：中国人民大学出版社，1992：227.
③ 方汉奇．中国新闻事业通史：第1卷［M］．北京：中国人民大学出版社，1996：227.

（高声叫卖）的单页书写品。但散页报纸成为普遍现象则是在鸦片战争以后。鸦片战争后，以英国殖民者为代表的西方人依仗着洋枪洋炮的威风纷纷进入中国，其中，一些传教士或商人进入中国的新闻传播领域。在中国境内创办的第一种中文报纸是孖剌报馆于1858年初在香港创办的《香港船头货价纸》。该报"一张两面，两面印刷。主要刊登商情、船期和广告，每期也有两三条新闻"，是"第一份中文商业报纸"①。由此开了中国近代新闻媒体从书本形式向单页纸张式转变的先河。紧接着，由英国字林洋行出资创办，曾由伍德、傅立雅、林乐知等传教士先后主编的《上海新报》（周报）于1861年11月正式创办（1872年7月改为日报），这是上海最早的中文近代报纸。1872年4月30日，英国商人安纳斯脱·美查邀集友人伍华德等人合股、由美查担负全责创办的商业性新闻报纸《申报》在上海创刊。而后又于1873年在汉口出现了国人艾小梅创办的第一种近代新闻报纸《昭文新报》。1874年，王韬等人在香港创办了第一种具有鲜明时事政论性色彩的商业性日报《循环日报》，使中国新闻事业进入了一个崭新的发展阶段。

（六）借助机械设备传播新闻的阶段

借助机械设备传播新闻（简称"机传新闻"）阶段是指人类社会成员借助专门的机械设备荷载和传播新闻性信息的历史阶段。时间大致从以无线电新闻广播为代表的非纸质媒介出现开始，到以互联网为代表的新媒体出现前。

新闻报纸在出现后相当长的时期中，一直是社会最重要和主要的新闻传播媒介。直到无线电新闻广播出现后，报纸垄断新闻传播的"一纸独大"局面才被打破。尽管在无线电新闻广播前的1912年上海已经上映了记载湖北武昌起义中革命军几次重大战斗的新闻纪录电影《武汉战争》，1913年9月又在上海新舞台影院上映了新闻纪录影片《上海战争》②，但由于新闻电影摄制投入巨大、放映机械设备缺少、专业放映人员不足及观看电影消费非一般民众能承受，所以在中国第一批新闻电影如《上海战争》和《武汉战争》产生后，并没有在社会普及。直到1923年1月23日美国人奥斯邦与英文《大陆报》馆合作开办的"大陆报—中国无线电公司广播电台"首次播音③并标志着中国无线电新闻广播诞生后，中国新闻传播事业才逐步形成纸质的新闻报纸和杂志媒介、以电波荷载声音传播新闻的无线电新闻广播电台（收音机）、以活动图像配上解说声音的

---

① 丁淦林，等. 中国新闻事业史新编[M]. 成都：四川人民出版社，1998：43.
② 方方. 中国纪录片发展史[M]. 北京：中国戏剧出版社，2003：9-11.
③ 赵玉明. 中国广播电视通史[M]. 北京：北京广播学院出版社，2004：8.

新闻纪录电影、以电视技术和设备为手段传播新闻的多种媒介并存互补、共同承担社会新闻传播职责的新格局。在这个格局中，新闻报纸承担着平面媒体传播最新新闻消息的主角，尽可能提高新闻消息传播的时效性；新闻杂志承担着平面媒体传播深层次、全方位综合新闻内容的主角，不能最快但可扬其综合分析之长；无线电台和收音机则通过荷载在电波的声音传播特定的新闻，并可使受众有"如闻其声"的感觉；新闻纪录电影承担着把重大新闻内容通过对新闻场景的再现和声音的解说，以及向受众传播具有重要新闻消息的社会职责。新闻电视则以电视技术和设备为手段，把最近发生的新闻消息通过电视图像和解说，尽快地向受众传播。尽管电视新闻的及时性、直观性和生动性可优于新闻报纸，但由于电视新闻频道和播出时间限制及声音、图像稍纵即逝，使新闻报纸仍居于重要的地位。

（七）依托互联网络传播新闻的阶段

依托互联网络传播新闻（简称"网传新闻"）阶段是指在传统纸质和非纸质新闻媒介承担新闻传播职责的同时，增加依托计算机技术和互联网技术及设备进行新闻传播的历史阶段。这一阶段大致从20世纪90年代前后互联网技术广泛应用于社会新闻信息传播开始并且还在延续，直到有全新的传播媒介出现时为止。

中国的互联网时间正式开始于1994年9月，中国电信与美国商务部签订中美双方关于国际互联网的协议。中国电信通过美国斯普林特（Sprint）公司开通两条专线，使中国电子计算机网络和国际互联网接通。同年10月，中国教育科研网正式启动，走出了中国互联网国际化的第一步。自1995年开始，中国互联网开始进入"逐鹿中原"的"战国时代"。[①] 被称为"三大门户网站"之一的"搜狐"于1996年成立，同年中国网民就达10万人。"网易"于1997年成立，"新浪"和"腾讯"都成立于1998年。随着互联网及配套技术设备不断发展和普及，人们借助计算机设备使发生在特定空间的"新闻"几乎可和新闻源同步速度并在互联网上无国界传播。受众不但可在第一时间获得最新发生的新闻事实信息，还可获得相关文字、声音、图片、图像等内容。随着互联网络技术发展和优化，以互联网为技术基础建立的各式信息发布平台层出不穷，视频传播、音频传播、图文传播及以第3、第4和第5代智能手机为终端的自媒体等新兴传播媒体不断出现，一方面使传播的新闻内容迅速向综合化和全方位化发展，另

[①] 刘少文.1872—2008：中国的媒介嬗变与日常生活［M］.北京：中国社会科学出版社，2010：320.

一方面也模糊了"传播者"和"受传者"的界限。

21世纪头20年,是中国新闻传播史上的发展高峰。2012年8月18日,中共中央全面深化改革领导小组第四次会议发出号召,推动传统媒体和新兴媒体融合发展。当年10月,新闻界首批"融媒体"中心成立。2018年11月14日,中共中央全面深化改革委员会审议通过《关于加强县级融媒体中心建设的意见》。同年相关调查显示,93.9%的区县至少拥有一种融媒体平台。

上述对中国新闻史的阶段划分是从"新闻媒介"角度着眼的,当然还可从其他角度(或维度)对中国新闻史的发展阶段进行划分和叙述——正如笔者在《论"新闻史的脉络"和"新闻史多角度书写"》[①] 一文所说的那样,"可以多角度书写"。

第三节 中国新闻史不同阶段的特点

着眼于人类社会成员在新闻活动中的新闻媒介发展演变,我们把数千年中国新闻事业史划分为七个发展阶段,即言语传播新闻阶段、文字记载传播新闻阶段、新闻信传播新闻阶段、新闻书传播新闻阶段、新闻纸传播新闻阶段、借助机械传播新闻阶段和依托互联网络传播新闻阶段。其中每一个发展阶段都有其特定的内涵和特点。现简述如下。

一、"言传新闻"阶段的主要特点

这一阶段的基本特点是人类成员之间借助自身且自然拥有的语言媒介功能传播新闻信息。在新闻性信息的传播过程中,传播方使用身体自有的口头语言、表情语言以及肢体语言媒介,通过"口"发出的有声语言(尽管不连贯或不清晰,但同一部落成员可以理解其含义),也可能辅助以身体上的头、手、肢体及脸部表情,把特定的新闻性信息内容传播到"受传方"的接收器官耳朵和眼睛,受传方接收到所传播的新闻性信息后做出相应的回馈性反映,以体现新闻性信息的传播效果。

---

① 倪延年.论"新闻史的脉络"和"新闻史的多角度书写"[J].新闻春秋,2017(1):4-9.

二、"字传新闻"阶段的主要特点

"字传新闻"阶段的特点是人类社会成员从最早期"口—耳"传播新闻性信息发展到了可使用文字记录由上辈人"口—耳"相传下来的重大事件进行再次（无数次）传播。具体是将先人"口—耳"相传的新闻性信息内容以文字的形式固定下来，再以文字记载的方式传播或传给后人。从人类社会新闻性信息传播媒介体系角度认识，在原来纯自然媒介（有声语言、表情语言和肢体语言）的基础上，增加以文字记载的新媒介，实现了新闻传播内容的文字固化，有效地减少新闻性信息内容在"口—耳"传播过程中"误差失真"和语言表达的"随风即逝"，突破了"时间"对新闻活动效果的制约，提高了新闻性信息持续传播的内容稳定性和传给后人的可能性。神话故事就是这一阶段在社会成员间传播的新闻性信息通过文字手段固化流传的成果。

三、"信传新闻"阶段的主要特点

"信传新闻"阶段有三个特点：一是传播者会考虑接受传播者需要或希望获知哪些方面的新闻性信息，以提高传播活动的实际效果；二是传播者根据受传者需要搜集到有关新闻性信息后以"新闻书信"进行"一对一"的传播；三是通过"新闻信"媒介传播新闻性信息跨越了"时间""空间"限制，使在"异时异地"的军政长官通过阅读"新闻信"获知在"此前""彼地"产生的朝政新闻消息。

四、"书传新闻"阶段的主要特点

"书传新闻"阶段的本质特点是新闻活动从"一对一"的"定人"传播进入到"一对众"的社会化传播状态。人们有目的地进行社会新闻信息传播，并把新闻信息得到最广泛传播作为传播活动的目的追求。由于新闻消息的产生速度和数量有限，使得"新闻书"难以有足够的新闻信息内容维持每天出版，所以只能若干天出版一次；为了便于人们有规律地购买和阅读，往往按照宣布的时间间隔（出版周期）出版，因此新闻书开始具备定期性。若干张载有新闻内容的纸张合订为一本也较易保管和收藏，"传至后世"的概率较高。新闻内容、书本形式、公开传播及相对定期，构成了"书传新闻"阶段的主要特点。

五、"纸传新闻"阶段的主要特点

"纸传新闻"阶段的主要特点主要有：首先，散页纸张荷载新闻内容一般少于若干张纸装订成本后的新闻介质，因此这一阶段新闻介质的单元新闻荷载量往往少于书本式新闻介质；其次，因为散页新闻纸荷载的新闻信息容量少于书本式介质，散页新闻纸可以及时、迅速地记录并向受众传播"新近"发生的新闻事件或新闻内容，使新闻纸所传播的新闻内容的时效性大大提高；最后，因为是散页纸作为新闻介质记录和传播新闻，所以荷载有新闻内容的新闻媒介保管、收藏难度加大且容易损坏，使得新闻纸在收藏、保管和流传等方面不及书本式新闻介质。

六、"机传新闻"阶段的主要特点

"机传新闻"阶段的特点主要有：首先，新闻传播活动对以机械设备为存在形式的科学技术成果的依赖性增加，没有专门新闻机械难以进行新闻采集和传播活动，如编辑、印刷乃至发行机械设备对于新闻报纸和新闻杂志、播音和收音机械设备对于无线电广播新闻节目、电视制作和发送机械设备制作对于有线或无线电视节目、摄影机械和放映机械对于新闻记录电影等，离开了专门机械设备，无论是无线电新闻广播、无线或有线电视新闻节目或者是新闻纪录电影等都无法完成既定的新闻传播活动。其次，为满足受传方接收新闻内容的多样性需求，新闻媒介在功能、形制、特长等方面迅速分化为各自的专业发展方向。无线电新闻广播和新闻电影的设备及无线或有线电视新闻专门设备越来越趋向专门化。最后，是多种新闻传播媒介——新闻报纸、新闻性杂志、无线电新闻广播、有线或无线电视节目及新闻纪录电影等不同媒介共同协作承担满足社会成员不同群体对新闻传播的特定需要，形成了各有特点又互为补充的完整的社会新闻媒介体系。

七、"网传新闻"阶段的主要特点

"网传新闻"阶段的特点一是新闻媒介的物质形态多样化。新闻传播活动的社会化一是传统新闻媒介通过"上网"获得以往不曾获得过的海量新闻和传播速度，进而大大提高效率。在这一阶段的新闻传播活动中，新闻人是最具主观能动作用的因素，新闻内容是新闻人实施传播活动的客体对象，新闻媒介则是连接新闻人、新闻内容和新闻受众唯一的且无可取代的纽带，是新闻人把新闻内容传播到社会受众这一过程中必须依托的途径和手段，因而具有鲜明的社会新闻传播活动特征。二是随着网上传播活动的兴起和迅速发展，受传方获知新闻性信息的途径和渠道多样化，直接对传统媒体（尤其是纸媒）的生存和发展造成直接的压力，成为传统新闻媒介持续发展必须应对的严峻挑战，媒介融合成为必然。三是随着智能手机的普及和技术改进，每一部智能手机都既是接受新闻性信息的终端，同时也是随时可以发布新闻性信息（包括声频、视频和图文信息）的平台，人人都可能是"主播"，并且具有传统媒介远远达不到的传播速度和效率，大大增强了传统新闻媒介的传播效果。

第三篇 03
| "凉亭结构模式"之"亭柱篇" |

第三章

中国新闻活动发展史

依据历史唯物主义和辩证唯物主义的观点，大致是某一位人类先祖实施了"第一次"原始、初级的新闻传播活动，然后"这一个"先祖就成了第一个"新闻人"。可见"新闻活动"是"新闻人"产生的前提。所以"新闻活动"就成为中国新闻史"凉亭"的"首柱"。

第一节 新闻活动出现的社会条件及构成要素

中国从远古时代起，就有广义的新闻传播活动。秦以前，主要以口头的方式从事新闻传播；汉以后，逐渐转为以书面的方式从事新闻传播；唐朝中期又出现了报纸。[1] 那么，"广义的"新闻活动是具备了哪些条件才出现的呢？

一、新闻活动产生的社会条件

"新闻"和"人类"是同一社会环境中的客观存在，没有"人类"也就无所谓"新闻"。新闻活动是人类社会成员的有意识行为，人类社会成员为新闻传播创造了新闻媒介。新闻人、新闻活动和新闻媒介构成新闻事业最基本的要素。新闻活动是人类社会发展到"需要也可能"产生新闻活动的时间和场合出现的具有特定内涵、特定行为标志和特定社会效果的社会活动。"起源"的充分必要条件应包括人类社会成员素养和社会生活需求两方面。

（一）思维判断能力

人类社会成员具有思维判断能力是指人类社会成员的智商和思维能力发展到可以对所感知到的信息内容价值做出基本判断的状态。即使在最原始的人类社会成员生活环境中，也有大量的信息内容让人类社会成员接收到、感知到、被传播到。原始社会的人类成员虽然不必面对今人遇到的"海量信息"，但对当时原始人类成员的智商而言肯定也可用"应接不暇"来比喻的。对原始社会人

---

[1] 方汉奇. 中国新闻事业通史：第1卷 [M]. 北京：中国人民大学出版社，1992：18.

类成员而言，如果不具备基本的思维判断能力，就会对繁杂的信息或是传不胜传、收不胜收、穷于应付，或是视而不见、应传而不传、失之交臂，总之不可能产生有意识的新闻传播活动。

（二）基本的表述能力

人类社会新闻传播活动是由"传"方的"传出"活动和"受"方的"受传"活动共同完成的。在"新闻活动"过程中，"传"方是主动方，"受"方是被动方，因而"传方"的行为效果直接决定了"受方"的接受效果。有效传播的前提是"传方"可通过自身或借助外在媒介对需要向其他社会成员传播的新闻性信息进行正确、清晰的表述，以奠成"受方"接收特定新闻性信息的基础。这就要求人类社会成员的智商和行为能力发展到可通过自身具有的语言、肢体、表情等媒介性手段，向计划传播的对象清楚地表述所传播新闻信息内容的阶段。假如特定社会成员不能对获知的信息内容加以清晰表述，就无法传播出去，其他社会成员也就无法正确有效"接收"。"传者"如不具备基础的信息表述能力，就不可能出现有效的新闻信息传播。

（三）共同的理解能力

共同的理解能力是新闻传播活动在人类社会成员群体中得以成为现实的基本条件。"共同理解"是指"传—受"两方对同一事物具备的共同认知水平和能力。只有具备共同理解能力，传播者一方才能用受传者一方理解的方式传播特定内容的新闻性信息。若"传—受"双方都认识到老虎会伤人，用"张大嘴巴"的表情表示"会吃人的老虎"，用"甩开膀子"加"身体前倾"的姿势表示"赶快跑"的意思，用"手臂抬起"加"指向某处"表示"向那个方向可以到达安全地方"等共同的理解结果，才能完成"老虎来了"这一具有新闻性信息的传播和受传过程。只有具备了共同理解能力，受传者才能理解传播方实施新闻活动所传播新闻性信息的含义及价值。在人类社会生活中还没有出现职业新闻工作者的社会环境中，新闻性信息的"传—受"关系不是固定的，并随时可能互为传播方或接收方。若社会成员群体不具备共同理解能力，即使出现新闻传播活动，那也是"我传了什么，你不懂"和"你传了什么，我也不知"的"传—受"双方阻隔状态，这种状态是不可能产生传播活动效果的。

（四）媒介使用能力

人类社会成员在漫长的生存、繁衍及和自然灾害斗争中，学会了一些足以区别于"动物"的特殊技巧和能力。诸如学会了制造和使用简单的生产工具以增加捕猎收获，学会使用火烤食物以提高对自然资源的利用和吸收，创造和使用简单的语言以表达情感（如被鲁迅称为早期文学创作的"杭育杭育"派等）。

人类社会成员学会的"这些"技能只有在传播"新闻"活动时才具有新闻媒介的功能。使用媒介是人类社会成员实现并完成新闻性信息"传播"不可缺少的条件。在人类社会成员创造并发现的新闻媒介中，最早也是最基本的媒介是肢体行为和早期的语音表达。作为传播者必须会使用肢体语言或简单口头语言"传送"出新闻性信息，受传方也必须会使用媒介"接收"传方"传出"的新闻性信息，这样才能完成新闻性信息的传播过程。不具备媒介使用能力的人类社会成员既不能进行新闻性信息的"传送"，也无法"接收"别人传送的新闻性信息。

（五）客观生活需求

人类社会成员生存、繁衍及为了生存、繁衍和自然灾害斗争的客观需求，是促使人类社会产生新闻性信息传播活动的根本动力。只有对新闻性信息产生迫切的实际的传播需求，才有可能出现新闻性信息的传播活动。人类社会发展到了部落居住阶段，甚至是出现部落首领和部落成员间差别后，才出现了新闻性信息传播的实际需求：部落首领或受部落首领指派的部落成员，为保护部落成员免受野兽或具有敌意的其他部落成员的袭击；或为了通知部落成员逃避野兽或其他部落成员的袭击；或为了召集部落成员共同参加生活资料获取活动，如爬到较高的树上采摘果实；或拦截山间小溪中的鱼群等；或为了与部落成员分享奇闻逸事的快感以增加部落首领权威等。这成为当时特定部落首领以及相关成员保障基本生存的客观需要、逃避危险的客观需要及巩固权威的客观需要。这些"客观需要"的存在和发展"催生"出人类社会成员间产生出新闻传播活动的需要，才使新闻性信息传播活动得以出现，不断发展、丰富和有效。

二、新闻活动的基本构成要素

汉语中的"活动"是多义词。本书采用"为某种目的采取的行动。如体育活动；野外活动；文化交流活动。"[①] 并认为新闻活动是以新闻信息的搜集、记录、处理和传播（发布）为中心的人类社会活动。中国新闻活动就是在中国这块土地上产生、发展、演变的以新闻信息的搜集、记录、处理及传播为出发点和归宿的人类社会活动。构成"新闻活动"的要素主要有：

（一）新闻活动的社会成员

新闻活动是人类社会成员在特定社会环境下进行的以新闻传播为中心的活

---

① 《辞海》编辑委员会.辞海［M］.6版缩印本.上海：上海辞书出版社，2010：814.

动。不同社会环境中社会生产力的发展水平制约着新闻活动的形式和内容，决定着新闻活动的影响和效能。在不同的社会环境中，从事新闻活动的社会成员群体不尽相同：新闻活动萌芽时期和新闻活动较为成熟时期从事新闻活动的社会成员肯定不完全相同；春秋战国时期和秦朝、汉朝及唐朝时期、宋元明清诸朝和民国时期、民国时期和当代社会环境下从事新闻活动的社会成员肯定也是不完全相同的；以新闻采访活动为职业的专业记者和在国外留学期间（以采写稿件换取生活费用）为国内新闻报纸做特约记者的肯定有差异；即使同样是在中华人民共和国时期的社会环境中，从新中国建立初期到"文革"时期，到改革开放以后到20世纪90年代以及进入21世纪后等不同历史阶段和社会环境下，从事新闻活动的社会成员也是不完全相同的。民间新闻人和官方新闻人不同，传统媒介新闻人和新兴媒介新闻人不同，职业新闻人和业余新闻人不同，甚至男性新闻人和女性新闻人也有差异，这些都应该是社会生活常识，无须多言。由于"新闻人"的发展演变将在后面有关章节（第三章）中叙述，所以本章不再赘言。

（二）新闻活动的具体对象

新闻活动的具体对象可从不同角度理解。首先，可以指新闻活动行为的报道对象，即是指新闻信息中的主要人物。主要区别在于是以官方人士为中心报道官方社会活动，还是普通百姓民众为中心报道日常社会生活。其次，可以指新闻活动行为的服务对象，即"为谁采写和报道新闻"，是立足维护社会秩序、巩固政权合法性、强化社会管理为社会管理者（俗称官方）利益服务，还是立足促进社会公平、维护社会正义、缓解社会矛盾、为百姓纾困解难即为一般社会成员群体利益发声。当然，在"以广大人民群众的利益为利益"和"以人民群众利益为出发点和归宿"的党和政府管理社会生活的环境下，新闻活动服务对象在党和人民群众的根本利益上没有冲突，区别只是在报道的内容重点的时序差异上，有的时候或较多地报道政治新闻和政府活动，如中国共产党举行全国代表大会或中华人民共和国举行全国人民代表大会或中国人民政治协商会议举行全国会议（俗称"两会"）期间，会比较集中地报道会议新闻或党和国家领导人的活动；在突发性国际重大新闻期间突出报道有关新闻消息或评论，而在其他时间则可能较多地报道关乎百姓日常生活的有关新闻。

（三）新闻活动的具体内容

新闻活动的具体内容是指作为人类社会特定社会活动的具体内涵和容量。一般而言，新闻活动应包括拟供传播新闻信息的采集活动（包括报社记者的实地采访、通讯社记者采访获得新闻内容后供给新闻报社）；拟供传播的新闻信息的选择、比较、筛选活动（新闻稿件进入新闻媒体的第一次把关即新闻稿件的初审，决定特定稿件是否继续进入编辑程序）；确定进入传播流程的新闻信息的整理、排序及编排（进入编辑程序的新闻稿件的修改、删削、重写；按照新闻性质及预测影响力由报纸值班编辑进行编辑、排序、画版、确定特定新闻稿件版面位置以及设计标题、确定字体、字号等）；确定进入传播领域的新闻信息荷载到（用刀笔刻写在木牍等载体上、手工书写在纸张或简帛上、油印或复印在纸张上、采用机器设备刻制在非纸张）新闻媒介（报纸、杂志、网络杂志）的活动；进入传播领域且荷载到特定新闻媒介上的新闻信息的发布（传播）活动；以及为了提高新闻传播效果进行的读者（受众）调查、市场调查、受众关注点调查、阅读兴趣和习惯调查等活动，也属于广义的新闻活动。

（四）新闻活动的技术手段

新闻活动的技术手段主要是指在新闻活动过程中使用的特定技术及为使特定技术发挥效用而专门制作的专用设备。从新闻活动的起源说，人类社会成员最早使用的新闻传播技术应该是使用自身（自然）媒介的技术，即使用发声器官发出代表特定意义音响的发音技术，使用身体或某一部位（脸部表情、臂膀动作、身体姿势）表现出代表特定意义形象的肢体表现技术；文字出现后则表现为文字的识别技术，刻写文字的工具制造技术，刻写文字的材料（龟甲、兽骨、竹简、木牍）选择和制作技术及使用工具把特定内容文字刻写在特定载体上的技术等；纸张出现以后则表现为纸张制造技术、纸张选择技术、纸张书写技术、纸张荷载新闻信息专门技术，纸质媒介运输技术及纸质媒介收藏技术等。新闻技术也在不断发展和进步，早期和当代的摄影设备有明显差距；新闻播音员和新闻报纸编辑所需技术也大相径庭；新闻电影和电视摄像专门设备和专门技术肯定不完全相同；新闻电影纪录片和播放电视新闻在技术和设备方面也是各有春秋；铅字排版印刷和电脑排版印刷的差异更不必言说；传统线装书装订技术（《东西洋考每月统记传》）和近代铁丝装订技术（《东方杂志》）及强力胶装订技术（《新华文摘》）等无论是技术要求还是材质等都有本质区别；新闻电影、新闻广播、新闻电视、新闻摄影及互联网媒介、智能手机媒介的专门技术及专门机械设备更不能同日而语。这些都是中国新闻活动不断发展进步、不可离开的"贴身伴侣"。

三、中国新闻活动起源的主要观点

因上述多种因素及学者认知的差异，所以学术界对中国"广义"的新闻活动起源时间并未形成共识。据笔者所知，目前主要有如下几种代表性观点。

（一）人类新闻活动产生于人类社会伊始

提出这一观点的是毕业于复旦大学新闻系后曾任《羊城晚报》记者，后调入暨南大学新闻系任教的邝云妙先生。他在1986年由广东高等教育出版社出版的《新闻写作教程》中认为：人类一出现，也就是原始社会里，为了求得生存和发展，在劳动中必然结成相互依存的关系。这种关系决定人与人之间要互相传递新情况，交流信息。比如在狩猎时，哪个山头或草滩发现了羊群或野鹿，发现者就要告诉其他人。当时还没有语言，就发出一种声音或做出一种姿势，使其他人明白发生了什么。于是大家协同围捕。如果哪个山窝出现了老虎，发现者就要发出另一种手势或信号，要他们注意警戒或躲避。这中间就发生了原始"新闻"和新闻传播。现代人称它为"音符新闻"。①

（二）人类新闻活动产生于"新人"时期

提出这一观点的是中国人民大学新闻学院的方汉奇教授。他在主编的《中国新闻事业通史》（第一卷）中指出"新闻传播是随着地球上人类活动的出现而产生的"这种说法，把人类交流信息的生存本能与新闻传播混为一谈了，并可导致将蚂蚁、蜜蜂、海豚的信息交流活动也视为新闻传播。他认为新闻传播的产生是有条件的，"新闻传播活动只能与完全成形的人同时产生"。进一步认为"我国周口店发现的山顶洞人（距今1.8万年）属于新人阶段的人类，在山顶洞人的遗物中曾发现一枚经过穿孔、磨光、染色的海蚶壳"。"山顶洞人的海蚶壳饰物是一万八千年前远古人类进行社交活动和新闻传播的旁证物。"② "新人"时期又称为旧石器时期，也称为"真人"时期。相当于人类历史上从原始群到母系氏族公社出现的阶段，共历时二三百万年。中国已发现的旧石器时代人类化石，重要的有元谋猿人、蓝田猿人、北京猿人、马坝人、长阳人、丁村人、柳江人、山顶洞人。有的地点是人类化石与文化遗物同时出土。此外还有安阳小南海等文化遗址。方汉奇先生认为中国最早的新闻传播活动应开始于距今1.8万年左右的"新人"（即真人）时期。

（三）"大众传播工具"出现在新石器时代后期

提出这一观点的是上海复旦大学姚福申教授。他在丁淦林等著的《中国新闻事业史新编》中负责撰写第一、二章。其中第一章提出了"新石器时代已经出现大众传播工具"的观点。其依据是1985年10月文物出版社出版的《中国

---

① 邝云妙.新闻写作教程[M].广州：广东教育出版社，1986：1.
② 方汉奇.中国新闻事业通史：第1卷[M].北京：中国人民大学出版社，1996：21.

彩陶》中介绍的两件文物。该书在介绍新石器时期的一个陶制喇叭筒时称："1981年，青海省民和县新民公社下川大队阳山小队马厂文化早期大型墓葬出土。左器高35厘米，右器高43.5厘米，均为泥质红陶。造型纹饰基本相同。器口呈扁罐状，其下颈部为直筒型，下部扩展为喇叭状。口沿下和喇叭口的边缘上各安一环状钮，以备穿带用。喇叭口上还附有钩状小乳钉一圈。""这种造型的陶器，在青海尚属首次发现，其他地区也未发现过此类器物记载。其用途目前尚难确定，估计可能是原始的扩音用具。"丁淦林先生认为"在青海民和县阳山新石器时代后期的遗存中出土的一只陶制的喇叭，长约二尺左右，形状与现在的喊话筒相似。显然是新石器时代的人们已经不满足于新闻和其他信息只在个别人之间的传递，这只陶制的喇叭筒可以看作我国最早面向大众进行传播的工具。"①

（四）产生于约公元前2700年的"神话"时代

提出这一观点的是赵振祥教授。他在所著《唐前新闻传播史论》中认为"我们研究远古社会新闻的传播状况，应该从神话开始"。神话并不是在某一天就出现并定型成今天这个样子的，而是由最初一些具有新闻性质的重大的社会事件通过传播、增饰、发展、积淀而成了我们今天看到的神话。许多神话最初都是由具体的新闻或者说"神闻"做底本的。当"神闻"演变成为一种传说或神话时，它就不再具有新闻的性质，而是一种历史性的记载了，是"昨日之新闻"沉淀而成的"今日之历史"。神话是原始人生活的反映，现在遗存的神话大多反映的是各民族在原始社会时期发生的重大事件。当人类遭遇或目睹重大事件的时候，人类的第一反应并不是对这一事件进行历史的记录或进行哲学的思考或艺术的再现，而是通过传播与人分享、讨论这一事件，这就是新闻。当原始初民看到女娲在那里抟土造人的时候，他们在惊奇之余首先想到的应该是把这一奇妙的故事讲给其他人听；当看后羿射杀凶猛的野猪时，他们会把这一英雄事迹当作一则重大新闻四处传讲；当一个人刚从洪水、山崩、大火等巨大的自然灾害中逃脱出来的时候，他的第一反应也肯定是对人讲述着惊险的一幕，来平复一下心中的恐惧感。这些事件在原始时空中不断被添加、丰富、神化，最后演变成了我们今天看到的神话。②《淮南子》《山海经》《新书》及《史记》中保存了大量的神话，如"大禹治水""黄帝战蚩尤"等。"大禹治水"大概是公元前2500年的事，"黄帝战蚩尤（炎帝）"则大约是公元前2700年的事。换句话说，在公元前2700年至公元前2500

---

① 丁淦林，等.中国新闻事业史新编[M].成都：四川人民出版社，1998：2.
② 赵振祥.唐前新闻传播史论[M].北京：中国文联出版社，2002：17.

年出现了原始社会的新闻传播活动。

（五）产生于"人类普遍的语言水平达到比较成熟"的时期

提出这一观点的还是中国人民大学方汉奇教授。这是对"新闻传播活动只能与完全成形的人同时产生"观点的具体阐释。人类普遍的语言水平达到"比较成熟"程度状态的物质前提是人类社会成员具有"基础的思维判断能力"，不具备基础思维判断能力的社会成员的语言水平是达不到"比较成熟"程度的；基本的表述能力当然首先是口头语言（通过人类社会成员发声器官发出尽管不连贯、不顺滑、不很动听但音节清楚且言者和听者都能理解的含义）的表述，其次是人类社会成员通过做出特定的肢体语言（人类社会成员通过展示或变化肢体的外在姿势成为蕴含特定含义的动作形象来传递某种特定意义）的表述；最后是借助外在物体的帮助表述特定含义（如折断树枝并把树枝的一段指向特定方向的方式传递应该前进或寻找猎物方向的信息）等。这些综合称为"人类普遍的语言水平达到比较成熟"的状态。

第二节　中国古代新闻活动的起源和发展

新闻活动只能与完全成形的人同时产生。完全成形的人，古人类学上称为"新人"或"真人"，出现于距今4万年—1.4万年间的旧石器时代后期。[①]

一、中国古代新闻活动的起源

我们赞成"新闻活动只能与完全成形的人同时产生"的观点，但不认为"完全成形的人"一出现就出现了"广义的新闻活动"，而是在"完全成形的人"出现并发展了一个阶段后才出现"广义的新闻传播活动"。

（一）中国古代新闻活动起源的学术假设

当时的"山顶洞人已经直接或间接地与百里外的沿海居民交往了。在发生交换关系时，双方必然以语言为中介，进行思想和信息交流。山顶洞人的海蚶壳饰物便是18000年前远古人类进行社交活动和新闻传播的旁证物"[②]。在中国这块土地上出现广义的新闻传播活动，应是在距今18000多年之前的"新人"或"真人"时期，就是大致在山顶洞人生活的那个时代。当然，这还只是学术

---

① 方汉奇．中国新闻事业通史：第1卷［M］．北京：中国人民大学出版社，1992：20．
② 方汉奇．中国新闻事业通史：第1卷［M］．北京：中国人民大学出版社，1992：21．

的推测和假想。新闻活动是以新闻信息的搜集、记录、处理及传播为出发点和归宿的人类社会活动。作为"新闻活动"的物化成果之一，就是对社会生活中发生的重大事件进行记录和传播。首先是用文字对重大社会事件予以记录，因为只有采用文字手段进行记录才可能使当时发生的重大事件在当时（或稍微滞后）被更多的社会成员得知，实现传播预期并收到传播效果的；也只有采用文字记录，才有可能突破时间、空间的限制，使得发生于此前甚至是遥远时代的重大事件被后人知晓，流传下来成为后人分享的历史记载。

（二）中国新闻活动起源的标志性成果

中国远古时代"广义的新闻活动"出现后，新闻事件见诸历史典籍的直接成果是《山海经》关于"有易杀王亥，取仆牛"的记载。郭璞摘引《古本竹书纪年》注称"殷王子亥宾于有易而淫焉，有易之君绵臣杀而放之。是故殷主甲微假师于河伯以伐有易，灭之"[1]——这就是远古时代发生的一个重大社会事件，即殷代先祖王亥被杀事件。根据记载可知，"有易"应是个小国，国君为"绵臣"；"亥"是殷王之子即"殷王子亥"。事件起因是"殷王子亥"到"有易"国去"作客"，大概是从小娇生惯养，"子亥"在"有易"国做客期间屡屡"淫"焉（"淫"在古汉语中有：奢侈，奢华；放纵、肆意及沉溺、邪恶、惑乱等意），使"有易"君主"绵臣"难以容忍，在愤忌、怨恨诸种情绪的纠集中竟然把"殷王子亥"杀了并抛尸野外。殷王"甲微"得知后怒不可遏，命令大将"河伯"领军讨伐"有易"以报杀子之仇，"有易"国就被灭掉了。因为"殷王子亥"的被杀曾引起一场大战，无疑是当时的一项重大新闻。根据年代推算，这件事发生于夏代中叶，相当于公元前 1900 年前后。当然，《山海经》中的大部分记载带有神话色彩，但在《古本竹书纪年》中找到了旁证，所以应有较高的可信度。

关于"有易杀亥"的记载最早见诸《山海经》，包括《山经》五卷和《海经》十三卷。不是出于一时一人之手。其中十四卷是战国时代作品，四卷为西汉初年作品，都保存了不少远古的神话传说。[2] 其中如《山海经》中的"洪水滔天。鲧窃帝之息壤以堙洪水，不待帝命。帝令祝融杀鲧于羽郊。鲧复生禹。帝乃令禹卒布土以定九州"[3]。该书关于"洪水滔天""鲧窃帝之息壤以堙洪水，不待帝命""帝令祝融杀鲧于羽郊""帝乃令禹卒布土以定九州"的记载，应是

---

[1] 方汉奇. 中国新闻事业通史：第 1 卷 [M]. 北京：中国人民大学出版社，1992：22.
[2] 《辞海》编辑委员会. 辞海 [M]. 6 版缩印本. 上海：上海辞书出版社，2010：1623.
[3] 赵振祥. 唐前新闻传播史论 [M]. 北京：中国文联出版社，2002：14.

对"那年发大水"（洪水滔滔）、"鲧没等大帝下令就偷偷地用预先准备的土块阻挡洪流"（使抗洪失败）、"祝融在禹郊把鲧处死"及"大帝命令禹筑堤抗洪"的记载，是对这个社会重大事件前因后果的完整记录，在当时具有重要的新闻价值，成为后人研究的基本素材，因而这条记载可视为新闻活动记录新闻事件的成果。

今天的历史是昨天的新闻沉淀而成，神话并不是在某一天就出现并定型成今天这个样子的，而是由最初一些具有新闻价值的重大的社会事件通过传播、增饰、发展、积淀才成了今天的神话。神话是原始人生活的反映，现在遗存的神话大多反映的是各个民族在原始社会时期中"发生"的重大事件，像部落战争、洪水灾害、开天辟地、人类起源等。① 不光是《山海经》，还有诸如《新书》《国语》《尚书》乃至《史记》《搜神记》《述异记》等早期著作中都保存了大量的神话资料，这些神话资料中应该含有我们先人生活中重大社会事件的印记，或者说就是经过先人口耳相传后被后人见诸文字的新闻事件的"另类记载"——应是我们先人"广义的新闻活动"的直接成果。赵振祥认为记述穆天子西征的《穆天子传》是"政要新闻的典范"，《汲冢琐语》是"早期社会新闻"，《尚书》是"中国最早的记言新闻"②，是中国"广义的新闻活动"的第一批成果——记载当时重大社会事件及社会影响以传后人的劳动结晶。

（三）中国广义新闻活动起源时期的主要特征

中国新闻活动起源于中国远古时代，起源的新闻活动仅仅是也只可能是"广义的新闻传播活动"，只是具有新闻活动基本要素而非完整意义的新闻活动——因受社会成生产力及人类智商水平限制。归纳起来，起源时期的中国新闻活动大致有如下主要特征：

1. 新闻活动处于有需要而无意识状态

无论是《山海经·海内经》中对"洪水滔滔"及相关事件的记载，还是《穆天子传》对"政要新闻"、《汲冢琐语》对"社会新闻"及《尚书》对"记言新闻"的记载，都只是也仅仅是我们后人根据所记载的内容和所处的环境分析的结果。而作为新闻活动的成果——所记录下来的新闻事件，实际上是当时甚至主要是后来社会成员无意识的产物。不要说《山海经》不知道作者，而且也肯定不是一人一时所作，即使诸如《搜神记》《述异记》乃至《史记》等知道著者的著作中对神话的记载，他们当时可能也不是把这些内容作为"新闻事

---

① 赵振祥．唐前新闻传播史论［M］．北京：中国文联出版社，2002：13．
② 赵振祥．唐前新闻传播史论［M］．北京：中国文联出版社，2002：31-44．

件"来看待，而是作为口耳相传的有阅读兴趣或对后人有可读价值的故事予以记载和转录。其次因为受当时社会生产力水平的制约，人类社会还不可能出现"以新闻活动为职业"的社会成员，初级部落群体成员包括部落首领都必须参加获得生活资料的群体劳动，才有可能生存，因此他们必需从事生活资料（打猎或捕鱼）的生产，而不可能专司新闻采集和传播，因此还没有专门的新闻人，也就没有产生出有意识记录的新闻事件成果。

2. 新闻活动的报道对象是"英雄人物"

"广义的新闻活动"出现于一个需要英雄也容易出现英雄的社会环境里。所谓"需要英雄"是指当时的社会生产力低下，先人生存、生活的部落需要"技高一筹"的能人，带领部落成员向自然界获得生活资料并抵抗诸如洪水、雷击、山火、狂风等各种自然灾害，从而使部落成员得以安全生存并逐渐壮大。所谓"容易出现英雄"是指在大部分先人的智商水平处于较低状态时，只要有部落成员表现出"一技之长"就可能得到部落其他成员的拥护，成为部落的首领。一方面是社会环境需要英雄，另一方面是社会环境容易出现英雄，这就决定了社会成员的目光较容易集中在"英雄"身上。再加上部落首领为了巩固和维护权威，对自己的形象有意识强化和美化，所以口耳相传并被后人用文字记载流传下来的新闻事件主角几乎全部是高大、神武、勇敢、智慧、正义或者是力大无比、能够搏击风浪、擒拿猛兽的部落首领。如"洪水滔滔"中的"帝"，事先准备了"息壤"且掌握洪水运行规律并可能带领部落成员成功抗洪（鲧则因不遵帝命致抗洪失败被处死于禹郊）；其兄"炎帝无道"起而"伐之"，双方恶战"涿鹿之野，血流漂杵"，最终完成"诛炎帝而兼其地，天下乃治"的黄帝；通过"命南正重司天以属神，命火正黎司地以属民，使复旧常，无相侵渎"的颛顼等，无一不是威武、智慧的部落首领。这些人才有可能成为当时重大新闻事件的主角，对当时重大新闻事件的记录和传播又为这些部落首领权威的巩固起了重要的作用。

3. 新闻活动的成果主要内容是社会重大事件

人类社会的新闻活动理应覆盖人类生活的方方面面，而社会生活内容的丰富性决定了社会生活参与者的社会性。从某种意义上讲，只要是新近发现并具有传播价值（社会成员自身需要获知或社会管理者需要被管理者知道）的信息就是新闻。所以新闻事件的内容应是社会生活的映射，而社会生活的参加者中不但有部落首领，还有为数更多的部落成员，他们的日常生活中应该会发生数量更多的新闻事件（譬如这个部落成员不慎摔下悬崖丢了性命；那个部落成员今天打着了一只大野兽），从新闻角度来说都可能被记载下来、传播出去。假如是这样，也就有了流传下来的可能。但我们现在见到的文字记载中，却没有这一类反映部落普通成员日常生活的记载，所有记载几乎都是当时发生的重大社会事件。诸如颛顼"绝地天通"、黄帝"大战蚩尤"、帝"杀鲧于禹郊"、周天子"行于天下"及盘庚"率民迁都"，等等，无一不是当时的重大事件。

4. 新闻活动主要依赖人类身体的自有媒介

专业（职业）的新闻工作者从事新闻活动，应具有基本的专业技能，使用专门的工作设备或技术手段，进而提高新闻活动的效率和质量，以求新闻活动更好地服从服务于新闻活动的目的。但中国"广义的新闻活动"产生之际，根本不可能出现为新闻活动专门设计制造的工作设备，也没有专门的技术手段，更谈不上从事新闻活动的专业技能——这一切都是受先人当时的智商水平、生产力水平及生产效率水平的制约。在刚刚出现"广义的新闻活动"的阶段，人类社会成员在无意识的新闻活动中，能够使用的媒介主要是"自有"媒介或极其简单的工具，如简单的发音器官、可感受周围环境或发现危险的眼耳鼻肤，自己手脚及能够简单改变而成的工具（摘断的树枝、打结的绳子、天然存在的石壁）等。

二、中国古代新闻活动起源后的发展

中国"广义的新闻活动"自中国远古时代出现后，循着人类进化和社会进步进程向前发展，一直到东周末年的春秋战国时期，才正式开始进入中国古代新闻活动时期。

（一）春秋战国时期的新闻活动及特点

春秋战国是中国新闻活动史上的标志性发展阶段。前722年，以鲁隐公姬息姑与邾国君主邾克会盟于蔑邑（今山东泗水），标志春秋时代开始。前480年，以卫蒯聩北立为庄公为标志，战国时代拉开序幕，直到前221年秦国统一中原建立秦朝，战国时期终。春秋战国时期中国经历了以奴隶主社会制度为国体基础的周王朝衰微和以新兴地主阶级为主导、封建农业社会为基础的各封国日益强盛，政治格局出现尾大不掉的现象，思想领域不同学派迅速成形且失去强力统治，诸侯国间或战或盟，及王室变故、兄弟阋墙等重大事件层出不穷以及"宫学向民"等为新闻活动发展和兴盛创造了社会环境。

1. 春秋时期新闻活动的主要内容

周朝时设有太史、内史、外史、小史等执掌范围和对象各不相同的史官并各有职责。如"太史"负责"掌建邦之六典，以逆邦国之治；掌法，以逆官府之治；掌则，以逆都鄙之治"；"内史"则"掌五之八枋之法，以昭王治。一曰爵，二曰禄，三曰度，四曰置，五曰杀，六曰生、七曰予，八曰夺"；"外史"负责"掌书外令，掌四方之志，掌三皇五帝之书，掌达书名于四方。若以书使于四方，则书其令"；"小史"负责"掌邦国之志，奠系世，辨昭穆。若有事，则诏王之忌讳。大祭祀，读礼法。史以书叙，昭穆之俎簋。大丧，大宾客，大会同，大军旅，佐太史"；"御史"则负责"掌邦国都鄙及万民之治令，以赞冢宰。凡治者受法令焉。掌赞书，凡数从政者"[①]。朱传誉认为："周设太史、小史、内史、外史、御史，各有所掌，类似今天的记者。有的采访军事，有的采访政治，有的采访经济，各有路线。这些史官，不但记中央的事，还记诸侯各国的事。各国的史官，成了中央的驻外记者。"

周王室衰微，诸侯国兴起。诸侯国也仿周王室派头设立史官以记载国君言行和社会重大事件。如齐国就出现了"太史"和"南史"等史官，在晋国也出现了记载"赵盾弑其君"并"以示于朝"的史官董狐等（《左传·宣公二年》），表明原先主要关注周王室和周天子的宫廷史官已"转向"诸侯各国，新闻活动越来越和社会生活贴近，越来越和人们的日常生活贴近。墨子《明鬼》篇说到"周之《春秋》""燕之《春秋》""宋之《春秋》"及"齐之《春秋》"（《墨子·卷八》），可见《春秋》在当时诸侯各国已非常普遍。徐中舒认为"《春秋》原是朝报邸钞一类的原始记录"[②]，指出《春秋》内容的新闻属性。《春秋》有周、燕、宋、齐等国之异，所以有人认为东周末年出现的各国《春秋》应可视为中国古代传统地方新闻媒介的"起源"[③]。

2. 春秋战国时期新闻活动的主要特点

春秋时期是前承东周、后连战国时期的历史阶段。在产生都有志向也可能"称霸"的"战国七雄"前，周王室分封的诸侯国已经大量存在。这一阶段新闻活动的特点主要有：

（1）出现以新闻活动为职业的社会成员群体。《左传》中记载齐庄公与崔杼之妻姜棠私通，以看望崔杼为借口与姜棠约会，被崔杼侍人贾举堵在天井内。"公逾墙，（贾举）射之，中股，反坠，遂弑之。太史书曰：'崔杼弑其君。'崔子杀之。其弟嗣书。而死者二人。其弟又书。乃舍之。南史闻太史尽死。执简以往。闻既书矣，乃还。"（《左传·襄公二十五年》）齐庄公确是崔杼之侍人

[①] 倪延年. 中国古代报刊发展史 [M]. 南京：东南大学出版社，2001：16.
[②] 徐中舒. 左传选 [M]. 北京：中华书局，1963：347.
[③] 倪延年. 论中国古代地方新闻媒介起源于东周末年《春秋》[J]. 新闻春秋，2020（1）：4-10.

贾举所杀，但贾举是崔杼侍人，他杀齐庄公得到崔杼默许，并以崔杼之令拒绝庄公请"自刃于庙"。负责记载宫廷新闻的太史因此认为庄公是崔杼所杀，所以就记下"崔杼弑其君"。崔杼认为所记不实就把太史杀了，太史大弟继续书"崔杼弑其君"又被杀，太史之二弟还是写"崔杼弑其君"再被杀。崔杼没有想到太史三弟在他三个哥哥都因书"崔杼弑其君"被杀后，仍书"崔杼弑其君"五字，这才感到他即使把太史兄弟都杀光了，还会有其他人在史书上记下"崔杼弑其君"，最终放弃了杀死太史三弟的企图。果不其然，"南史"听说太史兄弟都因在史书上记载"崔杼弑其君"被杀光了，毅然决然地拿起记史的竹简前往太史馆，准备继续冒死在史书上记下"崔杼弑其君"这一史实。走到半路，听说已经在史书上记下来了，就转身回家了。此事表明，无论是太史和太史之大弟，或是太史二弟和三弟，再或是"南史"，其主要社会职业就是关注和记载诸侯国的宫廷大事并以适当方式"公之于朝"。如果只记载不公布，崔杼不会立即知道太史记了什么，更不知道太史认定是他（而非贾举）杀死了齐庄公。大概因为太史在记下"崔杼弑其君"后就"公之于朝"，崔杼可能因此受到其他人白眼即舆论压力，因此出现连杀太史兄弟三人的残暴行为。文献没有记载"太史"和"南史"的其他职业，故"太史"和"南史"似乎应是以记录和传播诸侯国宫廷新闻为职业的社会成员。

（2）使用文字记录新闻及专用记录工具得到改进。和中国"广义的新闻活动"相比，这一阶段新闻活动最重要的进步是出现了用汉字记载新闻内容的《春秋》。许慎在《说文解字》序中称，"古者，庖牺氏之王天下也，仰则观象于天，俯则观法于地，视鸟兽之文与地之宜。近取诸身，远取诸物。于是始作易八卦，以垂宪像。及神农氏，结绳为治而统其事。庶业其繁，饰伪萌生。黄帝以史仓颉，见鸟兽蹄迒之迹，知分理之可相别异也。初造书契，百工以乂，万品以察，盖取诸《夬》。"（《说文解字·序》）介绍了汉字出现前中华民族先人经历过的三种记事方式：八卦、结绳和书契。先秦典籍《庄子》对"结绳纪事"的记载是"昔者容成氏、大庭氏、伯皇氏、中央氏、栗陆氏、骊畜氏、轩辕氏、赫胥氏、尊卢氏、祝融氏、伏羲氏、神农氏、当是时也，民结绳而用之"（《庄子·胠箧篇》）。上述"容成氏""伏羲氏"及"神农氏"等都是传说中中华民族的上古帝王。"上古结绳而治，后世圣人易之以书契。"（《易经·系辞》）明确指出"结绳纪事"与"书契"的先后关系，在"结绳纪事"基础上发展出"书契纪事"。关于"书契"，西汉刘熙说："契，刻也。刻识其数也。"唐朝陆德明解释说："书者，文字。契者，刻木而书其侧。"把"书契"解释为"书写、刻画"两种形式。所以"书契纪事"实际包括契刻记事和图画记事两种方式，应是汉字的前身。研究者指出："商代彝铭中那些近似图形的文字约有620多个，在甲骨文中可找到200多个。"① 印证契刻记事与图画记事作为汉字源头的存在。到东周末年汉字使用更加广泛，汉字书写工具也不断进。如书写汉字的毛笔开始出现并不断改进，书写汉字更为便捷；刻写简牍的刀具也逐渐专门化，使在简牍上刻写汉字的效率大大提高。文字的出现和逐渐推行、书写工具和刻写工具的进步，使记载诸侯国宫廷新闻及社会重大事件更为便捷。这也为宫廷新闻的及时记录和传播提供了更为高效的物质基础和条件保障，各诸侯国因之出现记载诸侯国宫廷新闻及其他重大事件的《春秋》。战国初期的墨子也说"吾见百国《春秋》"（《隋书·李德林传》）。

（二）秦汉至宋朝前期的新闻活动及特点

中国封建君主专制以秦朝为开端，秦因暴政致民反。公元前206年沛公"军至（西安）灞上，秦王嬴婴降，秦亡"。五年后刘邦败项羽于垓下，"羽自尽，西楚亡"。刘邦称帝改国号"汉"，建都洛阳。纳娄敬议迁都长安②。"汉"分"西汉""东汉"。8年王莽称"真皇帝"，西汉历215年后亡。220年10月，东汉献帝刘协禅位于曹丕，东汉历196年亡，进入"三国时代"。"曹魏"去"西晋"来，"晋及十六国"后是"南北朝"。618年，李渊称帝定国号为"唐"逐渐归于统一。907年，唐哀帝李柷让位于梁王朱全忠，唐历276年亡。进入"五代十国"。960年，赵匡胤"陈桥兵变"后即位改国号"宋"。979年宋太宗赵光义攻灭后汉，"五代十国"结束。时已在太平兴国四年。

1. 秦汉至宋朝前期的新闻活动

商周时就有"铸鼎铭文"，凡关涉政治、军事、外交、祭祀、刑罚、诉讼、契约等重大政治事件或社会生活方面的问题，几乎都要铸刻于青铜器上，留传于子孙后代。以今人的眼光来看，上述铭文极具新闻的特性。③ 秦始皇为"示强威，服海内"和宣示统一四海功绩，出巡郡县凡五次，所到之处往往下令勒石记事，"这多少带有新闻公报的性质"④。秦灭汉兴，汉皇帝实行郡县和分封结合的国家制度（"郡国制"）。西汉元狩年间，汉武帝刘彻晋封萧何曾孙萧庆为酂侯并"下诏御史"令将此事"布告天下，令明知朕报萧相国德也"（《汉书·萧何传》）。朝廷先在京师设"邸"接待郡国公干官吏，后来许郡国"自设邸"（"郡国邸"），以专司"通奏报、待朝宿"之责，随之就出现了以搜集和编写"邸报"的新闻活

---

① 王宇信，杨升南. 甲骨学一百年 [M]. 北京：社会科学文献出版社，1999：115.
② 柏杨. 中国历史年表 [M]. 海口：海南出版社，2006：210.
③ 方晓红. 中国新闻简史 [M]. 南京：南京师范大学出版社，2013：3.
④ 白润生. 中国新闻通史纲要 [M]. 北京：新华出版社，1998：11.

87

动。"郡国邸"体制一直沿用至唐初，大历十二年（777年）朝廷把"上都邸务"改称"上都进奏院"。原出自"郡国邸"中"邸吏"之手的"邸报"，因唐代宗大历十二年"上都邸务"改称"进奏院"，原来由邸吏承担的在京师搜集编写"邸报"的新闻活动就改由"进奏官"承担，进而由"进奏官"编写并传报回藩镇首领的京师新闻抄传物就称"进奏院状报"了。北宋初仍沿唐五代旧制"逐州就京师各置进奏院"，①各州在京师所设进奏院（官）暗探明抄获得京师新闻内容，抄传报回州、道、军、府长官的新闻物件仍称"进奏院状报"。

2. 秦汉至宋朝前期新闻活动的特点

自秦汉至北宋初，由于以汉文化为主体的中华文化脉络稳定性、发展过程开放性和对其他民族文化的包容性，加上中国封建君主政体与中国社会生产力发展水平相适应性等因素，所以不同朝代新闻活动大致是在封建君主政体的框架中运行，表现出大致相近的特点。

（1）科学技术发展促进新闻活动的发展。自秦统一中国的公元前221年，至北宋太宗兴国六年（981）间的1200多年，是中国古代科学技术发展的重要阶段。其中最为重要的是冶金及制作技术的成熟、汉族文字的统一和造纸技术的发明。冶金及制作技术的成熟对提高军队战斗力具有直接意义，军队是地方军政首领和朝廷保持力量平衡的资本；冶金及制作技术与马匹脚蹬制作即与马匹速度相关，直接影响"进奏院状报"传报速度。秦始皇统一中国后，为保证政令畅通和经济文化交流，秦相李斯奏请以秦文字为规范"罢其不与秦文合者"②。汉族文字统一对"邸报"及"进奏院状报"等朝政新闻物件，或由朝廷中书省"牒布于外"的朝政新闻传播范围相关。殷商时期先人在甲骨上刻写特定符号以纪事已有定论。战国时期的简册，无论是竹简的加工、尺寸，还是字体、书写形式、编连方式，以及用途各方面，都已经形成了比较成熟的书籍形制。③传统一般认为造纸法是由东汉蔡伦发明的。1957年5月在陕西西安市郊灞桥西汉古墓中出土的古纸残片被考古学界命名为"灞桥纸"，经鉴定不晚于西汉武帝（前140—前87），此后又先后出土了多种西汉古纸，由此确定我国古代造纸技术的发明不晚于西汉（而非东汉）。纸的发明对于新闻活动发展的意义极其重大，现存的唐朝进奏院状报就是写在纸张上的。

（2）新闻产品的称谓随生产者名称改变。新闻产品的共同效用是向特定社

---

① 方汉奇. 中国新闻事业通史：第1卷 [M]. 北京：中国人民大学出版社，1992：63.
② 黄镇伟. 中国编辑出版史 [M]. 苏州：苏州大学出版社，2003：84.
③ 黄镇伟. 中国编辑出版史 [M]. 苏州：苏州大学出版社，2003：78.

会成员群体发布（传播）特定新闻信息并期待收到特定的新闻的传播效果，实现新闻发布（传播）者的预期目的。但在特定（不同朝代或不同皇帝当政）的社会环境下，新闻产品称谓不断变化。汉武帝时代由皇帝降旨由御史（府）对外发布的朝政新闻或社会重大事件新闻产品称之为"新闻诏书"。如汉朝"郡国邸在京师者"的"邸吏"为"郡国"首领的京师新闻抄件，有关文献记为"邸报"；唐"藩镇皆置邸京师，以大将主之，谓之上都留后。大历十二年（777）改为上都知进奏院官"，机构改称"上都进奏院"，由"进奏院"的"进奏官"搜集并抄传的京师新闻抄件也就成了"进奏院状"或"进奏院状报"了。事物称谓是应随生产者名称变化而变化。出自京师"进奏院"的新闻抄写品理应称为"进奏院状"，把出自"进奏院"的新闻抄写品称为"邸报"似有"强扭"感觉。但宋朝乃至更后文人记载仍屡屡出现"邸报"之谓，这应该是文人恋古情结或"掉书袋"而沿用旧称的文化现象。

（3）新闻内容因活动指向有别而分途。自秦汉以降至北宋太平兴国六年前这一阶段，社会新闻活动开始出现用途或功能不尽相同的两类新闻产品：一是以帝王为中心并为皇帝服务的新闻产品，或记载皇帝言行成为宫廷"起居注""时政记"之类的宫廷档案，其中一些内容经皇帝降旨或画敕后公布于外，诸如秦始皇降旨"勒石纪功"及汉武帝令御史向全国公布"新闻诏书"等；二是以地方首领为中心并为其服务的新闻产品。地方首领凭借其军事实力在京师"自设邸"或"进奏院"，派驻在"郡国邸在京师者"或在京师所设"上都进奏院"中的"邸吏"或"进奏院官"，按照地方首领指令在京师搜集抄传回地方首领感兴趣的新闻物件，这就是被称为"邸报"或"进奏院状报"的新闻传抄品。以皇帝为中心的京师或朝廷新闻，即"起居注""时政记"或偶尔"牒布于外"的"开元杂报"和为地方首领搜集京师新闻并传给地方首领的"邸报"或"进奏院状"，两者差异很大。

（三）北宋中期至清朝的新闻活动及特点

这一阶段从979年北宋灭后汉、五代十国时期终结起，到清廷隆裕皇太后1912年（辛亥）腊月廿六日懿旨宣告"将统治权公诸全国，定为共和立宪政体"[①] 止，历时970余年。

1. 北宋中期至清朝的新闻活动

北宋中期至清朝的新闻活动尽管各朝不完全相同，但本质上并没有实质性

---

① 清帝退位授袁世凯全权组织临时共和政府谕（1912-02-12）[M]//中华民国史档案资料汇编：第1/2辑. 南京：凤凰出版社，1991：217.

差别，为此不再按朝代分述，而从朝廷新闻活动和民间新闻活动两个方面予以阐释。

（1）北宋至清朝时期的朝廷新闻活动。北宋太平兴国六年对各州京师进奏院集中管理后，每五日进奏官一名，于阁门抄劄报状，申枢密院呈定，录供诸处（《宋会要辑稿·职官之二》）。朝廷新闻活动围绕"进奏院状报"运行：进奏官由朝廷命官"监进奏院"统一管理和分工：或负责到阁门抄写朝廷发布的新闻信息或对抄录回进奏院的新闻信息甄别、筛选、修改及编排；或对编好的进奏院状报（稿本）誊清；或负责把编定的进奏院状报稿本送呈朝廷枢密院审定（"定本"）；或到枢密院去取回审定的进奏院状报（定稿本）；或把枢密院定本的进奏院状复制需要的份数；或把"复制"后的进奏院状报"传之四方"。这就是北宋中期到清朝末期的朝廷新闻活动。由北宋太平兴国六年进奏院管理体制改革后形成并逐步完善的传统朝廷官报工作流程和相关制度，以及传统朝廷官报随着清朝的终结而终结。尽管各朝都有一些具体（工作细节、工作环节或传播范围等）差异，但北宋进奏院体制改革后形成的朝廷官报管理体制及运行机制没有根本性的变化，朝廷官报的传播内容、工作流程、工作宗旨、工作目标、载体形态和传播方式等也没有根本性变化。变化的仅是朝廷官报名称：宋称"进奏院状报"、明称"朝报"或"京报"，清称"阁钞""科抄""邸钞"或"京报"等。

（2）北宋至清朝的民间新闻活动。北宋都进奏院的成立，就是为了防止小报的发展。① 由于官报不能满足读者的需要，民营报纸遂应时而生。② 关于中国古代民间报刊的最早记载是北宋太宗雍熙三年（986）五月皇帝在诏令中称"开封府进奏官止依例供申本府报状，诸州不许申发"（《宋会要辑稿·职官之二》）。朝廷"定例"外申发的"诸州报状"应就是借"官报"名在社会上流传的民间报刊。太平兴国六年进奏院管理体制改革就是让朝廷命官直接控制进奏院状报"抄传"，以消除由各州镇自行抄传进奏院状报。但从太宗雍熙三年诏令可知，对州镇京师进奏院的集中管理没能彻底消除"各州"自行"申发"的进奏院状。只是自行"申发"的进奏院状从原本"朝廷默许"变成了"朝廷不许"，从"合法"变成了"非法"，民间"公开"的新闻活动成了"秘密"的活动。不同朝代民间新闻活动成果称谓不尽相同，如宋朝称"诸州杂报""别录单状"及"小报"等；元称"小本"；明称"都下邸报""报贴"；清称"小报"

---

① 朱传誉. 宋代新闻史 [M]. 台北："中国学术著作奖助委员会"，1967：74.
② 朱传誉. 宋代新闻史 [M]. 台北："中国学术著作奖助委员会"，1967：67.

"京报之小钞"或"小钞（抄）"等。尽管对民间新闻活动成果名称不尽相同，但民间新闻活动的主要内容、运行目的及社会功能则基本相同：主要内容是围绕民间报刊的生产和销售进行新闻内容搜集、编排、刻印和销售。运行目的主要包括：通过搜集（"抄录"或"妄作"）适合在民间报刊上刊载的新闻内容；通过编排和刻印等成为进行社会化传播的新闻产品；通过新闻产品销售获得新闻活动经济价值；社会功能是满足社会成员对新闻信息的传播需求。

2. 北宋至清朝时期新闻活动的主要特点

纵观北宋中期以来的朝廷和民间新闻活动，除了在此前汉、唐等朝新闻事业发展的基础上，继续保持朝廷新闻发布、传播体制的相对稳定外，还有如下几个特点：

（1）形成了完整的朝政新闻传播体制和运行机制。太平兴国六年（981）对州镇在京师的进奏院实行统一管理后，"进奏院状报"成为"在封建中枢部门统一管理下，按一定制度，一式多份地发往诸路州军，向地方传报朝廷信息的中央一级的官报"[①]。形成了完整的朝政新闻工作程序：抄录新闻→编写初稿→枢密院定本→返回进奏院（复制）→把统一的进奏院状报"传之四方"。这一制度和工作程序，由北宋到南宋，经元朝至明朝，直至清朝终结，基本成为中国封建君主专制政体下朝廷新闻发布和传播的标准体制和机制。

（2）出现了朝廷新闻人和地方新闻人、官方新闻人和民间新闻人的分野。汉朝"邸报人"、唐初"邸报人"及唐大历十二年后的"（进奏院）状报人"，都应是为地方首领服务的"地方新闻人"。北宋太平兴国六年进奏院体制改革尤其"定本制度"后，出现了由朝廷"都进奏院"和代表朝廷意志的"进奏院状报"，出现了完全的"朝廷（官方）新闻人"。由于朝廷官报代表的是包括朝廷官僚在内的官方利益，因此就出现了与"官方"新闻活动对应的"民间"新闻活动，在社会生活中出现了和"朝廷（官方）新闻人"在工作目的、工作目标及社会功能等方面具有本质差异的"民间新闻人"——"杂报人""单状人"及"小报人"——工作目的不是为朝廷而是为自己服务；不是为朝廷"沟通上下""劝善惩恶"，而是使民间新闻品能多卖、多赚钱；社会功能不是为了传播朝政新闻，朝政新闻只是吸引读者购买使其多赚钱的商品要素。从北宋开始出现的朝廷新闻人和地方新闻人、官方新闻人和民间新闻人，成为中国传统新闻业的基本力量构成。

（3）出现了运行目的、运行体制、运行成果及运行功能等相反的社会新闻

[①] 方汉奇. 中国新闻事业通史：第1卷[M]. 北京：中国人民大学出版社，1992：71.

业。从北宋太平兴国六年后到清朝终结前的中国古代传统新闻业中，朝廷（官方）新闻业是主导、主体和主流的社会新闻业。朝廷为使官报正常运行，建立专门政府机构（"中书门下""六部廊下""六科""通政司"等），设置专门官职和官员、制定专门工作制度，调拨专门社会资源，产生专门新闻媒介（朝廷官报），传播给专门受众群，为朝廷"劝善罚恶"服务，形成了以皇帝为最高决策者、朝廷中央部门为主要发布者、朝廷命官为基本工作队伍，各级朝廷官员为主要阅读对象的官方新闻业；相对的是早期寄生于朝廷官报后来逐渐独立的并在运行目的、运行体制、运行成果及运行功能等与官方新闻业截然相反的民间新闻业。民间新闻人"抄录"乃至"妄作"新闻、编印和销售"小报"等都为了使"新闻内容"由产品成为商品，通过新闻商品流通获利以养家糊口。产品成为商品并通过商品流通"生利"赚钱，中国古代民间新闻活动应是较早具有资本主义经济行为特征的社会活动。

（4）新闻活动内容、记录和传播新闻手段和载体等表现出明显的特点。一是随着社会生产力发展尤其是近代手工业生产的规模化，城市人口群体不断扩大，使得京师等主要城市中的民间新闻活动具有了存在和发展的空间，民间新闻活动及其新闻产品（如元代非"锓刻"小本，清初"小报"及得到朝廷默认的清末《京报》等）得到相对普及，使中国古代新闻事业中存在官方新闻业和民间新闻业两个性质不同的组成部分，一直延续到后世；二是西汉虽已发明了造纸术，但"三国时期，书写材料是竹简、缣帛和纸三者并行"，直到晋代时纸张才得到普遍使用。纸张使用迅速普及反映在新闻活动成果方面，宋朝出现了"以小纸书之"的民间小报，元朝出现了装订成本出售的民间报刊"锓刻小本"，明朝的朝报或京报也是以"本"在社会流传；三是雕版印刷术普及直接促进了新闻业发展。约在公元前 627 年至 649 年（唐贞观年间）我们先人发明了雕版印刷术，[①] 中国书籍从卷轴装向册页装的发展。兴盛于南宋以刻写和经销图书为业的书坊及广为流传的"坊刻"图书，一方面为民间报刊"小报"流传培养了读者群体，另一方面也应是一些民间小报的代印者。木活字印刷术、化学原料造纸术及近代化书写工具制造法等，都大大提高了新闻活动效率和效益。清末北京"京报房"是我们先人发明、完善、进步和普及知识获得和生产技术的综合应用体。

---

① 黄镇伟. 中国编辑出版史 [M]. 苏州：苏州大学出版社，2003：176.

第三节 中国近代新闻活动的起源及发展

中国近代新闻活动可从两个角度理解：一是指西风东渐后西方近代资产阶级新闻观念和近代科学技术传入中国后出现的有关"新式"新闻活动；二是把与中华人民共和国邻近的朝代称为"近代"，也就是"中华民国时期"的新闻活动。本书兼顾以上两意统合述之。

一、中国近代新闻活动的萌芽（1840—1912）

中国近代新闻活动即围绕"新式报章"内容的采集、编辑及销售等活动，应是肇始于鸦片战争前的外国传教士在华新闻活动和在外人影响下出现的国人创办"新式报章"的活动。

（一）中国近代新闻活动萌芽的出现

明朝中后期开始出现资本主义萌芽，但明朝统治者因倭寇在沿海地区骚扰实行"禁海锁国"政策，延缓了资本主义经济萌芽的发展。清朝取民族融合政策出现"康乾盛世"后，自视"中央之国"采取锁国方针，直到在鸦片战争中被英军打败签订《南京条约》，开始滑进半殖民地半封建泥坑。而外国人"打中国主意"的新闻活动则在此之前就开始了。

1. 外人在华新闻活动

随着西方垄断资本主义发展为帝国主义，列强就把争夺原材料和商品市场的目光投向了尚未被开发的中国，一些传教士成为列强开疆拓土的探路先锋。

（1）外国传教士在华新闻活动的开端。清廷在仁宗嘉庆十五年（1810）就有"禁止外（国）人在中国境内从事传教和出版活动"[①]禁令，因而最早出现的一批面向中国读者宣传宗教的报刊是英国传教士米怜1815年在马六甲创办的《察世俗每月统记传》，后来的《特选撮要》（1823）和《天下新闻》（1828）等，主要在东南亚华侨居住区散发。与此同时，英国鸦片商马地臣所办英文《广州纪录报》（1827）、美国商人伍德所办《华人差报与广州钞报》（1831）、《广州杂志》（1831）及美国人裨治文《中国丛报》（1835）等先后在广州创刊，因为主要在外国人中间传播所以影响不大。这些外国传教士新闻活动的特点主要是：内容上以外国内容为主，主要宣扬或阐释基督教教义，少量新闻或介绍

---

① 方汉奇.中国新闻事业编年史：上［M］.福州：福建人民出版社，2000：19.

新知识的内容也是摘自外国报刊；传教士以居高临下的说教者心态从事新闻活动。他们从西方书刊选择自认为中国读者需要或自撰阐释基督教义的文章，目的是改变中国读者思想观念。传教士新闻活动慑于清廷禁令，所以在中国境外编印报刊，外国人不直接散发报刊，"每逢粤省县试府试时，由梁亚发携往考棚，与宗教书籍一起分送；余则藉友人游历船舶之便利，销售于南洋暹罗交趾支那各地华侨荟萃之区。"① 他们顺从中国文化和读者阅读习惯，采用中国古籍版式并冠以"博爱者""爱汉者""尚德者"等，以吸引中国读者阅读。

（2）鸦片战争前的外国人在华新闻活动。这一阶段外国传教士在华新闻活动的代表人物是德籍英国传教士郭实腊，他于1833年8月1日在广州创办的《东西洋考每月统记传》代表了"传教士报刊的新倾向"②。顺着郭实腊路子走的还有伦敦布道会传教士麦都思等于1838年在广州创办的中外杂志《各国消息》等。"新倾向"的特点是：第一，郭实腊不像伍德的《广州记录报》是面向外国人的英文报刊而是面向中国读者的中文报刊。第二，也不像米怜在中国境外创办中文报刊，而是在中国广州创办中文报刊。第三，不像马礼逊、米怜那样口说传教为主而是直接参加刺探中国军事、政治、经济情报的行动。第四，不像马礼逊、米怜因惧怕朝廷禁令而躲到马六甲办报而是明目张胆在广州公开创办刊物，还公开声称："这个月刊是为维护广州和澳门的外国公众的利益而开办的。它的出版意图，就是要使中国人认识我们的工艺、科学和道义，从而清除他们那种高傲和排外观念。"③ 第五，在所办《东西洋考每月统记传》中，宗教内容退居次位，科学知识成为刊物主体；着重介绍"为中国社会所需要而又能较好反映西方近代科学成就的实用知识"，增设新闻和言论专栏，每期刊载新闻和言论，每期编有目录，栏目基本稳定，已在相当程度上具有了近代报刊的基本特征。④ 而《各国消息》的内容只有国际新闻和航运消息、物价行情，宗教内容消失。国际新闻实际就是西方国家的历史、地理知识，旨在改变中国人思想闭塞状况和宣扬英国统治殖民地的威力与德政。⑤

（3）鸦片战争后的外人在华新闻活动。鸦片战争结束后，外国人在华新闻活动也进入新的发展阶段，并表现出如下明显特点：第一，外国传教士的在华

---

① 戈公振.中国报学史［M］.上海：上海书店出版社，2013：58.
② 方汉奇.中国新闻事业编年史：上［M］.福州：福建人民出版社，2000：263.
③ 方汉奇.中国新闻事业通史：第1卷［M］.北京：中国人民大学出版社，1992：265.
④ 方汉奇.中国新闻事业通史：第1卷［M］.北京：中国人民大学出版社，1992：266-268.
⑤ 方汉奇.中国新闻事业通史：第1卷［M］.北京：中国人民大学出版社，1992：270.

新闻活动完全公开化，所办报刊无论在品种数量、分布地域或是社会影响等方面，都达到了历史的高峰。出版地点从南洋马六甲、南方沿海广州、澳门及香港，深入到上海、宁波、厦门、福州、营口等通商口岸，再深入中国内地，直达皇帝所在京城。至1894年，外国传教士在华创办中文报刊约70种（不含海外），外文报刊约80种。① 第二，外国传教士创办的报刊发表大量评述（说教）中国政治走向的言论甚至直接提出"方案"，意图影响中国政治的走向。如美国传教士林乐知，先是创办宣扬基督教的《中国教会新报》，后改为综合性《教会新报》，再改成政论刊物《万国公报》，最后成为"广学会"机关报《万国公报》。康有为创办维新报刊就直接模仿《万国公报》之名，前者影响力可见一斑。第三，外国人在中国创办的"新式报章"从"外国人空间"越界突进到"中国人生活"。1861年11月，英资上海字林洋行创办上海第一家中文报纸《上海新报》，实现了外人在华新闻活动的"中文化"。1872年英国商人美查在上海集资创办《申报》，实现了外人在华新闻活动"中国化"，几乎一夜暴富。法国天主教人士筹款由天主教徒英敛之经办天津《大公报》获成功，旁证了外人在华新闻活动"中国化"的成功。第四，随着传教士和外国商人在华新闻活动的进入，中国的近代新闻技术尤其是铅字印刷技术促进中国近代新闻业的发展。上海《申报》创刊时使用的是人力手摇印机，每小时只能印数百张，单面印刷。后来销路增加，遂购置大印架单滚筒印机，用电力拖动，每小时可印一千份，以适应业务上的需要。② 第五，为吸引中国读者购买阅看他们所办的报纸，外国在华新闻人在适应中国读者阅读和文化习惯的同时，把西方近代报纸编辑、排版、标题美化、新闻电讯及报纸广告经营、成本核算、销售推广等专门新闻技术带进了中国，成为中国近代新闻人的"教师"和"模特"。

2. 国人模仿外人在华新闻活动出现近代新闻活动萌芽

英国人美查在上海创办《申报》的1872年，在中国广州出现了"中国人自己办的早期报纸"《采新实录》（又名《羊城采新实录》）。③ 因缺乏更多信息而难以详细介绍。

（1）1873年8月8日，当地绅士艾小梅在汉口创办《昭文新报》的活动具有明显模仿学习西人办报的色彩。首先，创刊后把创刊号报纸寄到上海《申报》，请其广而告之的做法就是学了洋人。其次，《昭文新报》自称"盖亦仿香

---

① 方汉奇. 中国新闻事业通史：第1卷［M］. 北京：中国人民大学出版社，1992：285.
② 徐载平，徐瑞芳. 清末四十年申报史料［M］. 北京：新华出版社，1988：73.
③ 方汉奇. 中国新闻事业编年史：上［M］. 福州：福建人民出版社，2000：52.

港、上海之式而作者也",即模仿当时香港、上海的新式报章"式样"编印。最后,《昭文新报》"奇闻逸事居多,间有诗词杂作",这和外人所办报刊"重报道新闻兼及社会知识"的内容格局相近。因此可确认艾小梅创办《昭文新报》是模仿外人在华报刊后的近代新闻活动。因出版时间不长,发行面不广而影响不大。

（2）模仿外人近代新闻活动产生较大影响的首先是王韬。他于1849年应英人麦都思之聘受雇上海墨海书馆,辅佐艾约瑟、伟烈亚力等翻译西书,并实际参加《六合丛报》工作①。因事涉太平天国,1862年走避香港。1864年主编罗郎也所办的《近事编录》,积累了实际办报经验。1870年返港和黄平甫筹资购得原英华书院印刷设备组成中华印务总局。1874年2月4日创办以"强中以攘外,谞远以师长"②为宗旨的《循环日报》。在王韬主持的《循环日报》前期10年左右间,该报宣传"强中攘外,变法自强"思想,所达到的思想水平和为推动社会改革所做的努力,一时无与伦比,成为我国第一个以政论著称的杰出报纸。③

（3）模仿外人新闻活动产生巨大影响的是康有为。康有为主导创办的《万国公报》对广学会《万国公报》的模仿主要体现在：首先是模仿外人《万国公报》之名,把自己的"同人刊物"用广学会《万国公报》之名在京师传播。其次是模仿《万国公报》大量刊载介绍西方资产阶级理论和新知识的文章（论说）,其中蕴含"不满现状"和"鼓吹改良"的思想。最后是直接从广学会《万国公报》等书刊转载符合自己"口味"的论说,以其原汁原味来获得京师官绅的认同。果不其然,上述"模仿"且经"雇用卖京报的人随宫门钞免费分送",仅一个多月后,康梁所办《万国公报》发行量达3000份左右。④

（4）孙中山领导创办《中国日报》和《民报》的活动也是在西人新闻活动影响下起步的。上海广学会1891年春出版《中西教会报》第五册所载"后学孙日新稿"《教友少年会纪事》,是他在"新式报章"发表的首篇文章,也是他通过报刊宣传维新思想活动的开始。1892年秋到澳门行医,参与1893年7月18日在澳门创刊的《镜海丛报》发行活动⑤。次年10月《万国公报》第69、70

---

① 方汉奇.中国新闻事业通史:第1卷[M].北京:中国人民大学出版社,1992:472.
② 方汉奇.中国新闻事业通史:第1卷[M].北京:中国人民大学出版社,1992:472.
③ 方汉奇.中国新闻事业通史:第1卷[M].北京:中国人民大学出版社,1992:477.
④ 方汉奇.中国新闻事业通史:第1卷[M].北京:中国人民大学出版社,1992:544.
⑤ 《镜海丛报》载孙中山石歧"西门外中西药局"和省城（广州）"双门底圣教书楼"药局为"代派纸之处"。

期连载他的《上李傅相（鸿章）书》（"广东香山来稿"）。1894年秋赴檀香山组织兴中会，把当地华侨报纸《隆记檀山新报》的经理、编撰人员全部吸收进兴中会，并以报馆为机关，秘密聚议，筹商进行。①"伦敦被难"事件后在英国报纸上发表《致各报主笔的公开信》《中国的现状和未来》文章。在这些新闻实践基础上，领导创办兴中会机关报《中国日报》和中国同盟会机关报《民报》，组织与保皇派报刊《清议报》《新民丛报》的"论战"，为辛亥革命胜利奠定了思想基础。

（5）国人模仿外人在华新闻活动而出现中国近代新闻活动，因为它植根于中国的土地，并由受到传统文化长期熏陶的中国近代文化人直接实践，所以自一开始就表现出具有这一阶段社会环境"烙印"的明显特点。主要是：

①国人新闻活动经历了从被动接受、蹒跚学步，发展到有自己主张的过程。在马礼逊、米怜和郭实腊时期，国人基本是被动接受；鸦片战争后，艾小梅等人模仿西人"上海、香港之式"开始办报；康有为和孙中山时期，尽管是受西方政治学说启蒙，但已是有意识"借用"西人做法和经验来宣传政治理想。

②西方新闻理念和技术对中国近代新闻事业起了"催产士"和"示范者"的作用。西方新闻理念（新闻监督政府、新闻言论自由、新闻应真实客观）既是中国新闻人模仿学习的"示范"和"模特"，又是对抗政府压制的"武器"和"盾牌"；西方的铅字印刷术、近代新闻纸制造技术、近代报纸的编辑排版技术、报刊发行销售技术等对"后发者"的中国新闻人具有重要的启发和示范作用。

③西方新闻人带出了三个价值取向完全不同的徒弟。第一个是商业报纸经办人艾小梅，其创办的《昭文新报》主要是"奇闻轶事、诗词杂作"；第二个是康梁等资产阶级维新派新闻人，其新闻活动以维护和延续封建君主专制制度为目标。第三个是孙中山等资产阶级革命派新闻人，其新闻活动以论证清朝腐朽无能、祸国殃民所以"非推翻不可"，即为资产阶级革命营造舆论环境。

二、中国近代新闻活动的发展（1912—1949）

辛亥首义的枪声敲响了清王朝的丧钟。中华民国临时政府在南京宣告成立，标志中国历史进入了"近代时期"，新闻活动也随之进入"中国近代时期"。为便于叙述，我们把中国近代新闻活动以南京政府"统一"为时间节点分为两个阶段。

---

① 方汉奇. 中国新闻事业通史：第1卷［M］. 北京：中国人民大学出版社，1992：685.

(一) 中国近代前期的新闻活动（1912—1928）

中国近代前期是自孙中山在南京领导创立"中华民国临时政府"起，到迁到北京后的"南北统一政府"（亦称北京政府），经历袁世凯称帝失败去世、北洋军阀皖、直、奉三派互相攻讦杀伐，最后自封自任"安国军海陆军大元帅"①的奉系军阀首领张作霖之子张学良宣布"东北易帜"后归于消亡的这一阶段。

1. 中国近代前期新闻活动的社会环境

1912年元旦，孙中山在南京宣誓就任中华民国临时大总统并宣读誓词："倾覆满洲专制政府，巩固中华民国，图谋民生幸福，此国民之公意，文实遵从之，以忠于国，为众服务。至专制政府既倒，国内无变乱，民国卓立于世界，为列邦公认，是时文当解临时大总统之职。谨以此誓于国民。"② 但因"名财"俱缺（外国不承认、财政匮乏）的窘境，"使和谈成功以保存革命成果成为孙中山不得不面对的现实。"③ 清廷于1912年2月12日发布"退位谕旨"。南京临时参议院2月15日选举袁世凯为第二任临时大总统。袁世凯3月10日在北京就职临时大总统。孙中山于4月1日在南京参议院行"解职礼"。次日参议院议决临时政府迁北京。④ 为阻止国民党组阁，袁世凯派人刺杀宋教仁。镇压"二次革命"后1914年5月宣布废除"临时约法"和责任内阁。1915年12月31日袁世凯宣布改"民国五年"为"洪宪元年"。在全国反对和众叛亲离中，3月23日宣布"废止洪宪年号"，直到6月6日去世。袁世凯死后，北洋军阀集团群龙失首，个个想"称王"。自副总统黎元洪"继任"总统后，共有7人出任总统或国家首脑，26人出任过总理，共产生过25任内阁和14个临时内阁，颁布过4部宪法或基本法，还闹出十几天的"张勋复辟"，⑤ 最后在"东北王"张作霖手上"寿终正寝"。

2. 中国近代前期新闻活动的主要内容

新闻活动的影响力迅速提升，各种政治、经济力量对新闻媒介及言论的关注度迅速增强，纷纷以极大兴趣投入新闻活动。

（1）创办和发行新闻报刊为主要内容的新闻活动。这一阶段以创办和发行新闻报刊为主要内容的新闻活动非常丰富且复杂，涉及中国社会生活的方方面面。主要包括：

---

① 刘寿林，等. 民国职官年表[M]. 北京：中华书局，1995：6.
② 孙中山. 孙中山全集：第2卷[M]. 北京：中华书局，1982：1-2.
③ 朱汉国，杨群. 中华民国史：第1册：论[M]. 成都：四川人民出版社，2006：34.
④ 张宪文，等. 中华民国史：第1卷[M]. 南京：南京大学出版社，2005：109.
⑤ 王润泽，等. 中华民国新闻史：第2卷[M]. 新北：花木兰文化事业公司，2020：2.

①国家新闻报刊活动。如南京临时政府创办发行《临时政府公报》的活动；北京政府创办和发行中央《政府公报》及司法、交通、教育、外交、商标、警察、农商等公报及地方官报的活动；孙中山自"护法运动"开始在广州先后创办和运行的《军政府公报》《陆海军大元帅大本营公报》及《中华民国政府公报》等。

②政党新闻报刊活动。如中国同盟会及后来合并组成的国民党、二次革命失败后的中华革命党及1919年改名中国国民党后创办的《民国新闻》《民权报》《民立报》及《中央日报》等各级各类机关报。1921年7月成立的中国共产党创办的《共产党》（月刊）、《向导》及在共产党领导下创办工青妇团体报刊如《中国青年》等新闻活动；以及中华民国联合会、共和党、民主党、中国社会党、自由党等创办机关报刊的活动。

③经营性新闻报刊活动。有较大影响的办报活动，如由天津紫竹林天主教堂总管柴天宠"集股本逾万元，甘愿赔垫"，"愿设报馆"并邀"主持其事"[①]，由英敛之1902年6月17日在天津创办和发行《大公报》（1916—1925为王郅隆时期[②]）的活动；席子佩1909年5月31日以7.5万元银价从美查股份有限公司接办[③]，后由史量才于1912年以12万元[④]"购得"产权的上海著名商业大报《申报》及《新闻报》《时报》等的新闻活动。

④外人在华新闻报刊活动。如上海英国字林洋行经营《字林西报》、沙俄1903年6月23日创办"以官方出版物特有的观点看待问题，体现政府的意志"[⑤]的《哈尔滨新闻》的活动，日本同文会在上海创办日文《上海新报》[⑥]、日本人西村博在天津创办中文报纸《天津日日新闻》和日本人中岛真雄在北京创办中文报纸《顺天时报》的新闻活动。美、德、法及社会主义苏联的新闻人也在中国从事创办新闻报纸的活动。

（2）以创办报刊为中心之外的新闻活动。随着西方近代科学技术和与新闻

---

① 方豪. 英敛之先生日记遗稿 [M]//沈云龙. 近代中国史料丛刊续编：第3辑. 台北：文海出版社，1974：242.
② 马艺，等. 天津新闻史 [M]. 天津：天津人民出版社，2015：42.
③ 上海图书馆. 近代中文第一报——申报 [M]. 上海：上海科学技术文献出版社，2013：29.
④ 上海图书馆. 近代中文第一报——申报 [M]. 上海：上海科学技术文献出版社，2013：33.
⑤ 赵永华. 在华俄文新闻传播活动史：1898—1956 [M]. 北京：中国人民大学出版社，2006：59.
⑥ 周佳荣. 近代日人在华报业活动 [M]. 长沙：岳麓书社，2012：25.

活动相关的运作形式、机械设备及专门技术传进中国并逐渐普及，中国新闻界出现了诸多超出传统创办报刊范围的新闻活动。主要如：

①以照相和摄像为手段的新闻活动。1900年前后，照相铜版制版技术传入中国。① 上海商务印书馆连续编辑出版了《大革命写真画》（15集）。"五卅运动"中，中共中央机关报《向导》于1925年6月6日所载《被日人杀死之顾正红》和《南京路屠杀中之牺牲者》及"万县惨案"后于1926年10月10日所载《东较场击毙居民四人拍照》等新闻照片②。商务印书馆于1919年4月成立"活动影戏部"摄制新闻电影的活动。中国影片制造有限公司于1923年摄制记录上海各界为反对日本拒绝废除"二十一条"和归还旅顺口、大连举行对日外交游行示威请愿《国民外交游行大会》的活动及黎民伟摄制记录孙中山后期革命活动较为完备的纪录片③《国民革命军海陆空大战记》的活动等。

②新闻通讯（信）社活动。国人自办第一个通讯社是骆侠挺1904年在广州创办1月19日发稿的中兴通讯社。④ 1918年冬，孙中山等在上海创立国民通讯社。"国共合作"开展"大革命"后，中国国民党中央执行委员会决定由"宣传部组织中央通讯社"于1924年4月1日正式发稿。共产国际于1920年7月在上海建立中俄通讯社。共产党成立后先后创办广州爱群通讯社、北京劳动通讯社、黑龙江哈尔滨通讯社；大革命时期先后创办了上海国民通讯社、湖北人民通讯及武汉血光通讯社等。⑤

③无线电新闻广播活动。1923年1月23日，上海英文报纸《大陆报》和美国上海"中国无线电公司"合办"大陆报—中国无线电公司广播电台"（亦称"奥斯邦电台"）⑥ 进行首次播音的活动；官办哈尔滨无线电台、天津无线电广播电台和北京广播无线电台的播音活动以及1928年8月1日"中国国民党中央执行委员会广播无线电台"（"中央广播电台"）在南京建成并播音的活动等。

---

① 方汉奇. 中国新闻事业通史：第1卷[M]. 北京：中国人民大学出版社，1992：1000-1004.
② 韩丛耀，等. 民国时期的图像新闻业[M]. 新北：花木兰文化事业有限公司，2020：82-93.
③ 高维进. 中国新闻纪录电影史[M]. 北京：世界图书出版公司，2013：10-13.
④ 万京华，等. 民国时期的新闻通讯业[M]. 新北：花木兰文化实业有限公司，2020：21.
⑤ 万京华，等. 民国时期的新闻通讯业[M]. 新北：花木兰文化事业有限公司，2020：67-75.
⑥ 艾红红. 民国时期的新闻广播业[M]. 新北：花木兰文化事业有限公司，2020：12.

3. 中国近代前期新闻活动的主要特点

西方近代新闻理念和近代科学技术成果尤其是新闻专用设备和技术不断地进入中国新闻活动领域，使得中国新闻活动在这一阶段表现出与此前各阶段都不相同的特点：

（1）新闻照片、新闻电影及新闻广播的出现改变了原有的新闻媒介体系格局。新闻照片或新闻漫画或出版随报赠送、发行"画刊"成为民初新闻界一道风景线。中国新闻记者中出现专职"摄影记者"。新闻电影成为记录重大新闻事件的第一手文献。新闻广播使读者在视觉感知途径外增加了听觉接受传播途径。新闻画报、新闻电影及新闻广播等媒介建构了近乎全新的新闻媒介体系。

（2）新闻媒介专业化引领新闻活动专业化。新闻报纸对新闻照片的需求猛增，出现了借助摄影设备获得有现场感的新闻照片的专门摄影记者；借助专业摄像设备摄取重大事件新闻素材，再剪接制作成新闻电影后，出现电影摄影师把新闻绘声绘色地表述后转变为"声波"荷载在电波上传播给受众的专门新闻广播人。新闻通讯活动通过新闻通讯社记者采访新闻事件生产新闻稿提供有关新闻媒介使用，同时通过发布新闻稿来影响或控制新闻媒介的传播内容和倾向。新闻媒介需求的多样化决定了新闻活动形式的多样化，新闻传播内容需求的多样化决定了新闻活动内容的专业化，出现不同类型的专业新闻人员和专业新闻活动。

（3）新闻活动政治倾向更加明显。民国创立，党禁消弭，"综其数目，殆大三百有余，是为民国初期政党林立时代"[①]。中国同盟会、国民党、中华革命党及中国国民党与"拥袁"统一党、共和党及统一共和党对同一新闻事件（如善后借款）的态度截然相反，使新闻活动的政治倾向更加明显。20世纪20年代后，中国政治舞台主要政治力量为中国国民党和中国共产党，各党新闻活动的政治倾向泾渭分明。民营新闻活动也自觉或不自觉地表现出倾向。

（二）中国近代后期的新闻活动（1927—1949）

中国近代后期是指蒋介石国民党集团于1927年4月12日先在上海制造"四一二"反革命政变、后在南京成立"中华民国国民政府"起，到蒋介石国民党集团在抗战胜利后坚持"一党独裁"方针并于1946年6月发动反共反人民内战，中国共产党带领人民群众，团结国内反对内战和独裁的进步力量，在短短三年左右就消灭了数百万国民党军队，建立起中华人民共和国的这一阶段，即蒋介石国民党集团掌控的"南京政府时期"。

[①] 谢彬.民国政党史［M］.北京：中华书局，2007：8.

1. 中国近代后期新闻活动的社会环境演变

共产党领导上海工人于1927年3月21日举行第三次武装起义获得胜利。4月3日成立上海特别市市民政府。① 蒋介石于4月12日在上海发动反革命的"四一二政变"。汪精卫于7月15日在武汉通过"取缔共产党案",正式和共产党彻底决裂②。周恩来为首的中共前委领导贺龙、叶挺、朱德、刘伯承等于8月1日在南昌率军起义。中国共产党领导工农红军利用军阀割据及战争间隙发展,主力红军发展到15万人。③ "九一八"事变后,蒋介石坚持"攘外必先安内"方针。"七七事变"后,由于国民党军在"淞沪抗战"中损失惨重以及在共产党的努力下,国共第二次合作进入全民族抗战阶段。1938年12月19日汪精卫等叛逃并公开投敌。国民党五届五中全会秘密通过"党务报告决议案",确定"溶共、防共、限共"基本方针④后掀起三次反共高潮。"皖南事变"后中共中央重建新四军军部。中华民族在世界反法西斯阵营支持下坚持抗日最后赢得胜利。蒋介石三次邀请毛泽东赴重庆国共和谈。"政府"与共产党签订"双十协定"并召开政治协商会议。国民党军于1946年6月23日公开发动内战。人民解放军在1948年末开始战略反攻。辽沈、淮海、平津等战役消灭国民党军主力。国共和谈破裂。人民解放军于1949年4月21日打过长江,两天后占领南京。中华人民共和国中央人民政府于10月1日成立,中国中央政府完成历史更迭。

2. 中国近代后期新闻活动的主要内容

中国近代后期是一个风云跌宕、内容丰富、政治力量彼消此长、最后决战定出胜负的历史阶段。为便于叙述,中国近代后期新闻活动以国共合作抗日为时间节点分两段叙述。

(1) 国共合作抗日前中国新闻活动的主要内容。这一阶段政治力量博弈剧烈,内政外交步步艰难,蒋汪背叛国共合作,军阀混战祸国殃民,红军打破围剿发展,日本发动全面侵华战争,共产党摒弃前嫌力倡国共合作抗日,这些事件都对这一阶段的新闻活动产生了直接的影响。

---

① 韩信夫,姜克夫.中华民国大事记:第2册[M].北京:中国文史出版社,1997:585.

② 韩信夫,姜克夫.中华民国大事记:第2册[M].北京:中国文史出版社,1997:650.

③ 中共中央党史研究室.中国共产党历史:第1卷(1921—1949,上册)[M].北京:中共党史出版社,2011:236-237,326.

④ 韩信夫,姜克夫.中华民国大事记:第4册[M].北京:中国文史出版社,1997:381.

①以新闻报刊为中心的新闻活动。首先是国民党蒋介石集团创办报刊的新闻活动。民国南京政府成立后，国民党于1928年2月1日在上海创办《中央日报》，同年11月1日停刊，1929年2月1日在南京复刊。① 1932年5月程沧波任《中央日报》社长后，一方面坚持"为党之主义言、为党的创造者之遗教言"，"不讳为本党主义之辩护人"及"本其批评政府之勇气以为政府辩护"②，同时按照"经理部要充分营业化、编辑部要充分学术化、整个事业要制度化效率化"思路改革：增辟副刊或专刊并拓宽副刊或专刊编辑或稿源，创办《中央夜报》和《中央时事周报》。1937年6月为配合蒋介石在庐山办"庐山军官团"，创办《中央日报》庐山版。1931年5月国民政府军事委员会委员长行营（南昌行营）宣传处长贺衷寒创办以教育参加"剿匪"官兵的《扫荡三日刊》。1932年6月23日扩充成《扫荡日报》，后迁往汉口改名《扫荡报》继续出版。其次是国民党"政治反蒋派"或"与蒋争权派"创办新闻报刊的活动。前者如以汪精卫改组派的《革命评论》和《前进》《奋进》周刊、胡汉民再造派的《民众日报》《再造旬刊》及邓演达"第三党"的《革命行动》和《行动日报》等。后者是共产党在白色恐怖环境中坚持在地下创办《布尔什维克》《红旗日报》等党报党刊，同时在农村开辟红色根据地的工农红军利用战争间隙创办《红军日报》等新闻报纸和时事简报③以及壁报，向工农群众宣传打土豪分田地政策。民营报刊也有发展。

②以无线电广播电台为工作平台的新闻活动。1928年8月1日，"中国国民党中央执行委员会广播无线电台"（俗称"国民党中央电台"）在南京播音，标志中国开始出现"中央"级无线电广播电台。1929年春，国民党调整中央执行委员会组织系统，在中央执行委员会设宣传部直接领导"中央通讯社""中央无线电台"、《中央日报》等机构，"一台一报一社"位于国民党金字塔式新闻体系的最顶端。④ 1931年7月起设"中央广播电台管理处"。扩充后的中央广播无线电台于1932年11月12日播音。"中央广播电台管理处"于1936年1月改为"中央广播事业管理处"，除直接负责"管理"中央台外还管辖一部分地方台，⑤ 包括福州电台、西安电台、长沙电台、南京短波电台及中央短波电台筹备

---

① 刘继忠，等.中华民国新闻史：第3卷［M］.新北：花木兰文化事业有限公司，2020：55.
② 程沧波.致读者［N］.中央日报，1932-05-08.
③ 毛泽东.毛泽东新闻工作文选［M］.北京：新华出版社，2014：28-34.
④ 艾红红.民国时期的新闻广播业［M］.新北：花木兰文化事业有限公司，2020：40.
⑤ 赵玉明.中国广播电视通史［M］.新1版.北京：中国广播电视出版社，2014：19.

处等，这些"地方"广播电台实际成为"中央广播电台"分支机构，类似通讯社驻外分支。① 国民党主导的无线电广播新闻活动传播的内容是发布国民党的党务动态、播送文化知识内容以推进文化教育，发布国际国内重要新闻以沟通国内外消息。1933年3月29日，国民党中央执委会议决"凡国府交通部、各省政府、各市政府所设置广播电台及交通部所管辖之民营广播电台……除播发本地新闻外，均应转播'中央广播电台'之中央纪念周及重要新闻两项节目"②。1936年4月20日，中央广播事业管理处呈经中央执行委员会转函行政院令行交通部各省市政府转知全国各地所有的公私营广播电台"除星期日外，每晚八点至九点零五，必须一律转播中央台节目（暂为简明新闻、时事述评、名人演讲、学术丛谈、话剧、音乐等六项）"，"各民营电台无转播设备者，应于此节时间暂行停播。"③

③以摄制新闻照片为主要内容的新闻活动。1927—1936年全国共出版500多种画刊（报）。④ 新闻画报《良友》曾刊载万国新闻通讯社记者王小亭冒着生命危险摄制的日本帝国主义制造济南"五三惨案"的暴行照片10余幅，产生较大社会影响。国民党中央宣传部编辑发行的《中央画报》于1928年9月出版过"五三惨案"专号。张光宇、邵洵美、叶浅予等人合组时代图书公司出版《时代画报》，提供时事及新闻照片的有通讯社、新闻摄影社、电影场等十余家，个人有王小亭、沈逸千、伍千里、郑用之、倪焕章、黄仲长、金石声等人。⑤ 上海"一·二八事变"发生后的2月25日，梁得所编辑、伍联德出版的《战事画刊》创刊，自1932年2月至1934年4月共出版3集，每集载照片180余幅。系从良友新闻摄影社、申报新闻摄影社、联华影片公司、时报摄影部及随军学生义勇军拍摄的数万幅照片中选用。⑥

④以摄制和放映新闻电影为主要内容的新闻活动。1927年"四一二政变"前后，苏联导演雅科夫·布奥里赫来到中国上海摄制新闻纪录片素材。所摄制的第三次工人武装起义后工人纠察队的示威游行，英美法殖民者增兵租界及在租界周围筑工事，"四一二"政变中蒋介石枪杀中国共产党人和革命群众的实

---

① 艾红红. 民国时期的新闻广播业 [M]. 新北：花木兰文化事业有限公司，2020：43.
② 艾红红. 民国时期的新闻广播业 [M]. 新北：花木兰文化事业有限公司，2020：59.
③ 新闻报：全国各无线电台一律转播中央节目 [M] // 上海市档案馆，等. 旧中国的上海广播事业. 北京：中国广播电视出版社，1985：221.
④ 彭永祥. 中国画报画刊：1872—1949 [M]. 北京：中国摄影出版社，2015：107.
⑤ 彭永祥. 中国画报画刊：1872—1949 [M]. 北京：中国摄影出版社，2015：136.
⑥ 彭永祥. 中国画报画刊：1872—1949 [M]. 北京：中国摄影出版社，2015：159.

况，后来剪接制作成《上海纪事》，1928年在苏联上映。① "一·二八"淞沪抗战中，上海明星影片公司导演程步高摄制了《十九路军血战抗日——上海战地写真第一集》和《上海之战》等新闻纪录片的活动。② "九一八"事变后，上海九星影片公司派出新闻摄制人员于1933年前往东北前线摄制制作《东北义勇军抗日战史》的活动。③ 1919年4月上海商务印书馆成立"商务印书馆活动影戏部"。上海明星影片公司、联华影片公司、天一影片公司及惠民公司、亚细亚公司、暨南公司、慧冲公司、锡藩公司九星影片公司等都积极从事新闻影片摄制活动。1932年5月国民党中央宣传部文艺科下设置的"电影股"除负责电影剧本和影片审查及调查影片公司及影院外，也拍摄新闻纪录片。1933年以"电影股"为基础成立"中央电影摄影场"（中电），主要摄制新闻片，仅1934年就制作了200多部纪录影片。④ 1935年阎锡山在太原资助成立西北电影公司也摄制过新闻纪录影片。⑤

⑤以发布新闻稿为主要内容的新闻通讯活动。南京政府成立后，国民党在南京重组成立"中央通讯社"，1927年5月6日对外发稿，"清党"成为南京中央社报道的主要内容。⑥ "九一八"事变后，蒋介石委派中央宣传部秘书萧同兹"整备中央社"并同意其"在不违背国法和党纪的原则下，能有处理新闻的自由"等"三点建议"⑦。中央社很快建立起专用新闻电台、以"甲种""乙种""专电"新闻形式电讯广播；完成"七大都市电讯网"建设，向全国发英文新闻稿；全面抗战爆发前从英国路透社、法国哈瓦斯社及美国合众社收回中文电讯发稿权，国内普遍建立分支机构，在香港成立分社，东京设特派员办事处，日内瓦、新德里设通讯员办事处，⑧ 成为覆盖全国主要城乡的通讯社。国民党还在上海、杭州、广州、山西及四川等地建有地方性通讯社。1924年成立的申时电讯社于1932年2月成为被张竹平改组并自任总经理的申时电讯社股份有限公

---

① 方方.中国纪录片发展史［M］.北京：中国戏剧出版社，2003：62-63.
② 高维进.中国新闻纪录电影史［M］.修订版.北京：世界图书出版公司，2013：23.
③ 高维进.中国新闻纪录电影史［M］.修订版.北京：世界图书出版公司，2013：25.
④ 方方.中国纪录片发展史［M］.北京：中国戏剧出版社，2003：80-81.
⑤ 高维进.中国新闻纪录电影史［M］.修订版.北京：世界图书出版公司，2013：27.
⑥ 万京华，等.民国时期的新闻通讯业［M］.新北：花木兰文化事业有限公司，2020：31.
⑦ 翁翠萍.1924：中央社，一部中华民国新闻传播史［M］.台北："中央通讯社"，2011：16.
⑧ 万京华，等.民国时期的新闻通讯业［M］.新北：花木兰文化事业有限公司，2020：35.

司，因企图脱离国民党掌控且与反蒋势力联系，包括申时电讯社在内的"四社"产权于1935年被孔祥熙资本劫夺。共产党的新闻通讯事业在这一阶段有了质的飞跃。"五卅"运动期间，共产党在上海创办了国民通讯社，编发新闻稿件供全国报纸及外国报刊采用，1926年9月被查封。第三次上海工人武装起义胜利后恢复活动，"四一二政变"后被国民党当局查封。① 1931年11月7日，中华苏维埃第一次全国代表大会在江西瑞金开幕，红色中华通讯社成立，并于当天就通过无线电台播发了中华苏维埃共和国成立的消息。自此在中国土地上出现了分属两个中央政权的新闻通讯活动，一直延续到民国南京政府终结。

（2）国共合作抗日后的中国新闻活动的主要内容。从国共宣布合作抗日的1937年8月到中华人民共和国中央人民政府在北京宣告成立的1949年10月1日前，中国的政治、军事、外交以及经济、文化、科学等方面发生了剧烈的变化。新闻活动也因为国共合作抗日和外国新闻媒介及新闻人的在华新闻活动呈现出前所未有的丰富多彩。这一阶段的新闻活动内容主要有以下几方面。

①以新闻报刊为载体的新闻活动。这一阶段以新闻报刊为媒介的新闻活动，基于报刊主办（所有）者的阶级立场、政治阵营的阶级性质及经济资产所有等方面的区别，主要包括共产党的新闻报刊活动、国民党的新闻报刊活动和民间资本的新闻报刊活动等三个部分。

首先是共产党以新闻报刊为载体的新闻活动主要包括：一是在陕甘宁边区创办新闻报刊活动。主要如1937年1月29日《红色中华》报改名《新中华报》，9月9日把"中华苏维埃共和国中央政府机关报"改为"陕甘宁边区政府机关报"。1939年2月7日"改组"为"中共中央机关报"。1937年4月24日创办《解放》周刊。1940年3月创办《边区群众报》。1941年5月16日创办《解放日报》等；二是在国统区公开创办报刊的活动。1937年12月11日在武汉创办《群众》周刊、1938年1月11日在武汉创办《新华日报》及抗战胜利后在北平创办中共机关报《解放报》的活动②等。三是敌后抗日根据地创办报刊的活动。如晋察冀根据地创办《晋察冀日报》、中共中央北方局创办机关报《新华日报》（华北版），中共中央晋绥分局创办机关报《抗战日报》，中共中央山东分局创办机关报《大众日报》等活动。③ 上述报刊通过报道新闻消息、发表

---

① 万京华，等.民国时期的新闻通讯业［M］.新北：花木兰文化事业有限公司，2020：74.
② 方汉奇.中国新闻事业通史：第2卷［M］.北京：中国人民大学出版社，2000：995.
③ 刘亚，等.中华民国新闻史：第4卷［M］.新北：花木兰文化事业有限公司，2020：120-142.

时事评论、刊载文艺作品和新闻照片及广告等途径，宣传抗日民族统一战线是战胜日本侵略者的唯一正确途径，宣传中华民族和日本侵略者浴血奋战的民族精神和宁死不当亡国奴的民族气节，动员广大民众积极参加抵抗日本侵略的民族解放斗争，揭露和抨击国民党顽固派制造摩擦、内耗抗日力量的行径，在引领抗日舆论，打破舆论封锁及向世界介绍中华民族艰苦卓绝的抗战等方面发挥了积极的作用。

其次是国民党以新闻报刊为载体的新闻活动。主要包括：一路西撤的《中央日报》于1938年9月15日在重庆出版。自1938年1月10日创办《中央日报》长沙版后，又先后创办了《中央日报》贵阳、昆明、成都、梧州、福州及安徽（皖南）等地方版。抗战胜利后接收汪伪《中央日报》《中报》和《中兴报》于1945年9月10日在南京复刊《中央日报》，1949年4月23日停刊。抗战初期的"直属党报"和地方党报也纷纷停刊。国民党军队报纸第一个层级是国民政府军事委员会政治部创办的《扫荡报》系列，第二个层级是战区或集团军（军）创办的《阵中日报》系列，第三个层级是集团军（军）或师以下部队创办的《扫荡简报》系列。国民党报纸在抗战前期（武汉沦陷前）基本按国共合作抗日基调报道新闻，在国民党五届五中全会后转向"拥护中央"及"统一军令""统一政令"。"皖南事变"前的《中央日报》公然在社论中叫嚣"贯彻政令是统一，贯彻军令是统一，整肃纲纪是统一，制裁叛逆是统一""违反纪律妨碍抗战者，是有助日寇的行为，也是国家民族的罪人，与汉奸无殊！唯有贯彻政令，严肃军纪，制裁这些'千古罪人'，方能维护国家的统一，方能保障抗战的胜利"[1]。颠倒是非的宣传，制造杀人的舆论，两天后，骇人听闻的"皖南事变"发生了。[2]

再则是民营新闻业以新闻报刊为中心的新闻活动。"四一二政变"后，在蒋介石国民党集团主导南京政府的社会环境中，大部分民营报纸顺着"政府意志"，采用国民党中央社新闻通稿，新闻及言论基调以"剿匪""反共"为主调。上海传统大报《申报》《新闻报》等则"主打新闻"，以"言论谨慎"避祸。提出"四不方针"的天津《大公报》在1926—1928年"对国民党方面的态度经历了从负面转向正面的过程"[3]。"九一八"事变后，中华民族面临日本"亡国灭种"威胁，大多数民营新闻报纸赞成"停止内战、一致对外"，出现抗

---

[1] 《中央日报》社论. 以统一保障胜利[N]. 中央日报, 1941-01-04.
[2] 吴廷俊. 中国新闻史新修[M]. 上海：复旦大学出版社, 2008：305.
[3] 俞凡. 新记《大公报》再研究[M]. 北京：中国社会科学出版社, 2016：418.

日救亡言论高潮。《大公报》宣扬"明耻教战"成为蒋政府向民众的说客。当民营报（纸）人言行触及政府底线时，当局"杀一儆百"，上海《申报》馆主人史量才因此血染沪杭公路。全面抗战爆发后，大部分民营大报随政府撤到大西南重庆、成都及广西南宁、桂林等地坚持出版。沦陷区的一些民营报纸则成了敌伪"战利品"。尽管一些民营报纸对国民党军正面战场节节败退、大片国土沦于敌手不满，但基调还是拥护政府领导抗日。抗战胜利后的民营报纸，先是对国共和平谈判签署"双十协定"及召开政治协商会议欢欣鼓舞，同时对局部"内战责任"各抒己见。曾发表社评《我们在割稻子》① 鼓舞国人坚持抗战到底的《大公报》因刊载《质中共》和《可耻的长春之战》等社评的行为，成为共产党后来认定其对国民党"小骂大帮忙"的基本事实。民营报人既对共产党和革命缺少了解，又对国民党统治失去希望，因此想走既不同共产党主张阶级斗争，又不同国民党腐败无能的"第三条道路"，但最后终成泡影，还是各自站队。

②以无线电广播为载体的新闻活动。由于无线电新闻广播活动的开展所需要的物质和保障条件，要远远高于创办新闻报刊的要求，所以这一阶段中国新闻界以无线电广播为媒介的新闻活动，主要是国民党及国民党政府经办的无线电广播电台和共产党在陕甘宁边区建立的无线电新闻广播电台。

首先是国民党的无线电广播新闻活动。1937年11月23日午夜，"南京中央电台""告别广播"后停止播音内迁，几经播迁于1938年3月10日在重庆恢复播音。② 由于地处西南腹地并得到英美多次援助，国民党于1940年建成位于上清寺的三层广播大楼和地下防空设施，在日本飞机狂轰滥炸下坚持播音；新建的中央短波广播电台于1939年2月6日对北美、欧亚播音；在昆明、贵阳、西昌、兰州等地开办新的广播电台；创办战地流动广播电台和军中播音中队并在各战区设分队，除对前线部队进行播音外，还兼办对日军广播。③ 在国共合作抗日大环境下，"中央电台"举行邀请共产党代表、抗日将领、国民党内的抗战派、爱国人士和国际友人等在广播电台向全世界发表广播演讲等活动，④ 介绍中华民族坚持抗日决心、意志和战绩，谴责汪精卫等叛变投敌，请日本友人揭露

---

① 《大公报》社评.我们在割稻子[N].大公报，1941-08-19.
② 艾红红.民国时期的新闻广播业[M].新北：花木兰文化事业有限公司，2020：80-81.
③ 方汉奇.中国新闻事业通史：第2卷[M].北京：中国人民大学出版社，2000：708-709.
④ 方汉奇.中国新闻事业通史：第2卷[M].北京：中国人民大学出版社，2000：709.

日本军阀的欺骗和残暴，对敌伪广播造谣污蔑进行反击。但即使在合作抗日形势下，蒋介石也没抛弃一党专制的意念，国民党无线电新闻广播表现出明显的片面性，不但较少宣传共产党八路军和新四军抗敌事迹，而且屡屡播发污蔑攻击共产党和人民武装的言论，尤其是"皖南事变"时期更为明显。抗战胜利后，国民党新闻广播跟随蒋介石国民党集团，不断调整播音内容和倾向，全力宣传"政令统一""戡乱建国"等法西斯的一党独裁理论，直到随着被打败的国民党军队溃退到台湾。

其次是共产党的无线电新闻广播活动。共产党无线电新闻广播电台建成的首功应是归于周恩来。他争取到苏联援助广播发射机，成为建设延安新华广播电台的核心硬件基础。[1] 中共中央成立由周恩来为主任的广播委员会。王诤直接领导。[2] 1940年12月30日，延安新华广播电台正式播音。[3] "皖南事变"后，蒋介石国民党污蔑新四军"叛乱"并宣布撤销番号，声称要将叶挺交"军法审判"。延安新华广播电台及时播发中共中央关于重建新四军军部、任命代军长陈毅等新四军领导人的命令，全文播发毛泽东起草的《中国共产党中央军事委员会发言人对新华社记者的谈话》，揭露事件真相、分析事变起因，警告国民党亲日派。1943年春天暂停播音，日本宣布投降（约在8月15日[4]）前后恢复播音。后来广播毛泽东为新华社写的反对蒋介石"独摘桃子"言行的一系列评论。在国共内战期间，延安新华广播转战陕北坚持播音，指导国内解放战争和民主政权建设、揭露国民党反动派发动内战的罪恶行径、号召国民党军队官兵反对内战，声援国统区人民群众爱国民主运动，引领社会舆论。

③以新闻照片为载体的新闻活动。随着全面抗战爆发，国统区的抗日新闻摄影人全力投入记录中国军民奋起抗敌英勇的新闻照片摄影活动。

第一，国统区的新闻摄影活动。上海《良友》杂志刊载的日军飞机轰炸上海南站、杭州火车站、苏州火车站、松江车站的系列新闻照片《敌机不人道，肆意炸平民》说明称："敌机轰炸的对象，不外是我国之文化机关、救护人员、平民及逃避战乱的妇孺，其残酷不顾人道的暴行，已是举世皆知，罪不容恕。计自全面抗战以来，敌机在上海、南京、广州、汉口、杭州各重要都市轰炸外，余如松江、嘉兴、芜湖、汕头等小都市，与各穷乡僻壤，只要敌机飞到的地方，

---

[1] 艾红红. 民国时期的新闻广播业 [M]. 新北：花木兰文化事业有限公司，2020：132.
[2] 赵玉明. 中国广播电视通史 [M]. 新1版. 北京：中国广播影视出版社，2014：72.
[3] 赵玉明. 中国广播电视通史 [M]. 新1版. 北京：中国广播影视出版社，2014：74.
[4] 赵玉明. 中国广播电视通史 [M]. 新1版. 北京：中国广播影视出版社，2014：91. 注②

均无不受其无目标的轰炸。"① 方大曾的《卢沟桥事变发生后之宛平》、王小亭的《日军轰炸上海南站后坐在铁轨上哭泣的男童》、郑景康的《逃难者》等皆为抗日新闻摄影活动的代表性成果②。摄影团体和机构纷纷出现，以新闻摄影为主要内容的摄影画报大量出版，在动员民众投入抗日救亡运动中发挥了积极的作用。

第二，共产党在革命根据地的新闻摄影活动。共产党人十分重视新闻摄影活动。抗日根据地的第一位摄影记者沙飞的《八路军在古长城欢呼胜利》、著名摄影记者石少华的《毛主席和小八路》《毛泽东与延安杨家岭的农民》等摄影作品在中国摄影史上具有重要地位。抗日根据地在极其艰难环境下创办摄影画报的活动成绩斐然。影响最大的是著名摄影家沙飞等 1942 年 7 月 7 日创刊、晋察冀军区政治部出版的《晋察冀画报》。画报内容以报道根据地八路军的军事活动为中心，主要报道八路军和边区百姓的日常生活、根据地的民主政权建设及日军的残暴罪行等内容。不仅在根据地发行，还流传到国统区北平、重庆等地，并传播到苏联、美国、英国、菲律宾、印度、越南、新加坡、暹罗（泰国）等国家。

④以新闻电影为载体的新闻活动。这一阶段新闻电影的第一个高潮在民国南京政府落脚武汉时期，标志是电影界抗日民族统一战线团体"中华全国电影界抗敌协会"在武汉成立和中国电影制片厂投拍新闻纪录电影。

第一阶段新闻纪录电影活动高潮及其代表性成果主要产生在国共合作环境中且以共产党人或进步电影人为活动主体而产生。如"中制"出品，由郑用之、钱筱璋、吴蔚云等摄制的《抗战特辑》《平型关战役》，短纪录片《电影新闻》，郑君里编导、韩仲良摄影的大型纪录片《民族万岁》，中央电影摄影场出品的《卢沟桥事变》《中国新闻》《抗战实录》《克服台儿庄》及西北电影公司出品的《华北是我们的》等。③ 在国民党五届五中全会确定"溶共、防共、限共"方针后，"中电""中制"进步力量遭到压制迫害。当局又借口电影器材短缺，对拍摄新闻纪录片加以限制，国统区抗日救亡新闻电影活动进入低潮。

第二阶段的新闻电影高潮出现在抗日根据地及后来的解放区。美国摄影师哈利·邓汉姆于 1937 年春进入陕甘苏区和延安拍摄新闻影片素材，后来制作成

---

① 敌机不人道，肆意炸平民 [J]. 良友，1937（11）.

② 韩丛耀，等. 民国时期的图像新闻业 [M]. 新北：花木兰文化事业有限公司，2020：232-234.

③ 高维进. 中国新闻纪录电影史 [M]. 北京：世界图书出版公司，2013：30-38.

新闻纪录片《中国给予还击》,"在许多国家上映"①。著名电影艺术家袁牧之、吴印咸于1938年8月到达延安后,八路军总政治部电影团正式成立(即"延安电影团")。1938年10月1日在陕西黄帝陵开始拍摄大型新闻纪录片《延安与八路军》的"第一个镜头"。接着先后到延安、晋西北、晋东南、晋察冀边区及平西等地拍摄素材,多方面反映在延安和陕甘宁边区、晋察冀前线的八路军的战斗和生活。②后送到苏联制作时因苏德战争爆发而散失。③延安电影团后来又摄制了《陕甘宁边区第二届参政会》《延安各界纪念抗战五周年》《白求恩大夫》《生产与战斗结合起来》(亦称《南泥湾》)及《中国共产党第七次全国代表大会》④等新闻纪录片。上海新华影业公司摄影师薛伯青应邀在江南抗日根据地拍摄了《彭雪枫师长追悼会》《新四军骑兵团》及《新四军的部队生活》等新闻纪录电影⑤。1946年4月东北民主联军进入长春后,舒群接管原日伪"满映"成立东北电影公司并任总经理。10月1日改名为东北电影制片厂,摄制的《民主东北》(17辑,其中13辑新闻纪录片)是共产党领导拍摄的"第一部有声新闻纪录片"。这些新闻电影活动为后人留下了极其珍贵的历史影像。

⑤以提供新闻为主要内容的新闻通讯活动。在这一阶段中国新闻界的新闻通讯社活动中,产生较大影响的是国民党的"中央社"和共产党的新华通讯社。

国民党的"中央社"。南京于1937年12月13日沦陷后,国民党"中央通讯社"社长萧同兹率总部人员1938年底抵达重庆并恢复运作。由于"中央社"在国民党系统尤其是新闻系统中的特殊地位,加上自建的新闻通信网络和技术设备,往往由一个战地特派员带领1—3名电务人员携带小型无线电收发报机组成"随军组"分赴各战区采访,向总社或分社传回电讯。抗战期间,由中央社总社和分社派遣的随军组总数在30个以上。⑥日军偷袭珍珠港后,美国、中国及英国结成同盟。中国远征军出国作战,中央社随军记者也从中国战区跨到印缅战区、太平洋战场及西欧战场,特派记者多达20余人。⑦在对中国军队正面战场新闻报道的及时性和全面性方面,中央社远超一般民营新闻通讯社。但

---

① 高维进.中国新闻纪录电影史[M].北京:世界图书出版公司,2013:48.
② 方方.中国纪录片发展史[M].北京:中国戏剧出版社,2003:97-98.
③ 高维进.中国新闻纪录电影史[M].北京:世界图书出版公司,2013:53.
④ 方方.中国纪录片发展史[M].北京:中国戏剧出版社,2003:101-105.
⑤ 方方.中国纪录片发展史[M].北京:中国戏剧出版社,2003:111.
⑥ 万京华,等.民国时期的新闻通讯业[M].新北:花木兰文化事业有限公司,2020:40.
⑦ 翁翠萍.1924:中央社,一部中华民国新闻传播史[M].台北:"中央通讯社",2011:68.

"在某些报道内容上丧失了新闻应有的真实、全面客观公正"，一是在对共产党及八路军、新四军的报道方面十分偏颇；二是即使在国民党军队大溃败的情况下，报道中也几乎看不到溃败的痕迹，这使其报道的真实性、客观性遭到质疑。① 国共内战后期，据说蒋介石自己也不相信中央社而更相信《大公报》及延安新华社发布的新闻。

中国共产党的新华通讯社。中共中央于1937年1月决定把红色中华通讯社改名为新华通讯社，简称"新华社"。"七七事变"爆发后，新华社于7月8日播发《中国共产党为日军进攻卢沟桥通电》，号召全国人民、军队和政府团结起来，筑成民族统一战线的坚固长城，抵抗日本的侵略。② 积极抄收中央社电讯并综合其他材料，新华社充分报道了平津作战、淞沪抗战、南京保卫战、徐州会战及武汉保卫战，"及时反映正面战场的重要战役和战争进展的情况"③。平型关大捷后，新华社迅速播发通讯稿《八路军开始第一个大胜利》，报道了八路军在平型关首战告捷取得全面抗战以来第一个大胜利的消息。9月29日《新中华报》头版头条刊登了这则消息。④ 相继报道八路军、新四军、华南抗日游击队及东北抗日联军的英勇业绩。1939年2月新华社成为独立单位，新华社抄收的大量中外电讯和采访的抗日根据地新闻首先提供给《新中华报》（及后来的《解放日报》）采用或延安新华广播电台播发，《新中华报》（《解放日报》）刊登的重要新闻和言论通过新华社对外发布。⑤ 注重报道抗日根据地政治、经济、文化等方面新闻，揭露日本侵略者残暴罪行和汉奸投降派阴谋活动，反击国民党顽固派宣传和对共产党八路军、新四军诬蔑，介绍世界反法西斯战争进程。抗战胜利后，新华社新闻活动内容重点先是从军事新闻为主转向政治新闻为主，然后又从和平建国、国共谈判等政治新闻转向人民解放战争的军事新闻为主，再又转为以大中城市经济建设新闻为主，以迎接新中国诞生。

⑥外国人在华的主要新闻活动。由于中国的抗日战争战场是世界反法西斯

---

① 万京华，等.民国时期的新闻通讯业［M］.新北：花木兰文化事业有限公司，2020：46.

② 中共中央党史研究室.中国共产党历史：第1卷（1921—1949），下册［M］.北京：中共党史出版社 2011：463.

③ 《新华通讯社史》编写组.新华通讯社史：第1卷［M］.北京：新华出版社，2010：143.

④ 《新华通讯社史》编写组.新华通讯社史：第1卷［M］.北京：新华出版社，2010：147.

⑤ 万京华，等.民国时期的新闻通讯业［M］.新北：花木兰文化事业有限公司，2020：86.

战争的主要战场之一,因此吸引了世界各主要国家的新闻媒介及其新闻记者来中国进行新闻采访、报道活动,以向世界各国尤其是那些国家的读者(新闻受众)传播中华民族抗日斗争的新闻。

首先应该提及的是苏联新闻记者的在华新闻活动。苏联记者在抗战初期十分关注中国的抗日战争。"七七事变"发生次日,苏联塔斯社驻北平、上海及东京分社就向国内发回大量包括事变经过和各种背景材料的电讯。① 苏共中央机关报《真理报》社评认为日本军队这次挑衅是日本近卫内阁上台以来"执行中国'新'政策的直接结果"②,如日本军队扩大战争计划得以实现,将很有可能"给整个和平事业造成新的巨大的威胁"③。针对日本军方"三个月结束战争"的叫嚣,《真理报》指出:"三个月战争的结果如何?结果是全国团结起来了,内战停止了,南京政府推行了将近六年的不抵抗政策被抛弃了""共产党提出的抗日民族统一战线政策取得了重大的胜利。"④ 1941年4月订立《苏日友好条约》前后,苏联《真理报》对中国抗战的报道迅速减少直至完全停止。直到1945年8月苏联出兵中国东北对日宣战,《真理报》才恢复了它的中国报道。⑤

英国友好记者也积极报道共产党根据地的抗战新闻。第一位来延安参观和新闻采访的非美国籍新闻记者、英国伦敦《每日电讯报》记者詹姆斯·贝特兰于1937年9月前往陕北延安活动。在延安期间曾多次采访中共领导人毛泽东,并到晋东南采访八路军总部和华北战线前沿,除向英美各国新闻媒介发出介绍抗日根据地和八路军的敌后抗日游击战的新闻稿外,还撰成《不可征服的人们——一个外国人眼中的中国抗战》一书,并于1939年在美国纽约公开出版。

瑞士自由记者沃特·博斯哈德于1938年4月到达延安进行新闻采访。在一座"简陋、不起眼的屋子里"采访了中共领袖毛泽东。1938年7月,瑞士《新苏黎世报》先后刊载博斯哈德陕北之行和访问中共领导人的8篇连续性报道,同年8月出版的《生活》(第8期)用4页篇幅刊载了他访问陕北的报道并配上新闻照片,一幅照片标题是《着蓝色制服的红军士兵使日军陷入困境》。因为他是欧洲(瑞士)的自由记者,所以他在延安的采访活动和报道在西方世界产生

---

① 张功臣. 外国记者与近代中国:1840—1949 [M]. 北京:新华出版社,1999:271.
② 米拉耶夫. 真理报(时评):卢沟桥事变 [G] //苏联《真理报》有关中国革命的文献资料选编:第3辑. 成都:四川省社会科学院出版社,1985:25.
③ 苏联《真理报》有关中国革命的文献资料选编:第3辑 [G]. 成都:四川省社会科学院出版社,1985:31.
④ 苏联《真理报》有关中国革命的文献资料选编:第3辑 [G]. 成都:四川省社会科学院出版社,1985:25-31.
⑤ 张功臣. 外国记者与近代中国:1840—1949 [M]. 北京:新华出版社,1999:274.

了较大影响。

德国新闻记者汉斯·希伯牺牲在中国抗日战场。汉斯·希伯是德国共产党党员，原本学医。大革命时期就来过中国并出版了介绍中国和大革命运动的《从广州到上海——1925~1927》；1938年春到延安采访毛泽东、周恩来等中共领导人和边区干部、共产党员和民众；1939年到安徽泾县新四军军部采访新四军领导人叶挺、项英并考察新四军驻地；1941年5月前往江苏盐城采访"皖南事变"后重建的新四军军部，采访陈毅、刘少奇、粟裕等新四军领导人；1941年9月前往山东抗日根据地临沂采访，撰写的大量中国人民抗日战争的新闻通讯和报道发表于西方新闻报刊，他是第一批到达鲁南抗日根据地的外国记者。1941年11月在山东反扫荡突围战斗中光荣牺牲。

进步的美国新闻记者积极报道中国新闻。美国著名记者埃德加·斯诺因报道"皖南事变"真相被国民党当局取消了在华新闻采访的外国记者权利；美国《时代》杂志记者白修德采访河南大旱灾后撰写新闻特稿发表后，正在访美的蒋介石夫人"要求《时代》杂志发行人把我（白修德）解雇"①；哈里逊·福尔曼等推动组成"中外记者西北参观团"采访活动是抗战期间中外记者对共产党根据地进行的唯一一次集中、大规模并在国际舆论界产生重大影响的新闻采访活动。

日本"笔部队"中的新闻记者成为侵略战争的鼓吹者和参与者。在侵华战争期间，日本侵略者为实现"大东亚共荣圈"美梦，曾组成"笔部队"直接参加侵华战争。在参加"笔部队"的日本记者身上，看不到丝毫的新闻人应有的尊重事实、客观报道的专业主义精神，他们笔下流淌出来的是混淆是非的评论、为侵略涂脂抹粉的"新闻"及充满战争血腥和无耻掠夺的战争鼓噪。基督教南京青年会的美籍牧师费奇（Fitch）在1937年12月31日的日记中先说"我们曾经看到上海的一家日文报纸的几篇文章和《东京日日新闻》的两篇文章，它们告诉我们，甚至早在12月28日，商店迅速开张，贸易恢复正常，日本人与我们合作，为可怜的难民提供食物，市区已经根除中国抢劫者，和平与秩序笼罩全城"，然后指出："如果在南京发生的这些事不是如此悲惨，我们会被这些谎言逗得大笑。"② 金陵女子文理学院难民所负责人魏特琳教授在1938年1月6日的日记中记载了日本记者到难民所制造假新闻："几个日本记者来拍照，他们要

---

① 刘叶. 外国新闻记者的报道在解决皖南事变中的作用[J]. 社科纵横，2013（2）：2.
② 经盛鸿. 南京沦陷八年史：下册[M]. 北京：社会科学文献出版社，2005：736.

求妇女们面带笑容,显出高兴的样子,她们尽力而为了。"① 金陵大学鼓楼医院美籍行政主官麦卡伦在1938年1月9日的日记中记载:"有些(日本)报界人士来到一个难民营入口处,(向中国难民)分发饼干、苹果,并且拿出少许铜板给难民,还为这种善行拍了电影。就在同一时间,一伙日本兵爬越大院后墙,强奸了约12个妇女。这却没有拍电影带回去。"② 这些日本新闻人从事不同新闻活动,新闻电影、新闻采访、新闻摄影及新闻电影片等所有手段都用上了,结果或是新闻报道,或是新闻照片,或是新闻电影,形式不同而目的一致地"为侵略服务"。

3. 中国近代后期新闻活动的主要特点

从蒋介石制造"四一二"政变后在南京建立"中华民国国民政府",到蒋介石国民党主导的南京政府被推翻这一阶段里中国新闻活动,主要表现出如下几方面特点。

(1) 政治利益或阶级立场决定新闻活动政治倾向。新闻活动的政治倾向反映的是借助新闻媒介实施新闻活动的新闻人政治倾向。由于新闻人具有各自的政治(利益)立场,所以新闻人借助新闻媒介进行新闻活动也就不可避免地具有了政治倾向性。民国南京政府时期的中国新闻人主要包括国民党系统新闻人、共产党系统新闻人、民营新闻人三个部分。他们在新闻活动中表现了各自所代表的政治(阶级)立场。

①国民党新闻人新闻活动的政治利益或阶级立场趋向。中国国民党的前身可追溯到中国同盟会,成员大多是当时家庭较为富裕的留洋青年或在外国读书的中国留学生。当时较为富裕的家庭主要是农村(县城)传统地主或城市实业、商业、买办或金融资本家。出生在这样家庭并在这样的氛围中成长的年轻人大多数接受"剥削有理""获利合法"的理念,加上血缘、亲情、家族、学缘、地缘及政缘关系的联结,决定了他们在大多数情况下代表大地主大资本家政治利益。反映在国民党新闻人身上就是且必须是以被大地主和大资本家喂肥和"驯化"的国民党及南京政府立场为新闻活动立场。抗战胜利后任《中央日报》社长的马星野1941年起草的《中国新闻记者信条(草案)》前言即说"此种信条,依作者之愚见,应(一)根据'国父与领袖'之教训,(二)针对当前

---

① 经盛鸿. 南京沦陷八年史: 下册[M]. 北京: 社会科学文献出版社, 2005: 736.
② 经盛鸿. 南京沦陷八年史: 下册[M]. 北京: 社会科学文献出版社, 2005: 736.

新闻界之问题……"① 不但自己代表以"三民主义"为信仰的国民党利益，而且还要用国民党"三民主义"作为全国新闻记者"政治信条"。"三民主义"代表的实际是大地主和大资产阶级的利益，而不是工人和农民等劳苦阶级的利益。② 马星野的新闻活动是如此，程沧波是如此，萧同兹还是如此。

②共产党新闻人新闻活动的政治利益或阶级立场趋向。尽管中国共产党创建者也大多出生于当时较为富裕的家庭，不少人也留过洋、读过大学。但不少人是出生在小地主或"家道中落"的家庭。也正是这个原因，使他们接触社会底层的实际情况，强烈感受到当时社会"非常不公"，接受马克思主义后"背叛"自己的家庭和阶级，决心为劳苦阶级利益和翻身解放、当家做主彻底奋斗。《中国共产党第一个纲领》提出"以无产阶级革命军队推翻资产阶级，由劳动阶级重建国家"，"消灭私有制，没收机器、土地、厂房和半成品等生产资料，归社会公有"③ 的目标。为实现这一目标，共产党人新闻活动先后经历了从"国共合作反帝反封建"到"推翻国民党统治"、从"推翻国民党统治"到"国共合作抗日"、从"国共合作抗日"到"组织联合政府"、从"组织联合政府"到"打倒蒋介石"等多次转变④，每次转变的出发点都是为实现《中国共产党第一个纲领》提出的"由劳动阶级重建国家"奋斗目标。毛泽东大革命时期主编的《政治周报》是为实现此目标，邓小平长征途中编印《红星报》是为实现此目标，"皖南事变"后周恩来冒生命危险发表"为江南死国难者致哀"和"千古奇冤，江南一叶，同室操戈，相煎何急"，⑤ 也是为了实现此目标。

③民营新闻人的政治利益或阶级立场趋向。民营新闻人新闻活动追求的既不是大地主和大资本家阶级利益，也不是工人和农民等劳动阶级利益，而是自己的政治或经济利益。一切为争取或扩大自身利益出发是民营新闻人新闻活动的出发点和归宿。天津《大公报》与蒋（介石）政府关系经历了从"疑蒋反共到拥蒋反共再到反蒋反共三个阶段"。"小骂大帮忙"是客观事实，"文人论政"

---

① 王继先. 坚守与徘徊：新闻人马星野研究［M］. 南京：南京师范大学出版社，2018：183.

② 倪延年. 再论民国新闻史研究的三个基本问题——基于国家社科基金重大项目"中华民国新闻史"研究的思考［J］. 现代传播：中国传媒大学学报. 2020，42（3）：29-35.

③ 中国共产党第一个纲领. 中国共产党历次党章汇编：1921—2012［G］. 北京：中国方正出版社，2012：49-51.

④ 倪延年. 民国时期中国共产党新闻宣传的五次转折及其动因分析［J］. 新闻大学，2017（6）：36-43.

⑤ 中共中央文献研究室第二编研部. 周恩来题词集解［M］. 北京：中央文献出版社，2012：56.

和"四不主义"则是标榜,"新闻专业主义"对新记《大公报》而言只是一个附会的概念。①《大公报》为什么"小骂大帮忙"呢?说白了还是想从当政者手里获得更多政治或经济利益。创立"世界报系"的成舍我也以"国民参政员及社会贤达身份当选为国大代表,参与制宪工作";②陈德铭和邓季惺的《新民报》制定"中间居左,遇礁即避"方针也是为自己考虑,因为一方面"共产党也在壮大中,很有可能成为与国民党抗衡的重要力量",另一方面"报纸是在国统区办的,国民党的势力依然强大""得罪国民党同样是死路一条"。③上海《申报馆》主人史量才接掌《申报》后发展得很好,原因是"北洋军阀混战时《申报》政评甚少;蒋介石统治初期《申报》采取了拥蒋的立场"。④ 在"一·二八"事变后,蒋介石坚持"围剿"红军,史量才就因《申报》发表"剿匪与造匪"社评等与政府"不合"的言行被特务暗杀。史量才代表了中华民族反对侵略、救亡图存的民意,因此成为值得崇敬和怀念的"中国新闻人"。

(2)"国共合作抗日"语境下新闻活动的政治(党)立场倾向

外敌当前,中国新闻人或以笔代枪为民族发声,或携笔从戎成为战地记者,"笔做刀枪、纸写檄文",为民族解放"鼓与呼"。但即使在"国共合作抗日"的语境下,分属于不同政治阵营的中国新闻人新闻活动仍表现出不同政治(政党)立场。

①国民党新闻人新闻活动的"政令军令统一"立场。"政令军令统一"是指在"国共合作抗日"语境下要求共产党及抗日根据地"统一"执行南京政府"政令",共产党及八路军、新四军等人民抗日武装"统一"执行国民党军事委员会"军令"。从国家角度似无不妥,但实际大有蹊跷。国民党临时常务委员会于1937年8月12日设立蒋介石任主席的国防最高会议,规定"国防最高会议主席在作战期间,关于党、政、军一切事项,得不以平时程序,以命令为便利之措施。"⑤孙中山创立的中华民国是"五权共和"政体,蒋介石任主席的国防最高会议则凌驾"党、政、军一切"之上,完全破坏了孙中山创立的中华民国国体。国民党"中央广播电台""中央通讯社"、《中央日报》及《扫荡报》《阵

---

① 李彬.正本清源,论从史出——读俞凡新记《大公报》再研究[M]//俞凡.新记《大公报》再研究.北京:中国社会科学出版社,2016:1-12.
② 李磊.报人成舍我研究[M].北京:中国传媒大学出版社,2011:207.
③ 杨雪梅.陈铭德、邓季惺与《新民报》[M].北京:中华书局,2008:86.
④ 上海图书馆.近代中文第一报《申报》[M].上海:上海科学技术文献出版社,2013:50.
⑤ 张宪文,等.中华民国史:第3卷[M].南京:南京大学出版社,2005:233.

中日报》等按国民党中央"统一政令军令"基调选载新闻或发表言论。国共商谈合作期间国民党媒体就鼓吹"政令军令统一",国共合作抗日后要求坚持敌后抗日的八路军、新四军服从"政令军令统一"。"皖南事变"后,国民党的"中央通讯社""中央广播电台"和《中央日报》根据国民党中央和蒋介石确定的调子,异口同声指责新四军"破坏"政令军令统一,其实质就是维护蒋介石国民党集团的一党独裁利益。

②共产党新闻人新闻活动的"全民"立场。共产党立场中的"全民"包含两方面意义:一是面对气势汹汹的日本侵略者,必须动员组织"全国民众"起来斗争,才能把日本鬼子赶回老家去。从东北"九一八"到上海"一二八",再到上海"八一三"抗战,再是南京、武汉先后沦陷,蒋总司令的"国民革命军"无法抵挡日军铁蹄,国民政府从南京退到武汉,再从武汉退到重庆,事实证明只有"全民抗战"才能战胜日本侵略者。二是既然抗日责任由"全民"共担,抗日权利也应"全民"分享。凡参加对日作战的军队都有同等权"分享"国家战争资源及国际支援中国抗战的军用或医疗物资。无论是国民党新闻媒介还是民营新闻媒介,或是共产党新闻媒介都应"同样享有"新闻、言论和出版自由等权利,以有利于"在争取民族生存独立的伟大战斗中做一个鼓励前进的号角""一切可歌可泣的伟大的史迹之忠实的布道者记录者""一切受残暴的寇贼蹂躏践踏的同胞之痛苦的呼吁者描述者"和"后方民众支持抗战参加抗战之鼓动者倡导者"①。同样,抗战胜利成果也应当由"全民"共享,而不能由国民党一家"独摘桃子"。

③民营新闻人新闻活动的"国家中心"立场。"国家中心"是主张各政党团体、各阶级阶层、各民族宗教人士以"国家利益"为中心,各自利益不能和"国家"利益冲突。从理想的"国家"与"国民"关系言并无不妥,但在具体国家和时代环境中则不尽如此。"民国南京政府"是由黄埔军校起家的蒋介石在上海制造"四一二政变"后成立的。而黄埔军校是孙中山创办,孙中山主张"联俄联共扶助农工",而蒋介石则坚决"清共",捕杀共产党人及革命农工。孙中山签署公布的《中华民国临时约法》规定:"中华民国之主权属于国民全体"及"中华民国人民一律平等,无种族、阶级、宗教之区别。"② 蒋介石任主席、总统及行政院长等"顶级职务"的南京政府打着孙中山"三民主义"旗号

---

① 发刊词[N].新华日报,1938-01-11.
② 王培英.中国宪法文献通编[G].修订版.北京:中国民主法制出版社,2007:299-303.

实行"官僚垄断资本主义"而漠视"国民全体"的权益。民营报纸的所有者主要是民族资产阶级。以《大公报》为代表的大多数民营报"1928年以后,长期以蒋介石政权为正统,主张蒋对苏区的'围剿',支持蒋的'安内攘外'政策,指责张杨发动的西安事变,抗日战争期间拥护蒋的'国家中心'论"①。民营报纸所有者尽管达不到大资本家层级,但报纸社会影响力使他们受到统治者特别厚待,因而真诚希望蒋介石能把国家治理好,真诚地以"蒋介石政权为正统",真诚地反对共产党"另起炉灶"而主张以"国家"为中心。

(3) 新闻技术设备及社会氛围影响新闻活动效果及效能

尽管新闻活动必然受政治因素影响或制约,但新闻事业及新闻活动是成熟的社会现象,有其内在的不以人们意志为转移的客观规律。在中国近代后期即南京政府时期也是这样。

①新闻技术及专门机械对提高新闻活动效果的贡献突出。在中国近代后期,新闻采访、新闻编辑、新闻印制和新闻发行等新闻工作技术发展和新闻广播、新闻摄影、新闻电影及新闻电讯技术等为代表的新闻记录、再现和传播技术的普及,有力促进了新闻活动发展。国民党新闻活动尽管在日本侵华战争前期遭受了重大损失,但在内迁重庆后由于环境相对稳定而得到恢复性发展。以中央台为代表的国民党电台的爱国抗日广播,扩大了中国抗日斗争在国际上的影响。②太平洋战争爆发后,西方国家记者把新闻摄影及新闻电影专门机械设备带进了中国。八路军延安电影团当时只有购买和各方募集到的2台摄影机,其中一台35毫米单镜头的埃姆手提摄影机,是荷兰著名纪录片导演尤里斯·伊文思受当代历史电影公司的委派,到中国拍摄关于抗日战争的大型纪录片《四万万人民》时的慷慨馈赠。延安电影团就是用这些电影摄影机械摄制了诸如《延安与八路军》《生产与战斗结合起来》《刘志丹同志移灵》及《中国共产党第七次全国代表大会》等10多部新闻纪录片③,这些新闻机械对提高新闻活动的工作效率和传播效果发挥了积极的作用。

②社会氛围影响新闻活动形式和效果。南京政府时期的中国抗日战争前后历时14年之久。先是"抗日救亡"成为舆论热点,后来是"国共合作抗日"成为新闻界"热搜词"。先是主张"低调抗日"后叛国投敌并在南京拼凑汪伪"国民政府"的汪精卫等成为人人唾骂的汉奸卖国贼。在这种社会氛围中,凡有

---

① 方汉奇. 序 [M] //吴廷俊. 新记《大公报》史稿. 武汉:武汉出版社,2002:序3.
② 赵玉明. 中国广播电视通史 [M]. 新1版. 北京:中国广播影视出版社,2014:46-48.
③ 刘亚. 民国时期的军队新闻业 [M]. 新北:花木兰文化事业有限公司,2020:197.

爱国心的中国新闻人都把新闻活动视为抗日工作组成部分，把投身抗日新闻活动视为新闻人报国的机会，不少新闻人为抗日救国献出了宝贵生命。在国共合作、全民抗日的氛围中，原来政治界线明显的政党报纸宣传内容重点转向民族化，原以军事内容为重点和以军队官兵为主要读者对象的军队报纸转向民众化，原来刻意标榜"无党无派""言论客观"的民营报纸主动"介入"政治，明确表示反对投降卖国，明确表示拥护政府抗日，明确表示支持国共合作抗日，在大是大非问题坚守政治底线，保持了中国新闻人的爱国底色。

③即使在极其艰难的环境中，科学技术也在新闻活动中发挥重要作用。在沦陷区和敌后抗日根据地，一方面是敌伪严密封锁使根据地物质匮乏，同时又因日伪军"扫荡"和骚扰使抗日新闻媒介的生存环境极其艰难，为了向民众宣传抗日道理和介绍抗日战绩以鼓舞抗日斗志，沦陷区出现了由抗日人士冒着生命危险编印传播的地下小报，抗日根据地新闻人在极端困难条件下出版了不少油印、石印报纸，甚至在抗日战争极其艰难的1942年7月1日，在敌后的晋察冀抗日根据地编辑出版了胶版印刷、封面彩色套印，照片使用瑞典木造纸印刷，中英两国文字说明，全面报道晋察冀边区抗战五年来的战斗和建设成就的《晋察冀画报》。为此穆欣在重庆《国讯》上发表文章认为，1942年秋《晋察冀画报》的出版"是一个奇迹"，"那精美的的五彩封面，早已不见的重磅道林纸、木造纸、瑞典纸、清晰而秀美的图片，比之于战前在上海出版的最好的画报也不逊色"①。大后方一些国民党新闻人也以"报馆一肩挑，报人上前方"②的大无畏气概，依托最基础的机器设备和印刷技术，自带油印机和印报的纸张，在战争空隙编印各种形式的战地报纸。这些依托近代科学技术和机械设备进行的新闻活动提高了新闻活动的效率和效果，为中华民族抵抗日本侵略取得最后胜利做出了贡献。

第四节　中国当代新闻活动的起源及发展

"一九四九年，以毛泽东主席为领袖的中国共产党领导中国各族人民，在经历了长期的艰难曲折的武装斗争和其他形式的斗争以后，终于推翻了帝国主义、封建主义和官僚资本主义的统治，取得了新民主主义革命的伟大胜利，建立了

---

① 刘亚. 民国时期的军队新闻业［M］. 新北：花木兰文化事业公司，2020：232.
② 刘亚. 民国时期的军队新闻业［M］. 新北：花木兰文化事业有限公司，2020：76.

中华人民共和国。"① 中国当代新闻活动就是中华人民共和国成立以后中国新闻人在中国土地上进行的新闻活动。

一、中国当代新闻活动的起源与发展（1927—1949）

"中国当代"是以中华人民共和国成立为开端的新时代。中华人民共和国是在中国共产党领导下成立的人民政府，是在中国共产党革命战争年代领导的人民政权基础上发展起来的，因此中国当代新闻活动应该是在中国共产党领导的人民政权成立时就开始起源了。

（一）中国当代新闻活动的起源及发展

1927年11月，共产党员彭湃在广东陆丰、海丰先后领导建立了苏维埃政权。1928年5月20日，湘赣边界党的第一次代表大会在井冈山革命根据地宁冈茅坪召开并选举产生了中共边界特委，随后湘赣边界苏维埃政府宣告成立。同月，共产党员方志敏先后在弋阳县、横峰成立了苏维埃政权。这些都是共产党人独立领导建立的红色政权，也是后来人民政府的直接渊源。这些红色政权的新闻活动应是中华人民共和国（当代中国）新闻活动的起源。

1. 中国当代新闻活动起源后发展的社会环境。

由于蒋介石、汪精卫等国民党右派的背叛，大革命最终失败了。在遭受国民党右派"清党"的血腥镇压和屠杀后，共产党人"擦干了身上的血迹，掩埋好同伴的尸体"继续战斗。在城市恢复组织坚持斗争，到农村开展武装斗争，发展红军和根据地，粉碎蒋介石国民党军队三次军事"围剿"，成立了全国性红色政权中华苏维埃共和国临时中央政府。日本军国主义制造"九一八"事变，强占中国东三省且贪得无厌地向中国腹地紧逼；在北平卢沟桥制造"七七事变"发动全面侵华战争；共产党在国共谈判中做出最大限度让步，实现了国共合作抗日；"太平洋战争"爆发后，中国抗日战争成为世界反法西斯战争重要组成部分。经过14年浴血拼搏，中国抗日战争取得彻底胜利。中国共产党和各阶层人士及全国民众希望和平、民主建国的努力，由于蒋介石一意孤行而失败。蒋介石集团在美国支持下发动反共反人民内战，共产党带领全国人民打败了国民党反动派并宣告成立中华人民共和国。

---

① 中华人民共和国宪法：1982年12月4日第五届全国人民代表大会第五次会议通过公布施行［G］//王培英. 中国宪法文献通编（修订版）. 北京：中国民主法制出版社，2007：2.

2. 中国当代新闻活动起源后的发展

中国当代新闻活动萌芽从中国共产党人单独领导建立红色政权并开展新闻活动为标志正式起源后，历经曲折发展，在风雨中成长，从起源到发展成熟的历程中，以下阶段中发生的重大社会事件不但在当时产生了重大影响，而且直接影响了中国当代的新闻活动。

（1）中华苏维埃共和国临时中央政府成立

这是共产党领导建立的管辖全国所有红色根据地不同层级政权的中央政府。中华苏维埃共和国临时中央政府成立后，中央政府的有关职能机构相继成立。中华苏维埃第一次全国代表大会期间成立的中华苏维埃共和国国家通讯社——红色中华通讯社对外发布文字新闻。同年12月11日创办"中华苏维埃共和国临时中央政府"机关报《红色中华》，表明"中华苏维埃共和国"已初步建构起由国家通讯社、中央政府机关报为主干的新闻业体系。尽管后来落实国共合作抗日协议，"中华苏维埃共和国中央政府"改为"陕甘宁边区政府"，但仍是由共产党领导的人民政府。1938年9月，延安电影团正式成立，结束了共产党没有自己电影事业的历史。① 延安新华广播电台于1940年12月30日正式播音，标志着中国共产党领导的人民政府已建立起包括新闻报刊、新闻通讯、新闻电影及无线电新闻广播等媒介类型的完整新闻业体系。

（2）第二次国共合作实现全民族抗日

以蒋介石发表谈话和国民党中央社公布《中共中央关于国共合作的宣言》为标志，国共实现第二次合作。共产党根据两党合作抗日协议在国统区创办公开发行的报刊。共产党先在1937年12月11日在汉口创办了公开发行的《群众》（周刊，一度停刊在重庆复刊，抗战胜利后迁上海复刊，1947年3月2日被迫停刊），又于1938年1月11日在汉口创办了公开发行的《新华日报》（后迁重庆出版，曾在广州、桂林和南宁等地设立分馆，1947年2月28日被国民党当局查封）。大革命失败后的共产党人或是在国统区大城市创办"地下"报刊进行新闻活动，或是在红色根据地进行新闻宣传，《新华日报》和《群众》（周刊）是在国民党统治的大城市里发行，既要旗帜鲜明地坚持共产党的基本政策并代表人民群众根本利益发声，要能反映在国统区大都市有社会影响力的民主党派及社会精英群体的意见，还要考虑到国统区工人、学生及市民的阅读需要，尤其是在国民党当局种种限制下正常出版发行，对共产党新闻人是全新的考验。

---

① 吴筑清，张岱.中国电影的丰碑：延安电影团的故事［M］.北京：中国人民大学出版社，2008：56.

《新华日报》和《群众》(周刊)在国统区出版长达九年且得到迅速发展,表明共产党新闻人在国统区大城市创办和发行报刊方面的探索取得了成功,为共产党人后来接管新解放大中城市新闻事业提供了可资借鉴的经验,具有极其重要的意义。

(3) 晋察冀解放区和晋冀鲁豫解放区合并为华北解放区

1948年5月9日,中共中央决定将晋察冀和晋冀鲁豫中央局合并成立华北中央局,由刘少奇兼任第一书记。5月20日,晋冀鲁豫解放区和晋察冀解放区正式合并成立华北解放区。同时成立中国共产党华北中央局和中国人民解放军华北军区。① 晋察冀和晋冀鲁豫两个解放区合并为华北解放区,首先产生了后来成为中共中央机关报《人民日报》。原中共晋冀鲁豫中央局机关报《人民日报》和中共晋察冀中央局机关报《晋察冀日报》于1948年6月15日合并创刊中共中央华北局机关报《人民日报》②,1949年3月迁北平出版,同年8月1日中共中央决定华北中央局机关报改为中共中央机关报(未做任何声明,期号也未重排③)。共产党领导的人民新闻事业又恢复成为包括新闻报纸(中共中央机关报《人民日报》)、新闻通讯社(新华通讯社,在全国各解放区和战略区及野战军设有分社)、延安新华广播电台(陕北新华广播电台1949年3月25日迁北平播音,当天改名北平新华广播电台,成为具有对全国广播的中央台性质的④北平新华广播电台)及新闻电影(北平电影制片厂1949年4月20日成立⑤)等主要媒介类型完整的"中央"级新闻事业体系。其次是两个解放区合并后成立了华北人民政府。依据《华北人民政府组织规程》及《华北人民政府办事通则》制定施行了第一个以"人民政府"名义发布的《华北人民政府新闻发布办法》(华北人民政府6月29日公布),对新闻发布部门的"具体执掌"、政府各部门新闻发布工作的组织、政府各部门新闻报道秘书(报道组)的"具体执掌"及新闻发布的层级、运作程序等做出了具有地方行政法规效力的规定,成为中国当代新闻活动法制化管理的起点。

---

① 韩信夫,姜克夫. 中华民国大事记:第5册 [M]. 北京:中国文史出版社,1997:733-738.
② 方汉奇. 中国新闻事业编年史 [M]. 福州:福建人民出版社,2000:1570-1571.
③ 方汉奇. 中国新闻事业编年史 [M]. 福州:福建人民出版社,2000:1593.
④ 赵玉明. 中国广播电视通史 [M]. 新1版. 北京:中国广播影视出版社,2014:153.
⑤ 高维进. 中国新闻纪录电影史 [M]. 北京:世界图书出版公司,2013:80.

二、两岸隔绝阶段的中国当代新闻活动（1949—1978）

以中华人民共和国中央人民政府1949年10月1日在北京举行隆重开国典礼为标志，中国历史正式进入"当代"时期。中国当代新闻活动正式诞生，迄今发展了70年。为便于叙述，本书以中国全国人大常委会于1979年元旦发表的《告台湾同胞书》为节点，划分成"两岸隔绝"和"两岸交流"两个阶段来叙述中国当代新闻活动的发展演变。

（一）两岸隔绝阶段的中国新闻活动的社会背景

新中国在北京宣告成立后，蒋介石集团主导的所谓"国民政府"一路溃逃到东南沿海的台湾岛才心神不安地落脚。两岸处于政治、军事、经济的完全对峙状态，这成为中国当代新闻活动发展的基本社会背景。两岸隔绝阶段的中国当代新闻活动尽管受国际、国内诸多因素的影响和制约，但根本制约因素还是海峡两岸政治、军事、经济和外交力量的博弈，构成了这一阶段中国当代新闻活动发生和发展的社会环境。

1. 海峡两岸处于全面对峙状态。

台湾海峡两岸存在互不承认合法性、由中国共产党和中国国民党主导、各自拥有军队并处于对峙状态的中华人民共和国中央人民政府和台湾地方当局。中国人民政治协商会议第一次全国会议通过的《中国人民政治协商会议共同纲领》规定："中华人民共和国中央人民政府必须负责将人民解放战争进行到底，解放中国全部领土，完成统一中国的事业。"① 被人民解放军打败溃退到台湾的蒋介石国民党集团及台湾地方当局惶惶不可终日。只是后来因抗美援朝战争爆发，台湾成了美国在亚洲的重要反共基地并得到巨额美援，同时又因美国派遣第七舰队到台湾海峡巡航以阻止人民解放军发动"解放台湾"战役，台湾当局才得以苟延残喘。

2. 抗美援朝战争胜利使新中国在世界恢复了大国地位

中国人民志愿军在以美国为首的"联合国军"面前尽管"钢少气多"，但却展现了中华民族面对外敌侵略和挑衅敢于斗争、善于斗争的巨大的勇气、胆略和力量。把本已推进到鸭绿江边的"联合国军"打回了"三八线"，迫使担任美国远东军和"联合国军"总司令的克拉克在《朝鲜停战协定》上签字，胜

---

① 中国人民政治协商会议共同纲领［G］//王培英. 中国宪法文献通编（修订版）. 北京：中国民主法制出版社，2007：265.

利结束了"一场由不受中国控制的因素强加给中国的战争",① 新中国大国地位得到国际认可。"两弹一星"研制成功，综合影响力大为增加。美苏博弈的世界格局和"三个世界"现实为中国提供了外交回旋余地。1971年7月15日，中美双方同时公布基辛格访华并宣布尼克松将于次年5月前访问中国。联合国大会于1971年10月25日以压倒性多数通过"恢复中华人民共和国在联合国及其所属机构的一切合法权利，承认中华人民共和国政府代表是中国驻联合国的唯一合法代表，承认中华人民共和国是安理会的五个常任理事国之一，并立即将蒋介石集团从联合国及一切所属机构中驱逐出去"的提案。在短短的时间就有20多个国家与台湾地方当局断交转而承认中华人民共和国②是中国的唯一合法政府。

3. 海峡两岸第一代领导人相继去世

毛泽东、周恩来、朱德等新中国第一代领导人于1976年先后去世，以华国锋为主席的中共中央政治局"一举"粉碎"四人帮"后宣布结束已经历时十年的"文化大革命"。邓小平复出并成为第二代中共领导集体核心。"真理标准"讨论推动了思想解放。中共十一届三中全会决定转变"以阶级斗争为纲"治国方针，启动"以经济建设为中心"的改革开放。台湾地区第一代领导人蒋介石去世前，中国国民党中央常委会接受时任"副总统"严家淦的提案，提名蒋经国于1972年3月出任台湾当局"行政院院长"。1975年蒋介石去世后，蒋经国先是接任中国国民党主席，后于1978年3月21日被"依法"选为地区领导人并于同年5月20日就任，由此成为台湾地区集党政军大权于一体的"第一号人物"。海峡两岸政治态势进入相对稳定阶段。

（二）两岸隔绝阶段新中国的新闻活动主要内容

两岸隔绝阶段的中国新闻活动因地隔台湾海峡，且分别由中国共产党和中国国民党执掌政权，所以新闻活动的本质是海峡两岸政治力量在新闻活动领域的博弈。两岸隔绝阶段的新中国新闻活动内容非常丰富，也可以从多种角度认识和阐释，本书选择从实施新闻活动的媒介体系和新闻活动的内容主题两个方面叙述。

1. 两岸隔绝阶段新中国实施新闻活动的媒介体系

中华人民共和国成立初期大陆地区的新闻媒介体系中包括少部分民营新闻

---

① 中共中央党史研究室. 中国共产党历史：第2卷（1949—1978，上册）[M]. 北京：中共党史出版社，2011：87.
② 李蓓蓓. 台港澳史稿[M]. 上海：华东师范大学出版社，2003：131.

广播电台和新闻报纸。1950年4月统计,当时大陆地区共有私营广播电台33座,分别分布在上海(22座)、广州和重庆(各3座)、宁波(2座)以及北京、天津(各1座)等6个大城市。① 通过分别采取接管或查封名为私营实为国民党党政军或其派系的广播电台、停止违反军管会条例和人民政府法令的民营电台继续播音、根据私营电台主申请由人民政府出资收购广播器材后停止播音、由政府出资收购私股后停止播音等步骤,完成了对私营广播电台的处理和改造。② 通过改造旧有新闻广播电台和建设调整解放区的原有广播电台,新中国初步建成了以中央人民广播电台为中心的四级广播宣传网络,即中央台、大行政区台、省(直辖市)台及市台四级。中央广播事业管理局于1951年3月发布了《关于各地人民台变更台名的通知》,要求各地广播电台统一称为"人民广播电台"③(1978年5月1日我国对外广播的"北京电台"改名为"中华人民共和国国际广播电台")。通过在城乡、工矿企业、部队和学校建立广播收音站,迅速建立起规模宏大的广播收音网,大大拓展了广播电台的传播范围。

  新中国成立后,公营、私营、公私合营并存的报业新格局曾存在一个时期。1950年2月28日,据新闻总署不完全统计,全国共有报纸281家,其中私营报纸至少为55家,其中华东地区24家(上海20家)、华北区10家、中南区7家、西南区2家、西北区3家、东北区2家,华侨私营报纸7家。④ 与此同时,由于私营报纸在办报业务中难以适应新的形势,在采访和获得新闻的途径上有其局限性和困难,广告收入很少等问题,中共中央和政府对新闻出版事业实行了比其他行业更早的公私合营政策。1952年底,全国所有原为私有性质的报社,都实行了公私合营。⑤ 同时共产党机关报得到迅速发展。1953年底全国专区以上的报纸有258种,共产党机关报为151家,形成了中央级、大行政区级、省(市)级和省辖市及专区级报纸⑥的完整体系。

  新中国的新闻媒介体系中出现了新闻电视。中国的第一座电视台北京电视台于1958年5月1日开始试播,同年9月2日正式播出。到1961年底,全国已

---

① 中央广播局. 广播通报[M]//赵玉明. 中国广播电视通史[M]. 新1版. 北京:中国广播影视出版社,2014:180.
② 赵玉明. 中国广播电视通史[M]. 新1版. 北京:中国广播影视出版社,2014:181-182.
③ 赵玉明. 中国广播电视通史[M]. 新1版. 北京:中国广播影视出版社,2014:176.
④ 方汉奇. 中国新闻事业通史:第3卷[M]. 北京:中国人民大学出版社,1999:35.
⑤ 方汉奇. 中国新闻事业通史:第3卷[M]. 北京:中国人民大学出版社,1999:36-38.
⑥ 方汉奇. 中国新闻事业通史:第3卷[M]. 北京:中国人民大学出版社,1999:2-3.

建立电视台、实验电视台和转播台 26 座。50 年代末全国有电视机 1.7 万部。1978 年 5 月 1 日，北京电视台改名为"中国中央电视台"（简称 CCTV）。由此形成了由中共中央机关报《人民日报》、中央人民广播电台、中国中央电视台、中国国际广播电台和新华通讯社等不同类型的国家级新闻媒介及省（自治区、直辖市）级不同类型的新闻媒介组成的完整的新闻活动媒介体系。

2. 两岸隔绝阶段新中国新闻活动的内容主题

新中国新闻活动的内容主题主要包括：一是面向台湾地区同胞（海外同胞和世界各国）的新闻宣传内容主题，另一是面向大陆各领域和层次受众的新闻宣传内容主题。

（1）面向台湾地区同胞的新闻宣传内容主题基本上没有大的变化。主要包括向台湾同胞宣传"海峡两岸同属一个中国"的基本立场和"一定要解放台湾"的坚强决心；揭露蒋介石国民党集团勾结美帝国主义盘踞台湾且屡屡派遣特务到大陆破坏的罪行，宣传大陆军民抓获台湾特务的成绩及国民党军飞行员驾机起义受到欢迎并获得奖励的情况，宣传中国共产党领导下的祖国各族人民在社会主义革命和建设伟大事业中取得的伟大成就，如发现大庆油田、第一颗原子弹爆炸成功、南京长江大桥建成通车、第一颗人造卫星胜利上天、十一届三中全会胜利召开及人民生活不断改善的情况等等；宣传新中国在国际舞台上的重大胜利，如在万隆会议上倡导的"和平共处五原则"得到普遍欢迎、尼克松访华和中日建交、联合国恢复中华人民共和国的一切合法权力并立即把台湾地区代表驱逐出去，及中国全国人大常委会发表《告台湾同胞书》等。

（2）面向大陆地区受众的新闻活动内容主题随着党和政府的中心工作及社会环境的变化而不断变化。按时间大致是：宣传人民解放军在西南及沿海地区追歼蒋介石国民党残余军队的战绩、剿灭匪患和镇压反革命、恢复城乡经济和生产秩序、全民支援抗美援朝，如捐献飞机和慰问志愿军运动、志愿军在抗美援朝战争中的辉煌战绩、土地改革有关政策及典型、知识分子思想改造、农业合作化和资本主义手工业和工商业社会主义改造、《中苏友好条约》及苏联对新中国经济建设的支援，反"右"运动、"大跃进"运动、人民公社化、克服自然灾害和恢复经济、批判电影《武训传》及胡风反革命集团、城乡社会主义教育运动、农业学大寨和工业学大庆运动、中共中央公布《五·一六通知》、打倒走资派和夺权、清理阶级队伍、抓革命促生产、一打三反运动、庆祝"九大"召开、反对资产阶级法权、"批林整风"运动、天安门事件、粉碎"四人帮"、中共召开十一届三中全会，直到中国全国人大常委会发表《告台湾同胞书》前为止。

（三）两岸隔绝阶段台湾地区的新闻活动

为便于对照，我们也把两岸隔绝阶段台湾地区的新闻活动从实施新闻活动的媒介体系和新闻活动的内容主题两方面进行叙述。

1. 两岸隔绝阶段台湾地区实施新闻活动的媒介体系

1945年10月25日上午10时，陈仪在台北市公会堂（现台北市中山堂）主持日本投降受降仪式。同日《台湾新报》被国民党台湾行政长官公署接收，改名《台湾新生报》继续出版，这是战后第一家台湾报纸，① 也是台湾地区在抗战胜利回归祖国后第一种由中国人出版的报纸。到1946年底，台湾地区各县市新闻志杂志申请登记者计99家。发行者中有50家，已办登记手续将发行者13家，已登记发行而因故停刊者36家。② 民营报纸有《民报》《兴台新报》《人民导报》《台湾民声日报》《中外日报》《东台日报》《台湾新报》等；非民营报纸如《中央日报》《台湾新生报》《中华日报》《和平日报》及《重建日报》等。③ 1951年6月宣布"今后新申请登记之报社杂志通讯社，应从严限制登记"④后，实际停止了报纸申请登记作业。1988年开放报禁前的近30年间，报纸数量一直维持31家的局面。⑤

国民党军队溃败到台湾时仅有4家10座广播电台，1980年发展到39家156座电台，发射机310部，收音机达1000万架，调频收音机也达到了300万架以上⑥。1962年2月14教育实验电视台开播。1962年4月28日成立的台湾电视公司于10月10日开播。中国电视事业股份有限公司于1969年10月31日开播。1971年10月31日中华电视台开播，形成台湾地区电视事业鼎足的局面。⑦ 新闻通讯社是国民党"中央社"且一家独大，其他通讯社无论是规模和影响都难以和其比肩。1950年"中央社"改组，曾虚白任社长。1952年恢复英文编辑组。1963年6月增设直属总编辑室的"匪情新闻组"。1971年联合国通过"第2758号决议"后，"中央社"次年撤离，不允许再进入联合国采访新闻⑧。1973年4月改制为"中央通讯社股份有限公司"。上述新闻报纸、广播、电视及通讯社组成了这一阶段在台湾地区的新闻活动媒介体系。香港和澳门地区新闻媒介体系

---

① 方汉奇. 中国新闻事业通史：第3卷 [M]. 北京：中国人民大学出版社，1999：637.
② 王天滨. 台湾新闻传播史 [M]. 台北：亚太图书出版社，2002：137.
③ 王天滨. 台湾新闻传播史 [M]. 台北：亚太图书出版社，2002：137-149.
④ 王天滨. 台湾新闻传播史 [M]. 台北：亚太图书出版社，2002：220.
⑤ 王天滨. 台湾新闻传播史 [M]. 台北：亚太图书出版社，2002：261-262.
⑥ 王天滨. 台湾新闻传播史 [M]. 台北：亚太图书出版社，2002：357.
⑦ 王天滨. 台湾新闻传播史 [M]. 台北：亚太图书出版社，2002：300-304.
⑧ 王天滨. 台湾新闻传播史 [M]. 台北：亚太图书出版社，2002：390.

也大致和台湾地区新闻媒介体系相当,也包括了新闻报纸、广播、电视及通讯社等。

2. 两岸隔绝阶段台湾地区新闻活动的内容主题

台湾地区新闻活动的内容主题也包括两方面:一是面向大陆地区的新闻宣传活动内容主题,二是面向台湾地区受众的新闻宣传内容主题。

(1) 国民党向大陆地区宣传内容的主题也是基本上没有大的变化,总的基调是"反攻大陆"和"反共复国"。为了实现这个目标,国民党一方面策动潜伏在大陆的特务土匪进行各种破坏活动,另一方面开动宣传机器进行反共反人民的新闻宣传活动:宣传大陆民众生活在"水深火热"之中,攻击和污蔑新中国领导人和社会主义制度,报道子虚乌有的所谓"起义暴动"的新闻,鼓动解放军官兵尤其是海军和空军官兵驾机或驾舰"弃暗投明",介绍所谓"弃暗投明"的具体路径和方法,宣传台湾当局对所谓"反共义士"的高额奖金和赏格(如一支××枪奖×两黄金、一艘××舰船奖××两黄金、一架××飞机奖×××两黄金等),诋毁共产党和人民政府的政治、经济、文化、外交和宗教政策,宣传台湾地区在经济文化和科学技术的成绩,宣传台湾民众生活富足、幸福等。

(2) 国民党对台湾地区受众新闻活动的内容主题随着社会环境变化而变化。为了站稳脚跟,国民党台湾当局在镇压"二二八事件"及整肃完成后,1949年5月19日宣布在台湾实行"全省戒严",实行军事戒严和高度集权相结合的专制统治。[①] 1950年3月1日,蒋介石宣布"复行视事",在"没有地方可以再退"的孤岛"苦撑待变"。[②] 此后,台湾当局利用美国在朝鲜战争及越南战争中需要后勤补给和军人休息养生中转地的机会,获得美援以发展经济,加上因美国第七舰队进入台湾海峡游弋,人民解放军一时不能解放台湾而台湾暂免"灭顶之灾",使国民党台湾当局得以安心"改造"和"建设"。"改造"是指以蒋介石为主导发起的对国民党的"改造运动"和在台湾地区进行从"三七五减租"到"公地放领"再到"耕者有其田"的"土地制度改革(俗称土改)";"建设"主要是从蒋介石起步到蒋经国时期才明显取得成就的经济建设和文化建设,宣传"计划式的自由经济理论",宣传第一期到第五期"经济建设计划"及成绩,宣传自1974年开始启动第六期建设计划及"十项建设"项目;美国总统尼克松访华及国民党台湾当局被联合国驱逐后则宣传"忍辱负重"和"自重自立"等。党外人士新闻媒介则经历了在蒋介石时期严厉打压到蒋经国时期逐

---

① 李蓓蓓. 台港澳史稿 [M]. 上海:华东师范大学出版社, 2003: 87.
② 茅家琦, 等. 中国国民党史:下册 [M]. 厦门:鹭江出版社, 2005: 777.

渐松绑,最后冲破禁忌独立建党。这些都成为台湾地区某一阶段新闻活动的内容主题。

三、两岸互动交流阶段的中国当代新闻活动（1978—2019）

中国全国人大常委会于1979年元旦发表《告台湾同胞书》。中华人民共和国国防部长徐向前同日宣布"从即日起停止对大金门、小金门、大担、二担等岛屿的炮击"。蒋经国于次年6月1日公开提出"三民主义统一中国"的口号,从"反攻大陆"到"三民主义统一中国"是台湾当局大陆政策的一个重大变化①。两岸随之进入互动交流阶段。

（一）两岸互动交流阶段中国当代新闻活动的社会环境

自1979年元旦中国全国人大常委会发表《告台湾同胞书》,到中华人民共和国成立70周年为止,中国当代新闻活动的社会环境主要是：

1. 新中国经过全方位改革,社会生活各方面呈现出勃勃生机

"真理标准讨论"促进了思想解放,也为推进全方位改革营造了思想和舆论氛围。随着农村以包产到户、包干到户为主要形式的家庭联产承包责任制普遍推行和农业生产效率的提高,涌现出一大批专业户、重点户,标志着中国农村向着专业化、商品化、社会化生产方向转变的开始。② 扩大企业自主权、企业承包经营责任制和实行经济责任制及财政管理体制、商业流通体制、科学技术体制、教育体制、干部人事制度、土地使用制度等领域的改革不断深化。中共十三大提出"一个中心,两个基本点"社会主义初级阶段基本路线和"三步走"发展战略。从以江泽民同志为核心的党中央到以胡锦涛同志为总书记的党中央,再到以习近平同志为核心的党中央,都一如既往地带领全党和全国人民在建设中国特色社会主义的康庄大道上前进。中共十八大以来,经济建设取得重大成就,全面深化改革取得重大突破,民主法治建设迈出重大步伐,思想文化建设取得重大进展,人民生活不断改善,生态文明建设成效显著,强军兴军开创新局面,港澳台工作取得新进展,全方位外交布局深入展开,全面从严治党成效显著③,实现中华民族伟大复兴的"中国梦"成为全国人民共同奋斗目标。

---

① 中共中央台湾工作办公室,国务院台湾事务办公室. 中国台湾问题：干部读本[M]. 北京：九州出版社,1998：104-105.
② 中共中央党史研究室. 中国共产党的九十年：改革开放和社会主义现代化建设时期[M]. 北京：中共党史出版社,2016：693.
③ 习近平. 决胜全面建成小康社会 夺取新时代中国特色社会主义伟大胜利——在中国共产党第十九次全国代表大会上的报告[M]. 北京：人民出版社,2017：2-7.

2. 新中国在坚持"四项基本原则"的基础上全方位实行开放

1979年元旦中美建立正式外交关系，1月28日邓小平对美国进行正式访问。1980年5月决定将"出口特区"定名为"经济特区"，同年8月批准在广东、福建两省设立深圳、珠海、汕头、厦门四个经济特区。1984年5月确定大连、天津、烟台、连云港、上海、宁波、福州、广州等14个沿海城市为开放城市。后又把长江三角洲、珠江三角洲和闽南厦漳泉三角地区划为沿海经济开放区。同时积极拓展与世界各国及国际组织的联系和合作。2001年6月15日中国等国组成的"上海合作组织"在上海举行第一次峰会。同年12月11日中国加入世界贸易组织（WTO），同年中国成为"金砖四国"之一。2008年成功举办北京奥运会。2013年9月和10月中国国家主席习近平分别提出建设"新丝绸之路经济带"和"21世纪海上丝绸之路"的合作倡议。中国积极倡导于2014年10月24日成立了有57个创始成员国参加的亚洲基础设施投资银行。2016年9月中国成功举办"G20杭州峰会"。2018年9月3日在北京举行以"合作共赢，携手构建更加紧密中非命运共同体"为主旨的中非合作论坛北京峰会。随着综合实力越来越强和国际地位的不断提高，中华民族对外开放的信心越来越强，"中国需要世界，世界离不开中国"成为越来越多人的共识。香港和澳门地区回归祖国后又为中国扩大开放和深化开放增加了有利条件。

3. 两岸由原来的敌对和对峙状态进入互动和交流状态

中国全国人大常委会于1979年元旦发表的《告台湾同胞书》郑重宣示争取祖国和平统一的大政方针。1981年9月30日，全国人大常委会委员长叶剑英发表关于"台湾回归祖国、实现和平统一"的九条方针，实际上已形成"一个国家、两种制度"的基本构想。[①] 1986年"华航事件"发生后，中国大陆坚持"无须第三方插手"原则，台湾当局同意华航以民间机构身份前往香港与中国民航总局谈判，事件顺利解决。同年10月15日，台湾当局宣布自1987年11月2日起，除现役军人和公职人员外，凡在大陆有血亲、姻亲、三等亲以内的亲属者，均可向台湾红十字会登记，经第三地转赴大陆探亲。1990年11月台湾当局推动成立"海峡交流基金会"（简称"海基会"）。次年12月16日，大陆成立"海峡两岸关系协会"（简称"海协会"）。1993年4月27日，海协会会长汪道涵和台湾海峡交流基金会董事长辜振甫在新加坡举行第一次"汪辜会谈"；1995年1月30日，中共中央总书记江泽民提出包括"坚持一个中国原则，是实现和

---

① 中共中央党史研究室. 中国共产党的九十年：改革开放和社会主义现代化建设时期 [M]. 北京：中共党史出版社，2016：761.

平统一祖国的基础""欢迎台湾当局领导人以适当身份前来访问,我们也愿意接受台湾方面的邀请,前往台湾"在内的"八项主张"。香港和澳门顺利回归祖国一是向国际社会宣告了中国政府"一国两制"的可行性,另一个是为台湾地区和大陆地区的交流提供了更多的便利机会,同时也直接影响到两岸的交流。1998年10月,台湾海基会董事长辜振甫应邀访问上海和北京,他是近五十年来第一位踏足祖国大陆的由台湾当局正式授权的代表。2005年4月中国国民党主席连战应中共中央总书记胡锦涛邀请率国民党代表团正式访问大陆并在北京会谈,是六十年来国共两党领导人首次会谈。2008年11月3日—7日,海峡两岸关系协会会长陈云林率团访问台湾,既是海协会领导人首次访问台湾,也是海协会和海基会首次在台湾举行两会领导人会谈。同年12月15日,海峡两岸分别在北京、天津、上海、福州、深圳及台北、高雄、基隆等地同时举行海上直航、空中直航及直接通邮启动和庆祝仪式,两岸正式实现"三通"。2009年5月16日,首届海峡论坛在福建厦门开幕,全国政协主席贾庆林出席,两岸6500余人出席开幕式。5月26日,胡锦涛在北京会见中国国民党主席吴伯雄及国民党大陆访问团并举行了会谈。① 2015年11月7日下午3点,台湾海峡两岸领导人习近平和马英九在新加坡香格里拉饭店进行了历史性会面。

4. 台湾地区政权更迭导致政局动荡,人心混乱

蒋经国1988年去世后,李登辉继任,后来又被选为国民党主席。1990年3月21日当选地区领导人,标志着以李登辉为首的"本省独台"势力主政时代的确立。② 就任"总统"仅一个多月,李登辉于6月28日主持召开由反对党、无党籍人士、海外"异议人士"等参加的"国是会议",推进所谓"宪政改革"。1992年12月第二届"立委"选举后,"立委"中台湾籍人士占80%,一批激进"台独分子"进入台湾相关部门,增加了两岸关系发展中的负面因素。③ 1994年7月,台湾当局公布《台海两岸关系说明书》,鼓吹"两岸分裂分治""两个对等实体"等谬论。1995年,李登辉以私人身份访美为借口进行"台独"分裂活动。1999年7月对德国媒体称两岸是"国家与国家的关系,至少是特殊的国与国的关系",公开抛出"两国论",接着又在《台湾的主张》书中提出所谓的"中国七块论"。由于李登辉明帮暗助,民进党陈水扁和吕秀莲在2000年地区领导人选举中获胜,开启"麻烦制造者"干扰两岸关系发展的阶段。陈水扁在上

---

① 中共中央党史研究室. 中华人民共和国大事记:1949—2009 [M]. 北京:人民出版社,2009;672-673.
② 李蓓蓓. 台港澳史稿 [M]. 上海:华东师范大学出版社,2003;187.
③ 李蓓蓓. 台港澳史稿 [M]. 上海:华东师范大学出版社,2003;192.

台初曾高唱"四不一没有",但在执政时期两岸关系停滞不前甚至倒退。2008年国民党马英九在地区领导人选举中获胜,两岸关系处于"不独不统不武"的相对平稳状态。2012年连任后于2015年在新加坡和大陆领导人习近平举行了历史性的"习马会"。民进党蔡英文在2016年成为地区领导人(2020年连任)后疯狂推动"去中国化",使"仇中、反中、恐中"成为台湾地区"政治正确"的标志。连从大陆去台的国民党也竟然提出"请美国出兵保护台湾"和"要求美国和台湾恢复外交关系"的所谓"提案"。大陆遏制"台独"的举措则更加明确有力,两岸关系的未来充满了不确定性。

(二)两岸互动交流阶段中国新闻活动的主要内容

因数十年互不交往、两岸不同社会政治制度及国际国内因素作用和不同发展状态,所以海峡两岸的新闻活动媒介体系及新闻活动的内容主题也有明显的差异。

1. 两岸交流阶段祖国大陆地区的新闻活动

祖国大陆地区在两岸交流阶段的新闻活动内容丰富多彩,且随着国家综合实力的增强和国际地位的提高呈现出旺盛的生命力。

(1)两岸交流阶段大陆地区实施新闻活动的媒介体系

在全国人大常委会发表《告台湾同胞书》不久前的1978年5月1日,北京电视台改名为"中国中央电视台"(简称CCTV),完成了包括中共中央机关报《人民日报》及相关中央级新闻报纸、中央人民广播电台、中国中央电视台、中国国际广播电台和国家级新闻通讯社等不同类型的"中央"级媒介体系建设。1994年10月开始建设教育科研网,标志着中国公用互联网建设正式启动。1996年出现新闻媒介网站或出版"网络版"。1998年网易推出"虚拟社区"服务、"搜狐"正式运行和"新浪"新闻中心诞生。国务院2000年发布《互联网信息服务管理办法》以法规形式确认了互联网的新闻媒介功能。1998年6月30日,为了参加国际电信联盟征集"IMT-2000第三代移动通信无线电传输技术候选方案",中国向国际电信联盟(ITU)提交"TD-SCDMA技术方案"。2001年3月正式成为国际电信联盟认可3G国际标准之一。以2009年1月7日中国政府正式向中国移动颁发"TD-SCDMA"业务经营许可为标志,3G智能手机在中国境内具有了新闻传播媒介功能。由于政府重视和广阔市场,3G智能手机很快发展到4G,很快5G普及又成为热点。依托互联网络和智能手机,又发展出了网络视频、手机报、微信、微博、开心网、人人网、豆瓣群组、抖音等用户自由发布消息、分享消息和评论、相互传递消息的社交媒体,自此形成包括报纸、广播、电影、电视的传统媒体,依托互联网运行的网络媒介,互联网和智能手机结合后的新兴媒体形态（俗称多媒体）在内的社会新闻传播媒介体系，成为这一阶段新中国新闻活动的基本空间。

（2）两岸交流阶段大陆地区新闻活动的内容主题

两岸交流阶段大陆地区新闻活动的内容主题主要包括两方面：一方面是面向台湾地区同胞的新闻宣传内容主题；另一方面是面向大陆受众的新闻宣传内容主题。

①大陆地区面向台湾地区的新闻宣传内容主题包括：向台湾同胞宣传"海峡两岸同属一个中国"的基本立场；宣传台湾"自古以来就是中国不可分割的领土"的历史渊源，宣传中华民族在抗日战争暨第二次世界大战中为打败法西斯侵略付出的流血牺牲和为夺取世界反法西斯战争胜利做出的重大贡献；介绍台胞、台商、台企在大陆的发展情况，宣传并感谢台湾同胞在大陆经济建设中的贡献，宣传大陆地区社会主义革命和建设事业中取得的成就。在台湾地区执政权发生更替后关注台湾的社会生态尤其是关注"台独"势力动向，坚决反击李登辉以私人身份为借口访问美国制造"两个中国""一中一台"分裂国家的阴谋，揭露李登辉接受外国新闻记者访问时鼓吹"中国七块论"旨在分裂国家、削弱中华民族进而得到外国主子赏赐的反动本质，揭露和抨击陈水扁、蔡英文等鼓吹"台独"、推行"去中国化"等分裂祖国的言行等。

②大陆地区新闻媒介对大陆受众新闻活动内容主题，主要包括以下几方面：首先是关于中国国家和社会建设指导思想的宣传，包括对马克思列宁主义、毛泽东思想、邓小平理论、"三个代表"重要思想、科学发展观、习近平新时代中国特色社会主义思想的宣传和阐释以及在上述指导思想下产生的各种理论成果。其次是关于中国改革开放的新闻主题，包括关于农村经济改革（诸如农村以家庭联产承包为基本内容的联产责任制，以专业化、合作化、商品化为主要目标的农村专业合作社）及农村扶贫、脱贫等方面的典型和经验，关于城市经济体制改革（诸如城市下放企业的生产自主权和经营自主权、扩大城市对外开放的自主权、城市土地管理和使用体制机制）等方面的典型和经验以及关于政治体制、社会治理体制、科技管理体制、教育管理体制、财政管理体制及税收管理体制等各方面改革的典型和经验。再次是中国人民在社会主义革命和建设中取得的伟大成就。诸如长江三峡工程正式开工、成功截流、机组发电及顺利通过竣工验收；中国在航天方面的神舟上天、北斗组网完成、宇宙空间站建设的进展、第一艘航空母舰入列、海试和服役，第二艘航空母舰建造成功并交付海军，各种环境极度困难和技术要求具有世界先进水平的各式大桥如港珠澳大桥及海底通道等完成通车；量子计算机研制成功，城市高速铁路的建成通车，海水稻

的实验进展，屠呦呦以青蒿素获得诺贝尔奖，等等。最后是在国内外思想政治领域斗争的新闻主题。如20世纪80年代中期进行的反对资产阶级人性"异化"和资产阶级"自由化"斗争，八九年春夏之交"政治风波"及反对西方资产阶级"民主""自由""人权"的斗争；反对美国轰炸我驻南斯拉夫大使馆的强权、霸凌行径，国际重大事件如美国"9·11事件"，在国际上尤其是在联合国等国际组织反对"台独"企图分裂国家的斗争等。

2. 两岸交流阶段台湾地区的新闻活动

两岸交流阶段台湾地区的新闻活动基本与大陆地区新闻活动相呼应，也包括新闻媒介体系和新闻活动内容两个方面。

（1）两岸交流阶段台湾地区实施新闻活动的媒介体系

台湾地区新闻媒介体系在蒋经国主政的前十年间基本没有变化。在1988年国民党台湾当局开放报禁前，"台湾的报纸数量一直维持着31家的局面。"① 蒋经国接任国民党主席后加快了蒋介石提出并开始实施的"党务革新"步伐。中国全国人大常委会《告台湾同胞书》的发表使国民党"反攻戡乱"体制失去依据。为应对党外势力挑战，蒋经国决定推进"政治体制"改革，建立"开放性政治常规"和"理性的民主秩序"，为那些不满国民党"一党专制"统治、希望分享政治权力并改革台湾政治现状的"党外势力"松绑。创办刊物成为"党外势力"发表言论、汇聚力量的重要途径。其中最有影响的是1979年8月16日在台北创刊后来成为"美丽岛事件"导火索的《美丽岛》杂志。"党外人士"于1986年9月28日不顾禁令成立的"民主进步党"，在美国某些政治势力及海外"台独"力量支持下很快成为台湾地区政治舞台上具有和国民党分庭抗礼实力的"反对党"。台湾地区新闻媒介体系在原来的国民党主办和民办新闻媒介外，增加了反对党"民进党"新闻媒介（包括早期用"游击"方式创办地下广播电台）。1987年"解严"和1988年报禁开放后，党外政论杂志没落。以财团背景挟雄厚与庞大的资金，以低价竞争、免费赠阅策略很快在台湾地区报业市场上攻城略地的《自由时报》迅速成为与《联合报》《中国时报》三足鼎立的"第3大报"。② 随着台湾地区执政权更迭，国民党媒介日渐衰落，其《中央日报》于2006年6月1日停刊（9月13日出网络版）。电视媒介主要是台视、中视、华视和公共电视等影响为大。国民党的"中央通讯社"于1996年2月被改制为"财团法人中央通讯社"，成为所谓的"国家通讯社"。1993年开放广播频

---

① 王天滨. 台湾新闻传播史 [M]. 台北：亚太图书出版社，2002：292.
② 王天滨. 台湾新闻传播史 [M]. 台北：亚太图书出版社，200：474.

道后，申请广播电台者逐渐增多，广播电台家数从以往公营为主到大量的民营电台，2008年底有广播电台177家。① 进入20世纪后互联网媒体迅速发展，网络空间成为政党博弈和政治斗争的同时也是各派政治力量媒介新闻活动的阵地。在"一切为了选举，一切为了选票"的社会环境中，"真实、客观和全面"成为台湾地区新闻活动"可言不可得"的奢侈品。

(2) 两岸交流阶段台湾地区新闻活动的内容主题

从中国全国人大常委会于1979年元旦发表的《告台湾同胞书》，到台湾《自立晚报》记者李永得和徐璐的1987年9月11日赴大陆采访前，台湾地区新闻人依托新闻媒介进行的新闻活动基本上是在原轨道上"隔空"运行。李永得和徐璐在大陆采访了14天，从北京、杭州、广州、深圳和厦门等城市向在台湾《自立晚报》发出所见所闻，在台湾受众面前展现了"记者亲眼看到的真实的大陆"。1988年6月台湾当局宣布"准许大陆同胞申请赴台为直系亲属奔丧"，海峡两岸交流获得公开合法的通道。李登辉1996年成为所谓"宪制改革"后的第一位"民选"地区领导人。2000年任期届满时明帮暗助民进党陈水扁和吕秀莲在选举中获胜并连任。国民党马英九2008年成为地区领导人。2016年民进党蔡英文上台并连任。在像"翻烧饼"一样的执政权更迭岁月里，台湾地区新闻活动的内容主题成为跳跃多变、或明或暗的"涂鸦画"。比较集中的新闻内容主题：一是涉及大陆新闻报道的内容主题。这一类报道或是主张"中国统一"，或是主张"维持现状"及或是鼓吹"台湾独立"，持不同政治立场的新闻媒介或新闻人所选择角度或事件差异，所传播新闻内容之倾向也大相径庭；二是两党选举的新闻内容主题。两党各自掌控或同情支持某一方的新闻媒介及新闻人在新闻活动中利用各种新闻手段，向对方竞选人物发难、质疑甚至捕风捉影、无中生有、无限扩大，甚至造谣污蔑，恶意栽赃，一些事涉百姓民生的诸如食品安全、能源困难、劳保基金及文化建设等议题，都成为政党斗争和攻讦的话题，抹黑对方和为己方增光，都是意在赢得选票。

3. 两岸交流阶段香港澳门地区的新闻活动

随着新中国国力迅速强盛及国际地位提高，香港和澳门分别于1997年7月1日和1999年12月20日回归祖国，成为中华人民共和国的特别行政区，中央政府按"一国两制"方针实施管治。港澳地区回归祖国后的新闻活动是中国当代新闻活动组成部分之一。

---

① 张晓锋. 中国新闻法制通史：港澳台卷 [M]. 南京：南京师范大学出版社，2015：522.

（1）两岸交流阶段港澳地区实施新闻活动的媒介体系

回归以前，香港是政治意识形态和党派倾向角力的思想阵地，左、中、右报刊并存，既有亲台湾当局倾向的《华侨日报》《香港时报》，也有拥护祖国的《文汇报》《大公报》等进步报纸，还有一些无明显政治倾向的商业报刊、宗教刊物。1984年中英签署联合声明后，亲台背景的报纸缺少生存的空间，自动退出了香港市场。① 香港回归祖国后，连台湾学者都认为，由于"一国两制"的落实，基本法对新闻自由的落实，媒体原来享受的新闻自由度一点也没有减少，而原来自殖民当局的压力去除了，媒体发展的空间更大了。② 2009年，香港有新闻报纸34种（中文21种，英文13种），期刊640种（中文429种，英文94种），广播电台13家，电视台播放的节目有328套（免费15套，收费313套）。③ 由于香港的特殊社会政治生态，香港的新闻媒介中主要是爱国爱港新闻人所办新闻媒介或政治倾向不是很明显的商业新闻媒介，但也有一些怀着不可告人目的并得到港英殖民遗留势力及其他海外反华势力支持的政治新闻人创办或拥有打着"民主""人权"旗号，以各种借口进行"反中乱港"舆论煽动行为的新闻媒介。

在1966年的"一二·三事件"后，澳门当局吸取了教训，开始调整对华政策，并完全禁止台湾势力在澳门的活动。④ 澳门地区回归祖国后，"一国两制""澳人治澳，高度自治"的方针得到认真贯彻执行，澳门地区新闻人享有更加充分的新闻自由度，新闻媒介得到迅速发展。在澳门地区回归祖国十年的2009年，澳门地区拥有9家中文日报，葡文报纸3家，英文报纸2家；期刊37种；广播电台2家，电视台7家，业余电台160家。这些新闻媒介每天大量报道各地的政治、经济、文化、体育、教育、卫生、环保、科技等新闻。⑤

（2）两岸交流阶段港澳地区新闻活动的内容主题

自香港地区在1997年7月1日回归祖国后，根据《中华人民共和国宪法》和《中华人民共和国香港特别行政区基本法》规定的"一国两制""港人治港，高度自治"等治港方针得到认真的实施，香港地区的新闻人、新闻媒介及所从事的新闻活动享受了更加充分的新闻自由和言论自由，大量爱国爱港的新闻人和新闻媒

---

① 张晓锋. 中国新闻法制通史：港澳台卷 [M]. 南京：南京师范大学出版社，2015：175.
② 刘澜昌. 香港在一国两制下的新闻生态 [M]. 台北：秀威资讯科技股份有限公司，2008：17.
③ 香港特别行政区政府统计处. 香港统计年刊（二零一零年版）[J]. 香港统计年刊，2010（1）：431.
④ 李蓓蓓. 台港澳史稿 [M]. 上海：华东师范大学出版社，2003：595.
⑤ 张晓锋. 中国新闻法制通史：港澳台卷 [M]. 南京：南京师范大学出版社，2015：288-289.

介遵循新闻工作基本规律，履行报道国际国内新闻、引领健康舆论的社会责任，报道祖国社会主义建设的成就，促进香港地区融入祖国大陆发展。但这只是事物的一个方面。事物的另一方面是由于英国殖民者在撤出香港前后，埋下了许许多多、明的暗的、黄的白的及灰的等各式各样的"雷"，加上一些长期在香港社会环境中生活和成长的年轻人缺少基本的辨别力，所以香港新闻活动中难免出现一些杂音，在特定时期甚至是很刺耳的杂音。一些新闻媒介好像天生喜欢"听洋人调遣"，打着报道新闻和发表言论的幌子，处处时时事事和特别行政区政府作对，为少数人利益滥用新闻自由，给人们正常生活添堵，给有序社会生活添乱，给正常执法的警察抹黑，蛊惑年轻人尤其是学生与政府及警察对抗，鼓动人们用暴力捍卫所谓的"表达权"，甚至鼓吹所谓"同归于尽"的"揽炒"，唯恐天下不乱。由此就出现了香港地区新闻人依托新闻媒介进行的新闻活动，因新闻人政治取向产生差异。新闻媒介上最显眼的新闻活动内容主题是根本对立的"爱国爱港"和"反中乱港"，且往往从新闻标题上就可看出明显的分野。

在回归祖国前，由于澳门地区有别于香港和台湾地区的特殊社会环境（在澳葡人拥有的葡文新闻媒介基本受众是那些在澳葡人，一般不和澳门的中国同胞发生冲突，亲台湾的新闻媒介在1966年底发生的"一二·三事件"后退出了澳门，所以爱国的进步新闻人和新闻媒介在澳门新闻活动领域占有绝对主导地位）。中葡两国政府于1987年4月13日正式签署《关于澳门问题的联合声明》，澳门地区正式进入回归过渡期后，澳门地区的新闻媒介主体以"爱国爱澳"为政治导向，积极宣传祖国大陆的建设成就，促进澳门和大陆的交往，在维护澳门地区社会稳定、促进澳门地区经济繁荣、密切澳门地区与祖国大陆的交流等方面发挥了积极作用，为澳门地区顺利回归祖国做出了重要的新闻舆论贡献。在1999年12月20日顺利回归祖国后，澳门地区新闻人及媒介在特别行政区政府管理下，充分享受远胜于澳葡殖民统治时期的新闻言论自由，按照"一国两制""澳人治澳，高度自治"的基本原则从事新闻活动，报道国际国内新闻，宣传澳门地区的传统文化，宣传祖国大陆在改革开放和经济、文化、科技等领域的成就，宣传澳门地区融入珠江三角洲和大湾区以及内地建设发展的美好未来，在增强澳门和内地联系及在密切祖国大陆和台湾、内地和香港的联系等方面发挥了积极的作用。

四、中国当代新闻活动的主要特点

中国当代新闻活动自中国共产党独立领导建立的苏维埃红色政权并进行新闻活动正式起源后，历经了带领中国人民推倒三座大山的萌芽发展阶段、新中国成立后又经历了海峡两岸对峙阶段，现在正处在海峡两岸交流阶段。每一阶段的中国当代新闻活动具有各自的特点。

（一）中国当代新闻活动在萌芽发展时期的基本特点

中国共产党新闻人循着中共"一大"确定的"以无产阶级革命军队推翻资产阶级，由劳动阶级重建国家"① 的目标，在大革命运动因国民党右派的背叛和镇压失败后坚持斗争。从1927年11月开始创建苏维埃政权，到1931年11月7日正式成立全国性的中华苏维埃共和国临时中央政府，并同时创立了包括政府机关报《红色中华》报、国家通讯社红色中华社以及通过红色中华社无线电台进行文字新闻广播的新闻媒介体系，多方面进行红色新闻活动。在日本侵略者全面入侵的危急时刻，共产党从国家民族利益出发，捐弃曾遭受血腥镇压的前嫌和国民党合作抗日，共产党的新闻活动主题也完成了从"推翻国民党统治"到"国共合作抗日"，从"国共合作抗日"到"组织联合政府"，再从"组织联合政府"到"打倒蒋介石"的多次转折②，坚持"党性和人民性相统一"和"全党办报""群众办报"等原则。在党的领导和群众支持下，经受住了种种考验，战胜狂风恶浪，借助科学技术，在极其艰难的环境里建立起了包括手抄的《时事简报》、油印或石印铅印的新闻报纸和新闻刊物、无线电新闻广播、新闻通讯社、新闻电影等在内的新闻媒介体系，为新中国的人民新闻事业奠定了基础，共产党新闻人从红色根据地、抗日根据地和解放区走进了中华人民共和国，进入了中国当代新闻活动时期。

（二）两岸对峙隔绝阶段中国当代新闻活动的基本特点

中国当代新闻人由于海峡两岸不同社会环境的制约，新闻活动具有鲜明的政治倾向性和功利价值。每一个新闻人都在不同的政治利益阵营中生活，依托新闻媒介（传统的纸质媒介或者新兴的电子媒介）从事的新闻活动为政治服务，为政治阵营服务、为政治阵营的利益服务，为自己所在政治阵营的利益服务，是这一阶段两岸新闻人新闻活动基本的特征。在这一"规则"下，大陆地区新闻人宣传共产党执政的合法性和合理性，宣传中国人民在共产党领导下建设社会主义取得的成就，宣传我们的朋友遍天下及宣传"中国人民一定要解放台湾"；台湾地区的新闻媒介尽管有党营和民营的差异，但新闻人在新闻活动中或

---

① 中国共产党的第一个纲领：1921年7月"一大"通过［M］//中国共产党历次党章汇编：1921—2012. 北京：中国方正出版社，2012：51.
② 倪延年. 民国时期中国共产党新闻宣传的五次转折及其动因分析［J］新闻大学，2017（6）：36-43.

多或少地按照当局意图宣传"光复大陆",宣传台湾经济建设的成绩,宣传国民党的三民主义;而港澳新闻人的新闻活动尽量不得罪当局以求得新闻媒介的生存和发展。不同阵营中的新闻人新闻活动所代表的政治利益泾渭分明。

(三)两岸互动交流阶段中国当代新闻活动的主要特点

一是随着海峡两岸的交流不断扩大和畅通,两岸新闻活动的交流日益密切。两岸双方的新闻媒介或者到对岸派驻记者,或者设分支机构,使得两岸的新闻信息流动越加顺畅,但政治生态直接影响或制约两岸的新闻活动交流,尤其是台湾地区政党轮替、政权变化引起的社会生态变化对两岸新闻活动带来直接的影响;二是随着互联网媒体的普及和"互联网+"媒体的迅速发展和更新换代,两岸新闻人的新闻活动"样式"也日趋多样化:一方面是新闻信息的采集、传播和接收更加"去专业化"。另一方面是传统的纸质媒介面临着严峻的挑战,大陆地区不少传统媒介纷纷转向,在台湾地区连续出版了数十年的国民党"中央机关报"《中央日报》纸质版也无奈停刊(数月后改出网络版);三是新闻活动的政治色彩在一些场合被一些人有意识地淡化,以所谓的"真实、客观、全面、平衡"为标榜,在实际生活中则明显地选择性报道、情感性报道、放大性报道,以收到引导舆论而为特定方面谋利的效果。

中国新闻活动既具有世界新闻活动的"共性",更具有中国新闻活动的"个性"。中国新闻活动的"个性"主要取决于在中国特定社会环境下活动的中国新闻人的文化传统和文明素养,取决于受到中国特定社会环境下不同发展阶段的政治、经济、文化、科学乃至宗教等要素的影响,取决于中国新闻学研究和新闻技术及专门设施的建设和发展水平,取决于中国这块土地上的社会生产力发展水平和生产效率。我们研究中国新闻活动的历史首先要立足"中国"的实际,紧扣"中国"的特点,探讨"中国"的特色,总结"中国"的经验。这不是说"两眼一闭,不看世界",而是倡导以"中国"为主体,吸取借鉴各国(民族)新闻活动的经验和教训,使我们的新闻活动更适应"中国"的需要和发展。

第四章

中国新闻人发展史

新闻事业是一种组织化、规模化、专业化的社会活动,是社会发展到一定阶段,生产力发展到一定水平后才形成的。[①] 尽管是在"实施"新闻活动后才成为"新闻人",但"新闻人"不但几乎和"新闻活动"同时出现,而且是新闻事业诸要素中最具主观能动性的要素。

第一节 中国古代新闻人的出现

"中国新闻人"是指在"中国"这个特定空间里以从事新闻活动为主要社会职业并表现出中华民族的国家/民族和文化/文明特征的社会成员群体。伴随中国新闻事业古代、近代到当代的发展历程,中国新闻人也走过了千余年发展历程。

一、中国古代新闻人出现的社会条件

中国古代原始新闻人群体是和中国古代原始新闻事业同时产生的。中国古代原始新闻传播交流活动出现于距今1.8万年前的"真人"时期[②]。受制于原始社会生产力的发展缓慢,出现古代新闻事业的必备条件在相当时间内也不具备,所以在"真人"时期及后来相当时间内没有能形成中国古代原始新闻事业。按照历史唯物主义和辩证唯物主义的基本观点,中国古代出现"以从事新闻活动为社会职业"的"新闻人"群体须具备以下基本条件:

(一)社会生产的生活必需物资出现"富余"

在能养活分封诸侯国的君主及为君主服务的人群(包括宫廷机构官员和军队等)及社会地位在"新闻人"之上的社会成员(大地主、官僚、豪门、商家等)基础上还有"富余",才能使民间"新闻人"得以生存并从事新闻搜集、

[①] 李彬. 中国新闻社会史 [M]. 北京:清华大学出版社,2008:39.
[②] 方汉奇. 中国新闻事业通史:第1卷 [M]. 北京:中国人民大学出版社,1992:20.

书写和传播等活动。

（二）社会生产力发展水平达到相当程度

为上层建筑服务的物质（包括书写工具及其他物质条件）得到根本改善；语言文字（文化）得到相对普及，"富余"者或其后代有可能接受文化教育并掌握使用语言文字技能；

（三）社会新闻搜集、记载和传播所生产社会影响力成为社会舆论重要因素

新闻人的新闻活动成果对社会公众人物（诸侯国国君、宫廷重臣）兴衰成败产生直接影响，即新闻活动的社会能量可以影响上层社会对统治者的褒贬。天子分封的诸侯国君主惧于周王朝礼仪规矩的伦理约束，开始有意识地注重维护自己的社会形象，"新闻人"以及新闻活动社会地位得到提高，使"新闻人"逐渐成为依附性"食客"群体之外的社会群体。

（四）"新闻人"须是"以从事新闻活动为社会职业的社会成员"

"新闻人"具有特定专业新闻活动技能、以主要工作时间和精力从事社会新闻活动，并主要以新闻活动社会影响得到时人对其工作价值和社会地位的认可。包括："新闻人"不直接参加生活必需物资的生产活动，人类社会成员对于新闻信息内容的获知和分享是"生存"之上层次需要。"新闻人"产生于人类社会成员的生活必需物资已有"富余"并认可"新闻人"通过新闻活动享受这部分"富余"物质的环境中。"新闻人"从事新闻活动的书写工具（竹简、纸张和刻刀、书写笔）、日常生活条件（居住、衣着及装饰、出行车辆乃至车行道路）有稳定的保障，更重要的是社会对新闻人、新闻活动及其社会影响的认知和宽容。社会生活需要新闻人的产生和从事的新闻活动。只有社会需要新闻产品时，新闻人、新闻活动生产的新闻产品才具有社会价值，才能获得基本的物质生存条件和从事新闻活动的社会条件。

二、东周至汉前的新闻人：春秋人

"春秋人"是以产生于"春秋时期"并因具有某些新闻媒介属性和功能的各国《春秋》而得名的新闻人群体。这一新闻人群体大概开始出现于东周末年的诸侯封国，经历春秋、战国，直到秦国灭六国后建立秦朝。他们是中国新闻史上最早出现的新闻人群体。

（一）《春秋》与"春秋人"

东周末年鲁国史官按年、季、月、日记录编成我国现存最早的一部编年体

国别史"鲁《春秋》",记载鲁隐年(周平王四十九年,前722年)到鲁哀公十四年(周敬王三十九年,前481年)计12公242年的历史。所记以鲁国为主,兼及周王室及其他诸侯国。主要记载政治事件及人物活动,间及自然现象。① 经儒家学说创始人孔丘(字仲尼)整理修订后以《春秋》之名流传后世并成为儒家经典。久之,文史界称《春秋》即《鲁国春秋》,《鲁国春秋》亦即《春秋》。但事实是"鲁史曰《春秋》,然《春秋》不必为鲁史"。战国初的墨子说"吾见百国《春秋》"(《隋书·李德林传》)。《墨子·明鬼》篇中称:"杜伯之鬼,射杀周宣王,周人从者莫不见,远者莫不闻,著在周之《春秋》。莊子仪之鬼,荷朱杖击燕建公,燕人从者莫不见,远者莫不闻,著在燕之《春秋》。袾子槁羔,殪之坛上,宋人从者莫不见,远者莫不闻,著在宋之《春秋》。羊触中里徼,殪之盟所,齐人从者莫不见,远者莫不闻,著在齐之《春秋》。"② 可知"春秋"不是一种古籍的(如鲁史)的专有名称,而是记载诸侯国宫中新闻或重大事件的文献总称。如特指某国史籍则称"周之《春秋》""燕之《春秋》""宋之《春秋》"和"齐之《春秋》"。这似乎有点像后世的"日报",是每天出版的散页新闻纸总称,在"日报"前冠以地名成为特定地方的新闻纸专名,如《河南日报》《河北日报》及《辽宁日报》等③。

(二)"春秋人"的主要特点

"春秋人"出现在春秋时期这一特定历史阶段,由于春秋时期的社会环境以及新闻人活动的具体环境,形成"春秋人"的主要特点:

第一,组成者主要是在奴隶社会成熟后出现的有一定独立基础的奴隶主贵族知识分子。本质上依附奴隶主贵族制度存在,并以周朝形成的奴隶主伦理道德(如周公吐哺,天下归心之类)和礼仪制度(如国王、郡王、县王;公爵、侯爵、伯爵、子爵、男爵及不同等级爵位的不同待遇规定)为奴隶主贵族服务。

第二,其社会身份是东周王朝及天子分封诸侯国宫廷的史官。周朝设有"太史",周天子分封的诸侯因遵循祖制也设置"太史",但在职级、人数及活动范围等方面应有别于周天子。"太史"因职责不同分为内史、外史(朱传誉认为内史负责国内新闻,外史负责国外新闻)、左史、右史(围绕国君左史记言,右史记行)。

第三,"春秋人"的记载对象是诸侯国宫廷发生的大事。诸如国君言行举

---

① 赵国璋,潘树广.文献学辞典[M].南昌:江西教育出版社,1991:590.
② 墨翟.墨子·卷八:明鬼(下)[M].
③ 倪延年.论中国古代地方新闻媒介起源于东周末年《春秋》[J].新闻春秋.2020(1):5.

止，封国与诸侯国间的交流往来及战争、结盟等，记载新闻信息的工具主要是当时较普及的书写笔和供记载文字内容的竹简、木牍（或许有极少量丝帛），其新闻活动成果是记载诸侯国宫廷新闻（以国君"言""事"为主，兼与其他诸侯国间的政治经济军事大事）的各国《春秋》。

第四，"春秋人"的新闻活动在当时已经产生较为明显的社会影响力。徐中舒认为后人所谓"《春秋》书法（亦称春秋笔法）应是当时太史普遍职责和职业要求，齐太史为了直书"崔杼弑君"之罪兄弟相继以身殉职。书法必须有广大的舆论支持，形成一种强大的制裁力量然后才能起预期的作用。《春秋》书赵盾、崔杼弑君之罪，原是晋、齐太史的笔法，有晋、齐两国舆论的支持，因此鲁太史才同意晋、齐的书法而转录于（鲁）《春秋》中。同例，《竹书纪年》有许多书法与《春秋》同，也是魏国史官审知当时舆论无异词而加以转录于《（竹书）纪年》中"①。可见产生《春秋》《竹书纪年》的"春秋时期"，就已出现受新闻报道影响或引导的受众通过发表意见形成社会舆论，社会舆论制约社会成员言行的社会效果。

第五，"春秋人"采集宫廷新闻（国君言行举止及国之大事）的目的和社会功能，主要是作为编纂国史素材保存在宫廷档案（典籍）馆即"金匮石室"，只有少数内容在特定时机才"示之于朝"。因"示之于朝"或担心"示之于朝"后才产生舆论监督的社会效果，所以"春秋人"并不具备后世"职业新闻人"的全部要求，因而只是"中国新闻人"的开端。

第二节　中国古代新闻人的发展演变

"春秋人"群体出现后的中国古代新闻人群体随着社会发展不断演变。接着出现的中国古代新闻人群体应该是萌芽于秦朝末年并一直延续到唐中期的"邸报人"。

一、汉至唐中期的新闻人：邸报人

"邸报人"是指以"郡国邸"为工作平台，从事搜集、筛选和传播新闻活动的社会成员群体。大致从建立秦朝开始，历西汉、东汉约400年，过魏晋南

---

① 徐中舒. 后序——左传的作者及其成书年代 [M] //左传选. 北京：中华书局，1963：349.

北朝，再到唐"安史之乱"后节度使在京师设立的"邸"改称"进奏院"前。

（一）汉朝"邸"与"邸报人"

秦国统一六国后成为秦朝。秦始皇首创郡县行政体制。建构起皇帝（天子）——朝廷（三公：丞相、太尉和御使大夫）——郡（郡守、郡尉、郡监御史，郡守掌管属县）——县（设县令、县丞、县尉，县令掌管属乡）及乡、亭、里、什、伍等级次的基层行政组织，"全国百姓均被纳入专制政权的控制之中"①的第一个"天下诸事皆由皇帝做主"的君主专制体制。秦去汉来。汉高祖刘邦一方面"汉承秦制"，建立皇帝——朝廷——郡——州（设州牧，掌管县）——县及乡、亭、里、什、伍等行政组织；另一方面又依战功或亲缘关系分封同姓王和异姓王（萧何、韩信、彭越等），形成具有汉朝特点的"郡国制"格局。

以出现各国《春秋》及"以示于朝"发挥舆论监督功能为标志，中国传统古代新闻事业开始"起源"，直到"汉朝"才基本形成皇帝（天子）→三公（丞相、太尉、御使大夫）→九卿（之一"大鸿胪"卿）→郡邸长丞（"大鸿胪"卿属官）→郡国邸（在京师者，承担"通奏报，待朝宿"功能）→邸吏或邸卒（从事"通奏报，待朝宿"事务）的朝政新闻传播体制和机制。②《汉书 卷十九 百官公卿表 第七 上》中"初，置郡国邸属少府，中属中尉，后属大鸿胪"，表明汉初朝廷"置郡国邸"由"少府"管理，汉高祖中期改辖"中府"。汉武帝改"大行令"为"大鸿胪"后属"大鸿胪"。"大鸿胪"掌管郡国邸"在京师者"事务的是"郡邸长丞"。可见汉代初期不是"听各郡自设邸"而是朝廷设"郡国邸"。来京师公干的郡国"吏"利用出入皇宫便利，搜集、打探其长官感兴趣的朝廷各类消息，编成京师朝政动态的小报告，③可能是打探消息的地方官吏怕"事泄遭罪"而匿名传播，人们因其出自郡国"邸"而称为"邸报"。大概后来郡国来京师公干的官员觉得住宿朝廷"郡国邸"活动不便，就在京师自行寻找食宿处所，慢慢成为自有自用的"邸"。

古今学者都认可"郡国邸在京师者"主要功能是"通奏报、待朝宿"。"待朝宿"意义很清楚。"通奏报"则比较复杂。"奏"是郡国首领向朝廷（皇帝）

---

① 张晋藩. 中国法制史[M]. 北京：中国政法大学出版社，1999：72-73.

② 《汉书·百官公卿表（上）》："典客，秦官，掌诸归义蛮夷，有丞。景帝中六年更名大行令，武帝太初元年更名大鸿胪。属官有行人、译官、别火三令丞及郡邸长丞。武帝太初元年更名行人为大行令，初置别火。王莽改大鸿胪曰典乐。初，置郡国邸属少府，中属中尉，后属大鸿胪。"

③ 李彬. 中国新闻社会史[M]. 北京：清华大学出版社，2008：33.

汇报的"下向上"行为,只对皇帝(或代皇帝接奏折的朝廷命官)言。"报"则较宽泛和普遍,除"皇帝"外的"下对上"都可用"报"。寄宿在朝廷"郡国邸"的郡国公干官员,或常驻"郡国邸在京师者"官员(邸吏),除向朝廷"呈报"郡国公文外,还可或应把皇帝(朝廷)对郡国的圣旨等"呈报"郡国首领,而受郡国首领指令搜集朝政信息并"汇报"应是完全可能的。"政从帝出",皇帝(朝廷)在政策、边疆、人事及军事等方面决策的重大变化对郡国利益产生直接甚至是生死攸关的影响,诸多郡国间存在或明或暗的竞争,先获知京师动态的郡国首领在应对朝廷变化方面占据主动,所以就重视京师发生的人事、政策变动等朝政新闻,要求来京师公干或在"郡国邸"承担"通奏报、待朝宿"的"邸吏"以搜集京师新闻或政策动态并及时汇报,应是题中应有之意。

从春秋时期"太史府"到汉朝"郡国邸",是中国古代新闻事业发展历程中的一个历史性进步。因为"太史"活动的主要成果是为编写国史提供素材的宫廷档案,一般"秘不示人",只是偶尔"示之于朝",故以历史典籍面貌的《春秋》传世而非以"太史府报"之名流传。汉朝"郡国邸"开辟了中国古代新闻事业新篇章。疆域广袤、郡国并存的汉朝出现不以纸张(肯定是、也只能是竹简和丝帛①)为信息书写载体的"邸报"是可能的。不管是否承认汉朝有"邸报",对汉有"郡国邸"及"郡国邸"承担"通奏报,待朝宿"之责均无异议。"郡国邸"的"邸吏"借公干之便搜集、书写、传播的朝政新闻物件,因担心"漏泄"遭罪而以匿名无头状传播,因其出自郡国邸"邸吏"之手而称为"邸报"应是可以理解的。

(二)"邸报人"的主要特点

汉朝因设"郡国邸"而后产生"邸报"。围绕"邸报"的生产过程出现以"邸报"为活动平台的"邸报人"。其特征主要有:

1. "邸报人"生活在由封建地主阶级主导社会生活的中国封建社会

由于封建社会的生活必需品出现更多"富余",社会上层建筑有了更快发展,教育"从宫廷走向民间",使粗识文字的社会成员迅速增加,一些在朝廷或郡国当差的官员(吏)具有书写能力,为"邸报"产生提供了基本的物质条件。

2. "邸报人"搜集和发布新闻行为更具"专一"和"主动"性

"郡国邸"为"通奏报待朝宿"设。不识字或识字很少的"邸卒"主要承担"待朝宿"事务,"通奏报"则由能断文识字的"邸吏"承担。"邸吏"完成

---

① 尹韵公. 中国明代新闻传播史 [M]. 重庆:重庆出版社,1990:4.

向朝廷递呈"奏"折（章）和向郡国首领汇"报"朝廷公文或京师新闻两方面工作。假如由两个"邸吏"承担"通奏报"，是否可设想他们会把"呈报"朝廷公文和"传报"京师新闻再行分工以使工作更专一。承担"传报"朝政新闻事务的"邸吏"为完成上司布置的搜集京师新闻的任务（或许还有奖励），在从事新闻消息搜集时会更主动，因此更接近专职新闻人。

3. "邸报人"的新闻搜集传播活动更具目标性

不管是来京师公干寄宿"郡国邸"的地方官员，还是"郡国邸"当差的"邸吏（卒）"都是郡国派遣，为郡国首领很好效劳才能获得回报。满足郡国首领获知京师新闻消息的需要是承担"通奏报"或专司搜集传报京师新闻"邸吏"工作的目标和要求。为完成任务并争取获得奖赏或提升，"邸吏"必然分析郡国首领的新闻兴趣和关注，然后搜集那些方面的消息，这种分析尽管只是偶尔、初步、肤浅及没有规律，但已开始走进"满足受众需要"的领地，成为"邸报人"区别于"春秋人"的显著特点。

4. "邸报人"是"为人服务"而非"为社会服务"

无论是寄宿"郡国邸"的郡国官员还是"郡国邸"的"邸吏"都是受命于郡国首领，他们的"一切"都是首领"给的"，是直接受命并只为郡国首领服务，在京师活动的一切都是为完成郡国首领"一个人"的意愿，这也是封建君主专制的特点。

5. "邸报人"首创了中国古代"点对点"的"新闻信"传播模式

"郡国邸在京师者"的邸吏完成的"邸报"以"十分接近于16世纪诞生于欧洲的'新闻信'"[①] 形式直接"传报"给郡国首领。因为郡国首领对邸吏"邸报"内容具有"专享权"，所以"邸报"还没实现社会化传播，专门的"邸报人"还不能称为规范意义上的社会"新闻人"。

二、唐中期至宋末的新闻人：状报人

"状报人"是自唐把诸道京师"上都留后"改"进奏院"始到元代废除进奏院前，在京师"进奏院"以搜集京师新闻和传报"进奏院状报"为业的社会成员群体。

（一）"进奏院状报"与"状报人"

"状报人"因肇始唐朝的"进奏院状报"得名，"进奏院状报"因出自"进奏院"得名。"进奏院"是唐朝藩镇势力坐大的结果。"藩镇"亦称"方镇"，

---

① 方汉奇. 中国新闻事业通史：第1卷［M］. 北京：中国人民大学出版社，1992：62.

是唐中后期设的军镇。"唐藩镇在京置邸，称上都留后。大历十二年（公元777年）改称上都知进奏院"（《文献通考·卷六十·职官十四》），简称"进奏院"。因大将带兵在外，朝廷担心将军拥兵自重，令将军将妻儿留在京师，其居所称作"上都留后"。将军未得皇帝圣旨不得离开军营，只得派部将借公干之便来京师看望家眷。

久而久之，"上都留后"成为将军、部将来京师的落脚点。将军带兵在外，京师的人事、政策等变化与将军休戚相关，因而必然关注京师动态尤其是"圣意"变化和人事升迁罢黜，这些消息通过借居"上都留后"的属将以"新闻信"传报给将军。"上都留后"慢慢成为公开承担"通奏报、待朝宿"职责而秘密承担搜集传报京师动态任务的唐初"邸"。

唐代宗大业十二年把"上都留后"改称"进奏院"。原来由"邸吏"在"郡国邸"抄传的京师新闻物件（邸报）因改由"进奏官"在"进奏院"抄传，而改称"进奏院状报"（简称报状、状报）。英国不列颠图书馆和法国国家图书馆还收藏有两件实物。① 为此把依托"进奏院"平台并以抄传"进奏院状报"为职业的社会成员群体称为"状报人"。

（二）"状报人"性质之变化

因"进奏院状报"得名的"状报人"必然因"进奏院"及"进奏院状报"性质变化而变化。对"进奏院"及"进奏院状报"性质影响最大的是北宋太平兴国六年（公元981年）开始的进奏院管理体制改革。

唐朝"进奏院"由地方自建、自有、自用，朝廷不加干预。北宋初年仍是"逐州就京师各置进奏院"。（《文献通考·卷六十·职官十四》）因而北宋初期的"进奏院报状"仍是州、军、路、府等地方官设在京师的进奏院（官）的作品。史载"诸路州郡亦各有进奏吏，凡朝廷已行之命令，已定之差除，皆以之达于四方，谓之邸报"（《宋会要辑稿·刑法二》）。既称"进奏吏"当已是"进奏院"，称"邸报"应是沿前朝习称。

宋太宗太平兴国六年，皇帝决定对进奏院管理体制进行改革。史载"太平兴国六年，罢诸州知后之名，简知后官得李楚等百五十人，并充进奏官。命供奉官张文灿提辖诸道进奏院。监官以京朝官及三班使臣充，掌受诏敕及诸司符牒，辨其州府军监以颁下之，并受天下章奏案牍状牒以奏御，以分授诸司"（《文献通考·卷六十·职官十四》）。

---

① 方汉奇. 中国新闻事业通史：第1卷[M]. 北京：中国人民大学出版社，1992：53-58.

改革后朝廷构建起完整的官文书上传和朝政新闻下传的运行机制。文书上传是：天下诸州奏状——都进奏院（掌受天下奏章、案牍、状牒）——银台司（掌受天下奏章、案牍，抄录其目以进御）——通进司（掌受银台司所领天下章奏、案牍及阁门、在京百司奏牍、文武近臣表疏以进御）——中书（中书省，负责朝廷日常运行。边事紧急改由枢密院"定本"）——皇帝（一切新闻出自皇帝决策或言行）；朝政新闻下传的运行机制是：皇帝（决定奏折"留中不出"或"可抄发"，颁降"抄传天下"的圣意谕旨）——中书（对皇帝朱红御批奏折分类，或留中不出，或分送省部落实，或发通进银台司供进奏官抄录）——进奏院（从银台司或各省部抄录朝政事务动态编成"进奏院状报"）——进奏院状报（通过邮驿"传至四方"）——道州府或藩镇长官（通过邮驿获知朝政新闻）。

以朝廷"提辖诸道都进奏院"为平台、以抄传"进奏院状报"为社会职业的社会成员群体"进奏院状报人"（简称"状报人"）由此定型了。

（三）"状报人"的主要特点

区别于此前的"春秋人"，因为产生和活动于不同的社会生活环境，所以"状报人"表现出区别于"春秋人"的诸多方面特点。

1. 进奏院管理体制改革前后的性质变化决定了"状报人"性质

唐代宗大业十二年至北宋太宗太平兴国六年间的进奏院，属诸道或藩镇节度使自建、自有、自用的京师朝政新闻搜集、抄传机构，体制改革后的进奏院成为朝廷的新闻发布传播机构。进奏官由原来为诸道长官或藩镇节度使服务的"地方新闻人"变成为朝廷服务的"国家新闻人"。以太平兴国六年的进奏院体制改革为分界点，此前的"状报人"性质是地方新闻人，而此后的"状报人"性质为国家新闻人。

2. 从半公开的"邸报人"演变为公开的"状报人"

无论是汉朝"邸报人"还是北宋太宗太平兴国六年前的"进奏院状报人"，搜集和传播朝政新闻都处于"半公开"状态。汉朝郡国首领和宋朝诸道长官（藩镇节度使）要求"邸报人（包括前期的状报人）"搜集传播朝政新闻，但他们在京师的公开身份则是"待朝宿通奏报"的官差，他们搜集的京师朝政新闻对朝廷而言是秘密的，至少不是公开的。进奏院管理体制改革后由朝廷管辖，进奏官从"地方新闻人"变成了"朝廷新闻人"，其职责就是代地方长官向朝廷递呈公文和向地方长官传播朝政新闻，"状报人"成为公开合法的新闻人群体。

3. "状报人"在多方面优于"春秋人"

北宋太平兴国六年进奏院管理体制改革后,"状报人"由朝廷选任,与地方官派驻京师的进奏官群体相比,整体素养得以提高,整体结构得到优化。既有去朝廷六部抄录公开发布的奏折的低级"进奏官"(邸卒),也有在进奏院负责编写"进奏院状报"的中间层次"进奏官"(邸吏),还有在"枢密院"负责"检详""检正"(定本)的高级文官"给事中",形成了由低到高的队伍结构。管理体制改革后建立了有专人执掌、专人负责、职责明确的"状报人"队伍,使"提辖都进奏院"编写传抄的"进奏院状报"基本达到皇帝(朝廷)"劝优惩劣"的目的。"和唐代的进奏院状比较起来,宋代的进奏院状有了很大的发展,具有更多的报纸的特征,更接近于近代的官报。"① "状报人"也更接近于近代"官报人"了。

三、南宋至清初的民间新闻人:小报人

"小报人"是指以转载或改写官报有关内容(偶有自采)的半公开民间新闻媒介"小报"为工作平台,并通过传抄"小报"获得劳动回报的社会成员群体。

(一)"小报人"之得名

中国古代民间新闻媒介除较多文献称"小报"外,宋朝有"杂报""单状"、元朝有"小本"、明朝有"私揭""日帖""都下邸报"、清朝有"小报""京报之小钞""小钞""晚帖"及"辕门抄(钞)"等称谓。因"小报"的使用时间最长,使用面最广且影响最大,故以"小报"作为自南宋以来民间新闻媒介的统称,中国古代民间新闻人也就自然称为"小报人"了。

"小报人"是随着民间"小报"的萌芽、发展到社会认可而逐渐成形的。"有邸报(官报)就有小报。"② 北宋高宗太平兴国六年朝廷整顿进奏院的实质就是遏制小报。③ 在朝廷控制进奏院后,民间"小报"仍没绝迹。进奏院改革后不久的北宋太宗雍熙三年(公元986年),皇帝就发现有进奏官不"依例供申本府报状"。④ 那些不"依例供申"的"本府报状"应该就是民间报刊萌芽。太宗端拱二年(公元989年)出现与朝廷"报状"相对的"诸州杂报"⑤;仁宗天

---

① 方汉奇. 中国新闻事业通史:第1卷[M]. 北京:中国人民大学出版社,1992:71.
② 朱传誉. 宋代新闻史[M]. 台北:台湾商务印书馆,1967:74.
③ 倪延年. 中国古代报刊发展史[M]. 南京:东南大学出版社,2001:91.
④ 《宋会要辑稿·职官二之四四》:"开封府进奏官止依例供申本府报状,诸州不许申发"。
⑤ 《宋会要辑稿·职官一八之七八》:"今缘宣命,不能抄录诸州杂报,窃虑有误编修"。

圣九年（1031年）又出现"进奏院报状"之外"别录"的"单状"①；神宗熙宁二年出现"印卖都市"的"矫撰敕文"②；徽宗宣和四年（1122年）仍有"非定本事辄传"的"进奏院朝报"③，等等。一直没有间断——只不过没用"小报"称谓。

　　南宋高宗绍兴二十六年（1156年）时任朝廷中书舍人、吏部尚书的周麟之在《论禁小报》一文以"小报"指称民间新闻媒介，这才使"杂报""单状""印卖都市"的"矫撰敕文"、刊载"非定本事"的"进奏院朝报"等成为简略且统一的"小报"之称。以"小报"生产和传播为职业的社会人也就称之为"小报人"。

　　（二）"小报人"之演变

　　"小报"之称自南宋绍兴年间成为朝野指代民间新闻媒介的称谓后，一直或隐或现地存在于社会生活中。元朝法律禁止"民间辄刻小本卖于市"④，因此存在民间"小本"应是确定的。明朝民间报刊有"都下邸报""报贴"等且出现以搜集新闻和刻印"都下邸报""日帖"之类民间新闻媒介的"报房"。⑤ 清初"小报"似乎有过短暂兴盛，"小报"公开传播且成为地方官获得钦差大臣行程消息的公开依据。⑥ 康熙年间"小报"成为朝臣呈请皇帝"严行禁止"的对象。康熙五十三年（1714年）左都御史揆叙上疏称："近闻各省提塘及刷写文报者，除科抄外，将大小事件探听写录，名曰小报。任意捏造，骇人耳目，请严行禁止，庶好事不端之人，有所畏惧。"⑦ 雍正年间"报房小钞案"经皇帝降旨严饬查究，以"捏造小钞，刊刻散播，以无为有"罪名将发行小钞的何遇恩、邵南

---

① 《宋会要辑稿·刑法二之一七》："诸路进奏官，报状之外，别录单状。"
② 《宋会要辑稿·刑法二之三四》："至有矫撰敕文，印卖都市。乞下开封府严行根捉造意、雕卖之人，行遣。"
③ 《宋会要辑稿·刑法二之八五》："进奏院朝报，非定本事辄传报者，令尚书省检会，以降指挥……"
④ 《元史·刑法·卷一〇五：刑法四》："诸但降诏旨条画，民间辄刻小本卖于市者，禁之。"
⑤ 《谷山笔尘·卷十一·筹边》："近日都下邸报，有留中未下先已发钞者；边塞机宜，有未经奏闻先有传者；乃至公卿往来，权贵交际，各边都府，日有报贴，此所禁也。……报房贾儿博锱铢之利，不顾缓急；当事大臣，利害所关，何不力禁？"
⑥ 《东华录：清顺治十六年六月谕旨》："原任总督张悬锡奏：麻勒吉……云，前日我们去湖广去时，尔在山东岂不见小报，何为不来迎接？"
⑦ 蒋良骥.东华录［M］//黄卓明.中国古代报纸探源.北京：人民日报出版社，1983：171.

山斩处斩刑。① 进入乾隆年间后未再发现有关"小报"或"小钞"的记载。② 公开合法的"小报人"成了非法的地下"小报人"。从南宋"小报人"到元朝"小本人",明朝"都下邸报人"或"日帖人",清初又回归"小报(钞)人",这大致是中国古代民间新闻人群体称谓演变的基本轨迹。

(三)"小报人"之特点

作为长期以来很少被学术界(不仅仅是新闻史学界)关注的民间新闻人群体,"小报人"大致有如下特点:

1. "文献不足征也"

有些历史事实只能依据已知文献的解读甚至推理,在学界尚未形成共识。如"小报""小钞"的共性和个性,学术界基本观点是"同一事物的不同称谓",是基于"小报"和"小钞"内容都主要取自于朝廷官报且皆出自民间的基本判断,因称"小报"得称"小报人"。

2. 小报人成为新闻产品的生产者

无论是南宋"小报人"还是元朝"小本人"、明朝"都下邸报人""日帖人"及清初"小报(钞)人"等,从朝廷官报转录读者感兴趣的新闻消息及编选、刻写及散播(销售)"小报"的活动,可获"锱铢之利"(有利润但不大),可知"小报人"编纂、刻印及传播的"小报"具有"商品"属性,这种状况下的"小报人"就成了"新闻商品"的"生产者"。

3. "小报人"社会地位随"小报"沉浮变化

南宋"小报"被朝廷高压遏制;元朝"小本"只要不是"辄刻"应可合法存在;明朝"都下邸报"及"日帖"等是朝臣"进言"查禁对象;清顺治朝"小报"是"公开存在的,甚至在一般官员们的心目中,他被视为以科抄为主要内容的正式官报的一种补充"③。但到了康熙朝就成为出自"好事不端之人"之手,内容是"任意捏造"、社会效果"骇人听闻"而"严行禁止"对象,④"小报人"成了拿命换饭吃的危险职业群体。

---

① 清世宗实录·卷四十四 [M] //方汉奇. 中国新闻事业通史:第1卷. 北京:中国人民大学出版社,1990:202.

② 黄卓明. 中国古代报纸探源 [M]. 北京:人民日报出版社,1983:175.

③ 方汉奇. 中国新闻事业通史:第1卷 [M]. 北京:中国人民大学出版社,1992:200-201.

④ 《东华录·康熙五十三年三月》:左都御史揆叙上疏言"近闻各省提塘及刷写文报者,除科抄外,将大小事件探听写录,名曰'小报'。任意捏造,骇人耳目,请严行禁止。庶好事不端之人,有所畏惧。"(皇帝御批)"下部议行。"

4. "小报人"成为宫廷争斗的牺牲品

因小报内容涉及朝政新闻尤其是与皇帝有关的新闻,所以"小报(钞)"往往被皇帝视为宫廷争斗的工具和阵地。清中叶开始出现的"小报案"中的"小报(钞)人"在皇帝眼中成为"捏造小钞、刊刻散播、以无为有"帮助、"奸党"反对皇帝的敌对群体,"小报人"何遇恩、邵南山被推上"依律斩决"的不归路就在情理之中了。

四、明朝至民初的新闻人:"京报人"

在明朝,那些可以公开发抄传报的章奏便是朝报的报道素材;经过整理和编辑成册的奏章,便是朝报;将朝报的内容转抄于京城以外发行的报纸,便是邸报。朝报和邸报在内容上没有什么实质性的差别,完全是一码事。从情理上讲,邸报是外地官员们的称呼,而朝报则是京城官员们的称呼,因为京官们阅读的传报章奏,没有经过"邸"的环节,而是直接从六科或通政司那里或本部衙门那里的朝报获得的。朝报以后又演化成为京报,从各方面条件看,都是顺理成章之势。① 清朝官报见诸典籍的是"邸抄",也有邸报、邸钞、京报、京抄、京钞、阁钞、朝报、抄报等不同称谓,是由各省驻京提塘负责抄录、印刷和传送的。从康熙年间曾"拿获报房写小抄之绍兴府民金祥"② 的记载可知,清初京师就有各省驻京提塘报房,也就有报房人"写小抄"获利。"清政府始终不承认邸报是官报";与此同时,清政府又对邸报实行严格的控制。其控制的结果又使邸报具有了官报之实。可以说清代邸报是无名有实的官报。③ 为便叙述,本书采"京报"之说,取"在京师刊行的官报"和"从京师传出的官报"之意。

(一)"京报人"之得名

"《京报》人"是特指以出自皇帝所驻京师之"京报"为工作平台,从事《京报》内容搜集、生产和销售活动为主要职业的社会成员群体。

"京报人"得名于明末始"成名"的《京报》。清初学者俞正燮说:"前于王氏见明时不全《京报》。"为验证《京报》内容可信性,他在"嘉庆癸亥,重过句容,住葛仙庵中"时特"借《(芦城)平话》及旧报为比附之"。经"比

---

① 尹韵公. 中国明代新闻传播史 [M]. 重庆:重庆出版社,1990:19—23.
② 康熙朝满文朱批奏折全译 [M] //史媛媛. 清代前中期新闻传播史. 福州:福建人民出版社,2008:55.
③ 史媛媛. 清代前中期新闻传播史 [M]. 福州:福建人民出版社,2008:94.

附"后认为《芦城平话》"几以为字字珠玑,过《宣和遗事》远矣!"① 同时也发现《京报》与明朝正史《熹宗本纪》有四点不同:一是《京报》有载而《熹宗本纪》未载。二是《京报》和《熹宗本纪》皆载但所记时间不同。三是《熹宗本纪》有载而《京报》未载。四是《京报》有载而《熹宗本纪》无载。

根据俞正燮的记载我们可知:一是明朝中后期已出现名为《京报》的新闻媒介;二是内容与朝廷正史有较大吻合度和相似度,鉴于以上两点得出以下三点:一是《京报》基本取自朝廷公开发布朝政新闻;二是尽管《京报》和正史《熹宗本纪》有详略之别但两者同出于朝廷(正史经过素材选择,故《京报》比正史详细具体)。三是"明时不全《京报》"应是从京师传到京外地区(如句容)的朝廷官报。

(二)"京报人"身份与性质随《京报》演变

清初《京报》具有朝廷官报的性质和地位。清顺治五年(1648年),朝廷重臣洪承畴在一份揭帖中称"顺治五年二月初六,臣舟次扬州,接正月十五日《京报》,内封工部揭帖一件二月,案正月十四日佥发……"② 可知《京报》是由朝廷"佥发"的。雍正六年(1728年)四川巡抚宪德奏革按察使程如丝说:"《京报》之小钞到在前五天。"③ 所言"《京报》之小钞",一是朝廷"佥发"的《京报》,二是早于《京报》五天传到四川的"小钞"。两者间《京报》属官报,"小钞"是民间新闻媒介,非常清楚。"雍正十二年(1735年)十二月初三日,宁阳孙永祥家牛产麟。见《京报》川督黄廷桂、川抚宪德奏。"④ "家牛产麟"是因被视为吉兆刊入朝廷官报。

《京报》性质和地位在鸦片战争前后开始发生变化。江西学政张芾咸丰元年(1851年)奏折称"《京报》内容简略,寄递延期,价贵难得"——地方官员"读报"要付"报费"(应是"公费")。但既在奏折中说,可见《京报》仍是朝廷官报。光绪年间贵州学政严修《蝉香馆使黔日记》(1894年九月十六日至1898年五月初一)卷八载:"《京报》向由提塘寄递,各科部文往往附焉。今年

---

① 俞正燮. 癸巳存稿·卷十四·书《芦城平话》后 [M] //黄卓明. 中国古代报纸探源. 北京:人民日报出版社,1983:103.
② 倪延年. 中国古代报刊发展史 [M]. 南京:东南大学出版社,2001:233.
③ 《朱批谕旨·第三十四册》:雍正六年二月,四川巡抚宪德奏革按察使程如丝"奉旨程如丝着即处斩。(刑)部(公)文到在雍正五年十月二十九日,而《京报》之小钞到在前五天,十月之二十四日。部文单行臣署,臣得而密之。若小钞则川省之文武、大小各衙门皆有,一齐俱到,一看皆知。"
④ 俞正燮. 癸巳存稿·卷十一·"麟"条 [M] //黄卓明. 中国古代报纸探源. 北京:人民日报出版社,1983:151.

正月起（至该年十一月二十一日）止接《京报》三四本，亦无公文。"① 《京报》应由朝廷提塘寄递京外，下发一定级别的地方官员（如贵州学政）且寄递时间相对稳定，是否有朝廷公文"附焉"则不一定，可见仍具官报性质。

清朝《京报》经历了从朝廷官报演变成民间报纸的渐进过程，何时成为民间报纸不得而知。清廷海关总税务司英国人赫德于光绪十一年（1885年）3月电报说："京报是外国人对数家私人经营的报纸的统称。他们刊登所能获得的奏折及法令，并非官办的报纸。"② 此时《京报》应是民间新闻媒介。光绪三十年（1904年）北京《京报》房公议统一《京报》发行价格，京报房印成单页《京报房公启》称"本行承办《京报》历有年所"。③ "我行"即"我们这一行"，社会承认"这一行"应需较长时间。我们认为大概在"咸丰年间"《京报》开始从朝廷官报向民间新闻媒介即"官办媒介民间化"渐变，标志是朝廷官员需付"报费"才得《京报》阅读。到"京报人"的运营活动可"酌盈剂虚尚可敷衍"④ 时，《京报》就"民间化"了。

（三）"京报人"的主要特点

《京报》的出现使中国新闻媒介史上出现了第一种有固定名称的新闻媒介，"京报人"是第一个由固定名称媒介（《京报》）得名的新闻人群体，在中国新闻人发展历程中具有里程碑意义。

1．"京报人"应属于朝廷公差之列

清廷法令称"提塘京报人等，有串通书吏，捏造小钞、晚帖，借端讹诈者，责成该管之给事中、五城御史、坊官及大宛两县，不时访拏"（《钦定六部处分则例·卷九》）。可知"提塘京报人"是朝廷公差，被"串通"的"书吏"则是民间报人。"提塘京报人"传递的《京报》是官报；串通"书吏捏造"的"小钞、晚帖"是民间新闻媒介，泾渭分明。"京报人"应是具有官方身份的新闻人。

2．"京报人"性质随着《京报》变化而变化

"状报人"因进奏院管理体制改革从"地方状报人"成为"朝廷状报人"，

---

① 严修撰．蝉香馆使黔日记·卷八［M］//方汉奇．中国新闻事业通史：第1卷．北京：中国人民大学出版社，1996：198．

② 潘贤模．清初的舆论与钞报——近代中国报史初篇（续）［J］．新闻研究资料：1981（3）：257；史媛媛．清代前中期新闻传播史．福州：福建人民出版社，2008：115．

③ 黄卓明．中国古代报纸探源［M］．北京：人民日报出版社，1983：167．

④ 京报房公启［M］//史媛媛．清代前中期新闻传播史．福州：福建人民出版社，2008：106．

而"京报人"则是从"朝廷京报人"成为"民间京报人"。随着《京报》从朝廷官报演变成为民间报刊,"京报人"也就从"官办(提塘)京报人"演变成"民间京报人"。

3."京报人"经历的演变过程

从地方"京师之报人"("京报人")演变成为全国的"提塘京报人"。"京报"是指"在京师编写刻印的报纸",故"京报人"应是"在京师从事报纸编写、刻印和销售报纸的人",后来成为在全国各地"经销京师官报的人",即"京报人"由"京师"走向"京外地区",成为全国性称谓,清《钦定六部处分则例》所称"提塘京报人"就成为面向全国的通用称谓了。

五、清末的近代新闻人:新式官报人

"新式官报人"是指以中国近代新式官报为平台并以从事"新式官报"内容搜集、编辑、刻印及传播为社会职业的社会成员群体。

(一)近代新式官报的起源及发展

中国近代官报是传统官报在西方文明影响下嬗变而来。先声是林则徐组织翻译编写的《澳门新闻纸》(亦称《澳门月报》。1838.7.16,1839.7.23—1840.11.7)[1]。接着是清政府以《中外纪闻》为基础创办的《官书局报》和《官书局汇报》,和《澳门新闻纸》类似,仅选摘外报消息而不报道朝政新闻。再就是戊戌变法中未及产生就被慈禧太后降旨称"无裨治体,徒惑人心"而"即行裁撤"的《时务官报》。[2]

1901年12月25日袁世凯在天津创办《北洋官报》(亦称《直隶官报》),标志旧式官报完成了近代化嬗变。该报首先刊载"圣旨""上谕",然后辟"本省学务、本省兵事、近今时务、农学、工学、商学、兵学、教案、交涉"及"外省新闻"和"各国新闻"[3] 等社会新闻栏目。清廷农工部于1906年4月28日刊行的《商务官报》为朝廷出版的第一种专业官报。1907年11月5日,清廷考察政治馆编印的《政治官报》在北京创办,是中国第一种中央政府近代官报。清廷内阁1911年8月24日在《政治官报》基础上创办《内阁官报》。清廷隆裕太后于1912年2月12日发布"皇帝退位懿旨",立国296年"大清帝国"亡,[4]

---

[1] 方汉奇.中国新闻事业通史:第1卷 [M].北京:中国人民大学出版社,1992:455.
[2] 倪延年.中国古代报刊发展史 [M].南京:东南大学出版社,2002:279.
[3] 史和,等.中国近代报刊名录 [M].福州:福建人民出版社,1991:117.
[4] 柏杨.中国历史年表 [M].海口:海南出版社,2006:802.

《内阁官报》同日停刊。清末"新式官报"就此终结,"新式官报人"也成了历史。

(二)"新式官报人"的特点

新式官报经历了近70多年从萌芽到经过嬗变而成熟的发展历程,又迅速由巅峰成为历史的陈迹。这就决定了"新式官报人"这一群体的主要特点:

1. "新式官报人"成员身份具有两重性

一方面是在朝廷或地方官(署)享有一定官衔和俸禄的"幕僚"(现职官员),同时又因仅是"幕僚"所以只是受主官指派凭文采学识专事"官报"内容搜集、文书编辑、定稿付印及发行等"报人"事务。"官员+报人"是"新式官报人"的"底色"和本质特征。

2. "新式官报人"成为沟通中西文化的桥梁

"新式官报人"在与西人打交道中对迅速发展的新式兵事、学务、交涉、商学、农学等"新事"较关注,或因指派他们编印"新式官报"的"主官"如袁世凯等关注"西事"奉命行事,使"新式官报"表现出明显的近代化色彩,因此成为中国社会从封建君主专制社会向资产阶级共和社会转变进程的原始史实记载,有意无意地成为连接中国和西方文明的桥梁。

3. "新式官报人"是中国新闻人最后以"群体"出现的新闻人群体

"春秋""邸报""进奏院状报""小报(钞)""京报"等新闻媒介,都是"群体行为"的成果,因此少有具体新闻人姓名记载,所以"春秋人""邸报人""状报人""小报(钞)人"及"京报人"都是"无名报人"。"官报"由官方创办发行,承担"官报"编辑销售等事务的新闻人因是履行"公务"并获得薪酬,所以也就"取彼财而舍其名"。但资产阶级维新(保皇)报刊派、资产阶级革命派报刊或民营新闻报刊,无论报纸主办者还是报纸内容提供者都更多出现个人署名(这也与时代相关),所以"新式官报人"实际结束了中国新闻人几千年"有人无名"的历史。

4. "新式官报人"保持了一以贯之的"官报人"社会属性

"状报人"因"进奏院"管理体制变化经历了从"地方状报人"向"朝廷状报人"的变化,以及"京报人"因《京报》从"官报"演变成"民报",自身也经历从"官方新闻人"向"民间新闻人"的演变。"新式官报"自始至终都是"官报",所以"新式官报人"自始至终都是"官方新闻人"。

第三节　清朝中后期的特殊新闻人：外国在华报人

"外国在华报人"是指以在中国从事新闻报刊活动为主要职业的在华外国人群体。"中国"是活动环境，"报人"是职业身份，本质是外国人，大致经历如下几个阶段。

一、"华外谋华"的外国报人代表：米怜

世界上第一种中文报刊《察世俗每月统记传》于1815年8月5日由英国传教士马礼逊指派，1785年生于苏格兰的英国传教士米怜在马六甲所办，所以不能算"外国在华报刊"，因此英国传教士马礼逊和米怜就不能算"外国在华报人"。1823年在马六甲创办《特选撮要每月纪传》的英国传教士麦都思及同年在马六甲创办《天下新闻》的英国传教士吉德也算不上"外国在华报人"。这些"外国报刊"尽管不在中国出版，但办刊目的或宗旨却是为西方列强"进入"中国"打前站"。所以尽管它们不算"外国在华报刊"，但因和"中国"有直接且割不断的联系，所以把这一阶段称为外国报人"华外谋华"的阶段，代表性人物就是在马六甲创办世界第一种中文报刊《察世俗每月统记传》的英国传教士米怜等。

二、鸦片战争前的外国在华报人代表：郭实腊

漠视清廷禁令在华创办报刊的第一代"外国在华报人"代表是英籍普鲁士传教士郭实腊。郭实腊（亦译郭士立等）笔名"爱汉者"，1803年7月8日生于普鲁士波美拉尼亚。1831年6月开始第一次中国旅行：从曼谷出发约9月底抵天津。10月至辽东湾。12月13日回到澳门。1832年初开始第二次中国旅行（随英国东印度公司胡夏米到中国沿海侦察任翻译兼医生）：从澳门出发，经南澳岛、厦门、福州、宁波、上海、威海卫等地折往朝鲜、琉球，测量沿途河道、河湾、绘制航海地图，9月5日回到澳门。1832年秋，威廉·乍甸和马地臣扩大在华鸦片贸易，郭实腊随行翻译使贩卖鸦片获得巨利，威廉·乍甸为他创办的《东西洋考每月统记传》提供6个月经费，遂于1833年7月在中国广州创办第一种中文报刊《东西洋考每月统记传》。该刊是郭实腊"为维护广州和澳门的外国公众的利益而开办"，目的是"要使中国人认识我们的工艺、科学和道义"，

以"清除中国人高傲和排外的观念"①。1834年11月29日②,广州外侨组织"在华实用知识传播会"(又名"中国益智会")成立,郭实腊任中文秘书。1837年11月"在华实用知识传播会"接办《东西洋考每月统记传》并迁新加坡出版。他实际主持的《东西洋考每月统记传》于1838年9月终刊。1839年9月5日,英军将领义律率领英国舰队到达九龙海湾,郭实腊任义律翻译随军作战。英军攻陷定海后委任他当知县。1842年参加《中英南京条约》谈判。1843年接任香港"抚华道",专管香港华人事务兼办满清官方事务。1851年1月去世。

作为第一代来华的外国传教士郭实腊,与早他来华的马礼逊们大有不同。"马礼逊"们满足在广州得立足之地传教,"郭实腊"渴望到中国内地传播福音,是集传教士、探险者、西方文明传播者、军事间谍及外国政府代表为一身的复杂人物。无论是创办《东西洋考每月统记传》,还是直接参加侵略中国战争,目的都是"进入"中国。明的暗的,文的武的,崇高的或卑劣的,他都积极参与,竭尽所能,受到雇主青睐。对鸦片战争、列强强迫中国政府签订不平等条约、东西方列强对中国实行霸权政治他都持赞同态度,并积极参与其中,"崇高纯洁"的宗教"福音"裹挟着刺鼻的火药味和浓浓的血腥气。这既是郭实腊的明显特点,也是第一代外国在华报人的共同特点。

三、洋务运动前的外国在华报人代表:裨治文

鸦片战争使自以为"天下无敌"的清廷遭受重大打击,中国社会进入半殖民地半封建社会。西方列强从英国轻易取胜看到清政府软弱可欺的机会。外人在华报刊活动进入第二阶段,代表人物之一是美国传教士裨治文。裨治文(Elijah Coleman Bridgman)1801年生于美国马萨诸塞州。1812年成为基督教徒,次年加入公理会。1829年获安多弗神学院学位,同年10月由美部会按立为前往异教国家传道的传教士。1830年到广州随马礼逊习汉语。1832年5月31日,裨治文创办旨在"提供有关中国及其邻邦最可靠、最有价值的情报"③的英文月刊《中国丛报》(The Chinese Repository),大量发表有关中国的政府机构、政治制度、法律条文、文武要员、军队武备、中外关系、商业贸易、山林矿藏、河

---

① 创办《东西洋考每月统记传》意见书[M]//方汉奇.中国新闻事业通史:第1卷.北京:中国人民大学出版社,1992:265.
② 丁淦林.中国新闻事业史[M].北京:高等教育出版社,2005:38.
③ 《中国丛报》创刊宗旨[M]//方汉奇.中国新闻事业通史:第1卷.北京:中国人民大学出版社,1992:279.

流海港、农业畜产、文化教育、语言文字、宗教信仰、伦理道德、风俗习惯等文章①。该刊一出版就在西方引起关注。鸦片战争时期曾迁澳门和香港出版，战后又迁回广州。裨治文一直担任该刊主编，直到他1847年迁居上海为止。

裨治文和郭实腊代表了两个不同类型的外国在华报人。首先是两个人的追求有所不同。郭实腊大致属于企图在中国这块土地上有所"开拓"且露出獠牙的"武和尚"，裨治文则基本遵循第一代传教士路径，不公开贩卖鸦片，不公开参加外国对华侵略战争，也不在中国沿海勘察河流描绘地图，而是外表高雅的"文和尚"，即"以智慧为炮火"达到"进入"中国目的。其次是裨治文和郭实腊创办刊物都是为了"进入"中国，但两人表现形式不同。郭实腊属于明目张胆地强势"进入"，裨治文创办《中国丛报》是向西方人"提供有关中国及其邻邦最可靠、最有价值的情报"，为其他外国人（侵略军、商人及冒险家）"进入"中国提供情报，属于鼓励帮助别人"进入"中国，比郭实腊更有前瞻性和隐蔽性。再次是裨治文更重视以"和平演变"手段达到目的，而不是像郭实腊那样"武力征服"。他1834年参与组织"益智会"并任中文秘书，组织"益智会"就是"希望借着和平的手段，促使中国不论是在商业、西方文化或基督教信仰方面，全方位对外开放"。1836年参与创办马礼逊教育会并任该会通讯秘书，1838年在广州开设博济医院等都是为了培养"用洋""信洋""崇洋""媚洋"的中国上层人士，以收"不战而屈人之兵"的效果。最后是裨治文更会利用自己的"美国人"身份从中渔利。他以"美国人"身份出任朝廷禁烟钦差大臣林则徐的译员，还曾亲自到虎门现场参观焚毁鸦片。1844年任美国公使顾盛译员和秘书，参加订立《中美望厦条约》，给人以"公平中立"形象。但就是在裨治文参加谈判并订立的《中美望厦条约》第十七款规定"合众国民人在五港口贸易，或久居，或暂住，均准其租赁民房，或租地自行建楼，并设立医馆（院）、礼拜堂（教堂）及殡葬之处（火葬场）"，②强迫中国政府无条件同意"合众国民人"在被英国强行开埠的广州、福州、厦门、宁波、上海等港口"自由传教"。这一特权在《中英江宁条约》中英国人都没有得到。

四、甲午战争前的外国在华报人代表：林乐知

1861年"辛酉政变"后，慈禧重用的洋务派引进西方近代科学技术，兴办

---

① 方汉奇. 中国新闻事业通史：第1卷 [M]. 北京：中国人民大学出版社，1992：279.
② 中美望厦条约 [M] //孟庆琦，董献仓. 影响近代中国的不平等条约. 北京：中国人事出版社，2012：23.

近代化军事工业和民用工业，开始"学夷自强"的洋务运动。在洋务运动中，外国在华报人及创办的报刊产生过重要影响。主要代表是美国传教士林乐知。

林乐知（Young John Allen，字荣章）1836年生于美国佐治亚州伯克县。1860年（清咸丰十年）受基督教美国监理会派遣来上海传教，并取中国名字"林约翰"。后又取"一物不知，儒者知耻"意并仿中国人姓名结构，取名"乐知"，字"荣章"，有时自称"美国进士"。1863年由清廷官员冯焌光（桂芬）介绍到上海广方言馆任教习（教员）。1868年任江南制造局译馆译书，授予五品顶戴官衔。林乐知深知在华广传基督须抓住"士"和结交"官"，清廷重臣冯桂芬、严良勋、汪凤藻、李鸿章、丁日昌、张之洞等都是其"友"。1868年9月5日创办"直截表明为传教而办报"① 的中文报刊《中国教会新报》（*The News of Churches*）。1872年8月31日第五卷201卷改名为《教会新报》（*The Church News*），内容由原"以宗教为主"改为"政事""教务""中外""格致""杂事"五栏，完成了从"宗教刊物"向"科技知识刊物"的转变。② 林乐知在《教会新报》上发表文章提出"孔子加耶稣"的观点，强调须利用儒家经典推广在华传教事业。出版两年后，林乐知"发现当时中国的人们对科学知识的热心远远不及对时事的关心"③。1874年9月5日在《教会新报》出版第301卷时改成《万国公报》（*Globe Magazine*），"脱出了宗教报刊的轨道"④。声称："既可邀王公巨卿之赏识，并可以入名门闺秀之清鉴，且可以助大商富贾之利益，更可以佐各匠农工之取资，益人实非浅鲜，岂徒《新报》云尔哉！"成为以关注中国社会政治动态并以影响中国人思想为目标的政论性报刊。出版至1883年7月（750期）休刊。1889年2月在广学会支持下复刊并改为月刊，尽管仍由林乐知主编，但已经成为英美在华基督教团体广学会机关刊物（英文刊名为*The Review of the times*）。"个人刊物"成了教会团体"机关刊物"，在当时产生了重要影响。1895年8月17日康有为等创办的"中国资产阶级维新派创办的第一家报纸"⑤《万国公报》，连报名都照搬《万国公报》。林乐知1906年回美国，1907年5月30日在上海去世。

以林乐知为代表的这一代外国在华报人的特点主要有：首先是更重视走"上层路线"。既不像郭实腊那样到第一线去打打杀杀，也不像裨治文那样出任

---

① 马光仁. 上海新闻史：1850—1949 [M]. 上海：复旦大学出版社，1996：43.
② 倪延年. 中国古代报刊发展史 [M]. 南京：东南大学出版社，2001：299.
③ 倪延年. 中国古代报刊发展史 [M]. 南京：东南大学出版社，2001：300.
④ 马光仁. 上海新闻史：1850—1949 [M]. 上海：复旦大学出版社，1996：45.
⑤ 方汉奇. 中国新闻事业通史：第1卷 [M]. 北京：中国人民大学出版社，1992：543.

清廷高官译员并公开活动，而是以好学、友善面目出现，取个中国名字，接触中国文人（士），结交朝廷官员，使其传教行为更具针对性和合法性。其次是更重视研究中国社会思想变化，及时调整办报活动。从创办"纯粹"宗教刊物到改成"科技知识刊物"；再把"科技知识刊物"改政论性刊物，关注中国政治，影响中国上层。最后是深谙"得人心者得天下"的思想文化渗透规律并身体力行。坚持"通过文化活动改变中国人思想"的目标，或在上海同文馆当英文教习，或主持《上海新报》，或创办《中国教会新报》（后改名《教会新报》《万国公报》）。通过不懈努力使《万国公报》在当时几乎可与《申报》齐名，成为社会上层了解新知识、新学说及外国人对中国政治发展建议的重要渠道。按照"控制这个国家的上层人物及青年进而控制这个国家现在和未来"的思路实施新闻活动，似乎可在美国后来政策中看到些许痕迹。

五、辛亥革命前的外国在华报人代表：李提摩太

清朝在甲午战争被日本打败，被迫签订《中日马关条约》。康有为联合1300名（实际603名）[①] 举人当年四月初八（5月2日）联名"公车上书"。后又连续《上清帝书》，出版《万国公报》及组织强学会"吁请变法"。光绪皇帝1896年1月20日下令封闭京师强学会，禁止该会一切活动。《中外纪闻》也被迫停刊。[②] 1897年德国强占胶州湾，中国面临列强瓜分的空前危险。"戊戌变法"仅百余日，就因慈禧太后重新"垂帘听政"告终。在辛亥革命暴风骤雨中，清廷"轰然倒塌"。自甲午战争到辛亥革命前，外人所办的《万国公报》对中国政治生态的影响力绝非一般刊物能比肩。此时主持《万国公报》的是英国传教士李提摩太。

李提摩太（Timothy Richard），1845年出生于英国南威尔斯。1869年12月到上海。先在山东烟台、青州传教并建立浸信会和共济会山东教区中心。1880年9月与李鸿章在天津相识。在李鸿章支持下去山西赈灾。1890年应李鸿章邀出任天津英文《中国时报》中文版主笔。1891年10月到上海主持共济会"同文书会"并接韦廉臣任该会督办（总干事）。从1891年到1916年间，李提摩太主持广学会出版《万国公报》等十多种报刊、两千多种书籍，对中国政坛产生很大影响。维新变法后更得朝廷青睐。1902年协理山西教案得赏识，西太后恩

---

① 徐中约. 中国近代史：1600—2000 中国的奋斗 [M]. 北京：世界图书出版公司，2013：270.

② 方汉奇. 中国新闻事业通史：第1卷 [M]. 北京：中国人民大学出版社，1992：548.

准他开办山西大学堂并聘其山西大学堂西学书斋总理（大致相当于后世的学院院长），赐头品顶戴官衔并诰封三代。辛亥革命后继续任广学会总干事。1916年6月回国。1919年4月17日在伦敦逝世。

甲午战争后，李提摩太看到日本"不可阻挡"，鼓吹老牌殖民帝国和日本"共管"中国。他在《万国公报》发表和英国公使商量后写的《新政策》①，认为在中国群众爱国情绪高涨情况下，任何单一帝国都难以统治广袤的中国，把中国变为某一帝国"保护国"远不如"国际共管"好。至于如何"共管"中国，他认为应聘用两位西人（英美各一人）组织新部，以八人为总管，其中四人应由西人担任，四个西人"当用英美两国者"。说白了就是在中国政府外建一个由外国人（英美）掌控的政府（"新部"）——"新部"由英美两国人任首相副首相和四位内阁部长。李提摩太深谙没落英国须借助美国才能获一杯羹，所以在和英国公使商量后提出"英傍美获实利"的"新政策"。大概觉得美英"共管"模式下"大英帝国"获利不足而有愧"伊丽莎白"，于是又想出英国"吃小灶"方案，即把中国南方两省"租给"英国"治理"，使英国多获一利。为此他在《万国公报》上发表《印度隶英十二益说》一文，先是宣扬印度成为英国殖民地后获得诸如"息纷争""禁盗贼""正律法"等"十二益"，然后提出从中国东南方选两个省租给英国治理，英国把治理印度之法"一一移而治华"，只需五十年后"地则犹是中国之地，而民则已为特出之民矣"②。李提摩太一方面宣传西学、西政、西艺等西方文明，另一方面提出新政建议和措施，以实现广学会开放中国人的思想、干预中国现实政治的办会宗旨，这既是复刊后的《万国公报》总的办报指导思想，③ 也是李提摩太在华报刊活动的出发点和归宿。

以李提摩太为代表的这一代外国在华新闻人的特点是：首先是采用以"智慧为剑"渗透中国朝野思想，通过医药传教、办学传教、救济传教、女学传教及办报传教等途径宣传西学理论和成果，宣传西方资产阶级政治学说，虽然客观上对开阔国人眼界、推进中国近代化具有积极作用，但根本目的是为传教，借传教打开中国市场、借传教驯服中国人或消缓中国人的反抗情绪。其次是李提摩太不是专业新闻人，办报只是从事政治或宗教活动的手段或舞台。花时间学中文、翻译书籍、办刊物、花钱办学校、办医院、为中国人无偿看病，和文

---

① 李提摩太. 新政策 [J]. 万国公报. 1896（4）：87.
② 林乐知. 印度隶英十二益说 [J]. 万国公报. 1896（93）：19-25.
③ 方汉奇. 中国新闻事业通史：第1卷 [M]. 北京：中国人民大学出版社，1992：350.

武官员结交朋友，左右应酬，吟诗合曲，这都是他们的副业。他的身份是传教士，正业是传教，受本国宗教团体组织的领导，得到宗教团体的保障和资助，一切活动都是为"传教"或"传教"掩盖下的目标服务，目的就是使中国成为基督的"受保护者"和"被驯服者"。最后是李提摩太等外国在华新闻人以西方文化和文明优越于其他民族文化和文明的心态来到中国，认为中国民众是需要他们来"开化""拯救""启蒙"的对象，"舍他们之外"不可能进入文明社会，因而"指导""训诫""建议"中国"成立新部"，聘用"总管"；"教训"中国"怎样"去做，完全是居高临下的"启蒙者"姿态和"太上皇""教师爷"神态。

第四节 中国近代新闻人的出现及发展演变

中国近代特指以美法等西方资产阶级共和政体为模仿对象建立的中华民国时期。中国近代化的肇始则早于孙中山在南京领导成立中华民国的1912年。近代化因素出现后，中国第一代近代新闻人就开始出现。

一、中国近代新闻人出现的社会条件

中国近代新闻人不是在孙中山在南京领导创建中华民国的1912年元旦这一天才出现的。中国近代新闻人出现须具备如下几个基本社会条件：

（一）社会财富达到可承载专事于新闻传播活动成员的水平

新闻活动及新闻事业属于上层建筑范畴。经济基础决定上层建筑。中国在明朝中后期已出现资本主义萌芽，随之而来的东西方列强侵略掠夺停滞了中国社会的发展和进步。随着西风东渐，西方工业革命出现的大机器生产方式逐渐进入沿海城市，使这些城市成为商品生产中心，生产效率大为提高。社会财富增加使一些社会成员可不直接参加生活资料生产而"专事"新闻活动，成为由专职办报、编报、印报及卖报人等组成的"新闻人"群体。

（二）科学技术可以承担近代新闻媒介的生产需要

近代新闻报刊的特征是有固定题名、稳定的出版周期、受众感兴趣的新闻内容。报刊读者希望新闻报纸具有阅读舒适性和版面美观性。为提高报纸内容即时性须采用简易方便的印刷技术，雕版印刷难以满足"即时性"要求；为增加报纸内容容量需缩小印报用字，传统雕版印刷则很难；为日出一报多张或多

版纸张消耗，手工造纸技术难以大批生产新闻用纸；读者期待的阅读舒适性和版面美观性需要图文并茂、以图释文或采用新闻图片。这些须依赖铅合金活字排版印刷、近代新闻纸生产、近代绘图制图及近代摄影技术等，只有科学技术进入"近代"后才能满足。

（三）出现封建君主专制外的社会生活空间

中国近代新闻报纸是"舶来品"。既然能进得来说明社会对此有需要，但能否留得下来则在很大程度上取决于社会环境。国人创办的反清报刊不是被朝廷查禁就是被迫流落海外，甚至连康有为等创办鼓吹维新变法（实际上是为了延续朝廷）的《中外纪闻》也被光绪皇帝降旨查禁，表明当时的封建专制环境不适宜中国人创办并长期出版体现"新闻和言论自由"的新闻报纸。戊戌变法失败后内地尤其是京津沪湘等地的维新报刊被"一体查禁"，但澳门的维新派《知新报》却仍能继续出版，这是因为在清王朝封建专制统治之外的澳门，清廷鞭长莫及。于右任的《神州日报》及《民呼日报》被上海公共租界查禁后，就到法租界创办《民吁日报》。从某种意义上讲，西方列强在华的外国租界提供了封建专制统治以外的活动空间。这就是姚公鹤所说："上海报纸发达之原因，已全出外人之赐。而况其最大原因，则以托足租界之故，始得免婴国内政治上之暴力。"①

（四）社会出现对"社会"新闻人群体的客观需要

近代新闻人是"社会"新闻人。此前的"邸报人""状报人""官报人""小报人"等都只是"半社会化"新闻人群体，因为"邸报""状报""官报""小报"等都没达到全"社会化"传播，只是向一部分社会成员传播新闻。媒介传播新闻能否覆盖"全社会"，一方面取决国家或政府提供的新闻活动空间，另一方面取决于新闻媒介对"全社会"新闻受众的个别化适应。只有不同的新闻读者群都能获得满足特定需要的新闻内容，新闻活动"社会化"才具有可能性。新闻活动的"社会化"需要数量庞大的新闻人群体，这只有在推翻封建君主专制统治或封建专制统治之外的"近代环境"中才有可能。

二、清末至民初的改良派新闻人

"改良派新闻人"是指主张通过"改良"恢复朝廷生机活力免受东西方列强欺凌瓜分，以创办和运作鼓吹维新变法思潮为宗旨的报刊活动为主要职业特

---

① 姚公鹤.上海报纸小史［M］//杨光辉，等.中国近代报刊发展概况.北京：新华出版社，1986：261.

征的新闻人群体。

（一）改良派新闻人的发展演变

"改良派"新闻人的本质特征是企图通过对清朝统治机器或运行机制的局部的、不伤筋动骨的"改良"，使大清王朝恢复早先的强盛。在不同阶段有不同的政治口号和目标。其中第一个阶段是"维新派新闻人"。

1. "维新派新闻人"的兴衰

"维新派新闻人"的政治口号是"变法维新"。标志性事件是1895年8月17日在北京印行资产阶级维新派第一种报刊《万国公报》。该报由康有为和陈炽等负责筹集经费，康有为的弟子梁启超和麦孟华编辑。每册载文一篇，长文分期连载，除转载广学会和其他报刊内容外，也有本报自撰文章。自撰文章不署名，实际多出于梁启超、麦孟华之手。① 后因李提摩太对该报名称与他主编的广学会机关报《万国公报》同名提出异议，这种《万国公报》遂改名为《中外纪闻》。② 光绪皇帝降旨查禁强学会，《万国公报》改《中外纪闻》后仅出版一月零五天即停刊。鼓吹变法的报刊被清廷查禁了，但"维新派"新闻人群体却依然存在。

2. "变法新闻人"的短暂辉煌

"改良派新闻人"的第二个阶段是"变法新闻人"。"变法新闻人"的政治口号是"变法自强"。因得到慈禧太后默许，光绪皇帝颁布一系列"变法"上谕，尤其是对民间报刊持"亟应官倡民办"和报刊言论可"倡言无忌"的表态，使民间报刊得到前所未有的发展空间，变法派新闻人群体迅速扩大。梁启超在《时务报》上"笔端充满感情"鼓吹进化论、民权论、人人生来平等和民贵君轻等民主（本）思想，其半文半白的语言风格、俗语典故融一文的叙述手段，成为风行一时的"时务文体"。除《时务报》的梁启超、汪康年等外，湖南《湘报》的主笔唐才常、《湘学新报》的江标、黄遵宪和徐仁铸，《湘学报》的唐才常、谭嗣同，天津《国闻报》的严复及澳门《知新报》的康广仁等，成为"无团体、有同志"的新闻人群体。然好运不长，慈禧太后一道懿旨成为"百日维新"的"终止键"，"六君子"血洒菜市口，康梁亡命海外，"变法新闻人"作鸟兽散。

---

① 方汉奇. 中国新闻事业通史：第1卷[M]. 北京：中国人民大学出版社，1992：543.
② 上海基督教三自爱国委员会图书馆所藏北京《万国公报》第1册封面上有李提摩太英文批注说："刊名与广学会机关报《万国公报》完全相同，后来经我建议更改，以免两相混淆。"（方汉奇. 中国新闻事业通史：第1卷[M]. 1992：543.）

3. "尊帝新闻人"的流亡与坚持

"改良派新闻人"的第三个阶段是"尊帝新闻人"。"尊帝新闻人"的政治口号是"拥帝反后"。"变法新闻人"以帮助朝廷("帝派"和"后派")通过变法实现"内强实力,外雪国耻"的目标。因符合帝派和后派共同利益,光绪变法得到西太后默许。变法新政推开后,光绪皇帝声望提高的同时削弱了太后权威,慈禧太后对此不能容忍,变法失败成为必然结果。康有为亡命美洲,1899年7月20日在加拿大创立"保救大清皇帝会",政治口号变成"拥帝反后"。梁启超于1898年12月23日在日本横滨创办"主持清议、开发民智"① 的《清议报》。"报"名称"清议",明确传递"尊帝新闻人"对国内政治"难以释怀"。《清议报》除全力"尊王斥后"外,还用大篇幅介绍西方政治学说,更受国内学界关注。《清议报》因大火后停刊,梁启超又创办《新民丛报》,"务采合中西道德以为德育之方针""所论务在养吾人国家思想""以国民公利公益为目的,持论务极公平,不贪偏于一党派,不为灌夫骂座之语……不为危险激烈之语,以导中国进步当以渐也"。② 由于中国处于清朝封建专制统治下,《清议报》和《新民丛报》所载"维新吾民"政论文章尤其是梁启超亲撰长篇大作《新民论》(共约11万字,分期刊载历时五年)在当时国内学界产生广泛影响,尤其深受学界青年欢迎,促进了中国资产阶级民主革命运动的进步。

4. "立宪新闻人"的终结

"改良派新闻人"第四个阶段是"立宪新闻人"。政治标志是"鼓吹立宪"。"辛丑各国和约"暴露了清政府为"求四方欢心"不惜祸国殃民的傀儡"朝廷"的真面目;西太后及清廷"卖国求存"策略使朝野对封建君主专制制度产生了"无可救药"的绝望感。日本在日俄战争中打败沙俄,一些公知认为"西方的大独裁强国被东方的小君主立宪国打败,是立宪政体有效的证明"③。国内出现鼓吹"君主立宪"风潮。1905年五大臣出洋考察。1906年9月1日颁行《宣示预备立宪谕》。康有为于1906年10月21日(九月初四)发出《布告百七十余埠会众丁未新年元旦举大庆典告藏,保皇会改为国民宪政会文》。次年二月十日(3月23日)把"国民宪政会"改为"帝国宪政会",宣布"以君主立宪为宗旨"和"以尊帝室为旨";指使立宪派在国内组织政党并创办政党机关报刊,以求"立宪"时能争得更多议席。1911年成立的"皇族内阁"使立宪派对清廷的

---

① 本报改定章程告白[J]. 清议报,1899(11).
② 本报告白[N]. 新民丛报. 1902-02-08.
③ 徐中约. 中国近代史:1600—2000中国的奋斗[M]. 北京:世界图书出版公司,2013:413.

幻想破灭，立宪派与清廷的对立和离心倾向更加明显，① 致使大批立宪派辛亥首义爆发后或转入反清阵营，或和革命党人合组军政府，或宣布"独立"脱离清廷。1912年2月12日清帝退位，"立宪新闻人"走到了尽头。

（二）"改良派新闻人"的主要特点

作为中国新闻史上的第一个因政治动因出现的社会新闻人群体，"改良派"新闻人虽然经历了不同的发展阶段，但其主要特点却似乎一以贯之。

1. 成员是以康有为师生或兄弟亲戚等人际关系形成的"熟人"群

梁启超、欧榘甲、徐勤、陈焕章、麦孟华、谭嗣同及林旭等同是康有为弟子，"戊戌六君子"中的康广仁是康有为胞弟。

2. "改良派新闻人"以"强帝""拥帝"为政治目标

"改良派"新闻人的运作路径是借助皇帝推进变法，巩固皇帝的江山，实现其延续朝廷的政治目标；维新失败后鼓吹"还政于帝"；闻西太后废帝就拼命攻击朝廷，朝廷宣布"预备立宪"又拥护"皇帝"当政的朝廷，一切围着"皇帝"转。

3. "改良新闻人"经历了从代表进步力量到落后势力的过程

在国家面临亡国灭种危险时主张并推进"变法维新"时具有积极意义；向国人介绍西方资产阶级政治学说和近代科学技术理论及成果，对开阔国人眼界、推动社会进步具有重要意义。但在中国进入20世纪后，封建君主专制制度行将就木，"改良派新闻人"仍死抱着封建皇帝"从一而终"，就逆历史潮流了。

三、清末至民初的革命派新闻人

"革命派新闻人"是指以主张通过"革命"推翻清廷改变中国积弱积贫现状的资产阶级革命党人为主体，且以反清革命报刊活动为主要职业特征的新闻人群体。

（一）革命派新闻人的发展演变

"革命派新闻人"主张以"革命手段"推翻封建专制清政府，在不同社会环境下也表现出某些不同，自清末开始出现后经历了如下几个发展阶段。

1. "借报发声"的革命派新闻人

"革命派新闻人"的第一个阶段是"借报发声"阶段。"革命派新闻人"大多是从"热心改良"起步，现实环境屡遭碰壁醒悟后成为"反清派"。"革命派

---

① 张宪文，等．中华民国史：第1卷［M］．南京：南京大学出版社，2005：47．

新闻人"中最早从事新闻活动的是中华民国和中国国民党缔造者孙中山。1883年在香港就读医学院时，孙中山就热心改良，所写《农功》一文被近代著名思想家郑观应编入五卷本《盛世危言》。1893年在澳门参与创办《镜海丛报》等有关活动，并将在广州开设的孙医馆、中西药局和香山西门外的中西药局作为该报发行处。①《镜海丛报》曾刊载广州起义内容，从侧面向社会透露革命党人反清起义的消息和不屈斗争的精神。1894年1月撰成《上李鸿章书》后专程赴津求见被婉拒后赴美国。同年11月24日在檀香山创立以"振兴中华，维持国体"②为宗旨的兴中会，并把当地华侨报纸《檀山新报隆记》的报馆经理、编辑及撰稿人发展成兴中会成员，并以报馆为机关，秘密聚议筹商进行，报纸也进行了一些爱国救亡宣传。③

2. "办报发声"的革命派新闻人

"革命派新闻人"的第二阶段是"办报发声"阶段。以兴中会机关报《中国日报》于1900年1月25日在香港创刊为标志，"革命派新闻人"进入从未有过的"阵地作战"状态。此前的革命派新闻人主要是通过举行演讲和印发小册子等手段对民众进行反清革命宣传。随着反清革命队伍扩大及分布地域拓展，原来印发小册子和演讲的宣传方式已不适应革命需要。孙中山决定创办兴中会机关报以扩大革命宣传。由于港英当局禁止入境，孙中山委托陈少白去香港办报，自己在日本负责筹措经费，采购印刷设备，物色主要编辑记者，并取"中国者，中国人之中国"之义为报纸确定了名称。④ 兴中会机关报《中国日报》于1900年1月25日在香港正式出版，不久又出版了《中国旬报》。《中国日报》及旬报创刊后在宣传爱国救亡、革命排满、抨击清政府封建专制统治、揭露保皇党面目及声援国内反清斗争等方面进行宣传鼓动，"使兴中会的革命宣传进入拥有大众传播媒介、连续开展的阶段，成为比较正规的资产阶级民主革命宣传的开端"。⑤ 在一报一刊的旗帜下，"革命派新闻人"队伍迅速扩大，除社长兼总编辑陈少白外，先后助理笔政者有洪孝充、陆伯周、杨肖欧、陈春生、黄鲁逸及英文翻译郭鸿逵、周灵声等人。⑥

---

① 费成康. 孙中山与《镜海丛报》[M]//澳门基金会，上海社会科学院. 镜海丛报（影印本）. 上海：上海社会科学院出版社，2000：8-9.
② 檀香山兴中会章程[M]//孙中山全集：第1卷. 北京：中华书局，1981：57.
③ 方汉奇. 中国新闻事业通史：第1卷[M]. 北京：中国人民大学出版社，1992：685.
④ 方汉奇. 中国新闻事业通史：第1卷[M]. 北京：中国人民大学出版社，1992：688.
⑤ 方汉奇. 中国新闻事业通史：第1卷[M]. 北京：中国人民大学出版社，1992：685.
⑥ 冯自由. 革命逸史：上[M]. 北京：金城出版社，2014：54.

3. "办报论战"的革命派新闻人

"革命派新闻人"的第三阶段是"办报论战"阶段。这一阶段以中国同盟会创办机关报《民报》并以此为阵地和《清议报》及《新民丛报》开展"中国革命前途问题"论战并获得胜利为标志。1905年11月中国同盟会机关报《民报》创刊。《本社简章》公开昭示"本杂志之主义"为"颠覆现今之恶劣政府;建设共和政体;维持世界之真正和平;土地国有;主张中日两国国民的联合;要求列国赞成中国之革新事业"①。从陈天华在《民报》创刊号上发表《论中国宜改创民主政体》一文点名对康梁的"妖言""谬说"进行抨击,到汪精卫在《民报》第三册上发表《希望满洲立宪者曷听诸——附驳〈新民丛报〉》及《民报》号外印行《〈民报〉与〈新民丛报〉辩驳之纲领》大规模论战拉开序幕,最后是梁启超哀叹"革命党者,公然为事实上之进行,立宪党者,不过为名义上之鼓吹,气为所慑,而口为所钳"②,承认失败。革命派新闻人通过公开论战,揭露了改良派维护封建专制、拒绝社会进步的阶级本质。曾给《民报》撰写过稿件的就有68人,骨干有章太炎、陈天华、胡汉民、汪精卫、汪东、朱执信、廖仲恺、宋教仁、刘师培、黄侃、汤增璧等十多人,平均年龄不到25岁。③维新派的《新民丛报》则主要是梁启超"孤军作战",最后无奈哀叹"弟一人之力不能兼顾此报,以余力办之,若赘疣然,无复精神,亦复何取"④。

4. "报助获胜"的革命派新闻人

"革命派新闻人"第四个阶段是"报助胜利"阶段。从1905年到1911年,革命派在上海先后创办了十多家报纸。影响较大的如于右任先后创办的《神州日报》《民呼日报》《民吁日报》及《民立报》。1906年为筹办《神州日报》,于右任赴日考察得见孙中山并入同盟会。返沪后于1907年4月2日在上海创办《神州日报》。1908年6月辞职后于1909年5月15日筹股金6万元创办"大声疾呼,为民请命"的《民呼日报》并自任社长。因揭露陕甘总督允升劣行被诬"侵吞赈款",于右任被公共租界总巡捕房拘捕(报纸停刊),又被判"逐出租界"。出狱后,于右任"将《民呼日报》机器生财等一律过盘,改名《民吁日

---

① 本社简章 [N]. 民报,1905-11-12.
② 与之. 论中国现在之党派及将来之政党 [J]. 新民丛报 1906,4(20):26-47.
③ 方汉奇. 中国近代报刊史 [M]. 太原:山西教育出版社,1981:358.
④ 梁启超致徐佛苏书 [M] // 方汉奇. 中国近代报刊史. 太原:山西教育出版社,1981:399.

报》"①,并于10月3日出版。因报道日本前首相伊藤博文在我国东北的阴谋活动及伊藤被安重根刺杀身死后的连续评论和报道开罪日本,在日本驻沪总领事松冈施压下,清廷上海道蔡乃煌勾结上海租界当局于11月19日查封该报,并判决"该报永远停刊""机器不准做印刷报张之用"②,共出版48天。因需另筹办报经费,于右任于1910年10月11日才在上海法租界登记注册创办"以唤醒国民责任心为宗主"③的《民立报》并再次出任社长,亲自写了发刊词《中国万岁!民主万岁!》,以"骚心""大风"等笔名发表评论和诗词,声势不减。笔名"桃源渔夫""渔夫"的宋教仁的政论"名噪一时",张季鸾的时评"崭露头角"。景耀月、徐血儿、马君武、章士钊、叶楚伧等也"年轻力壮"。《民立报》不仅是宣传机关,而且是革命党人的联络机关,革命党人往来上海香港"均假《民立报》为东道主"。同盟会中部总会成立后,报社骨干于右任、宋教仁、陈其美、范鸿仙、吕志伊等均任职其中。《民立报》后来成为同盟会中部总会机关报。上海光复前夕,民立报馆又成为革命总部所在地。④

(二) 革命派新闻人的主要特点

和产生并活动于同一社会环境中的"改良派新闻人"群体相比较,"革命派新闻人"表现出以下几方面明显特点:

1. 早期革命派新闻人中的广东人占有较大比例

出现这一特点的主要原因是孙中山是广东人。在他革命精神和志向的带动下形成的早期革命新闻人群体中,如邓荫南、陆皓东、杨鹤龄、陈少白、尤列、谢瓒泰、冯自由、胡汉民、朱执信、廖仲恺、邹鲁等都是广东人,个别是会讲粤语的客家人,他们在早期反清革命宣传中发挥了重要的作用。

2. "革命派新闻人"的反清革命目标一以贯之和坚定不移

无论是孙中山参与的《镜海丛报》所载广州起义的内容,还是孙中山改造后的《檀山新报隆记》发表反对维新言论,或是《中国日报》和《民报》反对保皇及《神州日报》及"竖三民"批驳预备立宪的言论,都一以贯之坚持"反清革命,创设共和"的政治目标。

---

① 冯自由. 上海《民吁日报》小史 [M] //革命逸史:中. 北京:金城出版社,2014:519.

② 冯自由. 上海《民吁日报》小史 [M] //革命逸史:中. 北京:金城出版社,2014:523.

③ 冯自由. 上海《民立日报》小史 [M] //革命逸史:中. 北京:金城出版社,2014:532.

④ 方汉奇. 中国新闻事业通史:第1卷 [M]. 北京:中国人民大学出版社,1992:875.

3. "革命派新闻人"大多是接受过欧美或日本近代教育的年轻人

这些年轻人由于接受过欧美或日本的近代教育,开阔了眼界,思想活跃、思维敏捷,既对西方近代资产阶级政治学说比较熟悉,又能够联系国内政治实际,针对性地批判保皇派主张复旧的理论,采用年轻人喜欢的语言风格,使反清革命理论及"三民主义"宣传在青年中得到热烈响应。

3. "革命派新闻人"群体在追求目标及理论方面不完全一致

其中既有于右任、宋教仁、陈其美等拥护孙中山的坚定"革命派新闻人",也有因没有当上临时政府教育总长而宣布脱离同盟会,和立宪派人士程德全、张謇成立"中华民国联合会"①,并创办《大共和日报》向孙中山和南京临时政府发难的章士钊等人。

四、清末及民国时期的民营新闻人

中国的近代民营新闻人是以民间资本创办、运营新闻媒介为工作平台并以民营新闻活动为社会职业特征的社会成员群体。肇始于中国资本主义经济开始发展的清朝后期,主要发展及对社会政治产生影响则在进入民国后。

(一)中国近代民营新闻人发展历程

中国资本主义经济发育迟缓,民间难有巨资投入新闻业,所以自清末至民国的民营新闻资本主要投资创办新闻报刊,所以这一阶段中国近代"民营新闻人"以"报人"为主体。其发展历程大致如下:

1. "有人无群"的民营新闻人

近代"民营新闻人"的第一阶段是"有人无群"阶段。我国有名有姓的第一个近代"民营新闻人"是在湖北汉口创办《昭文新报》"为中国人自己办报作了最早的尝试"的艾小梅,《昭文新报》起初为日刊,但"未及3个月改为5日刊","不久也就停刊了"②。美查集资创办的《申报》于清宣统元年(1909年)为席子佩"所有",但他只是报业资本家,而不具体办报所以还不算"新闻人";英敛之主持的天津《大公报》系法国天主教的天津主教柴天宠等集资,1916年售于王郅隆时已在民国。革命党人创办《神州日报》及"竖三民"等新闻报纸,创办者、撰稿者身份及新闻活动政治性明显,也不应归为"民营新闻

---

① 邱远猷,张希坡.中华民国开国法制史:辛亥革命法律制度研究 [M]. 北京:首都师范大学出版社,1997:320.

② 方汉奇.中国新闻事业通史:第1卷 [M]. 北京:中国人民大学出版社,1992:470-471.

人"。所以民国前尽管已出现商业大报及个别报人，但没有形成中国近代"民营新闻人"群体。

2. "高压求生"的民营新闻人

近代"民营新闻人"的第二阶段是"高压求生"阶段。从民国成立到"九一八"事变前，国内政局不稳、各方势力博弈，你刚唱罢我登台。民营报纸在"昨天袁、今天段，明天不知是吴还是张"的高压下求生。"癸巳报灾"余音未消，枪杀邵飘萍、林白水的枪声又起，国民党屠杀共产党新闻人更使人毛骨悚然。民营新闻人在现实面前噤若寒蝉。报纸言论对社会政治热点或避之不及，或云淡风轻，只想使报纸能够"活下去"。为投读者之好，吴鼎昌、胡政之和张季鸾接手新记《大公报》时提出"不私、不盲、不党、不卖"口号以争取读者。一些民营报纸在有一定社会影响后，或寻找政治靠山求得保护，或结交政府以获独家新闻，或接受政客捐助"帮人说话"，或以社会贤达身份进入公共领域（如史量才），或直接成为当政者座上宾（如胡政之），或直接进政府做官（如吴鼎昌），或成为当政者高级幕后幕僚（如张季鸾）。也有民营报纸坚持代表民众利益、反映民众意愿、发出民众声音拒绝和当局合作，遭到封报、捉人甚至被杀（邹韬奋及邵飘萍、林白水等）。更多民间新闻人则取"不左不右"态度，目的是使报纸得以继续出版。

3. "呼吁抗日"的民营新闻人

近代"民营新闻人"第三阶段是"呼吁抗日"阶段。"九一八"事变后，东北三省沦于敌手。由于不同办报人与政府不同程度的关系，民营新闻人宣传抗日救亡的表现也不尽相同。史量才主持的上海《申报》在揭露和抨击日本帝国主义在我国东北地区扩大侵略势力、不断制造事端的恶行，积极支持并热情参与抗日救亡运动的同时，反对国民党当局以"剿匪"为借口发动内战的政策，并加入反对国民党独裁、要求民主自由的行列。[①] 1934年11月13日乘坐自备车由杭州返回上海途中，被埋伏在公路旁的国民党特务暗杀。[②] 1931年"九一八"事变使不少原来态度保守的报人觉醒过来纷纷投入抗日救亡运动，而鼎鼎有名的"新记公司"的吴、胡、张却与之相反，一头扎进了蒋介石的怀抱。[③] "九一八"后，张季鸾和《大公报》提出"忍辱奋发""卧薪尝胆""明耻教战"的"自卫之策"，暗合了蒋介石"攘外必先安内"的"缓抗""不抵抗"政策。西

---

① 马光仁. 上海新闻史：1850—1949 [M]. 上海：复旦大学出版社, 1996: 734-737.
② 丁淦林, 等. 中国新闻事业史新编 [M]. 成都：四川人民出版社, 1998: 277.
③ 吴廷俊. 中国新闻史新修 [M]. 上海：复旦大学出版社, 2008: 262.

安事变后，张季鸾同蒋介石的关系有了新发展，从报知遇之恩发展到真心实意拥护，抗战爆发后两人可以说是同心携手"共赴国难"①。成舍我在南京创办《民生报》因开罪国民政府行政院长汪精卫被封，到上海创办旨在"对外争取国家独立，驱逐日寇，对内督促民主政治，严惩贪污"的《立报》，大力宣传抗日救亡和抗日民族统一战线政策。"八·一三"战事前后，每日发表抗日言论并及时报道战况，"每天报纸一上市，立即被抢购一空"②，大多数民营新闻人在民族危亡面前都表现出中国新闻人的民族气节和爱国热忱。

4."抉择未来"的民营新闻人

近代"民营新闻人"的第四阶段是"抉择未来"阶段。国共两党分歧主要是：抗战胜利后建一个什么样的中国？怎样建设中国？以谁为主导建设中国？共产党追求的是"建设一个新民主主义的中国，把中国引向光明"，国民党的目标是"消灭共产党和中国民主势力，把中国引向黑暗"③。在国共相争中，大部分民营新闻人或公开赞成或私下同情共产党"和平建国""民主建国"主张，也有民间新闻人鼓吹"国民党还政于民（国大）"，"共产党还军于国（政府）"。1941年9月15日接任重庆《大公报》总编辑和社评委员会主任的王芸生④在重庆《大公报》发表社评《可耻的长春之战》称共产党军队"以徒手的老百姓打先锋，以机枪迫击炮在后面督战"⑤。重庆《新华日报》迅即发表《可耻的〈大公报〉社论》予以批驳和谴责。民营新闻人储安平、罗隆基等则主张走"既反对国民党一党专政的独裁统治，又反对共产党的新民主主义制度，希望在政治上建立英美式的资产阶级制度，在经济上发展资本主义的"⑥的"第三条道路"。国共决战三年分出胜负，不同立场和表现的民营新闻人"各得其所"，有的流亡海外，有的去了台湾，有的则投向了人民。

（二）中国近代民营新闻人的主要特点

与以追求和实现"拥护皇帝、延续朝廷"目标为办报宗旨的"改良派新闻人"和以"驱除鞑虏，恢复中华"的"革命派新闻人"相比，近代民营新闻人在具有中国传统知识分子共性的基础上表现出这一"新闻人"群体的鲜明特点。

---

① 吴廷俊. 新记大公报史稿 [M]. 武汉：武汉出版社，2002：242-243.
② 吴廷俊. 中国新闻史新修 [M]. 上海：复旦大学出版社，2008：267.
③ 毛泽东. 愚公移山 [M]//毛泽东选集：第3卷. 北京：人民出版社，1991：1103.
④ 管崇霞. 王芸生的新闻实践与新闻思想演变研究（1925—1949）[D]. 南京：南京师范大学，2019.
⑤ 王芸生. 可耻的长春之战 [M]//李彬. 中国新闻社会史文选. 北京：清华大学出版社，2008：176-177.
⑥ 张宪文，等. 中华民国史大辞典 [M]. 南京：江苏古籍出版社，2002：1663.

1. 民营新闻人更多地把创办新闻纸作为谋利的形式

民营新闻人在办报过程中往往优先考虑资产保值增值，不会很专注（坚定）报纸言论政治立场，"随风倒"现象较普遍，因为办报资本是报人自有资本或报人以集股等形式筹得款，所以要考虑资本运作的延续性。只要报纸能出版卖钱，一般不固守明确的反对当政者的政治立场。

2. 大部分民营新闻人具有植根于心底的家国情怀

作为受中国传统文化教育熏陶的民营新闻人群体中的绝大部分，他们在国家遭遇外敌侵略时表现出真诚爱国热情：报刊呼吁"团结对外、一致抗日"，为前方将士捐款捐物；宁愿停刊也不在日伪统治下出版。天津新记《大公报》《世界日报》及上海《申报》《新闻报》等都曾在日本军队侵占所在城市前自动宣布停刊。

3. 大部分民营新闻人能顺应社会潮流完成历史转变

由于悠久的历史文化传统熏陶，大部分民营新闻人在抗战胜利初对蒋介石国民党政府"一党专政"的独裁政策抱有宽容的态度，对国民党领导建设抗战胜利后的中国寄予希望。随着国民党"劫收"的"五子登科"丑行、国共两党和平谈判中的"一党私利"及悍然发动内战荼毒民生的做法日益丧失人心，大多数"民营新闻人"都选择"离国向共"。连曾写过《质中共》及《可耻的长春之战》等反共社评的王芸生及主张"第三条道路"的储安平等人都转道北平参加新政协会议。而1947年当选为"立法委员"的成舍我则在南京政府倒台后去了香港，1952年到台湾，并在台湾度过晚年。

五、民国时期的国民党新闻人

"国民党新闻人"是指以国民党创办的新闻媒介为工作平台并以从事为国民党服务的新闻活动为职业特征的新闻人群体。这一新闻人群体在"民国时期"经历的社会环境变化大致如下。

（一）国民党新闻人出现和演变的社会政治环境

"国民党"为"中国国民党"简称，前身可追溯到1894年11月孙中山在美国檀香山建立的早期反清革命团体"兴中会"，1905年在日本东京与华兴会等组成中国同盟会。民国成立，二次革命失败，孙中山于1914年7月在日本东京以同盟会骨干为主组成"中华革命党"。1919年10月孙中山将中华革命党改组为中国国民党。1925年6月14日，中国国民党中央执行委员会政治委员会第14次会议决议改组大元帅府为国民政府。同年7月1日公布国民政府组织法并于同日在广州宣告成立"中华民国国民政府"。1926年12月10日迁武汉办公。蒋介石于1927年4月在上海制造"四一二政变"后宣布成立与"武汉国民政府"分庭抗礼的"南京国民政府"。"宁汉合流"后的1928年10月8日蒋介石出任"南京国民政府"主席。直到1931年15日改由林森出任。林森于1943年8月1日死后，又由蒋介石从"代任"到"任"，直到1948年3月27日被所谓的"国大"选为"总统"。"中华民国国民政府"随之改称"中华民国总统府"。1949年4月23日，南京政府的首都被人民解放军"占领"，蒋介石国民党集团溃退至我国台湾地区。在这一过程中，国民党新闻人经历了不同发展阶段。

（二）国民党新闻人的发展历程

国民党的前身可以最早追溯到孙中山在19世纪末在美国创建的反清革命团体兴中会。后来历经发展，形成以蒋介石集团为主导、其他派系长期共存（互相制约又互相借助）的松散型国民党组织。就是在这种情况下，国民党新闻人群体走过了自身数十年的发展历程。

1. 国民党新闻人的"迷茫徘徊"阶段

因"清帝逊位，南北统一，袁君（世凯）之力实多，发表政见，更为绝对赞同（共和）"① 等因，经孙中山推荐、南京参议院选举袁世凯为第二任"临时大总统"。借"兵变"为由袁世凯把临时政府迁至北京。因国民党在国会参众两院选举取得压倒性多数胜利，袁世凯派人在上海火车站刺杀了国民党代理理事长宋教仁。国民党人发动"二次革命"。上海《民立报》继续坚持反对袁世凯、拥护共和立场。广西参议员邓家彦主持以"拥护共和，防止专制复活"的《民权报》；由《民权报》编辑汪洋改任总编辑的《中华民报》及刚从日本回国的邵元冲（力子）任总编辑以"保障共和政体"为宗旨的《民国新闻》的反袁言论激烈名于时，在当时有"横三民"之称。② 但因思想混乱，宣传工作一度陷入混乱，放弃了同盟会时期的革命坚持，转而为国民党议会选举、制定宪法、政党议会制等进行宣传。③ "二次革命"失败后，孙中山亡命日本，把国民党改组为中华革命党，直到袁世凯去世后回国开展"护法"活动。

2. 国民党新闻人的"国共合作"阶段

孙中山在苏联支持、共产党帮助下召开国民党"一大"，重新解释"三民主

---

① 孙中山为推荐袁世凯致参议院咨 [M]. 中国第二历史档案馆. 中华民国史档案资料汇编（第1/2辑）. 南京：凤凰出版社，1991：81.
② 方汉奇. 中国近代报刊史 [M]. 太原：山西教育出版社，1981：693.
③ 王玮琦. 中华革命党之研究 [M]. 台北：正中书局，1979：136；王润泽. 中国新闻媒介史：1949年前 [M]. 北京：北京大学出版社，2011：125.

义"并确定"联俄、联共、扶助农工"政策,共产党员以个人身份参加国民党。在国共合作的"大革命运动"中,军事力量主要由国民党掌握,共产党主要在工人运动、农民运动及政治宣传等方面发挥作用。除了共产党员以"国民党员"身份创办或主编"国共合作"宣传大革命的报刊外,国民党也创办了不少直接控制的报刊,如1923年6月在广州创办《广州民国日报》,次年7月由国民党广州特别市党部接管,同年改直属国民党中央宣传部及国民党广东省宣传部于1926年10月创办的《国民周刊》。1925年国民党广东省宣传部发布《关于举办党报的规定》后,全省创办或改办以"民国"为日报统一名称的地方党报。到1926年6月,广东省已经有东江、钦廉、阳江、阳春、琼崖、岭东等8家《民国日报》获准正式创刊。① 国民党中央（执委会）于1927年3月22日在武汉创办机关报《中央日报》,同时出版英文版及星期日增刊《我们的世界》,社长顾孟余,总编辑陈启修。②

3. 国民党新闻人的"国共内战"阶段

蒋介石以"清党"为由血腥镇压合作伙伴共产党人,在大地主、资产阶级财团支持下于1927年4月18日在南京建立和"武汉国民政府"分庭抗礼的"南京国民政府",直到"宁汉合流"合二为一。国民党军队"二次北伐"。张学良于1928年12月29日通电宣布"遵守三民主义,服从国民政府,改易旗帜"③。为巩固并强化蒋介石权威,国民党第一步是停办武汉《中央日报》,另在上海创办中央机关报《中央日报》;第二步以"中央机关报应在首都"为由停刊上海的《中央日报》,第三步是在南京出版《中央日报》;第四步是委任中国国民党中央执行委员会宣传部秘书程沧波出任《中央日报》社长,"成为独立经营的党营新闻单位"④。很快建成覆盖全国的国民党党报网络。为配合"剿匪",南昌行营政训处处长贺衷寒于1931年3月在南昌创办《扫荡三日刊》（后改为《扫荡日报》）。抗战爆发前,国民党党报总数已过600家,约占全国报刊总数40%。⑤ 国民党"中央通讯社"于1926年6月16日开始在南京发稿。"九一八"后蒋中正委派中央宣传部秘书萧同兹整备中央社。⑥ 萧同兹任社长后大

---

① 王润泽. 中国新闻媒介史: 1949年前 [M]. 北京: 北京大学出版社, 2011: 129-130.
② 张宪文, 等. 中华民国史大辞典 [M]. 南京: 江苏古籍出版社, 2002: 244.
③ 朱汉国, 杨群. 中华民国史·第1册·论 [M]. 成都: 四川人民出版社, 2006: 146.
④ 曾虚白. 中国新闻史 [M]. 台北: 台湾"国立"政治大学新闻研究所, 1977: 435.
⑤ 王润泽. 中国新闻媒介史: 1949年前 [M]. 北京: 北京大学出版社, 2011: 134.
⑥ 翁翠萍. 1924: 中央社,一部中华民国新闻传播史 [M]. 台北: "中央通讯社", 2011: 16.

举改革,"中央通讯社"得到较快发展。到抗战前在全国设立23个分支机构,在国外设立4个分支机构。① 1928年8月1日,"中国国民党中央执行委员会广播无线电台"在南京正式播音,主任徐恩曾。1931年建设新台,次年5月竣工。国民党于1936年4月20日下令全国电台转播中央台晚间新闻、演讲和娱乐节目。在上述媒体任职的"国民党新闻人"在这一阶段宣传中心是树领袖权威,宣传"清党"和三民主义,诋毁共产党和反对马克思主义,鼓吹"剿匪"战绩及推进所谓的"新生活运动"等。

4. 国民党新闻人的"全民族抗战"阶段

"西安事变"和平解决后,国共双方开始合作抗日谈判。1937年上海"八一三"淞沪抗战爆发后,为尽快使红军开赴抗日前线,8月18日国民党与共产党达成承认陕甘宁边区、红军改编、设立总指挥部、在若干城市设办事处、出版《新华日报》及分批释放在狱的中共党员等协议。② 国共为抗日实现了第二次合作。面对中华民族共同敌人即日本侵略者,绝大多数国民党新闻人——无论是《中央日报》还是《扫荡报》或者是"中央电台"和"中央通讯社",在国共合作抗日第一阶段(武汉沦陷前)都能暂时搁置政党纷争,宣传八路军的平型关大捷,鼓动民众参加抗日救亡,对此产生了很大影响,收到了很好的效果。抗战进入相持阶段后,国民党出于一党私利先在五届五中全会秘密通过《限制异党活动办法》等反共文件,尔后掀起三次反共浪潮,其中最严重的是"亲者痛仇者快"的"皖南事变"。随着国民党上层政治态度和立场的转向,大部分国民党新闻人以中央社的新闻统稿为样本,以《中央日报》社评为言论指向,以党内文件为基本遵循,维护国民党一党利益,强调政令军令"统一",污蔑八路军"游而不击"和"制造摩擦",诋毁共产党及抗日武装的言论屡见不鲜。

5. 国民党新闻人的"极盛速退"阶段

日本宣布投降后,国民党中常会于1945年9月27日通过《管理收复区报纸、通讯社、杂志、电影、广播事业暂行办法》,规定敌伪机关或私人经营之报纸、通讯社、杂志及电影制片、广播事业一律查封,其财产由宣传部会同当地政府接收管理。③ 经过"复员"和"接收",国民党新闻业无论是事业规模还是

---

① 王润泽. 中国新闻媒介史:1949年[M]. 北京:北京大学出版社,2011:245.
② 韩信夫,姜克夫. 中华民国大事记:第4册[M]. 北京:中国文史出版社,1997:137.
③ 管理收复区报纸、通讯社、杂志、电影、广播事业暂行办法[M]//刘哲民. 近现代出版新闻法规汇编. 上海:学林出版社,1992:508-510.

新闻人群体都达到"极盛"。1946年5月，国民党中央直辖党报达23家，省级党报达27家，合计发行达59万份。①"中央通讯社"在1948年，除南京总社外国内设了52处分支机构，国外设了25处分支机构，全社员工达2653人。② 蒋介石国民党集团违逆民意决然"剿匪戡乱"，国民党新闻人自然身在其中。凭借新闻媒介的"数量"和"音量"企图把内战责任推给共产党及其军队。萧同兹任社长的"中央通讯社"一方面向全世界发布中国（主要是国民党统治区）的新闻消息，同时向国民党《中央日报》（1945年11月中国国民党中央执行委员会宣传部新闻事业管理处处长马星野任社长）和"中央广播电台"提供新闻内容，鼓吹"3—6个月"消灭共产党及其军队。共产党及人民军队不但顶住了"全面进攻"，且挫败了"重点进攻"并很快转入战略反攻。人民解放军于1949年4月23日占领"中华民国"的首都南京。蒋介石国民党集团军队全线崩溃，败退至我国台湾地区苟延残喘。"国民党新闻人"在大陆的日子随之结束。1949年10月1日，中华人民共和国中央人民政府在北京宣告成立，中国的中央政府完成更迭。

（二）国民党新闻人的群体特点

纵观国民党新闻人群体在数十年的发展变化历程，可以发现这一特定的新闻人群体具有和民营新闻人群体乃至共产党新闻人群体都大不相同的诸方面特点：

1. 本质上是代表中国地主和资产阶级利益的阶级新闻人

国民党新闻人脱胎于资产阶级革命团体同盟会成员的"革命派新闻人"，本质上代表中国地主和资产阶级的阶级利益。相对封建皇帝及地主贵族集团代表的封建地主及地主官僚阶级利益而言，彼时的中国资产阶级处于政治上升期，对进行反封建君主专制和反封建北洋军阀斗争具有时代和历史进步意义。

2. 根本上是为国民党一党领袖意志服务的"小众"新闻人

在孙中山、廖仲恺等去世后，蒋介石的封建专制旧病复发，一部分留学欧美的国民党新闻人从西方搬来"新闻自由""客观""中立"等理论，加上与蒋介石树其个人权威相吻合的德国纳粹思想，形成"一个主义、一个政党、一个领袖"为主要内容的国民党政治理论，也成为国民党新闻人的政治底色。

---

① 艾红红，等. 中华民国新闻史：第5卷［M］. 新北：花木兰文化事业有限公司，2020：43-44.
② 翁翠萍. 1924, "中央社"：一部中华民国新闻传播史［M］. 台北："中央通讯社"，2011：96.

3. 随着国民党政治转向不断分化的新闻人群体

民国时期的国际、国内政治局势发生多次变化,国民党每次转向都导致国民党新闻人的整体转向和不断分化。从"二次革命"反对袁世凯到国共合作"大革命";从国共分裂"十年内战"到国共合作抗日;或者是从"和平建国"到"戡乱剿匪"全面内战,"国民党新闻人"主体秉承领袖意志进行反共反人民新闻宣传。尤其是国共对决后期,当时在国民党的"中央广播电台"、《中央日报》和"中央通讯社"任职的国民党新闻人,罔顾事实的"战绩"报道,代表一党利益的新闻言论,完全丧失了新闻媒介公信力,无可挽回地在整体上走向没落。

六、民国时期的共产党新闻人

"共产党新闻人"是特指以中国共产党创办的新闻媒介为工作平台并以从事为共产党服务的新闻活动为社会职业特征的新闻人群体。

(一)共产党新闻人出现及发展演变的社会政治环境

中国共产党新闻人群体是伴随着共产党的诞生、发展、曲折和成熟的历程诞生、发展、壮大的。在中国共产党诞生时:一是东西方帝国主义侵略、掠夺和压迫日甚一日,国家主权和领土完整受到严重伤害。同时随着"西风东进"潮流兴起,马克思和列宁的革命学说在中国得到迅速传播,尤其是在青年知识分子中兴起探寻救国救民道路的热潮;二是北洋军阀政府的反动专制统治日甚一日,且为巩固和维持其统治纷纷寻找外国帝国主义势力作为靠山,在得到外国帝国主义势力支持后又变本加厉地压迫国内民众,中国进入大规模革命的前夜。就是在"中华民族到了最危险的时候",中国共产党诞生了。为了实现"由劳动阶级重建国家"[①]的奋斗目标,中国共产党走过了长达数十年的艰难曲折的革命历程:从国共合作进行北伐战争,到由于国民党右派的背信弃义叛变革命致使大革命失败后进入十年国共内战时期;在日本军国主义吞并了中国东三省后又制造北平卢沟桥"七七"事变,中国共产党人为了中华民族的利益捐弃前嫌进入和国民党合作抗战时期;在抗日战争胜利后又因为蒋介石国民党集团一意孤行反共反人民内战进入国共对决时期,最后打败了得到美国巨额援助支持的国民党数百万军队,占领"中华民国"的首都南京,在北京宣告建立中华人民共和国中央人民政府。

[①] 中国共产党第一个纲领 [G] //《中国共产党历次党章汇编(1921—2012)》编委会. 中国共产党历次党章汇编(1921—2012). 北京:中国方正出版社,2012:49-51.

(二) 共产党新闻人群体发展的不同阶段

早在中国共产党于 1921 年 7 月举行全国代表大会并宣告正式成立前，中共早期组织就十分重视通过创办报纸和刊物进行马克思主义学说的宣传，以推动革命高潮的到来。中国共产党从诞生之日起就十分重视新闻宣传工作。在中共"一大"通过的《中国共产党的第一个决议》中就包含了"宣传"的具体规定。从共产党诞生到夺取全国革命胜利的数十年间，中国共产党新闻人群体也经历了不同的发展阶段。

1. 共产党新闻人的"逐渐成形"阶段

这一阶段的"共产党新闻人"和"共产主义小组"一样大体上处于自发和分散状态。陈独秀于 1919 年 6 月 11 日散发传单被捕后 9 月出狱，次年 8 月南下上海成立"中国共产党的最早组织"[①] 上海共产主义小组（中国共产党上海发起组）。1920 年 11 月上海共产主义小组秘密创办为建党进行理论和思想准备的理论机关刊物《共产党》月刊，主要撰稿人有陈独秀（化名 TS）、李达（化名江春、胡炎）、沈雁冰（化名 P 生）、施存统（化名 CT）、李汉俊（化名汗、均）等。[②] 在此前后，各地共产主义小组也陆续创办了《劳动界》《劳动者》《劳动音》《武汉星期评论》及《工人周刊》等刊物。《共产党》（月刊）及各地共产主义小组刊物的组织者和撰稿者就是第一代中国共产党新闻人。活动目标是宣传马克思主义和苏联十月革命，扩大马克思主义在思想界的影响，启发中国民众（主要是青年知识分子）走"十月革命的道路"。

2. 共产党新闻人的"初露锋芒"阶段

共产党诞生后迅速领导工人群众开展"争权护利"斗争，组织领导的江汉铁路大罢工、安源路矿工人大罢工等产生了较大的社会影响。在民初政坛上显示出与其他政党不同的政治追求和组织号召力。共产党领导的工人运动影响不断扩大，孙中山"依靠军阀反军阀"陷入进退两难的窘境，列宁及社会主义苏联决定支持孙中山领导中国革命，结果是共产党帮助孙中山召开国民党"一大"，孙中山重新解释"三民主义"并确立"联俄、联共、扶助农工"政策，共产党员以个人身份参加国民党实行国共合作以推进反帝反封建（军阀）大革命运动。共产党新闻人"兵分两路"，一路是以个人身份帮国民党创办报刊以宣传推进大革命，其中以中国国民党中央执行委员会宣传部代理部长毛泽东主编的《政治周报》影响最大；另一路是独立创办出版共产党报刊，如中共中央

---

① 胡绳. 中国共产党的七十年 [M]. 北京：中共党史出版社，1991：19.
② 钱承军. 建国前中国共产党报刊研究 [M]. 北京：中国文联出版社，2009：30.

"学理的马克思主义的研究宣传机关"报《新青年》(季刊)、"中国及世界的政治经济的研究宣传机关"报《前锋》(月刊,主要撰稿人陈独秀、张太雷、向警予等)、"国内外时事的批评宣传机关"报《向导》(周刊)(蔡和森、彭述之、瞿秋白先后主编,陈独秀、李大钊、张国焘等曾撰稿)及"党内问题讨略及发表正式的决议案报告等之机关"报《党报》(不定期刊)①、瞿秋白在"五卅运动"时期主编的《热血日报》和中国社会主义青年团中央机关报《中国青年》(恽代英主编,主要撰稿人有萧楚女、李求实、邓中夏、张太雷、任弼时、林育南等),共同目标是推进反帝反封建的大革命运动,争取国家独立和民族解放及工人、农民和普通士兵的政治经济翻身。

3. 共产党新闻人的"苦战求生"阶段

国民党右派的无耻背叛和共产党领导人的失误,导致大革命的失败。为实现中共"一大"确定的"由劳动阶级重建国家"②目标,白色恐怖下的共产党新闻人再次"兵分两路":一路在大城市转入地下,继续出版革命报刊揭露国民党右派反革命罪行,动员组织工农群众继续进行反帝反封建革命。主要的如大革命后中共中央创办的第一种中央机关报《布尔什维克》(先后由瞿秋白、蔡和森和李立三主编)、中共中央机关报《红旗》(谢觉哉、肖宝璜先后主编,主要撰稿人李立三、谢觉哉、向忠发、一韦、潘问友、恽代英、罗登贤等)及《上海报》(《上海日报》)(李求实主编)等。这一阶段从中央到地方各级组织秘密出版发行的报刊共约288种③。另一路高举武装斗争大旗到偏远农村山区"打土豪、分田地",创建红军并建立根据地,在极其艰难和简陋环境中出版红色报刊,动员根据地人民支持红军和保卫根据地。最有影响的如中华苏维埃共和国临时中央政府机关报《红色中华》报(毛泽东、周恩来、任弼时、陈潭秋、张闻天、秦邦宪、项英、李富春、谢觉哉、蔡畅、陆定一、杨尚昆、邓颖超等都常为该刊撰稿④)及《青年实话》《斗争》《苏区工人》等。这一部分共产党新闻人在极其艰难的长征途中仍然坚持出版《红星报》(邓小平主编)等刊物,直到长征结束且到达陕北。

---

① 钟英(即中央)致各区、地方和小组同志信:颁发教育宣传委员会组织法[G]//中国社会科学院新闻研究所.中国共产党新闻工作文件汇编:上卷.北京:新华出版社,1980:6-7.
② 中国共产党的第一个纲领[M]//《中国共产党历次党章汇编(1921—2012)》编委会.中国共产党历次党章汇编(1921—2012).北京:中国方正出版社,2012:51.
③ 钱承军.建国前中国共产党报刊研究[M].北京:中国文联出版社,2009:81.
④ 钱承军.建国前中国共产党报刊研究[M].北京:中国文联出版社,2009:90.

4. 共产党新闻人的"全民抗日"阶段

北平卢沟桥"七七事变"后的上海"八一三"战役，一方面粉碎了日本侵略者所谓"三个月解决支那问题"的梦想，另一方面促使蒋介石尽快把共产党军队派往抗日前线，国共合作抗日得以实现。根据国共合作协议，一部分"共产党新闻人"到国统区创办公开发行的《群众》周刊（许涤新、章汉夫等先后主编，潘梓年任发行人）和《新华日报》（王明、周恩来先后任董事长，发行人潘梓年。总编辑先后为华岗、吴克坚、章汉夫，总经理先后为徐迈进、熊瑾汀，采访部主任陆诒），向国统区人们宣传共产党的方针政策及对国内外大事的立场观点；另一部分"共产党新闻人"则在共产党领导的抗日根据地创办抗日救亡报刊，主要的如红军长征到达陕北后复刊的《红色中华》（"西安事变"后改名《新中华报》，国共合作后改为"陕甘宁边区政府机关报"，后"改组"为中共中央机关报）和由《新中华报》《今日新闻》合并创办的中共中央机关报《解放日报》（第一任社长博古，第一任总编辑杨松，陆定一、余光生、艾思奇、廖承志、范长江、钱俊瑞、石西民、梅益、徐迈进等先后为该报主要负责人①），各抗日根据地也都办有宣传抗日救亡的报刊。这些共产党新闻人在宣传抗日民族统一战线政策，鼓舞根据地人民坚持斗争，夺取全国抗战胜利发挥了不可替代的作用。

5. 共产党新闻人的"斗争胜利"阶段

抗日战争胜利后，蒋介石国民党集团坚持"一个党、一个主义、一个领袖"的独裁方针，中国共产党人则坚持"和平（反内战）""民主"（反独裁）的建国目标。国民党军队于 1946 年 6 月 26 日凌晨自信阳、罗山、光山、经扶、黄安、黄陂、孝感分路向以宣化店为中心的中原解放区大举进攻，全面内战爆发。② 共产党在重庆的《新华日报》于 1947 年 2 月 28 日被国民党当局封闭（共出报 3231 期③），迁上海出版的《群众》周刊于 1947 年 3 月 2 日被迫停刊。在国民党军队"全面进攻""重点进攻"下，解放区报刊几乎损失殆尽，连中共中央机关报《解放日报》也于 1947 年 3 月 27 日出版 2130 号后被迫停刊。中共中央主要通过延安新华广播电台（撤出延安后改称陕北新华广播电台）对外传播新闻。1946 年上半年，晋冀鲁豫中央局准备在邯郸创办机关报，开始想叫

---

① 钱承军. 建国前中国共产党报刊研究 [M]. 北京：中国文联出版社，2009：171.
② 韩信夫，姜克夫. 中华民国大事记：第 5 册 [M]. 北京：中国文史出版社，1997：444.
③ 钱承军. 建国前中国共产党报刊研究 [M]. 北京：中国文联出版社，2009：191.

《晋冀鲁豫日报》或《太行日报》，毛泽东听汇报后建议用《人民日报》，[1] 1946年5月15日在河北邯郸创刊（社长张磐石，总编辑袁勃），这就是后来中共中央华北局机关报《人民日报》（俗称华北《人民日报》，社长张磐石，总编辑杨放之）的前身之一。华北《人民日报》后来"转为"中共中央机关报《人民日报》（胡乔木、范长江、邓拓先后任社长，邓拓、吴冷西先后任总编辑）。这一阶段的"共产党新闻人"在前半段仍"兵分两路"，一路以《新华日报》和《群众》周刊为阵地在国统区坚持"和平、民主"、反对"内战、专制"的新闻宣传（1947年2月底前后被迫撤回延安）；另一路在解放区以《解放日报》和延安新华广播电台为阵地，在解放区动员军民奋勇反击蒋介石军队进攻，夺取解放战争胜利。

（二）民国时期共产党新闻人的主要特点

和前述的"国民党新闻人"群体相比较，纵观民国时期共产党新闻人的发展历程，可以发现这一群体具有如下鲜明特点：

1. 一以贯之的政治理想和为实现理想不懈奋斗的牺牲精神

第一阶段"共产党新闻人"就认定为中国大多数人谋利益并推翻人剥削人的旧制度，建立没有剥削和压迫的新国家，不管遇到多少艰难险阻甚至腥风血雨都未改变，无数共产党新闻人为之献身而无悔。

2. 立足中国革命实际不断探索思考新闻为人民服务的专业追求精神

如何使新闻活动规律在新闻宣传工作中发挥更好的作用，"共产党新闻人"进行了不懈探索和改进：第一代"共产党新闻人"代表陈独秀为增强新闻内容的即时性，在创办月刊《新青年》四年后创办《每周评论》周刊；《解放日报》从"准党报"到"完全党报"的"改版"；《新华日报》从原先较多刊登"中性"或"学术"内容到更多刊载反映工农生活的内容，都体现了共产党新闻人对新闻规律的不断探索精神。

3. "共产党新闻人"整体表现出"领导带头""全党办报"的特点

除主要承担新闻工作的专职共产党新闻人外，共产党各级领导都十分重视并积极参与新闻活动。主要领导人陈独秀、瞿秋白、李立三、博古、张闻天及毛泽东等都十分重视并身体力行参加新闻工作。毛泽东不仅创办过《湘江评论》，主编过《政治周报》，筹划指导《解放日报》的"改版"，并亲自为新华社撰写了重要新闻稿，堪称"新华社最好的记者"[2]。

---

[1] 李彬. 中国新闻社会史 [M]. 插图本. 北京：清华大学出版社，2008：164.
[2] 李彬. 中国新闻社会史 [M]. 插图本. 北京：清华大学出版社，2008：166.

七、民国时期的外国在华新闻人

民国时期的"外国在华新闻人"指民国时期以外国人在华创办或经营的新闻媒介为工作平台或受外国新闻媒介派遣在华从事新闻活动为主要职业的外国新闻人群体。

（一）民国时期外国在华新闻人的发展演变

民国时期的外国在华新闻人群体同样是伴随着中国社会政治力量的发展变化及中华民族所受苦难及浴血奋斗后的辉煌胜利，历经了数个发展阶段。

1. 民国时期外国在华新闻人的"待价而沽"阶段

从民国诞生到1925年"五卅运动"前，外国在华新闻人主要关注军阀战争及中国政坛势力的消长。袁世凯去世后，北洋军队分化成或大或小派系，各派军阀为地盘和权力不间断地"征伐"，导致"国无宁日"。每个军阀派系背后都站着代表不同势力的外国在华新闻人。英国《泰晤士报》驻北京记者莫里森一方面坚定反对中国革命，同时也未忘记运用新闻手段来保卫英国的在华利益与势力范围。[①] 时任《英国泰晤士报》驻北京通信员的新闻记者端纳费尽心机探得"二十一条"内容，历经周折把它们公布于世后在中国掀起了大规模的反日爱国运动，并为后来爆发的"五四运动"埋下了一根导火索。[②] 有点名气的外国记者被聘为政府或者政府官员"顾问"是常见现象，有些人同时（或先后）为不同军阀服务。如端纳自1920年起出任北洋政府经济情报局长达8年之久，转而为张学良服务，后来又在蒋介石政治顾问任内继续发挥影响力。[③] 苏联"罗斯塔"社（塔斯社前身）驻北京分社社长霍多劳夫和远东共和国通讯社记者斯托扬诺维奇于1921年夏在广州，采访刚被广州国民政府"非常国会"推举为大总统的孙中山，"在促进中苏之间的了解"及对孙中山后来制定"联俄、联共、扶助农工"之政治设想有不可忽略的帮助。[④]

2. 民国时期外国在华新闻人的"分野清晰"阶段

"九一八"事变爆发，9月20日中共中央发表《中国共产党为日本帝国主义强暴占领东三省事件宣言》和《为日本帝国主义强占东三省第二次宣言》。11月7日在江西瑞金成立"中华苏维埃共和国临时中央政府"。红军在第五次反

[①] 张功臣. 外国记者与近代中国：1840—1949 [M]. 北京：新华出版社，1999：101.
[②] 张功臣. 外国记者与近代中国：1840—1949 [M]. 北京：新华出版社，1999：103-104.
[③] 张功臣. 外国记者与近代中国：1840—1949 [M]. 北京：新华出版社，1999：128.
[④] 张功臣. 外国记者与近代中国：1840—1949 [M]. 北京：新华出版社，1999：117-118.

"围剿"失败后被迫进行长征。"西安事变"发生后，共产党人出于民族大义努力说服和调解使事变和平解决。这些新闻消息通过不同渠道传播到西方世界，世界方知中国除了蒋委员长的国民党和国民政府外，还有中国共产党、中国工农红军及"中华苏维埃共和国"。由此吸引了西方媒介的关注，同时也使外国在华新闻人开始出现"分化"。大部分外国在华新闻人尽管有不同的政治观念和报道风格，但都"自觉或不自觉地最终服务于帝国主义列强侵（略）掠（夺）和控制中国的总目标"①。也有一些具有冒险精神的外国在华新闻人或仗义执言，或通过各种途径进入中国共产党领导的红色根据地，采访报道共产党、红军领袖和红色根据地。如伊罗生在《中国论坛》上揭露国民党对上海左翼人士的迫害行为，海伦·斯诺评述在北京发生的"一二·九"学生运动，尤其是埃德加·斯诺率先进入陕北苏区访问并报道红军（《红星照耀中国》震撼新闻界）和史沫特莱、贝兰特现场报道"西安事变"真相等，在中国新闻史和世界新闻史上都产生了极其重要的影响。

3. 民国时期外国在华新闻人的"助华御敌"阶段

"七七事变"后，中华民族感到实在迫切的亡国灭种威胁，"团结御敌"成为民意主流，并促成了国共第二次合作以"抗日"。中国抗日战争是世界反法西斯战争的重要组成部分，世界各国政府和民众希望全面客观及时获知中国抗日战争的新闻，国民党则实行新闻封锁。大多数外国在华新闻人通过国民政府提供的新闻稿报道中国抗战，其中大量是"对中国，对国民党及其领导人，特别是对蒋介石进行毫无根据的吹捧"②。一些对中国人民抗日战争抱有极大同情和兴趣的外国在华记者想尽办法突破国民党封锁，深入共产党领导的抗日根据地采访报道"少为人知"的真实新闻。主要如海伦·斯诺（代表作《红色中国内幕》）、史沫特莱（代表作《中国在反击》）、贝特兰（代表作《不可征服的人：在华北战斗农民中间一年惊险生活的日记》）、安娜·路易斯·斯特朗（代表作《人类的五分之一》）等。1944年"中外记者西北参观团"外国记者的新闻报道"向人们展现了中共领导的敌后抗日根据地进行对日本侵略者反攻的巨大潜力，其积极意义是显而易见的"③。

这一阶段"外国在华新闻人"中有个特殊群体，即日本在华新闻人及为法西斯服务的外国在华新闻人，他们的存在和从事新闻工作的目的是与正常意义

---

① 张功臣. 外国记者与近代中国：1840—1949 [M]. 北京：新华出版社，1999：115.
② 张功臣. 外国记者与近代中国：1840—1949 [M]. 北京：新华出版社，1999：282.
③ 张功臣. 外国记者与近代中国：1840—1949 [M]. 北京：新华出版社，1999：308.

上的新闻人相悖,随着世界反法西战争和中国抗日战争的彻底胜利,这个纯粹把新闻当作侵略工具和为帝国主义侵略卖力鼓吹的新闻人群体,就随着德日意法西斯的覆灭和敌伪汉奸卖国政权的垮台而烟消云散了。

4. 民国时期外国在华新闻人的"敌友分明"阶段

抗日战争胜利后,中国因在世界反法西斯战争中的重大贡献成为联合国安理会常任理事国。经过抗战磨炼,国内民主进步力量尤其共产党发展壮大。民族矛盾暂时缓解,阶级矛盾再次上升。蒋介石大谈民主并连续三次发电报邀请毛泽东赴重庆谈判,制造"和平"烟雾,同时从美国获得大额军援,积极备战。路透社记者甘贝尔于1945年11月采访国民党重庆军事会议后指出,"此间的将军们曾告我,政府对共产党的全盘战争将是'最后方采取的手段',但是他们并不否认政府订有作战计划","中国陆军总司令何应钦将军偕同美国驻华陆军参谋长麦克鲁中将的最近华北之行,不仅限于日常的巡视",暗示人们国民党已制定了对解放区进攻的计划,国民党军队的内战企图背后有美国的大力支持。① 西方各国(尤其是苏联和美国)政府及新闻界对国共两党力量、治国方略及战争进展非常关注,外国在华新闻人通过各种途径了解并报道解放区,其中既有白修德和布鲁克斯·阿特金森等"共产党同情者",也有像《纽约时报》专栏作家艾尔索普那样的"坚定亲蒋者"。即使在人民解放军已解放的上海,也是既有对人民政府取敌视态度、多次发表造谣新闻、受到军管会警告的英国《字林西报》和美国《大美晚报》,也有对中国人民革命取同情态度的《密勒氏评论报》②,种瓜种豆者当然是不同的归宿。

(二)民国时期外国在华新闻人的主要特点

首先就外国在华新闻人的具体新闻活动内容而言,这一阶段外国在华新闻人除为数不多的报纸老板(如福开森等人)外,更多的是在华从事新闻采访或新闻摄影等新闻采访活动的新闻记者。其次是外国在华新闻人的来源成分及政治倾向十分复杂。大多数"外国在华新闻人"先是"外国人",新闻可以没有国界但新闻人必然有其祖国,所以大多数"外国在华新闻人"是在中国为"外国"新闻媒体和本国利益服务,新闻活动不会违反所在国家政府的意志。最后是在多数外国在华新闻人为谋生或满足本国政府新闻宣传需要采写和报道片面或虚假的中国新闻刊载国内媒体,产生消极新闻效果及伤害中国人民利益和感

---

① 张功臣. 外国记者与近代中国:1840—1949 [M]. 北京:新华出版社,1999:326-327.

② 马光仁. 上海当代新闻史 [M]. 上海:复旦大学出版社,2001:18.

情的同时，一些具有共产主义信仰或受西方国家共产党派遣的外国在华革命新闻人，其新闻活动和报道超越狭隘的所在国家利益，体现了高尚的无产阶级国际主义精神；一些信奉"新闻的生命是真实"信条的外国在华新闻人，出于追求采写和报道真实新闻的目的，冒险深入抗日根据地采访和报道，向世界各国政府和民众客观报道共产党和根据地军民坚持抗日的可歌可泣的事迹，对于世界各国政府和人民了解中国抗战真实情况产生了重要作用。但在中国人民革命"大局已定"时，仍有一些外国在华新闻人坚持与中国人民为敌的立场，戴着有色眼镜甚至是公然敌意进行新闻活动，最后落得被中国人民抵制或受到人民政府处罚黯然停刊的结局。

"外国在华新闻人"中的特殊部分，即侵华战争时期的日本在华新闻人，除极其少数具有国际主义精神和共产主义信仰的日本友人为中国人民的民族独立和解放做出宝贵贡献外，绝大部分来华日本新闻人都是身兼两职，一面是以写稿笔和摄影（像）机，或是夸大报道日本侵略军"辉煌战果"以欺骗国内民众支持"圣战"，或渲染日本"武士道"在中国"赫赫战功"以裹挟国内青年参加"圣战"；另一面是以新闻记者身份实际搜集中国经济、文化、军事及外交情报；或是凭一技之长成为抢劫、毁灭中国历史文物的帮凶。这些所谓"新闻人"的行径完全超越"新闻人"的职业道德和伦理规范，对中国人民和世界文明犯下了不可饶恕的罪行，理应受到历史惩罚。

八、民国时期的"汉奸新闻人"

近代"汉奸新闻人"是特指在这一历史阶段出现的虽有"中国人"血统但心甘情愿地为外国主子效劳并期望以其新闻业绩谋一己私利的新闻人。

在抗日战争时期，日本侵略军曾占领我国大片领土，并在"沦陷区"创办新闻媒介（新闻通讯社、新闻广播及新闻电影）为侵略战争鼓吹，由此出现了一批在这些新闻媒体中从事新闻活动的新闻人（民营或官办新闻人）。这一新闻人群体来源复杂：既有"九一八"事变后在日本人卵翼下的伪"满洲国"媒体中服务的新闻人，又包括日本制造"华北事变"等侵华事件后在汉奸媒体中服务的新闻人，也包括在"沦陷区"汉奸媒体中服务的新闻人，以及在中国政府于1941年12月9日发布《布告》宣布"兹特正式对日宣战，昭告中外，所有一切条约、协定、合同，有涉及中、日间之关系者，一律废止"、[①] 台湾由"割

---

① 韩信夫，姜克夫. 中华民国大事记：第4册 [M]. 北京：中国文史出版社，1997：782.

让地"成为"沦陷区"后，在台湾地区媒体服务的新闻人等。在这些媒体中服务的新闻人中绝大部分是或为了谋生，或碍于熟人情面，或因各种私人关系，或受敌伪宣传蒙蔽才在敌伪新闻媒体中服务，其中绝大部分并没有丧失作为"中国人"的基本情怀，所以并不是"汉奸新闻人"。那些受中共或其他抗日团体派遣打入敌伪媒介从事抗日工作的新闻人更与"汉奸新闻人"完全不是一回事。只有那些死心塌地地为敌伪卖命，为敌伪巩固统治出谋划策，处心积虑为敌伪效劳的新闻人（如日伪华北临时政府机关报《新民报》编辑局长吴菊痴，伪治安总署机关报《武德报》编辑局长管翼贤、汪伪集团中央机关报《中华日报》社长林柏生及汪伪宣传部直属报纸《南京新报》社长秦墨哂等）及那些虽没像这些头牌"汉奸新闻人"身居高位，但因其汉奸新闻活动被中国政府以"汉奸罪"处罚（处死或判刑）的才是"汉奸新闻人"。其汉奸罪行受到历史惩罚，成为"时代沉渣"。不再详述。

第五节　中国当代新闻人的产生及发展演变

毛泽东主席在北京天安门城楼庄严宣告"中华人民共和国中央人民政府今天成立了"[1]，标志新中国正式诞生。中国历史进入中华人民共和国（俗称"中国当代"）的历史新阶段。中国新闻人也自此迈进了"中国当代新闻人"的历史新时期。

一、中国当代新闻人出现的社会条件

"中国当代新闻人"不是在中华人民共和国宣告成立的1949年10月1日这一天才出现的，而是早就孕育并开始发展，只是在新中国成立时才正式"呱呱坠地"。"中国当代新闻人"群体的诞生须具备如下几方面条件：

（一）"当代中国"的主体是中华人民共和国

中华人民共和国是"工人阶级领导的、以工农联盟为基础的人民民主专政的社会主义国家"[2]，实行有中国特色的社会主义制度。中国共产党领导人民群

---

[1] 中共中央党史研究室. 中国共产党历史：第2卷：1949—1978 [M]. 北京：中共党史出版社，2011：4.
[2] 中华人民共和国宪法 [G] //王培英. 中国宪法文献通编（修订版）. 北京：中国民主法制出版社，2007：4.

众推翻了"三座大山",实现了人民解放和民族独立。在新民主主义中国的语境下,"人民"不仅拥有合法的私有财产,享有充分的著作、言论自由等基本权利,还拥有私人资本的新闻报刊,这是新中国初期新闻业的鲜明特点之一。

(二) 当代中国的主流媒体是共产党领导下的人民新闻媒介

中华人民共和国是中国工人阶级、农民阶级、小资产阶级及其他遭受地主、资产阶级及大官僚压迫剥削的其他阶级或阶层,在中国共产党领导下经过艰苦卓绝的斗争后建立的。中国人民经过辨别、比较选择了"坚持全心全意为人民服务"[①] 的中国共产党作为领路人,义无反顾地投入共产党领导的新民主主义革命。新中国在相当长历史阶段还处于社会主义初级阶段,共产党对巩固人民政权和维护社会稳定高度重视,共产党领导下建立的人民新闻媒介体系代表广大人民群众的利益,充分体现了党性和人民性的高度一致性。中共中央华北局机关报《人民日报》转为中共中央机关报《人民日报》已连续出版了70多年,中国中央电视总台及新华通讯社,省、地市级(部分县级)政府经办的地区主要新闻媒介(报纸、电视台和广播电台),经过数十年建设已形成完整的人民新闻事业体系。在这些新闻媒介从事新闻活动的社会成员是"中国当代新闻人"的主体。

(三) 中华人民共和国成立70年来中国和世界都发生重大变化

在新中国成立后的70多年,中国和世界都发生了复杂、重大且不可逆的变化。20世纪中叶前后,全球兴起被压迫民族(殖民地)地区的独立运动,形成资本主义和社会主义两个阵营。中国改革开放已40余年,计算机技术的不断升级和更新成为社会生产力发展的重要推动力,互联网功能不断被开发和拓展应用到更广阔社会生活领域,对中国乃至世界新闻事业和"新闻人群体"产生直接而明显的影响。依托互联网的3G、4G和5G,使手机在世界各国尤其是中国大陆普及,智能手机成为使用者尤其是年轻人得心应手并可集文字、图像、视频、音频等多种新闻搜集、编辑和传播手段的"自媒体",产生了不在媒介任职但实际从事新闻活动的"自媒体新闻人"。

(四) 改革开放为中国新闻人的新闻活动创造了全新的社会环境

新中国建立70多年来不断尝试和推进新闻管理体制改革,尤其是1992年开始的社会主义市场经济改革,成为"中国当代新闻人"发展、变化和产生"新新闻人"的社会环境。实践证明只有把马克思列宁主义普遍真理和中国革命

---

① 中国共产党章程 [G] //《中国共产党历次党章汇编(1921—2012)》编委会. 中国共产党历次党章汇编(1921—2012). 北京:中国方正出版社,2012:9.

具体实践相结合，才能领导中国社会主义革命和建设并不断取得胜利，人民新闻业才能不断发展和进步。共产党人在建立新中国后就一直探索中国特色的社会主义道路，探索中国特色社会主义新闻事业管理体制、运行机制和发展模式。从20世纪50年代的"向苏联学习"到《人民日报》业务改革"，再到20世纪末对新闻媒体实行"事业性质、企业化管理"的管理体制改革，省市级党报基础上成立媒体集团，出现"市场化"新闻媒体等，对"中国当代新闻人"结构产生直接的影响。

二、中国当代新闻人的基本情况

"中国当代新闻人"是涵盖中国当代疆域时空范围内所有新闻人的综合概念，是所有中国新闻人组成的社会成员群体。

（一）中国当代大陆新闻人

"中国当代大陆新闻人"是指在中国大陆地区（或受派在中国大陆以外地区）从事新闻活动并以从事新闻活动为主要社会职业特征的当代新闻人群体。具体包括从事新闻报刊、新闻广播、新闻电视、新闻电影、网络新闻等新闻活动的社会成员。

1. 中国当代大陆新闻报人

在新中国成立的70多年中，中国当代大陆新闻报人群体不断发生变化。大致包括共和国初期的民营新闻报人、党政机关报人、市场化新闻报人等。

（1）中国大陆当代民营新闻报人。中国大陆当代民营新闻人是指新中国成立后在中国大陆地区以私人经办的新闻报刊为工作平台并以从事新闻活动为社会职业的社会成员群体。中国大陆当代民营新闻报人主要存在于国家对大中城市工商业、手工业完成以"公私合营"形式对私营报纸进行社会主义改造（或赎买）前。解放战争后期，中共中央明确对"一贯保持进步态度，反对国民党反动派统治，同情人民解放战争者，应予保护，并令其向民主政府依法登记"后继续出版；对"中间性的报纸，刊物与通讯社（既不赞成国民党反动派统治，也不拥护人民解放战争者），不得没收，亦不禁止其依靠自己力量继续出版，在出版时应令其登记"[1]。人民政府规定私人不准经办新闻通讯社，民营广播电台也极少，民营新闻媒体主要是民营新闻报纸。较有代表性的如上海《大公报》，前身是抗战爆发前张季鸾等在上海创办的天津《大公报》上海版（俗称《大公

---

[1] 中共中央关于新解放城市中中外报刊通讯社处理办法的决定［G］//中国社会科学院新闻研究所.中国共产党新闻工作文件汇编：上卷.北京：新华出版社，1980：191.

报》沪版）。天津《进步日报》（新记《大公报》经劳资双方谈判改名）；浙江杭州有在《当代晚报》基础上改名《当代日报》（总主笔曹湘渠，总编辑李士俊）；① 重庆解放后，军管会对抗战时期迁渝的《大公报》《新民报》《商务日报》先后发给登记证，同意继续出版并采取有效措施，给予扶持。② 其他大城市也有在人民政权管理下依靠自身力量继续出版的民营报纸，客观形成"中国大陆当代民营新闻人"群体。这一群体随着民营新闻报纸停刊或改为公办报纸而分化，或是进入其他社会系统或融入公办报人行列。

（2）中国大陆党政新闻报人。中国大陆党政新闻人是指在中国大陆各级党政（群团工组织）机关报刊从事新闻活动并以新闻活动为社会职业的社会成员群体。随着解放战争的胜利，原在根据地（老解放区）出版的中共党政机关报随机关迁到城市出版。中共中央于1949年8月把中共中央华北局机关报《人民日报》（华北《人民日报》）"转为"中共中央机关报，中共中央、各地区中央局、各省（市）、地区及部分县级党组织也都创办或复刊机关报，根据"各行政区、省、区的主要报纸，都不必公开宣传是中共机关报，也不必说是政府机关报，只称某地某报即可"③ 指示，各行政区、省、区级主要报纸既是党委机关报也是政府机关报，形成了新中国党政机关报合一的格局。军队机关、共青团机关、妇联机关、工会组织机关及政府机构所办报纸也不明确为机关报，在这些媒体服务的新闻人就成为专司新闻报刊活动的"中国大陆党政新闻报人"群体。由于大陆党政报纸管理体制和运行机制一直较稳定，这一群体也处于较稳定的状态。

（3）中国当代大陆市场化新闻报人。中国大陆市场化新闻人是指隶属主报领导但实行经济独立核算并用其他名称出版发行新闻媒体从事新闻活动的社会成员群体。如《人民日报》社在1978年12月复刊了"文革"中停刊的《新闻战线》，1979年1月20日创办主要刊登漫画、讽刺小品的《讽刺与幽默》半月刊作为该报的漫画增刊；1979年10月1日创办改革开放后我国第一张经济类报纸《市场报》（周三报）；1993年1月创刊《环球文萃》（1997年改名《环球时报》），2009年4月20日创办"向国外传达符合中国基本国情综合新闻"的《环球时报》（英文版）等。上述报刊媒体中，除《人民日报》是中共中央机关报，办报人员、经费、设施及其他条件由中共中央统筹安排外，《新闻战线》《讽刺与幽默》《市场报》及《环球时报》等纸媒或由这些纸媒创办的网络版或附属刊，大多都属企业化管理的"市场化媒

---

① 王文科，张扣林．浙江新闻史［M］．杭州：浙江大学出版社，2010：228．
② 蔡斐．重庆近代新闻传播史和稿：1897—1949［M］．重庆：重庆出版社，2017：403．
③ 中宣部关于今后各级党报名义不要公开宣传的指示［G］//中国社会科学院新闻研究所．中国共产党新闻工作文件汇编：上卷．北京：新华出版社，1980：328．

体"。各省（市、区）党政报刊创办的城市晚报、经济类报刊、消遣性报刊及地方特色报刊也大多属"市场化媒体"（"子报"主要负责人兼"主报"副总编、副社长或参加"主报"编委会）。在这些"子报"从事采访、编辑、出版和发行等新闻活动者即"市场化新闻报人"。

2. 中国当代大陆广播新闻人

中国当代大陆广播新闻人是指在中国大陆各级无（有）线广播台从事新闻广播活动的社会成员群体。1940年12月30日①正式播音的延安新华广播电台（陕北新华广播电台），1949年3月25日迁进北京改名北平新华广播电台，12月5日定名中央人民广播电台。② 1978年5月1日，中央广播事业局下属的对外广播部改名为中华人民共和国国际广播电台（英文缩写CRI）。因广播具有不须识字即可收听新闻及其他内容的优势，党和政府高度重视新闻广播建设。西藏人民广播电台于1959年1月1日开播后，全国各省（市、区）都建立了广播电台，大多数县建立广播站，形成了基本覆盖全国城乡的有线新闻广播网，建立起一支为新闻广播电台提供（采访）新闻内容和新闻编辑、新闻播音及听众服务的"中国当代大陆广播新闻人"队伍。尽管在媒介多元化环境中，新闻广播在社会新闻体系中所占"份额"变小，但广播的社会地位没有发生根本变化，"广播新闻人"群体的社会属性也没有根本变化，仍是"中国当代新闻人"的重要组成部分。

3. 中国当代大陆电视新闻人

中国当代大陆电视新闻人群体是指以大陆各级无（有）线电视媒体为工作平台从事电视新闻活动的社会成员群体。1958年9月2日正式开播的北京电视台，因自1978年1月1日开播《新闻联播》节目而实际承担中央电视台的功能，5月1日定名为中央电视台（全称为"中国中央电视台"，英文名称缩写CCTV）。所属网络媒体"央视网"于1996年建成并试运行。2009年9月10日开播俄语国际频道，9月25日开播央视英语国际频道，12月28日"央视网"改办成"中国网络电视台（CNTV）"正式开播。2012年1月1日开通3D试验频道。2016年建成中国国际电视台（英文名称缩写CGTN）并开播。2018年3月，中央电视台（中国国际电视台）与中央人民广播电台、中国国际广播电台合并后组建中央广播电视总台。北京电视台于1958年5月1日试播成功后，一些经济较发达省（市）启动省（市）级电视台建设，大部分在三年自然灾害前

---

① 赵玉明. 人民广播第一声 [M] //赵玉明文集：第1卷. 北京：中国广播影视出版社，2014：179.

② 赵玉明. 中国广播电视通史 [M]. 新1版. 北京：中国广播影视出版社，2014：160.

后下马。20世纪70年代中后期开始恢复省（市、区）级电视台建设。1985年8月20日西藏电视台建成开播，全国省（市、区）级电视台全部建成。在中央电视台、省（市、区）电视台及设区城市（副省级或地市级）电视台从事电视新闻活动的专业人员就组成了"中国当代大陆电视新闻人"，是"中国当代大陆新闻人"的一个重要方面军。

4. 中国当代大陆互联网新闻人

中国当代大陆互联网新闻人群体是指以大陆地区互联网平台媒体为工作平台从事新闻活动的社会成员群体。这一群体包括三个部分：首先是在新闻单位自建新闻网站中从事搜集、编选和发布新闻活动的社会成员。1996年1月2日《广州日报》和《中国证券报》"电子版"上网发行，《人民日报》于1997年1月1日推出网络版。新华社在同年11月7日正式开通网站。中央电视台同年重新注册顶级域名（www.cctv.com），中国国际广播电台也在这一年设立互联网网址。① 在这些网站从事新闻活动的人员就成为中国大陆第一代互联网新闻人。其次是以专业互联网业务公司新闻网站为工作平台从事新闻活动工作的社会成员。1997年2月网上搜索引擎"搜狐"推出，5月"网易"公司宣告成立，同年12月"新浪"网创建。1999年"网易"和"搜狐"先后开设新闻频道，"新浪网"建立新闻中心。2000年4至7月，中国三大门户网站搜狐、新浪、网易成功在美国纳斯达克挂牌上市。为规范互联网站的新闻活动，国家于同年立法规定"非新闻单位依法建立的综合性互联网站""经批准可以从事登载中央新闻单位、中央国家机关各部门新闻单位以及省、自治区、直辖市直属新闻单位发布的新闻的业务，但不得登载自行采写的新闻和其他来源的新闻"；"非新闻单位依法建立的其他互联网站不得从事登载新闻业务"②。在"非新闻单位依法建立的综合性互联网站"中从事、从"中央新闻单位、中央国家机关各部门新闻单位以及省、自治区、直辖市直属新闻单位发布的新闻"中选择新闻内容并在互联网站上发布（传播）的社会成员成为"互联网新闻人"群体的第二部分。最后是依托互联网和智能手机自行采写新闻信息并通过特定方式（文字、图片、图像、音频等）和在一定范围（如微博、微信、公众号、朋友圈、抖音）里传播的社会成员，学界称为"自媒体新闻人"。他们中的大多数并不是职业新闻人，但对新闻传播热心，传播的热点新闻易对受众情绪产生影响，甚至成为舆

---

① 王润泽. 中国新闻传播史新编［M］. 2版. 北京：中国人民大学出版社，2020：219.
② 国务院新闻办公室信息产业部发布. 互联网站从事登载新闻业务管理暂行规定（2000年11月6日）［M］//倪延年. 中国新闻法制通史·第五卷·史料卷（下）. 南京：南京师范大学出版社，2015：210-213.

论热点，因而成为引领网络舆情的重要新闻人群体。

（二）中国当代港澳地区新闻人

中国当代港澳地区新闻人是特指在中华人民共和国香港特别行政区和澳门特别行政区新闻媒体从事新闻活动的社会成员群体。

1. 中国当代香港地区的新闻人

解放战争后期，中共中央鉴于香港的特殊经济文化背景及地域优势，决定暂不解放香港。新中国成立后，香港地区成为"亲大陆（共产党）""亲台湾（国民党）"和"亲英国（港英当局）"三方媒介共存的特殊空间。香港回归后，"亲台湾（国民党）"媒介改头换面整体上减少。爱国新闻媒介如《大公报》《文汇报》等持续发展，"亲英国（英帝国）"的新闻媒介主要代表为"壹传媒"及旗下《苹果日报》等。香港电台是香港特区政府商务及经济发展局所辖香港地区唯一公营广播机构，承担公共广播服务的职责。电视主要是于1957年5月成立的香港"丽的映声电视台"（1973年成立"丽的电视广播有限公司"，1982年9月更名为"亚洲电视广播有限公司即"亚视"，回归后继续运作）。1967年11月开播香港电视广播有限公司（简称无线电视，TVB）。因此"中国当代香港新闻人"由新闻报人、新闻广播人和新闻电视人三个组成部分。在特殊地理、政治、文化环境及各种势力博弈间，新闻人群体"撕裂"状态严重。新闻媒介所有者、背后力量政治目的差异及新闻人自身政治倾向、价值观、是非观差异，使同属"中国当代香港地区新闻人"的社会成员的立场和态度往往截然不同甚至尖锐对立。

2. 中国当代澳门地区的新闻人群体

新中国刚建立时，澳门也是"三方"较劲之地。后来，葡澳当局意识到澳门迟早要回归祖国，凭"弹丸之地"和大陆较劲"自寻苦吃"，态度发生重要变化。"亲台湾（国民党）"新闻媒体迅速退出澳门。主要新闻媒介对祖国大陆的态度基本持客观公正立场。葡人所办新闻媒介基本在澳籍葡人小圈子里运作。澳门回归后，电视媒体方面有1984年5月13日成立的"澳广视中文台"（2007年4月1日更名为澳门电视台）；澳视生活台（2009年10月9日开播）；澳门体育台（2009年10月9日开播）；澳视葡文台（1984年5月13日开播，免费葡语频道）及澳视高清台（2008年开播，免费汉语高清频道）等。新闻报纸包括汉语、葡语和英语报刊。汉语报刊如《澳门日报》《市民日报》《现代澳门日报》《体育周报》《星报》等；葡文报刊如《号角报》（周报）《今日澳门》（日报）《澳门论坛报》（日报）及《句号报》（日报）；英语报刊如《澳门邮报》《澳门每日时报》等。新闻广播主要有成立于1933年的澳门电台，1948年政府收购后成为澳门公营电台。1988年8月澳门广播电视公司改名澳门广播电视有限公司同时"公私合营"（官商合办），现为澳门特别行政区的主流新闻广播电台。回归祖国后，由新闻报人、新闻广播人和新闻电视人组成的"中国当代澳门地区新闻人"，既享受宪法和基本法规定的广泛新闻和言论自由，又拥有向祖国内地发展的机会和空间。

（三）中国当代台湾地区新闻人

中国当代台湾地区新闻人是指新中国成立后以我国台湾地区新闻媒体为工作平台并主要以从事新闻活动为社会职业的社会成员群体。台湾地区在甲午战争后被清政府割让给日本。1945年10月25日中国政府在台北中山堂举行台湾地区日军投降受降仪式后，台湾地区正式回归祖国。1987年7月15日蒋经国宣布解除戒严，1988年1月1日又宣布开放报纸经营。[①] 中国当代台湾地区新闻人大致以台湾当局宣布"解除戒严"为标志分为前后两个阶段。

1. 中国当代台湾地区"戒严时期"新闻人群体

国民党当局认为"二二八事件"与台湾新闻业坐大有相当的关系，大举整肃，不只民营报纸，连《中华日报》《台湾新生报》《和平日报》等三大党、官、军营报纸的新闻工作者中也无可幸免。[②] 而后国民党台湾当局又陆续发布法令实行"报禁"。所谓"报禁"实际包括"五限"：限证、限张、限印、限价、限纸。在"一报五禁"情形下，台湾报业大环境呈现畸形发展，尤其是"限证"措施，从1960年以后，台湾的报纸就一直维持在31家，没有新报产生。[③] 独特环境下的台湾地区新闻媒体主要有两类：一类是国民党台湾地区当局及其政府新闻媒体，国民党的"中央机关报"《中央日报》《中华日报》（南北两版）及嘉义《现代日报》属于党营报团；《台湾新生报》《台湾新闻报》及《新闻晚报》属省政府所有；《青年日报》《台湾日报》《忠诚报》《金门日报》《马祖日报》及《建国日报》属军系报团，都是由国民党或政府当局控制。新闻广播主要是国民党掌握的"中央广播电台"，新闻通讯社主要是国民党"中央通讯社"；另一类是硕果仅存的民营新闻媒体，包括《联合报》《民生报》《经济日报》组成的"联合报系"，《中国时报》《工商时报》组成的"中时报系"及《中国日报》《中国晚报》报系及《民众日报》《台湾时报》《大众报》《自由日报》《更生报》《大华晚报》《自立晚报》和《民族晚报》和英文的《中国日

[①] 从蒋经国到陈水扁：1987—2005台湾"政坛"风云录 [M]. 北京：中国友谊出版公司，2006：9.

[②] 王天滨. 台湾新闻传播史 [M]. 台北：亚太图书出版社，2002：152.

[③] 王天滨. 台湾新闻传播史 [M]. 台北：亚太图书出版社，2002：220.

报》《中国邮报》及以推广国语普及教育为宗旨的《国语日报》等①。与新闻媒体相适应的新闻人主要就是官方新闻人和民营新闻人。无论是官方新闻人还是民营新闻人都是在"戒严"中从事新闻活动,一方面须盯着头顶的"铡刀"会不会或何时落下,另一方面又须履行传播新闻的社会职能。

2. 中国当代台湾地区"解严"后的新闻人群体

"解严"后,台湾当局随之解除"五禁"。台湾地区在"报禁"解除后曾一度出现报刊创办的"井喷"现象。"解禁"当年就有 122 家报纸登记。早在 1986 年 9 月 28 日,以"台湾独立"为政纲的中国民主进步党成立。1991 年举行的民进党"五大"公然把"建立主权独立自主的台湾共和国及制定宪法的主张,应交由台湾全体住民以公民投票方式选择决定"等"台独"主张写进党纲,并把"中共"改为"中华人民共和国",把两岸关系定位成"国与国"关系。台湾政坛由此成为先后主张"以三民主义统一中国""不独、不统、不武"的中国国民党和坚持"台独"立场的民进党两党争雄的政治态势。

经过数十年的发展变化,包括台湾地区领导人数度更替,台湾地区新闻业主要分成两个阵营,即由中国国民党经办或倾向于"坚持九二共识""两岸同属一个中国"政治主张的新闻媒体和由民进党经办或倾向于"一中一台""台湾独立"主张的新闻媒介。台湾地区新闻人群体也有意无意地分成了"亲国民党"和"亲民进党"两个政治理念完全不同的新闻人群体。民进党(俗称绿营)是从"党外人士"逐步成形且极具攻击性的"选举型"政党,早在民进党成立前的"美丽岛事件"中就表现出操作媒体的擅长。在民进党的操弄下,新闻、新闻媒介和新闻活动作为政治及党争工具的特征愈发明显。国民党(俗称"蓝营")新闻媒体为适应台湾社会环境日趋本土化,采用受众容易接受或引起受众关注的手法运作新闻媒体,为了吸引所谓"新生代"的关注和选票,国民党在"统独"问题上的立场趋向模糊。

总之,在现时的台湾地区新闻业界,无论是绿营新闻人还是蓝营新闻人都是"政治新闻人",新闻为政党利益服务,新闻活动为选票服务,新闻功能服从服务于政党或党争或选举,这成为台湾地区新闻人及其新闻活动的最明显特征。

三、中国当代新闻人的主要特点

中国当代新闻人由于生活在差异非常明显的社会环境中,实行社会主义制

---

① 郑贞铭.20 世纪中国新闻学与传播学:台湾新闻传播事业卷[M].上海:复旦大学出版社,2005:16.

度的大陆地区、已经回归祖国的香港和澳门地区以及尚未和祖国统一的台湾地区的新闻人群体所表现出来的特点也不尽相同。

（一）大陆地区70年来实行的是社会主义制度，新闻人是在工人阶级领导的、以工农联盟为基础的人民民主专政的社会环境中从事新闻活动，在法律范围内享受充分的新闻和言论自由，坚持新闻活动为大多数人的利益服务，坚持新闻活动服从服务于党和国家的中心任务，坚持热爱中国共产党、热爱祖国和热爱社会主义制度，坚持发挥新闻媒介的正面引导和批评监督功能，为社会进步和安定做出了重要贡献。

（二）香港和澳门地区的新闻人先是在港英或葡澳殖民当局统治下从事新闻活动，回归祖国后则是在《中华人民共和国宪法》和香港、澳门特别行政区"基本法"规定的"一国两制""港（澳）人治港（澳），高度自治"的社会环境中从事新闻活动，享受到远远超出港英或葡澳殖民当局时期的新闻和言论自由，同时背靠社会主义祖国，积极开展新闻互学交流。

（三）台湾地区的新闻人在两岸对峙时期生活在长达近40年的"戒严"环境和"一报五禁"的新闻生态下，报纸的总数长时间维持在31家，新闻人的言论空间受到严格限制，民进党新闻人利用地下电台和党外杂志反对国民党台湾当局统治。两岸进入交流时期后，两岸新闻界的交流迅速活跃，两岸主要新闻媒介互派新闻记者到对岸采访，新闻机构互在对岸设置工作机构，新闻人成为两岸交流的先锋。台湾地区政权更迭后，坚持"台独"立场的民进党两度执掌政权，一方面绿营媒体得到迅速扩张并主导舆论，另一方面则动用行政及法律资源打压蓝营媒体，国民党《中央日报》因难以为继而停办纸报改出网络版；台湾地区新闻人群体因政治立场相异而被撕裂，严重影响了两岸新闻人之间的交流。

第五章

中国新闻媒介发展史

新闻活动是新闻人借助新闻媒介向受众传播新闻内容并期待获得预期效果的社会活动。在新闻活动构成要素中，新闻人最具主观能动性特质，新闻内容和受众是供传播和传播活动的对象，新闻媒介既是新闻人为传播新闻创造出来荷载新闻内容的物质形态，更是沟通传播者和受传者的桥梁。

第一节 中国古代新闻媒介的出现和发展

新闻媒介是伴随着人类社会新闻活动的出现而出现的，甚至可以说新闻媒介是为了新闻活动而出现的，因为新闻媒介是新闻人为了完成新闻传播活动而创造出来的。

一、中国古代新闻"媒介"的出现

"媒介"的英语对应词是"media"。"media"是英语单词"medium"的复数形式，大约出现于19世纪末，指使事物发生关系的介质或工具。传播学中的媒介往往被称为介质或工具，指传播信息的载体，是携带和传递信息的一切形式。美国图书馆协会的《战后公共图书馆准则》于1943年首次使用这个术语，现已成为各种传播工具的总称，包括电影、电视、广播、印刷品（图书、杂志、报纸）以及网络、手机等新媒体。[1] 美国图书馆协会《战后公共图书馆准则》用"media"指称"携带和传递信息的一切形式"是在1943年。我国20世纪80年代初开始出现在有关介绍传播学的文献，似乎是个"舶来品"。但实际上中国文献对"媒介"的有关认识远远早于西方。

（一）中国历史古籍中"媒介"的出现

"媒介"是由"媒"和"介"两个汉字组成语词。在中国文献中古已有之，尽管历史绵长，但词义本源"基因"却没有改变。

---

[1] 童兵，陈绚. 新闻传播学大辞典 [M]. 北京：中国大百科全书出版社，2014：150.

古汉语的实词大多为一字一义。"媒"的本意是"婚姻介绍人"（俗称"媒人"）。《诗经》中的"匪我愆期，子无良媒"①，大致是"不是我不想嫁给你，是因你没请媒人来我家提亲"。《说文解字》对释："媒，谋也。谋合二姓。从女，某声。"② 即把原来不同姓氏的男女两人"谋合"为一家。"介"字在古汉语中是个多义字，其中一义为：居间联系或传导。如介绍；媒介；介质。李康《运命论》："其所以相亲也，不介而自亲。"③

至于"媒介"，东晋时期成汉常璩（字道将，蜀郡江源人）所撰《华阳国志·先贤士女总赞中》有"（王）和养姑守义，蜀郡何玉因媒介求之"。《辞海》认为此处"媒介"是"婚姻介绍人"④。此处的"媒介"应从"媒"和"介"两个汉字字意来理解，而不能把"媒介"视为一个词。"因媒介求之"应理解为"因媒人介绍而向她求婚"。何玉正"因"有"媒（人）介（绍）"向"养姑"求婚。故"媒、介"已含有"传递消息、建立联系"之意。《华阳国志》由常璩撰于晋穆帝永和十年至永和十年（348—354年），可知我们先人在4世纪就用"媒、介"表达"传递信息，建立联系"的意思了。

后晋时期（937—946）的《旧唐书》，系刘昫等撰修于天福六年（941年）至开运二年（945年）。《张行成传》篇中有"观古今用人必因媒介"。《辞海》阐释"媒介"为"使双方发生关系的人或事物"⑤。我们认为把产生于10世纪的《旧唐书》中的"媒介"作为一个词语看待似乎仍有古代汉语现代汉语化意味。《现代汉语词典》解释"媒介"是"使双方（人或事物）发生关系的人或事物"，完整地表述了"媒介"的现代汉语意义，既包含了"人"也涵盖到"物"，如甲骨、木牍、丝帛、纸张及荷载新闻信息的书本、报刊、传播新闻信息的广播、电视、互联网等物质形态。

（二）中国古代原始新闻媒介的起源

中国古代原始新闻媒介几乎是和"第一次"古代原始新闻活动同时起源的——因为没有"媒介"就无法把需要传播的新闻传播给他人，进而完成新闻传播活动。中国从远古时代起，就有广义的新闻传播活动。⑥ 由于当时条件

---

① 诗·卫风·氓 [M] //朱东润. 中国历代文学作品选·上编·第1册. 上海：上海古籍出版社，1979：10.
② 许慎. 说文解字 [M]. 北京：中华书局，1964：259.
③ 《辞海》编辑委员会. 辞海 [M]. 6版缩印本. 上海：上海辞书出版社，2000：0925.
④ 华阳国志·先贤士女总赞·中 [M] //辞海. 6版缩印本. 上海：上海辞书出版社，2000：1279.
⑤ 《辞海》编辑委员会. 辞海 [M]. 6版缩印本. 上海：上海辞书出版社，2000：1279.
⑥ 方汉奇. 中国新闻事业通史：第1卷 [M]. 北京：中国人民大学出版社，1996：18.

（包括人类自身发展水平）所限，我们的先人还不能利用当时的物质材料作为传播媒介，而仅仅是利用自身拥有并在劳动实践和交往事件中逐渐发展起来的交际手段来进行知识信息内容的传播，这些交际手段主要就是姿态、动作和语言。① 人类社会成员的"第一次"新闻传播活动可能是一声"报警的呼喊"或一个"召唤同伴来此捕鱼的手势"或其他身体语言表达。从某种意义认识，那一声蕴含着向同伴"报警"的"呼喊"和告诉同伴"此处有鱼"的"手势"就是我们的先人最早使用的媒介。从这个时候起，人类社会最早的古代原始新闻媒介就开始起源了。

在中国古代媒介发展过程中，大致经历了非物质材料媒介阶段——人类社会成员的语言、动作、表情和姿态。其共同之处是它们是人类社会成员不借助其他物质材料，而发挥自身拥有的功能并使这些功能承担了传播知识信息媒介的职责；单一物质材料阶段——人类社会成员使用一种或在同一社会状态中同时使用几种物质材料，作为知识传播媒介的阶段。单一物质材料的知识传播媒介有西方的泥版、羊皮，东方的甲骨、简策、石板、纸张及部分金属材料。其共同特点是人类社会成员主要通过物理手段或辅以初步的化学手段生产。文字和上述材料的结合，即把文字所代表的思想内容信息荷载到物质材料上，就成为人类社会迄今为止最重要的知识传播媒体——文献。② 中国古代新闻媒介主要包括官府（朝廷和地方政府）所办报刊（官报）和民间创办经营的报刊（民报）两个类型。

二、中国古代官报的起源和演变

秦以前，主要以口头的方式从事新闻传播；汉以后，逐渐转为以书面的方式从事新闻传播；唐代中期又开始出现了报纸——中国早期的报纸，主要是流传于封建官僚和士大夫阶层中的官报；宋以后，开始有了民办的报纸，出现了官报和民办报纸并存的局面。这一局面一直维持到19世纪初叶中国近代化报刊诞生的前夕。③

（一）中国古代朝廷官报的起源

"政从帝出"，皇帝是最高统治者和发令者。中国古代官报的最早萌芽可追溯到封建朝廷"起居注""时政记"或"日历"等宫廷档案。是以帝王活动为

---

① 倪延年. 知识传播学 [M]. 南京：南京师范大学出版社，1999：214.
② 倪延年. 知识传播学 [M]. 南京：南京师范大学出版社，1999：218-223.
③ 方汉奇. 中国新闻事业通史：第1卷 [M]. 北京：中国人民大学出版社，1996：18.

主体，以帝王言行为中心，以官员对帝王旨令的落实为辅助的文字记载。宫廷档案主要功能是留存备查或为宫廷编撰正史提供素材。在运作过程中，"起居注"的某些内容可能会在宫廷官员间传播并产生一定影响，因而具有后世"宫廷官报"的少许属性和功能。古代的"左史""右史"是国君（皇帝）出行或上朝时负责"左言右事"的文官，"左史"记"言"，"右史"记"行"，完整记载国君的思想言行，并供国君选择性对外发布，实施治国、安民、友盟、御敌等举措。"起居注""时政记"及朝廷"日历"通常是中国古代官报内容的重要来源。

汉武帝时期的"新闻诏书"是见诸文献记载最早具有朝廷官报属性的新闻媒介。《汉书·萧何传》载"元狩（公元前122~前118年）中"汉武帝刘彻颁下诏书：决定把鄷县2400户作为萧何曾孙萧庆的"食邑"并封萧庆为"鄷侯"，令"御史府"把这份诏书向全国发布（"由御史府报行天下"），以使天下百官和百姓知道皇帝在报答汉高祖刘邦时期相国萧何之功德（"令明知朕报萧相国德也"）。"御史府"是皇帝的日常办事机构，负责宣达皇帝诏令，以诏书形式发布朝廷新闻——既是以"诏书"发布，内容又是具有新闻性质的内容，这就具有了朝廷官报属性——标志着中国古代朝廷官报的非正式起源了。

唐朝由"政事堂条布于外"的书写品是有明显朝廷官报属性的新闻媒介。《新唐书·百官志》载，臣僚廷议奏对及皇帝决策后由文官记载成文，经皇帝"画敕"下至中书省，再由"政事堂牒布于外"。"政事堂牒布于外"的大概是《时政记》中所记并得到皇帝批准对外公布的治国理政言行。《时政记》是连续记载的，"牒布于外"的朝政新闻也肯定不是一次性的。孙樵《读开元杂报》载"此皆开元故事，盖当时条布于外者"，那么多内容，间隔时间那么长，说明不是一次性而是连续"条布于外"的（是否定期不得而知）。朝廷"政事堂"根据皇帝授权连续"条布于外"的朝政新闻，应具有朝廷官报的属性和功能——标志中国古代朝廷官报的正式起源。

（二）中国古代朝廷官报的成形

北宋初仍沿袭唐朝"逐州就京师各置进奏院"以"通奏报，待朝宿"。《宋会要辑稿》载"诸路州郡亦各有进奏吏，凡朝廷已行之命令，已定之差除，皆以之达于四方，谓之邸报"（《宋会要辑稿·刑法二》）。可知此时"进奏院报状"不具有朝廷官报的功能和属性。

宋太宗太平兴国六年（公元981年），朝廷起居郎何保枢奏请朝廷改革地方在京师自设进奏院的体制。这年十月，皇帝降旨：各州、镇在京师进奏院房产统一交由朝廷三司管理，成立"诸道进奏院"，设"提辖诸道进奏院"官员负责管理；三司视原州（镇、路）在京师进奏官能力、资历及联系便捷程度，授予 150 位（后来减为 120 位）以"进奏官"朱印，每人负责一个或两个甚至两个以上州（镇、路）的进奏通报事项。太平兴国八年，朝廷把"诸道进奏院"合并为"都进奏院"，明确"都进奏院"为朝廷"大内侧"官署，受门下后省管辖，负责公开发布朝廷有关官文书。

宋真宗咸平二年（公元 999 年）六月诏："进奏院所供报状，每五日一写，上枢密院，定本供报。"（《宋会要辑稿·职官二》）朝廷规定命官"监进奏院"主持下的"都进奏院"进奏官们编写的"进奏院状报"文稿，"每五日"写出一期，编写完成后须呈报朝廷枢密院，经枢密官审查（删改定稿）后才能抄传"四方"。这样在进奏院报状中就不可能出现不利于皇帝和朝廷的内容，完全代表了皇帝的立场观点和利益——真正意义的中国古代朝廷官报就出现了。

（三）中国古代朝廷官报的发展

自北宋以降，虽然不断有农民起义、宫廷政变、民族战争及地主阶级利益集团争斗，朝代变了，皇帝变了，但皇权至高没变，皇帝降旨、六部发布、官衙执行的朝廷官报管理体制和运行机制没变，朝廷官报的内容板块、抄发目的、运作程序及社会功能也基本没变。

1. 元朝的朝廷官报

关于元代朝廷官报的有无，学术界尚未形成共识：有学者认为："在元代，不存在由中枢部门统一发布的封建政府官报。"[1] 也有学者从元王朝政府设有中书省、通政院及急递铺，建有官报传播网络；存在以官报内容为新闻来源、民间刻印并公开出售的民间"小本"；政府颁布了禁止"辄刻小本"的专门法令等出发，认为元王朝"至少可能存在用蒙古文字抄传的在蒙古贵族中传播的朝廷官报"[2]。还有学者认为"可以得出元代有以'除目'形式存在的官报之结论"，"这种官报的性质是官僚系统内部参考性质的中央政府官报，其内容为官员升陟罢黜等情况"，[3] 元代官报与其他封建王朝的官报形式并没有本质的区别，"是下行的中央政府公报"[4]。元朝"诸但降诏条画，民间辄刻小本卖于市者，禁之"（《元史·刑法四》）的法条，"禁"的是"民间辄刻小本"，但"小本"所载的"降诏条画"来源朝廷官报，则从一个方面验证了朝廷官报的存在。

---

[1] 方汉奇. 国新闻事业通史：第 1 卷 [M]. 北京：中国人民大学出版社，1992：113.
[2] 倪延年. 中国古代报刊发展史 [M]. 南京：东南大学出版社，2001：118.
[3] 李漫. 元代传播考：概貌、问题及限度 [M]. 北京：北京大学出版社，2013：31.
[4] 姚福申. 中国古代官报名实考 [J]. 新闻与传播研究. 1985（3）：199-213.

2. 明朝的朝廷官报

明朝基本沿用宋朝的朝政新闻体制。朝廷官报习惯以"朝报"称之，同时也有"邸报"之谓。"朝报和邸报在内容上没有什么实质性差别，完全是一码事。从情理上讲邸报是外地官员们的称呼，而朝报则是京城官员们的称呼，因为京官们阅读的传报奏章，没有经过'邸'的环节，而是直接从六科或通政司那里或本部衙门那里的朝报获得的。名称上的不同，仅仅是由于地理上的原因差别，一个在京城内，一个在京城外。"① 有学者认为清初学者俞正燮《癸巳存稿》所记"前于王君乔年见（到的）不全《京报》"是"创始于明末的""由民间经营并据'邸报'内容加以翻印的报纸"②。但俞正燮把"不全《京报》"和正史《熹宗本纪》"比附"的结果是：两者区别仅是某事《京报》有载而《熹宗本纪》未载，或《京报》未载而《熹宗本纪》有载，或对同一事件时间记载有差异，或是对事件记载详略有不同。可知《京报》全是宫廷新闻而无社会新闻，表明其内容完全出于朝廷。两者差异应是朝廷官报和朝廷正史体例和编印时间造成的区别。"京报"读者多在朝廷任职，读到"京报"属正常传播范围。朝廷高官外甥充"送京报人"则正说明"京报"是朝廷官报"京外版"——尽管"送京报人"已非"肉食者"，但毕竟是有"固定薪资"的朝报人员（报刊投递员）。因此句容王乔年藏"明时不全《京报》"应是朝廷官报"京外版"——"传自京城的报纸"。

3. 清朝的传统朝廷官报

清"国之定制：谕旨及奏疏下阁者，许提塘官誊录事目，传之四方，谓之邸钞"（《历代职官表·卷二十一》）。"邸钞"又称"邸报"，是清代对提塘所办官报的通称。这种官报从来没有得到官方的定名。在形式上又始终是没有封面、没有报头的书册状，这就导致了清代对这种官报的称呼很多：邸报、邸抄、邸钞、京报、京抄、京钞、阁钞、朝报、抄报等③。清朝的朝廷官报经历了从古代传统官报向近代朝廷官报的嬗变。清初的朝政新闻传播体制和机制大体沿用明朝。执掌朝政新闻发布的部门先是六部廊房后是军机处，朝廷官报在京师传播者为"朝报"（亦称阁钞、阁抄、科抄、科钞等），从京师传到京外则称"邸抄"（亦称邸钞、邸报、京报、京钞等）。皇帝决定抄发的圣旨、谕旨及有关公文由六部廊房或军机处对外发布，在向京外军政长官寄发"京报"时还"附

---

① 尹韵公．中国明代新闻传播史 [M]．重庆：重庆出版社，1990：27.
② 黄卓明．中国古代报纸探源 [M]．北京：人民日报出版社，1983：101.
③ 史媛媛．清代前中期新闻传播史 [M]．福州：福建人民出版社，2008：90.

寄"朝廷公文。清顺治五年（1648年），清朝重臣洪承畴在向清廷递呈飞报的揭帖中称："顺治五年二月初六日，臣舟次扬州，接正月十五日《京报》，内封工部揭帖一件，系正月十四日金发。内开总督内院洪承畴题前事等因。顺治四年七月十六日奉专旨。该部知道。钦此。"光绪年间贵州学政严修在《蝉香馆使黔日记》卷八中说："《京报》向由提塘寄递，各部科公文，往往附焉。今年正月起止接《京报》三四本，亦无公文。"① 可见清初顺治到清末光绪年间，朝廷"寄递"《京报》时一直"附寄部文"。为编写刻印传播朝政新闻，京师设有编印《京报》的"报房"和负责传递《京报》（及部文）的提塘。尽管报房不像北宋太平兴国年间的进奏院完全由朝廷控制，但朝廷仍有相当控制权，所以皇帝才再三颁旨严令"报房不许抄发"。若是纯粹民间机构，皇帝就直接"降旨查禁"了。清咸丰元年（1851年），时任江西学政的张沛在奏折中称"《京报》内容简略，寄递迟延，价贵难得"（似和"公费订阅"报纸相似），这还是具有"官报"性质。辛丑之役八国联军攻进北京，慈禧挟光绪仓促逃往"行在"西安后，慈禧太后接受朝臣建议还编印"行在邸钞"，前后存在了半年多。②

三、中国古代民间新闻报刊的起源及发展

中国古代民间新闻报刊是非官方人士凭借非官方资源创办、以传播社会新闻或通过经营活动谋取经济或政治利益为目的的新闻报刊。

（一）中国古代民办报刊的起源

现存最早的新闻记载是经过先人口耳相传、历经数千年甚至上万年积淀、演变、修饰后的神话故事。先人在经历山火、洪水、雷击、灾变、战争等大变故后，把印象深刻或传播范围较广的见闻通过口耳相传方式传给包括后代在内的其他部落成员，这使见闻的传播超越了空间和时间限制，最后形成文字记载下来。③ 这些无意中的见闻、传播、记录、再传播活动发自民间，似应属于民间记录和传播重大社会新闻的范畴。

东周末年春秋时期，因铁质农具（犁耙）的使用提高了农业生产效率，地主阶级势力日盛，逐渐出现脱离周王朝控制的"各国春秋"。诸侯国与周王朝相对，"各国春秋"应属于"地方性报刊"，或是广义的"民间报刊"。假如汉朝有"邸报"，现存英国和法国的唐朝进奏院状及北宋太宗太平兴国六年前各道京

---

① 倪延年．中国古代报刊发展史［M］．南京：东南大学出版社，2001：233．
② 黄卓明．中国古代报纸探源［M］．北京：人民日报出版社，1983：126-127．
③ 赵振祥．唐前新闻传播史论［M］．北京：中国文联出版社，2002：23．

师进奏院报状——地方在京"郡国邸"或进奏院的开支来自地方军政长官,抄传"邸报"或进奏院状为地方长官服务,两者利益冲突时"地方利益优先",似乎也具有部分民间报刊的性质。

宋太宗太平兴国六年（公元981年）的进奏院改革就是为了遏制地方进奏院给"当道"抄传"进奏院状"可能"漏泄朝政机密"对朝廷的损害。但并没能彻底禁绝"民间报刊"。北宋太宗雍熙三年（986年）五月,皇帝诏令称"开封府进奏官止依例供申本府报状,诸州不许申发"（《宋会要辑稿·职官二》）起,北宋民间报刊经历了"诸州杂报"（《宋会要辑稿·职官二》）、"别录单状"（《宋会要辑稿·刑法二》）、"撰合事端誊报"（《宋会要辑稿·刑法二》）、"矫撰敕文,印卖都市"（《宋会要辑稿·刑法二》）、"进奏院朝报,非定本事辄传报者"（《宋会要辑稿·刑法二》）等阶段,直到宋钦宗靖康二年（1127年）二月十三日凌晨在大街上公开叫卖的假"朝报"——"奸伪之徒假此以结百官",借"朝报"之名忽悠人,仍然是民间而非朝廷所为。

（二）中国古代民间报刊的定名及发展

中国古代民间报纸具有包括被皇帝和朝臣认可的名称,应是从南宋高宗绍兴二十六年开始。就在这一年,原本可能不会受到新闻史学界关注的周麟之上呈了后来题名为《论禁小报》的奏折,这在中国新闻史尤其是民间新闻史上产生了重要影响。

1. 中国古代民间报刊的定名

南宋高宗绍兴二十六年（1156年）,朝廷中书舍人、吏部尚书周麟之上奏朝廷称"小报者,出于进奏院,盖邸吏辈为之也。比年事之有疑似,中外不知。邸吏必竟以小纸书之,飞报远近,谓之小报"。内容"如今日某人被召,某人罢去,某人迁除,往往以虚为实,以无为有。朝士闻之则曰'已有小报矣'。州郡间得之则曰'小报到矣'。他日验之,其说或然或不然。"（《海陵集·卷三》）这是古代文献较早把民间报刊称为"小报"的记载,或可说是周麟之的《论禁小报》成为统治阶级以"小报"作为民间报刊统一称谓的开端。

2. 中国古代民间报刊"小报"名称的定型

自周麟之《论禁小报》用"小报"指称民间报刊后,朝臣和皇帝也用"小报"指代民间报刊。南宋孝宗淳熙十五年（1188年）正月十日诏令称"近闻不逞之徒撰造无根之语,名曰小报。转播中外,骇惑听闻"（《宋会要辑稿·刑法二》）。孝宗淳熙十六年（1189年）诏令称"私撰小报"（《宋会要辑稿·刑法二》）。光宗绍熙四年（1193年）臣僚进言中有"命令未行,差除未定,即时誊播,谓之小报"及"人情喜新而好奇,皆以小报为先,而以朝报为常"（《宋会要辑稿·刑法二》)。社会各阶层对"小报"内容特征有了共识:"或是朝报未报之事,或是官员陈乞未曾施行之事"及"撰造命令,妄传事端,朝廷之差除,台谏百官之奏章,以无为有,传播于外";"小报"已形成较为稳定的机构、队伍和运作程序以及有可"养家糊口"薄利的媒介运作系统——基本定型了。

(三) 中国古代民间报刊的发展

自周麟之把"民间报纸"称为"小报"后,"小报"或与之相近名称指代的"民间报纸"继续存在并在历朝历代继续发展。

1. 元朝的"小本"

元代有"诸但降诏条画,民间辄刻小本卖于市者,禁之"的法令(《元史·刑法四》)。有学者认为"正是有这条禁止民间私刻'小本'的禁令,显示了'小本'本身的存在"。① "小本"内容一如前朝"小报":"降诏"是皇帝所颁诏令、谕旨和圣旨,"条画"是朝廷法令、条文。"民间"更是直接表明它社会属性。"辄刻"即未得朝廷批准"擅自刻印"。外观为"小开本";"卖于市"是在"街市"公开出售。这一法令表明元朝存在未经批准刻印的民间报纸(小本)在集市公开出售的现象,这应是南宋"小报"在元朝的延续,这条法令似乎还有另一面含义,即朝廷"禁止"的是"民间辄刻"的"小本卖于市",那么经过批准"刻印"的"小本卖于市"则应是合法的。当然,元朝是否存在"朝廷准印"的合法"卖于市"的"民间小本"还有待考证。

2. 明朝的民间报刊

明朝的民间报纸有称"日报"者。明人小说《醉醒石》中载:"嘉靖年间,有一人姓姚名祥,乃松江上海县人氏……选得个江西九江府知事。……一祥领命谢茶而出。只见衙门中人,伸项缩头,在那里打听是何缘故留茶。那些府间抄日报的,即将此事报与两司各道府县各官去了。"② 有称"报贴"者。万历年间朝廷重臣于慎行在《谷山笔尘》卷十一"筹边"中说:"近日都下邸报,有留中未下先已发钞者;边塞机宜,有未经奏闻先有传者;乃至公卿往来,权贵交际,各边都府,日有报贴,此所当禁也。……报房贾儿博锱铢之利,不顾缓急;当事大臣,利害所关,何不力禁?"③ 还有称"私揭"者。明末崇祯元年(1628年)上谕称:"各衙门奏章,未经御览批红,不许报房抄发,泄漏机密。

---

① 李漫. 元代传播考:概貌、问题及限度 [M]. 北京:北京大学出版社,2013:32.
② 醉醒石:第一回 [M] //黄卓明. 中国古代报纸探源. 北京:人民日报出版社,1983:94.
③ 于慎行. 谷山笔尘·卷十一·筹边 [M] //尹韵公. 中国明代新闻传播史. 重庆:重庆出版社,1990:113.

一概私揭，不许擅行抄传，违者治罪。"① "报房"应是专司抄传朝政新闻的官办"报房"，故皇帝用"不许"以诫。与朝廷官报相对的是上谕中所称的"私揭"，是朝廷明令"治罪"的民间报纸。

3. 清朝前期的民间报刊

清朝初期的朝政新闻传播体制大致是沿袭明朝。清初民间报纸有"小报""小钞"等称谓。清顺治十六年（1660年）六月的谕旨中提及："前日我们去湖广去时，尔在山东岂不见小报，何为不来迎接？"（《东华录·顺治十六年六月谕旨》）表明"小报"公开传播并是地方官获得京城钦差大臣行程消息的公开渠道。时人徐岳《见闻录》中"象鼠"条称："余客荆州，见省下小报云外国贡象一对，重八斤四两；鼠一个，重六十余斤。"从侧面证明"省下小报"的存在。似乎自康熙年间"小报"始成为非法民间报纸代名词。康熙五十三年（1714年）三月左都御史撰叙上疏称："近闻各省提塘及刷写报文者，除科抄外，将大小事件探听写录，名曰小报。"② 康熙五十三年（1714年）三月"谕旨：各省提塘传递公文本章，并奉旨科抄事件外，其余一应小钞，概行禁止"（《东华录·康熙五十三年三月谕旨》），此处称朝廷官报为"科钞"，民间报纸为"小钞"，两者共存。雍正五年（1727年），四川巡抚宪德"部文到在十月二十九日，而《京报》之小钞到在前五天"（《东华录·雍正六年二月》）。首先旁证朝廷在邮寄官报《京报》时附寄朝廷"部文"（"奉旨程如丝着即处斩"）；其次是朝廷官报《京报》外存在"《京报》之小钞"；最后是《京报》是官报所以寄至"臣署"，"小钞"为民报则传"川省之文武，大小各衙门"且在附寄"部文"的《京报》前"五六日"就传到四川。雍正时期还发生过因报房小钞"捏造"雍正皇帝在五月初五"和王大臣等登舟作乐游宴"的新闻，报房经营者何遇恩、邵南山被朝廷兵刑二部以"捏造小钞，刊刻散播，以无为有"罪名"依律斩决"的惨剧（《清世宗实录·雍正四年五月庚子日谕旨》）。清廷《钦定六部处分则例》卷九载："提塘京报人等，有串通书吏，捏造小钞、晚帖，借端讹诈者，责成该管之给事中、王城御史、坊官及大宛两县，不时访拏（拿）。"③ 此中所称"提塘京报"为官报，"捏造"的"小钞、晚帖"为民间报

---

① 孙承泽. 春明梦余录 [M] //倪延年. 中国报刊法制发展史·史料卷. 南京：南京师范大学出版社，2006：31.

② 清会典事例：康熙实施三年三月 [M] //倪延年. 中国新闻法制通史·第五卷·史料卷（上）. 南京：南京师范大学出版社，2015：65.

③ 钦定六部处分则例 [M] //倪延年. 中国新闻法制通史·第五卷·史料卷（上）. 南京：南京师范大学出版社，2015：64.

纸，泾渭分明。经康雍乾三朝严禁，后来的文献中少见清朝小报（钞）的记载。

四、中国古代新闻媒介体系的内涵及特点

中国古代新闻媒介到清朝在辛亥革命中被推翻前已基本定型。从新闻媒介的社会属性角度分析，中国古代新闻媒介体系大致包括官办报刊和民办报刊两个板块。

（一）官办报刊的演变和特点

官办报刊的正式定型是北宋太平兴国六年（公元981年）朝廷对各地在京师自设进奏院改革后设立朝廷命官掌控的"提辖诸道进奏院"编印并经枢密院"定本"的"进奏院状报"。在此后历朝历代，编印"进奏院状报"的机构名称有所不同，但本质特点都是按照皇帝准许发布的朝政新闻编印传播旨在"劝善罚恶"的朝廷官报；最高决策者是皇帝，服务对象主要是朝廷官僚，内容主要是朝政新闻。名称则有宋朝的"进奏院状报"（状报）、明朝称"朝报""京报"、清朝称"京报""阁钞""邸钞"等。

（二）民办报刊的演变和特点

民办报刊名称的统一始于南宋高宗绍兴二十六年（1156年）。我们认为应是先有民间报刊后有官办报刊。和官报相比，民办报刊特点主要有三：一是创办民间报刊的资本（资金或馆舍）和从事民办报刊活动（搜集新闻内容和编印、贩卖民间报刊）的人都是"民间"属性；二是民间报刊的内容是"民间"百姓感兴趣的内容，服务对象是"民间"百姓，赚的也是老百姓买报的钱。三是因为民办报人和报刊的新闻活动有时会与政府的权威或利益发生冲突甚至矛盾，所以民间报刊的社会地位、发展速度及社会影响力往往受制于社会统治者对民间新闻人、新闻活动的态度。

第二节　中国近代新闻媒介的出现及发展

"中国近代"是指从孙中山领导创立"中华民国临时政府"起，到以蒋介石国民党集团主导的"中华民国国民政府"（俗称南京政府）被人民解放军推翻（占领其首都南京）及中华人民共和国中央人民政府在北京宣告成立前的这一历史阶段。中国近代新闻媒介主要是指在这一历史阶段存在和发展演变的新闻媒介。

一、中国古代新闻媒介向近代新闻媒介的嬗变

中国近代新闻媒介是由中国古代新闻媒介的特定部分经过近代化嬗变发展起来的。中国近代新闻媒介中的近代官报和民报也是由古代官报和民报嬗变过来的。

（一）中国古代朝廷官报的近代化嬗变

中国古代朝廷官报在北宋正式定型后，历经宋、元、明各朝和清朝前中期，"大模样基本没变"地延续数百年，直到"西风东渐"才开始近代化嬗变。

1. 中国古代官报向近代官报嬗变的"先声"

中国古代官报向近代官报嬗变的先声是林则徐在广州禁烟期间组织翻译编写的《澳门新闻纸》（亦称《澳门月报》）。内容重点在禁烟和军事方面，主要选自广州出版的《广东纪录报》和《广州周报》及澳门可买到的新加坡、孟买、加尔各答、伦敦和悉尼等地出版的外文报纸。内容开始于1838年7月16日，1839年7月23日后内容连续，1840年11月7日止。[①] 它产生于西方文明进入中国沿海地区之后，翻译的是"西人"在澳门出版（或澳门买得到）的外文报刊；有关新闻信息的搜集翻译是林则徐利用政府资源所进行的，《澳门新闻纸》是政府部门行为，为政府服务；《澳门新闻纸》由林则徐直接组织人员操作并经林则徐审定后编写，《澳门新闻纸》内容立场和倾向代表政府（官员）立场和倾向。林则徐组织翻译编写《澳门新闻纸》的目的是向朝廷（官员）通报西方对广州禁烟活动反映和影响。但《澳门新闻纸》仅向两广总督、广东巡抚、海关等通报消息，属下情上达新闻信息传播，限于部分特定社会成员（官吏）间传播，只是具有部分近代官报功能，故称之为"先声"。

2. 中国古代官报近代化嬗变的"试水"

1896年1月20日，清廷查禁京师强学会及其机关报《中外纪闻》（原名《万国公报》）[②]后，1月29日把强学会所办的"强学书局"改为"官书局"，并在《中外纪闻》基础上编印《官书局报》和《官书局汇报》。编印《官书局报》和《官书局汇报》的是朝廷官员，用的是朝廷提供的资源，代表的是朝廷的立场和倾向，目的是为朝廷服务。且《官书局报》对"各路电报只选择有用

---

① 方汉奇.中国新闻事业通史［M］.北京：中国人民大学出版社，1992：455.

② 方汉奇.中国新闻事业通史：第1卷［M］.北京：中国人民大学出版社，1992：543页注释③：上海基督教三自爱国委员会图书馆所藏北京《万国公报》第1册封面上有李提摩太英文批注说："刊名与广学会机关报《万国公报》完全相同，后来经我建议更改，以免两相混淆。"

者，照录原文，不加议论。凡有关涉时政，臧否人物，概不登载"①，基本和林则徐的《澳门新闻纸》相同。然而这种摘译通报外国报纸内容的官报也没能长久，戊戌变法失败后就被"一并裁撤"了。

中国古代朝廷官报近代化嬗变的正式"试水"应始于1898年7月17日，康有为请求皇帝降旨把由汪康年等集资创办的《时务报》收归朝廷，改办为《时务官报》，光绪首肯批转吏部尚书管学大臣孙家鼐付诸实施。7月26日孙家鼐奉旨议复称"拟请准如所奏"并"谨拟章程三条。"② 9月19日，康有为在光绪帝"工部主事康有为，前命其督办官报，此时闻尚未出京，实堪诧异。……着康有为迅速前往上海，毋得迁延观望"③严词催促下离京抵沪并启用"官报关防"（公章），着手接办《时务报》、筹办《时务官报》。因有张之洞背后撑腰，汪康年抗旨拒缴报纸，康有为处于前后失据的尴尬境地。9月26日（慈禧太后恢复垂帘听政第五天），朝廷以光绪帝名义颁下"矫诏"称"时务官报无裨治体，徒惑人心，并着即行裁撤"。④《时务官报》还没有来得及"出生"就被"即行裁撤"而"胎死腹中"。

3. 中国古代朝廷官报近代化嬗变的完成

中国古代官报完成近代化嬗变的标志是袁世凯于1901年12月25日在天津创办的《北洋官报》（亦称《直隶官报》）。袁世凯支持下的该报与《官书局报》"大不同"，既保持传统官报底色又呈现出新格局。"传统官报"底色如卷首为"圣谕""上谕"，每卷（期）上刊载"诰诫式之序文"一篇；"新格局"是设置了旧官报没有的"本省学务、本省兵事、近今时务、农学、工学、商学、兵学、教案、交涉（外交）"⑤ 等近代化内容的栏目（后又增"外省新闻"和"各国新闻"等）。尽管不土不洋，不伦不类，但在当时却产生了极大冲击力。北京农工部商务官报局于1906年4月28日出版的《商务官报》是中国第一种由政府部门创办的近代专门官报。

中国近代官报成熟的标志是1907年11月5日清廷考察政治馆编印的《政治官报》。它向社会昭示"凡是政治文牍，无不详慎登载"即代表政府发布官方

---

① 戈公振. 中国报学史［M］. 上海：上海书店出版社，2013：40.
② 倪延年. 中国新闻法制通史·第五卷·史料卷（上）［M］. 南京：南京师范大学出版社，2015：82-84.
③ 戈公振. 中国报学史［M］. 北京：中国新闻出版社，1985：40.
④ 倪延年. 中国古代报刊发展史［M］. 南京：东南大学出版社，2001：279.
⑤ 史和，等. 中国近代报刊名录［M］. 福州：福建人民出版社，1991：117.

信息；公开宣布"凡私家论说及风闻不实之事，一概不录"，① 体现其官方言论机关的权威和公信。尽管《政治官报》仍设"谕旨""宫门钞"，但主体栏目为"电报、奏咨、奏折、咨札、法制、章程、条约、合同、报告、示谕、外事、广告、杂录"② 等，其中"电报"栏刊载重要社会、政治性新闻，"法制""章程""条约""合同""外事""广告"和"杂录"等栏内容也具有社会新闻特点，已不再局限朝政新闻而涵盖社会新闻内容；是为"使绅民明悉国政，预备立宪基础"，读者对象已由旧官报读者的朝廷命官群体变为各阶层"绅民"。1911年8月19日，清廷内阁印铸局接办《政治官报》改办内阁机关报《内阁官报》，8月24日《内阁官报》出版③。规定"凡京师各衙门通行京外文书，均由《内阁官报》刊布，各衙门毋庸再以文书布告"，"凡法令除专条别定施行期限外，京师以刊登《内阁官报》之日始，各行省以《内阁官报》递到之日起，即生一体遵守之效力"④。朝廷近代官报已成熟了。

（二） 由朝廷官办渐渐嬗变为民办的《京报》

随着西方近代新闻纸传入和中国社会对政治新闻关注程度加强，清廷传统官报《京报》慢慢社会化。清咸丰元年（1851年），时任江西学政的张沛在奏折中称"《京报》内容简略，寄递迟延，价贵难得"。如果张沛动用如后世机关办公经费去支付"报费"，那也就和当今的"公费订阅"报纸相似，尽管还主要是"官报"性质，但官员"阅报要付费"这一现象的出现，又使得江西学政张沛得阅《京报》在性质上似乎又不完全相同。

经过数十年的发展演变，原有朝廷提塘报房编印传播的《京报》逐渐演变成为以报道朝政新闻为主要内容并得到朝廷默认的民间《京报》。光绪十一年（1885年），时任清朝海关"总税务司"的英人赫德在给英国政府电报中称："京报是外国人对数家私人经营的报纸的统称。他们刊登所能获得的奏折及法令，并非官办的报纸。只有在偶然的情况下，才包括真正重要的官方的文件。法令及规章必须由皇帝发布圣旨，经宫廷正式存记备案。所有法令必须经由皇

---

① 政治官报章程［M］//戈公振. 中国报学史. 北京：中国新闻出版社，1985：43.
② 史和，等. 中国近代报刊名录［M］. 福州：福建人民出版社，1991：247.
③ 《中国近代报刊名录》：第93页载《内阁官报》于1909年（宣统元年）曾出版过八期。1911年8月24日（宣统三年七月初一）起改为每日出版。但即使是醇亲王载沣组织"皇族内阁"也是在1911年5月8日。在此之前出版《内阁官报》似乎可能性不大。
④ 《内阁官报》条例［M］//戈公振. 中国报学史. 北京：中国新闻出版社，1985：44-45.

帝颁旨及存记。而刊登于京报与否，则非必须条件。"① 这是公开发行的民间《京报》。

光绪三十年（1904年）二月，北京各京报房经"公议"后以统一价格销售《京报》。"公议"结果以《京报房公启》形式向社会发布。称："启者：本行承办《京报》历有年所，按月取资，价目原未划一。从前酌益济虚，尚可敷衍。近今百物增昂，于报资多有萧索者，以致刻下赔累不堪。兹由甲辰二月初一起，将报资酌定一律。价目：大本八页，小本十页，每报每月取钱三吊；大本四页，小本五页，每月钱二吊。按日送阅宫门钞、上谕条，每月钱一吊。此后皆依定价送阅。庶阅者概不多费，于送者亦可借免赔累矣。特此谨白。京报房公启。"② 此时的京报房应是完全意义上的民间报房了。到清王朝覆灭时，见于记载和有原报可查的北京民间报房"不下10余家"。③ 除了在北京编印的《京报》外，还有以北京《京报》为母本翻印的"良乡报"④ 等。

二、中国近代新闻报刊的诞生和发展

"中华民国时期"（从孙中山于1912年元旦宣告成立南京临时政府到人民解放军于1949年4月23日占领南京），是距中华人民共和国（当代中国）最近的时代，故本书称为"近代"，历时近40年。"中国近代新闻媒介"简单说就是"中华民国时期"的中国新闻媒介。随着时代和科学技术发展，中国近代新闻媒介在新闻报刊之后，相继出现了新闻电影、新闻广播等新兴媒介。

（一）中国近代新闻报刊的起源和发展

中国近代新闻报刊是一个内涵丰富和情况复杂的社会现象，既包括官方即政府经办的报刊（官报），也包括政党经办的报刊（党报），还包括民间资本经办的报刊（民报），在这一历史阶段都经历了"天翻地覆"的变化。

1. 中国近代官报的起源和发展

中国近代官报诞生于孙中山领导创建的中华民国诞生之后，但它的起源却是在中华民国南京临时政府于1912年元旦宣告成立之前。

（1）中国近代官报的起源。中国近代中央官报的正式起源是武昌反清起义胜利后成立的中华民国鄂（湖北）军政府创办的《中华民国公报》。1911年10

---

① 潘贤模．清初的舆论与钞报［J］．新闻研究资料．1981（3）：257．
② 黄卓明．中国古代报纸探源［M］．北京：人民日报出版社，1983：167．
③ 方汉奇．中国新闻事业通史：第1卷［M］．北京：中国人民大学出版社，1996：208．
④ 戈公振．中国报学史［M］．北京：中国新闻出版社，1985：35．

月11日即辛亥首义次日，湖北军都督府在武昌阅马场谘议局成立，推举黎元洪为都督，此为第一个以"中华民国"为国号的资产阶级共和省级政府。1911年10月16日，《中华民国公报》在湖北武昌创刊出版第一号报纸，系革命党人利用清廷湖广总督府官报局印刷设备和物资创办的湖北军政府机关报。第一任主编张樾，总经理牟鸿勋。"本报为中华民国军政府之机关报，故定名为中华民国公报，以现在注重在军政，故暂属于鄂军都督府。"宣称"以军政府之宗旨为宗旨，大要以颠覆现今之恶劣政府，改建共和民国为主义"，"在于开通民智，鼓荡民气，推倒恶劣政府而建立共和民国"①及"以颠覆现今之异族恶劣政府，建简单社会主义民国为极大之愿望"②。《中华民国公报》引领了革命军起义胜利后建立的各地"军政府"纷纷创办机关报。如湖北汉口军政分府机关报《新汉报》（1911年10月22日），湖南军政府机关报《长沙日报》（1911年10月23日），浙江军政府机关报《汉民日报》（1911年11月8日），江苏都督府机关报《江苏大汉报》（又名苏州《大汉报》，1911年11月10日），常州军政府机关报《新民日报》（1911年11月11日），重庆蜀军政府机关报《皇汉大事记》（1911年11月25日），山西军政府机关报《山西民报》（1911年11月29日），四川军政府机关报《四川军政府官报》（1911年12月2日）和《四川独立新报》（1911年12月28日）等。

（2）中国近代中央政府机关报的诞生。中国近代中央政府机关报正式诞生的标志是中华民国（南京）临时政府的机关报《临时政府公报》于1912年1月29日在首都南京创刊。临时政府总统府公报局（局长但焘）编纂，总统府印铸局工厂印刷。外埠经售处有上海的民立报、大共和报、时报、申报、新闻报、天铎报、时事新报、启民爱国报、神州（日）报、中外日报；广州的中国日报；天津的民意报；旧金山的大同报、中西报和少年报及檀香山的自由新报等③。《临时政府公报》申明"以宣布法令、发表中央及各地政事为主旨""政府对于各地所发令示或宣布法律，凡载登本报者公文未到，以本报到后为有效""暂定门类六，曰令示、曰电报、曰法制、曰纪事、曰抄译外报、曰杂报"。④《临时政府公报》的创立标志着中国近代中央政府机关报的正式诞生。

通过"将政府的一切法律法令及时予以发布"，让社会各界了解认识"中华民国"的"所以然"和"之所以然"。名称中"公报"一词向社会昭示政府宗

---

① 本报出版简章［N］. 中华民国公报，1911-10-16.
② 中华民国公报馆章程［N］. 中华民国公报，1911-11-14.
③ 本馆特白［N］. 临时政府公报，1912-02-06.
④ 本报暂行则例［N］. 临时政府公报，1912-02-03.

旨以"公"为旨归,为公共利益服务、向全社会公开临时政府大政方针、公民可平等自由获知政府施政活动信息。无论是《北洋官报》《南洋官报》,或是《政治官报》和《内阁官报》,都是以"官"名之,标志其"官方"编辑、从"官方"利益出发、为"官方"服务的性质。"公报"和"官报"这一字之差标明封建地主阶级(最高代表皇帝)和资产阶级(革命党人)的政治追求和思想境界有着本质区别。

(3) 中国近代中央官报的发展。南京临时政府实际运行不满四个月即"北迁"办公。1912年4月29日,北京临时政府参议院在前资政院开幕,"临时大总统"袁世凯莅会做施政报告。[①] 北洋军阀首领袁世凯主导的北京临时政府正式运作,中国近代中央政府机关报进入新的阶段。

①袁世凯筹建北京政府时期的过渡官报。清廷裕隆太后于1912年2月12日所颁的《清帝退位授袁世凯全权组织临时共和政府谕》中被袁世凯加上[②]了"由袁世凯以全权组织临时共和政府与民军协商统一办法"[③]。次日即2月13日(辛亥年十二月二十六日,农历腊月二十六日)《临时公报》在北京创刊。第一本《临时公报》内容包括由"内阁总理大臣袁世凯署名"清廷隆裕皇太后颁下的"着授袁世凯以全权研究一切办法,先行迅速与民军商酌条件奏明请旨"的懿旨;由内阁总理大臣袁世凯及清廷各大臣共同署名的清廷隆裕皇太后所颁关于接受南北方代表商定的清帝退位优待条件和"由袁世凯以全权组织临时共和政府与民军协商统一办法"的懿旨和《大清皇帝辞位之后优待之条件》。清廷"授袁世凯以全权研究一切办法先行迅速与民军商酌条件",为他和南方革命党人谈判提供了筹码,清隆裕皇太后"清帝退位懿旨"既为他攫取辛亥革命成果提供了垫脚石,又把革命党人压下一"头",使他顺利登上"全权"高位。《临时公报》设有近30个栏目,其中电报、公呈、报告、公函、批呈、附录、命令等是经常性栏目。

②北京政府时期的政府报刊。北京临时参议院于1912年4月29日举行开幕礼。袁世凯主导的北京临时政府正式开张。在《临时公报》基础上于5月1日创刊的《政府公报》出版至1915年底(1310号)停刊。次年1月6日改出《洪宪公报》(第1号)。袁世凯称帝失败宣布"洪宪年号应即废止,仍以本年

---

① 张宪文,等. 中华民国史:第1卷[M]. 南京:南京大学出版社,2005:115.
② 杨天石. 帝制的终结[M]. 长沙:岳麓书社,2013:359.
③ 清帝退位授权袁世凯全权组织临时共和政府谕[M]//中华民国史档案资料汇编(第1/2辑). 南京:凤凰出版社,1991:80.

为中华民国五年"① 后,《洪宪公报》自 1916 年 3 月 24 日起(第 78 号)改回《政府公报》,直到 1928 年 6 月停刊。除《政府公报》外,北京政府一些部、局也办有公报,如《司法公报》《交通月刊》《交通公报》《教育公报》《外交公报》《商标公报》《农商公报》《航空月刊》及《宪政会议公报》等。

北京政府时期的政府官报中出现一个新序列,即孙中山领导的国民党创办的"政府公报",如《军政府公报》(1917 年 9 月 17 日创刊)、《陆海军大元帅大本营公报》(1922 年 1 月 30 日创刊于广西桂林)、《陆海军大元帅大本营公报》(1923 年 3 月 9 日在广州复刊)、《中华民国国民政府公报》(1925 年 7 月 1 日在广州创刊。1926 年 11 月 30 日停刊)。

③南京政府时期的政府公报。南京政府时期出版时间最长的中央政府公报是孙中山逝世后不久广州国民政府于 1925 年 7 月 1 日创办的《中华民国国民政府公报》(半月刊,1927 年 4 月 30 日停刊)。1927 年 4 月 18 日蒋介石成立"中华民国国民政府"并以南京为办公地后,《中华民国国民政府公报》于 1927 年 10 月 1 日迁南京复刊,编号前加"宁字"(如"宁字第×号")。淞沪战役爆发,南京政府于 1932 年 2 月 29 日迁都洛阳,"公报"迁洛阳出版后刊期编号加"洛字"(如"洛字×号"),1932 年 11 月 30 日停刊。1932 年 12 月 1 日迁回南京。1937 年 10 月 31 日停刊迁往重庆,编号前加"渝字"(如"渝字×号"),1946 年 5 月 4 日停刊。1946 年 5 月 6 日在南京复刊,至 1948 年 5 月 20 日停刊。"行宪"后政府首脑改称"总统",《中华民国国民政府公报》于 1948 年 5 月 20 日改为《中华民国总统府公报》。1949 年 4 月 21 日人民解放军打过长江,代总统李宗仁和行政院长何应钦决定"总统府及国防部迁沪"② 后停刊。《中华民国政府(总统府)公报》包括宣言、训词、政府命令、处令、院令、部令、训令、指令、委任令、法规、公函、通告、代电及附录等。南京政府期间还先后创办《国民政府立法院公报》《国民政府行政命令公报》《国民政府考试院公报》及《国民政府资源委员会公报》《经济部公报》等政府公报。

(4)南京政府时期的执政党机关报。南京政府时期的官办报刊中出现的另一个新类型,即是执政党利用社会资源创办,为宣传该党政治主张并为一党利益服务的政党机关报。影响最大是国民党中央机关报《中央日报》。

《中央日报》1927 年 3 月 22 日由汪精卫主持创刊于湖北汉口,1927 年 9 月

---

① 废除洪宪年号申令 [N]. 政府公报, 1916-03-24.
② 韩信夫,姜克夫. 中华民国大事记:第 5 册 [M]. 北京:中国文史出版社,1997:894.

15日停刊。南京政府成立后，国民党中央于1928年1月11日拨款5万元，以与陈布雷关系密切的上海《商报》馆为基础创办《中央日报》，社长丁惟汾、总经理潘宜之和陈君朴，代理主任彭学沛，胡汉民、吴稚晖、戴季陶、李石曾、陈布雷、叶楚伧、蔡元培、杨杏佛等任编辑部委员。

1928年6月《设置党报条例》颁布后，上海《中央日报》于11月1日停刊。1929年2月1日在南京复刊，序号接上海《中央日报》。中国国民党中央执行委员会宣传部部长叶楚伧、副部长邵力子分别兼任社长、副社长，日常事务由总编辑严慎予、总经理曾集熙实际负责，以"拥护中央、消除反侧、巩固党基、维护国本"① 为职责。1932年5月国民党中央执委会任命程沧波任《中央日报》社长。程沧波提出"经理部要充分营业化、编辑部要充分学术化、整个事业当然要制度化效率化"② 口号，着手整顿《中央日报》：组织上社长直接向国民党中常会负责制；对外淡化国民党色彩称"本报为党之喉舌，即为人民之喉舌"；业务采取"多登（社会）新闻的政策"、整顿会计制度和努力扩大发行；更新报馆设备，日发行量由9000份一跃升到3万份以上。1932年9月创办《中央夜报》，11月创办《中央时事周报》，1937年6月发行《中央日报》庐山版，成为国民党内实力最雄厚的党报。

1928年7月23日，国民党第158次中常会通过的《设置党报办法四项》决定在"首都、上海、汉口、重庆、天津或北平、广州或开封、太原、西安各地设一党报，由中央直接管理，各省省党部得于其所在地设一党报，归各该省省党部负责、经理、指导"，"中央直属党报经费由中央支出，省级党报由省党部支出"③。主要如《华北日报》（1929年1月1日出版）、《武汉日报》（1929年6月10日创刊）及天津《民国日报》、西安《西京日报》、北平英文《北平导报》、济南《民国日报》、福州《福建日报》等。此后虽有变化，但蒋介石处于国民党中心地位没有变，蒋介石作为"党国"最后决策者地位没有变，国民党党报的"反共拥蒋"立场及"一个政党、一个主义、一个领袖"的舆论基点也没有变。国民党其他派系也办有机关报。如改组派的《革命评论》和《前进》，再造派的《民众日报》《再造旬刊》，"第三党"的《革命行动》《行动日报》，"新桂系"的《南宁民国日报》《广西公报》《广西省政府公报》等，"晋系"则办有《晋阳日报》《山西日报》《太原日报》《并州日报》《中报》等。

---

① 赖光临. 七十年中国报业史 [M]. 台北："中央"日报社, 1981: 124.
② 程沧波. 七年的经验 [M] // 程其恒. 记者经验谈. 台北: 天地出版社, 1944: 56.
③ 设置党报办法四项 [M] // 中国第二历史档案馆. 中国国民党中央执行委员会常务委员会议录：第5册. 桂林：广西师范大学出版社，1999：430-431.

(5) 中国近代官报中的另类——敌伪汉奸卖国政权的所谓"机关报"。1931年9月18日，日本军队制造"九一八"事变。数月后在东北扶持成立所谓的"满洲国"。随着日军入侵铁蹄不断深入中国内地，听命于日本侵略者或由日本人出任"顾问"直接操纵的汉奸傀儡政府相继出现。为欺骗中国民众及维持政府运转，出现了利用社会资源出版开本大小、时间长短不一的汉奸政府公报。其中最有代表性的是汪精卫汉奸伪政府的《中华民国国民政府公报》，该"公报"于1940年4月创刊于汪伪"首都"南京，声称"继承"孙中山在广州创办的《中华民国国民政府公报》。除汪伪"政府公报"外，汉奸王克敏的北京伪"中华民国临时政府"、汉奸梁鸿志的南京伪"中华民国维新政府"等也都出过所谓的"政府公报"。日本"无条件投降"后，这些所谓的"政府公报"也成了历史泡沫。

(二) 中国近代民营报刊的孕育和发展

鸦片战争爆发前，中国沿海经济开放和发展程度较高的城市如广东广州或江苏苏州就已经出现了中国近代民间报刊的萌芽。

1. 中国近代民间报刊萌芽的孕育

中国近代民间报刊的起源应可追溯到鸦片战争前出现的由经济较为发达的广州、苏州等地人士编印并公开销售的"报纸"或"新闻纸""辕门抄"。

(1) 公开叫卖的"新闻（报）纸"。美国商人威廉·亨特在《古中国拾零》一书中说他在广州时了解"特殊事件有如地震、灾荒、战争及群众非法暴动等，只能靠看单张的印件……这类报纸有时还会有插图。……有时你会听见街上高声叫卖新闻纸。我们在广州知道的第一件新闻是法船 NAVIGATEUR 号船长、SAII ARROWMAN 在1828年遭受海盗袭击。还有英船 TROUGHON 于1835年1月在海南附近沉没，都是从这单张新闻纸上晓得的"①。由上可知在广州"单张的新闻纸"出现于1828年后，至少出版到1835年1月，连续出版近十年。当时已出现"报纸"和"新闻纸"称谓。内容以"地震、灾荒、战争、群众非法暴动"及"沉船"和"海盗"等社会新闻为主。是合法并公开销售的，不仅连续看到"单张的印件"，还听到"街上叫卖新闻纸"。大概民间新闻纸还没危及政府利益和权威，不影响政府施政，所以官府还让它编印并"高声叫卖"。

(2) 民间自行编印的"辕门抄（钞）"。1836年5月前，广州就出现由当地民间报人自行搜集新闻、编写刻印和出版发行的辕门抄。美国传教士裨治文

---

① 潘贤模. 清初的舆论与钞报［M］//方汉奇. 中国新闻事业通史：第1卷. 北京：中国人民大学出版社，1996：230.

说广州辕门抄是"蜡版，单面印刷，字迹模糊。每日出版一张。刊载内容无须政府检查。每日黄昏时节，报房派员至督抚衙门，向值班的执事人员取得辕门抄（文稿）。内中历述当日总督大人接见宾客及拜会活动。翌日清晨，辕门抄便行出版。"①"每日出版一张"可见已是有规律地出版，具有近代报纸的"定期性"；"刊载内容无须政府检查"表明报纸运作是民间报人独立运行（督抚衙门只是提供新闻内容，新闻取舍由民间报人决定）；"蜡版，单面印刷，字迹模糊"表明"辕门抄"采用近代蜂蜡制板技术印刷，所载新闻对读者具有吸引力，尽管"字迹模糊"但也有人买去看。

（3）载有报人自采新闻内容的"辕门抄"。自采（打探）获得新闻在辕门抄上刊载是民办报纸内容社会化的重要标志。苏州地区的辕门抄每两三天或四五天出版一期，每期一个单页。内容包括上谕、江藩牌示和官场信息。上谕部分比例较小且不是每期都有。江藩牌示主要是省内各级官员的差委任免，大都是照发牌示的原文。官场信息包括省内官员的请假、转假、销假、禀到、辞行、就医、丁忧、起餐、某某官衔命到某地公干，中枢或外省某长官因公或因私抵达省内某地，省籍京官的升黜、省内候补官员的月考考期及某某官员及官太太的寿辰等各方面的消息。其中有一些消息很明显是报抄报人从有关方面采访得来的。②官场信息和传统民间报纸相仿，但其来源的"探得"很明显出自民间报人；"某某官员及官太太的寿辰"则属于和官场无关的社会新闻。由此我们认为清朝后期苏州等地的"辕门抄"已从传统民间报刊开始向近代民间报刊嬗变——多说一句，即使没有西洋传教士把新式报章带进中国，在中国自身内部的资本主义经济发展起来后，也同样会出现民间性质的近代新闻报纸。

2. 中国近代民间报刊萌芽的出现

英国传教士马礼逊及米怜、德籍英国传教士郭实腊以及英国商人美查等人在华创办的近代中文报刊，为国人创办近代报刊提供了学习的可能。

（1）《昭文新报》的创刊。中国近代民间报刊萌芽正式出现的标志③应是1873年8月艾小梅在湖北汉口创刊的、内容以"奇闻轶事居多，间有诗词杂作"

---

① 潘贤模. 清初的舆论与钞报[M]//方汉奇. 中国新闻事业通史：第1卷. 北京：中国人民大学出版社，1996：226.
② 方汉奇. 中国新闻事业通史：第1卷[M]. 北京：中国人民大学出版社，1996：26-227.
③ 《中国近代报刊名录》：第167页载："《羊城采新实录》又名《采新实录》，中国人自己主办的早期报纸，1872年创刊，在广州出版，不久旋停。"因无实物、无报人、无报纸介绍，故暂不作为近代报纸萌芽。

且"仿香港上海之式而作"的《昭文新报》。该报内容除报道各类新闻外，还"间有诗词杂作"，这似乎有点像后世报纸的文艺副刊。报纸明确表示是"仿香港上海之式"，可见《昭文新报》是艾小梅模仿外国在华近代新闻报纸创办的中国近代民间商业报纸。从这个意义上讲，艾小梅创办的《昭文新报》应该是我国新闻史上有文献可证的信息较为完整的近代民营报纸。

（2）1883年12月20日，广东省南海、番禺知县联合发出布告称"访闻近有不法之辈伪造谣言，并私自刊刻新闻纸等项，沿街售卖。本月初五、六两日，竟有一、二徒欲聚众礼拜堂滋扰，借生事端，实属愍不畏法"，"倘经此次示谕之后，尔等仍复有伪造谣言，刊卖新闻纸及聚众滋扰名节，即以谣言滋事之罪，按律惩办，决不姑宽"。① 这则布告出自广东地方官府，使用"新闻纸"称谓，地方政府以"布告"公开禁止，民间"新闻纸"的社会影响可见一斑。

3. 中国近代民间报刊萌芽后的发展

中国民间报刊萌芽出现后，首先创办的是由民间资本支持的团体报刊。特点是办报的资本来自民间团体或个人捐给民间团体的资本，而报刊则是宣传团体政治理想的载体。

（1）资产阶级保守派与近代民间报刊。中国早期资产阶级知识分子中大部分是由传统封建知识分子接受西方资本主义学说后蜕变而来。创办报刊最早出名的是以康有为、梁启超为政治领袖的资产阶级改良派创办的政论报刊《万国公报》《中外纪闻》及《强学报》。

康有为于1895年8月17日创办了中国资产阶级改良派的第一份报刊《万国公报》，之所以"袭用"外国传教士所办《万国公报》之名是为了"以利推广"。果然一时风行，一个多月后发行量达3000份。维新派刊物与广学会机关报《万国公报》同名，被时任广学会总干事的英国传教士李提摩太得知后遂即"建议更改"②。北京《万国公报》同年12月16日改名为《中外纪闻》并正式成为北京强学会机关报。1896年1月20日，光绪帝在后党压力下降旨查禁强学会。《中外纪闻》刊行一月零五天停刊。康有为离京赴沪后于1895年11月组织上海强学会（上海强学书局）。1896年1月12日创《强学报》。北京强学会被禁后的1896年1月26日，上海《申报》刊载"强学停报"的"同人公启"称："昨晚七点钟，南京来电到本馆云：自强学会报章，未经同人商议，遽行发刻，

---

① 黄瑚. 中国近代新闻法制史论［M］. 上海：复旦大学出版社，1999：59-60.
② 方汉奇. 中国新闻事业通史：第1卷［M］. 北京：中国人民大学出版社，1996：543-544.

内有廷寄及孔子卒后一条,皆不合。现时个人星散,此报不刊,此会不办。"①《强学报》停刊。

上海《时务报》带着鲜明政治印记走上报坛。梁启超首创的"时务文体"轰动报坛。维新运动在皇帝支持下兴起,维新派报刊"旧火"复燃,尤以湖南、广东、澳门等地为最。"百日维新"随着慈禧太后"垂帘听政"失败。六君子血洒菜市口。康梁出走东瀛国。梁启超受康有为指使于1898年12月31日在日本横滨创办《清议报》宣扬"光绪圣德"。因火灾停刊后又创办"欲维新吾国,当先维新吾民"②的《新民丛报》,在开阔国人视野尤其启发青年思考和接受西方自由、平等及反对封建专制等方面影响很大。但因其坚持改良立场,仇视和抵制民主革命,最后沦落到"与其共和,不如君主立宪;与其君主立宪,又不如开明专制"地步,成为历史笑柄。清廷"预备立宪",康有为把"保皇会"改名"中华帝国宪政会",指使国内弟子办报和组党以在国会多争席位。但还没等到"立宪",辛亥首义枪声就响了。

(2) 资产阶级革命派与近代民间报刊。孙中山是资产阶级革命派中第一个从事反清新闻宣传的政治人物。1893年7月18日(清光绪六月六日)澳门土生葡人飞南第在澳门创办新闻周刊《镜海丛报》,孙中山就"参与了该丛报的发行工作"③。而后参加或指导了中国同盟会机关报《民报》的创办等一系列新闻报刊活动。

1900年1月25日,孙中山派陈少白在香港创办兴中会机关报《中国日报》。1903年9月在檀香山把《隆记檀山新报》改组成兴中会机关报。1905年11月26日,中国同盟会机关报《民报》在日本创刊,孙中山撰写④的《发刊辞》第一次提出"民族主义、民权主义和民生主义"⑤的革命纲领,成为辛亥革命最有号召力的口号。国内反清宣传最有影响的是上海《苏报》。报馆老板陈范于1900年购得"日商"报纸《苏报》。1902年冬首辟《学界风潮》专载爱国学生运动消息。1902年11月爱国学社成立。陈范《苏报》和爱国学社合作。1903年5月章士钊被陈范聘为《苏报》主笔,《苏报》连续发表《康有为》《密谕严拿留学生》《读〈革命军〉》和《康有为与觉罗君之关系》等"重磅文章",成

---

① 强学停报[N].申报,1896-01-26.
② 梁启超.本刊告白[N].新民丛报:创刊号,1902-02-08.
③ 费成康.孙中山和《镜海丛报》[M]//澳门基金会,上海社会科学院.镜海丛报(影印本).上海:上海社会科学院出版社,2000:9.
④ 陈锡祺.孙中山年谱长编:上册[M].北京:中华书局.1991:363.
⑤ 孙中山.发刊词[N]民报,1905-11-26.

221

为影响巨大的反清革命报纸。"《苏报》案"后，章炳麟出狱后被接往日本主编同盟会机关报《民报》，邹容则瘐死租界监狱。

同盟会成立后国内反清新闻宣传的重点地区是上海。上海反清报刊又以于右任先后创办的《神州日报》及"竖三民"（《民呼日报》《民吁日报》和《民立报》）最为时人和后人称道。1907年4月2日在上海创刊的《神州日报》以"以祖宗缔造之艰难和历史遗产之丰实，唤起中华民族之祖国思想""激发潜伏的民族意识"①为宗旨，只印干支、而不印清帝年号，以革命派视角和立场对国内外大事发表观点，成为当时上海地区销路最广的报纸。② 5月8日报社遭火灾但仅停报一天就恢复出报。6月20日于右任辞职《神州日报》后，又于1908年8月27日集股办报称："以为民请命为宗旨，大声疾呼，故曰'民呼'。"③ 1909年5月15日《民呼日报》创刊。于右任自任社长，陈飞卿为总主笔。以"实行大声疾呼""为民请命"为宗旨。④ 因揭露清廷陕甘总督升允治下匿灾不报、天赋不免造成赤地千里人相食而被诬告。同年8月2日，上海公共租界会审公廨派警探将于右任等拘至捕房。⑤ 报纸于8月14日停刊。9月8日出狱的于右任，9月29日在上海各报登载《〈民吁日报〉出世》广告称："本社近将《民呼日报》机器生财等一律盘过，改名《民吁日报》。""内容外观，均擅海内独一无二。"⑥ 1909年10月3日《民吁日报》创刊，在法国驻沪领事处登记注册。发行人朱葆康，社长范光启，实际仍由于右任负责。因集中揭露和抨击日本帝国主义的侵华野心和罪行，日本驻沪总领事松冈照会清廷苏松太道蔡乃煌称"《民吁日报》……有碍中日两国邦交，请将该报惩办。"蔡乃煌即札饬会审公廨，租界捕房于11月19日查封该报，社长范光启被传讯。1909年11月29日判决"该报永远停止出版""机器不准做印刷报纸之用"。于右任再办新报，《民立报》于1910年10月10日创刊。于右任仍自任社长，骨干全为同盟会会员，同盟会中部总部成立后被定为机关报。民国成立后继续出版。

4. 中国近代民间报刊的诞生及发展

南京临时政府标榜言论和新闻自由政策，政府通过新闻政策体现对新闻业

---

① 傅德华. 于右任辛亥革命文集 [M]. 上海：复旦大学出版社, 1986：259.
② 方汉奇. 中国近代报刊史 [M]. 太原：山西教育出版社, 1981：481.
③ 傅德华. 于右任辛亥革命文集 [M]. 上海：复旦大学出版社, 1986：18.
④ 方汉奇. 中国新闻事业通史：第1卷 [M]. 北京：中国人民大学出版社, 1996：867.
⑤ 冯自由. 上海《民呼日报》小史 [M] // 冯自由. 革命逸史：中. 北京：金城出版社, 2014：516.
⑥ 冯自由. 上海《民呼日报》小史 [M] // 冯自由. 革命逸史：中. 北京：金城出版社, 2014：519.

的支持和扶持，而不是直接地拨款予以经费资助。

（1）南京临时政府时期的民办报刊

南京政府时期的民办报刊主要有用非政府资源创办的政党（团体）的机关报刊、商业资本经办的民办报刊及外国资本在中国经办的新闻报刊。

①南京临时政府时期的民间政党（团）报刊。临时政府时期继续出版的同盟会报刊主要有：于右任创办的《民立报》因他出任临时政府交通部"次长"，报纸改由从英国留学归国的章士钊（行严）具体负责。汤寿潜于1910年3月11日创办的《天铎报》，总主笔改为李怀霜后继续出版；1911年2月8日创刊的北京《国风日报》，社长白逾恒、主持人景定成。创刊不久被禁停刊，1912年2月复刊。1911年1月3日创刊的《大江报》，因载《大乱者，救中国之药石也》等时评被封，1912年3月在汉口复刊。孙中山为争取国际舆论对中国革命的支持[①]，委托美国人密勒出面[②]于1911年8月29日创办的《大陆报》（英文）等。临时政府成立后同盟会创办的报纸如南京《中华民报》（日报）、武汉《民心报》和《春秋报》、广州《民生报》和《中国日报》、安徽《安徽船》、福建《共和报》和四川《中华报》等。

1912年1月3日，南京各省代表会否决了孙中山提名章炳麟任教育总长，改由蔡元培任教育总长。章炳麟当天宣布脱离同盟会与程德全、张謇等成立"中华民国联合会"。[③] 次日在上海创办机关报《大共和日报》自任创办人兼社长，声称"民主立宪、君主立宪、君主专制，此为政体高下之分，而非政事美恶之别。专制非无良规，共和非无秕政"[④]。1912年3月2日和"预备立宪公会"合成统一党，"以反对中国同盟会为职志"，[⑤] 成为统一党机关报。1912年1月16日，黎元洪联络王正廷、孙武等发起成立民社。吴稚晖为总干事，黎元洪任理事长。[⑥] 1912年2月20日创办机关报《民生日报》，总编辑黄侃，后转为共和党机关报。此外还有中国社会党《人报》（1912年1月20日创刊南京）、中华民国工党《觉民报》（1912年1月21日创刊上海）、中国社会党机关报《社会日报》（1912年2月1日在上海创刊）、共和党《群报》（1912年2月18

---

① 吴廷俊. 中国新闻史新修［M］. 上海：复旦大学出版社，2008：117.
② 马光仁. 上海新闻史：1850—1949［M］. 上海：复旦大学出版社，1996：391.
③ 邱远猷，张希坡. 中华民国开国法制史：辛亥革命法律制度研究［M］. 北京：首都师范大学出版社，1997：320.
④ 章太炎. 大共和日报发刊词［N］. 上海大共和日报，1912-01-04.
⑤ 谢彬撰. 民国政党史［M］. 北京：中华书局，2007：41.
⑥ 谢彬. 民国政党史［M］. 北京：中华书局，2007：42.

日创刊武昌）和《政论日报》（1912 年 1 月创刊四川重庆）、统一党《益报》（1912 年创刊四川重庆）和《公论日报》（1912 年 2 月 25 日创刊成都）、共和党《政进报》（日报，1912 年 3 月 27 日创刊成都）、演进党《演进报》（日报，1912 年 3 月 31 日创刊成都）及国民共济会机关报《国民共济报》（1912 年 3 月 4 日创刊重庆）等。

②由商业资本创办的民办报刊。这一阶段在浙江的杭州、温州、嘉兴，江苏的南京、镇江、苏州、扬州、南通，湖北的武昌、汉口，河南开封，广西南宁和桂林，广东高要和新会，四川重庆，陕西西安，山西运城，黑龙江齐齐哈尔及北京等地都创办了一些由商业资本投资的新闻报刊。

③外人在华创办的新闻报刊。这些报刊出版及运行所需经费不是由中国政府供给，所以也应属于民办报刊范畴。由于"辛丑各国和约"的签订，西方列强和东方日俄的对华方针由瓜分各自势力范围改为寻找代理人扩张利益，所以外国在华新闻报刊继续出现分化，一部分坚持"在教言教"（如上海的《圣心报》），另一部分在新闻及言论方面转化为入乡随俗的中国报纸（如法国天主教资本家出资由中国新闻报人英敛之具体负责经办的天津《大公报》），总的来说对中国政治局势的影响力大不如前。

（二）袁世凯时期的民间报刊

袁世凯时期的民间报刊主要由两部分组成，包括政党所办新闻报刊和不同来源民间资本创办的新闻报刊。

1. 袁世凯时期的政党报刊

这一阶段的政党报刊主要包括反对袁世凯独裁专制为政治目标的中国同盟会和以拥护、支持袁世凯的共和（进步）党和民主党等创办的报刊。

（1）中国同盟会（中华革命党）的报刊

这一阶段同盟会出版的报纸遍布北京、南京、天津、上海、武汉、长沙、河南、安徽、四川、云南、广东、广西、福建等全国各大城市和省级区域。北京有《亚东新报》（日报，1912 年 5 月创刊）、《民主报》（仇亮主办）、《中央新闻》（张树荣主办）、《民立报》（张季鸾、曹成甫主办）等。上海有《太平洋报》（日报，社长姚雨平，经理朱少屏，总编辑叶楚伧）、《中华民报》（日报，1912 年 7 月创刊。创办人邓家彦）、《民国新闻》（日报，1912 年 7 月 25 日创刊。发起人吕志伊等，实际主持人邵元冲）、《民国西报》（英文，周六报。创刊于 1912 年夏。总编辑马素，副总编辑韦玉）、《中华新报》（1915 年 10 月，创办于上海租界）以及《民国日报》（1916 年 1 月，创办人邵力子，叶楚伧主持）等。

<<< 第五章　中国新闻媒介发展史

(2) 亲袁世凯的政党（团体）报刊

共和党（进步党）报刊主要有：北京《北京时报》（1912年创刊）、《新纪元报》（1912年4月22日创刊）、《黄钟日报》等。上海《民声日报》（1912年2月20日创刊）、《东大陆报》、《雅言》杂志（1913年12月创刊）、《不忍》（1913年2月创刊）、《国民新报》（1912年4月20日创刊）、《共和民报》（1912年4月1日创刊）等等。民主党的报刊主要有：北京《国民公报》（1910年7月创刊于北京。袁世凯称帝前拥袁）、天津《庸言》（梁启超主持，1912年12月1日创刊）、武昌《群报》（创刊于1912年2月18日，汪书城等创办，马效田任社长）、汉口《共和民报》（1912年4月1日创刊汉口，原湖北谘议局副局长张国榕主办，1913年5月民主党并入进步党后停刊）。

除中国同盟会（国民党及中华革命党）和进步党（统一党、共和党等）外，还有民主党、中国社会党、自由党、晦鸣学社等政党团体，有的也创办过机关报刊。

2. 袁世凯时期民办新闻报刊

从南京临时政府"北迁"到袁世凯"一命呜呼"前，民间商业新闻报纸为求得生存和发展，在政治态度方面经历明显的转变。其中尤以当时国际化商业大都市上海和紧邻北京政府所在地的天津地区民营商业大报转变更为典型。

(1) 袁世凯时期的天津《大公报》

1912年2月12日清帝退位并"授袁世凯全权组织临时共和政府"[①]。南京参议院于2月15日"选举"袁世凯为临时大总统。袁世凯于2月16日表示愿受任临时总统职。2月17日以"新举临时大总统"名义通告"自阴历壬子年正月初一日起，所有内外文武官行用公文一律改用阳历"[②] 后，天津《大公报》于2月23日刊出《告白》称"本馆总理英敛之外出，凡赐信者俟归时再行答复"。[③] 同日的《大公报》改用"大中华民国纪年"；原刊载"邸钞""谕旨"的第二、三版"首刊"新举临时大总统布告、命令，"要闻报道"栏则主要是报道"袁大总统"和南北临时政府、各党派活动——接受了袁世凯当权的现实。为免言论遭灾，《大公报》由"敢言直言"转为讽刺挪揄"曲言"。如"二次革命"后，袁世凯下令"解散国民党"并取消国民党议员资格。《大公报》社评

[①] 中国第二历史档案馆. 中华民国史档案资料汇编：第1辑 [M]. 南京：凤凰出版社，1991：217-218.

[②] 韩信夫，姜克夫. 中华民国大事记：第1册 [M]. 北京：中国文史出版社，1997：187.

[③] 告白 [N]. 大公报，1912-02-23.

225

说:"资遣议员案,已奉大总统命令施行矣""增修约法案,亦奉大总统命令施行矣""国会长已矣,约法断根也!"① 再如袁世凯接受日本人"二十一条"后,《大公报》社评说:"中日交涉,已完全和平解决","似此鞠躬尽瘁之忠良,求诸古今中外,除五代冯氏、汉末樵氏、三韩李氏外,有几人哉?"②

(2) 袁世凯时期的上海《申报》

因清帝"退位诏书"称"由袁世凯以全权组织临时共和政府与民军协商统一办法"③,孙中山也已"推荐袁世凯继任"临时大总统,《申报》的态度迅速由"亲孙"转为"拥袁"。南京参议院决议建都南京,上海新闻报纸联名"急电"指责参议院"为政府所牵制,舍北取南",《申报》参加联名"急电";总统负责制与内阁负责制争论,《申报》支持偏向袁世凯的总统负责制。《申报》的转向既是商人"利益至上"即资本属性所决定,也是商业报纸在社会环境下的无奈选择。1912年10月20日史量才接手任总经理时,袁世凯已稳掌"总统"大权且有北洋军为支撑,《申报》既反对袁世凯封建专制又需顾及袁世凯迫害威胁,故取"曲笔",含蓄"批判袁世凯的复辟帝制"。如时评说政府"恢复其固有之原状为最终之目的,是政府之大误也"④。转载梁启超批判帝制长文《异哉,所谓国体问题者》⑤ 表现坚决。史量才不但严词拒绝受袁世凯之命的薛大可拉拢许诺,还公开发表《启事》称"除营业盈余外,办事人员及主笔等除薪水、分红外,从未受过他种机关或个人分文津贴、分文运动",明确表示"此次来人,为必终守此志"⑥。

(三) 北京政府时期的民办报刊

这一阶段"官方"是以北京为首都的由北洋军阀首领掌权的北京政府(俗称"北洋政府")。而"民间报刊"则是指由民间资本(政府不给予经费资助)创办、出版并发行的报刊。主要包括政党团体报刊和民间商业报刊等。

1. 北京政府时期的政党报刊

(1) 中国国民党创办的报刊

中国国民党由孙中山于1919年10月10日改组中华革命党后组成。陈其美

---

① 闲评 [N]. 大公报,1914-01-13.
② 闲评一 [N]. 大公报,1915-05-11.
③ 清帝退位授权袁世凯全权组织共和临时政府谕 [M]//中国第二历史档案馆. 中华民国史档案资料汇编(第1/2辑). 南京: 凤凰出版社,1991:217.
④ 根本错误 [N]. 申报,1914-05-30.
⑤ 梁启超. 异哉,所谓国体问题者 [N]. 大中华,1915-08-20.
⑥ 启事 [N]. 申报,1915-09-02.

等1916年1月22日在上海创办的《民国日报》转为国民党机关报。1924年1月31日中国国民党中央执监委员会决定设国民党中央宣传部。[①] 不久创办的广州《民国日报》实际具有中央机关报功能。《香江晨报》成为在香港的舆论阵地，上海《民国日报》改组为国民党上海执行部机关报。国共合作后，国民党中央各部纷纷创办报刊，各省市党部也大都办有报刊，截至1926年6月，国内（不含京广地区）14个省市国民党组织出版报刊66种。[②] 五卅运动后，国民党右派在广州、上海等地创办《国民革命》《革命导报》《革命青年》等报刊，公开进行反对共产党、反对工农运动和国共合作的宣传。右派组织"孙文主义学会"在黄埔军校出版《国民革命》周刊与"中国青年军人联合会"的《中国军人》《青年军人》对抗。蒋介石强令解散中国青年军人联合会后，以孙文主义学会为基础成立黄埔同学会，出版《黄埔月刊》《黄埔周刊》《黄埔军人》《黄埔生活》等报，占领黄埔军校舆论阵地。

(2) 中国共产党创办的新闻报刊

1920年11月7日在上海创办的《共产党》月刊第一次打出"共产党"的旗帜。主编李达。1921年7月中国共产党正式诞生。1922年9月13日创办公开机关报《向导》周报，蔡和森主编。陈独秀主持的中共中央侧重"中国及世界的政治经济的研究宣传机关"[③] 报《前锋》月刊于1923年7月1日创刊，1924年2月停刊。地方党组织报刊有《政治生活》周刊（1924年4月27日创刊）、《中州评论》（1925年9月1日在开封创刊，主编萧楚女，中共豫陕区机关刊物）、《战士》周刊（1925年12月创刊于长沙，中国共产党湖南区执委会机关报）、《人民周刊》（1926年2月7日在广州创刊，中共广东区委机关刊物，张太雷主编，1927年4月30日停刊）。青年报刊如中国社会主义青年团机关刊物《先驱》半月刊（1922年1月15日创刊，1923年8月15日停刊）和《中国青年》（周刊，1923年10月23日，恽代英主编，1927年10月10日停刊）。工人报刊如中国劳动组合书记部机关报《劳动周刊》（张国焘主编，1921年8月11日）。妇女报刊如1921年12月10日在上海创办的《妇女声》（半月刊，1922年

---

① 韩信夫，姜克夫. 中华民国大事记：第2册 [M]. 北京：中国文史出版社，1997：130.

② 方汉奇. 中国新闻事业通史：第2卷 [M]. 北京：中国人民大学出版社，1996：161-162.

③ 钟英（即中央）. 致各区、地方和小组同志信——颁发教育宣传委员会组织法 [M] // 中国社会科学院新闻研究所. 中国共产党新闻工作文件汇编. 北京：新华出版社，1980：7-77.

6月停刊)。农民报刊如共产党员宣中华等在浙江萧山于1922年11月27日创办的《责任》(周刊，1923年3月19日后停刊)。① "五卅"运动期间共产党于1925年6月4日创办《热血日报》(主编瞿秋白，强烈主张"取消一切不平等条约""全国各界一致对外""中国人不能接受外国人统治""中国的上海归中国人管理"，②同年6月27日停刊)。

2. 北京政府时期的民间报刊

上海《申报》在史量才执掌下多有改革：内容重视时政文化教育，创办多种专刊增刊；重视报纸广告业务和报纸发行，同时涉足银行业、化工业，成为多种经营企业集团。《新闻报》是以经济新闻为主要内容并以工商界为主要发行对象的报纸，在经济新闻方面独辟蹊径，尤其是每天刊登的《市价一览》很受欢迎，报纸收入大部分来自广告和发行，创造"柜台报"销售方式。狄葆贤主持的《时报》于1921年因亏损过巨出售给黄伯惠后，以业务革新引领报界：将梁启超"时评"移植日报开辟《时评》一、二、三，配合重大新闻发表短论；设立"北京特约通信"，黄远生"北京特约通讯"风靡一时；首创报纸专版周刊和对版式，固定出版教育、实业、妇女、儿童、英文、图画、文艺等专版并在编排、栏目、标题、字体等多有改进；率先采用1至6号铅字排版，新闻标题和评论中关键字"皆加圈点以为识别"，版面编排"务求醒目"；注重社会新闻和体育新闻，图文并茂成为显著特征。③

天津《大公报》在王郅隆死后于1924年11月27日停刊。1926年9月，吴鼎昌、胡政之、张季鸾以"新记公司"名义续办《大公报》，分任社长、总经理、总编辑，提出"不党、不私、不盲、不卖"原则。北京政府时期的新记《大公报》以公共言论和社会服务机关为职责，受到读者的欢迎，销量在1927年5月就增至6000余份。《益世报》由比利时籍天主教传教士雷鸣远于1915年创刊，总经理为天主教徒刘守荣。在"老西开"事件中，该报因连续报道并支持反法罢工运动、揭露抨击法国殖民者侵略行为而开罪当局，受到打压。该报创刊人比利时天主教传教士雷鸣远于1918年被迫返回比利时。《益世报》由刘守荣主持后，五四运动期间积极支援平津学生爱国运动。周恩来赴法勤工俭学

---

① 王文科，张扣林. 浙江新闻史 [M]. 杭州：浙江大学出版社，2010：117-119.
② 李景田. 中国共产党历史大辞典 (1921—2011)：新民主主义革命时期 [M]. 北京：中共中央党校出版社，2011：290.
③ 方汉奇. 中国新闻事业通史：第2卷 [M]. 北京：中国人民大学出版社，1996：190.

时《益世报》聘他为报纸撰写海外通讯。1921—1922年刊载周恩来56篇旅欧通讯。①

成舍我于1924年4月16日在北京创刊并自任社长的《世界晚报》。这是他建构"世界报系"的第一个大动作，接着于1925年2月10日创办《世界日报》，注重版面编排，把地方新闻、社会新闻和教育新闻放头条，新闻标题制作注重"眼球效应"。1925年10月1日把《世界日报》画报版办成独立的《世界画报》，自此"世界报系"始成。邵飘萍于1918年10月5日创办的《京报》，因积极支持"五四"爱国学生运动被查封，邵飘萍流亡日本。安福系垮台后，邵飘萍于1920年9月7日复刊《京报》支持国民革命并出版《纪念马克思诞辰专号》《列宁特刊》宣传马克思主义，抨击段政府镇压爱国学生。1926年4月22日邵飘萍被张作霖以"勾结赤俄，宣传赤化"②罪名逮捕，四天后被枪杀于北京天桥，报纸停刊。《晨报》前身《晨钟报》于1916年8月15日创刊，李大钊任总编辑。1918年9月因披露段祺瑞向日本大借款消息被封。1918年12月1日改组为《晨报》。1919年2月第7版扩充为单张《晨报副镌》，成为传播新思潮、提倡新文艺重要园地。林白水于1916年9月创办《公言报》，1920年7月被查封。1921年初创办《新社会报》，1922年2月被"停刊一月"并将《新社会报》改为《社会日报》。1926年8月5日《社会日报》载时评《官僚之运气》揭露封建文人与军阀张宗昌相互勾结、狼狈为奸的事实，③讽刺嘲笑潘复"有类于肾囊之累赘，终日悬于腿间也"④。京畿宪兵司令王琦奉张宗昌之命诱捕林白水，并于次日凌晨4点许即枪杀于北京天桥。报纸停刊。

沪、京、津外其他大中城市尤其是东北、中南、西北、西南等地区民营报纸在军阀争权缝隙中得到较好的发展机会，成为当时中国新闻业中的重要组成部分。"都市小报"因其"可言大报不敢、不便言之言"也成为北京政府时期新闻业的一个重要方面。

3. 南京政府时期的民间报刊

这一阶段的"官方"是蒋介石国民党集团主导的南京"国民政府"（1948年5月20日起称"总统府"），国民党创办经营的报刊在官办报刊之列。"民间

---

① 贾临清.周恩来新闻实践研究：1914—1949）[M].太原：三晋出版社，2012：249-252.

② 韩信夫，姜克夫.中华民国大事记：第2册[M].北京：中国文史出版社，1997：459.

③ 徐新平.中国新闻伦理思想的演进[M].北京：北京大学出版社，2019：139.

④ 白水（时评）.官僚之运气[N].社会日报，1926-08-05.

报刊"则是指没有政府经费资助经办的报刊，主要包括没有得到政府经费资助创办的共产党报刊、民主党派创办的报刊、追随蒋介石国民党集团的政治党派创办的报刊和民间资本创办经营的新闻报刊。

（1）共产党人创办的报刊

中国共产党在大革命失败后坚持斗争。1927年10月24日创办中央机关报《布尔什维克》。1928年11月20日创办中共中央机关报《红旗》（三日刊）。1929年1月1日创办秘密刊物《党的生活》（不定期）。1930年8月15日《红旗》与《上海报》合并创办中共中央机关报《红旗日报》，1934年3月停刊。1935年11月25日复刊的《红色中华》报于1937年1月29日改名《新中华报》，9月9日改为陕甘宁边区政府机关报。1937年4月24日中共中央创办机关刊物《解放》周刊。1939年2月7日《新中华报》"改组"为中共中央机关报，10月20日创办不定期刊《共产党人》（后为月刊）。1941年5月16日《新中华报》和《今日新闻》合并创办中共中央机关报《解放日报》。国共合作抗日后，共产党于1937年12月11日在武汉创刊《群众》周刊（后迁重庆出版）。1938年1月11日在汉口创刊《新华日报》（后迁重庆出版）。抗战胜利后解放区新闻报刊发展迅速。内战全面爆发后，《解放日报》出版至1947年3月27日停刊。[①]重庆《新华日报》、上海《群众》周刊及北京《解放》报被强令停刊。随着众多大中城市解放，大量新闻媒介从农村迁进城市。中共中央华北局机关报《人民日报》于1948年6月15日在石家庄创刊，1949年3月15日迁北平出版，8月1日"转为"中共中央机关报。

（2）民主党派人士创办的新闻报刊

长期和共产党合作的民主党派，维护国家主权反对外国侵略，追求政治民主，反对国民党"一党独裁"。中国民主政团同盟机关报《光明报》于1941年9月18日在香港正式创刊。1949年6月16日，在毛泽东和中共中央支持下，中国民主同盟在北平创办的全国性机关报《光明日报》问世。中国民主促进会的机关报《民主》周刊于1945年10月13日在上海出版创刊号。1946年12月30日被国民党当局"勒令停刊"。中国国民党临时行动委员会于1930年9月1日创办机关刊物《革命行动》（半月刊，邓演达主编），被国民党查封后又于1931年4月创办中央机关报《革命行动周刊》，邓演达被捕后停刊。

（3）追随蒋介石国民党的政治党派创办的报刊

1932年4月，张东荪与张君劢等在北平组织中国国家社会党并创办机关报

---

① 方汉奇.中国新闻事业通史：第2卷[M].北京：中国人民大学出版社，1996：1070.

《再生》月刊。① 中国青年党于1923年12月2日成立于法国巴黎。主要发起人有曾琦、李璜等人，以《先声》周报为机关报。② 1924年回国并创办机关报《醒狮》。1929年8月20日公开为"中国青年党"。

(4) 南京政府时期的民营报刊

史量才及《申报》因对南京政府持支持态度而发展顺畅，1928年发行量达14.3万份。"九一八"事变后，史量才的《申报》与蒋介石在抗日救国、民主宪政等问题上产生矛盾，导致史量才被害身亡。史量才遇害后《申报》回归"报事为大，新闻为主"方略。《新闻报》股权转让风波后，馆务仍由汪氏兄弟主持，尽管业务方面努力改进但仍未有大的发展。

张竹平的"四社"（上海《时事新报》《大晚报》《大陆报》和申时电讯社联合办事处），时人称为"报业托拉斯"。"福建事件"后，蒋介石先禁止"四社"报纸在租界外发行，又策动《大陆报》董显光辞职并通过杜月笙施压。张竹平无奈以法币20万元出售"四社"，最后仅得孔祥熙"赠送"5万元法币，"报业梦"随之破灭。

成舍我的南京《民生报》停刊后来沪招股筹办《力报》（创刊时名《立报》），1935年9月20日创刊，成舍我任社长。实行社长负责制。秉持"大报小办"及"精编主义"于1936年3月16日增晚刊。1937年11月23日上海陷落，次日《立报》宣布于25日自动停刊。

上海《大公报》即天津《大公报》（沪版）于1936年4月1日创刊。1937年已是与《申报》《新闻报》比肩的"沪上第三大报纸"。上海沦陷后，抗日报人在"孤岛"租界创办由洋人出面实际由国人经办的"洋旗报"，成为坚持宣传抗日的独特风景线。

抗战胜利后，《申报》《新闻报》因"附逆"被国民党"接收"，成为国民党实际控制的所谓"民间报纸"。在解放军向上海发起总攻的1949年5月25日，上海《新闻报》停刊，负责人程沧波、吕晓光出逃。③ 人民解放军解放上海后，上海市军管会对申报馆实行军管，该报出至第25599号终刊。④

南京《民生报》，成舍我于1927年10月21日在南京创刊，成舍我自任社长。取"小报大办""精选精编"法，以消息灵通、批评尖锐著称，一年后达

---

① 徐友春. 民国人物大词典 [M]. 石家庄：河北人民出版社，1991：928.
② 张宪文，等. 中华民国史大辞典 [M]. 南京：江苏古籍出版社，2002：367.
③ 方汉奇. 中国新闻事业编年史：中 [M]. 福州：福建人民出版社，2000：1587.
④ 方汉奇. 中国新闻事业编年史：中 [M]. 福州：福建人民出版社，2000：1588.

1.5万份。因所载新闻引发"彭成诉案"触怒汪精卫,南京警备司令部于1934年7月23日奉令以泄露"军事机密"为由拘捕成舍我(同年"记者节"被蒋介石释放),《民生报》被查封。

《新民报》(日报)于1929年9月9日创刊,社长陈铭德。"九一八"事变后转向抗日宣传。1936年1月发起打击汉奸的"打狗"运动。1937年7月1日集资5万元成立股份有限公司,萧同兹为董事长,陈铭德为总经理,邓季惺为经理。① "七七"事变后把《新民副刊》改为《战号》。1937年11月27日西迁重庆。

抗战胜利后一些民营报刊"还都"出版,也出现一些民营报纸,但都为时不长。国民党败退台湾,大多数民营报纸一无条件去台湾,二也不愿"吊死在一棵树上"。1949年4月23日人民解放军"占领"南京,符合人民政府政策规定的民营报纸经向军管会申请注册后继续出版。

天津影响最大的新闻报纸是1926年9月1日续刊的《大公报》(俗称"新记《大公报》")。该报高举"不党、不私、不盲、不卖"大旗,进行报纸业务改革,注重营业推广,数年成为有全国影响的著名大报。蒋介石待张季鸾优礼有加,张季鸾成为蒋不入阁的"国士";吴鼎以经济专家入阁任部长;王芸生应请到庐山给蒋讲课;胡政之以"社会贤达"和政府不离不弃。日军进占天津后于1937年8月5日宣布停刊。

天津《益世报》因受新记《大公报》《庸报》和《商报》挤压,发行量大跌,请刘豁轩出任总编辑,放手其主持报馆日常事务,逐渐成为与新记《大公报》齐名的北方大报。1932年,刘豁轩任代理社长。② 聘罗隆基任《益世报》社论主撰,所撰抗战社评使《益世报》影响力大增。刘豁轩于1936年初辞去报馆所有职务,李渡三接手后日渐不振。1937年8月天津沦陷后停刊。刘俊卿之子刘益之抗战胜利后奉命回天津复刊《益世报》,出版至1949年1月15日停刊。③

(5)南京政府时期的敌伪报刊

日本军国主义分子于1931年制造"九一八"事变侵占中国东三省,继而扶植伪"满洲国",最后挑起"七七事变"发动全面侵华战争。大片国土沦于敌手,中国土地上出现了一个阶段性特殊现象"沦陷区新闻报业"。伪"满洲国"

---

① 方汉奇. 中国新闻事业编年史:中[M]. 福州:福建人民出版社,2000:1361.
② 马艺,等. 天津新闻史[M]. 天津:天津人民出版社,2015:252.
③ 马艺,等. 天津新闻史[M]. 天津:天津人民出版社,2015:413.

出版时间最长且影响较大的是日文报纸《满洲日日新闻》，其余如《大北新报》《满洲评论》，中文报刊有伪"满洲国"国务院机关报《大同报》（日报）及《康德新闻》等。

华北有北京的《新民报》（日报）和《华北新报》（日报），天津《庸报》及"华北日军控制下的言论报道机关"①《实报》等。华中汪伪中文报纸有《新申报》《中华日报》《新中国晚报》和《国民新闻》（日报）等。汪精卫成立伪"中华民国国民政府"后，南京的汉奸报纸有《南京新报》《民国日报》等。华南有日本南支派遣军部主办的中文报纸《迅报》和汪伪《中山日报》。

台湾地区在1941年12月9日南京政府发布《对日宣战布告》中宣布"所有一切条约、协议、合同，有涉及中日间之关系者一律废止"②后即成为日军侵占的"沦陷区"。在抗日战争后期，日本殖民者已是强弩之末，经济实力难以支撑。1944年3月1日，日本殖民当局把台北的《台湾日日新报》和《兴南新闻》、台中的《台湾新闻》、台南的《台湾日报》、高雄的《高雄新报》和花莲的《东台湾新报》"合并"成《台湾日报》以维持继续出版。日本无条件投降后，《台湾新报》由台湾籍报馆职员接收后继续出版。日本无条件投降后无论是在中国大陆还是在中国台湾地区所有的汉奸报纸都灰飞烟灭了。

三、中国近代新闻电影的起源和发展

新闻电影似乎与报纸所载新闻照片有一定关联性——新闻照片具有"眼见为实"的受众心理效果，新闻电影凭借电影摄制和制作技术，把重大社会新闻事件的现场情景记录凝固成电影胶片进行"场景再现式"传播。

（一）中国近代新闻电影的开端

1895年12月28日，法国人卢米埃尔兄弟在巴黎卡普辛大街大咖啡馆地下室印度厅放映《工厂的大门》《火车进站》《婴儿进食》等影片，标志世界电影正式诞生。1896年8月11日，上海徐园"又一村"放映"西洋影戏"，③是目前所见中国放映电影的最早文献记载。八国联军侵略中国过程中，法、英、美、日等国均派摄影记者随军拍摄新闻电影。日本吉泽商店派遣柴田常吉、深谷驹吉在中国拍摄了16本素材，后来剪接成《庚子事变》公映。法国梅里埃拍摄了

---

① 李杰琼. 半殖民主义语境中的"断裂"报格：北方小型报先驱《实报》与报人管翼贤[M]. 北京：中国社会科学出版社，2015：202.

② 韩信夫，姜克夫. 中华民国大事记：第4册[M]. 北京：中国文史出版社，1997：782.

③ 高维进. 中国新闻纪录电影史[M]. 北京：世界图书出版公司，2013：3.

《中国对联军的战事》《各国代表会议》及《中国事件》等。美国纽约的缪斯·斯柯甫和比沃格拉夫公司摄影师阿蒙（Arc Kennan）拍摄了记录美国第六骑兵队袭击北京南门情景的《中国北京南城门的战斗》。但英国人杰姆斯·威廉逊（James Williamson）在1900年摄制的《中国教会被袭记》，除使用了一些新闻素材外，其余是作者在自己的花园洋房前，由他一家人担任演员拍摄的。法国学者乔治·萨杜尔认为：这种由摄制者"从当前的时事取材，根据自己的想象，随意加以渲染"排演伪造的新闻片，并不是"新闻片"，[1] 应排除在"新闻电影"之外。

（二）中国近代新闻电影的起步

中国人摄制的第一部纪录片是光绪三十一年（1905年）秋天，由北京琉璃厂土地祠的丰泰照相馆摄制的京剧艺术片《定军山》[2]，应属于"艺术纪录片"而非"新闻纪录片"。国人组织摄制的第一部新闻电影，是著名杂技艺术家朱连奎和洋商美利公司合作摄制的新闻纪录电影《武汉战争》，记录了1911年11月12日武昌起义军占领汉口、攻打汉阳的战斗；10月27日起义军与清军在汉口大智门车站进行的激烈争夺战；11月16日，起义军自汉阳反攻再次收复汉口的战斗等镜头[3]，表现了"敢死队之勇猛，新军之善战"。[4] 放映后受到观众欢迎。1913年爆发"二次革命"，美国商人本加明·布拉斯基（Benjamin Polski）投资创建上海亚细亚影戏公司的中国导演和摄影师拍摄了新闻纪录影片《上海战争》，记录了上海革命军围攻南市高昌庙制造局和吴淞炮台的军事行动。1913年9月29日在上海新新舞台剧院和故事片《难夫难妻》同时映出，被称"空前绝后的活动影戏"。[5] 从《定军山》到《武汉战争》《上海战争》，完成了从"艺术纪录影片"到"新闻纪录影片"的跨越。从"中国新闻史"角度认识，还只能称为"半"中国新闻电影阶段——《定军山》是中国人摄制但不是"新闻纪录片"，《武汉战争》属于"新闻纪录片"但由国人组织外人拍摄，《上海战争》是中国导演和摄影师摄制，但公司则由美国商人投资创办，故称"半"也。

（三）中国近代新闻电影的发展

中国新闻电影正式成为新闻媒介应在"五四运动"前后。1917年，上海商务印书馆谢秉来盘进美国商人"底片多箱及摄影上应用之机件"，聘请留美学生

---

[1] 高维进. 中国新闻纪录电影史 [M]. 北京：世界图书出版公司，2013：6.
[2] 高维进. 中国新闻纪录电影史 [M]. 北京：世界图书出版公司，2013：7.
[3] 方方. 中国纪录片发展史 [M]. 北京：中国戏剧出版社，2003：9.
[4] 方方. 中国纪录片发展史 [M]. 北京：中国戏剧出版社，2003：9.
[5] 高维进. 中国新闻纪录电影史 [M]. 北京：世界图书出版公司，2013：9.

叶向荣为摄影师，拍摄了《商务印书馆放工》《美国红十字会上海大游行》和《上海焚毁存土》等纪录片，其中《美国红十字会上海大游行》和《上海焚毁存土》是完全的新闻纪录片。1918年，派赴美国考察印刷及电影业的鲍庆甲回国，同年4月始创制"活动影片"。1920年7月15日，商务印书馆董事会通过《活动影片部简章》，正式设立活动影戏部。① 既标志中国新闻电影进入有专门机构、专门队伍、专门设备和专门经费的新阶段，也标志中国新闻电影开始进入社会新闻媒介体系。

中国近代新闻史上有重大政治影响的新闻电影是由中国同盟会会员、著名摄影师黎民伟拍摄的。1923年，他在香港成立民新制造画片有限公司（后改名民新影片有限公司）。1924年1月中国国民党召开"一大"，黎民伟拍摄了新闻纪录片《中国国民党第一次全国代表大会》。后来又摄制了《孙大元帅出巡广东北江记》《孙中山为滇军干部学校举行开幕礼》《孙中山先生北上》及《孙中山先生出殡及追悼之典礼》等多部以孙中山为主题人物的新闻纪录片。1927年完成长达90多分钟的大型新闻纪录电影《国民革命军海陆空大战记》的剪接制作，内容从1924年1月20日国民党"一大"，到孙中山和苏联顾问鲍罗廷与加伦将军在广州检阅军民、韶关誓师、孙中山发表演说及此后北伐战争的几个重要战役，是孙中山后期革命活动的较完备记录。② 此后不少民营专业公司在五卅运动、九一八事变、淞沪抗战等重大社会事件中摄制了不少新闻纪录影片。

（四）南京政府的新闻电影

全民族抗战引发全国各界民众踊跃投身抗日，为新闻纪录片的发展提供了客观需求和条件。1935年创立的国民政府军委会南昌行营政训处电影股在抗战爆发后扩充为"中国电影制片厂"（"中制"）。抗战初期拍摄的新闻电影主要包括以新闻事件为对象的《电影新闻》和系统报道重大事件的《抗战特辑》两个系列。其中《抗战特辑》共制作发行5集（第1—3集各5本，第4集6本，第5集11本），在大后方和港澳地区放映，"获得好评""极为轰动"。③ 由进步戏剧和电影演员郑君里编导"中制"出品的《民族万岁》（韩仲良摄影），记录了西北地区蒙、藏、回、苗、彝各族人民支援抗日战争的事迹以及风土人情、宗教活动，其中蒙、藏同胞为前方将士捐献粮食，苗族同胞在崇山峻岭中开山修路等，内容非常感人。④ 抗战爆发后由南京迁往芜湖的中央电影摄影场（"中

---

① 方方. 中国纪录片发展史[M]. 北京：中国戏剧出版社，2003：23.
② 高维进. 中国新闻纪录电影史[M]. 北京：世界图书出版公司，2013：13.
③ 方方. 中国纪录片发展史[M]. 北京：中国戏剧出版社，2003：88.
④ 高维进. 中国新闻纪录电影史[M]. 北京：世界图书出版公司，2013：32-33.

电")于1938年初迁往重庆。先后摄制过《卢沟桥事变》《抗战实录》（主要报道前方抗战情况）和《中国新闻》（主要反映后方抗日救亡运动）及《东战场》《克服台儿庄》等新闻电影，但在摄制抗战新闻电影的同时也拍摄了不少以反共为内容的宣传电影。[①] 抗战胜利后国民党把收复区的电影事业划分为上海、南京、北平和广州四个接收区，以"中电"为主体进行接收，摄制了诸如《审判汉奸陈逆公博》《南京大屠杀主角谷寿夫判死刑》《北平受降典礼》及《签署联合国宪章》等新闻电影。国民党政府派电影艺术家金山跟随国民党军队到长春接收"满映"并改名为长春制片厂。长春厂导演张天赐利用"满映"库存新闻素材和新拍摄的新闻时事素材剪辑成长篇新闻电影《看东北》，1948年出品，内容从张作霖被炸身亡到"九一八"事变日军进攻北大营，从成立伪"满洲国"、掠夺东北物产，直到抗战胜利中国军队收复东北。

（五）共产党新闻电影的诞生和发展

红军经过长征到达陕北后，1937年8月筹备"陕甘宁边区抗敌电影社"但未能摄制电影。1938年9月在延安成立的"八路军总政治部电影团"（俗称"延安电影团"），是中国共产党在革命根据地建立的第一个新闻纪录电影和新闻图片摄影专业机构。1938年10月1日，延安电影团在陕西省黄帝陵开拍《延安与八路军》的第一组镜头，全片计划包括四部分：全国青年奔向延安，延安政治经济文化面貌，八路军战斗生活，延安青年的学习及分赴各地。历经一年多摄制完成（由袁牧之带到苏联制作，因战争爆发素材散失）。1942年拍摄《生产与战斗结合起来》（又名《南泥湾》），1943年2月4日在延安直政大礼堂首映后在陕甘宁边区公映。又拍摄了《中国共产党第七次全国代表大会》《陕甘宁边区第二届参政会》等重要新闻素材。上海新华影片公司摄影师薛伯青于1945年1月进入淮北解放区，他把新四军四师联络部部长任泊生摄制的新四军四师的生活素材和自己摄制的新闻素材剪辑成了《新四军的部队生活》，较全面地反映了新四军在南方抗击日寇的实际情况。

日本投降后，共产党员刘建民、赵东黎、张辛实等联络伪"满映"进步青年成立"东北电影工作者联盟"，1945年10月1日成立东北电影公司（后改称长春电影制片厂）。东北电影公司确定以生产新闻纪录电影为主的方针，到农村和部队摄制新闻素材，1947年5月1日完成了"大型的杂志式的集锦片"新闻纪录电影《民主东北》第一、二合辑。后来一共摄制了17辑的《民主东北》。1946年8月成立延安电影制片厂。国共全面内战爆发后，电影厂人员组成随军

---

① 高维进. 中国新闻纪录电影史 [M]. 北京：世界图书出版公司，2013：34.

小组分头摄制时事新闻素材。1946年10月15日成立晋察冀军区政治部电影队（华北电影队）摄制了《华北新闻》第一号和第三号，受到广大指战员好评。1949年4月20日，北京市军管会接管"中电"三厂后成立北京电影制片厂，摄制的第一部新闻电影是《毛主席、朱总司令莅平阅兵》（徐肖冰、刘德源、石益民等摄影，高维进编辑），5月1日在北平电影院上映。后来又派员随部队渡过长江摄制新闻电影《百万雄师下江南》，在北平则摄制了《新政治协商会议筹备会成立》等新闻电影。

四、中国近代无线电新闻广播的出现和发展

无线电广播是通过听众"听"完成新闻传播，实现新闻活动价值。既为不识字或视力障碍看不见报纸所载新闻消息但能"听"见声音的受众提供了获知新闻的途径，又因无线电波的辐射功能扩大了新闻传播的空间范围和受众群。

（一）外人无线电新闻广播进入中国及其演变

1922年12月，美国商人奥斯邦把一套无线电广播设备运到上海并筹办无线电广播电台，1923年1月23日，奥斯邦经办的"大陆报—中国无线电公司广播电台"首次播音，这是外国人在中国境内开设的第一座无线电广播电台。[①] 同年1月26日该台播送孙中山在上海发表的《和平统一宣言》。次日，孙中山向《大陆报》发表谈话对"大陆报—中国无线电公司广播电台"播送他的宣言表示称赞。因该台系"未经批准私开电台"，北京政府于3月14日通过外交部饬知江苏特派交涉员"严行取缔"，约在4月间停止播音。[②] 1924年4月，美商开洛电话材料公司所办的广播电台在上海播音（1929年停播）。1925年1月，日商义昌洋行在天津开办的广播电台开始播音（1927年5月停播）。1925年8月9日，日本军方"关东州递信局"的大连广播电台开播，这是日本侵略者在中国境内设立的第一座广播电台。"九一八"事变后，侵华日军攫取了我国在沈阳和哈尔滨的广播电台。"七七事变"后，侵华日军先后在北平、天津、太原、青岛等地建立汉奸政府出面的广播电台。"八一三事变"占领上海后，日军迅即"劫管"国民党在上海的广播电台。1941年12月7日日本军队袭击珍珠港。第二天，日军进入上海外国租界，中国的民营电台"一律封闭"，"接收"美国人电台开办大东、东亚、黄埔等三座广播电台，直到"无条件投降"。"苏联之声"

[①] 首次无线电节目昨晚大获成功[M]//赵玉明.中国广播电视通史（新1版）.北京：中国广播电视出版社，2014：8.

[②] 赵玉明.中国广播电视通史[M].新1版.北京：中国广播电视出版社，2014：9.

由于和日本签有"互不侵犯条约"得以继续播音。美国军队在我国西南（后来延伸到京津沪等大城市）设立广播电台，主要向驻华美军提供新闻广播和娱乐节目。国共内战后期"苏联之声"广播电台被强行关闭，美军广播电台仍正常播音，直到国民党全面溃败实际终结。

（二）中国近代无线电新闻广播的起步

1923年春，奉系军事通讯东三省无线电台副台长刘瀚在哈尔滨进行临时广播试验，和奥斯邦创办上海"大陆报—中国无线电公司广播电台"的时间相差无几。1926年10月1日，刘瀚主持筹建的哈尔滨广播无线电台开始正式播音。1927年3月18日，上海新新公司为推销矿石收音机开办的广播电台播音。1927年5月15日天津广播无线电台播音，9月1日北京广播无线电台播音。1928年1月1日，东北地方当局哈尔滨广播电台正式启用，办有汉语、俄语和日语3种广播节目（1929年停播日语节目改播英语节目）。

（三）国民党的无线电新闻广播

1928年2月，国民党中央监委兼组织部部长陈果夫等提议设立"中国国民党中央执行委员会广播无线电台"（简称"中央广播电台"）获准，8月1日在南京开播。该台《通告第一号》宣布："嗣后所有中央一切重要决议、宣传大纲以及通令通告等，统有本台传播。"[1] 每天下午、晚间各播音一次，内容包括演讲节目和新闻节目，新闻节目稿件由国民党"中央通讯社"负责提供。1937年11月因日军进犯南京，"中央广播电台"随政府内迁，次年3月在重庆恢复播音。为对外宣传和争取国际同情声援，国民党加大加快新闻广播电台的建设。经多年的恢复和重建，1944年底，国民党所办的广播电台已经达23座，发射功率154千瓦，略超战前的水平。[2] 抗战胜利后，国民党"中央广播电台"于1946年5月回迁南京。1948年冬开始拆迁，次年4月在台湾播音。

（四）共产党的无线电新闻广播

1929年，共产党第一个秘密电台在共产党员李强和张沈川等安装50瓦无线电收发报机后建立，但只能抄收美国旧金山（英文）、苏联伯力（俄文）等地的新闻电码。[3] 1931年11月7日，中国共产党创办的第一个播发文字新闻广播的红色中华通讯社（简称"红中社"）首次对外广播（呼号CSR，中华苏维埃电台英文名称Chinese Soviet Radio的缩写）。内容是当天中华苏维埃第一次全国

---

[1] 中央宣传部中央广播无线电台通告第一号［N］. 中央日报, 1928-08-01.
[2] 赵玉明, 艾红红. 中国广播电视史教程［M］. 北京：中国广播电视出版社, 2018：30.
[3] 赵玉明. 中国广播电视通史［M］. 新1版. 北京：中国广播电视出版社, 2014：63.

代表大会在江西瑞金胜利开幕的新闻。此后又陆续播发了大会动态、报告、决议案及中华苏维埃共和国成立,毛泽东当选临时中央政府主席等新闻。① 红军长征到达陕北后,1937年1月起,由红色中华通讯社改名的新中华通讯社开始用"新华社"的名义向全国播发文字广播,口播新闻供各根据地报纸收录选载。通过无线电波把发生在"此时此地"的新闻传播到"彼时彼地",打破了国民党军队对陕北根据地的新闻封锁。1940年春,中共中央成立周恩来任主任的广播委员会负责筹建广播电台。1940年12月30日,延安新华广播电台正式开播。② 解放战争国民党军队重点进攻陕北时"延安新华广播电台"改用"陕北新华广播电台"的呼号播音,1947年3月29日晚上起由晋冀鲁豫解放区沙河村的邯郸新华广播电台接替播音,保证了"新华广播电台"的播音不中断。1949年1月31日北平宣布和平解放,北平新华广播电台于2月2日上午11时40分开始播音。3月25日,陕北新华广播电台迁入北平改名为北平新华广播电台,开始具有对全国广播的中央台的性质。③ 北平新华广播电台后又改名为北平人民广播电台。9月1日,中央广播事业管理处决定北平人民广播电台改称为北平新华广播电台第二台。1949年12月5日正式定名为中央人民广播电台。

五、中国近代新闻通讯社的出现及发展

"因报纸上新闻材料之需要殷繁,而有通信社""故通信社之势力,骎骎乎驾报馆而上之。此各国政府所不惜岁縻巨帑从事于此,为外交上之利器也。"④ 新闻通讯社的出现是为了满足新闻报纸(广播电台)等新闻传播媒体对新闻内容的需求,新闻通讯社本身不直接向新闻受众发布新闻,而是搜集新闻再通过新闻报纸(新闻广播)等渠道对外发布,同时也就限制了新闻报纸和新闻广播发布的新闻内容,具有设定报纸传播新闻议程的部分功能。

(一)民国前中国土地上的新闻通讯社概况

1871年,英国路透社根据它和法国哈瓦斯社、德国沃尔夫社签订的"连环同盟协定"(俗称"三社四边协定"),在上海创办路透社远东分社,成为中国境内最早的新闻通讯机构,自此垄断中国的对外新闻发布权及向国内发布新闻(稿)达数十年之久。新闻报纸必须刊载新闻消息,新闻报纸所载新闻消息主要

---

① 赵玉明.中国广播电视通史[M].新1版.北京:中国广播电视出版社,2014:65-66.
② 赵玉明,艾红红.中国广播电视史教程[M].北京:中国广播电视出版社,2018:47.
③ 赵玉明.中国广播电视通史[M].新1版.北京:中国广播电视出版社,2014:153.
④ 戈公振.中国报学史[M].上海:上海书店出版社,2013:236-237.

由新闻通讯社提供;新闻通讯社决定新闻报纸刊载的内容;新闻通讯社发布的新闻稿及对新闻的叙述必然带有新闻通讯社主办者或所有者的政治或经济利益倾向。"吾人一批阅中国之新闻纸,则英国半官方式'路透社电'之消息,连篇累牍,全部新闻之来源,几全为'路透社电'所占有,而国际新闻为尤甚。"①

(二)中国近代新闻通讯社的起源

1920年,全国报界联合会通过《组织国际通信社案》指出"吾国报纸,欧美情势及外交消息类,皆取材外电。彼多为己国之利害计,含有宣传煽惑之作用,故常有颠倒是非变乱真伪之举""外国通信社在吾国中……,各本其主旨,任意散布,指鹿为马,入主出奴,混淆庞杂,取信无从""将欲矫除此弊,使对外之言论趋于一致,非自行创立一通信社,探报各国情形不可""彼对外言论,有所遵循,不至为外电所左右。"② 国人创办最早的新闻通信社是骆侠挺在广州所办的"中兴通讯社",1904年2月7日在广州首次发稿。中国人在海外最早创办的新闻通讯社应是清朝驻比利时公使馆随员王慕陶(字侃叔)在比利时首都布鲁塞尔创办并发稿的远东通讯社。据说有300多家欧洲报馆与之建立了通信联系。③ 邵飘萍等人于1915年在日本东京创办东京通讯社,因率先向国内报纸曝光中日秘密交涉中日方提出的"二十一条",而推动国内"反日倒袁"爱国运动,同时也"以议论激越,惹日本警察官吏注意"④。

(三)中国近代的国民党新闻通讯社

1918年冬,孙中山和林焕庭在上海创立国民通讯社,每日选辑全国各地主要报纸要闻及国民党活动情况,印成《国民通讯》向海外华侨报纸发稿,也接受华侨个人订户。后来又在上海创办过反对直系军阀的国闻通讯社。⑤ 国民党"一大"后,国民党中央宣传部经办的"中央通讯社"于1924年4月1日在广州正式发稿。"四一二"反革命政变后,中国国民党中央执行委员会宣传部部长胡汉民在南京重新改组成立中央社,中国国民党中央执行委员会宣传部出版科长尹述贤以"主任"身份主持日常工作。1932年4月底,国民党决定中央社改

---

① 黄粱梦(黄天鹏).外人在中国经营之通讯业[M]//黄天鹏.新闻学刊全集.上海:光新书局,1930:113-114.
② 全国报界联合会通过之国际通信社案[M]//戈公振.中国报学史.北京:中国新闻出版社,1985:207.
③ 王润泽.中国新闻媒介史:1949年前[M].北京:北京大学出版社,2011:240.
④ 邵飘萍.愚与我国新闻界之关系[M]//实际应用新闻学.北京:京报馆,1923:161.
⑤ 万京华,等.民国时期的新闻通讯业[M].新北:花木兰文化事业有限公司,2020:28.

为社长负责制并独立经营，中国国民党中央执行委员会宣传部主管新闻的萧同兹出任社长。萧同兹以"工作专业化""业务社会化"和"经济企业化"方针对中央社业务进行改革，建立起面向全国的无线电讯网，逐步收回外国通讯社的在华发稿权，使得"中央通讯社"在当时成为具有全国影响力的新闻通讯社。全面抗战爆发后中央社随政府内迁，先到汉口，1938年底到达重庆。抗战胜利后于1945年9月5日由总社秘书曹荫稞率部分人员空降南京建立中央社南京办事处并开始发稿。1946年4月正式"还都"由重庆迁回南京。由于国民党军队败势难转，中央社自1948年底即开始将重要设备拆运台北等地。1949年1月随国民党政府迁广州。1949年12月底，总社正式迁台北，在大陆的分支机构相继撤销。除所谓"中央社"外，国民党地方组织或地方政府有的也办新闻通讯社，不过都没有超出中央社的社会影响。

（四）中国近代的共产党新闻通讯社

1920年7月，俄共（布）远东局海参崴分局外国处全权代表维经斯基（化名吴廷康）指导在上海设立中俄通讯社，具体负责人是共产党上海发起组重要成员杨明斋（俄共布党员），主要是向共产国际和苏俄发送通讯稿，报道中国革命消息；同时向国内介绍十月革命后苏俄情况。中俄通讯社在中共党组织的领导和支持下进行，负责人杨明斋也是中共上海发起组成员，所以是"中国共产党创办的第一个通讯社"。[①] 此外还有如陈潭秋在武汉创办的湖北人民通讯社、中共北京党组织创办的劳动通讯社及黑龙江的哈尔滨通讯社等。1925年6月1日，共产党在上海创办国民通讯社。大革命失败后，以毛泽东、朱德等为代表的共产党人领导红军到农村建立革命根据地。1931年11月7日在中央革命根据地中心江西瑞金举行中华苏维埃第一次全国代表大会。会议开幕当天成立的红色中华通讯社正式通过无线电台对外发布文字新闻，后因红军长征暂停。红军长征到达陕北后的1935年11月25日在瓦窑堡恢复文字新闻广播。1937年1月改称新中华社（即"新华社"），博古兼任社长。抗战时期他们在敌后坚持斗争，先后有110余名新华社同志在抗日战争中英勇牺牲。[②] 1947年3月，国民党军队"重点进攻"陕北延安，新华社一部分人员由范长江率领组成"四大队"随中共中央转战陕北，发新闻稿的抬头由"新华社延安电"改为"新华社陕北电"。另一部分在廖承志带领下到晋冀鲁豫解放区组织新华社临时总社，接替总

---

① 万京华，等. 民国时期的新闻通讯业 [M]. 新北：花木兰文化事业有限公司，2020：68.

② 万京华，等. 民国时期的新闻通讯业 [M]. 新北：花木兰文化事业有限公司，2020：92.

社所有文字及口语广播,"一天也没有中断"。到解放战争后期,新华社不但建立起分布全国各根据地的总分社或分社,还在各野战军建立起总分社。1949年1月范长江、徐迈进率领队伍随军进入北平。周恩来3月在对新华社负责人谈话时明确:"新华社是党的通讯社,也是国家的通讯社,同时也是人民的通讯社。"[1] 1947年1月成立新华社香港分社,后又陆续建立了伦敦分社、布拉格分社和平壤分社,呈现出一片欣欣向荣的气象。

(五) 中国近代民营新闻通讯社

中国近代民营新闻通讯社在民国初年曾出现一个发展高潮,1912—1913年间曾出现了一批民营通讯社,如广州的公民通讯社和民国新闻社、上海的民国第一通讯社和上海通讯社、武汉的湖北通讯社、长沙的湖南通讯社和湖南新闻社、北京的北京通信社、杭州的民国通讯社、哈尔滨的东亚通讯社、成都的成都通讯社、开封的实纪通讯社和环球通讯社以及西安的关陇通讯社等,但这些通讯社由于人力、财力的限制,大多规模极小。[2] 后来有较大影响的民营通讯社主要有邵飘萍于1916年8月在北京创办的新闻编译社,该社在一定程度上打破了帝国主义通讯社对中国新闻通讯事业的垄断,维护了中国的利益;胡政之于1921年9月在上海创办并正式发稿的国闻通讯社,其目标是:"以全国新闻发扬中国新闻事业,以中国新闻提高国际新闻事业中的崇高地。"[3] 严谔声于1930年8月创办于上海的新声通讯社、张竹平于1924年11月成立并发稿的申时电讯社以及冯懿等人于1946年7月7日在上海开办的上海通讯社等。

六、中国近代新闻媒介体系的内涵及特点

中国近代新闻媒介体系的内涵随着新兴新闻媒介出现不断丰富。出现一种新兴新闻媒介就会也必然会对原有新闻媒介体系带来影响并留下历史的印记。中国近代新闻媒介体系随着新兴新闻媒介的出现经历了如下四个发展阶段。

(一) 新式报刊出现后的中国近代新闻媒介体系

新式报刊是近代科学技术和社会新闻传播活动需要结合的产物。它的出现和普及使中国新闻媒介体系一改清朝前中期"朝廷官报+民间报纸"旧格局而呈现出"旧式报刊+新式报刊"的新格局。"旧式报刊"包括传统朝廷官报

---

[1] 新华通讯社史编写组. 新华通讯社史:第1卷[M]. 北京:新华出版社,2020:489.
[2] 万京华,等. 民国时期的新闻通讯业[M]. 新北:花木兰文化事业有限公司,2020:128.
[3] 陈纪莹. 胡政之与大公报[M]. 香港:掌故月刊,1974:76-78.

(阁钞)和传统民间报纸(《京报》《邸钞汇编》等),特点是以皇帝为中心,以传播朝政新闻为主要内容,以"上情下达"和"劝善惩恶"为目标;"新式报刊"包括外人在华教会所办报刊、国人所办商业报刊及政党团体报刊,特点则是以受众为中心,以传播社会新闻为主要内容,以"传播新闻+争取支持+经济效益"为追求目标,实现了从旧式报章"半社会化"阅读到"全社会化"阅读的转变。"全社会化"的新式报刊使其在新闻媒介体系中的话语空间迅速扩大并占据主导地位,并在原来"传统官报+传统民报"新闻媒介体系基础上建构起由"(传统官报+传统民报=传统报刊)+新式报刊"的"新的"新闻媒介体系。

(二)新闻电影出现后的中国近代新闻媒介体系

新闻纪录影片的出现使新闻媒介体系由"传统报刊+新式报章"进步为"新闻报刊(官办报刊+民间报刊)+新闻纪录影片"的"新"格局。新闻电影对原有新闻媒介体系既是突破,更是创新和拓展。"突破"是指新闻纪录电影以配音、图像及动态、连续报道新闻的方式,突破了报刊对新闻事实叙述文字描述加新闻照片的静态展示方式,提高了新闻传播的效果;"创新"是把新闻场景通过摄制、剪接成为实现特定新闻主题的新闻媒体(新闻媒介加新闻内容);信息载体从传统纸张变为近代工业产品胶片,既创新了传播方式(从阅读报纸到观看电影),又创新了新闻媒体的物质构成和形态(特定技术、机械设施和制作的胶片);"拓展"是新闻电影拓展了新闻传播效果空间,从注重叙述情节的故事电影拓展到叙述宏大社会主题的重大新闻事件的新闻纪录电影,标志新闻媒介体系在传播功能、方式、路径的多方面完善。

(三)无线电新闻广播出现后的中国近代新闻媒介体系

无线电新闻广播通过无线电波荷载声音传播新闻,为新闻传播增加了更为迅速有效和便捷的途径,新闻媒介体系随之发生多方面变化:第一是新闻媒介品种在"新闻报纸"和"新闻影片"外增加了"新闻广播"这一品种;第二是由原先"新闻报刊(官办报刊+民间报刊)+新闻纪录影片"的新闻媒介体系发展为"新闻报刊+新闻纪录影片+新闻广播"的新格局;第三是提高了新闻业务工作的效率和效益,新闻通讯社提供的新闻稿在报纸刊载的同时可通过广播向外传播,使得新闻活动成果得到再次传播,提高了新闻活动的社会效益。无线电广播可随时播送新闻,新闻时效性明显提高。第四是拓展了传播空间。"新闻报刊(官办报刊+民间报刊)+新闻纪录影片"传播的新闻主要是通过受众的"看"(看报纸或看电影)获知新闻。无线电广播新闻则是通过听众的"听"传播,受众只要持有"收音"设备和所处场所能接收到广播电台发射新闻的无线电波，打开收音机后就能"听"到新闻，为受众接受新闻传播增加了途径。新闻广播为不识字或因视力障碍不能阅读报纸新闻但能"听"见广播新闻声音的受众提供了获知新闻的途径，扩大了新闻传播受众群，服务功能更为完善。

（四）新闻通讯社对中国近代新闻媒介体系的影响

新闻通讯社出现后的中国近代新闻媒介体系是：新闻报纸（自采新闻+新闻通讯社提供的新闻内容）+新闻电影+新闻广播（自采新闻+新闻通讯社提供的新闻）。新闻通讯社只是拓展了新闻媒介获得新闻内容的功能并不直接向社会受众发布传播新闻。新闻通讯社在新闻出现密集地区（大型或重要城市）设立工作机构或派出记者（或驻点或随军）以及时获得新闻内容。新闻记者撰成新闻稿发回通讯社，由通讯社编辑人员选择编辑成新闻稿发给有关新闻媒介（报纸或广播电台），经新闻报纸选载或新闻广播电台选播后完成新闻传播活动。新闻通讯社对社会新闻活动的价值主要体现在新闻内容获得的专业化、便利化和多样化。因新闻通讯社"专司"获得新闻消息，所以给新闻媒体提供的新闻内容专业特点更为明显；因大多数新闻通讯社的新闻稿采取"预订服务"方式，建立契约关系后，新闻通讯社就会按约提供新闻内容；因新闻通讯社分支机构或记者可能分布在世界各地，可及时获知世界各地新闻，新闻媒体通过新闻通讯社提供的新闻稿向当地受众及时传播世界各地产生的新闻。

第三节 中国当代新闻媒介的孕育和发展

"当代"即"正当其时的时代"。以1949年10月1日在北京举行中华人民共和国开国大典为标志，历史车轮轰隆隆驶进了"新中国"历史阶段。这一阶段的"官方"是中国共产党领导的中华人民共和国中央人民政府及其各级政府。从目前来看，中国当代的新闻媒介体系主要由新闻报刊、新闻电影、新闻广播、互联网媒体以及智能手机等不同类型的新闻媒介组成。

一、中国当代报刊媒介的孕育和发展

和历朝历代一样，中国当代的新闻报纸仍是由官方报纸和民间报纸两个部分组成。由于社会环境的剧烈变化，官办报纸和民办报纸都经历了历史性的变化。

(一) 中国当代政府机关报刊的起源和演变

中华人民共和国中央人民政府是在中国共产党领导人民创建的红色政权基础上建立和发展起来的。中国共产党在战争年代领导创建的全国性红色政权是中华人民共和国中央人民政府的前身。中国当代政府机关报刊也是在红色政权机关报基础上发展起来的。

1. 中国红色政权中央机关报刊的起源

1931年11月7—20日，中华苏维埃第一次全国代表大会在江西瑞金叶坪村举行，大会选出63人组成的中央执行委员会，① 宣告中华苏维埃共和国临时中央政府正式成立。1931年12月11日，中华苏维埃共和国临时中央政府机关报《红色中华》报在江西瑞金创刊。通过刊载社论、要闻、专电、小时评、红色区域建设、中央苏区根据地消息、党的生活、赤色战士通讯、工农通讯②及中共中央的宣言和声明等形式，"发挥中央政府对于中国苏维埃运动的积极领导作用。"③《红色中华》报创刊标志着共产党领导创办的红色中央政府机关报正式诞生，同时也标志着共产党领导的中央人民政府机关报的正式起源；由原先仅有的党团报刊发展成为党团报刊和政府机关报，两种功能不尽相同，但却是目标一致的两种类型，标志着中国共产党领导创建的红色报刊体系第一次形成了由党组织机关报、党领导的政府机关报及党领导的群众团体（工会、共青团、妇联等）机关报的完整体系。《红色中华》报于1933年2月10日改为中共中央、中央工农民主政府、中华全国总工会和中国共青团的"联合机关报"。6月17日改回中华苏维埃共和国临时中央政府机关报。1934年2月16日改为"中华苏维埃共和国中央政府机关报"。同年10月中央红军长征后停刊。④

2. 红色政权机关报刊的发展

红军长征到达陕北后，"中华苏维埃共和国中央政府机关报"《红色中华》报于1935年11月25日在陕北瓦窑堡复刊。"西安事变"和平解决后，中共中央为促进抗日民族统一战线形成，1937年1月29日把《红色中华》报改名《新中华报》。1937年9月9日，中共中央履行国共两党签订的合作抗日协议把"中华苏维埃共和国中央政府"机关报《新中华报》改为"陕甘宁边区政府机关

---

① 中共中央党史研究室. 中国共产党历史·第1卷·上册 [M]. 北京：中共党史出版社，2011：327.
② 钱承军. 建国前中国共产党报刊研究 [M]. 北京：中国文联出版社，2009：90.
③ 《红色中华》发刊词 [N]. 红色中华（创刊号），1931-12-11.
④ 倪延年. 论民国时期中国共产党中央机关报的发展演变 [J]. 现代传播，2019（4）：40-46.

报"。针对国民党五届五中全会秘密通过"溶共、防共、限共"的《党务报告决议案》、秘密成立"防共委员会"、制定反共限共文件《防制异党活动办法》《共党问题处置办法》等①破坏国共合作抗日的举动,中共中央于1939年2月7日把《新中华报》"改组"成为"中共中央机关报",和国民党形成针锋相对的"以中央党报对中央党报"的新闻舆论态势。

尽管《新中华报》已"改组"成为中共中央机关报,但陕甘宁边区政府的重要文件仍然通过《新中华报》向社会宣示,所以即使"改组"成为"中共中央机关报"的《新中华报》仍具有发布陕甘宁边区政府新闻的"政府机关报"实际功能。1941年5月15日,由延安《新中华报》《今日新闻》合并创办中共中央机关报《解放日报》,在承担中共中央机关报将"一切党的政策,将通过《解放日报》与新华社向全国宣布"② 功能的同时,也发布共产党领导的陕甘宁边区政府宣传贯彻落实中共中央有关政策的文件、效果等新闻,也仍然对外发布陕甘宁边区政府新闻,因而部分地具有陕甘宁边区政府机关报的功能。1948年6月15日和中共晋察冀分局机关报《晋察冀日报》合并创办华北局机关报《人民日报》(俗称华北《人民日报》)。1949年6月29日,华北人民政府公布《华北人民政府新闻发布办法》。1949年8月1日,中共中央决定把华北《人民日报》转为"中共中央机关报"③。

3. 中国当代政府机关报的诞生和发展

1949年9月29日中国人民政治协商会议第一次会议通过的《中国人民政治协商会议共同纲领》规定:"中国人民政治协商会议代表全国人民的意志,宣告中华人民共和国的成立,组织人民自己的中央政府。"④

(1)中国当代中央政府机关报诞生

1949年12月5日,中共中央向全国各级党组织发出《关于中央政府成立后党的宣传工作问题的指示》,指出"现在中央政府已经成立""全国的文化教育

---

① 韩信夫,姜克夫.中华民国大事记:第4册[M].北京:中国文史出版社,1997:366-368.
② 中共中央关于出版《解放日报》等问题的通知[G]//中国社会科学院新闻研究所.中国共产党新闻工作文件汇编:上卷.新华出版社,1980:97.
③ 倪延年.论民国时期中国共产党中央机关报的发展演变[J]//现代传播:中国传媒大学学报.2019(4):40-46.
④ 中国人民政治协商会议共同纲领[G]//王培英.中国宪法文献通编(修订版).北京:中国民主法制出版社,2007:265.

的行政工作此后均应经由中央政府文教部门来管理。"① 1950年初，中央人民政府政务院发布《关于中央人民政府所属机关在〈人民日报〉上发表公告及公告性的文件的办法》，规定"凡属中央人民政府及其所属机关的一切公告及公告性新闻，均应交由新华通讯社发布，并由《人民日报》负责刊载。如各种报刊所发表的文字有出入时，应以新华通讯社发布、《人民日报》刊载的文字为准"。②明确了《人民日报》"中共中央机关报"和"中央人民政府政务院机关报"的双重属性和功能，回归《红色中华》报作为"中共中央、中央工农民主政府"机关报时的体制和功能设计。

中共中央宣传部于1949年12月明确："今后各行政区、省、区的主要报纸，都不必公开宣传是中共机关报，也不必说是政府机关报，只称某地报纸即可。"③ 可知新中国成立后各省（自治区、直辖市）的代表性报纸，如上海的《解放日报》、山东的《大众日报》及《北京日报》《天津日报》《河南日报》《安徽日报》等，实际具有地方党委机关报和地方政府机关报的双重职能。1953年，全国专区以上的报纸有258种，其中共产党机关报包括中央级、大行政区级、省（自治区、直辖市）级、省辖市级及专区级报纸151家，各大行政区机关报纸计6家，省、自治区、直辖市（省委、自治区党委、直辖市委）级30家，中华总工会机关报《工人日报》，中国共青团中央机关报《中国青年报》，中共中央军委机关报《解放军报》等④，构建起一个由政府经办的涵盖传播党、政、军及群团公告性新闻的完整媒介体系。

（2）中国当代政府机关报的发展

1954年9月中华人民共和国第一届全国人民代表大会胜利召开及有关基础性法律的通过和颁行，标志着中国特色社会主义国家制度构建完成。随着国家管理机构渐成定制，国家机关公报陆续创办发行。1955年3月，《中华人民共和国国务院公报》创刊发行。1957年4月，《中华人民共和国全国人民代表大会常务委员会公报》创刊发行，和中共中央机关报《人民日报》一起构成中华人民

---

① 中共中央关于中央政府成立后党的宣传部门工作问题的指示［G］//中国社会科学院新闻研究所. 中国共产党新闻工作文件汇编：上卷. 北京：新华出版社，1980：288-289.

② 中央人民政府政务院. 关于中央人民政府所属机关在《人民日报》上发表公告及公告性文件的办法：一九五〇年初［G］//中国社会科学院新闻研究所. 中国共产党新闻工作文件汇编：中卷. 北京：新华出版社，1980：9-10.

③ 中宣部关于今后各级党报名义不要公开宣传的指示：一九四九年十二月［G］//中国社会科学院新闻研究所. 中国共产党新闻工作文件汇编：上卷. 北京：新华出版社，1980：328.

④ 方汉奇. 中国新闻事业通史：第3卷［M］. 北京：中国人民大学出版社，1999：2-25.

共和国执政党、中央政府和立法机构新闻发布的完整体系。国务院所属部先后创办了部门机关公报，人民法院、人民检察院及人民军事委员会、中华全国总工会、全国妇联、共青团、侨办等办事机构也创办了机关公报，形成了完整系统的国家、军队及群团新闻媒介体系，并一直延续至今。中国是由56个民族组成的多民族和谐相处、共同发展的国家。在民族自治地区的管理机构（自治区政府、自治州政府及自治县政府）中，大多创办有各自民族文字（也有民族文字和普通话双语版）的机关公报。其中以《内蒙古日报》《西藏日报》《新疆日报》影响较大。在政府机关报体系中有省（自治区）级用少数民族文字出版的机关报，这是多民族和谐相处的当代中国政府机关报的一个特色。

20世纪90年中后期开始，传统纸质媒介新闻报纸纷纷"上网"。发行纸质版同时出版网络版并很快进入"媒介融合"发展阶段。以中共中央（中央政府）机关报《人民日报》为例，1997年1月1日《人民日报》网络版正式接入国际互联网；2000年8月21日，"人民日报网络版"改为"人民网"并迅速形成新闻、互动和服务三大系统。① 2012年7月22日，人民日报开通法人微博。2014年6月，人民日报新闻客户端正式上线，2000余家中央部委、地方政府入驻政务发布厅，通过新闻客户端及时发布公告性新闻。2017年1月，《人民日报》全媒体平台"中央厨房"建成投入使用，成为传统媒体从"相加"迈向"相融"的标志。《解放军报》和其他中央政府部门、人民团体报纸（《科技日报》《中国教育报》《工人日报》《中国青年报》等）及省级新闻媒介也纷纷加快了"媒介融合"的进程。

3. 我国台港澳地区地方政府机关报的发展

台湾、香港和澳门地区各自情况不同，政府机关公报情况也不尽相同。台湾地区自1945年10月25日正式回归中国版图后，由国民党按照原在大陆时的管理体制和运行机制进行治理，国民党在大陆的政府机关公报延续出版。香港（澳门）地区在中华人民共和国成立后仍在港英（葡澳）当局管治下，1997年7月1日和1999年12月20日中国先后对香港和澳门恢复行使主权。香港（澳门）特别行政区基本法规定香港（澳门）特别行政区是中华人民共和国不可分离的部分"，"香港（澳门）特别行政区不实行社会主义制度和政策，保持原有的资本主义制度和生活方式，五十年不变""香港（澳门）特别行政区是中华人民共和国的一个享有高度自治权的地方行政区域"及规定香港（澳门）特别

---

① 刘家林. 新中国新闻传播60年长编（1949—2009）·下[M]. 广州：暨南大学出版社，2010：326.

行政区行政长官及行政会议成员都必须由"在外国无居留权的香港（澳门）特别行政区永久性居民中的中国公民担任",① 实行"一个国家，两种制度"；"港人治港（澳人治澳），高度自治"，所以香港（澳门）澳葡当局此前的政府机关公报继续出版。不管实行什么社会制度，台湾、香港、澳门都是中国不可分割的领土，台港澳地区的地方政府机关公报都是中国当代政府机关公报的组成部分。

（二）中国当代民间报刊的发展变化

一些民营新闻报刊在抵抗外敌入侵和反对国内专制统治斗争中同情或支持人民革命，在新中国成立后接受共产党和人民政府的领导和管理，经过申请登记注册并获准后继续出版，成为人民新闻业组成部分之一。台湾、香港和澳门地区的民间报刊则经历了历史性的变化。

1. 中国（不含台湾、香港、澳门）的民间报刊

自1948年11月解放军转入全面战略反攻以后，一批原先在国民党政府统治下的大中城市先后获得解放并成立人民民主政权。这些大中城市的民营报刊在履行申请登记并获准后继续出版，这种情况一直延续到新中国成立后。

（1）新中国建立初期的民营报刊

1950年2月全国新闻工作会议调查统计，当时中国大陆由私营报纸55家。其中华东地区有24家（上海14家），华北地区10家，中南地区7家，西北地区3家，西南和东北地区各2家，以及华侨报纸7家。② 私营报纸中，比较著名的有上海的《大公报》《文汇报》《新民报》，武汉的《大刚报》和南京的《南京人报》等。③ 随着社会环境变化，一些民营报刊经过"公私合营"成为国家（政府）投资入股并派员参加管理经营的新闻报刊，"民营报刊"已经成为"半公半民"的混合型资产所有权新闻报纸。生产资料的社会主义改造运动后，原有50余家私营报纸到1952年已全部实行公私合营，进而改为公营④——尽管报人仍在报社工作甚至担任负责人，但所有权已属国家（政府），所以已不属于"民有报纸"，而属于"公营报刊"，也不属于党和政府机关报。

---

① 中华人民共和国香港特别行政区基本法［M］.北京：法律出版社，1997：7-19.（注：《中华人民共和国澳门特别行政区基本法》的有关内容相同。）
② 中国社会科学院新闻研究所，中国新闻学联合会.中国新闻年鉴：1988［M］.北京：中国社会科学出版社，1989：525.
③ 吴廷俊.中国新闻史新修［M］.上海：复旦大学出版社，2008：394.
④ 方汉奇.中国新闻事业通史：第3卷［M］.北京：中国人民大学出版社，1999：2.

(2)"民报"和"官报"关系的转换

民营新闻报纸出现的基本前提是政府（执政党）和民众根本利益和政治立场处于互相对立且不可妥协的状态。如代表贵族豪门利益的封建皇帝、代表大地主和大资产阶级根本利益的国民党政府、出卖民族利益而卖国求荣的汉奸傀儡政府及外国殖民者在中国领土建立的殖民政府等，其根本利益与处于被剥削、被压迫、被掠夺、被欺凌的中华民族、中国人民尤其是以工人阶级、农民阶级、城市贫民阶级、小资产阶级的根本利益是对立的、冲突的、甚至是水火不相容的。在这种环境里，民营报纸站在"民间"正义和道德立场上，揭露事实真相，抨击社会不公，谴责鱼肉百姓，反对外族侵略，批评愚昧行为，引导社会进步，顺应民心民意，具有"官报"不具有的特殊价值，"报发民声"和"报为民需"是中国民报在重重压迫下仍能缕缕不绝的根本动因。

共产党领导成立的"中华人民共和国是工人阶级领导的、以工农联盟为基础的人民民主专政的社会主义国家"，① 是劳动人民当家做主的"人民中国"。人民政府、人民公安、人民法院、人民检察院、人民军队到人民邮政、人民医院、人民银行等等，"人民"是主人，国家资源和财富属全体人民所有，凡拥护社会主义和祖国统一的阶级、阶层和社会集团，都是人民的范围。《中华人民共和国宪法》规定"国家尊重和保障人权"，公民享有包括言论、出版、集会、结社、游行、示威的自由，宗教信仰自由，通信自由和通信秘密受法律的保护；对任何国家机关和国家工作人员有提出批评和建议的权力。公民对国家治理和政府管理工作方面的意见和建议，既通过报刊也可以通过其他合法途径（如人民代表大会、政治协商会议、工青妇学团体乃至来信来访等途径）向政府反映或提出，有关部门（包括媒体）有责任给予解释和回答。国家经办的新闻媒介（报纸、电台、电视台、通讯社）属人民所有，代表"人民"利益。所以应该说当代中国消失的不是代表民众利益发声的"民报"，而是那些与社会大多数民众利益相对立的"官报"。

(3)互联网环境下的特殊"民间"新闻现象

进入互联网时代后尤其是第三代智能手机普及后（现已是5G），信息传播者和受传者的界限越来越模糊，一个社会成员在分享其他社会成员向互联网上传的新闻内容时是受传者，而在"他（她）"自己以"图片+视频、音频及文字"或"视频+音频+文字"等向互联网上传新闻内容时就成了传播者。互联

---

① 中华人民共和国宪法 [G] //王培英.中国宪法文献通编（修订版）.北京：中国民主法制出版社，2007：4.

网条件下的自媒体新闻生产、发布者有点像"民间报人"——收集（采访）新闻不受政府限制（实际也限制不了）、发表言论不受政府检查（无法事先检查自媒体上传的信息）、发布新闻不受政府控制（发布前政府无法知晓其新闻及言论，"删帖"是在发布后），学术界往往把网络舆论称为"民意"或"公众舆论"。自媒体在互联网上接收或上传新闻消息或发布言论，似属"民间新闻传播"范畴，在互联网上发布和传播的新闻文本似具有"民间报刊"的某些性质。但自媒体人上传新闻及发布言论的互联网平台及设施又不是"他"个人所有，而是政府用社会资源建设，因而又不完全具备"民间新闻传播"的性质。

2. 我国台湾地区的民间报刊演变

在国共决战中被人民解放军打败后溃败到台湾的国民党当局，尽管还打着"中华民国"招牌，但其实际管治的空间范围已局限在台湾和澎湖地区，与孙中山于1912年3月11日签署公布的《中华民国临时约法》规定"中华民国领土，为二十二行省，内外蒙古、西藏、青海"① 及中华民国国民政府于5月5日公布的《中华民国宪法草案》（即"五五宪草"）规定的"中华民国领土为江苏，浙江，安徽，江西，湖北，湖南，四川，西康，河北，山东，山西，河南，陕西，甘肃，青海，福建，广东，广西，云南，贵州，辽宁，吉林，黑龙江，热河，察哈尔，绥远，宁夏，新疆，蒙古，西藏等固有之疆域"② 相比较而言，实在只能算是"地方当局"了，所以把台湾地方当局经办的报刊归于"民间报刊"。

联合国大会于1971年10月25日通过《关于恢复中华人民共和国在联合国一切合法权利并立即把国民党集团的代表从联合国及其所属一切机构中驱逐出去的决议》（即第2758号决议）后，国民党台湾地方当局被世界大多数国家逐出了国际舞台。若把"联合国"视为国际的"官方"，台湾当局也就成了实际的"民间"，台湾地区当局的新闻报刊无论是在国内还是国际上都成了"民间报刊"。把1949年后的台湾地区新闻报刊归为"民间报刊"实至名归。1953年统计，台湾地区共有报纸30家，到1957年为29家，另有内销台湾的侨报15家。③ 其中较有影响的如国民党中央的机关报《中央日报》，《台湾新生报》《中华日报》《征信新闻》，由《民族报》《全民日报》《经济时报》合并创办的《联合报》（刚开始称为三报"联合版"）。实施"戒严"后，台湾地区报纸在

---

① 中华民国临时约法 [G]//王培英. 中国宪法文献通编（修订版）. 北京：中国民主法制出版社, 2007：299.

② 中华民国宪法草案：五五宪草 [G]//王培英. 中国宪法文献通编（修订版）. 北京：中国民主法制出版社, 2007：370.

③ 王天滨. 台湾新闻传播史 [M]. 台北：亚太图书出版社, 2002：178.

"一报五禁"的情形下，从 1960 年后，台澎金马地区发行的日晚报一直维持在 31 家。①

2000 年台湾地区执政党轮换，具有鲜明"台独"政治色彩的民主进步党赢得台湾地区"地方领导人"选举后，亲绿的《自由时报》迅速上位，与老牌的《联合报》《中国时报》并称为"三大报纸"之一，此外还有《民众日报》《台湾时报》《民生报》《经济日报》及《工商时报》等。

3. 我国香港地区民间报刊的发展演变

香港地区在回归祖国前由英国殖民当局统治。从国际法角度看，1997 年 7 月 1 日前香港本岛的新闻报刊不属于"中国新闻史"研究对象（九龙地区是被租借，领土主权仍属中国，所以九龙地区的新闻报刊属于"中国报刊"）。中国政府于 1997 年 7 月 1 日对香港恢复行使主权后，香港地区（本岛和九龙地区）出版的新闻报刊就成为"中国报刊"了。香港地区（1842 年至 1997 年期间的香港本岛除外）的民营新闻报刊应属于中国新闻史的研究对象，九龙地区在 1949 年 10 月 1 日中华人民共和国中央人民政府宣布成立后创办和出版的民营新闻报刊则是中华人民共和国时期的"民间报刊"。有关统计数据表明，在回归祖国的 1997 年，香港地区共有新闻报纸 51 种。包括中文报纸 11 种（占 21.56%），英文报纸 33 种（占 64.70%），其他语言 7 种。回归祖国十年后的 2007 年，香港地区共有新闻报纸 44 种，其中中文报纸 19 种（占 43.18%），英文报纸 13 种（占 29.54%），其他 12 种。② 较有影响的新闻报纸如《苹果日报》《明报》《经济日报》《南华早报》及免费报纸《头条日报》《都市日报》及《am730》等。其中既有亲台湾当局倾向的《华侨日报》《香港时报》《苹果日报》，也有明显倾向祖国大陆的《文汇报》《大公报》等进步报纸，还有一些无明显政治倾向的商业报刊、宗教刊物。1984 年中英签署联合声明后，亲台湾背景的报纸缺少生存空间，自动退出了香港市场。③ 回归十年后，中文报纸占比从 1997 年 21.56% 上升为 2007 年的 43.18%，英文报纸则从 1997 年的 64.70% 降至 29.54%，也从一个侧面反映了香港地区新闻报纸的演变。

---

① 郑贞铭. 20 世纪中国新闻学与传播学：台湾新闻传播事业卷 [M]. 上海：复旦大学出版社，2005：15.
② 香港统计年刊 [M] // 张晓锋. 中国新闻法制通史·第 4 卷·港澳台卷. 南京：南京师范大学出版社，2015：175.
③ 张晓锋. 中国新闻法制通史·第 4 卷·港澳台卷 [M]. 南京：南京师范大学出版社，2015：175.

4. 我国澳门地区民间报刊的发展演变

澳门地区出现居住的葡萄牙人是在 1553 年（明嘉靖三十二年）。鸦片战争后，葡萄牙女王玛丽亚二世于 1845 年 11 月 20 日单方面宣布澳门为自由港，宣布允许外国商船停泊进行贸易活动，同时拒绝向清朝政府缴纳地租银。但清政府直到 1887 年 12 月 1 日与葡萄牙签订的《中葡友好通商条约》中才"允许葡萄牙永驻和管理澳门以及属澳之地"。① 因此清政府在《中葡友好通商条约》中允许葡萄牙"永驻和管理澳门以及属澳之地"前的澳门是中国的领土。至于当时澳门有没有中国人创办的新闻媒介暂不去说。中葡两国政府于 1987 年 4 月 13 日签订《中华人民共和国政府和葡萄牙共和国政府关于澳门问题的联合声明》，宣布中华人民共和国将于 1999 年 12 月 20 日对澳门恢复行使主权。中国政府对澳门恢复行使主权后，澳门地区的新闻报刊无论在法理还是实践上都成为中国新闻报刊的重要组成部分之一。有关统计数据表明，在回归祖国的 1999 年，澳门地区有新闻报纸 11 种，其中中文报纸 8 种，葡文报纸 3 种；在澳门回归祖国十年后的 2009 年，澳门地区有新闻报纸 14 种，其中中文报纸 9 种，葡文报纸 3 种，其他语 2 种。② 与香港地区相比，十年间总体变化不大。中文报纸如《澳门日报》《华侨报》《大众报》《市民日报》《星报》《正报》《现代澳门日报》《新华澳报》及《濠江日报》等。葡文报纸是《句号报》《澳门论坛报》和《澳门今日》等。③

二、中国当代新闻广播媒介的发展

作为新闻媒介的新闻广播并不是在中华人民共和国成立后（即"中国当代"）才出现的新兴新闻媒介，而是 20 世纪 20 年代（奥斯邦电台 1923 年 1 月 23 日首次播音）就出现的新兴新闻媒介，但是在进入中华人民共和国以后又有了新的发展。

（一）中国（不含台湾、香港、澳门）的新闻广播

1949 年 3 月 25 日，中共中央由西柏坡迁进北平。陕北新华广播电台也由平山进入北平，从这一天起陕北新华广播电台改名为北平新华广播电台，并开始

---

① 中葡和好通商条约 [M] //卢菡. 中国近代不平等条约. 北京：外文出版社，2011：56.
② 澳门统计年鉴：1999—2009 [M] //张晓锋. 中国新闻法制通史·第 4 卷·港澳台卷. 南京：南京师范大学出版社，2015：288.
③ 张晓锋. 中国新闻法制通史·第 4 卷·港澳台卷 [M]. 南京：南京师范大学出版社，2015：288.

具有对全国广播的中央台的性质。① 6月25日，中共中央决定以原新华总社语言广播部为基础组建中央广播事业管理处，负责管理并领导全国广播事业，中国新闻广播事业进入新的历史发展阶段。新中国成立后的1949年12月5日，北京新华广播电台定名为中央人民广播电台，和《人民日报》、新华通讯社一起共同承担中共中央、中央人民政府的对外新闻发布职责，成为全国人民和世界各国受众获得新中国重要新闻的基本渠道。新闻总署于1950年4月22日发布《关于建立广播收音网的决定》。经过全国上下协力工作，各地城乡、工矿企业、部队和学校迅速建立广播收音站，形成了规模宏大的广播收音网。中国农村地域广大，农民收音机持有比例很低，1955年9月，中央广播事业局发出"建设农村有线广播网"的指示，到1957年底，全国县级广播站由1949年的11座增加到1698座，广播喇叭由1949年的900只增加到94.12万只。② 1982年5月撤销中央广播事业局，成立广播电视部。1983年举行的第十一次全国广播电视会议明确了"四级办广播"（中央、省、市三级办无线广播，县办有线广播）方针，并要求中央、省、市、县都要积极开办调频广播，有条件的大城市可以开办立体声调频广播。③ 随着广播电视事业的迅速发展和国家机构的调整，广播电视部于1986年1月改为广播电影电视部，1998年3月改为国家广播电影电视总局。无论机构如何调整，我国对广播事业的建设从未放松。到2000年底，全国共有广播电台304座，广播电视台1272座，对内对外广播发射台和转播台740座，广播人口综合覆盖率达92.74%。④ 2013年组建国家新闻出版广电总局。2018年4月组建国家广播电视总局。各省（自治区、直辖市）的新闻广播管理机构在职能范围以及机构名称等也多有调整变化。

（二）我国台湾地区的新闻广播

中国当代台湾地区的新闻广播主要是在抗战胜利后南京政府接管的日本人在台广播电台基础上发展起来的。台湾光复前，台湾有台北、台中、台南、花莲、嘉义等五家广播电台，南京政府接管后并入官办的中国广播公司。国民党军队撤退到台湾时，又从大陆裹挟去几家广播电台的设备。中国广播公司是国民党掌控的一家广播公司，也是台湾最大的广播机构。1949年11月16日在台湾正式成立。首任董事长为张道藩，总经理董显光，受国民党中央委员会和

---

① 赵玉明．中国广播电视通史［M］．新1版．北京：中国广播电视出版社，2014：153.
② 赵玉明．中国广播电视通史［M］．新1版．北京：中国广播电视出版社，2014：206-207.
③ 赵玉明．中国广播电视通史［M］．新1版．北京：中国广播电视出版社，2014：336.
④ 赵玉明．中国广播电视通史［M］．新1版．北京：中国广播电视出版社，2014：392.

"行政院"双重领导。1950年12月18日为加强国民党对大陆的所谓"心战",中国广播公司开始使用"中央广播电台"呼号对大陆进行广播。1968年7月31日,中国广播公司的台北地区调频广播电台正式播音,标志着台湾地区进入调频广播时代。中国广播公司于1969年建成覆盖台湾地区的调频广播网。1955年8月开播的台中农民广播电台是台湾地区出现较早的专业性广播电台。1973年8月1日中国广播公司在台北设立第一座新闻专业台。到1989年底,台湾地区共有32家186座广播电台,其中公营广播电台12家(国民党党政部门8家,军队4家)130座,民营广播电台20家56座。[①]

(三)我国香港地区的新闻广播

香港地区的社会新闻广播可以回溯到1928年6月30日港英当局成立的香港电台,并长期是香港地区的唯一广播电台。1949年3月21日"丽的呼声"有线广播开办后才结束"一家独占"局面。1959年8月26日,香港商业广播有限公司开办的商业电台正式开播。1971年开办了专为驻香港、文莱、尼泊尔等地英军服务的英军广播电台。1990年12月,港英当局将港区第二家商业广播电台牌照颁发给"高艺广播有限公司",次年由该公司建立的新城电台于7月正式开播了包括"新闻台""劲歌台"和"金曲台"三个频道。到2000年底,政府出资经办的香港电台共办有七套节目(称为七个台),其中第一台为港台各中文台广播新闻及资讯节目;第七台为普通话台,1997年3月31日开播,是香港地区唯一全部使用普通话广播的电台。商业电台一台的节目以新闻资讯和时事为主,是全港听众最多的电台之一;新城电台的新城劲歌997台在播放流行歌曲等节目的同时也播放新闻资讯节目。

(四)我国澳门地区的新闻广播

澳门最早的"CON-MACAU"电台于1933年8月26日开播,用葡萄牙语播送新闻和音乐。1982年10月成立的澳门广播电视有限公司把澳门广播电台纳入其中,设有电台部,对外称澳门电台。澳门电台分为中文、葡文两台(实际就是两套节目),纳入包括新闻、体育、文化、娱乐等。比较重视新闻报道,除自采外,还选用路透社、法新社、葡新社和新华社的稿件。私营的澳门绿村商业广播电台自1950年开播后即自称"不谈政治",没有自制新闻节目,只在综合节目中由主持人依据报纸加插一些听众感兴趣的社会新闻。1999年澳门回归,澳广视下属的电台做了大量的新闻采访报道,并制作了《见证回归》等时事节目,产生了积极的政治和社会影响。

---

① 赵玉明. 中国广播电视通史 [M]. 新1版. 北京:中国广播电视出版社,2014:466.

三、中国当代新闻电视媒介发展

电视（Television）一词出自希腊语，含"远处"（tele）和"视图"（vision）两层含意。1925年，贝尔德在实验室实现活动图像远距离传送，由此获得"电视之父"的称号。①

（一）中国（不含台湾、香港、澳门）新闻电视媒介的创建和发展

1934年，中国南京中央大学理学院杨简初教授的助手孙明经研制出中国第一套可摄像、传输、接受并播放的电视原理样机并将"电视"确定为television的中文对应名称。

1. 新闻电视媒介的创建

1953年7月，新中国举全国之力的抗美援朝战争获得胜利，美国被迫与中朝双方签订"停战协定"。就在这一年年底，中国国家广播事业局就派遣10名技术人员赴捷克斯洛伐克留学，其中就有6名研修电视技术。1954年毛泽东做出关于"要办电视和发展对外广播"指示。② 1955年2月5日，国家广播事业局向国务院提出在北京建立一座中等规模电视台的计划。同月12日周恩来总理批示"将此事一并列入文教五年计划讨论"，新中国电视事业进入了孕育期。1957年8月19日，国家广播事业局决定成立北京电视实验台筹备处，并任命罗东为主任。1958年5月1日19时进行实验性开播，中国第一位女电视播音员沈力预告当晚节目。6月15日成功直播我国第一部电视剧《一口菜饼子》，6月19日又成功转播八一男女篮球队和北京男女篮球队友谊比赛实况。1958年9月2日北京电视台正式播出。北京电视台的建立，标志我国的电视事业进入世界电视发展的行列。③

2. 新闻电视媒介的发展

1964年，北京饭店建成第一座电视共用天线系统，第一次实现京津地区微波传送电视节目，拉开了我国有线电视的序幕。1968年10月10日，太原继天津后成为第二个转播北京电视节目的城市。1970年，北京电视台传送范围从津、冀、鲁、陕四省扩大到鄂、辽、豫、鲁、湘、皖、浙、苏、川、赣、粤等15省市。1976年4月，北京东方红炼油厂建成中国第一个有线电视中心。随着国家邮电通信用微波中继干线建成，广播电视开始通过微波中继干线传送广播电视

---

① 刘习良. 中国电视史 [M]. 北京：中国广播电视出版社，2007：13.
② 刘习良. 中国电视史 [M]. 北京：中国广播电视出版社，2007：15.
③ 赵玉明. 中国广播电视通史 [M]. 新1版. 北京：中国广播电视出版社，2014：217.

节目。北京电视台的彩色电视节目借助邮电部微波干线网络已可达到除鲁、内蒙、新、藏和台港澳以外的25个省（直辖市、自治区）。随着国家综合实力的增强和对新闻电视业的重视，国家和地方层面的新闻电视媒介建设，目前已经形成以"村村通"网为依托，以中国中央广播电视总台（由中央电视台、中国国际电视台、中央人民广播电台、中国国际广播电台整合组成）为中心，以各省（自治区、直辖市、特别行政区）经办的电视媒体为主干，延伸到全国地（市）甚至县（市），电视信号可以覆盖全国的新闻电视媒介网络。

（二）我国台湾地区新闻电视媒介的出现和发展

早在1947年，南京政府中央广播事业管理处就提议创办电视，因政局动荡及国共内战形势日紧而无人顾及遂成为空谈。1952年，国民党"中央通讯社"社长曾虚白访美归台后提出兴办电视建议，又因当局未置可否再次成为空谈。1956年，台湾地区教育部门负责人张其昀提出"创办教育电视台"的设想，再因财力不足成为空谈。1957年5月，台湾电力公司工程师张仲智从美国携回一套小型闭路电视设备并在台北举行电视示范表演，是台湾地区最早的电视试验。同年8月，台湾无线电协进会与远东企业合作，使用闭路电视在台北、高雄及金门等地举行展览。1958年5月，台湾工程师学会及电机工程学会举行发展电视事业座谈会。1960年5月20日，台湾地区"中国广播公司"与日本电气株式会社合作，用20瓦电视发射机装成转播车，实况转播蒋介石连任，即第三任"总统"就职大典。这是台湾地区首次电视直播。[1] 1962年2月4日，台湾地区第一座电视台即台湾教育电视实验台开播[2]（1971年10月31日改组扩建为中华电视台即"华视"正式开播。1988年11月更名为中华电视股份有限公司）。1962年10月10日，台湾地区第一家商业电视台台湾电视事业股份有限公司（简称"台视"）在试播一周后正式开播。1968年9月3日，由中国广播公司、有关民营广播电台及部分有志于电视事业的工商文化界人士共同集资筹办的中国电视事业股份有限公司（简称"中视"）宣告成立并于10月31日正式播出。"解严"后的1997年6月，台湾第四家无线电视台"民间全民联合无线电视台"（"民视"）正式开播。1998年7月1日，早在1995年11月就开始试播的公共电视台（"公视"）正式开播。

（三）我国香港地区新闻电视媒介的出现和发展

1957年5月29日，香港"丽的映声"电视台（简称RTV）启播，标志着

---

[1] 王天滨. 台湾新闻传播史［M］. 台北：亚太图书出版社，2002：299.
[2] 赵玉明. 中国广播电视通史［M］. 新1版. 北京：中国广播电视出版社，2014：471.

我国香港地区新闻电视正式诞生。香港"丽的映声"不仅是香港首家有线电视台，也是全球华人地区第一家电视台。1963年9月30日，"丽的映声"增设中文频道，粤语为主要语言。1967年11月19日，香港第二家电视台"香港电视广播有限公司"开办的电视台（"无线电视"）启播，设有中文翡翠台（频道）和英文明珠台（频道）。1973年4月6日，"丽的映声"电视台改称为"丽的电视"并注册成立"丽的电视广播有限公司"。同年12月，启用无线电技术的"丽的电视"中文台开播。1975年9月7日，香港第三家商业电视台佳艺广播有限公司（"佳视"）正式开播，由此形成了香港地区有"丽的电视""无线电视"和"佳艺电视"并存的"三国争雄"的格局。"佳艺电视"于1978年8月22日宣布停业。1982年9月24日，丽的电视广播有限公司更名为亚洲电视广播有限公司（"亚视"），形成新闻、娱乐和影剧节目多头并进的格局。回归祖国后，香港特区政府对广播电视采取自由、宽松和有利于竞争的规管模式，打破垄断经营格局。在新技术和新业务的推动下，香港广播电视保持了快速发展的势头，尤其是收费电视、数码电视、网络多头并进，广播电视与电讯、网络的融合态势逐步成型。[①]

（四）我国澳门地区新闻电视的出现和发展

1982年10月，澳督颁布法令撤销澳门广播电台成立澳门广播电视有限公司。1984年5月，澳门广播电视公司经营的澳门电视台正式开播。1990年中文、葡文两个频道分开播出，中文以粤语为主，兼播普通话新闻。1996年1月，澳门卫星电视有限公司成立，1998年获得澳葡当局颁发的专营牌照。1999年澳门回归前后，澳门广播电视公司的电台、电视台都做了大量采访报道，并制作了长达一年的时事特辑《见证回归》。回归祖国后，电视新闻媒介迅速发展，拥有70个频道的澳门有线电视股份有限公司于2000年7月正式开播并向用户提供收费电视服务，该台转播中央电视台四套和九套以及广东、福建、珠海电视台的节目[②]；主要提供卫星电视广播电信服务的中华卫星电视公司于2001年1月开播，澳亚卫星有限公司澳亚卫视中文台开播。2004年特区政府又批准6个卫星电视频道独立运营执照。[③]

[①] 张晓锋.中国新闻法制通史：港澳台卷[M].南京：南京师范大学出版社，2015：181.

[②] 赵玉明.中国广播电视通史[M].新1版.北京：中国广播电视出版社，2014：464.

[③] 张晓锋.中国新闻法制通史：港澳台卷[M].南京：南京师范大学出版社，2015：288.

四、中国当代互联网媒介的出现及发展

互联网是特指以若干台计算机设备为节点和通讯光缆为纽带组成的国际性或局域性的互联互通网络。互联网可传播所有经过数字化处理的信息，新闻信息则是众多信息中的一个很小类型。新闻借助互联网平台发布和传播。

1. 互联网进入中国

1993年9月，美国政府放弃"星球大战"计划和新一代高能加速器计划，实施"国家信息基础结构：行动纲领（Nation Information Infrastructure，简称NII）"，俗称"信息高速公路"（Information Super-Highway）计划。1994年9月，中国电信和美国商务部签署中美双方关于国际互联网的协议。协议规定中国电信通过美国斯普林特（Sprint）公司开通两条64K专线（一条在北京，另一条在上海）与美国互联网相（亦即国际互联网）连接，中国公用互联网的建设开始启动。[①] 同年10月，由国家计划委员会投资、国家教育委员会主持的中国教育科研网建设正式启动，目标是利用先进的计算机技术和网络通信技术，把全国大部分高等学校和中学连接起来，推动这些学校校园网的建设和信息资源的交流共享，改善我国大学教育和科研的基础设施及环境。1993年12月6日，《杭州日报·下午版》拉开了中国报纸电子化的序幕。1995年9月11日，《中时电子报》前身"中国时报系全球资讯网"正式上网，成为我国台湾地区传统报业媒介数位化（即数字化）之首创。[②]

2. 新闻媒体"触电"上网

1995年1月12日，国家教委主办的《神州学人》杂志上网，通过互联网向全球发行，订户可以在网络上订购网络版的《神州学人》（CHISA）。1995年10月20日，《中国贸易报》率先在互联网上建立自己的网站。[③] 1996年1月2日，《广州日报》和《中国证券报》的电子版上网发行。同年10月，广东人民广播电台开通网站。12月，中央电视台建立并开通网站。广东人民广播电台也于同月在互联网建立网站。1997年1月1日《人民日报·网络版》网站正式开通，同年11月，新华通讯社正式开通网站。这是传统纸质媒介和媒体机构通过发行网络版或建立各自门户网站，实现新闻信息的上网传播——俗称"触电"。1998年2月，张朝阳正式推出了第一家中文网上搜索引擎——搜狐，并且也开通了

---

① 吴廷俊. 中国新闻史新修 [M]. 上海：复旦大学出版社，2008：526.
② 王天滨. 台湾新闻传播史 [M]. 台北：亚太图书出版社，2002：512.
③ 丁淦林. 中国新闻事业史：修订版 [M]. 北京：高等教育出版社，2007：378.

新闻频道。同年12月,王志东通过与美国华渊咨询公司的合并创建了新浪网,并于次年4月推出了新浪网的大型新闻中心。到1999年底,全国上网报纸近1000家,上网的广播电视机构近200家。① 2000年4—7月,中国三大门户网站搜狐、新浪和网易在美国纳斯达克挂牌上市。台湾地区的传统新闻媒介也纷纷"触电",1996年10月,《民生报》推出"民生天地"网站。1998年1月,《中时电子报》并入时报资讯公司。"联合新闻网"于1999年9月正式上线。国民党中央社也推出"即时新闻"。2000年8月,台湾地区的《中央日报》《中华日报》《台湾立报》等9家传统报纸媒体和大陆的上海《新民晚报》共同组成"EPOST电子报联盟"。②

3. 互联网新闻媒介属性的确认

2000年9月25日,国务院颁布《互联网信息服务管理办法》。国务院新闻办公室和信息产业部同年于11月6日发布《互联网电子公告服务管理规定》和《互联网网站从事登载新闻业务管理暂行规定》。③ 一是对互联网上的新闻传播活动做出了明确的规范,二是从一个侧面在法律上明确了互联网作为新闻传播媒介的社会地位。信息产业部的《互联网网站从事登载新闻业务管理暂行规定》所称"登载新闻业务"是指通过互联网发布和转载新闻的活动。"暂行规定"明确:"非新闻单位依法建立的综合性互联网站……,经批准可以登载中央新闻单位、中央国家机关各部门新闻单位以及省、自治区、直辖市直属新闻单位发布的新闻业务,但不得登载自行的新闻和其他来源的新闻。非新闻单位依法建立的其他互联网站,不得从事登载新闻业务。"④

从理论上理解,早在国务院和信息产业部发布"国务院令"和信息产业部发布"管理办法"前,互联网已具有新闻媒介属性,或已实际承担新闻媒介的社会功能。而"国务院令"和信息产业部"管理办法"的发布则是标志国家正式以法规形式确认互联网媒体的新闻媒介体系成员地位。依托互联网络平台又发展出如微信、微博、开心网、人人网、豆瓣群组等社交媒体。社交媒体用户既可分享其他网民发布的消息,自己也可发布消息或言论(管理者不可能在网民发布信息或言论前进行控制或审查),产生了广泛的社会影响。据中国互联网

---

① 吴廷俊. 中国新闻史新修[M]. 上海:复旦大学出版社,2008:527.
② 王天滨. 台湾新闻传播史[M]. 台北:亚太图书出版社,2002:513.
③ 陈建云. 中国当代新闻传播法制史论[M]. 济南:山东人民出版社,2005:216-217.
④ 国务院新闻办公室信息产业部发布. 互联网站从事登载新闻业务管理暂行规定(2000年11月6日)[M]//倪延年. 中国新闻法制通史·第五卷·史料卷(下). 南京:南京师范大学出版社,2015:211.

络信息中心发布的《第 33 次中国互联网络发展状况统计报告》，截至 2013 年底，全国博客和个人空间的用户数量为 4.37 亿，网民使用率为 70.7%，微博用户数达 2.81 亿，网民使用率为 45.5%，社交网站用户数增长至 2.78 亿，网民使用率为 45.0%。①

五、中国当代智能手机媒介的出现及发展

"智能手机"是指自第三代数字通讯技术（3G）开始的智能手机（"移动电话"）。第一、二代手机只能"点对点"的人际信息传递，不能"点对面"传播新闻，故不具备新闻媒介功能。

（一）由通话功能向媒介功能拓展的智能手机

具有新闻媒介功能的第三代智能手机（3G 手机）是将无线通信与国际互联网等多种媒介通信结合后产生的新一代移动通信系统，出现于 20 世纪 90 年代末期。在室内、室外和行车环境中能分别支持至少 2Mbps（兆比特/每秒）、384Kbps（千比特/每秒）及 144Kbps（千比特/每秒）的传输速度，具备传输新闻内容（文字、图像、视频流）的技术性能，成为新闻媒介体系中初级水平的新成员。4G 手机（第四代智能手机）借助互联网可传输高质量的视频图像，且图像传输质量与高清晰度电视不相上下，除具有原发点的传统电话（无线通话）功能外，还安装了 PPA、游戏机、MP3、照相、录音、摄像、定位等更多功能系统。照相、录音、摄像等功能增加为社会新闻采集、传播提供了条件。手机用户利用智能手机照相、录音、摄像功能获得新闻内容，通过与互联网连接的智能手机把新闻内容上传到互联网完成新闻发布；其他互联网用户通过智能手机接收到新闻发布者上传在互联网上的新闻内容。智能手机自由采集新闻内容后借助与互联网的连接发布新闻内容，实现了从单纯"通话工具"向"通话工具→新闻媒介"的无缝对接，具有了新闻媒介的属性和功能。

（二）中国成为智能手机标准的制定者之一

国际电联规定 3G 手机为 IMT-2000（国际移动电话 2000）标准，欧洲电话制造商把第三代手机称为"UMTS"通用移动通信系统并提出了意在全世界通用的技术标准。1998 年 1 月，中国邮电部门在北京香山召开关于候选技术提交和中国确定 3G 候选技术策略会议。邮电部电信科学技术研究院向会议提出了 TD-SCDMA（Time Division-Synchronous Code Division Multiple Access，时分-同

---

① 第 33 次中国互联网发展状况统计报告［M］//王润泽. 中国新闻传播史新编. 2 版. 北京：中国人民大学出版社，2020：221.

步码分多址）技术方案，该方案以智能无线、同步分码多址、接力切换、时分双工为主要特点。会议决定在国际电信联盟（TTU）征集 IMT-2000 第三代移动通信无线传输技术候选方案的截止日，即 1998 年 6 月 30 日提交至 TTU，成为国际电信联盟 IMT-2000 的 15 个候选方案之一。1999 年 11 月，在赫尔辛基举行的 TTU（国际电信联盟）-RTG8/1 第 18 次会议上，TD-SCDMA 被正式接纳为 CD-MATDD 制式的方案之一。1999 年 12 月在法国尼斯举行的 3GPP 会议上，中国提交的方案被 3GPPTSGRAN（无线电接入网）全体会议接受，正式确定将 TD-SCDMA 纳入 Release 2000 的工作计划（后拆分为 R4、R5），并将 TD-SCDMA 简称为 LCRTDD（Low Code Rate，即低码片速率 TDD 方案）。2000 年 5 月伊斯坦布尔的 TTU-R 全会上，中国方案 TD-SCDMA 被正式接纳为 CDMATDD 制式的方案之一。2001 年 3 月在美国棕榈泉举行的 RAN 全体会议上，随着包含 TD-SCDMA 标准在内的 3GPPR4 版本规范的正式发布，中国的 TD-SCDMA 正式成为国际电信界承认的 3G 技术标准之一，中国正式进入参与制定国际标准的"新时代"。第三代手机在世界范围内出现了 3 种制式标准：欧洲的 WCDMA 标准，美国的 COMA2000 标准和中国的 TD-SCDMA 标准。2009 年 1 月 7 日，中国政府（工业和信息化部）向中国移动颁发了 TD-SCDMA 业务经营许可。2010 年 12 月末，中国 3G 共拥有 4705.2 万用户。2011 年 TD-SCDMA 网络覆盖了中国大陆 100%地市。

（三）智能手机成为社会大众性"自媒体"

以 2009 年 1 月 7 日工业与信息化部正式向中国移动颁发 TD-SCDMA 业务经营许可为标志，3G 手机被认定为具有新闻媒介功能。随着 3G 手机用户群体急剧扩大，通过 3G 手机传播的包括新闻内容在内的各类信息的数量、空间范围及一次性传播受众面都急剧发展，加上 3G 手机拥有处理图像、音乐、视频流等多媒体功能，持有者通过自拍、互拍、他拍等途径获得新闻内容文字、图像、视频流，凭借无线电通信和互联网技术无缝对接，成为以使用"自媒体"为特征的新闻生产者、发布者、接收者、评论者为一体的"自拍客"，中国新闻媒介体系增加了一个新成员——3G 智能手机（3G Mobile Phone）。随着手机芯片功能增强和技术的进步，3G 手机在 2010 年代"升级"为 4G 手机并迅速普及。2020 年前后又进入 5G 时代。随着智能手机普及和互联网功能拓展，以智能手机依托互联网的信息发布平台又出现了诸多新的媒介形式。如"手机报"，主要包括彩信手机报模式和 WAP 网站浏览模式。目前国内各种类型的手机报达到 100 多份，仅中国电信一家的定制用户就有 4000 万。随着智能手机技术进步和网络平台功能不断拓展，智能手机实际已成为"能够集纳多媒体信息的传播平台"，除手机报以外，还包括手机电视、手机音频、手机动画等。①

六、中国当代新闻媒介体系的内涵及特点

随着时代的进步和科学技术的发展，新闻媒介为了适应社会新闻活动的新需要，不断把新的技术引进新闻传播领域，不断出现新兴的新闻媒介。由此就决定了每个时代必然会出现这个时代的新闻媒介系统，每个时代的新闻媒介体系都有各自的特点。

（一）中国当代新闻媒介体系的内涵

中国当代新闻媒介体系由于不断吸纳新兴的新闻媒介，所以使得这一新闻媒介体系的内涵愈加丰富。中国当代新闻媒介体系主要由以下板块组成：新闻报刊媒介（中国当代新闻报刊实际是近代就已出现的"新式报章"。中国大陆地区的"民营报刊"经过公私合营后成为全体"人民"所有的"公营报刊"。台湾、香港、澳门地区则继续是公办和民营并存的新闻报刊格局）；新闻广播媒介（中国当代新闻广播媒介出现于20世纪20年代，但只有在当代中国才实现了新闻广播覆盖人口的最大限度覆盖）；新闻电视媒介（新闻电视是当代出现的新兴新闻媒介。从无线电视起步，逐步普及有线电视）；互联网媒介（20世纪90年代开始在全球出现，中国先是传统新闻媒介"触电"上网，后来发展出互联网新闻信息公司以及互联网新闻媒介的多种形态）；智能手机媒介（依托互联网和无线通信技术产生的从第三代即3G开始的社会成员自有新闻媒介）；新闻电影（随着新兴新闻媒介出现，尤其是电视普及和互联网媒介发展，新闻电影受众市场份额被挤压，似乎正逐渐失去主要媒介地位）。

（二）中国当代新闻媒介体系的特点

中国共产党带领人民推翻了三座大山并建立了代表大多数人利益的人民政府，人民政府和人民群众在根本利益上具有一致性。新的新闻媒介不断出现，对中国近代新闻媒介体系产生了巨大的冲击，这些正是决定中国当代新闻媒介体系特点的基本因素。

1. 中国当代传统新闻媒介体系的基本特点

中国当代新闻媒介体系发展的特点可以从不同视角进行总结归纳，我们认为最具代表性的特点应该是其时代性、科技性和特殊性。时代性是指在当代中国新时代，为了满足人民群众获知新闻信息的需要，传统新闻媒介得到迅速发

---

① 王润泽．中国新闻传播史新编［M］．2版．北京：中国人民大学出版社，2020：221．

展，报纸和广播即是有力例证。科技性则是在第四次工业革命的社会背景下，不断出现的新的科学技术为新的新闻媒介出现提供了动力条件和迅速普及的保障。在这两个特点基础上，传统新闻媒介继续发展、新兴新闻媒介不断出现，出现了新兴和传统比肩发展的局面，当然，也有一些新闻媒介（如新闻电影）因为社会环境和受众获得新闻信息途径的多元化，而似乎逐渐失去主要新闻媒介的地位——这一趋势还需要继续观察才能得出结论。至于特殊性则是指当代中国建立后的70多年经历了诸多重大变化：中国大陆地区从新民主主义革命阶段发展到社会主义革命和建设阶段，在进入社会主义建设阶段后又经历过起伏跌宕的岁月。中共十一届三中全会后进入改革开放的"历史新时期"，国家的综合实力得到迅速增强，包括新闻媒介在内的新闻事业得到超速发展。香港和澳门地区在20世纪90年代后期先后回归祖国怀抱但实行"一国两制""港（澳）人治港（澳），高度自治"方针。台湾地区则因岛内政党轮替导致政治生态愈加复杂，毫无疑问会对新闻媒介及其体系产生制约和影响。

2. 新兴新闻媒介对新闻媒介体系的影响

科学技术不断发展和创新，新兴新闻媒介不断出现。不可避免地对原有新闻媒介体系产生冲击——逐渐扩大"市场份额"和社会影响，同时改变媒介体系的结构和比例。

（1）新闻电视的出现对中国当代新闻媒介体系的影响

新闻电视（无线或/和有线）信号覆盖中国全部领土，新闻电视的媒介地位得到确认，使原先由"新闻报刊＋新闻电影＋新闻广播"组成的媒介体系拓展为"'新闻报刊＋新闻电影＋新闻广播'＋'新闻电视'"的新格局。在"新"的新闻媒介体系中，"新闻报刊"以文字、图片为主要传播手段；"新闻电影"以主题、事件、人物、场景、配音和解说为主要传播手段；"新闻广播"以荷载播音员声音和语调等情感因素体现的电波为传播和接收新闻信息的途径。"新闻电视"是"新闻报纸""新闻电影"和"新闻广播"技术的综合运用，以电视图像、现场声音、背景音乐、旁白解说、历史图片等为新闻传播的主要手段，受众同时通过眼睛、耳朵等器官接收新闻传播，现场感、直观感、真实感及情境感较强。

（2）互联网媒介的出现对中国当代新闻媒介体系的影响

互联网的出现使中国新闻媒介体系发生重要变化。原先由"新闻电影＋新闻广播＋新闻电视"组成的新闻媒介体系呈现为"'新闻报刊＋新闻电影＋新闻广播＋新闻电视'＋'互联网'"的新格局，并呈现出继承和发展的明显路径：从"传统报刊"发展的"新式报章"继承了"传统报刊"通过文字（绘画）为主要手段记载和传播新闻的基本特征和属性;"新闻电影"在"新式报刊"中的"新闻图片"基础上发展为连续场景的新闻内容纪录并在传播中使内容"动起来";"新闻广播"在"新闻电影"配音基础上把声音荷载电波上传播突破电影的空间限制和读者识字要求门槛;"新闻电视"在新闻电影"配音"和有线(无线)新闻广播的电波荷载新闻及报刊阅读基础上实现了声、像、人、景综合传播;"互联网媒体"借助计算机和网络及有关技术传播新闻内容,受众不但量大且面广,极大方便受众对新闻内容的获取。

(3) 智能手机的出现对中国当代媒介体系的影响

智能手机媒体成为社会媒介体系"新"成员后,中国新闻媒介体系发生了极其重要甚至是颠覆性变化。首先是原先由"新闻报刊+新闻电影+新闻广播+新闻电视+互联网"组成的新闻媒介体系呈现为"'新闻报刊+新闻电影+新闻广播+新闻电视+互联网(媒体)'+'智能手机'"的崭新格局。每种"新"的新闻媒介都是对原有新闻媒介有所继承,有所革新,有所发展和突破,进而成为既不取代原有的新闻媒介,也不颠覆原有的新闻媒介体系,但又对既有新闻媒介体系具有不可替代的"新"功能的崭新成员。无论是新式报章还是新闻纪录电影,或是新闻广播和传统媒体新闻网站,受众都是处于"被喂"状态。智能手机出现后这一现象得到了根本性改观。社会成员使用智能手机的文字、图像、视频流处理功能即时获得和发布新闻,社会成员成为新闻内容的自主搜集者、选择者、编辑者、发布者或接收者、评论者,"一部智能手机就是一家新闻媒体",每人都可成为电视节目主持人、广播节目主持人、报纸编辑乃至总编辑,拥有新闻发布权。

第六章

中国新闻史事件发生史

"新闻史事件"是特指在中国新闻史发展历程中发生的社会事件,是支撑中国新闻史"凉亭"的又一根"亭柱"。不同时空环境下发生新闻史事件的历史轨迹,从一个侧面展现了中国新闻史的风采。特定"新闻史事件"使"那些"新闻媒介和新闻人引起时人和后人关注,使之成为"青史"留名的新闻媒介和新闻人。

第一节 中国新闻史事件构成要素及研究内容

"中国新闻史事件"是指在中国新闻史上由新闻人依托新闻媒介进行新闻活动的过程中,因新闻行为或新闻活动效果和社会生活中的特定要素或对象发生碰撞,在新闻学界乃至社会生活中产生较大社会影响的社会事件。

一、中国新闻史事件的构成要素

某一事件是否属于"中国新闻史事件"可从以下几个方面判断。这些方面也即是构成"中国新闻史事件"的必备要素。

(一)中国新闻史事件的"主角"是"中国"新闻人

发生(产生)新闻史事件是世界各国新闻领域乃至社会生活领域中的常见社会现象。但作为"中国新闻史"研究领域的"新闻史事件"是特指由中国新闻人在中国境内的新闻活动引发的社会生活事件,所以这些"新闻事件"的主角必须是"中国新闻人"。这里的"中国新闻人"并不是局限于特定新闻人的出生地或者国籍是"中国",更多的是指该新闻人是在中国或以中国为主题进行新闻活动,是在"中国"这个自然和社会空间里进行新闻活动的新闻人。当然,绝大多数是中国新闻人——即既出生在中国又在中国从事新闻活动的新闻人。

(二)新闻史事件的"发生地"是"中国"新闻活动领域

新闻史事件是由新闻人的新闻活动引发的社会事件,那就应发生于新闻活动领域。中国"新闻史事件"一方面主要由"中国新闻人"的新闻活动引起，另一方面则发生于中国的新闻活动领域而不是经济活动、军事活动或其他社会活动领域。"新闻活动领域"不仅仅是"新闻传播领域"，包括新闻内容获得、言论生产、编辑、生产、发布及反馈等社会生活领域等。

（三）产生事件的"动因"与"新闻"直接相关

既可能是因新闻人采访报道某一新闻消息触及社会统治者底线引发对新闻人或新闻媒体的封杀（如"《新生》事件"），也有可能是因新闻人或新闻媒体采取与社会统治者的"不合作"态度且使前者感到威胁而对新闻人或新闻媒体的封杀（如"史量才被害"事件），也有可能是因社会统治者的施政行为触及新闻人或媒介群体整体利益而导致"整体"抵制或反抗（如"民国暂行报律事件"和重庆"拒检运动"），当然也有可能是重要新闻媒体历史上的重要事件（如"《解放日报》改版"或传统媒体"触电"）等，新闻史事件是也必须是与"新闻"（活动）直接相关产生（发生）的社会事件。

（四）新闻事件的社会影响"溢出"新闻领域

作为应写上一笔的"新闻史事件"不是某一新闻媒介创刊或某一新闻人出生等一般意义的"事件"，而应是具有多重或长远意义的社会事件。首先是在当时新闻领域产生并在相当长时间里，对新闻媒介或新闻活动产生影响的社会事件（如"史量才被害"事件或"《解放日报》改版"）。其次是尽管发生（产生）于新闻活动领域的新闻史事件，但事件产生的政治、经济、文化或者是军事等方面影响会"溢出"新闻领域，对当时乃至今后一个时期的社会生活产生某种影响，标志是被非新闻类文献记载，尤其是被政治学、文化学、出版学乃至社会学文献记载，并因此影响到新闻领域以外的社会成员。不从事新闻职业或不接受新闻专业教育的社会成员可能通过其他学科文献了解曾经发生在新闻领域的社会事件。

二、中国新闻史事件的研究内容

中国新闻史事件研究是中国新闻史研究的基本内容之一。研究新闻史事件是通过对新闻史事件的研究再现中国新闻史发展历程中的某些场景，探讨中国新闻史发展中的某些规律。中国新闻史事件的研究主要应包括如下方面：

（一）新闻史事件产生（发生）的社会环境

新闻史事件是在社会生活舞台上由新闻人或新闻媒介通过新闻活动演出的社会"话剧"。新闻人、新闻媒介或新闻活动都仅仅是社会生活舞台的"表演者"，新闻媒介是新闻人的"道具"，新闻活动是新闻人的思想载体或体现，发生（产生）新闻史事件的具体环境是表演的舞台。"舞台"的意义一是为表演者提供"表演"的特定场景，这些场景都与新闻史事件相关甚至直接相关；二是舞台空间实际上制约表演者的"表演"，表演者不可能跳出"舞台"随心所欲地表演；三是舞台空间阐释新闻史事件所蕴含的超出"新闻领域"的政治或社会意义。研究"新闻史事件"决不应"就事论事"，决不应把"新闻史事件"局限在"新闻领域"进行单一维度的平面化探讨，而应把"新闻史事件"放到特定的社会环境中认识、思考、探讨和研究，全面、完整地客观认识和评价新闻史事件的多方面意义。

（二）新闻史事件产生（发生）的内在动因

新闻史事件不是无缘无故发生（产生）的，而是"新闻"及多种社会因素互相作用或角力的外在表现。"新闻"因素是"新闻史事件"发生的内因，"社会"因素大多是"新闻史事件"发生的外因。不但特定新闻史事件的"发生（产生）"是"新闻"和"社会"两方面因素相互作用的结果，而且新闻史事件的"平息"也往往是"社会"和"新闻"等因素相互作用（角力）的结果。无论是民初的"暂行报律事件"还是"七·七事变"前的《新生》事件，无一不是"新闻"和"社会"因素相互交结、内因和外因交互作用的结果。

（三）新闻史事件产生、发展、变化到结果的基本过程

"新闻史事件"一般不会是"一闪而过"，而应是由酝酿、暴发（发生）、发展（演变）到结束（平息）的过程。研究"新闻史事件"的任务之一就是在充分掌握第一手史料文献基础上，客观再现特定"新闻史事件"的来龙去脉：社会背景如何？因何而起？何时暴发？强度如何？各方态度如何？何种发展过程？何时开始缓解？缘何走向缓解？何时基本平息？应是再现新闻史事件的"必备要素"。如对所研究的新闻史事件的基本史实都交代不清，又谈何"研究"？

（四）特定人物或团体在新闻史事件中的作用

"新闻史事件"所有构成要素中，最有主观能动性的要素是"人"。新闻消息由"人"采访获得，新闻产品由"人"生产，新闻媒介由"人"具体运作，新闻言论由"人"对外发布。新闻史事件的结果最后也必然落实到具体新闻人身上。团体（组织）是由各种纽带连接的"个体人"组成的"集体人""群体人"或"政府人""组织人"。任何"新闻史事件"都离不开"人"的因素。重庆"拒检运动"的起因是黄炎培的《延安归来》未送审查就自行出版。"黄炎培"就是引发这一新闻史事件的最关键因素，也是最具能动性的因素。"《新

生》事件"是艾寒松先以"易水"署名发表《闲话皇帝》,日本浪人借此寻衅,日本驻沪总领事提出抗议,南京政府派"要员"赴沪处理,上海地方法院判处《新生》发行人杜重远一年两个月徒刑,所有环节无一不是落实到"人"。尽管有"个体人"和"群体人"之异,但都离不开"人"的作用。客观认识和解读特定人物和团体在新闻史事件酝酿、发展和平息中的作用,并对这些"作用"予以客观、历史、辩证的评价,是新闻史事件研究的题中应有之意。

(五) 新闻史事件在当时及后来的社会影响

重要的新闻史事件必然会在新闻领域乃至中国政治、经济、文化等方面产生影响。中国新闻史上发生过大大小小各类无数的新闻史事件,但产生较大影响并写进"中国新闻史"的则为数不多。新闻史的撰写者是根据新闻史事件在当时的社会影响从有文献记载的新闻史事件中进行筛选而后决定。能在"中国新闻史"中被书写,一定是在当时产生较为强烈或广泛的社会影响并改变了当时的社会存在事件(如"民国暂行报律事件"导致孙中山饬令临时政府内政部"取消"暂行报律;重庆"拒检运动"迫使国民党政府取消图书杂志检查)。研究新闻史事件在当时社会产生影响的意义:一是认识新闻史事件在当时的社会意义和历史作用;二是为今人认识和评价当今发生的一些新闻史事件提供参照。

第二节 中国古代重要新闻史事件

中国是一个历史悠久、地域广阔、文明丰富、民族共处的多民族国家。本书"中国古代"包括"纪元前与纪元后"① 两大段。在这两个漫长的历史阶段中先后出现了诸多在中国新闻事业发展史上具有重要影响,甚至直接影响了中国新闻事业自身发展的新闻史事件。"纪元前"大致从神话时代开始,历经传说时代、半信史时代、信史时代,直到 1 世纪开始(西汉元始年前);纪元后则从西汉元始元年开始至 20 世纪初的中华民国建立。

一、中国古代新闻事件产生的社会环境及其演变

"中国古代"是指有文献记载以来包括"纪元前"与"纪元后"数千年漫长的时代。而"纪元前"与"纪元后"的社会环境则有明显的差异。

---

① 柏杨. 中国历史年表 [M]. 海口:海南出版社,2006:提要.

（一）中国古代"纪元前"的社会环境变迁

所谓"纪元前"历史阶段是指从神话时代、传说时代、半信史时代到信史时代的前1世纪（起于前9世纪，即周朝共和元年）为止的这一历史阶段。这一阶段实际上也是人类自身在经历了"人兽相揖别"的本质性蜕变后，走上了"人类"发展道路，并逐渐经历了学会使用工具，产生并发展出人类语言，为记录思想创造出文字，用文字有意或无意地记载所见所闻的"大事"（重大社会或政治新闻）的过程。所记录下来的内容根据后人的认识被分别称为"神话"或"传说"。如按照人类生长历程的普遍现象比拟，则大致相当于"孩童时代无意识涂抹的痕迹"。神话时代从盘古开天辟地，到三皇、五氏，构成了中华民族原始社会的景观①。

传说时代即是"有根有据"的一些民间流传故事（人物事迹和故事情节）。神话和传说时代之后的半信史时代则是根据后人对历史的考证和历史文献的分析、比对和解读发现，其间记载的一些历史人物或历史事件中有一些似乎"确实发生过"，但在具体细节方面却又"查无所考"，这个时代大致包括夏王朝和商殷王朝以及周王朝的初期。在这一阶段，后人可根据先人流传的文献（在兽骨或甲骨刻下的符号），推理"猜测"曾经发生过的历史事件。

中国历为"庚申年"（西历前841年）的周王朝"共和元年"，在中国文献记载社会重大新闻方面发生了一件重大事件。史籍记载"晋靖侯姬宜臼卒，子釐侯姬司徒嗣位"。有专家据此认为"从今年起，中国开始有信史"②。后人可以依据先人的有关文献记载，确切地了解当时社会生活中存在的"英雄人物"及他们的"英雄事迹"，由此形成了中国（中华民族）数千年延绵不断的历史记载"文献流"，不但给后人留下了丰厚的具有无可比拟价值的历史典籍，也为世界人类历史记载做出了无可替代的贡献。

进入"信史时代"后，中国历史又先后经历了周王朝中期及后期即春秋时代、春秋时代末期、战国时期，直到公元前221年秦始皇建立第一个封建君主专制王朝。秦朝暴政，陈胜、吴广首举义旗，天下云起响应。借农民起义大潮登上政治舞台的刘邦战胜西楚霸王项羽后成立汉朝，历高祖、惠帝、少帝、文帝、景帝、武帝等十帝。西汉元寿二年，汉哀帝刘欣卒，堂弟刘箕子嗣位。次年改年号为"西汉元始元年"，这一年西历为"1世纪1年"。中国历史记载由此进入"纪元后时代"。

---

① 柏杨. 中国历史年表［M］. 海口：海南出版社，2006：3.
② 柏杨. 中国历史年表［M］. 海口：海南出版社，2006：21.

(二) 中国古代"纪元后"的社会环境演变

自西汉"元始元年"开始进入"纪元后"时代，一直到1912年元旦孙中山在南京宣告"中华民国临时政府"正式成立（清廷1912年2月12日发布皇帝"退位诏书"并授权"由袁世凯以全权组织临时共和政府"）为止，中国社会的政治机器一直是在封建君主专制政体"大一统"的轨道上运行。只不过随着朝廷统治体制的变化、早期科学技术的发展、外国势力的入侵以及中西文化的互鉴，社会环境不断发生变化。由量变到质变，最后形成了辛亥革命胜利时期的社会思想文化氛围。

自汉朝的皇帝分封同姓王和异姓王开始，凡是用战争手段推翻前朝称帝的皇帝大多采用分封和郡县结合的统治体制。一是表示皇帝对建国重臣论功行赏以体现"皇恩浩荡"；二是也为了找个理由让那些手握兵权的大将军们离开京师，以保证皇族的平安。皇帝掌握着不需要任何理由（或者是编造任何理由）即可决定"封疆大吏"生杀予夺的大权，"封疆大吏"则带兵在外"戍边御敌"，有时还要承受与家人分离（家人作为变相人质留居京城以挟持外臣）的痛苦。为了便于沟通"郡国"和"朝廷"的联系，在得到朝廷允许的前提下就逐步出现了汉朝的"郡国邸"（唐初仍称"邸"）。唐朝出现藩镇自设自用的"进奏院"。北宋初"承汉唐"旧例，后对进奏院体制进行改革，规范意义上的朝廷官报由此正式出现。北宋太平兴国六年对进奏院体制进行改革的目的就是"为了遏制民间报纸的发展"，但实际作用有限。民间小报禁而不绝，绵延数百年。北宋时期开始出现萌芽，南宋周麟之定名"小报"，元朝为"小本"，明朝称"报帖""邸钞"，清朝称"小钞""小抄"。虽然承受着历朝历代封建专制统治者的封禁扼杀，但民间报刊的生命力之强实在难以想象。

为服务本国的政治或经济势力进入中国，英国传教士马礼逊指派英国传教士米怜带着中国刻工梁发于1815年在紧邻中国本土的马六甲创办第一种"以中国人为对象"的中文报刊《察世俗每月统记传》后，普鲁士籍英国传教士郭实腊于1833年在广州创办了公然宣称"为在广州的外国公众利益服务"的《东西洋考每月统记传》。自此，英国、美国、德国乃至日本、沙俄等国的各式人等纷纷来华办报，一方面借"传教"宣扬西方的先进和强大以消解中国民众的抵触甚至反抗情绪；另一方面宣扬西方社会政治学说，对中国政治、经济、军事乃至外交事务说三道四，以培养西方政治制度的"崇拜者"和"顺从者"。这当然会有一些收获。事物的另一面是客观上为中国人学习西方先进科学技术和思想理念打开了"窗口"，进而出现了近代新闻纸和新式刊物（杂志）。从资产阶级维新派创办《万国公报》（后改名为《中外纪闻》）宣传维新变法，到革命派新闻人创办《中国日报》及《民报》等宣传反清革命，应该说或多或少都受到了启发。与此同时，中国的民族资本也逐渐进入新闻出版领域，由此孕育出有别于传统"小报"的近代新闻报纸，成为中国近代新闻业诞生的重要基础性因素之一。

二、中国古代的重要新闻史事件（前1.8万年至1912年元旦前）

流传至今的神话故事和汗牛充栋的历史典籍记载了中国古代原始新闻活动由萌芽到出现、由初步到发展、由简单到复杂的过程，产生过一些具有标志性意义的事件。尽管一些事件还称不上规范意义上的"新闻史事件"，但因它们在中国新闻活动史上的标志性意义，所以暂且作为"新闻史事件"予以记载。

（一）先人出现新闻交流活动（1.8万年前左右）

20世纪10到20年代在北京附近周口店的考古发掘活动中，考古发掘人员不仅发现且复原了山顶洞人的头盖骨，还在山顶洞人遗物中发现一枚经过穿孔、磨光、染色的海蚶壳。山顶洞人所出土的那个山顶地点，距当时的海岸线大约有一百多千米。这一百多千米在当时是相当遥远的空间距离。这枚"经过穿孔、磨光、染色的海蚶壳"应不是"山顶洞人"所在地的产物，而是当时生活在"遥远的海边"的人类成员（和"山顶洞人"相对应，暂且称为"海岸边人"）的"杰作"，或者就是为了和"山顶洞人"交换必需品而特地生产的"外贸产品"。因此这枚"穿孔、磨光、染色的海蚶壳"饰物可视为一万八千年前远古人类进行社交活动和新闻传播的旁证物。山顶洞人属于新人阶段的人类。"新人"时期又称为旧石器时期，相当于人类历史上从原始群到母系氏族公社出现的阶段，共历时二三百万年。除周口店山顶洞人外，我国还发现多处旧石器时代人类化石，如元谋猿人、蓝田猿人、北京猿人、马坝人、长阳人、丁村人、柳江人等。方汉奇先生认为中国最早的新闻传播活动应是开始距今1.8万年左右的"新人"（即真人）时期①。确定中华民族先人最早开始新闻传播活动的时间节点，是中国新闻史研究必须解决的基本问题，有助于提高和增强新闻史学界的学术自觉和自信力，具有为中国新闻史学学科奠基的意义。

（二）传播管理活动开始起源（公元前2500年左右）

公元前2515年至前2437年间的姬颛顼是姬轩辕（黄帝）之孙、少昊己挚之子，高阳部落酋长。继少昊为中国元首，尊称"玄帝"。② 史籍载："及少昊

---

① 方汉奇. 中国新闻事业通史：第1卷[M]. 北京：中国人民大学出版社，1996：20.
② 柏杨. 中国历史年表[M]. 海口：海南出版社，2006：6-7.

之衰也，九黎乱德，民神杂糅，不可方物。夫人作享，家为巫史，无有要质。民匮于祀，而不知其福。烝享无度，民神同位。民渎齐盟，无有威严。神狎民则，不蠲其为。嘉生不降，无物以享。祸灾存臻，莫尽其气。颛顼受之，乃命南正重司天以属神，命火正黎司地以属民，使复旧常，无相侵渎，是谓绝地天通。"（《国语·楚语》）这段文字先叙述了"少昊之衰"乱象："九黎乱德，民神杂糅""家为巫史，无有要质""烝享无度，民神同位""民渎齐盟，无有威严""祸灾存臻，莫尽其气"；然后叙述颛顼接任部落首领后"命南正重司天以属神""命火正黎司地以属民"实现"绝地天通"后"使复旧常，无相侵渎"的"有序状态"。从中后人可以感受到古代最原始新闻行政管理的因子。颛顼通过任命"司天以属神"的南正重和"司地以属民"的火正黎两位"管理者"且分别赋予"司天"和"司地"的职权，采取"绝地天通"手段，实现了"使"部落秩序恢"复旧常"的目标。颛顼在这一过程中建构了完整但很粗糙的行政管理体制：顶层是部落首领颛顼本人；第二层次是"司天以属神"和"司地以属民"的南正重和火正黎；第三层次是在少昊时期自称"与神同位"的"巫史"；第四层次是曾听信"巫史"蛊惑的"属民"。在此基础上明确"南正重司天以属神"，"火正黎司地以属民"的管理责任，采取的管理手段是"绝地天通"，最后实现了"使复旧常"管理目标。颛顼通过任命官员、赋权管理者以遏制部落"巫史"造传"神闻"，实现"使复旧常，无相侵渎"目标的过程，具有了对神闻造传活动进行管理的意义。自此，中国古代最原始的新闻（神闻）管理活动的萌芽就应该出现了。

（三）设"左史、右史"记录或传播帝王言行（前1100年左右）

从中国古代奴隶社会周王朝起，帝皇的言行就有专人记载，成为中国最早的朝政（时政）新闻素材。周代史官有左史、右史之分。[①]《礼记·玉藻》篇记载"动则左史书之，言则右史书之"。《汉书·艺文志》载"古之王者，世有史官，君举必书，所以慎言行，昭法式也。"关于史官分工，古籍记载不完全一致。《汉书·艺文志》称"左史记言，右史记事。"顾栋高《春秋大事表》说"左史记言即内史，右史记事即太史"，把"左史""右史"和"内史""太史"呼应起来。尽管目前还没有完全取得共识，但可以肯定的是无论是"动则左史书之，言者右史书之"还是"左史记言，右史记事"，都强调"君举必书"。大概因为一言一行都会被史官记录在案，所以帝皇对自己的言行非常谨慎（从而符合奴隶主贵族的道德标准），这成为昭示于世人的"法式"。因为"左史"

[①] 《辞海》编辑委员会. 辞海 [M]. 6版缩印本. 上海：上海辞书出版社，2010：2573.

"右史"职能是记录帝皇之"言""行",功能是通过记录并发布帝皇"言行"供朝臣或臣民了解朝政大事有关信息(某种意义上具有新闻的功能),所以起源于中国古代奴隶社会中后期(周王朝)宫廷的"左史""右史"及"内史""外史"等社会成员,应是我们先人中最早从事记录和传播特定新闻消息的群体,应可视为后世新闻记者的源头。周朝系前1111年周武王灭商后建立,史称"周武王元年庚寅"①。武王前1105年(武王七年丙申)死,成王年幼,武王弟周公摄政。为平息管叔、蔡叔及商纣王王子武庚及东夷叛乱,周公发布文告《尚书·大诰》东征。经三年征战平叛后,确立宗法制,创立典章制度。② 照此推理,至迟在前1100年,以"左史、右史"为主要内容的宫廷史官制度应已创立。远古时期的宫廷"记者"制度也就萌芽了。

(四)古代地方新闻媒介《春秋》问世(前700年左右)

现在存世的《春秋》一书由我国儒家学说创始人孔丘(字仲尼)依据鲁国史官所编《鲁国春秋》整理修订而成。长期以来世人多以为《春秋》即是鲁国《春秋》。战国初期墨子曾说"吾见百国《春秋》"(《隋书·李德林传》)。如"杜伯之鬼,射杀周宣王,周人从者莫不见,远者莫不闻,著在周之《春秋》。莊子仪之鬼,荷朱杖击燕建公,燕人从者莫不见,远者莫不闻,著在燕之《春秋》。祩子槁观辜,殪之坛上,宋人从者莫不见,远者莫不闻,著在宋之《春秋》。羊触中里徼,殪之盟所,齐人从者莫不见,远者莫不闻,著在齐之《春秋》"(《墨子·明鬼》)。《左传》引《夏书》曰"遒人以木铎徇于路,官师相规,公执艺事以谏。正月孟春,于是乎有之"。刘歆与杨雄书曰:"三代周秦,轩车使者、遒人使者,以岁八月巡路,求代语童谣歌戏。"③ 这一"春"一"秋"应就是《春秋》名之缘由。《春秋》虽主要承担"宫廷档案"功能,但有时也发挥"朝政新闻"的功能。《左传》载"太史书曰'赵盾弑其君',以示于朝",即表明史官在记载朝中大事后偶尔也"示之于朝"即在朝中公开新闻,并因之形成社会舆论进而影响朝政的效果,这就超出了宫廷档案社会功能的范围。春秋时期各诸侯封国国史《春秋》最早出现于何时尚不得而知。传世的《春秋》记录从鲁隐年(公元前722年)到鲁哀公十四年(公元前481年)的内容,所记内容基本可信。以"春秋"为通用名称,不同封国的"春秋"冠以封国名称,进而成为"周之春秋""燕之春秋""宋之春秋"和"齐之春秋"等,这似

---

① 方诗铭,方小芬.中国史历日和中西历日对照表[M].上海:上海辞书出版社,1987:799.
② 《辞海》编辑委员会.辞海[M].6版缩印本.上海:上海辞书出版社,2010:2500.
③ 戈公振.中国报学史[M].上海:上海书店出版社,2013:21.

与后世《河南日报》《山东日报》《湖北日报》等有异曲同工之妙。因此各诸侯封国的《春秋》似可视作中国古代地方新闻媒介的起源，具体时间至迟应不晚于"鲁之《春秋》"所记内容开始的鲁隐年（公元前722年）。①

（五）汉朝设"通奏报"之邸（前140年左右）

《汉书》载："典客，秦官，掌诸归义蛮夷。有丞。景帝中六年更名大行令，武帝太初元年更名大鸿胪。属官有行人、译官、别火三令丞及郡邸长丞。初，置郡国邸，属少府。中属中尉，后属大鸿胪。"（《汉书·百官公卿表》）典客之官在秦时即设，主管归属称臣的少数民族，设"丞"等属官。汉高祖时期仍设"典客"，掌管事项如旧。汉武帝太初元年把"大行令"改称"大鸿胪"，属官有行人令丞、译官令丞、别火令丞及郡邸长丞。其中"郡邸长丞"执掌"郡国邸在京师者"。"郡国邸"设邸吏主持常事，并领"邸卒"承担"通奏报，待朝宿"事务。"通奏报"是指把"郡国"长官的奏章通过"大鸿胪"呈给朝廷（皇帝或三公九卿），以使下情上达。"初，置郡国邸属少府，中属中尉，后属大鸿胪"是讲朝廷早期所"置郡国邸"隶属中央政府"少府"管理，后来才改隶"中府"，汉武帝改"大行令"为"大鸿胪"后归"大鸿胪"管理。"大鸿胪"署中掌管"郡国邸在京师者"的是"郡邸长丞"。可见汉高祖时期不是"听郡国自设邸"而是朝廷设"郡国邸"以接待郡国来京师公干者。寄宿朝廷"郡国邸"的郡国吏或后来"郡国自设邸"的邸吏，在向朝廷"呈报"郡国首领公文（接待郡国来京师公干者）的同时，应该把皇帝（朝廷）对郡国事务的决定"呈报"郡国首领，同时也可能受命搜集京师朝政信息并以书面形式向郡国首领"汇报"。这些以记载和传播京师新闻为主要内容的"京师近况汇报"，因是出自"郡国邸在京师者"中的"邸吏"之手，故被称为"邸报"。汉朝先设邸而后有"邸报"，尽管还未形成学界共识，但已成为新闻史学界不可回避的议题。汉设"通奏报"的"郡国邸在京师者"在中国新闻史上具有特别的意义。

（六）唐朝定名"进奏院"（777年）

史籍载："唐藩镇皆置邸京师，以大将主之，谓之上都留后（邸）。大历十二年（777年）改为上都知进奏院官。五代以来，支郡不隶藩镇，补人为者，听其置邸隶藩镇者兼掌焉。宋缘旧制，皆本州镇补人为进奏官，其军监场务转运司则差知后官，则副知掌之。逐州就京师各置进奏院。太平兴国六年（公元981—982年），诸州罢知后之名，简知后官，得李楚等百五十人，并充进奏官。

---

① 倪延年. 论中国古代地方新闻媒介起源于东周末年《春秋》[J]. 新闻春秋. 2020 (1)：4-10.

命供奉官张文粲提辖诸道进奏院,监官以京朝官及三班使臣充,掌受诏敕及诸司符牒,辨其州府军监,以颁下之,并受天下章奏案牍状牒以奏御及分授诸司。中兴以来,隶门下后省给事中点校,讫乾道九年,依旧隶后省,合传报事,令后省录以报行。"(《文献通考·职官十四》)从上述记载可知,汉朝出现的京师"郡国自设邸"在唐朝大历十二年(公元777年)前依然如故。各藩镇在京师各自设"通奏报,待朝宿"之"邸"。此时"藩镇自设邸"中的"邸吏"向藩镇首领汇报的书面小报告应仍称作"邸报"(但尚无实物可证)。目前有实物可证的是由方汉奇先生率先研究并命名的"进奏院状报"(或进奏院报状)。唐朝定名"进奏院"后而出现"进奏院状报"且有实物可证。唐朝改称的"进奏院"之名一直沿用到宋朝,所以唐宋两朝的朝廷官报都以"进奏院状报"称之。唐大历十二年(公元777年)把"上都留后(院)"改为"上都知进奏院"是"邸报"改称为"进奏院状报"的关键原因,在中国新闻史具有重要意义。

(七)南宋周麟之首以"小报"称民间报刊(1156年)

中国民间报纸最早何时出现现已无考且长期有实无名。南宋高宗绍兴二十六年(1156年),时任朝廷中书舍人、吏部尚书的周麟之在其《论禁小报》一文中首先以"小报"指称"民间报纸"。该文称"小报出于进奏院,盖邸吏辈为之也。比年事之有疑似者,中外未得知。邸吏必竟以小纸书之,飞报远近,谓之小报"。包括如下内容:"如今日某人召,某人罢去,某人迁除,往往以虚为实,以无为有。""小报"产生的社会影响是"朝士闻之则曰'已有小报矣'。州郡间得之则曰'小报到矣'。他日验之,其说或然或不然"(《海陵集·卷三》)。周麟之认为"小报"的出现、存在和传播对朝廷的权威和公信力造成了损害,请求朝廷降旨严禁。自周麟之用"小报"指代非法民间报刊后,南宋皇帝及朝臣在诏令或进言中屡屡使用"小报"指代非法民间报刊。南宋孝宗淳熙年间诏令称"近闻不逞之徒撰造无根之语,名曰小报""今后有私撰小报,唱说事端,许人告首,赏钱三百文,犯人编管五百里"(《宋会要辑稿·刑法二》)。南宋光宗绍熙年间臣僚进言称"近年有所谓小报者,或是朝报未报之事,或是官员陈乞未曾施行之事""人情喜新而好奇,皆以小报为先"(《宋会要辑稿·刑法二》)。"小报"之谓在宋后继续沿用,元有"小本",明有"都下邸报",清朝顺、康、雍、乾四代有"小报"(小钞),并成为朝野获朝廷钦差行踪的半公开信息源[①],雍正朝还出现过一起"小钞"报道"端午宫廷新闻"

[①] 东华录·顺治十六年六月上谕所引张玄惜遗折[M]//方汉奇.中国新闻事业通史:第1卷.北京:中国人民大学出版社,1992:202.

最后报人丧命的新闻事件。① 周麟之《论禁小报》是古代文献较早把民间报刊称为"小报"的记载，是统治阶级对非法民间报刊以"小报"命名的开端，在相当长的时间内成为"非法民间报纸"的专称，标志非法民间报纸在官方有了"名目"，在中国新闻史上具有重要的意义。

（八）明末出现固定名称《京报》（1621—1628年）

清初学者俞正燮在《书〈芦城平话〉》中称"前于王（乔年）氏见明时不全《京报》"（《癸巳存稿·第十四卷》）。"嘉庆癸亥，重过句容住葛仙庵中"时，把"明时不全"《京报》与《熹宗本纪》进行比对，认为《京报》内容与明朝《熹宗本纪》区别有四：一是《京报》有载而《熹宗本纪》未载。如《京报》载"天启四年四月，傅櫆参内阁中书汪文言，即休宁县犯赃遣戍之库吏汪守泰。六月，审确，杖革为民。"《熹宗本纪》"不载。"二是《京报》和《熹宗本纪》皆载但所记时间不同。如《（京）报》称"十二月，梁梦环复汪文言一本。奉旨，镇抚司委人扭拿。则《熹宗本纪》所云辛巳逮问。"又《（京）报》称"（天启）五年三月，锦衣卫取供，（供）词（牵）连赵南星等。《（熹宗）本纪》曰为丁丑"。三是《熹宗本纪》有载而《京报》未载。如《熹宗本纪》中有"丙申逮中书舍人吴怀贤下镇抚司狱，杖杀之"记载但"不见《京报》"。四是《京报》有载而《熹宗本纪》无记载。如《（京）报》载"天启七年二月，大理寺丞许志吉奏：吴春养家财广布于外，请从天津、淮扬、两浙诸处严追。奉圣旨，即差许志吉办理"等，《熹宗本纪》上"俱未载"。② 可见明朝（后期）已出现有固定名称的《京报》。《京报》内容与朝廷正史《熹宗本纪》有较大吻合度，是因为《京报》主要取自朝廷发布的朝政新闻；《京报》内容比《熹宗本纪》更详细具体，是因"本纪"在编纂过程中对素材有选择和筛选。据此可认定"明时不全《京报》"应是从京师传播到京外地区的朝廷官报。进入清朝后，《京报》仍具有朝廷官报性质。清顺治五年（1648年），清朝重臣洪承畴在向朝廷递呈的"飞报"中称："顺治五年二月初六，臣舟次扬州，接正月十五日《京报》，内封工部揭帖一件二月，案正月十四日金发。"③《京报》由朝廷"金发"可见是"官报"。雍正六年（1728年）四川巡抚宪德"奉旨程如丝着即处斩。（刑）部（公）文到在雍正五年十月二十九日，而《京报》之小钞

---

① 黄卓明. 中国古代报纸探源 [M]. 北京：人民日报出版社，1981：172.
② 黄卓明. 中国古代报纸探源 [M]. 北京：人民日报出版社，1983：102-103.
③ 倪延年. 中国古代报刊发展史 [M]. 南京：东南大学出版社，2001：233.

到在前五天,十月之二十四日"①。其中的"《京报》之小钞"一词实际包含了两层意思:一是朝廷官报《京报》,二是从《京报》选摘内容编印的"小钞"。可见雍正时期《京报》仍具有朝廷官报的性质。

(九)雍正年间发生"宫廷端午新闻案"(1726年)

清雍正四年(1726年)农历五月初九,端午刚刚过去,雍正帝降下明谕称:"今观报房小钞,内云初五日王大臣等赴圆明园叩节毕,皇上出宫登龙舟,命王大臣登舟共数十只,俱作乐,上赐蒲酒,由东海至西海。驾于申时回宫等语。""但朕于初四日即降旨令在城诸臣不必赴圆明园叩节,……(故)并未登舟作乐游宴也。""而报房竟捏造小钞,刊刻散播,以无为有,甚有关系。着兵刑二部详悉审讯,务究根源,以戒将来,以惩奸党。"兵刑二部最后查明该份小钞系报房经营者何遇恩、邵南山所为。五月十九日向雍正帝进言:"庚戌,刑部等衙门议奏:捏造小钞之何遇恩、邵南山依律斩决。"② 朝廷重臣在端午、中秋、元宵等农历佳节进宫向皇帝"叩节"是朝廷为体现皇帝尊严及与民同乐的惯例之举,从顺治到康熙年年如此。雍正帝刚登大位时为笼络人心也曾如法炮制,借端午、中秋节拉近与大臣感情。报房经营者大概是依据宫廷旧例事先编纂了"皇帝端午节与王大臣登舟作乐游宴"新闻稿并刊刻小钞流播。可能是因坊间有雍正"矫诏登帝"的流言,皇族兄弟时时白眼,雍正皇帝对朝野舆论十分看重。因担心端午节与王大臣"登舟作乐游宴"成为皇族再生倾轧的导火索,所以这年一反常态于初四日特别降旨不与王大臣"登舟作乐游宴",这就使小钞所载"宫廷端午新闻"成了"无中生有"的"捏造"。为维护"勤政清廉"的形象和震慑心存不敬的皇族兄弟,雍正皇帝严令兵刑二部"详悉审讯,务究根源"。强调"务究根源"一是通过严处小钞刊刻者达到"杀一儆百"的目的,杜绝以后"捏造小钞";二是把小钞言论和"奸党"联系,通过严惩报人达到震慑意图和他争夺王位的"奸党"的目的。原本想通过刊刻"宫廷端午新闻"多卖几个钱的民间报人成了皇族倾轧的牺牲品,"宫廷端午新闻案"成了中国新闻史上第一宗由皇帝亲自督办的新闻事件,何遇恩、邵南山成了最早有记载的因报道新闻丧命的新闻人。

(十)《东西洋考每月统记传》创刊(1833年)

清道光十三年六月九日(1833年7月25日),普鲁士传教士郭实腊创办的

---

① 东华录·雍正六月二日上谕[M]//方汉奇.中国新闻事业通史:第1卷.北京:中国人民大学出版社,1996:203.

② 东华录·雍正四年五月庚子条[M]//方汉奇.中国新闻事业通史:第1卷.北京:中国人民大学出版社,1996:203-204.

汉语报刊《东西洋考每月统记传》在当时中国唯一的通商口岸广州创刊。"创刊缘起"中直白地说中国人"盲目自负，严重地影响了住在广州的外国居民的利益以及他们与中国人的交往。这个月刊是为了维护广州和澳门的外国公众的利益而开办的。它的出版意图就是要使中国人认识我们的工艺、科学和道义，从而清除他们那种高傲与排外的观念。刊物不必谈论政治，也不要在任何方面使用粗鲁的语言去激怒他们。这里有一个较为巧妙地表明我们并非'蛮夷'的途径，就是编者采用摆事实的方法，让中国人确信，他们需要向我们学习的东西还是很多的"，同时"编者还应致力融合外国人和当地有影响人士之间的友谊"[①]。为了实现办刊目的，郭实腊的杂志外观采用中国线装书式装订，以"爱汉者"署名，采用中国人容易理解和接受的中西历史对比、书信往来、访谈、对话及诗词文体，用孔孟儒学阐释基督教义，发表介绍西方报纸起源、新闻自由的《新闻纸略论》，真可谓处心积虑。外国传教士最早创办的《察世俗每月统记传》《特选撮要每月纪传》及《天下新闻》等，因畏惧清政府禁令均在马六甲出版。郭实腊在广州创办的《东西洋考每月统记传》是外国传教士在中国本土创办的第一种中文报刊，本身就是对清政府禁教法令的藐视和突破，同时也是第一种由外国传教士主要不是为了传教创办的中文报刊。它的创刊标志着外国传教士创办的中文报刊由境外进入了中国内地；标志着外国传教士报刊完成了以传教为主向传播西学进而影响中国人思想为主的转折。郭实腊因此成为通过报刊传播西方资产阶级文明和宗教文化及西方近代科学技术成果以影响中国读者，并为西方列强打进中国市场、攫取政治或经济等利益争取人心的最早探路者。

（十一）美查用近代公司治理结构管理《申报》（1872年）

清同治十一年三月二十三日（1872年4月30日）近代新闻报纸《申报》在上海创刊。英国商人安纳斯脱·美查（Ernest Maier）把《申报》馆视为企业进而设计治理结构和管理。管理体制是：由美查、美查友人伍华特和麦基洛三人组成相当于现代企业股东会的"合资办报人"。出资最多的美查（占其二）任"申报馆主人"（类似现代企业董事长），全权使用"合资办报人"股金运作《申报》，同时须上缴利润供"合资办报人"分红；美查选聘中国文人赵逸如出任《申报》馆"买办"（类似"总经理兼总会计师"），全权负责招聘人员、报馆日常运作和财务管理；赵逸如聘请蒋芷湘出任"主笔"（类似"部门经

[①] 郭实腊. 关于《东西洋考》创刊的意见书 [M] //方汉奇. 中国新闻事业通史：第1卷. 北京：中国人民大学出版社，1996：267.

理"），负责来稿编选并兼撰稿人，即负责报纸内容生产；报纸发行"部门经理"则由身兼总会计师的赵逸如亲自掌管，由此形成具有企业特征的治理结构：企业股东会（合资办报人）→董事长（《申报》馆主人）→总经理（《申报馆》买办）→部门经理（"报纸主笔"和"总会计师"）→及"报纸主笔"和"总会计师"之下更低层级职员（报馆门房、文字人员乃至印报工等）。美查办报是"为赚钱"，鉴于"此报乃于华人阅看"，所以美查放手让中国文人以中国读者熟悉和喜欢的风格撰稿；要求报纸"慎勿评品时事，臧否人物，以（免）缨当世之怒，以取禁止之耻"①，所以戈公振说"美查虽为英人，而一以营业为前提"②。为争取营业最佳效益，美查采用西方现代企业的公司治理结构，责权利清晰，调动职员积极性，同时利用《申报》在租界登记注册清廷鞭长莫及的特权，对一些问题"于言论不加束缚，有时且自撰社论，无所偏倚"，以获取中国读者对报纸好感，结果大获其利，仅八个月就挤垮了早它十年创刊的《上海新报》，成为上海当时独家经营的华文报纸。《申报》是第一份由外国人筹资并所有但由中国人实际撰稿和编辑的近代新闻报纸，是中国新闻史上第一种采用西方资本主义企业治理结构的近代新闻报纸，也是外人所有而由中国人实际运作的第一种彻底"中国化"③的新闻报纸。美查在《申报》馆建立的治理结构成为中国新闻业"企业化"经营的最早尝试，在中国新闻报业经营史上具有重要意义。

（十二）艾小梅创办《昭文新报》（1873年）

清同治十二年闰六月（1873年8月），《昭文新报》在湖北汉口创刊，创办人为当地乡绅艾小梅。该报每天出版，内容多为轶闻趣事，间有诗词小品。样式"仿香港上海之式而作"④，与刊载官文书为主的《京报》《宫门钞》等"旨趣颇异"。初为日报，因销路不畅，未及3个月改为五日刊，但仍"惟事艰于创始，众骇于翻新"⑤而未有改观，不久停办，出版不及一年。鸦片战争前，广州是中国唯一对外通商口岸城市，是接纳外国使者的中转站。不管是南洋番邦还是西洋使臣，进入中国都须先在广州停泊，由陆路往京城。广州是当时唯一

---

① 论各国新报［M］//徐载平，徐瑞芳．清末四十年申报史料．北京：新华出版社，1988：41.
② 戈公振．中国报学史［M］．上海：上海书店出版社，2013：70.
③ 马光仁．上海新闻史：1850—1949［M］．上海：复旦大学出版社，1996：62.
④ 汉口创设昭文新报馆［M］//方汉奇．中国新闻事业通史：第1卷．北京：中国人民大学出版社，1996：471-472.
⑤ 记汉口新报改五日事［M］//方汉奇．中国新闻事业通史：第1卷．北京：中国人民大学出版社，1996：472.

有外国人生活的城市。美国商人威廉·亨德《中国拾零》说他在广州获知一些"特殊事件有如地震、灾荒、战争及群众非法暴动等，只能靠看单张的印件""这类报纸有时还会有插图""有时你会听见街上高声叫卖新闻纸""我们在广州知道的第一件新闻是法船 NAVIGATEUR 号船长 SAIT ARROWMAN 在1828年遭受海盗袭击。还有英船 TROUQHON 于1835年在南海附近沉没，都是从这单张新闻纸上晓得的"①。表明鸦片战争前广州就出现刊载"地震、灾荒、战争及群众非法暴动"及"海盗""海难"等新闻的"单张新闻纸"，且还在"街上高声叫卖"，可见读者主要是当地中国居民。但一是没有更多文献记载旁证（验证）威廉·亨德的记载，二是"单张新闻纸"出现于何时、何人所办、具体报名为何等均无记载。有文献说广州于1872年曾出现过名为"中国人自己主办的早期报纸"《羊城采新实录》（又名《采新实录》）②，但除"1872年""广州创刊"和"《采新实录》"这一名称外其他一无所知，而艾小梅创办的《昭文新报》是目前能确认的中国人自己所办的第一种新闻日报。艾小梅由此成为第一位独立创办新闻报纸的有名有姓的中国新闻人，《昭文新报》的创刊开了中国人自办新闻报纸的先河。

（十三）孙中山参与发行的《镜海丛报》③ 创刊（1893年）

清光绪十九年六月初六（1893年7月18日），我国澳门地区创刊了一份综合性商业新闻周刊《镜海丛报》。丛报主人为澳门土生葡人佛朗西斯·飞南第（Francisco H. Fernades）。该刊同时出版中文和葡文两个版别。中文版每期6页，16开纸印刷，铅字排印，每号约可容纳一万余字，设有目录、代派纸之处、本报告白、嘉言、中外报、省港报和本澳新闻等栏目。1895年12月5日（清光绪二十一年十月十九日）停刊。孙中山从香港医学院毕业后得到曹子基、何穗田及港绅陈赓虞资助，在澳门草堆街84号设中西药局挂牌行医。在广州时则悬牌双门底圣教书楼，另有东西药局设于广州西关冼基；又与香山南蓢乡人程北海合资在县城石歧西门开设规模较小之药局亦称东西药局，以作为在石歧发售西药及诊治病人的地方。1894年6月孙中山偕陆皓东赴天津向李鸿章投书无果（仅取得一个在海外为农学会筹款的护照），同年9月17日中日甲午战争爆发，中国失利，孙中山"怃然长叹，知和平之法无可复施，然望治之心愈坚，要求

---

① 潘贤模. 清初的舆论与钞报 [M] //方汉奇. 中国新闻事业通史：第1卷. 北京：中国人民大学出版社，1996：230.
② 史和，等. 中国近代报刊名录 [M]. 福州：福建人民出版社，1991：167.
③ 澳门基金会，上海社会科学院出版社. 镜海丛报 [M]. 影印本. 上海：上海社会科学院出版社，2000.

之念愈切，积渐而知和平之手段，不得不稍易以强迫"①，自此弃医从政，成为职业革命家。但他开办的"双门底圣教书楼""石歧西门东西药局"等，从1893年7月18日出版的"新闻纸第一号"到1895年12月5日"终刊号"，一直作为《镜海丛报》的"代派纸之处"印在《镜海丛报》第一版。孙中山把自己的诊所（药局）作为《镜海丛报》"代派纸之处"，表明他直接参与了《镜海丛报》在广州、香山和澳门等地的发行活动，是孙中山有记载最早的新闻实践活动，在所有反清新闻宣传的资产阶级仁人志士中又是最早的。尔后，孙中山在檀香山创设兴中会提出"振兴中华"口号并制定"驱除鞑虏，恢复中国，创立合众政府"政纲；领导兴中会和革命团体合并成立中国同盟会并被选为总理，制定了"驱逐鞑虏，恢复中华，建立民国，平均地权"及"三民（民族、民生、民权）主义"革命纲领，亲自组织了多次反清武装起义，是公认的资产阶级民主革命领袖。中国同盟会是"中华民国临时政府"的主体政治力量，孙中山被各省代表以高票选为首任"中华民国临时大总统"（死后被尊为中华民国的"国父"）。因此孙中山参与发行的《镜海丛报》之创刊应是中华民国新闻业起源的标志性时间点。

（十四）第一种近代政团机关刊物《中外纪闻》创刊（1895年）

1895年12月16日，中国北京强学会机关报《中外纪闻》正式创刊。《中外纪闻》是康有为、陈炽等筹集经费，康氏弟子梁启超、麦孟华编辑出版了45期的北京《万国公报》，在英国传教士李提摩太（时任外国在华传教团体广学会上海《万国公报》主编）"建议"下改名创刊的。梁启超、汪大燮为主笔。主要刊载阁钞、译路透社电、选择电报和选录国内各报的新闻摘录以及介绍西欧文化的论著。② 每次发行量为两三千份，随"邸报"附送达官贵人。出版一个月零五天后，因清廷御史杨崇伊弹劾请禁，皇帝降旨查禁于1896年1月20日停刊。《中外纪闻》前身《万国公报》创刊于1895年8月17日。《万国公报》创刊后的同年9月（农历乙未年农历七月底八月初），康有为联络帝党官员陈炽、沈曾植、沈曾桐、丁立钧、张孝谦等人"各出义捐"成立北京强学会。《万国公报》创刊时强学会还没有成立，所以《万国公报》不能说是强学会机关报，至少《万国公报》前7期甚至前8期都不能说是强学会机关报，且《万国公报》上也没有标明北京强学会机关报。《万国公报》改名《中外纪闻》的1895年12月16日，北京强学会已于这年9月成立，《中外纪闻》有可能成为该会机关报。

---

① 孙中山. 伦敦被难记 [M] // 孙中山全集：第1卷. 北京：中华书局，1981：52.
② 史和，等. 中国近代报刊名录 [M]. 福州：福建人民出版社，1991：78.

《中外纪闻》第一册刊有"强学书局公订"的《〈中外纪闻〉凡例》，表明该刊就是北京强学会机关报。《中外纪闻》的创刊在中国新闻史上具有特殊意义：它是突破封建君主专制数千年"党禁"桎梏创办的第一种具有资产阶级政党性质团体的机关报，它的创刊标志着中国近代政党机关报正式诞生，社会新闻媒介体系中增加了"政党机关报"新品种。

（十五）光绪帝颁下"开放报禁"御批（1898年）

清光绪二十四年六月初八（1898年7月26日），朝廷吏部尚书、协办大学士及首任管理学务大臣孙家鼐奉旨呈上《奏拟官报〈时务报〉章程三条》。光绪帝当天就在孙家鼐的奏折上写下御批道："报馆之设，所以宣国是而通民情，必应亟为倡办。该大臣所拟三条，均尚周妥，着照所请，将《时务报》改为官报，派康有为督办其事。所出之报，随时进呈。其天津、上海、广东、湖北等处报馆，凡有报单，均着该督抚咨呈都察院及大学堂各一册。择其有关时务者，由大学堂一律呈览。至各报体例，自应以指陈利害、开阔见闻为上。中外时事，均许据实昌言，不必意存忌讳。用辅朝廷明目达聪、勤求治理之至意。所筹官报经费，即依议行。钦此。"[①] 这条御批蕴含六个层次内容：一是对"报馆"（报纸）社会功能的定位和基本立场，前者是"宣国是而通民情"的功能，后者是"应亟为倡办"；二是同意《时务报》改办为官报和"派康有为督办其事"并要求"所出之报随时进呈"；三是对现有报纸即"凡有报单""均着该督抚""择其有关时务者""一律呈览"；四是要求创办新闻报纸（体例）"应以指陈利害、开阔见闻为上"；五是宣布新闻报纸对"中外时事均许据实昌言"而"不必意存忌讳"，以达到"辅朝廷明目达聪、勤求治理"的"至意（崇高境界）"；六是对孙家鼐所提"官报经费"筹措方案的肯定。有清一代皇帝发布"开放报禁"的御批具有多方面意义：首先是宣布新闻报纸具有"宣国是而通民情"的正面功能，这是以康有为、翁同龢、孙家鼐等维新人士维新宣传的成果；其次是以超出朝廷法律效力"御批"的形式宣布"开放报禁"，解除了数千年"报禁"和"言禁"，这是历史性的进步；最后"中外时事，均许据实昌言，不必意存忌讳"是中国有史以来对"新闻自由、言论自由"的公开宣示。尽管光绪帝是为了让社会报纸成为"用辅朝廷明目达聪、勤求治理之至意"的工具，但也难掩其在中国新闻史上的民主进步意义。

[①] 载湉. 关于开放报禁的御批（清光绪二十四年六月初八）[M]//倪延年. 中国新闻法制通史·第5卷·史料卷（上）. 南京：南京师范大学出版社，2015：84.

（十六）兴中会创办《中国日报》（1900年）

1900年1月25日［光绪二十六年（己亥）十二月二十五日］，兴中会机关报《中国日报》在香港创刊。因港英当局禁止孙中山入境，陈少白在香港具体负责创办事务，所有机器铅字概由总理在横滨购办。[①] 依据兴中会"驱除鞑虏，恢复中华"纲领，孙中山以"中国者，中国人之中国也"[②] 之义把报纸定名为《中国日报》。陈少白任《中国日报》和《中国旬报》社长和主编，并化名"陈少南"任发行人。《中国日报》每天出版"大小二张"，设有论说、评论、国内新闻、外国新闻、广东和香港新闻、要闻、来稿、来件、电报等栏目。《中国旬报》由杨肖欧、黄鲁逸主编，每月三期，逢五"刊派一帙"，内分"论说""中外新闻"和"中外电音"等栏。第七期起增辟"视听录""衡鉴录""党局"及"杂俎"等栏。《中国日报》在刚创刊时"初以不审英人对华政策所在，一时未敢公然高唱革命排满之说"[③]。此后反清态度日益鲜明，言论日趋激烈，鼓吹"非我族类，其心必异"，称"朝廷"为"满政府"，揭露清政府腐败无能和官员卖国罪行，以鼓动人们反清革命情绪；报道内地革命党人反清活动和武装起义，以鼓舞海外革命党人信心和勇气；宣传革命党人和留日学生海外反清革命活动，以向国内传递海外反清革命运动蓬勃发展趋势；通过与保皇派报纸论战，消解和抵冲保皇派舆论对反清革命运动的抵抗，在当时产生了重要影响。《中国日报》的创刊，标志中国第一个资产阶级革命团体兴中会改变了没有机关报的局面，标志着兴中会的反清宣传"进入拥有大众传播媒介、连续开展的阶段，成为比较正规的资产阶级民主革命宣传的开端"[④]。

（十七）领"新式官报之风"的《北洋官报》创刊（1901年）

清光绪二十七年十一月十五（1901年12月25日），《北洋官报》在天津创刊，双日刊，北洋官报局负责编撰和印刷发行。1901年1月，清廷谕令朝臣就朝政改革"条议以闻"，张冶秋上疏建议创立官报"去塞求通"。袁世凯在同年4月25日向清廷呈上的奏折中提出十条改革建议。其中"开民智"建议"宜通饬各省，一律开设官报局""庶几风气日辟，耳目日新，既可利益民生……且可抵制各处托名牟利之洋报"，很快得到朝廷批准。为创办官报，袁世凯8月即派人赴日本选购印刷设备，聘请日本精铜版、石版、照相制版及印刷者任技师，

[①] 冯自由.革命逸史：上[M].北京：金城出版社，2014：54.

[②] 笔者注：此处"中国人"是指在清廷压迫下的汉族人，与现在由56个民族组成"中国人"概念不尽相同。

[③] 冯自由.革命逸史：上[M].北京：金城出版社，2014：54.

[④] 方汉奇.中国新闻事业通史：第1卷[M].北京：中国人民大学出版社，1996：690.

从上海雇请活字版印刷工人,成立设有编撰、翻译、绘画、印刷、文案、收支等六股共150多人的北洋官报局。在各项筹备齐全后,以体现袁世凯"北洋大臣"为标志的《北洋官报》在当年"冬月十五"吉日创刊。《北洋官报》既体现"洋"的特征,又体现"官"的本质。内容以政府新闻为主,包括圣谕广训直解、上谕、本省政治、学务、兵事、近今时务、农学、工学、商学、兵学、教案、交涉、外省新闻、各国新闻等。设有宫门钞、奏议录要、西法摘要、文牍要录、畿辅近事、外省新闻、各国新闻等栏[①]。既通报朝政消息,也介绍外国情况及西方新思想、新知识,评论中国时弊,提出革新措施,成为洋务派的重要宣传阵地。清帝宣布逊位日(1912年2月12日,出报3053期)停刊。《北洋官报》创刊在中国官办媒体史上具有特殊意义:它是清末洋务运动中在封建君主专制制度下顺势创办的第一种近代化地方政府官报,它的创办标志地方政府官报由"限于官府"正式"走进社会";它是横跨清末到民初经历朝代更迭、出版时间最长的清末地方政府官报,是中国地方政府官报史上绕不过去的"话题";由《北洋官报》引领出的新式官报模式,在清末推进朝廷"新政"、促进近代报业发展中,发挥了"启迪民智""开社会风气之先"的作用。[②]

(十八)结果殊异的"沈荩""苏报"两案(1903年)

1903年是农历癸卯年(俗称兔年),从6月29日到7月19日相隔20天间,中国发生了两个新闻史事件。1903年5月27日《苏报》延请章士钊"董理斯报"并于6月1日实行"大改良"后,先后发表《康有为》《哀哉,无国之民》《序〈革命军〉》《读〈革命军〉》等反清情感明显且措辞激烈的论述或书评,尤其是《驳康有为论革命书》(即《康有为与觉罗君之关系》)震动清廷朝野。同年6月29日,湖广总督端方"钦奉廷寄外交部呈递(两江总督)魏光焘电",次日由"沪道商美总领事会同各(国)领(事)签押,工部局即允协拿",章太炎、陈仲彝等5人被捕。邹容后闻章太炎被捕投案。7月15日第一次审讯。7月21日第二次审讯。清政府原想把章、邹"引渡"至南京"处以极刑",但列强不点头。清廷律师古柏提出"应照华例究办",又因外国领事团"异议"未决。租界会审公廨次年5月21日判章太炎监禁3年,邹容监禁2年,《苏报》永远停刊。同年7月19日晚,探得清廷与沙俄所签"中俄密约"并寄天津英文报纸刊载的《天津日日新闻》记者沈荩,因被密友告发在北京寓所被清廷逮捕。随即被判处"斩立决"。据说7月是所谓"万寿月"(慈禧万寿庆典)不宜

---

① 史和,等.中国近代报刊名录[M].福州:福建人民出版社,1991:117.
② 马艺,等.天津新闻史[M].天津:天津人民出版社,2015:65.

"杀"人，慈禧太后随即改判"立毙杖下"。31日，沈荩被狱卒"杖打二百余下。打得血肉横飞，惨不忍睹，沈荩骂声不绝尚未气尽"，① 最后堂司"用绳紧系其颈，勒之而死。""《苏报》案"中章太炎等发文辱骂当朝、鼓动推翻朝廷，而沈荩只是探得"中俄密约"作新闻投报纸刊载，从法理上远没有章太炎"大不敬"。但因"沈荩案"发生在清廷京师并由朝廷直接处理，而"《苏报》案"发生在治外法权的上海租界，故在处理主体、方式、速度、结果上有极大差异："《苏报》案"重罪轻判，成为"租界为法外之地""朝廷由洋人掣肘"的真实写照，"沈荩"案是轻罪重判，先是不经法律程序就判"斩立决"，而后又不经法律程序改"斩立决"为"棒杀"，以极残忍手段"杖毙"犯人，成为封建专制统治的"专制"和"残暴"的例证。

（十九）"新式"朝廷（中央）官报《政治官报》创刊（1907年）

清光绪三十三年九月二十日（1907年10月26日），《政治官报》（日刊）在朝廷京师（今北京）创刊。线装，日出一册。宪政编查馆官报局编纂，军机处章京华世奎主持。宗旨为"使绅民明悉预备立宪之意"，规定"凡有政治文牍，无不详慎登载，期使通国人民开通政治意识，发达国家之思想，以成就立宪国民之资格"。为体现朝廷官报的等级和权威性，规定朝廷六品以上文官、五品以上武官才能"订阅"。创办《政治官报》可追溯到1905年。是年7月16日，清廷"兹特简载泽、戴鸿慈、徐世昌、端方等随带人员，分赴东西洋各国考求一切政治，以期择善而从"。为推进变法振兴，由政务处大臣兼领的考察政治馆于次年正式开馆。1906年8月26日，出洋考察大臣载泽呈《奏请以五年为期改行立宪政体摺》。慈禧太后于9月1日颁下《宣示预备立宪谕》。1907年8月24日考察政治馆改为设编制、设计、官报三局的宪政编查馆。官报局编纂《政治官报》旨在"是绅民明悉国政，预备立宪之意。凡有政治文牍无不详慎登载"，而"凡私家论说及风闻不实之事，一概不录"。② 设有"宫门钞""谕旨""电旨""交旨""事由单""吏部选单""电报奏谘类"等总目，总目下分"类"，分目下再分"门"。如分目"折奏类"下分为"宪政门""吏政门""民政门""财政门""学政门""法律门""军政门""农工商政门"等。一是《政治官报》的创刊标志着封建君主专制国体的清廷出现了由宪政编查馆编纂的近代中央政府官报，在中国政府官报发展史上具有里程碑意义；二是《政治官报》面向社会传播表明在世界潮流推动下的"朝政公开化""政治近代化"有所进

---

① 童兵，陈绚. 新闻传播学大辞典［M］. 北京：中国大百科全书出版社，2014：876.

② 史和，等. 中国近代报刊名录［M］. 福州：福建人民出版社，1991：247.

步；三是《政治官报》在封建君主专制政体下创办，是清廷意识到封建专制不适应时代潮流做出的妥协，正所谓"浩浩汤汤，不可抵抗"。

（二十）《中华民国公报》创刊（1911 年）

1911 年 10 月 16 日，中华民国鄂（湖北）军政府参谋部附设机关报《中华民国公报》在武昌创刊。辛亥首义第二天即 10 月 13 日，革命党人牟鸿勋向鄂军政府都督黎元洪提议创办政府报纸以鼓动士气、宣传革命，获准。10 月 16 日正式出版。这一天，报馆大门上张贴一副对联：上联为"与民好公恶"，下联曰"为国报平安"，横批是"光复中华"。不仅隐含了报名"中华民国公报"六字，且通过"与民""为国"双重表述揭橥出报纸的宗旨和使命。① 创刊号宣告"本报之宗旨即以军政府之宗旨为宗旨，大要以颠覆现今之恶劣政府，改建共和民国为主义"。后来《中华民国公报馆章程》称报纸宗旨"以颠覆现今之异族恶劣政府，建简单社会主义民国为极大之愿望"②。《中华民国公报》废弃宣统年号，创刊号的日期记为"黄帝纪元四千六百零九年八月二十五日"和"阳历一千九百十一年十月十六号"。每天出报一张四版。内容包括本馆特别启事、政府布告、言论、新闻和副刊。不刊载商业广告，广而告之的是政府布告。《中华民国公报》是资产阶级革命党人举行反清武装起义取得胜利并成立中华民国湖北军政府后创办的政府机关报，揭开了中国资产阶级共和政体政府机关报的序幕；以"公报"名之，与清廷的中央政府机关报《政治官报》相比，废"官报"称"公报"，体现出资产阶级革命相对于封建专制统治的时代进步性。《中华民国公报》开了我国资产阶级共和政体政府机关报的先河，此后成立的"中华民国临时政府""中华民国国民政府"及中央政府部门的机关报都以"公报"称之，可见《中华民国公报》的创办在中国新闻史尤其是中国政府机关报发展史上的深远影响。

第三节　中国近代重要新闻史事件

1912 年元旦晚上 10 时许，孙中山在南京宣誓就任中华民国临时大总统并宣告中华民国临时政府正式成立，标志着中国乃至亚洲第一个资产阶级共和国诞生。中国历史和中国新闻史由此进入"中华民国时期"即"中国近代"时期。

---

① 丁雨晨.《中华民国公报》研究［D］.南京：南京师范大学，2020.
② 中华民国公报章程［N］.中华民国公报，1911-11-14.

这一阶段产生的新闻史事件也就成为中国近代的新闻史事件。

一、中国近代新闻史事件产生的社会环境及其演变

以近代印刷和装订技术的普遍使用和新闻报刊面向全社会受众传播社会政治、经济、科学、外交等全方位新闻消息为标志，中国新闻业完成了从古代新闻业向近代新闻业的历史转变。以南京临时政府宣告诞生为标志，中国新闻业正式进入近代阶段。这一阶段发生的新闻史事件也就成为中国近代新闻史事件。

"中华民国"的创建标志着中国历史上第一个以资产阶级共和为政体的近代国家诞生。由于众所周知的原因，民国的成立并没有改变中国自清朝后期开始的半殖民地半封建发展进程。袁世凯为获得日本的支持登上"洪宪皇帝"宝座，1915年5月9日决定承认日本提出的"二十一条"，"五月九日"遂成为全国性的"国耻纪念日"。袁世凯"帝制自为"遭到全国反对并于1916年6月身死后，北洋军阀群龙无首，为争"总统"或"总理"的宝座，不断上演北洋军阀混战的闹剧，北京政府"走马灯"式换主。直至1928年6月张作霖携"安国军政府陆海军大元帅"官印离京乘车回东北，在沈阳西郊皇姑屯被日军预埋炸弹炸伤后不治身亡，在其子张学良于1928年12月29日宣布"即日起遵守三民主义，服从国民政府，改易旗帜"后彻底消亡。

1921年7月中国共产党成立后，致力于组织领导工人运动。1921年8月成立中国劳动组合书记部，先后组织了香港海员、安源路矿工人、开滦煤矿工人和京汉铁路工人等产生巨大社会影响的大罢工，扩大了中国共产党在全国的政治影响。孙中山因依靠军阀打军阀屡遭挫折，愿意和共产党合作反对军阀。中共"三大"决定共产党员以个人身份加入国民党实现国共合作。孙中山在共产党人帮助下于1924年1月举行中国国民党"一大"，重新解释三民主义并确立了"联俄、联共、扶助农工"的三大政策。1925年3月12日，孙中山在北京病逝。国民革命军于1926年7月誓师北伐。在共产党人真诚合作和湘鄂赣工农运动支持下，北伐军所向披靡，1927年2月进占杭州，3月占领安庆、南京。蒋介石踏着上海工人第三次武装起义的鲜血进入上海。随即制造"四一二"反革命政变，向共产党人举起了屠刀。汪精卫在武汉制造"七一五"反革命政变，大量共产党员和革命工农被残杀，轰轰烈烈的大革命运动失败了。

在严峻的白色恐怖下，共产党人发动南昌起义打响了反对国民党反动派第一枪，"八七会议"决定"以武装的革命反对武装的反革命"和"建立苏维埃政权"。会议后毛泽东领导了湘赣边界秋收起义，张太雷等领导了广州起义，彭湃等领导了海陆丰起义等一系列武装起义。起义失败后的一些部队转战到远离大城市的偏僻山村，开展游击战争。蒋介石无时不想"剿灭"红军，即使在日本军国主义制造"九一八"事变侵占了我国东三省、国家安全面临严峻威胁的情况下仍坚持"攘外必先安内"的方针，屡屡发动对红色根据地的"围剿"。由于正确的政治和军事路线，各根据地红军利用军阀战争空隙得到迅速发展，1931年11月7日在江西苏区建立了"中华苏维埃共和国临时中央政府"。由于当时中央领导的错误决策和指挥，中央红军在反对蒋介石第五次"围剿"战役中全面失利，被迫战略大转移。1935年10月到达陕北吴起镇。1936年10月，红四、红二方面军和红一方面军三大主力先后会师，标志着红军长征胜利结束。随着日本侵略军在北平卢沟桥"七七"事变中打响全面侵略中国的第一枪，中华民族全面抗战的序幕正式拉开了。

"七七"事变后的第二天，中共中央向全国通电认为"只有全民族实行抗战，才是我们的出路。"号召"全中国同胞，政府，与军队，团结起来，筑成民族统一战线的坚固长城，抵抗日寇的侵掠"。在共产党人积极努力和全国迅速高涨的抗日舆论下，蒋介石国民党被迫同意国共第二次合作，组成抗日民族统一战线以抵抗日本帝国主义的侵略。自"九一八"事变后，中华民族开始进行局部反对日本侵略的战争，到1945年8月15日日本帝国主义宣布无条件投降时的长达十四年抗日战争时期，国民党军队主要在正面战场上与日本侵略军作战，为抗日战争胜利做出了贡献。中国共产党人一方面发动组织和领导以敌后抗日游击为主战场的反侵略战争；另一方面按照"有理有利有节"的方针，反对国民党顽固派投降卖国的言行和制造反共摩擦，先后取得平型关大捷、阳明堡大捷等振奋国人抗日精神和信心的胜利，同时挫败了国民党顽固派的三次反共高潮。在全国各民族各阶层民众的共同努力下，作为世界反法西斯战争重要组成部分的中国抗日战争取得了彻底的胜利，实现了中华民族"把日本鬼子赶出中国"的誓言。

抗日战争的胜利不但提振了中华民族奋发向上的信心，而且提供了一次"和平建国"的良机。然而蒋介石国民党集团依然抱着固有的"一党独裁"思维，心里想的是独占抗日胜利果实。这从日本即将宣布无条件投降时蒋介石一方面命令他的军队"加紧作战努力，一切依照既定军事计划与命令积极推进，勿稍松懈"，同时却命令共产党领导的八路军（时称国民革命军第十八集团军）"应就原地驻防待命"，即不准在抗日战争前线的人民武装向日本侵略军发起反攻并接受其投降的"根本对立"的两种命令中可见一斑。为了给内战准备争取时间，蒋介石先后三次发电报邀请中共领袖毛泽东来重庆谈判。在共产党人和民主党派人士的共同努力下，国共双方代表签署了《政府与中共代表会谈纪要》

(即《双十协定》),人们似乎看到了"和平建国"的曙光,但这并没有成为现实。在完成调兵遣将的内战准备后,国民党军队于1946年6月26日进攻中原解放区。全面内战由此爆发。随着战争推进,人民解放军先后打退了国民党军队的"全面进攻"和"重点进攻",从战略防御转入战略反攻,取得了辽沈、平津、淮海及渡江战役的重大胜利。人民解放军于1949年4月23日占领南京。1949年10月1日,中华人民共和国中央人民政府在北京举行开国大典,标志着中国中央政府完成更替。

二、中国近代重要的新闻史事件（1912年元旦至1949年9月底）

纵览自孙中山在南京宣告"中华民国临时政府"正式成立的1912年元旦,到毛泽东在北京举行的中华人民共和国开国大典上庄严宣告"中华人民共和国中央人民政府今天成立了"的1949年10月1日前的37年9个月的中国新闻史,主要发生了如下较为重要或影响较大的新闻史事件。

（一）《临时政府公报》创刊

1912年1月29日,中华民国临时政府机关报《临时政府公报》在南京创刊。该报由临时大总统府公报局（局长先后为冯自由、但焘）编纂刊行。"各省官厅所有暂行条件、命令及职员之任免、迁转等项,均希随时抄送本局。其地方自治团体办理公共事业,如道路、卫生、医院、学校、救贫等项之经过及其成绩亦可随时抄送本局登载公报,借觇地方之情况而彰民治之精神。"[①] 日刊,国家纪念日或政府停止办公时休刊。1912年4月1日孙中山解临时大总统职后于4月5日停刊,共出58号。所载内容"门类六,曰法制,曰令示,曰纪事,曰电报,曰抄译外报,曰杂报"。第十号起增设"号外附录",登载法律命令之外的草案、电报、议会速记录等内容,配有少量插图。《临时政府公报》版面多寡由内容多少决定。除"凡各官署皆有购阅《公报》之义务"外,《临时政府公报》向社会公开发行,并在各地报社设立分售点以扩大销售范围。《临时政府公报》的创刊,标志着中国历史上第一个资产阶级共和政体中央政府机关报正式诞生,在中国政府机关报发展历程中具有划时代的意义;与清末《政治官报》及《内阁官报》相比,《临时政府公报》摒弃了封建君主专制政体朝廷官报"为官办报"的理念,向社会公开政府运作信息,体现了资产阶级共和政体的时代进步性;《临时政府公报》向全社会公开发行与《政治官报》只限朝廷"六品文官、五品武官"才有"购阅"资格的"等级"观念有着本质差异,表现出

---

① 临时政府官报局告白［N］.临时政府公报:第25号,1912-02-29.

南京临时政府及其官报的自由、平等、开放精神。

(二)"民国暂行报律"风波

1912年3月4日,南京临时政府内务部向"上海中国报界俱进会"发出并"请转全国新闻杂志各社知照"的《内务部颁布暂行报律电文》称:"民国完全统一,前清政府颁发一切法令,非经民国政府声明继续有效者,应失其效力。查满清行用之报律,军兴以来,未经民国政府明白告示,自无继续之效力。而民国报律又未遽行编定颁布,兹特规定暂行报律三条,即希报界各界一体遵守。(一)新闻杂志已出版及今后出版者,其发行人及编辑者姓名,须向本部呈明注册,或就近地方高等官厅呈明,咨部注册。此定自令到之日起,截止阴历四月初一,在此限期内,其已出版之新闻杂志各社,须将本社发行及编辑员姓名呈明注册,否则不准发行。(二)流言煽惑,关于共和国体有破坏弊害者,除停止其出版外,其发行人、编辑人并坐以应得之罪。(三)调查失实,污毁个人名誉者,被污毁人得要求更正。要求更正而不履行时,经被污毁人提出诉讼、讯明,得酌量科罚。"① 上海中国报界俱进会及主要新闻报馆接《内务部颁布暂行报律电》后一致抵制暂行报律。上海中国报界俱进会以"俱进会"名义通电全国宣布"不予承认",并致电孙中山表示坚决抵制。与程德全、张謇等人组织中华民国联合会的章太炎所撰《却还内务部所定报律议》断言"民主国本无报律"。该文次日被上海各大报纸作为"共同社评"转载。孙中山接到"俱进会"通电后立饬内务部称"该部所布暂行报律,虽出补偏救弊之苦心,实昧先后缓急之要序,使议者疑满清钳制舆论之恶政复见于今,甚无谓也""民国一切法律,皆当由参议院议决宣布,乃为有效。该部所布暂行报律,既未经参议院议决,自无法律之效力,不得以暂行而止,谓可从权办理。"② 临时政府内务部居正等出于对舆论现状的忧虑颁行"暂行报律三章"有其现实必要性和紧迫性,但"虽出补偏救弊之苦心,实昧先后缓急之要序"且"未经参议院议决";章太炎在中华民国联合会机关报《大共和日报》上刊发《却还内务部所定报律议》一文领头抵制,上海《申报》《新闻报》等积极呼应使"抵制"声势浩大,给临时政府造成很大舆论压力。鉴于临时政府立足未稳,西方列强尚未承认,孙中山一方面令内务部"取消"报律;另一方面表示"民国此后应否设置报律,及如何订立之处,当俟国民会议决议",真实立场可见一斑。

---

① 内务部颁布暂行报律文[N].临时政府公报:第30号,1912-03-06.
② 孙中山.令内务部取消暂行报律文[M]//孙中山全集.北京:中华书局,1982:198-199.

(三) 新闻电影《上海战争》公映

1913年9月29日，上海新舞台剧院在上映故事片《难夫难妻》前公映上海亚细亚影戏公司中国导演和摄影师拍摄的纪录影片《上海战争》，内容为上海革命军围攻南市高昌庙制造局和吴淞炮台的军事行动，被当时报纸称为"空前绝后的活动影戏"①。上海亚细亚影戏公司由美国商人本加明·布拉斯基（Benjamin Polski）投资创设。1913年爆发全国性"二次革命"时，上海革命军进行武装夺取高昌庙制造局和吴淞炮台的军事行动，受聘在上海亚细亚影戏公司的中国导演和摄影师深入战斗第一线摄制新闻素材，后来剪接成新闻纪录电影《上海战争》公映。在上海亚细亚影戏公司摄制并公映新闻纪录电影《上海战争》前，中国杂技艺术家朱连奎和洋商美利公司合作摄制的新闻纪录电影《武汉战争》，内容是辛亥首义期间武昌起义军占领汉口、汉阳，与清军在汉口大智门车站附近、球场内外至歆生路一带的激烈争夺战；起义军自汉阳反攻冲至居仁门、歆生路，二次光复汉口等场景②，约在1912年初公映（具体日期不详）。1905年秋北京丰泰照相馆摄制的《定军山》，内容为谭鑫培表演京剧《定军山》的"请缨""舞刀"和"交锋"，是国人摄制的第一部"艺术纪录电影"而不是"新闻纪录电影"。朱连奎和洋商美利公司合作摄制《武汉战争》是第一部以重大社会事件为主题的新闻纪录电影，但朱连奎是雇用洋商美利公司摄影师摄制；《上海战争》是在美国上海亚细亚影戏公司中的中国导演和中国摄影师摄制并以记录中国历史重大事件为主题的新闻纪录电影。《上海战争》的摄制并公映标志中国新闻纪录电影完成了从"艺术表演记录电影"到"重大社会事件新闻电影"，再到"由中国人摄制中国新闻纪录电影"的历史性跨越，在中国新闻媒介史和中国电影史上具有历史性意义。

(四) "宋案"与"癸丑报灾"

从1912年12月起，北京临时政府依据《临时约法》《国会组织法》等进行第一届国会参众两院选举。以宋教仁为代理事长的国民党在选举中夺得392席，其中众议院269席，参议院123席，成为国会的第一大党。③ 袁世凯于3月19日通电全国宣布4月8日举行国会开会礼。3月20日晚10点多，奉袁世凯电召北上的宋教仁在上海北站检票口突遭枪击，于22日凌晨不治身亡。国民党系统报纸立即投入反对袁世凯专制和暗杀国民党领导人宋教仁的斗争。上海《民立

---

① 高维进. 中国新闻纪录电影史 [M]. 北京：世界图书出版公司北京公司，2012：9.
② 方方. 中国纪录片发展史 [M]. 北京：中国戏剧出版社，2003：9.
③ 张宪文，等. 中华民国史：第1卷 [M]. 南京：南京大学出版社，2005：135.

报》从宋案发生第二天起,每日用整版篇幅刊登有关此案的报道,发表悼念宋教仁的诗词和文章,介绍宋的生平及其政治主张和革命思想。在抓获与案件有联系的应桂馨和凶手武士英并在应宅搜到袁政府总理赵秉钧和内务部秘书洪述祖致应(桂馨)含有"毁宋"等文字的秘密电文后,《民立报》等上海反袁报纸抨击袁世凯是刺杀宋教仁元凶。上海《中华民报》以《强盗政府》为题发表社论,谴责袁世凯"实全国人民之公敌也,手不操戈矛之大盗也"。北京《民国报》刊载《宋君教仁遇害感言》社评指出:"击宋君者非亡命之暴徒,乃吾人之政敌也。"《国风日报》《国光新报》等也抨击政府暗杀罪行。袁世凯镇压"二次革命"后即重手清算新闻界。全国至少有71家报纸被封,49家受传讯,9家被军警捣毁,新闻记者至少有24人被杀,60人被捕入狱。① 国民党系统新闻报纸几被禁绝(在租界者被禁邮),非国民党反袁报纸也难逃厄运。1913年底全国继续出版的报纸仅有139家,为1912年500多家报纸的27.8%。因1913年为农历癸丑年,新闻界把这一报业厄运称为"癸丑报灾"。"宋案"和"癸丑报灾"说明同一道理:即使成立了资产阶级共和国,但在半封建半殖民地社会性质没有改变的社会环境,照搬西方的"政治民主"模式和"新闻自由"理论在中国水土不服,难成正果,不可能成功;新闻和政治及军事有割不断的联系,没有军事力量支持的政党一厢情愿"依法律解决",无疑是"与虎谋皮"。

(五)北京大学成立新闻研究会

1918年10月14日,以"研究新闻学理,增长新闻经验,以谋新闻事业之发展"②的北京大学新闻研究会在北京大学理科第16教室开会宣布成立。蔡元培校长在演说词中阐述了新闻学研究的必要性和新闻学与各种学科关系,强调新闻人应以严肃态度对待新闻事业,养成良好的职业道德,否则不但"自毁其品格"且"贻害于社会",然后由研究会主任徐宝璜教授演讲《新闻纸之职务及尽职之方法》。自此后每周一、三、五晚上,会员聚集在理科16教室或文科大楼第34教室或听课、或练习、或研究、或议事。半个月后邵飘萍参加讲课。1919年2月19日在文科第34教室召开改组会议,决定把"北京大学新闻研究会"改名为"北京大学新闻学研究会",选举蔡元培为会长,徐宝璜为副会长,曹杰、陈公博为干事。1920年12月左右停止活动。北京大学新闻研究会的成立是我国学术界(高校)将"新闻"作为一门学科对象进行研究和实施教育的开端,犹如蔡元培在研究会成立会演讲所言,"我国自有新闻以来,不过数十年,

---

① 方汉奇. 中国新闻事业通史:第1卷[M]. 北京:中国人民大学出版社,1992:1057.
② 童兵,陈绚. 新闻传播学大辞典[M]. 北京:中国大百科全书出版社,2014:1165.

则自今日而始从事于新闻学"。"北京大学新闻研究会"改为"北京大学新闻学研究会"标志中国近代新闻学理论研究的正式起步，徐宝璜和邵飘萍的第一部新闻学著作正是研究会讲稿基础上整理充实完善出版，北京大学新闻学研究会成为中国新闻学术研究的第一个平台；邵飘萍和徐宝璜根据新闻工作实践经验，较为系统地向会员介绍近代新闻学理论、新闻采编技巧和经验，标志着中国新闻学专业教育的正式起步。

（六）《共产党》月刊问世

苏联十月革命胜利三周年纪念日的1920年11月7日，中国共产党上海早期组织秘密发行的理论刊物《共产党》月刊在上海创刊。李达主编，陈独秀、袁振英等参加编辑。作者均用化名，如陈独秀用"TS"，李达用"江春""胡炎"，沈雁冰用"P生"，施存统用"CT"，李汉俊用"汗""均"等。[①] 卷首有社评性的《短言》，设有世界消息、国内消息、中国劳动界消息等栏目。刊物以主要篇幅刊登马克思主义译著和探讨中国革命的文章。重点刊登马克思、列宁的著作，介绍十月革命经验和俄国共产党及国际共产主义运动，宣传无产阶级革命理论、共产党基本知识和列宁的建党学说，揭露和批判无政府主义及第二国际修正主义思潮，探讨中国革命的理论与实践问题，阐述中国共产主义者按照列宁思想建立马克思主义政党、实行无产阶级专政的基本立场。在北洋军阀统治下，刊物半公开出版，曾以《康敏主义周刊》（康敏，英文"共产主义"音译）、《无政府》《安那其》等封面出版，不标编辑、印刷、发行地点。但在公开出版的《新青年》上逐期刊登该刊出版广告和要目。最高发行量达5000份，1921年7月出版第6号后停刊。《共产党》月刊创刊在中国红色新闻史上具有重要意义：公开打出"共产党"的旗号，标志着中国的无产阶级政党拉开了筹备建立的序幕；通过刊载马列著作和介绍十月革命经验、俄国共产党及国际共产主义运动，宣传无产阶级革命理论、共产党基本知识和列宁的建党学说，为中国共产党的建立奠定理论基础；通过揭露和批判无政府主义和第二国际修正主义思潮，划清了马克思主义和无政府主义、马克思主义和修正主义的界限，为把中国共产党建成无产阶级政党打下坚实的理论基础；它是第一份公开打出"共产党"期号的刊物，标志着中国共产党人新闻事业的正式开端。

（七）奥斯邦无线电台在上海开播

1923年1月23日（农历腊月初七）晚上8点，上海的"大陆报—中国无线电公司广播电台"（Radio Corporation of China）正式播音。该台由上海英文报纸

[①] 钱承军. 建国前中国共产党报刊研究［M］. 北京：中国文联出版社，2009：29.

《大陆报》（The China Press）和美国人所办的"中国无线电公司"合办。上海"大陆报—中国无线电公司广播电台"播音的内容主要包括音乐和新闻。音乐节目由奥斯邦方面提供，新闻内容则由英文《大陆报》提供。电台开播第四天（星期四）晚上，"大陆报—中国无线电公司广播电台"率先播出了由《大陆报》提供的孙中山《和平统一宣言》全文，上海、天津和香港听众都收听到这一重要新闻。孙中山在得闻奥斯邦电台广播《和平统一宣言》后"可惊可喜"，说："余之宣言译被之传，余尤欣慰。余希望中国人人能读或听余之宣言，今得广为宣布，被置有无线电话接收器之数百人所听闻，且远达天津及香港，成为可惊可喜之事。吾人以统一中国为职志者，极欢迎如无线电话之大进步。此物不但可于言语上使中国与全世界密切联络，并能联络国内之各省各镇，使益加团结也。"① 美国无线电器材商人奥斯邦开办无线电广播电台，本意是以通过无线电广播宣传销售无线电器材，所开办的"大陆报—中国无线电公司广播电台"是中国境内的第一座无线电广播电台，标志着中国无线电广播事业正式起步，具有划时代意义；是中国境内第一座通过无线电波传播重大社会新闻消息的电台，在当时中国新闻媒介体系中增加了"无线电新闻广播"这一新兴新闻媒介；也是中国境内第一座进行政治宣传的无线电广播电台，开后来国民党和共产党利用无线电广播宣传政治主张和方针政策之先河。

（八）《布尔什维克》创刊

1927年10月24日，大革命失败后创办的第一种中共中央机关刊物《布尔什维克》在上海秘密出版。中共中央常委决定暂由瞿秋白、罗亦农、邓中夏、王若飞、郑超麟组成编辑委员会，瞿秋白为编委会主任。次月增加蔡和森、张太雷、毛泽东、周恩来等21人为编委，瞿秋白、蔡和森、李立三先后任总编辑。② 国共合作时期公开发行的中共中央机关报《向导》周刊，因汪精卫"七·一五"反革命政变于1927年7月18日停刊后，中共中央处于中共中央机关刊物断档的严峻时期。《布尔什维克》的主要内容包括传达共产国际指示，发出中共中央坚持独立自主革命斗争路线的声音，阐释中国革命性质、任务、对象和策略，宣传开展武装斗争、进行土地革命、建立工农民主政权；揭露国民党改组派、托陈取消派反动本质，报道南昌起义、秋收起义及各地农民暴动消息，介绍歌颂赵世炎等100多名烈士的英勇事迹。在国民党右派制造的白色恐怖中，《布尔什维克》只能秘密出版、地下发行，曾先后用《虹》《平民》《中央半月

---

① 马光仁. 上海新闻史：1850—1949［M］. 上海：复旦大学出版社，1996：561.
② 王润泽. 中国新闻传播史新编［M］. 2版. 北京：中国人民大学出版社，2020：127.

刊》《少女怀春》等9个名称作为伪装封面，以躲过国民党军警的检查传播到党的各级组织和党员。《布尔什维克》是中共中央在大革命运动因国民党右派背叛失败后创办的机关刊物。它的创刊标志着中国共产党人独立领导中国新民主主义革命的开始，标志着共产党人从大革命失败后的严峻形势中再次奋起，宣示了中国共产党人"走俄国人的道路"即通过武装斗争建立无产阶级政权的坚定意志，预示中国共产党领导的农村土地革命高潮的到来。

（九）国民党建成"中央"级媒介体系

1927年5月6日，国民党中央宣传部部长胡汉民策划改组成立的"中央通讯社"在南京发稿。7月12日，南京政府"通令"中央社为"中国国民党中央执行委员会宣传部筹设"的中央执行委员会通讯机关，同时对外发布"党国要政及各方面消息"，要求"军政各机关，以后所有新闻消息，优先供应中央社。"① 成为国民党第一个"中央"级新闻媒介。1928年2月1日国民党上海《中央日报》创刊，国民党中央拨款创办。社长丁惟汾、总经理潘宜之、总经理陈君朴、代理主任彭学沛。报头集自孙中山墨宝。1928年6月国民党中常会以《设置党报条例》"规定首都应设中央日报"为由决定将该报迁南京。11月1日上海《中央日报》停刊，1929年2月1日在南京复刊，序号接上海《中央日报》。社长、副社长由中央宣传部部长叶楚伧、副部长邵力子兼任，报馆日常事务由总编辑严慎予、总经理曾集熙负责。以"拥护中央、消除反侧、巩固党基、维护国本"为职责，成为国民党的第二个"中央级"新闻媒体。1928年8月1日，隶属国民党中央宣传部的"中国国民党中央执行委员会广播无线电台"（简称"中央广播电台"）在南京播音。内容有演讲节目和新闻节目，所有新闻稿件由中央社提供。该台"通告第一号"称"嗣后所有中央一切重要决议、宣传大纲以及通令通告等，统由本电台传播。"② 国民党的第三家"中央"级新闻媒介由此正式运行。以国民党"中央广播电台"正式播音为标志，蒋介石国民党集团主导的中国国民党"中央"级新闻媒介体系初步建成。国民党"中央"级新闻媒介体系建成在中国新闻史上具有重要的意义：它是中国历史上第一个由中央政府建设完成的国家级新闻媒介体系，这个新闻媒介体系理论上代表中央政府向世界发出中国的声音，表达中国的立场，维护中国的新闻主权；国民党"中央"级新闻媒介体系涵盖由报纸、广播和通讯社等多元新闻媒介组成的综合性新闻媒介体系，代表了新闻媒介体系发展的时代方向；国民党"中央通讯社"

---

① "中央社"六十年［M］. 台北："中央社"六十周年社庆筹备委员会，1984：4.
② 中央宣传部中央广播无线电台通告第一号［N］. 中央日报，1928-08-01.

"中央广播电台"和《中央日报》组成的"中央"级新闻媒介体系和世界各国新闻媒介体系基本处于同一水平，为中国新闻媒介建设培养和储备了专业人才，为中国新闻事业发展打下了基础。

(十)"红色中华"媒介体系诞生

1931年11月7日，中华工农兵苏维埃第一次全国代表大会在江西瑞金开幕，到会代表600余人。当晚红色中华通讯社("红中社")通过无线电台对外播发文字新闻（呼号CSR，"中华苏维埃无线电台"英文Chinese Soviet Radio缩写），报道"一苏"大会胜利召开的消息，当时的湘鄂赣、鄂豫皖、湘鄂西、川陕等革命根据地和上海、天津等地的共产党领导机关都曾抄收过红中社的电讯。中共中央在上海秘密出版的《斗争》和其他革命根据地的一些报刊上都刊载过红中社播发的电讯稿，上海地下党还把红中社的电讯转发国外。① 11月27日出版的中共中央机关报《红旗周报》（第24期）就刊载了《中华苏维埃第一次全国代表大会告全中国工人与劳动民众书》和《中华苏维埃共和国临时中央政府对外宣言》。但因红色中华通讯社播发新闻内容采用莫尔斯电码，只能通过收发报机接收，不能被社会听众（收音机）收听，因而不具备新闻广播的社会功能。1931年12月11日，中华苏维埃共和国临时中央政府机关报《红色中华》（周刊）在江西瑞金创刊。首任主笔周以栗。设有"专电""社论""中央苏区消息""苏维埃建设""要闻""临时中央政府文告""来件"及"突击队"等栏目。《红色中华》报和红色中华通讯社是一套班子两块牌子，实际形成了"一报一社"的媒介体系——红色中华通讯社采访新闻消息，《红色中华》报刊载红中社提供的新闻——报社互动，社报互补的红色媒介体系。"红色中华"媒介体系的创立在中国新闻史上具有极其重要的意义：首先标志着共产党人领导的农村革命根据地红色政权已发展到成立中央政府并创办政府机关报的历史新阶段；其次标志着红色新闻媒体在和国民党进行针锋相对新闻斗争的同时，已成为革命根据地建设的组织者和宣传者；再次标志着中国红色新闻业进入了在人民当家做主的革命根据地自由发展的新阶段；最后是表明共产党人高度重视利用无线电广播和现代通信等科学技术进行红色新闻媒介的建设，初步形成了包括报纸、通讯社以及无线电文字新闻广播在内的新闻媒介体系，为红色新闻事业的发展培养了人才、积累了经验。

---

① 赵玉明. 中国广播电视通史 [M]. 北京：北京广播学院出版社，2004：75.

(十一)《申报》老板史量才被害

1934年11月15日,《申报》总经理史量才"被国民党特务杀害"[1]震惊上海滩。国民党败退台湾后解密的档案史料表明,是蒋介石下令、戴笠执行了这次暗杀。史量才被蒋介石下令的枪杀原因有三:首先是收购上海《新闻报》股权建立报业托拉斯一事与国民党当局结下芥蒂。史量才以70万元购得福开森的《新闻报》股权并签订草约。因《新闻报》总管汪伯奇、汪仲伟反对,国民党也担心史量才"一人掌两大报"于当局不利,最后迫使史量才让出300股(持股50%)并承诺《新闻报》人事及馆员不变,史量才由此成为国民党的"需提防者"。其次是史量才及《申报》影响力使国民党有"功高震主"之虞。史量才全面改革《申报》,聘用新人,成立总管理处,改革《自由谈》、增办副刊附刊,增设《申报读者通讯》,强化言论现实针对性,创办月刊、年鉴、图书馆、补习学校、新闻函授学校等文化事业,社会影响力和舆论号召力达到空前,引起国民党警觉和恐惧。最后是史量才在"九一八"事变后积极参与抗日救亡和反对"剿匪"等政治活动。史量才一方面在《申报》大篇幅报道事变真相,营造抗日救亡社会舆论,同时积极参与抗日救亡活动,直接揭露国民党对日妥协、对民镇压、坚持"剿匪"的政策,呼吁"作自卫之背城战",刊登宋庆龄抗议蒋介石杀害邓演达声明;刊登"剿匪与造匪"时评,抨击国民党第四次"围剿",参与并支持"中国民权保障同盟"会,抗议顾祝同枪杀《江声日报》记者刘煜生,公开营救廖承志等。蒋介石在多次拉拢失败后下令杀害史量才。史量才的被害说明在阶级、民族和集团利益冲突的社会环境里,新闻报纸言论不可能完全中立无偏。他接手《申报》初期也曾以"重新闻轻言论""对政治问题少评论"策略求生存,但在发生"九一八"事变这种事关民族国家危亡的关键时刻,报人及报纸政治立场就无法模糊了;新闻媒体都不可能有无限"言论自由",触及政权合法性"底线"且不肯妥协,必定会遭到社会统治者的打击。史量才站在国家、民族和民众立场为国家、民族、民众利益发声受到执政当局的残酷对待甚至丧生,其历史正义性将永远被人们铭记。

(十二)国民党"中央"媒体企业化改革

孙中山诞辰66周年纪念日的1932年11月12日,"东亚第一、世界第三"的国民党"中央广播电台"新台开播,标志国民党"中央"级新闻媒体新一轮改革达到高潮。张学良宣布"东北易帜""服从中央","中原大战"以蒋介石胜利告终。鉴于国民党新闻宣传在"九一八"事变后的舆论浪潮中应对无力,

---

[1] 马光仁. 上海新闻史:1850—1949 [M]. 上海:复旦大学出版社,1996:1128.

1931年国民党三届中委执委会临时会议通过"改进宣传方略案",规定中央新闻事业从中央宣传部划出直属中常会。经叶楚伧推荐,蒋介石决定由中国国民党中央执行委员会宣传部秘书萧同兹出任中央社社长。萧同兹提出三点请求:一是使中央社成为一个社会事业,机构独立,对外不用中央宣传部的名义;二是中央社自设无线电台,建立大都市通讯网;三是在不违背国法和党纪原则下,有处理新闻的自由。这三点都获同意。① 国民党中常委于1932年4月底决定中央社改行社长制,独立经营。5月1日萧同兹到任后改组中央社机构。总社设编辑、采访、事务三组,建立新闻专业电台,办公地点从国民党中央党部迁到新街口洪武路寿康里。拟定《全国七大都市电讯网计划》和《十年扩展计划》,提出"工作专业化""业务社会化""经营企业化"方针。1932年5月,国民党的中央机关报《中央日报》也改行社长制,直接对国民党中央宣传部负责。由伦敦大学政治与历史专业毕业后任国民会议秘书的程沧波出任《中央日报》社长。程沧波把报社原来由总编辑和总经理分别负责、编辑部与经理部各不相谋的双轨管理体制改为社长负责制,下设编辑、经理等部门,推行企业化经营,以广告收入弥补亏损。改革后的国民党《中央日报》发行量超过3万份以上,奠定了当时国民党最高党报的地位。"中央通讯社"通过垄断新闻消息来源、收回中国新闻的对外发布权、在国内外增设分支机构等方面改革后成为全国性通讯社,因为"中央广播电台"新台开播,建立起了覆盖全国的播音(收音)网。国民政府行政院于1936年4月13日发布"饬令",要求全国各地所有公私营广播电台从4月20日起,每晚8:00至9:05必须一律转播中央广播台的新闻、时事述评、名人演讲等节目,② 建立起了庞大的国民党新闻宣传网,达到了民国时期官办新闻业的新高峰,推动了民国时期新闻业经营的现代化进程。

(十三)国共合作与新闻人共同抗日

"西安事变"和平解决后,共产党人为表达国共合作抗日诚意,1937年1月29日主动把红军长征到达陕北后复刊的中华苏维埃共和国中央政府机关报《红色中华》报改名为《新中华报》;又在两党达成合作协议但还没公布的1937年9月9日,主动把"中华苏维埃共和国中央政府机关报"《新中华报》改名为"陕甘宁边区政府机关报",以践行在和国民党谈判中的政治承诺。国民党的"中央通讯社"于9月22日发表《中共中央为公布国共合作宣言》和蒋介石于

---

① 翁翠萍.1924:"中央社",一部中华民国新闻传播史[M].台北:"中央通讯社",2011:16.

② 赵玉明.中国广播电视通史[M].1版.北京:中国广播影视出版社,2014:23.

9月23日发表实际承认共产党合法地位谈话后，共产党准备在南京创办公开发行的《新华日报》，因国民党拖延直到1938年1月11日才在武汉创刊。从1937年10月就开始筹办的《群众》杂志也直到同年12月11日才在汉口创刊。《新华日报》《群众》杂志创刊后，积极宣传抗日民族统一战线政策，动员国统区民众投入抗日救亡运动，为国统区和世界各国人士了解共产党的立场和态度开了一个窗口。全民抗战爆发后，国民党《中央日报》先后刊载《和战之最后关头》《鲜明的态度》等社论，鼓励人们下定将抗战进行到底的决心，不仅报道国民党军队抗击日寇的战况，而且也热情报道共产党领导的八路军消灭日寇的战绩。① 国民党军事委员会机关报《扫荡报》在全面抗战爆发后"也宣传抗战的意义，报道前方将士英勇杀敌的事迹，探讨有关抗战的问题。"② 国共两党联合创办的《救亡日报》从上海到广州，再到桂林。1939年5月16日开始由10家重庆报纸出版的《重庆各报联合版》中，既有《中央日报》《扫荡报》等国民党报纸，也有共产党的《新华日报》和民营的《大公报》等。10家报纸，党派不同，政见相异，经济势力不一，社会影响有别，但是在"抗日"的大旗下大家尚能相安共事，报纸能够正常出版。③ 中国新闻人在民族生死存亡的严峻威胁面前，共赴国难，以笔作枪，为民族和国家发声，书写了可歌可泣的篇章。

（十四）新华广播电台在延安开播

1940年12月30日，延安新华广播电台（英文名称为 New Chinese Radio，意为"新中国无线电广播电台"）正式播音，呼号 XNCR（X 为国际标准中的中国代号，NCR 系英文 New Chinese Radio 首字母）。1939年8月周恩来去苏联治疗。在莫斯科期间，经周恩来多方努力，共产国际领导人季米特洛夫同意以共产国际名义援助一台苏制广播发射机。1940年2月，周恩来离开莫斯科回国时，将发射机拆卸装箱空运到新疆，然后用汽车经兰州、西安等地运到延安。④ 1940年3月，中共中央成立由周恩来任主任的广播委员会，负责领导延安新华广播电台建设。周恩来赴重庆工作后改由朱德主持。中央军委三局九分队承担具体建台任务，队长傅英豪、政委周浣白，共计30余人，其中只有少数技术人员。技术人员对发射机进行了多次改装和调试，使其能适合语言广播。建台时正是抗战最艰苦的阶段。经过近一年努力，延安新华广播电台在1940年12月

---

① 吴廷俊. 中国新闻史新修 [M]. 上海：复旦大学出版社，2008：306.
② 丁淦林. 中国新闻事业史：修订版 [M]. 北京：高等教育出版社，2007：218.
③ 吴廷俊. 中国新闻史新修 [M]. 上海：复旦大学出版社，2008：320.
④ 师哲. 周恩来带回了第一台广播发射机 [M]// 赵玉明. 中国广播电视通史（新1版）. 北京：中国广播影视出版社，2014：73.

30日正式播音,"最初每天一次两小时,后来增至两次三小时和三次四小时",广播内容由新华社广播科负责提供,成为"各抗日根据地目前对外宣传的最有力的武器"。山东《大众日报》于1941年1月16日在报道延安新华广播电台播音的消息时明确要求:"山东各军政机关,民众团体,备有收音机者,可赶快按时收听,借以收罗一切正确真实之新闻材料,并可粉碎投降派所进行之欺瞒国人之一切虚妄宣传。"[1] 延安新华广播电台的正式开播,标志着共产党领导的人民广播事业正式诞生(1940年12月30日成为中国人民广播事业创建纪念日);标志着中国共产党人清楚认识并充分发挥无线电新闻广播在教育、组织和动员民众参加根据地建设和抗日战争的巨大作用;标志着中国共产党领导由报纸、刊物、壁报、传单、标语等组成的新闻媒介体系增加了无线电新闻广播,人民新闻媒介体系更为完善,更好地适应和服务于争取民族独立和解放的伟大抗日战争。

(十五)共产党"解放""新华"两报改版

1942年6月,中共中央宣传部发出《关于在全党进行整顿三风学习运动的指示》,"延安整风"全面展开。《解放日报》在创刊后一度仿照国内外大报做法:每天刊载一篇社论,一版是国际新闻,二版是远东新闻,三版是国内新闻(主要是国统区新闻),陕甘宁边区和各抗日根据地新闻集中放在第四版上半部分,下半部分是副刊。[2] 1942年3月16日,中共中央宣传部发出《为改造党报的通知》。31日毛泽东主持召开《解放日报》改版座谈会。4月1日《解放日报》发表社论《致读者》宣布"改版":加强党性,坚定地成为党中央的喉舌;密切联系群众,成为人民的喉舌;加强战斗性,与形形色色的错误倾向做斗争;加强组织性,密切注意根据地的实际工作;指导群众运动的发展,使《解放日报》成为"真正战斗的党的机关报"[3]。武汉《新华日报》创刊初在当时中共长江局书记兼《新华日报》董事长王明影响下曾宣传"一切经过统一战线,一切服从统一战线"等不正确的观点。即使迁重庆后,违反党的原则之事也仍时有发生,与中共中央对该报的政治定位不完全相符。1942年7月9日《新华日报》全文刊载中共中央宣传部《关于在全党进行整顿三风学习运动的指示》,9月18日发表社评《为本报革新敬告读者》并指出报纸存在的问题:片面反映党的政策,缺少具体的解释和发挥,没有适应当时当地的情况加以阐明党中央整顿三

---

[1] 陕甘宁边区每日广播[M]//赵玉明.中国广播电视通史(新1版).北京:中国广播影视出版社,2014:73.

[2] 吴廷俊.中国新闻史新修[M].上海:复旦大学出版社,2008:335.

[3] 致读者[N].解放日报,1942-04-01.

风的号召,报纸中存在主观主义、宗派主义和党八股的残余,对群众生活、情绪和意见反映太少,缺乏与群众的密切联系,还"没有使报纸充分具有中共党报的品质、人民大众的喉舌的作用。"改版目标是"从各个方面贯彻党的政策,从各方面反映人民的呼声和要求,使新华日报真正做到不仅是中共的机关报,同时要成为人民自己的报纸"。《解放日报》和《新华日报》改版目标完全一致,即成为"完全的党报"(《解放日报》是"党的喉舌"和"人民的喉舌",《新华日报》是"中共的机关报"和"人民的报纸"),不同之处是两报所处社会环境有本质差异,《解放日报》是在共产党领导的延安办报,《新华日报》是在国统区陪都重庆办报。前者可以公开宣传共产党政策和立场以动员和组织根据地军民参加抗日救亡斗争,后者只能在不被国民党当局封报捉人前提下宣传共产党政策和立场以争取党外朋友和民众对共产党的理解和支持。新中国成立后,党的机关报在人民当家做主的环境中运作,与重庆《新华日报》时期所处环境有质的区别,理应成为完全的党和人民的报纸(即延安《解放日报》模式),不再需要像重庆《新华日报》那样"曲言直理"。

(十六)《大公报》"四不"方针变为"二不"方针

1943年9月6日是新记《大公报》前总编辑兼副总经理张季鸾逝世二周年纪念日。前一天即9月5日,胡政之在重庆《大公报》的《大公园地》发表《回首一十七年》一文,宣布把和吴鼎昌、张季鸾共同创办新记《大公报》时商定并公布于世的"四不方针"(即"不党、不卖、不私、不盲")改为"二不方针"即("不私、不盲")。早在张季鸾去世后的"九日祭"即1941年9月15日,《大公报》全体同人公祭张季鸾先生。时为《大公报》总经理的胡政之在致悼词后宣布《本报董事会决议案》:(一)设立董监事联合办事处;(二)以胡政之、李子宽、王芸生三董事,曹谷冰、金诚夫二监事为委员,胡政之为主任委员;(三)由董监事联合办事处总览全社事务,同时成立以王芸生为主任委员由11人组成的社评委员会①。自吴鼎昌于1935年应召赴南京从政后《大公报》社就没有再设社长,胡政之、张季鸾分别以总经理和总编辑名义总管报馆业务,各分馆设经理和编辑主任主持分馆,经营方面大事由胡政之,编辑方面大事由张季鸾决定。张季鸾去世后,胡政之成立董监事联合办事处并自任主任委员,成为《大公报》唯一的最高决策者。胡政之领导下的《大公报》在重庆、桂林两馆分别加设总编辑并成立社评委员会,在总馆增设由胡政之亲任的

---

① 王芝琛.大公报史略[M]//王芝琛,刘自立.1949年以前的大公报.济南:山东画报出版社,2002:47.

总主笔,完成了《大公报》管理体制的转变。胡政之《回首一十七年》把"四不方针"改为"二不方针"标志着《大公报》决策层管理理念的转变,具有重要象征意义:首先是新记《大公报》由1926年在天津创刊时的"同人报纸"成为胡政之当家的"商业报纸";其次是《大公报》完成了由著名民营报纸《大公报》向明显偏向国民党当局的商业报纸转变;再次是表示《大公报》此后的新闻及言论将从商业利益出发,不一定"纯以公民的地位发表意见",新闻和言论也可能是"有成见"和"有背景"的了;最后是《大公报》管理体制和管理理念的转变表明在阶级、集团及报社利益博弈的情况下,《大公报》标榜的"四不方针"只是一些新闻人的"美好图景"(主观理想),在半殖民地半封建的中国社会中实际是行不通的。

(十七)民间"拒检运动"与官方撤销新闻检查

1945年8月7日,著名民主人士黄炎培《延安归来》一书没有送到官方的图书杂志审查委员会审查即交由重庆国讯书店直接出版发行。该书由"延安归来答客问""延安五日记"和"诗"三部分组成,记载了中国共产党各项政策的实施情况和解放区政治、军事、经济等各方面的成就,揭穿了国民党多年来对中国共产党及其领导下的解放区的种种造谣污蔑。[1] 张志让、杨卫玉、傅斌然等三人起草重庆杂志界"拒检"联合声明,在得到重庆《宪政》《展望》《国情》《中华论坛》《民主世界》等16家杂志签名响应后宣布"自9月1日起文稿不再送检"。"拒检"声浪很快扩散。成都17家媒体联合公告称"我们共同举起言论自由的大旗,宣告检查制度的死亡"。昆明《民主》《大路》等11家杂志宣布"拒检",上海、桂林、西安等地新闻出版界相继成立"拒检"联合会,复旦大学、西南联大及南京大学等校学生会宣布校报、校刊不再送学校训导处检查。重庆《新华日报》在"记者节"发表时评《为笔的解放而斗争》,主张"现时的一切束缚人民的言论出版结社集会自由的法令必须立即废除"[2]。9月15日,重庆《宪政》《国讯》《中华论坛》等10家杂志不"送检"出版《联合增刊》,"拒检"运动由出版界扩展到新闻界,成为争取言论、出版和新闻自由的群众运动。国民党中央第十次常委会议决"自民国三十四年(1945年)10月1日起,废止战时出版品审查办法及禁载标准、战时书刊审查规则及战时违检惩罚办法""新闻检查,除军事戒严区外,一律废止"。[3] 以黄炎培《延安归来》

---

[1] 方汉奇. 中国新闻事业通史:第2卷[M]. 北京:中国人民大学出版社,1996:1001.
[2] 社评. 走向和平的新中国[N]. 新华日报,1945-09-04.
[3] 方汉奇. 中国新闻事业通史:第2卷[M]. 北京:中国人民大学出版社,1996:1004.

为开端的"拒检运动"取得了胜利。这一事件表明：特殊环境（如外敌入侵并威胁民族存亡）中的国民（包括新闻人）可让渡部分权力如新闻自由、言论自由、出版自由等以体现服从整体和爱国的精神；所让渡的权力在战争结束后如仍延续战时体制是与民主进步潮流背道而驰的行为；独裁专制社会环境下，公民的"新闻自由""言论自由"等权利必须通过团结斗争才能获得。

（十八）《申报》《新闻报》由"民"变"官"

1945年11月22日《申报》和《新闻报》两报同时复刊。由于申、新两报的影响及在上海沦陷后曾继续出版，国民政府遂以"附逆"为由对《申报》《新闻报》接收改组：成立以CC系要员潘公展为主任委员会的"申报报务管理委员会"对报馆进行"接管"，封存设备和资产；复刊时指派潘公展为指导员，国民党的"立法委员"陈训悆为总经理兼总编辑。原本民营的《申报》由此成为国民党CC系的宣传舆论工具。《申报》复刊社评《重与读者见面》称"在新闻自由的号召下，尽其鉴别取舍之能事，不使新闻的散布，发生颠倒是非作用"，昭示了《申报》被改组后的政治立场。1946年5月，国民党当局又强迫史量才之子史泳赓出让51%的股份实行官商合办，派杜月笙任董事长，潘公展任社长兼总主笔，陈冷为发行人，陈布雷之弟、"立法委员"陈训悆任总经理兼总编辑，原董事长史泳赓仅任副董事长[①]，《申报》77年的民营之路由此终结。《新闻报》也被国民党当局先以"附逆"为名"接收"，在同意接受政治指导员、总经理和总编辑后复刊。1946年5月，国民党当局收购《新闻报》51%以上的股份，增添陈布雷、赵棣华、程沧波、潘公展、詹文浒、张翼枢等新董事，改组董事会。任命钱新之为董事长，程沧波为社长，詹文浒任总经理，赵敏恒任总编辑。史量才自1929年购得50%的股份后产权为国人所有的民营《新闻报》至此成为历史。这一事件表明：新闻报纸的社会影响力是长期积累产生的稀有资产，所以日本军方或国民党当局都是千方百计地用《申报》《新闻报》原名继续出版；复刊的《申报》和《新闻报》名称不变，但因"报人"（报社社长、总编辑、总经理等）变成了国民党当局委派者，报纸性质就悄然无声地发生根本变化；同一字面语言因出自不同政治立场"报人"之口所蕴含意义完全相反，《申报》复刊社评《重与读者见面》所称"在新闻自由的号召下尽其鉴别取舍之能事，不使新闻的散布发生颠倒是非作用"是也。

（十九）"中外记者西北参观团"访问延安

1944年2月重庆国民政府新闻发言人在记者招待会上公然否认对共产党边

---

① 方汉奇. 中国新闻事业编年史：中［M］. 福州：福建人民出版社，2000：1523.

区进行封锁。外国驻重庆记者因之联名写信给蒋介石要求前往延安参观访问。国民党当局于5月10日同意组织中外记者参观团访问陕甘宁边区。由21人组成的"中外记者西北参观团"于5月17日出发,6月9日抵达延安。其中有冈瑟·斯坦因（Gunther Stein,美联社、《曼彻斯特卫报》、美国《基督教科学箴言报》）、伊斯雷尔·爱泼斯坦（Israel Epstein,美国《时代》杂志、《纽约时报》、联合劳动新闻社）、哈里森·福尔曼（Harrison Forman,合众社、伦敦《泰晤士报》）、英里斯·武道（Naurice E. Votaw,路透社、多兰多《明星》周刊、《巴尔的摩太阳报》）、普罗茨科（塔斯社）、科马克·夏南汉神父（美国天主教《信号》杂志、《中国通讯》）等外国记者6人。① 他们在陕甘宁边区访问考察43天,采访了周恩来、朱德等中共负责人及建议"精兵简政"的边区政府副主席李鼎铭、秘书长李维汉、参议会副议长谢觉哉等,还参观了机关、学校和生产部门,参加集会,访问英雄模范、作家、艺术家及知名人士。6月12日毛泽东会见了参观团,介绍敌后抗日根据地的真实情况并坦诚回答提出的问题。中外记者们回到重庆后,纷纷把采访所得撰成文发表或写成专著出版。中外记者西北访问团对延安的参观访问是抗日战争时期中外国记者对共产党根据地进行的唯一一次有组织、大规模并在国际舆论界产生重要社会影响的新闻采访活动。中外记者对延安客观、真实、生动的报道打破了国民党的新闻封锁。自7月底起,重庆各报开始陆续发表有关访问延安的见闻,大多数报道都比较客观。在毛泽东接见中外记者参观团后不到20天,伦敦《泰晤士报》于7月1日就刊载毛泽东对记者的谈话内容;"美国之声"电台于8月3日广播了纽约时报记者从延安发出称赞陕甘宁边区的军民自力更生、广泛实行民主的通讯。美国记者哈里森·福尔曼的《中国边区的报告》（亦译为《红色中国的报道》）、英里斯·武道的《我从陕北归来》、斯坦因的《红色中国的挑战》和爱泼斯坦的《中国·完成的革命》等公开出版,斯坦因还在英国《时事新闻报》上发表《毛泽东朱德会见记》,爱泼斯坦则在印度《政治家日报》和美国《纽约时报》等报刊上发表《我所看到的陕甘宁边区》等20多篇通讯。福尔曼把采访拍摄的新闻照片汇集成为画册《西行漫影》单独出版,被史沫特莱誉为斯诺《西行漫记》"续篇"。②

（二十）《大公报》和《新华日报》笔战

重庆《大公报》于1945年11月20日发表公开指责共产党的社评《质中

---

① 张功臣. 外国记者与近代中国：1840—1949［M］. 北京：新华出版社,1999：302.
② 张功臣. 外国记者与近代中国：1840—1949［M］. 北京：新华出版社,1999：303.

共》，拉开了和共产党《新华日报》笔战的大幕。次日共产党重庆《新华日报》发表社评《与大公报论国是》，认为《大公报》"借大公之名掩大私之实，借人民之名掩权贵之实""在若干次要的问题上批评当局，因而建筑了自己地位的大公报，在一切首要的问题上却不能不拥护当局。这正是大公报的基本立场。"①早在"皖南事变"后的1941年5月20日，重庆《大公报》刊载社评称："十八集团军集中西北，迄今尚未与友军协同作战""在国家民族的大名分下，十八集团军应该立即参加荇南战役；在其向所服膺的团结抗战精神之下，十八集团军更应该立即赴援中条山。"② 周恩来当晚致信张季鸾、王芸生指出："贵报社论发表一周以前，晋南白抒公路一段即为十八集团军所袭占，停止通车"。最后语重心长地说，"敌所欲者我不为，敌所不欲者我为之，四五年来常以此语鼓励人"，提醒不要做"敌所欲者"之事，③ 要求《大公报》刊载该信。《大公报》于23日全文刊载周恩来的《致大公报张季鸾、王芸生两先生书》，同时刊载张季鸾的《读周恩来先生的信》社评，以"国家中心论"来抗拒周恩来的批评。④ 1946年4月15日，上海《大公报》刊载"长春苏军昨已撤去，共军进攻接踵而来"（主题）和"国土已归来，还流同胞血"（副题）的新闻报道。次日刊载王芸生撰写的社评《可耻的长春之战》说："苏军刚刚迈步走去，国军接防立脚未稳，中共的部队四面八方打来了，且已攻入市区。多难的长春，军民又在喋血……中国人想想吧，这可耻不可耻？"并称："所谓军事冲突，实已到了伤天害理的程度，进攻的战术，常是用徒手老百姓打先锋，以机枪迫击炮在后面督战。徒手的先锋队成群成群的倒了，消耗了对方的火力以后，才正式作战。请问这是什么战术？残忍到极点，也可耻到极点。"⑤ 重庆《新华日报》于4月18日发表社评《可耻的大公报社论》予以反击，在历数国民党破坏停战协议攻取东北多地后指出，"对于大公报社论的作者，凡是国民党法西斯反动派打击人民、撕毁诺言、发动内战等事情，哪怕天大的事，都是不'可耻'，只要人民对于这种反动派还一还手，那就不得了了，那就是'可耻'的了。大公报社论作者如此反对人民，应该是够'可耻'的了吧"，社评指出《大公报》中"用徒手的老百姓打先锋"的战术，"除了从国民党的'素有经验的特工同志'办的报上抄来以外，世界上找不出这样的战术"，谴责《大公报》社评作者"你在

---

① 社评. 与大公报论国是［N］. 新华日报，1945-11-21.
② 社评. 为晋南战事作一种呼吁［N］. 大公报，1941-05-21.
③ 周恩来. 致大公报张季鸾、王芸生两先生书［N］. 大公报，1941-05-23.
④ 方汉奇. 中国新闻事业编年史：中［M］. 福州：福建人民出版社，2000：1453.
⑤ 王芸生. 可耻的长春之战［N］. 大公报，1946-04-16.

反人民这一点上，真正做到家了，真正是'残忍到极点，可耻到极点'！"①《新华日报》社评发表后，《大公报》再也没有撰写社评反驳。《大公报》和共产党《新华日报》的笔战说明：胡政之"当家"的《大公报》已明显地偏向甚至听命于国民党当局"拉偏架"；《大公报》在完成民营报纸向商业报纸转变后已失去了张季鸾时期至少表面的"客观公正"民营报纸品质；在阶级、政党利益激烈斗争环境下，民营报纸必然要倒向某一政治力量才得以生存。

（二十一）华北《人民日报》转为中共中央机关报

1949年8月1日，中共中央决定把中共中央华北局机关报《人民日报》（俗称华北《人民日报》）转为中共中央机关报。其实这已筹划了好几年。1946年，中共晋冀鲁豫边区中央局准备在邯郸创办一份机关报，开始想叫《晋冀鲁豫日报》或《太行日报》，毛泽东听了汇报后建议用《人民日报》②。于是首家也是唯一一家以"人民日报"为报名并获准集毛泽东手书为报头的"中共（地方）中央局"机关报《人民日报》（俗称邯郸《人民日报》），1946年5月15日在河北邯郸创刊。《发刊词》开宗明义："我们的口号就是毛主席昭示我们的：全心全意为人民服务，这也是本报的方针与宗旨。"③ 1946年7月1日是中国共产党成立25周年纪念日，在中共"七大"当选中共中央主席的毛泽东亲自为晋冀鲁豫《人民日报》题写报头，这在所有"中共中央（地区）局"机关报中又是独此一家。晋冀鲁豫和晋察冀解放区于1948年6月合并成立华北解放区，晋冀鲁豫中央局和晋察冀中央分局合并成立中共中央华北局。6月15日由晋冀鲁豫中央局机关报《人民日报》和晋察冀分局机关报《晋察冀日报》合并创办的中共中央华北局机关报《人民日报》创刊，中共中央主席毛泽东第二次为《人民日报》题写报头。1949年3月15日，华北《人民日报》迁北京出版。8月1日，中共中央决定将华北《人民日报》"转为"中共中央机关报，毛泽东第三次为《人民日报》题写报头。胡乔木、范长江先后任社长，邓拓任副社长和总编辑。④ 中共中央把华北《人民日报》转为"中共中央机关报"，结束了自延安《解放日报》停刊后中共中央两年多没有机关报的历史；标志着中国共产党新闻报刊体系已初步构建起从中央机关报到省级机关报，再到省级以下组织机关报的完整体系，为新中国党报体系的完善奠定了坚实基础。

---

① 社评.可耻的《大公报》社论［N］.新华日报，1946-04-18.
② 李彬.中国新闻社会史［M］.插图本.北京：清华大学出版社，2008：164.
③ 发刊词［M］//李彬.中国新闻社会史（插图本）.北京：清华大学出版社，2008：164.
④ 方汉奇.中国新闻事业编年史：中［M］.福州：福建人民出版社，2000：1593.

第四节　中国当代重要新闻史事件

1949年10月1日，在中国人民政治协商会议第一次全体会议上当选为中华人民共和国主席的毛泽东在天安门城楼上庄严宣布"中华人民共和国中央人民政府今天成立了"！中国历史和中国新闻史随之进入中华人民共和国时期即"中国当代"。这一阶段发生的新闻史事件也就应该称之为"中国当代新闻史事件"了。

一、中国当代新闻史事件发生的社会环境及其演变

中华人民共和国的成立，彻底结束了旧中国半殖民地半封建社会的历史，彻底结束了旧中国一盘散沙的局面，彻底废除了列强强加给中国的不平等条约和帝国主义在中国的一切特权，实现了中国从几千年封建专制政治向人民民主政治的伟大飞跃，实现了中国高度统一和各民族空前团结。中国人民从此把命运牢牢地掌握在自己手中，成为国家、社会和自己命运的主人。中华民族发展进步从此开启了历史新纪元。

新中国成立后，共产党领导人民迅速转入经济建设和社会建设。但此时人民解放战争还没有完全结束，中国大陆上广阔的西南、华南和沿海岛屿还被国民党军队盘踞，新解放的城乡还有国民党遗留或有意安排潜伏破坏的大批特务、恶霸及惯匪，严重危及社会秩序的稳定和人民政权的巩固。1950年6月爆发的朝鲜内战成为美国干预朝鲜内政的借口，并把战火烧到中国家门口。渴望和平建设的中国人民被迫以举国之力进行抗美援朝战争，最终把美国为首的"联合国军"打回了三八线，迫使美国签订了朝鲜停战协定，由此获得了东北边境数十年的和平环境。抗美援朝战争胜利大大提高了中国人民的民族自信心，提高了中国共产党执政的合法性，同时促进了国内经济建设的发展，加快了农村土地改革和农业合作化运动、城市生产资料所有制和手工业社会主义改造。以召开第一届全国人民代表大会并通过《中华人民共和国宪法》和生产资料所有制的社会主义改造基本完成为标志，中国的社会主义制度建立起来了。

从新中国成立到"文化大革命"结束，是我们党领导人民艰辛探索社会主义革命和建设道路的历史时期。[①] 20世纪50年代中期至60年代中期，世界局

---

① 《中国共产党简史》编写组. 中国共产党简史 [M]. 北京：人民出版社，2021：215.

势动荡，美苏两个超级大国争霸，美国在介入朝鲜战争的同时把第七舰队开进了台湾海峡以阻止解放军解放台湾，蒋介石集团在美国支持下叫嚣反攻大陆"一年准备，三年实施，五年成功"，国内残存的反动地主资本家也伺机破坏，极少数右派分子鼓吹"三权分立""轮流坐庄"，加上政治投机分子推波助澜，对共产党判断国内政治形势、确定党和国家的中心任务和方针政策产生极大影响。为此先后出现了批判胡风反革命集团、批判电影《武训传》乃至后来的反"右"斗争严重扩大化等政治运动，直到60年代中期发生"文化大革命"。"文化大革命"持续十年，以未曾相见的形式，暴露出当时党和国家在体制、政策、工作等方面存在的严重缺陷。邓小平后来总结说："二十年的经验尤其是'文化大革命'的教训告诉我们，不改革不行，不制定新的政治的、经济的、社会的政策不行。"①

粉碎"四人帮"后，全国开展清理"四人帮"帮派体系、纠正冤假错案和恢复社会秩序等工作。1977年7月中共十届三中全会恢复了邓小平被撤销的所有职务。中共"十一大"正式宣告"文化大革命"结束，并重申在20世纪内把我国建成社会主义现代化强国的奋斗目标。以中共十一届三中全会决定停止使用"阶级斗争为纲"，自1979年1月起把全党的工作重点和全国人民的注意力转移到社会主义现代化建设上来，明确提出"改革开放"。改革开放打开了中国的"窗子"，西方"苍蝇蚊子"趁机进入，邓小平不失时机地提出改革开放必须坚持"四项基本原则"，发表持续推进改革开放的"南方讲话"，明确"建设社会主义市场经济体系"的目标，并顺利对香港和澳门地区恢复行使主权，和我国台湾地区实现了"三通"。中国共产党人遵循马克思列宁主义、毛泽东思想、邓小平理论、"三个代表"重要思想、科学发展观和习近平新时代中国特色社会主义思想，带领全国各族人民在实现中华民族伟大复兴的康庄大道上奋勇向前，不断取得新的胜利。

二、中国当代重要的新闻史事件（1949年10月1日至2019年10月1日）

纵观新中国成立后的70年间，无论是国内的社会、政治、经济、文化、科学和技术环境，还是国际的政治、经济、外交环境都发生了巨大的变化。中国新闻事业自身发展、对社会生活的影响力度及广泛性都是前所未有。在这一过程中出现了一些在中国新闻事业发展历程中具有较大社会影响的新闻史事件。

---

① 《中国共产党简史》编写组．中国共产党简史［M］．北京：人民出版社，2021：215.

(一) 中央人民政府政务院成立新闻总署

1949年11月1日，依据中国人民政治协商会议第一届全体会议通过的《中华人民共和国中央人民政府组织法》第十条"政务院设政治法律委员会、财政经济委员会、文化教育委员会、人民监察委员会和下列各部、会、院、署、行，主持各该部门的国家行政事务"的规定，在同年2月成立的中共中央宣传委员会基础上组建了中央人民政府主管新闻工作的职能部门新闻总署，受政务院文化教育委员会领导。任务是领导全国新闻事业，管理国家的新闻机构。下属一厅（办公厅）、一社（新华通讯社）、三局（广播事业局、国际新闻局、新闻摄影局）、一校（北京新闻学校），① 署长胡乔木，副署长范长江、萨空了。省（自治区、直辖市）级政府设新闻厅（处）、县级政府设新闻组，用较短时间建构起覆盖全国绝大部分地区人民新闻事业的管理体系和工作网络。新闻总署成立后进行了一系列工作：召开全国报纸经理会议和全国新闻工作会议；单独公布（下发）或和有关部门联合公布（下发）一系列重要制度性文件，在新中国成立初期人民新闻事业发展建设中发挥了重要作用。国家新闻总署的成立标志着共产党领导的工人阶级领导、以工农联盟为基础的人民民主专政的中华人民共和国第一次有了专司全国新闻事业（新闻媒体、新闻教育、新闻报道、新闻交流以及新闻摄影等方面专业或职业事务）管理的中央政府职能部门，标志着共产党领导的人民新闻事业管理体制和机制构建完成，同样标志着人民新闻事业的建设和发展工作达到了新的水平。

(二) "北京新华广播电台"定名"中央人民广播电台"

1949年12月5日，北京新华广播电台正式定名中央人民广播电台（简称"中央电台"）。② 该台可追溯到1940年12月30日在延安播音的"延安新华广播电台"。在国民党军队"重点进攻"延安时期，随中共中央机关撤出延安并改用"陕北新华广播电台"呼号坚持播音。中共中央事先对战争环境的严峻程度有充分的估计，提前部署太行山解放区筹备建立广播电台以保证"陕北新华广播电台"播音不中断。1946年9月1日，设在涉县沙河村的邯郸新华广播电台建成并正式播音。"邯郸新华广播电台"在收不到"陕北新华广播电台"声音的紧急情况下于1947年3月29日晚果断以"陕北延安新华广播电台"波长播送《兄妹开荒》唱片，第二天按照中央通知正式以"陕北新华广播电台"的呼号连续播发新闻和评论。经常是在初稿写出后先用密电发往陕北，经毛泽东、

---

① 方汉奇. 中国新闻事业编年史：中［M］. 福州：福建人民出版社，2000：1599.
② 北京新华广播电台第一台将改名中央人民广播电台［N］. 人民日报，1949-12-02.

周恩来等领导审定后再发回太行广播。随着解放战争的进展，邯郸新华广播电台先后在石家庄平山、井陉矿区天户村等地播音，1949年3月25日迁入北平，并于同一天改称"北平新华广播电台"①。中国人民政治协商会议第一届全体会议决定"中华人民共和国国都定于北平，自即日起北平改名为北京"后②，"北平新华广播电台"于1949年9月27日改名"北京新华广播电台"，③同年12月5日定名"中央人民广播电台"。由"邯郸新华广播电台"改名为"北京新华广播电台"再到定名"中央人民广播电台"，标志着共产党领导建立的中华人民共和国中央人民政府拥有播音范围可以覆盖全国的"中央"级新闻广播电台；标志着以"中央人民广播电台"为最高层级的人民广播网初步构建完成；标志着"国家级"新闻媒介体系中正式增加了新闻广播这一重要媒介，人民新闻媒介体系向更加完善跨出了重要的一步。

（三）新闻总署发布《关于建立广播收音网的决定》

鉴于"许多地方机关和部队设立专门收音员负责收听和传播人民广播电台的广播内容，获得了良好的效果"。中央人民政府新闻总署于1950年4月22日发布④《中央人民政府新闻总署关于建立广播收音网的决定》，要求全国各县市人民政府及人民解放军部队中尚未设置收音员者，除所在地为中心城市出有大型日报者外，应一律指定政府内适当人员兼任收音员，其任务为收听或纪录中央和地方人民广播电台广播的新闻政令和其他重要内容，向群众介绍和预告广播节目，组织听众收听重要节目（如政府首长讲演、社会科学讲座等）。收音员所记录的新闻政令全文和其他重要节目要点，应由县市人民政府和县市民众教育馆（部队为政治工作人员）负责编写小报和墙报，在政府机关内和人民（部队和居民）中发行和张贴。全国机关、团体、工厂、学校亦应酌量设置收音员。各地方和中央广播电台应负责指导及帮助收音员的工作，按照听众需要和意见改进广播内容。⑤ 4月26日，中央广播事业局为实施新闻总署关于建立广播收音网决定发出给各人民广播电台的通知。1951年4月6日，人民革命军事委员会总政治部发布《关于建立广播及广播收音网的指示》。新闻总署和中华全国总

---

① 赵玉明. 中国广播电视通史［M］. 新1版. 北京：中国广播影视出版社，2014：153.
② 韩信夫，姜克夫. 中华民国大事记：第5册［M］. 北京：中国文史出版社，1997：971.
③ 赵玉明. 中国广播电视通史［M］. 新1版. 北京：中国广播影视出版社，2014：498.
④ 赵玉明. 中国广播电视通史［M］. 新1版. 北京：中国广播影视出版社，2014：178.
⑤ 中央人民政府新闻总署关于建立广播收音网的决定［M］//中国共产党新工作文件汇编：中卷. 北京：新华出版社，1980：64-65.

工会于 9 月 12 日联合发布《关于在全国工厂、矿山、企业中建立广播收音网的决定》。到 1953 年，全国已有 575 个县城和区镇设置了有线广播站。① 新闻总署"关于建立广播收音网的决定"公布并实施，标志着共产党和人民政府对广大农村地区、从事农业生产且人数众多的农民受众高度重视，标志着建设全国性广播收音网的工作正式起步，将在社会主义革命和建设中发挥难以替代的作用；全国广播收音网的建立和发展对于及时传播党和政府的方针政策和国内外大事，广泛普及科学技术知识，活跃广大民众的文化精神生活，组织动员全国民众投入社会主义建设，具有特殊的现实价值，在中国当代新闻事业建设发展史上具有重要意义。

（四）新闻总署发布"统一新华通讯社组织和工作的决定"

鉴于"过去新华社总社以下各级地方组织，工作上均以服务地方为主，组织上则受各地领导机关领导，带有浓厚的地方性和分散性""现在中国大陆解放战争已基本上结束，统一全国的中央人民政府业已成立，我国已与许多国家建立了外交关系，加之邮电交通在全国范围内已恢复正常""新华通讯社现已有条件成为统一的集中的国家通讯社。"② 中央人民政府新闻总署署务会议于 1950 年 4 月 25 日通过并下发《关于统一新华通讯社组织和工作的决定》，明确"各地新华社总分社、分社在工作上、组织上与财务上均统一受新华社总社指挥与管理""现有新华社总分社、分社及支社的全部人员完全受总社的任免或调动，各地不得抽调或派遣""各野战军及各军区新华社各级分社组织及其全部人员由新华社总社统一管理和作必要的调动""各地新华总分社、分社在统一后只向新华总社发稿，不再向当地发表消息或评论。"规定"新华社的组织和工作统一后各地新华社组织形式、具体任务和工作方法"及"新华社地方组织与各地领导机关"的相互关系。国家新闻总署关于"统一新闻通讯社组织和工作"决定的发布，标志着共产党领导的人民新闻通讯事业正式进入"统一的集中的"国家新闻通讯社建设的新阶段，也标志着共产党领导的中华人民共和国自此开始建设自己的国家通讯社。1955 年 10 月毛泽东提出"新华社应该大发展，尽快做到在世界各地都能派有自己的记者，发出自己的消息。把地球管起来，让全世界都能听到我们的声音"，标志着新华通讯社开始进入从国家通讯社向世界通讯社发展的新时代，更标志着在党和人民政府的领导下，人民新闻通讯事业将得到更

---

① 艾红红."下场""离场"与"返乡"：新中国农村有线广播发展"三部曲"[J]. 福建师范大学学报（哲学社会科学版），2020（4）.
② 中央人民政府新闻总署关于统一新华通讯社组织和工作的决定[G]//中国社会科学院新闻研究所. 中国共产党新闻工作文件汇编：中卷. 北京：新华出版社，1980：66-69.

快更好的发展。从这一决定起步，新华通讯社一步一步发展成为"世界上最强大的、中国特色社会主义的、现代化的世界性通讯社"。

（五）上海英文《密勒氏评论报》停刊

上海《密勒氏评论报》（周刊）以托马斯·密勒姓氏命名，1917年6月在上海创刊。1941年12月被日军查封。1945年10月复刊。主要刊载有关中国和远东地区的政治时事新闻和评论。1949年5月上海解放后继续出版。1950年改月刊。由于国民党当局破坏及西方资本主义国家的经济封锁，上海商业环境恶化，《密勒氏评论报》（周报）决定并宣布将于8月5日停刊。朝鲜内战爆发后，美国操纵联合国安理会通过决议组建"联合国军"介入朝鲜内战。1950年8月5日，《密勒氏评论报》一是因"我们的读者大规模地表达出遗憾并一致地请求我们找些办法来战胜困难"。二是"和平的力量和战争的力量之间的斗争加剧""人们非常需要来自这个国家的客观报道"，宣布继续出版并改为月刊。继续出版的《密勒氏评论报》客观报道新中国取得的成就并表示钦佩和赞赏，开辟"答国外读者"专栏以帮助他们了解新中国。密切关注朝鲜战争并强烈批评美国对华政策。尤其从1952年4月起先后发表10篇文章及多组照片报道美军在朝鲜和中国东北地区使用细菌武器并严厉谴责这一野蛮行为；经常登载美军战俘名单和战俘的家信，使一些美国家庭获知他们亲属的真实消息。1952年下半年起，寄往美国的《密勒氏评论报》经常被邮政当局无理没收，海关没收刊物情况也剧增，美国财界不再在该刊刊登广告，进而美、英、日等国公开禁止进口。《密勒氏评论报》被迫于1953年6月停刊①。《密勒氏评论报》继续出版表明：对客观报道新中国新闻和与中国人民友好的外国新闻人和新闻媒体，中国人民欢迎、支持其在新中国继续发展；它的停刊清楚表明美国等西方资本主义国家标榜"新闻自由"的虚伪。《密勒氏评论报》的停刊不仅意味着清末开始到民国的美国在华新闻业的终结，也标志着从郭实腊在广州创办《东西洋考每月统记传》开始长达130多年的外国在华新闻业完全退出了新中国新闻领域。

（六）《人民日报》改版

中共中央机关报《人民日报》于1956年7月1日刊载社论《致读者》宣告改版。开宗明义"《人民日报》是党的报纸，也是人民的报纸""从它创刊到现在，一直是在为党和人民的利益服务的。"改版是为了：第一，扩大读者范围，多发新闻，发多方向的新闻；第二开展自由讨论，在讨论中把社会的见解引向正确的道路；第三改进文风，力求言之有物、言之成理，并且提倡写短文、写

---

① 马光仁．上海当代新闻史 1850—1949 [M]．上海：复旦大学出版社，2001：803．

出生动活泼的文风。改版后的《人民日报》为对开 8 版（两大张），增加报道数量、题材更加广泛，增加经济报道，压缩会议新闻，增加批评和自我批评方面的报道，开展关于"双百方针"的讨论，同时进行"反冒进"的宣传报道，提高了言论质量，加强了与读者的联系，取得了预期效果。1956 年 8 月 1 日，中共中央向各省（自治区、直辖市）党委批转了《人民日报》编辑委员会《关于〈人民日报〉改版的报告》，推广《人民日报》改版的经验。《人民日报》"改版"是夺取政权年代的无产阶级政党中央机关报向夺取国家政权后尤其是全国人民代表大会胜利召开、《中华人民共和国宪法》正式颁布、社会主义政治经济制度基本建立后，对无产阶级政党中央机关报的报纸性质、办报方针、编辑原则、报道重点等方面进行的重要探索。由于后来社会环境的急剧变化，"改版"似乎是"无疾而终"。但中共中央从来没有否定"改版"确定的报纸定位、办报方针、编辑原则、报道重点等基本内容；"改版"社论明确的"《人民日报》既是党的报纸，也是人民的报纸"性质定位，确定"扩大读者范围，多发新闻，发多方向的新闻"；"开展自由讨论，在讨论中把社会的见解引向于正确的道路"和"改进文风，力求言之有物、言之成理，并且提倡写短文、造成生动活泼的文风"改革目标，除"文革"时期以外是一以贯之的。

（七）《人民日报》发表《文汇报的资产阶级方向应该批判》社论

《人民日报》于 1957 年 7 月 1 日发表毛泽东执笔的社论《文汇报的资产阶级方向应当批判》，点名批判上海《文汇报》的"资产阶级方向"。同年 5 月 1 日，《人民日报》发表中共中央《关于整风运动的指示》，决定在党内开展以反对官僚主义、宗派主义和主观主义为内容的整风运动。号召党外人士"鸣放"，鼓励群众提出自己的想法、意见，给共产党和政府提意见，帮助共产党整风。6 月 8 日中共中央机关报《人民日报》发表社论《这是为什么?》说：中国国民党革命委员会中央委员、国务院秘书长助理卢郁文同年 5 月 25 日在参加民革中央小组扩大会议讨论怎样帮助共产党整风时认为：（1）不要混淆资产阶级民主和社会主义民主，不要削弱和取消共产党的领导；（2）国务院开会时应该有事先准备好的文件以便讨论，不能说既然已经准备了文件就是不让大家讨论，或者说准备了文件再让大家讨论是形式主义，如会前没有准备必要的文件就可能向资产阶级国家的议会一样每天争吵，议而不决；（3）认为自己和共产党员的关系相处得很融洽，中间没有墙和沟。如果有些人觉得和党员中间有了墙或沟，应该从"两面拆、填"，双方都要主动；（4）共产党人对某些批评可以辩驳，这种辩驳不能认为是报复打击；（5）对党外人士如何实现有职有权的问题提供了一些具体意见。会后有人给卢郁文写恐吓匿名信说："在报上看到你在民革中央扩大会议上的发言,我们非常气愤。我们反对你的意见,我们完全同意谭惕吾先生的意见,我们觉得你就是谭先生所指的那些无耻之徒的'典型'。你现在已经爬到国务院秘书长助理的宝座了。你过去在制造共产党与党外人士的墙和沟上是出了不少力量的,现在还敢为虎作伥,真是无耻之尤。我们警告你,及早回头吧!不然人民不会饶恕你的!"社论认为"在共产党的整风运动中,竟发生这样的事件,它的意义十分严重。每个人都应该想一想:这究竟是为什么?"认为"这封信告诉我们:国内大规模的阶级斗争虽然已经过去了,但是阶级斗争并没有熄灭,在思想战线上尤其如此"。"少数的右派分子正在向共产党和工人阶级的领导权挑战,甚至公然叫嚣要共产党'下台'";质问"这一切岂不是做得太过分了吗?物极必反,他们难道不懂这个道理吗?"同时明确表示:"共产党仍然要整风,仍然要倾听党外人士的一切善意批评,而人民群众也仍然要在共产党的领导下坚持社会主义道路。"① 1957年6月14日,毛泽东撰写的《文汇报在一个时间内的资产阶级方向》一文以"编辑部文章"形式在《人民日报》发表,随后又以"社论"形式发表了《文汇报的资产阶级方向应该批判》,在社会上产生了重要影响。由于多种原因,反"右"斗争后来被严重地扩大化了。被划为"右派分子"的人中,只有极少数是反党、反社会主义的。许多人只是向党的工作和党的干部提出批评意见,批评或者是正确的,或者有片面性,但并不是反党、反社会主义;还有一些人对社会主义的现实和理论提出一些问题和想法,即使方向有偏差,也不应该当作反社会主义加以打击。② 反右斗争的主要教训在于把大量人民内部矛盾当作了敌我矛盾,以致造成扩大化的错误。③ 1978年9月17日,中共中央批准下发《关于全部摘掉右派分子帽子决定的实施方案》,对错划右派的改正工作到1980年底基本结束。④

(八) 北京实验电视台成功试播

1958年5月1日19时,北京电视试验台第一次播出"实验性电视节目"⑤。内容包括新闻纪录片和科技片及座谈会、诗歌朗诵和小型舞蹈等。1936年11月,英国广播公司用贝尔德电子电视播出具有较高清晰度并可实用的电视图像,

---

① 社论.这是为什么? [N].人民日报,1957-06-08.
② 中共中央党史研究室.中国共产党的七十年[M].北京:中共党史出版社,1991:310.
③ 中共中央党史研究室.中华人民共和国大事记:1949—2009[M].北京:人民出版社,2009:308.
④ 中共中央党史研究室.中华人民共和国大事记:1949—2009[M].北京:人民出版社,2009:277.
⑤ 我国第一座电视台开始实验性广播[N].人民日报,1958-05-05.

标志着电子电视的诞生。中朝两国人民在抗美援朝战争中打败了侵略者，于1953年7月迫使美国签订了"停战协定"。同年底国家广播事业局即派员赴捷克斯洛伐克留学研修电视技术。国家广播事业局于1955年2月5日向国务院提出在北京建立中等规模电视台的计划，周恩来总理批示"列入文教五年计划讨论"。1957年8月17日，中央广播局决定成立北京电视台实验台筹备机构。① 1958年初，国家广播事业局、清华大学、北京广播器材厂联合试制成功14瓦图像发射机和500瓦伴音发射机。5月1日北京实验电视台完成首次实验性开播。6月15日直播我国第一部电视剧《一口菜饼子》，6月19日转播八一男女篮球队和北京男女篮球队的友谊比赛实况。9月2日正式以"北京电视台"名义播放电视节目。北京实验电视台成功试播具有多重意义：首先是在抗美援朝战争结束当年就把电视台建设列入议事日程，表明共产党人对于现代科学技术的向往和学习人类一切先进知识"为我所用"的实干精神。其次是显示了社会主义制度优越性。美国支持的台湾国民党当局在1947年就提议创办电视，1957年5月进行台湾地区最早电视试验。但到1960年5月20日台湾"中国广播公司"才利用20瓦电视发射机装成转播车完成蒋介石就职典礼试播，还是在日本电气株式会社合作下。最后是标志着新中国形成了新闻报纸、新闻杂志、新闻电影、新闻广播和新闻电视的新闻媒介体系，跨上和当时世界主要国家同等水平的台阶。

（九）北京《大公报》停刊

1966年9月5日，北京《大公报》刊载《本报改名和改刊启事》称："本报根据红卫兵和革命群众以及广大读者的要求和建议，并经上级批准，决定9月15日改出《前进》报"。② 5天后的9月10日，北京《大公报》又刊载《启事》称："《大公报》今日终刊。《前进报》已定于本月15日创刊，原有9月份《大公报》订户一律改送《前进报》至今年12月31日。"③ 自此中国大陆《大公报》终刊。《大公报》起步于天津。法国天主教资本家柴天宠等筹资、我国满族新闻人英敛之主持于1902年6月17日创刊。1916年售于王郅隆至1925年停刊。1926年9月1日由吴鼎昌、胡政之和张季鸾三人以"新记公司"名义续刊。1936年4月1日到上海创办新记《大公报》（沪版），8月1日日军占领天津，新记《大公报》8月4日刊出"暂行停刊"启事后自行停刊。抗战时期在重庆

---

① 赵玉明. 中国广播电视通史 [M]. 新1版. 北京：中国广播影视出版社，2014：217.
② 启事 [N]. 大公报，1966-09-05.
③ 启事 [N]. 大公报，1966-09-10.

出版"渝版",并创办"港版"和"桂版"。抗战后总管理处迁驻上海。《大公报》(沪版)在上海解放后的1949年6月17日发表《大公报新生宣言》宣布"报纸归人民所有"①。后来,上海《大公报》因办报环境变化导致销路大减而难以自立,毛泽东听取汇报后决定上海《大公报》和由《大公报》(津版)改名的《进步日报》合并于1953年1月1日在天津出版《大公报》(《进步日报》随之终刊)。② 1956年10月1日迁北京出版,至1966年9月"终刊"。北京《大公报》停刊使中国近代新闻史上已有64年历史的民营报纸《大公报》"被迫在中国内地暂时画下了一个句号"③。

(十)"北京电视台"改名"中国中央电视台"

1978年5月1日是北京实验电视台试播20周年纪念日,中共中央批准北京电视台改名为中央电视台,英文缩写为"CCTV",对外称中华人民共和国中央电视台(简称"中国中央电视台")④。北京电视台正式播出后,1960年元旦起改为每周播出八次,同年5月搬进电视台"新楼"。1964年2月毛泽东题写"北京电视台"台名。1967年1月因"文革"影响短暂停播,当年2月4日恢复为每周播出一次(后为每天一次)。根据全国省级电视台沟通协商意见,北京电视台于1976年7月1日首次试播"全国电视新闻联播节目",向全国10多个省、直辖市电视台传送信号。1978年元旦开播综合性新闻节目《新闻联播》。定名为"中央电视台"后发展更为迅速。中共中央于2018年3月印发的《深化党和国家机构改革方案》决定组建中央广播电视总台,撤销中央电视台(中国国际电视台)、中央人民广播电台、中国国际广播电台建制。北京电视台定名"中央电视台"揭开了中华人民共和国拥有"中央电视台"的历史,在中国电视发展史上具有里程碑式的意义;改名"中央电视台"使中华人民共和国"中央"级新闻媒介迈进了由《人民日报》(新闻报纸)、中央人民广播电台(新闻广播)、新华通讯社(国家通讯社)和中央电视台(国家电视台)代表四个类型新闻媒介组成的完整"国家(中央)"媒介体系;北京电视台定名为"国家(中央)"级新闻媒体,为我国电视新闻及其他节目走出国门和世界各国平等交流互鉴搭建了新的平台。

---

① 大公报新生宣言[N].大公报,1949,6.
② 马艺,等.天津新闻史[M].天津:天津人民出版社,2015:399.
③ 方汉奇,等.《大公报》百年史[M].北京:中国人民大学出版社,2004:357.
④ 赵玉明.中国广播电视通史[M].新1版.北京:中国广播影视出版社,2014:300.

（十一）《光明日报》发表"特约评论员"文章《实践是检验真理的唯一标准》

1978年5月11日，《光明日报》发表经时任中央党校主持工作的副校长胡耀邦审阅的"本报特约评论员"文章《实践是检验真理的唯一标准》。文章开宗明义："检验真理的标准是什么？这是早被无产阶级的革命导师解决了的问题。但是这些年来，由于'四人帮'的破坏和他们控制下的舆论工具大量的歪曲宣传，把这个问题搞得混乱不堪。为了深入批判'四人帮'，肃清其流毒和影响，在这个问题上拨乱反正，十分必要"。文章认为"实践不仅是检验真理的标准，而且是唯一的标准""马克思主义之所以被承认为真理，正是千百万群众长期实践证实的结果""毛泽东思想是马克思列宁主义普遍真理与革命具体实践相结合的产物""凡是科学的理论，都不会害怕实践的检验""马列主义、毛泽东思想之所以有力量正是由于它是经过实践检验了的客观规律，正是由于它高度概括了实践经验，使之上升为理论，并用来指导实践""客观世界是不断发展的，实践是不断发展的""我们不仅承认实践是真理的标准，而且要从发展的观点看待实践的标准"。文章指出："社会主义对于我们来说，有许多地方还是未被认识的必然王国。我们要完成这个伟大的任务，面临着许多的新的问题，需要我们去认识去研究，躺在马列主义毛泽东思想的现成条文上，甚至拿现成的公式去限制、宰割、裁剪无限丰富的飞速发展的革命实践，这种态度是错误的。"① 新华社当天下午向全国转发，人民日报、解放军报等次日转载。"在邓小平的领导和许多老一辈革命家的支持下，一场关于真理标准问题的大讨论迅速在全党全社会展开。一场深刻而广泛的思想解放运动，成为正本清源、拨乱反正和改革开放的思想先导"。② "党领导和支持开展真理标准问题大讨论"。③

（十二）国务院恢复设立新闻出版署

随着（20世纪）80年代后报业的繁荣，报业结构相应发生重大变化，大量非中共机关报性质的报纸如专业行业报、对象性报纸、服务性报纸等公开出版发行，若仍由中共各级党委及其宣传部管理，既不利于对报纸工作的分类指导，也不利于对整个报业发展的规划、组织、控制。中共中央宣传部新闻局多次建

---

① 特约评论员. 实践是检验真理的唯一标准［N］. 光明日报，1978-05-11.
② 中共中央党史和文献研究院. 中国共产党一百年大事记［M］. 新华网，2021.6.8（发布）.
③ 中共中央关于党的百年奋斗重大成就和历史经验的决议［M］. 北京：新华社，2021.11.6（发布）.

议成立隶属政府的新闻管理机构。国务院于1987年1月决定成立新闻出版署①。新闻出版署在新中国成立后经历了"设—撤—设"的演变过程。1949年11月，中华人民共和国中央人民政府（政务院）曾设有新闻总署（署长胡乔木、副署长范长江、萨空了）。后因民国时期遗留的私营新闻报刊及出版机构除一部分停刊转行外，公私合营后大部分由政府拥有多数产权股份，共产党的党报党刊及出版机构成为社会新闻出版业主体，加之新闻出版具有上层建筑性质，政务院于1952年2月12日撤销新闻总署，新闻出版业回归党的宣传部门管理，新华通讯社改由文教委领导。1954年成立国务院时未设新闻总署。直到1987年恢复设置。2001年新闻出版署更名为新闻出版总署，成为正部级行政管理机构。2013年整合新闻出版总署和广播电影电视总局组建国家新闻出版广播电影电视总局。新闻出版总署的恢复及后来的整合，标志着国家现代治理体系建设的历史性进步，是专业事务由专业机构专业人员管理的回归，体现了党和国家对意识形态领域新闻出版事业的重视；公私合营后报刊结构变化撤销新闻（出版）总署，在报刊繁荣后社会报业结构重大变化后恢复新闻出版总署，体现了党和政府实事求是、与时俱进的科学精神。

（十三）新闻出版总署颁行《报纸管理暂行规定》

1990年12月25日，"为促进我国报纸事业的繁荣与健康发展，加强报纸的行政管理，使报纸更好地为社会主义服务，为人民服务"，新闻出版总署发布并施行《报纸管理暂行规定》。据《中华人民共和国国务院公报》（1991年第11期）报道，该"暂行规定"是由中华人民共和国新闻出版署于1990年9月6日署务会议讨论通过后颁布并于发布之日施行。"暂行规定"由总则、报纸的审批、报纸的登记、报纸的出版、报纸的变更、报纸的经营、处罚及附则等八章组成。明确规定"我国的报纸事业是中国共产党领导的社会主义新闻事业的组成部分，必须坚持为社会主义服务、为人民服务的基本方针，坚持以社会效益为最高准则，宣传马克思列宁主义、毛泽东思想，宣传中国共产党和中华人民共和国政府的方针和政策；传播信息和科学技术、文化知识，为人民群众提供健康的娱乐；反映人民群众的意见和建议，发挥新闻舆论的监督作用"和任何报纸不得刊载"煽动抗拒、破坏宪法和法律实施的""煽动颠覆人民民主专政政权和破坏社会主义制度、分裂国家或煽动叛乱、暴乱的""煽动反对中国共产党领导的""泄露国家机密，危害国家安全，损害国家利益的""煽动民族、种族

---

① 方汉奇. 中国新闻事业通史：第3卷［M］. 北京：中国人民大学出版社，1999：594-595.

歧视或仇视、破坏民族团结的""破坏社会安定和煽动动乱的""宣扬凶杀、淫秽、色情、封建迷信或伪科学,教唆犯罪和有害青少年身心健康的"及"诽谤或侮辱他人的"内容和"法律禁止刊登的其他内容"。《报纸管理暂行规定》是新闻出版署于1987年成立后制定颁布实施的规章之一,首先对于加强新闻报纸的行政管理,澄清当时新闻报纸领域的思想混乱具有重要意义;其次是明确规定中国报业的性质和宗旨,画出了报纸内容"红线"即"不得刊载"的内容尤其是明确不得"破坏社会安定和煽动动乱"在当时具有重要的现实意义;最后是规定报纸的审批、登记、出版、变更、经营等环节责任主体及处罚,报纸出版活动有了基本遵循和依据,对加强报纸从业者的法纪意识,提高行政管理水平具有积极意义。

（十四）《中国新闻工作者职业道德准则》发布

1991年1月中华全国新闻工作者协会第四届理事会第一次全体会议通过《中国新闻工作者职业道德准则》。又先后于1994年4月、1997年1月、2009年11月及2019年11月进行了修订。中华全国新闻工作者协会第九届全国理事会第五次常务理事会于2019年11月7日修订公布的《中国新闻工作者职业道德准则》规定"中国新闻事业是中国共产党领导的中国特色社会主义事业的重要组成部分"。具体"准则"有七条"全心全意为人民服务。忠于党、忠于祖国、忠于人民,把体现党的主张与反映人民心声统一起来,把坚持正确舆论导向与通达社情民意统一起来,把坚持正面宣传为主与正确开展舆论监督统一起来,发挥党和政府联系人民群众的桥梁纽带作用""坚持正确舆论导向。坚持团结稳定鼓劲、正面宣传为主,弘扬主旋律、传播正能量,不断巩固和壮大积极健康向上的主流思想舆论""坚持新闻真实性原则。把真实作为新闻的生命,努力到一线、到现场采访核实,坚持深入调查研究,报道做到真实、准确、全面、客观""发扬优良作风。树立正确的世界观、人生观、价值观,加强品德修养,提高综合素质,抵制不良风气,保持一身正气,接受社会监督""坚持改进创新。遵循新闻传播规律和新兴媒体发展规律,创新理念、内容、体裁、形式、方法、手段、业态等,做到体现时代性、把握规律性、富于创造性";"遵守法律纪律。增强法治观念,遵守宪法和法律法规,遵守党的新闻工作纪律,维护国家利益和安全,保守国家秘密"和"对外展示良好形象。努力培养世界眼光和国际视野,讲好中国故事,传播好中国声音,积极搭建中国与世界交流沟通的桥梁,展现真实、立体、全面的中国"①。《准则》制定实施标志着中国新闻工作者职

---

① 中国新闻工作者职业道德建设准则［EB/OL］. 新华网,2019-12-15.

业道德建设进入了历史新阶段，为中国新闻工作者职业道德建设提供了遵循和依据；《准则》的多次修订体现中国新闻工作者职业道德建设的与时俱进特质，适应了中国特色社会主义新时代对新闻工作者职业道德建设的要求。

（十五）"新闻传播学"成为"一级学科"

1997年6月，国务院学位委员会、国家教育委员会颁布修订的《授予博士、硕士学位和培养研究生的学科专业目录》，其中的新闻传播学已由原先的二级学科变成一级学科。这意味着，新闻传播学第一次得到了国务院学位委员会的认同，对促进整个新闻传播学的发展具有里程碑性的意义。① 此前"新闻学"是"文学"的二级学科，和中国古典文献、中国语言学、语言文字学等十几个二级学科并列。1984年中国人民大学和复旦大学获准设立"新闻学"博士学位点，学生学的是"新闻"，教师教的是"新闻"，研究的也是"新闻"，但授予的却是"文学博士学位"。在各方努力下，国务院学位委员会在组建第四届学科评议组时采纳各方意见把原先"新闻学"改称"新闻传播学"，并由二级学科提升为一级学科，下设"新闻学"与"传播学"两个二级学科。第四届学位委员会新闻传播学科评议组，召集人为中国人民大学方汉奇教授，成员由北京广播学院赵玉明教授和复旦大学丁淦林教授。"新闻传播学"升为一级学科是"新闻学"自徐宝璜的《新闻学》出版并标志着新闻学在中国诞生后近八十年间，政府高度重视新闻学科发展和新闻传播事业建设的标志性事件，开创了中国新闻学科建设和新闻人才培养的历史新时期，成为中国新闻传播学科蓬勃发展的崭新起点。单独成立"新闻传播学科评议组"的次年（1998年），北京广播学院和中国社会科学院研究生院就获准设立新闻学博士学位点。2016年全国共有19所高等学校（社科院）设有新闻传播学博士点，其中16个"新闻传播"一级学科博士点，中国社会科学院、南京师范大学和解放军南京政治学院为二级学科新闻学博士学位点。上海交通大学和苏州大学设有新闻传播学交叉学科博士点。② 2019年，全国有中国人民大学等30所高校（含中国社会科学院大学）设有新闻传播学博士点，上述30所高校及北京外国语大学等9所高校共招收博士研究生599人。③

---

① 新闻传播学由二级学科升至一级学科［N］. 中华新闻报. 1999-01-18.
② 中国新闻史学会新闻能传播教育史研究委员会. 中国新闻传播教育年鉴：2017［M］. 武汉：武汉大学出版社，2017：587.
③ 中国新闻史学会新闻能传播教育史研究委员会. 中国新闻传播教育年鉴：2020［M］. 武汉：武汉大学出版社，2020：783-784.

(十六)《广州日报》成立报业集团

1996年1月15日,中共广州市委机关报《广州日报》(1952年12月1日创刊)获准成立《广州日报》报业集团。这是"中国第一个报业集团",它的成立揭开了中国报业集团化的序幕。[①]《广州日报》报业集团在传媒经营管理改革的潮流中趁势而起,是传媒经营改革头20年中的一个典型事例。[②]《广州日报》1987年率先从对开4版扩展为对开8版,打破数十年地方党报对开4版模式;最早实行自办发行,既节省发行费用又加快资金流通;拓展医疗广告、政府广告、邮政快递广告、商标注册广告、房地产广告、汽车广告等广告来源,刊载引导市民消费的广告;组建"大新闻中心""大编辑中心"和"大通讯员中心",在北京、上海及广东省设立记者站;试行采编分离,增强编辑选稿用稿责任和权力;推进人事和工资制度改革,除报社主要领导由上级部门选派外,其余人员试行招聘制。由广州日报集团控股的广东九州阳光传媒股份有限公司2007年11月在深圳证券交易所挂牌上市("粤传媒"),成为国内第一家获准的在境内主板上市的传媒公司。《广州日报》成立报业集团说明以下几点:首先是地方党报在坚持正确舆论导向的同时,用活泼多样、群众喜闻乐见的形式宣传党的路线、方针和政策是大有作为的。其次是地方党报乃至全国性党报成为"党的报纸"和"人民的报纸"是完全可做到的,基础是中国共产党追求实现的正是广大人民群众的根本利益、长远利益。最后是理论和实践都是不断发展的,不应永远停止在一个水平上。新闻媒介只要能敏锐发现并抓住社会发展趋势和人民群众对幸福生活向往的时代性需求,贡献最大热情和最好成果,完全可在实现党的奋斗目标和满足人民对美好生活需求的过程中实现两个效益。

(十七)新华社香港(澳门)分社更名为新华社香港(澳门)特别行政区分社

2000年1月17日,新华通讯社和中央电视台播发国务院关于新华社香港分社更名为"中央人民政府驻香港特别行政区联络办公室"("中联办")和新华社澳门分社更名为"中央人民政府驻澳门特别行政区联络办公室"的决定。同时宣布原新华社香港分社社长和副社长为香港"中联办"主任、副主任。新华社发言人宣布新华社香港分社原承担新闻业务的新华社香港分社总编辑室以"新华社香港特别行政区分社"的名称继续从事新闻业务,特区分社已向香港特区政府有关部门注册。新华社香港分社向港英当局登记注册并于1947年5月1

---

① 宋守山.传媒三十年[M].广州:南方日报出版社,2009:173.
② 吴廷俊.中国新闻传播史:1978—2008[M].上海:复旦大学出版社,2011:210.

日对外发稿时是新闻机构。新中国成立后因港英当局屡屡拒绝中国政府在香港派驻官方代表机构,中国政府遇有需要同港英当局交涉的事宜只能授权新华社香港分社出面办理,港英当局20世纪60年代也明确由港督政治顾问负责同新华社香港分社联系。港督麦理豪于1978年出席新华社香港分社举办的国庆招待会,成为英方对新华社香港分社作为中国政府实际代表机构的默认,自此形成惯例。香港回归后成为中华人民共和国香港特别行政区。某些政治势力散布"现在是新华分社功成身退的时候了"并要求新华分社"光荣撤退"。为此,国务院决定将新华社香港分社更名为中央人民政府驻香港特别行政区联络办公室(新华社澳门分社同日改名为中央人民政府驻澳门特别行政区联络办公室)。新华社香港分社总编辑办公室改组在香港特区政府登记注册的"新华社香港分社"(新华社澳门分社总编辑办公室改组在澳门特区政府登记注册的新华社澳门分社),业务上受国家通讯社新华社领导,新华社香港(澳门)分社进入了全新发展的历史阶段。

(十八)《互联网网站从事登载新闻业务管理暂行规定》公布施行

为促进我国互联网新闻传播事业的发展,规范互联网站登载新闻的业务,维护互联网新闻的真实性、准确性、合法性,[①] 国家信息产业部、国务院新闻办公室于2000年11月6日发布《互联网网站从事登载新闻业务管理暂行规定》和《互联网电子公告服务管理规定》,国务院在此前不久以"国务院令第292号"颁布《互联网信息服务管理办法》。这是互联网进入中国六年后由中国政府(国务院)及行政主管部门(信息产业部、国务院新闻办公室)首次发布的规范互联网新闻登载活动的行政法规。《互联网站从事登载新闻业务管理暂行规定》所称"登载新闻业务"是指通过互联网发布和转载新闻的活动。"暂行规定"明确"非新闻单位依法建立的综合性互联网站……经批准可以登载中央新闻单位、中央国家机关各部门新闻单位以及省、自治区、直辖市直属新闻单位发布的新闻业务,但不得刊载自行采写的新闻和其他来源的新闻。非新闻单位依法建立的其他互联网站,不得从事登载新闻业务"。信息产业部和国务院新闻办公室"暂行规定"的发布,首先是中国政府立法管理互联网新闻传播活动的开端,标志政府认识到互联网实际具有新闻传播媒介属性和社会功能,把互联网视为新闻传播媒介体系的正式成员。其次是互联网站登载新闻后的中国新闻

---

① 国务院新闻办公室信息产业部发布.互联网站从事登载新闻业务管理暂行规定(2000年11月6日)[M]//倪延年.中国新闻法制通史·第5卷·史料卷(下).南京:南京师范大学出版社,2015:210-213.

传播媒介体系发生了重要变化。由"新闻报刊+新闻电影+新闻广播"组成的新闻媒介体系成为"'新闻报刊+新闻电影+新闻广播+新闻电视'+'互联网'"的新格局。最后是标志着"互联网"不是法外之地,在受到国家法律保护的同时必须受到国家法律的约束,不能以"自由传播新闻"作为从事损害国家、民族和人民利益以及违反法律活动的理由。

(十九)国民党"中央机关"报《中央日报》在我国台湾地区停刊

2006年6月1日,中国国民党中央委员会的"机关报"《中央日报》在我国台湾地区台北市停刊。2006年5月31日凌晨2点,印报机印出《中央日报》头版停刊社论《期待再相见》之时,标志着这份于1928年2月1日在上海创刊,尽管历经诸多播迁但始终坚持出版长达79年的中国国民党"中央委员会"机关报《中央日报》,印完了最后一期的纸质版报纸后将告别读者成为历史①。截止到2006年4月,《中央日报》累计亏损已达8亿余元(新台币),目前负债8100多万元(新台币),已超过总资产4700多万。2006年1—4月平均每月亏损844万元(新台币)。国民党中常会于5月24日通过的《〈中央日报〉停刊案》决定在5月底停刊。国民党主席马英九"心情沉重与不舍",强调"只有务实才能生存"。时任《中央日报》社总编辑江伟硕表示,79年的报纸在自己的手上要做一个暂时的终结,"心情很心酸"。国民党荣誉主席连战对《中央日报》暂停出刊感到"万分不舍",因"对它有极深的感情"。《联合报》和《中国时报》则用"走完79年""黯然熄灯""走入历史"等表述这张曾呼风唤雨的国民党党报停刊。同年9月13日,《中央日报》股份由支持国民党的基金会购得,股权转移成功后《中央日报》宣布复出,但不是复刊纸质版《中央日报》,而是转为出版网络版的《中央日报》 (网址为http://www.cdnews.com.tw)。

(二十)中国移动等获颁TD-SCDMA(3G)牌照

2009年1月7日,工业和信息化部分别向中国移动颁发TD-SCDMA、向中国电信颁发CDMA2000和向中国联通颁发WCDMA牌照,标志第三代智能手机(3rd Generation即3G手机)正式进入中国市场。这一年被学界称为"中国的3G元年"。第三代智能手机是将无线通信与国际互联网等多种媒介通信结合后产生的新一代移动通信系统,有欧洲WCDMA标准、美国COMA2000标准和中国TD-SCDMA标准。在传输声音和数据速度等方面比第一、第二代手机有大幅度提升。中国在1998年1月决定采用邮电部电信科学技术研究院的"时分-同

---

① 国民党《中央日报》因亏损今日起暂时停刊[EB/OL].搜狐网,2006-06-01.

步码分多址技术方案"（TD-SCDMA, Time Division-Synchronous Code Division Multiple Access）并在国际电信联盟（TTU）征集 IMT-2000 第三代移动通信无线传输技术候选方案截止到 1998 年 6 月 30 日提交。2001 年 3 月，国际电信联盟全体会议决定中国 TD-SCDMA 方案成为国际电信界 3G 技术标准之一。2005 年，第一个 TD-SCDMA 试验网依托重庆邮电大学无线电通信研究所第一次实际入网实验。2008 年 9 月 12 日中国移动正式启动国产 3G 标准 TD-SCMA 二期招标，覆盖全部省会城市。2008 年底，中国 TD-SCDMA 网络手机用户达 41.9 万。国家工信部在此基础上颁发 TD-SCDMA 业务经营许可。2010 年底，中国已拥有 3G 用户 4705.2 万。中国政府颁发 TD-SCDMA 牌照，标志着以中国标准的第 3 代智能手机进入商用阶段，和美国及欧盟站在同一条起跑线上。其次标志中国传播媒介体系发生了重要变化。由"新闻报刊＋新闻电影＋新闻广播＋新闻电视＋互联网"组成的新闻媒介体系呈现为"'新闻报刊＋新闻电影＋新闻广播＋新闻电视＋互联网（媒体）'＋'智能手机'"的新格局。再则标志着智能手机媒体可使"非专业新闻记者"即时获得和发布新闻，"一部智能手机就是一家新闻媒体"，3G 手机持有者可能成为电视新闻节目主持人、新闻广播节目主持人和报纸编辑乃至拥有发稿权的总编辑，"新闻社会化"和"社会新闻人"成为现实。

（二十一）地方党委宣传部门和高校共建新闻学院

2013 年 12 月中共中央宣传部、教育部在上海召开现场会，会后下发《关于地方党委宣传部门与高等学校共建新闻学院的意见》，要求共建模式在全国推开，各省（自治区、直辖市）党委宣传部门都应和高校重点建设一个新闻学院，原则上中央主要新闻单位也应与高校共建一个新闻学院，并确定安徽师范大学、海南师范大学、重庆师范大学、中国人民大学、暨南大学、四川大学、武汉大学、吉林大学、山东大学、南京大学作为试点单位。早在 2001 年，上海市委宣传部和复旦大学即开始进行合作共建新闻学院的中国特色新闻学院建设模式的探索。地方党委宣传部和高校共建新闻学院"以其在硬件上的高投入和软件上的提升备受关注"。上海现场会后，部校共建新闻学院项目在全国迅速推开，省级党委宣传部门、中央级媒体、市级党委宣传部门和省级、地市级主流媒体等纷纷和有关高校新闻学院进行"共建"。2015 年和 2016 年，中央宣传部、教育部又分别在南京大学、郑州大学召开现场会推进部校共建。2017 年中央宣传部和教育部办公厅印发"推进共建"通知，要求在 2017 年底基本达到共建 100 所左右高校新闻学院的目标。此后拓展到"共建"专业、"共建"人才培养基地等方面。部校"共建"新闻学院的推广，首先是标志着党和政府对意识形态工作的重视有了新的认识和加强,从以往主要关注新闻媒体运行提前到新闻媒体人才培养环节;其次是标志着主管意识形态的党委宣传部门直接介入意识形态领域人才的新闻学院教学和人才培养过程,对提高新闻人才培养的政治素质要求,提高新闻人才培养的适用性具有积极的意义;最后是地方党委宣传部门和高等学校"共建"新闻学院有利于党委宣传部门的社会资源直接服务于新闻人才培养,标志着新闻专业教育更加融入社会,更加介入社会生活实际,更加有利于在校学生提前接触社会实际并顺利走向社会。

(二十二)全媒体全方位报道共和国成立 70 周年

2019 年 10 月 1 日是中华人民共和国成立 70 周年纪念日,全国上下各级各类新闻媒体按照统一部署和要求,紧张有序地对中华人民共和国建国 70 周年取得的辉煌成就进行了全面、客观、真实的报道。尤其是中央级媒体发挥自身优势,精心策划、守正创新、凝心聚力,共同书写新时代中国发展壮丽诗篇的自信和豪情。[①] 举行庆祝中华人民共和国成立 70 周年盛典当天,4700 余名中外记者参加现场报道,共产生新闻报道 1.5 万条,现场设立 91 个机位,实现 70 个小时不间断直播。新华社播发 800 多条中英文快讯,6300 多张中英文图片图表,中英文视频直播时长达 1100 分钟,全网总点击量超过 2 亿次,新华网和新华社客户端页面总浏览量超过 3 亿次。各种媒体以 44 种语言向海内外呈现新中国成立 70 周年伟大成就:新华社播发了《铸就新时代中国的更大辉煌——热烈庆祝中华人民共和国成立 70 周年》等重点报道;《光明日报》推出 32 个"共和国发展成就巡礼"通版特刊、13 个图文专刊及 40 个庆祝新中国成立 70 周年特刊;《经济日报》推出以新中国成立后重大工程为主线勾勒出在"一穷二白"基础上创造伟大奇迹奋斗历程的"共和国的故事·六记"系列报道;中央广播电视总台"与中国同行"海外受众互动活动邀请对象国网友感受新中国 70 周年庆典的热烈氛围,通过境外社交媒体、客户端、网站等融媒体平台发布新中国发展成就的多媒体主题帖子近千条,阅览量上亿次。CGTN 新媒体全平台发布国庆 70 周年庆祝活动相关报道近两千条,全球阅读量 3.56 亿,视频观众达 2288 万人次。《中国日报》网端微全平台通过直播、长图、短视频、海报、九宫格、图组和长文等多种形式,在网站、客户端、微博、微信、脸书、推特等平台发稿超过千篇,总传播量突破 6.2 亿次。《人民日报》推出互动 H5《56 个民族服装任你选!快秀出你的爱国 style》和《我刚在复兴大道 70 号遇见了你》;新华社

[①] 高站位·广视角·融媒态——数说中央主要媒体新中国成立 70 周年报道亮点 [EB/OL]. 新华网, 2019-10-11.

推出微电影《新生1949—2019》和新媒体产品《60万米高空"瞰"阅兵》；中国军网推出《集合！15个徒步方队打包送给你》等融媒体产品。全媒体全方位报道新中国70周年庆典首先表明共和国70周年大庆受到全国媒体的关注和人民群众的欢迎，新闻界做了一件"党和人民都满意"的事；其次是中央新闻媒体表现出高站位、广视角、融媒态的时代特征，充分发挥了中央级媒体在重大新闻报道、对外新闻宣传及展现新中国形象的主力军作用；最后是中国新闻媒介的传播实力得到一次检验，讲中国故事技巧得到锤炼，讲好中国故事的信心更加坚定。从新中国成立70周年庆典报道开始，人民新中国的新闻传播事业又迈开了新的步伐。

第七章

中国新闻管理体制发展史

新闻人在新闻活动中与社会生活其他要素（人或物）发生不同原因/程度的"碰撞"，形成"新闻史事件"。如新闻传播活动及有关因新闻活动引发的新闻事件，干扰或影响了社会生活秩序，就客观出现对新闻人、新闻媒介及新闻活动实施管理的需要。有效实施管理新闻事业须设置管理机构、明确管理程序、制定管理制度，逐步形成完整的新闻（事业）管理体制。伴随新闻事业的发展、变化和进步，新闻管理体制也在不断地发展变化和完善，成为中国新闻史"凉亭"不可缺少的"亭柱"之一。

第一节 中国新闻管理体制的起源

"新闻管理体制"通常包含了新闻业管理机构、人员制度、运作程序及机制等要素，是后人从新闻活动及其与社会要素的互动实践中总结并以学术化语言表述的一个概念。它从起源到成熟则经历了一个漫长的过程。

一、中国古代新闻管理体制的起源

"中国是世界上最先有报纸的国家，也是世界上最先有新闻事业的国家"；"唐代是中国始有新闻事业的朝代。"[①] "新闻管理体制"是伴随"新闻事业"的诞生而诞生的，既然"唐朝是中国始有新闻事业的朝代"，那么"唐代"存在"新闻管理体制"应是无疑的。

《礼记·玉藻》中称："左史记动，右史记言。"晋悼公十四年（前559年）晋伐秦，深入泾水流域，下军帅栾黡擅自撤军东归，左史因谓魏绛："不侍中行伯（指不执行中军帅荀偃命令）乎？"（《左传·襄公十四年》）此处"左史"应类似后世随军记者。《国语·楚语》记载楚灵王时有左史倚相，王孙圉称之为

---

① 方汉奇. 中国新闻事业通史：第1卷［M］. 北京：中国人民大学出版社，1996：18-61.

楚国之宝。这"左史"似是"紧随"楚灵公"左右"的近臣。东汉班固《汉书·艺文志》谓："左史记言，右史记事。"唐朝孔颖达为"五经"作注时认为班固在《汉书·艺文志》把"左史"和"右史"释义颠倒了。他的《尚书正义序》说"夫书者，人君辞诰之典。右史记言之策。"又在《春秋正义序》中说："夫春秋者，记人君动作之务，是左史所职之书。"我们认为《礼记·玉藻》《左传》及《国语·楚语》的记载及孔颖达的解释是较为可行和合理的（班固也是一家之说）。不管是"左史记事，右史记言"，还是"左史记言，右史记事"，当时存在"左史"和"右史"是无异议的。《礼记·玉藻》《左传》《国语》《汉书》《尚书正义》《春秋正义》的记载表明中国新闻管理体制在春秋战国时期就开始起源了。

（一）春秋战国时期已基本具备"新闻管理体制"起源的媒介条件

人类新闻活动成果之一就是可传之后世的当时新闻媒介。春秋时期有无新闻媒介的答案是肯定的。《隋书·李德林传》载墨子[①]曾说"吾见百国《春秋》"。尽管没明说具体所见是哪些诸侯"国"的《春秋》，但被先人记进正史《隋书》似有较强可信性。《墨子·明鬼》篇有"杜伯之鬼，射杀周宣王，周人从者莫不见，远者莫不闻，著在周之《春秋》。庄子仪之鬼，荷朱杖击燕建公，燕人从者莫不见，远者莫不闻，著在燕之《春秋》。袾子稿观辜，殪之坛上，宋人从者莫不见，远者莫不闻，著在宋之《春秋》。羊触中里徼，殪之盟所，齐人从者莫不见，远者莫不闻，著在齐之《春秋》"（《墨子·明鬼》）的记载，联想周朝末年有"分封百国"之说，故墨子说"吾见百国《春秋》"应当不虚。假如"百国春秋"大多以"'封国名'+'春秋'"名之，即如"燕之春秋""楚之春秋""宋之春秋"等，似乎像后世《河南日报》《山东日报》《浙江日报》等地方报纸，这应可以视为中国古代传统地方新闻媒介的起源。[②] 因诬杀大夫杜伯而被杜伯鬼魂"射杀"的周宣王死于前782年（周宣王四十六年），记载"杜伯之鬼，射杀周宣王"一事的"周之春秋"至迟也应产生于周宣王时期，从层级上应属于"中央政府"新闻媒介。这就出现了"朝廷有周天子"，王朝有"周之春秋"；"诸侯有封国"，封国有"封国之春秋"的新闻媒介体系。为保障不同层次《春秋》正常运行，应存在从"周天子"管理"周之春秋"到"诸侯国君"管理"封国之春秋"的管理体系。尽管是不完整的、初步的乃至

[①] 墨子（约前468—前376），名翟。春秋战国之际的思想家、政治家，墨家（学说）的创始人。

[②] 倪延年.论中国古代地方新闻媒介起源于东周末年《春秋》[J].新闻春秋.2020（1）：4-10.

粗糙的,但这个"春秋"管理体系应是后世新闻管理体制的起点。

(二)春秋战国时期新闻活动已初步形成组织体系

春秋战国时期新闻从业人员已初步分工成为记载新闻或传播新闻的两类职责,成为存在新闻管理体制的佐证。《左传》《国语》中"左史""右史"记载可知,春秋战国时期晋国、楚国设有左史、右史等专事记载国君"言"或"动"的史官,晋国左史甚至受国君指派随军队将领出征,是便于及时向国君汇报前线情况,还是监督将领是否执行国君旨意(监军)尚不清楚,但向国君汇报将领及军队作战情况则应是"左史"职责应有之意。我国台湾地区新闻史学者朱传誉认为"内史"是专司宫廷新闻记载的文官,"外史"是专管宫外新闻包括郡国之间新闻的文官。可知春秋战国时期诸侯国"史官"已出现"记言"和"记动"、"记内"和"记外"的分工;出现了包括:宫廷新闻记录和传播体系的顶层为国君(为第一级)、国君之下是"左史"和"右史"(第二级),再下是为"左史""右史"记录和收藏(或传播)宫廷新闻活动服务的石室即国家图书馆或档案馆(第三级)的宫廷新闻记录和传播组织体系;或由顶层为国君(第一级),国君之下是国君委任并可接触国君的"内史"和"外史"(第二级)及在"内史"和"外史"领导或管理下的具体工作人员(第三级)组成的记录和传播新闻的组织体系。

(三)春秋战国时期的"新闻管理体制"已表现出实际功能

"左史记动,右史记言"这八个字具有丰富的历史内涵。第一是记载了历史事实。当时宫廷里设有"左史"和"右史",职责是负责记录国君"行为(国君在某一时间里做什么事)"和"言论"(国君在某一场景说了什么话);第二是记载了宫廷制度。宫廷(国君)规定"左史"的职责是"记事"而非"记言";"右史"的职责是"记言"而非"记事",左右"史"称谓明确,职责明确,界限明确,既不可差错,也不可混淆,更不可颠倒。如把职责弄错了、混淆了、颠倒了是要掉脑袋的。第三是表明"左史记事,右史记言"是有文献可考最早的新闻管理制度。不仅是明确制定了且认真实施了,至少还坚持了一段时间(否则不会写进典籍)。"左史记事,右史记言"制度出自周王朝天子及诸侯国,应是体现"国家意志"。国家制定的制度是具有刚性执行力的法律法规。

只要在社会生活中存在以新闻搜集、记录或传播为主要社会职业的社会成员,存在以搜集、记录或传播为主要社会功能的新闻活动,存在记载和传播新闻信息的信息载体(如各国《春秋》),存在向社会传播特定新闻后产生诸如影响或改变某一社会生活存在的社会效果,存在对新闻人、新闻媒介及新闻活动进行管理的"组织体系"和新闻人在从事新闻活动前就知晓"可行或不可行"界限的"法令制度"等社会现象，就可认定已存在"新闻管理体制"，至少是已开始出现。因此我们认为中国古代新闻管理体制在春秋战国时期就开始起源了。

二、中国古代新闻管理体制"起源"后的发展

古代新闻管理体制从春秋战国时期"起源"后不久，秦国吞并六国建立秦朝，战国时期结束。秦始皇废封建、置郡县，皇帝集权，改变了延续千年的奴隶主贵族封建制度，统一中国后地域广阔，理应存在朝政新闻传播系统及管理体制。无奈秦二世而亡，史料极少，难以再现秦朝新闻管理体制。

（一）汉朝的新闻管理体制

刘邦打败项羽成为汉朝开国皇帝（"汉高祖"），实行混合国家体制，分封异（同）姓诸侯王，同时设郡建县。中国古代新闻管理体制在汉朝进了一大步。史载"大鸿胪属官有郡邸长丞"及"主诸郡之邸在京师者也"。"郡国皆有邸，所以通奏报，待朝宿也"（《西汉会要·卷六十六》）。《汉书·萧何传》载："武帝元狩中[1]复下诏御史，酂户二千四百封何曾孙庆为酂侯，布告天下，令明知朕报萧相国德也。"[2]"御史"即"御史府"，负责宣达皇帝诏令，以诏书形式向全国发布皇帝降旨发布的官方新闻，即"由御史府报行天下"，后人称"新闻诏书"。

上述史料说明："西汉"的"郡国"在"京师"设"邸"，朝廷设专门机构（官员）对"郡国邸在京师者"进行管理，形成皇帝→大鸿胪→郡邸长丞→邸吏→邸卒的管理组织体系，及皇帝→御史府→六部→门下的朝政新闻发布体系。其次是朝廷和郡国对"郡国邸"职责的共识是"通奏报"和"待朝宿"。"郡国邸"人员也应有职责分工（分别"通奏报"或"待朝宿"）。汉朝"邸报"尚无实物验证，但史籍记载有管理新闻活动的"组织体系"和"大鸿胪""郡邸长丞""郡国邸"及"郡国邸"邸吏及邸卒职责的管理制度，应是进了一大步。

（二）唐朝的新闻管理体制

唐朝的新闻管理体制较汉朝更为完善。首先是有连续"条布于外"的朝政官报。唐初承汉制，"藩镇"在京师设邸。《文献通考》载"唐藩镇皆置邸京

---

[1] 柏杨. 中国历史年表［M］. 海口：海南出版社，2006：224.（"西汉元狩元年"为前122年，"元狩"年号共六年至前116年改为"元鼎元年"。）

[2] 班固. 汉书：萧何传［M］//方汉奇. 中国新闻事业通史：第1卷. 北京：中国人民大学出版社，1996：24.

师，以大将主之，谓之上都留后（邸）"，职责是"掌报递章奏，承转诏令"。《新唐书·百官志》载臣僚廷议奏对及皇帝决策由文官记载成文，经皇帝"画敕"下至中书省，由"政事堂牒布于外"①。孙樵的《读开元杂报》说"樵于襄汉间，得数十幅书，系日条事，不立首末"。有"知书者"告诉他"此皆开元故事，盖当时条布于外者"②。朱传誉认为"从孙可之《读开元杂报》一文看，我们可以断定唐代政治条书或条报于外，应无疑问"。其次是出现了与朝廷官报相对应的地方报纸。代宗"大历十二年（公元777年）改上都留后（邸）为上都知进奏院"，简称进奏院。藩镇派在京师的进奏官从"条布于外"的朝报中摘录有关朝政新闻，可能也增加长官感兴趣的传闻等，撰成"进奏院状"传回"当道"。这些由地方藩镇的京师进奏官抄传的"进奏院状"相对于朝廷官报，应是"进奏官向藩镇传报朝廷消息的地方一级官报"③。唐朝"进奏院状"有实物可证，有两份分别收藏在英国伦敦不列颠图书馆和法国巴黎国立图书馆，是僖宗时期由驻在敦煌沙州归义军节度使张淮深派驻朝廷的进奏官发回沙洲的。这两份唐代进奏院状不仅出自归义军节度使委派的进奏官之手，且上报内容都是关于时任归义军节度使留后的张淮深要求朝廷授予自己正式的节度使名号一事。对"进奏院状报"，唐史学界认为是"公文"④，新闻史学界认为是"新闻信"。⑤"从官文书游离出来的原始状态的报纸。从某种意义来说，它十分接近于16世纪诞生于欧洲的'新闻信'。和后者一样，都是现代报纸的原始状态"⑥。无论是"从官文书游离出来的原始状态的报纸"还是"新闻信"都应是在"政事堂牒布于外"朝廷官报基础上衍生出来的具有民间属性的新闻书写品。

在此基础上形成了唐朝的新闻管理体制：首先是唐朝新闻媒介出现了朝廷官报（政事堂奉旨"条布于外"者或如孙樵在《读开元杂报》中描述的开元"杂报"）和在朝廷官报基础上衍生的民间报刊（进奏院状）的功能区分；其次是在出现官报和民报分野的社会生活中，形成了朝政新闻传播和民间新闻传播两个既有联系又有区别的运作组织体系。朝政新闻传播的运作组织体系大致是：皇帝（画敕）→中书省（奉旨）→政事堂（条布于外）→朝臣及百姓（获

---

① 宋敏求. 春明退朝录：卷下[M]//方汉奇. 中国新闻事业通史：第1卷. 北京：中国人民大学出版社，1996：37.
② 孙樵. 经纬集：1—3卷[M]. 影印本. 上海：上海古籍出版社，1979：9.
③ 王凤超. 中国报刊史话[M]. 北京：商务印书馆，1991：34.
④ 张国刚. 两份敦煌"进奏院状"文书的研究：论"邸报"非古代报纸[M]//李彬. 唐代文明与新闻传播. 北京：新华出版社，1999：94.
⑤ 李彬. 唐代文明与新闻传播：修订版[M]. 北京：中国人民大学出版社，2014：75.
⑥ 方汉奇. 中国新闻事业通史：第1卷[M]. 北京：中国人民大学出版社，1996：62.

知朝政新闻）；民间新闻传播的运作组织体系则是：皇帝（画敕）→中书省（奉旨）→政事堂（条布于外）→藩镇进奏院（摘录新闻及搜集传闻）→藩镇驿卒（传送"进奏院状"）→藩镇（"当道"获知新闻或传闻）；最后是为保证两类新闻媒介和两个运行组织体系运转，朝廷和地方（当道）都应对抄传新闻有相关制度性规定。如唐大历十二年把"上都留后（邸）"改称"上都知进奏院"，实现了新闻机构名称的统一规范；"中书门下"政事堂在把皇帝"画敕"圣旨奏章"条布于外"过程中，在时间、规律、要求等方面应该有制度性规定；藩镇对进奏官在京师抄录朝政新闻或搜集京师新闻及编写抄传"进奏院状"等也应会有具体要求，这些都达到了新的水平。

三、中国古代新闻管理体制的定型

"宋缘旧制，皆本州镇补人为进奏官，其军监场务转运司则差知后官，则副知掌之。逐州就京师各置进奏院。"（《文献通考·职官》）可见宋朝的初期进奏院状仍无朝廷官报功能。官报则是"诸路州郡亦各有进奏吏，凡朝廷已行之命令，已定之差除，皆以之达于四方，谓之邸报"（《宋会要辑稿·刑法二》）。

（一）北宋太平年间对进奏院体制的改革

开宝九年（公元976年）宋太祖赵匡胤驾崩，太宗赵光义即位改年号"太平兴国"。太平兴国四年（公元979年）征灭北汉，结束了五代十国局面。战争结束后军事行动及军队将领的政治地位下降，对地方将领在京师自设进自用奏院的体制改革被提上了议事日程。

太平兴国六年（公元981年），逐州罢知后之名，简知后官，得李楚等百五十人，并充进奏官。命供奉官张文粲提辖诸道进奏院，监官以京朝官及三班使臣充，掌受诏敕及诸司符牒，辨其州府军监以颁下之，并受天下章奏案牍状牒以奏御，及分授诸司（《文献通考·职官十四》）。也就是说这一年，朝廷起居郎何保枢奏请朝廷改革进奏院管理体制，由朝廷统一管理各州、镇、路在京师进奏院（官）及其抄报活动。同年十月，皇帝降旨：各州、镇在京师进奏院房产统一交三司管理；三司对原州（镇、路）在京师进奏官视其能力、资历及联系便捷程度，第一批授150位（后减为120位）以"进奏官"朱印，每人负责一个或两个甚至两个以上州（镇、路）进奏通报事项。太平兴国八年又把"诸道进奏院"合并为"都进奏院"，并定"都进奏院"为"大内侧"部门，受门下后省管辖，执掌朝廷对外公布官文书。真宗年间规定："进奏院所供报状，每五日一写，上枢密院，定本供报。"（《宋会要辑稿·职官二》）即朝廷"监进奏院"官主持的"都进奏院"编写的"进奏院状",须"每五日"抄发一次;进奏院编成后须先呈枢密院,经枢密院(诸房检详、检正文字)官员审查、核准、定稿返回"都进奏院"后,再抄传全国。"进奏院状"由此成为朝廷掌控并体现朝廷意志的新闻传播媒介。

(二)中国古代朝廷官报管理体制初步成型

历经四年(太平兴国六年—太平兴国八年)及三轮(集中管理进奏官、改诸道进奏院为都进奏院及明确"定本"制度)的进奏院体制改革后,中国古代新闻管理体制基本成型:

首先建立起朝廷命官"提辖"的"诸道进奏院"(后改称"都进奏院")的朝政新闻管理部门(机构)。地方进奏院"统归"朝廷管理,进奏官由朝廷"授以铜印",薪酬由朝廷支付,由"听命于地方"变为"效命于朝廷",进奏院成为"朝廷"的对外新闻发布机构。

其次是建立起了与唐朝有别的新闻传播运作机制:皇帝(画敕)→中书省(奉旨)→政事堂(条布于外)→朝廷"提辖"京师"诸道进奏院"(进奏官到"门下省"摘录朝政新闻,编成"进奏院状"稿本)→呈送枢密院(经检详、检正文字官"定本")→返回"诸道进奏院"或"都进奏院"(由进奏官们"抄传"四方)→藩镇("当道"获知朝政及京师新闻),朝廷完全控制了"进奏院状"的内容和发布。

最后法令制度更为完善。改革进奏院管理体制的皇帝"降旨","罢知后之名,简知后官"的决定以及"李楚等百五十人并充进奏官"或"命供奉官张文粲提辖诸道进奏院"的任命,都具有国家法律的效力;规定"监官"须是"京师朝官"且有"三班使臣"经历的"诸道进奏院"管理者资格的硬性要求;规定"掌受诏敕及诸司符牒,辨其州府军监以颁下之,并受天下章奏案牍状牒以奏御及分授诸司"涵盖"诸道进奏院"工作职责、工作程序及工作要求,覆盖了朝政新闻传播的完整过程,因而可说中国古代新闻管理体制是"初步成型"了。

(三)朝廷官报管理体制的主要内涵

北宋太平兴国年间进奏院体制改革后的朝廷官报管理体制主要包括朝廷官报工作的组织体系和为保证朝廷官报有序运作的相关制度法令体系两个部分:

1. 朝廷官报工作组织体系

具体包括:朝政新闻发布活动组织体系、进奏官抄录朝政新闻的组织体系、选择编排"进奏院状报"初稿的工作组织体系,呈送朝廷枢密院"定本"的组织体系、进奏院状报"定本"返回进奏院的工作组织体系、"都进奏院"进奏官把"定本"后的进奏院状报"抄传四方"的组织体系等内容。

2. 朝政官报运作和管理的法令制度

具体包括朝政新闻发布的制度、进奏官抄录朝政信息的制度、进奏院选择编排和呈送进奏院状报"稿本"至枢密院的制度、枢密院"检详官""检正官"对进奏院状报稿本进行"定本"的制度,"定本"进奏院状报返回进奏院的制度及"都进奏院"进奏官抄传"进奏院状报"分工、运作、要求和检查考核及赏罚制度等内容。

(四)朝廷管理(遏制)民间小报渐成体制

有关文献记载表明,北宋太平兴国年间对进奏院体制的改革,统治阶级(皇帝及朝廷)并没收到预期的效果,因为:

1. 进奏院体制改革没有能遏制住"小报"

朝廷自北宋太平兴国六年(981年)开始的进奏院体制进行改革,其目的就是遏制越来越普遍并可能导致朝政消息更多漏泄的民间小报。但事实是这次改革并没有能实现朝廷的预期目标。从北宋太宗雍熙三年(986年)五月皇帝诏"开封府进奏官止依例供申本府报状,诸州不许申发"的"例外"报状,到宋太宗端拱二年(989年)五月诏令"今缘宣命,不能抄录诸州杂报,窃虑有误编修"的"诸州杂报",再到宋仁宗天圣九年(1031年)皇帝诏令称"诸路进奏官,报状之外,别录单状"的"单状",最后是宋钦宗靖康二年(1127年)二月十三日"凌晨有卖朝报者","其实奸伪之徒假此以结百官,使毕集也"中的假"朝报",可见北宋时期民间新闻媒介一直存在(《宋会要辑稿·职官二》)。南宋高宗绍兴二十六年(1156年),朝廷中书舍人、吏部尚书周麟之把民间报纸称为"小报",是因为"小报出于进奏院,盖邸吏辈为之也。比年事之有疑似者,中外未得知。邸吏必竟以小纸书之,飞报远近,谓之小报。他日验之,其说或然或不然。使其然耶,则事涉不密,其不然也,则何以取信。"认为"此于害治,虽若甚微,其实不可不察"。所以"臣愚欲望陛下深诏有司,严立赏罚,痛行禁止"(《海陵集·卷三》)。孝宗淳熙十五年(1188年)正月十日皇帝诏令"近闻不逞之徒撰造无根之语,名曰小报。转播中外,骇惑听闻"(《宋会要辑稿·刑法二》)。淳熙十六年(1189年)闰五月二十日诏令明确"今后有私撰小报,唱说事端,许人告首,赏钱三百文,犯人编管五百里"(《宋会要辑稿·刑法二》),形成了管理朝廷官报和民间小报的管理体制。

2. 朝廷对民间小报管理体制的具体内涵

朝廷对民间小报的管理体制主要包括民间小报工作的组织体系和为遏制小报存在发展的相关制度法令体系。

民间小报运行工作组织体系大致是：朝廷控制的"都进奏院"抄传朝廷官报"进奏院状报"→民间报人获得朝廷官报或直接到朝廷衙门打探新闻消息→编排刻印民间新闻媒介即对从进奏院状报选摘、从朝廷官署探知及其他途径获得的新闻消息选择、编排和刻印→向社会传播（销售小报）获得利润，可能产生不利朝廷的社会效果。

朝廷遏制民间小报的法令制度包括：朝臣向朝廷进言（求禁小报）的制度；朝廷督促官署侦查打探"小报"情况的圣旨、诏令及其他官文书；皇帝圣旨、诏令关于惩处民间小报法令性规定，如"许人告首，赏钱三百文，犯人编管五百里"等，形成了对民间小报的产生、流传、查处和惩罚全覆盖的法令制度。

至晚在南宋孝宗时期，中国就形成了涵盖朝廷官报和民间小报管理体制的基本格局，一直延续到近代新闻管理体制的正式登台。

四、中国古代新闻管理体制的发展

古代新闻管理体制基本定型是整体格局的定型，在不同社会环境下尤其是在不同历史朝代的具体环境下，中国古代新闻管理体制在不断发展中。

（一）元朝的新闻管理体制

1260年忽必烈即位称帝建元"中统"。1271年改国号"大元"。1272年定都大都（今北京）。1279年灭亡南宋流亡政权。

有学者认为"在元代，不存在由中枢部门统一发布的封建政府官报"[1]。有学者认为"可以得出元代有以'除目'形式存在的官报之结论"，[2] 我们认为尽管朝廷废除尚书省和门下省，但保留中书省与枢密院、御史台，分掌政、军、监察三权，地方采行省制，为朝廷官报存在提供了实际需要。

元朝"诸但降诏条画，民间辄刻小本卖于市者，禁之"（《元史·刑法四》）。法条"禁"的虽是"民间辄刻小本"，但小本所载"降诏条画"则肯定来源于朝廷官报，这从侧面验证了元朝官报的存在。查禁"民间辄刻小本"另一面是"官府准刻"民间"小本"[3] 的合法存在。

如是这样，元朝新闻管理体制也应由朝廷官报和（合法和非法）民间报刊管理体制两部分组成。因缺少文献史料，故难对元朝新闻管理体制作具体呈现。

（二）明朝的新闻管理体制

明太祖朱元璋先是1364年自称吴王。1368年称帝定国号"大明"，定都南

---

[1] 方汉奇. 中国新闻事业通史：第1卷 [M]. 北京：中国人民大学出版社，1992：113.
[2] 李漫. 元代传播考：概貌、问题及限度 [M]. 北京：北京大学出版社，2013：31.
[3] 倪延年. 中国新闻法制史 [M]. 南京：南京师范大学出版社，2013：73.

京（江宁）。1644年闯王进京，崇祯自缢，明亡。明朝官报有不同称谓，在京师传播的称"朝报"，传到京师以外则称"邸报"，都是朝廷抄传的以发布朝政新闻为主要功能的朝廷官报。名称上的不同，仅仅是由于地理上的原因差别，一个在京城内，一个在京城外。① 孙承泽《天府广记》载，崇祯元年（1628年）颁下上谕称："各衙门奏章，未经御览批红，不许报房抄发，泄漏机密。一概私揭，不许擅行抄传，违者治罪。"皇帝禁的是民间新闻媒介，抄传那些"未经御览批红"的"各衙门奏章"的"报房"，应是朝廷所设所管负责抄传朝报的机构，所以只是"不许抄发"。如是民办报房，皇帝就直接"查禁"了。民间报纸则是崇祯皇帝在"上谕"中所说的"私揭"及其他文献中记载的"日报""报贴"及"牌报"② 等。在朝廷官报和民间新闻媒介并存的环境下，明朝新闻管理体制成为具有明朝鲜明特点的新闻管理体制。

1. 朝廷官报的管理体制

朝廷官报管理体制主要包括朝廷官报工作的组织体系和朝廷官报管理制度法令体系。

（1）朝廷官报的运行组织体系

朝廷官报的运行组织体系大致是：圣旨、谕旨及朝臣奏章、朝廷对官员劝惩奖罚及其他朝政信息，经皇帝"御览批红"（决定公布）后，由朝廷六部"廊下"对外发布（抄写张贴在六部办公室"廊下"）→朝廷报房（相当南宋"诸道进奏院"及"都进奏院"）官员每天奉令（或是轮班）去六部"廊下"抄录朝政信息→朝政信息经过编排成为"朝报"→刻印的"朝报"经审核后在京师朝臣或相当级别官员中传播→报房刻印称为"邸报"（"京报"）的朝廷官报通过京塘（驿卒）传播到京师以外地区，在规定级别的官员中传阅，实现"上情下达""奖罚劝惩"的目的。

（2）管理朝廷官报的法令制度体系

朝廷管理官报的法令制度体系大致是：由皇帝掌握或存在于皇帝脑袋里的"判断某一奏章是否公布于众"的标准，朝廷衙门（六部或六科）在"廊下"发布朝政信息的时间、地点、内容及抄录朝政信息人员资格的规定；朝廷报房赴六部"廊下"抄录朝政信息的人员安排、抄录内容、时间要求、数量要求的制度性规定；朝廷报房编排"朝报"的责任性规定及工作时间、质量要求等制度性规定；朝廷报房在京师地区发送"朝报"的地区分工、阅报对象、时间要

---

① 尹韵公．中国明代新闻传播史［M］．重庆：重庆出版社，1990：27.
② 黄卓明．中国古代报纸探源［M］．北京：人民日报出版社，1983：94-96.

求等制度性规定；查处"漏泄"朝廷机密官员及编印传抄"报贴"或"日报"及抄发私揭人员及惩处的制度性规定；加强递送朝廷官报的"提塘"（省塘、京塘）管理以防止泄密的制度性规定；向全国抄传"朝报"（邸报）频率、时间、对象的制度性规定等。

2. 民间新闻媒介的运作组织体系和朝廷的相关法令制度

明朝民间新闻媒介的管理体制主要由民间新闻媒介的组织体系和管理制度体系组成。

（1）民间新闻媒介的运行体系

民间新闻媒介的运行体系大致是：获得拟编入民间新闻媒介的新闻信息，或从得阅"朝报"（邸报）的京师官员处获知朝廷发布的朝政新闻；或通过熟人等关系从朝廷衙门获得"未经御览批红"的朝臣奏章；或派专人利用特殊关系如当差、兄弟、亲戚等通过特定人员获得属于"秘密""机密"朝政新闻信息→对获知新闻信息进行筛选和权衡，编成"都下邸报""日报""报贴"之类民间新闻媒介→通过不同途径把民间新闻媒介向社会传播并获"不赀之利"。

（2）朝廷为遏制民间新闻媒介的法令制度体系

朝廷为遏制民间新闻媒介的法令制度体系大致包括：防止泄密对负责发布朝政新闻的六部"廊下"管理的制度性规定；防止朝廷报房外泄朝政机密的制度性规定；对朝廷官员加强保守朝政机密教育的制度性规定；对传递"朝报"（邸报）过程漏泄朝政机密的提塘或官员进行检查、考核及奖惩的制度性规定；惩处漏泄朝廷机密朝臣的制度性规定；对于合法公开的"抄报行"予以免交税赋的制度性规定；对刊载"漏泄机密"的"都下邸报"或"日报"等民间新闻媒介查办和惩处的制度性规定等。

朝廷官报管理体制和民间新闻媒介管理体制，分别包含朝廷官报和民间媒介各自的工作组织体系和管理制度体系，两个板块四个方面构成完整的新闻管理体制。明朝的新闻管理体制中增加了提塘和报房管理、扶持民间抄报行等内容，因此又前进了一步。

（三）清朝的传统新闻管理体制

天聪十年（1636年）清皇太极即皇帝位，改国号为"清"。清宣统三年（1911年）资产阶级领导的辛亥革命推翻清王朝（宣统三年十二月二十五日即1912年2月12日，清廷隆裕太后颁下"清帝退位授袁世凯全权组织临时共和政府"等三道谕旨标志清廷的实际终结），结束了两千多年来的封建专制君主制度。清朝新闻管理体制包括传统新闻管理体制和近代新闻管理体制两个部分。此处叙述传统新闻管理体制。近代新闻管理体制在下一节叙述。

1. 清朝传统官报管理体制

清朝前期朝政新闻管理体制和机制基本沿用明朝。执掌朝政新闻发布的先是六部廊房后是军机处，朝廷官报在京师传播时称为"朝报"，传播到京外的称为"京报"。皇帝决定抄发的圣旨、谕旨及有关公文由六部廊房或军机处对外发布。朝廷在向京外官员寄发"京报"时还"附寄"公文。编写刻印传播朝廷官报由朝廷在京师的"报房"承担，向京外传送《京报》及"部文"由各省在京师所设"京塘"和朝廷在各省所设"省塘"承办。清朝传统官报管理体制包括传统官报的运行组织体系和管理法令制度。

（1）清朝传统官报的运行组织体系

清朝传统官报的运行组织体系大致是：皇帝决定抄发的圣旨、谕旨及有关公文由六部廊房或军机处对外发布→朝廷报房派员前往六部廊房或军机处抄录公开发布的皇帝圣旨、谕旨及有关公文→回到报房编印成"朝报"（传到京外称为"京报"）→报房按朝廷确定的派报范围定时在京师递送以实现朝廷"沟通朝政，劝善罚罪"的目的→报房交提塘（京塘）驿卒递送给有资格接阅"京报"的京外各省官员（寄发"京报"时"附寄"公文）。

（2）朝廷管理传统官报的法令制度

清朝管理传统官报的法理制度包括：朝廷六部廊房或军机处发布朝政新闻的制度性规定，朝廷报房派员抄录朝政新闻的制度性规定（时间、内容、人员及质量等要求）；朝廷报房编排刻印"朝报"的工作流程及工作质量的制度性规定；朝廷报房给京师官员递送"朝报"的有关制度性规定（确定或明确递送对象、递送的数量要求、时间要求、频率要求等）；朝廷报房与提塘办理交接"朝报"（在京外称为"京报"）递送的制度性规定（交接的时间、地点、人员、数量以及清点要求等）；对在递送朝廷官报过程中发生误投、漏投、少投、多投以及漏泄朝报内容等行为的调查和处罚的制度性规定等。

2. 清朝传统民间报刊管理体制

清朝传统民间报刊经历了从公开合法到被禁绝迹的过程。史载："前日我们去湖广去时，尔在山东岂不见小报，何为不来迎接？"[1] 可知顺治时期的"小报"是公开合法的。康熙五十三年（1714年）三月谕旨："各省提塘传递公文本章，并奉旨科抄事件外，其余一应小钞，概行禁止，违者治罪。"[2] 雍正时期

---

[1] 王光谦. 东华录·顺治十六年六月谕旨 [M]//黄卓明. 中国古代报纸探源. 北京：人民日报出版社, 1983：170.

[2] 大清会典·康熙五十三年上谕 [M]//黄卓明. 中国古代报纸探源. 北京：人民日报出版社, 1983：171.

的报房经营者何遇恩、邵南山被兵刑二部以"捏造小钞"罪名"依律斩决"。①乾隆朝后很少见文献记载。清朝民间"小报（钞）"管理体制包括民间小报运作工作组织体系和朝廷为遏制民间"小报"制定实行的法令制度。

(1) 清朝"小报（钞）"的运行组织体系

清朝"小报（钞）"的运行组织体系大致是：获得可在"小报（钞）"刊载的内容，包括从朝廷发布朝政新闻或朝廷官报获知有关新闻，通过熟人等关系探知有关朝廷秘密消息，编造诸如"宫廷端午王大臣叩节并和皇上登舟饮酒"新闻等→编成"小报"稿本，把从朝廷官报上选摘的有关内容，通过熟人等关系探得的朝政新闻，自撰的朝廷或社会新闻筛选、编辑排序→刻印翻印成"小报"产品。由其他人经办的社会报房或报人自办的半公开半地下报房用雕版或石印或手抄等方式→向社会销售（传播）"小报"以获利（可能有固定的客户也或者是随机兜售）。

2. 朝廷遏（统）制扼杀"小报"法令制度体系

朝廷遏（统）制扼杀"小报"的法令制度体系包括：高于国家法律效力的皇帝关于查禁遏制小报的谕旨、上谕、圣旨及御批等；成文法有《大清律例》"盗贼类"的"造袄书袄言"②条；朝廷臣僚建议查禁或限制小报的奏章、进言等；朝廷衙门制定实施的防止朝廷机密漏泄的制度性规定；朝廷保证"朝报"（邸报）递送过程中防止泄露秘密的制度性规定以及朝廷及衙门限制小报流传及查禁民间小报的制度性规定等。

鸦片战争使封建君主专制政体受到实质性伤害，中国由此进入半殖民地半封建社会。西方传教士挟坚船利炮之威把产生于西方工业革命和资本主义经济环境下的新式报刊带进中国，中国新闻管理体制也随之发生变化，开始出现近代新闻管理体制的萌芽。

第二节 中国近代新闻管理体制的诞生及发展

中国在明朝中叶就开始出现资本主义经济萌芽，即使没有西方列强把中国

---

① 东华录·雍正四年五月谕旨[M]//黄卓明. 中国古代报纸探源. 北京：人民日报出版社，1983：173-175.

② 《大清律例·盗贼类·造袄书袄言》：规定"凡造凡造谶纬袄书袄言，及传用惑众者，皆斩""凡妄布邪言，书写张贴，煽惑人心为首者斩立决""各省抄房，在京探听事件，录报各处者，系官革职，军民杖一百，流三千里。"

强行纳入西方资本主义经济轨道，中国社会内部资本主义因素也会缓慢发展并逐步建立民族资本主义经济体系。中国古代传统新闻管理体制也应会慢慢嬗（蜕）变成近代新闻管理体制。

一、中国近代新闻管理体制的孕育

出现中国近代新闻管理体制是因为中国出现了以近代新闻媒介、近代新闻活动、近代新闻人等为主要内容的中国近代新闻事业。近代新闻媒介是由西方传教士带进中国的。

（一）晚清近代新闻管理体制的基础

近代新闻媒介俗称新式报章。因清仁宗嘉庆十五年（1810年）皇帝颁下禁止"洋人秘密印刷书籍，或设立传教机关"①的谕旨，英国传教士马礼逊派米怜创办的第一种汉语报刊《察世俗每月统记传》只得在马六甲出版。洋教士在华创办的第一种中文报刊是郭实腊于1833年8月在广州创办的《东西洋考每月统记传》。第一种实现了"中国化"②的外人在华所办报纸是《申报》。第一种中国资产阶级政党团体机关报《中外纪闻》（前身《万国公报》）。中国近代官报的起点是强学会《中外纪闻》基础上改办的《官书局报》《官书局汇报》。第一种中央政府近代官报则是《政治官报》（后改名《内阁官报》）。

晚清新式报章的出现使新闻媒介体系发生变化，新闻管理体制也随之变化。鸦片战争前，清朝朝政新闻传播沿用汉唐形成的"邸报"运行机制，朝廷管理因循旧例。属刑部的律例馆始设于顺治二年（1645年）。到康雍时期律例馆都非常设而特事特设，同治九年（1870年）后数十年未修订律例。③戊戌变法期间，康有为进言制定"报律"，光绪帝令"参照西方报律"结合国情制定报律。1901年推行新政，次年内阁派沈家本、伍廷芳修订律例。1904年设法律修订馆。1906年，中国第一部具有近代色彩的出版专门法《大清印刷物件专律》正式颁行。同年清廷京师警署颁行《报馆应守规则》，次年出台《报馆暂行条规》。1908年3月14日颁行以日本法律为蓝本制定的《大清报律》。1911年1月29日修订《大清报律》颁行《钦定报律》，在封建君主专制政体下开始具有近代色彩的新闻管理体制探索。

---

① 麦沾恩.中华最早的布道者：梁发［J］.近代史资料.1979（2）：147.
② 马光仁.上海新闻史：1850—1949［M］.上海：复旦大学出版社，1996：62.
③ 方晓红，等.民国时期的新闻管理体制［M］.新北：花木兰文化事业有限公司，2020：27.

（二）晚清近代新闻管理体制的内涵及特点

晚清时期的新闻管理体制是封建君主专制和具有近代色彩的混合物。一是国家政体的性质仍是"大清帝国之皇统万世不易""皇帝神圣不可侵犯"[①] 的百分百封建君主专制制度；皇帝拥有对包括朝政新闻发布决定权在内的至高无上的权力。二是在封建君主专制政体框架下出现了具有近代色彩的新闻管理体制因素：朝廷设有国家公报专门出版发行机构"宪政编查馆官报局"；朝廷设置掌管全国"印刷物件"登记注册事务的"印刷注册总局"；颁布诸如《大清印刷物件专律》和《大清报律》（后修订为《钦定报律》）等专以新闻出版活动为管理对象的法律法令；在法律中明确规定新闻媒介（报馆）应履行的义务和承担的法律责任；确定"该管警署"为上述新闻法律法令的执行机构。由此建构起：朝廷（颁布法律）→"印刷注册总局"（执行法律）→该管警署（查处违法行为）→报馆（在法律范围内运行）的新式报刊管理体制。

"新式报刊管理体制"仅仅是表象。因为"近代新闻管理体制"应是在资产阶级共和政体社会环境中产生、以资产阶级"民主""自由"和"人权"为基本理念的新闻管理体制，而清廷设立"印刷注册总局""宪政编查馆官报局"及颁行《大清印刷物件专律》《大清报律》（《钦定报律》）都是为了维护封建君主专制皇权，延缓病入膏肓、腐朽没落清朝的衰亡。"近代化"是外表，"封建性"是内核，"殖民地"是擦不掉的印记。"洋人的洋报"因享有"治外法权"而清政府"管不了"；外国在华租界实行租借国法律，清政府新闻法令法律"管不到"在租界出版的反清报刊。清政府对在香港、澳门及日本、美国、加拿大、东南亚（国家或地区）出版的反清报刊也"管不着"。

二、中国近代新闻管理体制的诞生

武昌辛亥起义成功，次日成立"中华民国鄂（湖北）军政府"。湖北军政府机关报《中华民国公报》的创刊成为中华民国新闻事业和近代新闻管理体制诞生的前奏。

（一）民国初期的新闻媒介体系

孙中山于1912年元旦在南京宣誓就任中华民国临时政府大总统，宣告了中国历史上第一个资产阶级共和政体国家"中华民国"中央政府的诞生，也标志着中国近代新闻事业及新闻管理体制的诞生。民国创建初期，临时政府采用

[①] 宪法重大信条十九条：宣统三年九月十三日公布 [G] //王培英．中国宪法文献通编（修订版）．北京：中国民主法制出版社，2007：420．

"办报不须申请，言论不受约束，新闻不受检查"的方式管理，新闻媒介蓬勃发展。首先是民国成立后创办了大量报刊：主要包括各级军政府机关报、革命党人新创办报刊、政党团体机关报以及各地新办报刊。其次是民国前创刊的报刊继续出版。如中国同盟会的上海《民立报》《天铎报》《神州日报》《国风日报》《国光新闻》《大江报》《大陆报》（英文）等；预备立宪公会的《预备立宪公会报》《国民公报》《宪报》及广州《国事日报》等。最后是商业新闻报刊如上海《申报》《新闻报》《时报》、天津《大公报》《益世报》及北京《帝国日报》等及外人在华经营的新闻报纸持续不断。形成了"政府机关报+政党机关报+商业报纸+外人在华报纸"等组成的民国初期媒介体系。

（二）中国近代新闻管理体制的诞生

中华民国临时政府从创建之时就在艰难中奋斗坚持。孙中山就职临时大总统时革命军（"南军"）和清军（"北军"）的军事行动及"南北和谈"在同步进行，少有时间制定新法和修订旧法。主要根据司法部"前清民刑各律及诉讼法除第一次刑律草案关于帝室之罪全章及关于内乱之罪死刑碍难适用外，余皆由民国政府声明继续有效，以为临时适用法律，俟中华民国法律颁布，即行废止"[1]的建议建构起中国近代新闻管理体制。这一管理体制包括管理组织体系和管理法律体系两个板块。

1. 新闻工作的管理组织体系

南京临时政府时期的管理组织体系包括：临时大总统（中央政府新闻管理政策的最高决策人）→总统府职能机构，包括总统府官报局和总统领导的内务部、教育部等部门（负责根据大总统以及政府参议院的决议制定新闻管理法令）→各省都督公署及警察署（负责在本地区执行中央政府法令法律和依据中央政府法律并结合本地情况制定颁行地方性新闻法规）→省级以下政府（负责贯彻执行中央政府和省级政府制定颁行的新闻法规，以行政手段督促下级政府加强所在地区的新闻媒介及其新闻活动管理，及时有效地纠正违法行为）→新闻媒介（报馆）和报人团体（在法律范围内运行新闻媒介或行业活动并承担违法的责任）。

2. 管理新闻工作的法律制度体系

管理新闻工作的法律体系包括：由中央参议院通过并以"大总统"名义签

---

[1] 临时大总统关于伍廷芳呈请暂行沿用民律草案等法律致参议院咨：1912年3月24日［M］//中国第二历史档案馆．中华民国史档案资料汇编：第2辑．南京：凤凰出版社，1991：38．

署公布实施的宪法性法律《中华民国临时约法》，旨在规定和宣示中华民国的基本新闻政策；总统府关于《临时政府公报》的"条例"性规定，保证宣示中央政府政策主张的"公报"正常运行；由内务部制定颁行的民国"暂行报律"，规定创办报刊的基本程序和内容"底线"；由各省级政府制定颁行的地方新闻法规如《四川军政府报律》等，贯彻中央新闻政策管理当地新闻业的依据，以及前清颁行"与共和体制不相抵牾"的《著作权法》《新闻电报章程》等，形成了包括：宪法、专门法、行政法规及地方新闻法规等组成的管理新闻工作法律制度体系。

三、中国近代新闻管理体制的发展

中国近代新闻管理体制发展阶段是袁世凯时期（1912年3月1日~1916年6月6日）。袁世凯能当上"临时大总统"，一与他迫使清帝退位、在结束中国数千年封建专制君主统治等方面有一定历史贡献直接相关①；二是得到孙中山推荐并经"参议院全体一致公举"②；三是南京参议院会议在接到袁世凯电传誓词并通过《承认袁大总统受职电》后才得以在北京就职"临时大总统"。所以袁世凯与后来段祺瑞、冯国璋、曹锟及张作霖等得掌大权的过程和法律程序有明显差别。

（一）袁世凯时期的新闻媒介体系

新闻管理体制的存在前提是社会新闻媒介。袁世凯时期已基本形成完整的新闻媒介体系包括：一是政府所办报刊。中央政府官报如《临时公报》及《政府公报》；中央政府部门官报如《司法公报》《教育公报》《农商公报》；地方当局报纸如南京《联军日报》、西安《国民军政报》（日刊）等。二是政党机关报。如国家学会机关报《国权报》、共和党报纸《东大陆报》、国民党上海市党部《民国日报》等。三是民营新闻报刊。如继续出版的上海《申报》，天津《大公报》和《益世报》及上海《时报》《新闻报》及其他民营报纸。四是新闻通讯社。如杨公民在广州创办的公民通讯社；李卓民等创办的上海"民国第一通讯社"，张珍等创办的北京通讯社，邵飘萍等创办的"东京通讯社"及日本人宗方小太郎在上海创办的东方通讯社等，但都因刚刚起步故影响不大。

---

① 孙文为推荐袁世凯致参议院咨（1912年2月13日）：称"此次清帝逊位，南北统一，袁君之力实多"。
② 孙文等贺袁世凯当选临时大总统电；黄兴致袁世凯电［N］临时公报，1912-02-18（壬子年正月初一日）．

（二）袁世凯时期的新闻管理体制

袁世凯时期的新闻管理体制包括政府管理新闻事业的组织工作体系和政府为了管理社会新闻事业制定颁行的法令制度体系。

1. 管理新闻事业的组织工作体系

袁世凯时期管理新闻事业的组织工作体系包括：最高层级是大总统及其总统府（决定国家新闻事业管理的基本方针和原则，签发诸如《出版法》等法律）→政府职能部门（根据职能分工制颁部门行政规章如《报纸条例》及《电报收费办法》并依据法律和行政法规对新闻事业实施具体管理）→省级政府及政府职能部门（省级政府主官督促职能部门对当地新闻事业实施管理，省级政府有关管理部门对当地新闻媒介实施具体管理，对违法行为予以处罚）→具体新闻媒介（创办者或主持者、发行人或总编辑、主笔或撰稿人，在法律允许范围内进行新闻采访、编辑、出版和发行，并承担违法的责任）。

2. 管理新闻事业的法令制度体系

袁世凯时期管理新闻事业的法令制度体系包括：具有国家宪法功能的综合性法律、国家立法机构制定颁行的专门法律以及中央政府有关部门依照立法程序制定颁行的有关法律以及中央政府有关部门制定颁行的部门规章层面的制度等。

具有宪法性质并居于国家法律体系顶层的综合性法律，如孙中山签署颁行并得到袁世凯承认的《中华民国临时约法》、在袁世凯指使下由内阁制的《中华民国临时约法》改成总统制的《中华民国约法》等；

由立法部门依照立法程序拟定、经议会讨论批准，国家首脑签署颁行的专门性法律如这一时期颁布实施的《出版法》及《报纸条例》《报纸修订条例》等；

中央政府部门制定颁布的行政规章如《交通部饬各电局新闻电报收费办法电》。中央政府机关报管理制度，如《临时公报》和《政府公报》的编辑体例、内容范围、发行办法等制度性规定；新闻媒体创办或终刊的程序性规定；规定发行报纸须经当地警察官署许可；担任报纸发行人资格；对报纸"禁载"内容的规定以及报刊发行前应向该馆官署禀报的规定等。

（三）袁世凯时期管理新闻事业的运作机制

管理组织体系和法令法规体系形成了袁世凯时期新闻管理运作机制，即：总统→政府（内阁及立法机关）→政府职能机关（内务部、邮政总局、税务总局等部门）→省级执法机关（警察总局等执行机关）→业务机关（邮电局、税局等机关）→当地政府执法机关（当地警察官署负责程序合法和内容合法）→

新闻媒介（登记者、发行者、总编辑、总主笔等责任人）的自上而下、从形式到内容的管理运作机制。

四、中国近代新闻管理体制的成熟

袁世凯死后，北京政府进入"军阀抢权阶段"。内地有直皖两系，关外有奉系。靠枪当"大佬"，"总统（总理）走马灯"，12年有总统或执政15人。大致是皖系（1916—1920）、直系（1920—1924）和奉系（1924—1928）分别执掌北京政府实权。

（一）北京政府时期的新闻事业体系

由于特殊的社会背景，北京政府时期北洋军阀首领们的心思主要在夺权和保权，所以对新闻事业不是"很上心"，新闻事业在夹缝中获得发展。这一阶段的新闻事业主要由媒介体系和以新闻活动为中心的社会机构体系两个部分组成。

1. 北京政府时期的新闻媒介体系

北京政府时期的新闻媒介体系主要由新闻报纸、新闻广播电台、新闻电影等组成。这一阶段的历史性变革是在中国新闻界出现了由共产党创始的无产阶级新闻事业。

（1）北京政府时期的新闻报刊

新闻报纸中首先是政府官报，包括北京政府及部门官报和广州国民党政府机关报。其次是政党报刊，包括国民党和共产党的报刊以及一些小党偶尔出版的带有机关报性质的报刊。最后是民营报刊，主要如上海《申报》《新闻报》、天津《大公报》等老牌商业报纸和新创办如邵飘萍的《京报》，李大钊和陈独秀创办的《每周评论》，成舍我于1924~1925年先后创办《世界晚报》《世界日报》《世界画报》及天津新记《大公报》等。

（2）北京政府时期的新闻广播电台及管理机构

包括存在和播音时间长短不一的上海"大陆报—中国无线电公司广播电台"、天津的义昌洋行电台；日本人的大连中央放送局（广播电台），我国官办的哈尔滨无线电台；我国第一家民营的"新新公司广播电台"及中国国民党中央执行委员会宣传部的"中央广播电台"。南京政府为管理无线电广播电台在上海设立的管理全国电报电话和无线电等事业的电政总局等机构。

（3）北京政府时期的新闻纪录电影

影片公司大量出现和激烈竞争，给拍摄成本相对较低的纪录片创作创造了可为的空间。五卅运动、北伐等大规模的革命运动波及全国，使中国纪录片进入一个比较高产和繁荣的时期。① 如上海友联影片公司创办人、导演陈铿等摄制的《五卅沪潮》；中国同盟会会员、香港民新制造影画片公司（"民新"）黎民伟摄制的九大本《国民革命军海陆空大战记》；大中华百合公司的《北伐完成记》；三民公司的《革命军战史》；民生公司的《北伐大战史》；新奇公司的《革命军北伐记》以及明星公司的《爱国东亚两校运动会》；民新公司的《中国竞技员赴日本第六届远东运动会》《广东全运会》《上海远东赛马场开幕》和复旦影片公司的《远东运动会》等。

（4）无产阶级新闻事业正式诞生

马克思主义在中国广泛传播后产生了共产党。中国共产党为中国新闻事业发展注入新的活力，政党报刊中出现了共产党机关报及共产党领导的共青团、工人、农民及妇女学生等团体报刊，新闻通讯社中也出现中国共产党创办的新闻通讯社，使中国新闻媒介体系增加了全新的内涵。中国近代新闻事业体系基本成熟了。

2. 北京政府时期以新闻活动为中心的社会机构体系

北京政府时期以新闻活动为中心的社会机构体系主要由新闻教育机构、新闻界同人团体以及新闻通讯社等部分组成。

（1）新闻教育机构

为了培养新闻专业人才，新闻教育和研究机构纷纷出现。陈嘉庚创办的厦门大学报学科（1922年创办，聘孙贵定为主任）。北京平民大学创设的报学系（徐宝璜任主任，教授有邵飘萍、吴天生等。为国人自办正规新闻传播教育之始。学生组织"新闻学研究会"，出版《北京平民大学新闻学系级刊》半月刊，王豫州主编）。燕京大学创设的新闻系（美国人白瑞华为系主任，蓝序即聂世芬等为教授）。研究性机构如天津报社通讯社联合建立的天津新闻学研究会及中国摄影学会新闻部等。

（2）新闻同人团体

随着新闻活动社会影响和新闻人群体的扩大，新闻界的同人团体开始出现。如1919年2月在北京成立的万国报界俱乐部（会长汪立元）。1919年4月在上海成立的全国报界联合会（主席叶楚伧）。1921年11月由戈公振、曹谷冰、潘公展、周孝庵等发起组织成立的上海新闻记者联欢会。1922年2月成立的北京大学新闻记者同志会（主席黄右昌）。1927年3月成立的上海日报记者公会。1927年3月成立的武汉新闻记者联合会和1928年6月成立的成都报界联合会等。

---

① 方方. 中国纪录片发展史［M］. 北京：中国戏剧出版社，2003：39.

(3) 新闻通讯社

随着新闻报纸对新闻内容需求的迅速增加，仅仅依靠传统报社自设的传统"访者"已难以满足众多新闻报刊对新闻消息内容的需要。国人经办的新闻通信（讯）社纷纷出现。主要的如邵飘萍创办的新闻编译社，孙中山、林焕庭创办的国民通讯社，毛泽东创办的平民通讯社，杨明斋负责的中俄通讯社，胡政之创办的国闻通讯社。共产党在广东创办的爱群通讯社、在黑龙江创办的哈尔滨通讯社、在北京创办的劳动通讯社。国民党的"中央通讯社"，国民党浙江省党部在杭州创办的国民通讯社。国民政府外交部驻沪交涉署创办的上海国民通讯社和张竹平在上海创办的申时电讯社等。外国在华通讯社有苏俄于1919年创办的华俄通讯社（在上海、北京、哈尔滨、奉天等地有分社），法国哈瓦斯通讯社、日本东方通讯社、美国合众社、美联社、德国海通社等也相继进入中国。

(二) 北京政府时期的新闻管理体制

北京政府时期的中国新闻管理体制主要包括政府管理新闻事业的组织工作体系和政府为了管理社会新闻事业而制定颁布施行的法令制度体系。

1. 北京政府时期的新闻业管理组织体系

袁世凯是死了，但袁世凯之后的北京政府对新闻业管理工作体系却基本沿袭袁世凯时期形成的以封建专制统治为基本特征的"旧唱本"。

最高层级是总统府（国务院或执政府。职责是决定新闻业管理基本方针，实施《中华民国临时约法》，或颁布《中华民国宪法》《中华民国临时政府条例》《中华民国军政府组织令》等具有宪法性质的法律及专门法律）。

第二级是中央政府职能部门（内务部、财政部、陆军部、海军部、教育部、工商部、实业部、交通部及税务处等。职责是根据职能分工制定颁行并组织实施专业法规）。

第三级是省级及以下政府及职能部门（省级政府督促职能部门对新闻业实施管理；结合当地情况制定实施地方新闻管理法规）。

第四级是具体新闻媒介（创办者或主持者、发行人或总编辑、主笔或撰稿人，在法律范围内组织新闻采访、编辑、出版和发行，并承担违法责任）。

2. 北京政府时期管理新闻业的法制体系

北京政府时期管理新闻业的法令制度体系由不同层级的法律、法令和部门规章及专门管理制度等部分组成。

第一层级是具有宪法性质并居于国家法律体系顶层的综合性法律，如孙中山签署颁行被袁世凯废止、"称帝"失败后又恢复实施的《中华民国临时约法》、曹锟时期的《中华民国宪法》及张作霖时期的《中华民国军政府组织令》

等宪法性质的法律。

第二层级是继续有效的袁世凯时期《出版法》《戒严法》《治安警察条例》《陆军刑事条例》及《陆军刑律》及北京政府制定颁行或由"总统"签署颁行或以部门规章形式颁布实施的专门性法律或行政法规,如《检阅报纸现行办法》《管理印刷营业规则》《装用广播无线电接收机暂行规则》《管理新闻营业条例》等。

第三层级是政府部门的行政规章。如北京政府宣布"恢复邮电检查"电文,北京政府"关于设立新闻检查局"文件及北京政府《查禁俄过激派印刷物函》等。

第四层级是管理机关报刊的制度性规定。如《政府公报》的编辑体例、内容范围、发行办法等制度性规定等。

第五层级是关于新闻工作的程序性规定。诸如对新闻人资格的规定;新闻报刊创办前的申请注册程序、创办后的出版前送检程序以及装用广播无线电接收机的申请、批准及实施等具体规定。

(三) 北京政府时期的新闻管理运作机制

北京政府时期的新闻业管理运作机制大致是:中央政府(参议院等立法机关议决;总统或"执政"签署颁布宪法性质的基本法律和相关法律)→中央政府职能机关(内务部、陆军部、教育部、工商部等行政部门制定管理新闻行业的行政规章)→业务管理机关(邮电、电信、交通及税局等机关对新闻电报、报纸或通讯社进行专业性管理等)→省级及以下政府(警察部门、税务部门、电信部门、文化部门及工商部门等依据法律和行政法规管理社会新闻活动,并对违法活动予以制止或查处)→新闻媒介(登记者、发行者、总编辑、总主笔等在法律许可范围内组织新闻媒体的业务运作并承担法律责任)。

五、中国近代新闻管理体制的鼎盛及衰亡

1927年4月18日,蒋介石在南京宣布成立与武汉国民政府分庭抗礼的南京政府。"宁汉合流"后合二为一。张学良"东北易帜"既标志着北京政府正式终结,又标志南京政府完成形式"统一"。

(一) 国民党统治区的新闻管理体制

南京政府实现"统一"后,国统区新闻业很快达到鼎盛并在短短二十多年就急剧衰亡,新闻管理体制也经历了大起大落,直到国民党军溃败到台湾。因在下面叙述中国当代新闻管理体制"溯源"要讲到中国共产党领导的人民新闻管理体制"起源",及本节最后一目会提及抗战时期日伪新闻管理体制,所以这里主要叙述的是国民党主导的南京政府管治地区(俗称"国统区")的新闻管理体制。

1. 南京政府时期的新闻事业体系

南京政府时期经历了国共十年内战、八年全民抗战及国共三年决战等阶段,不同政治力量及民间资本在不同阶段创办的新闻媒介,形成了这一阶段独特的中国(国统区)新闻事业体系。这一体系主要由新闻媒介体系和以新闻活动为中心的社会生活体系两部分组成。

(1)南京政府时期的新闻媒介体系

南京政府时期的新闻媒介体系主要包括新闻报刊、新闻通信(讯)社、无线电广播、新闻纪录电影等部分。

①南京政府时期的新闻报刊。南京政府时期新闻报刊中最具影响力的是政府公报。其功能主要是报道传播政府运作过程有关新闻消息及相关信息。

中央政府级公报如由武汉迁到南京出版的《国民政府公报》一直出版到1948年5月20日改名为《总统府公报》;南京政府立法院、参议院、行政院、监察院等机构创办的"公报";各省级政府也都创办有"政府公报"。

第二是政党报纸。国民党中央机关报《中央日报》抗战时随政府迁"陪都"重庆出版,并出版过数十个地方分版。1945年9月"复员"南京。1947年5月30日成立"国民党中央日报社股份有限公司"。国民党各省级党部及部分县级党部都出版有"机关报"。中国民主同盟机关报《民主报》于1946年2月在重庆创刊,社长罗隆基。中国民主同盟机关报《光明日报》于1949年6月在北平创刊,社长章伯钧,总编辑胡愈之。

第三是军队报纸。代表性的是《扫荡日报》和《阵中日报》。抗战胜利后《扫荡报》(南京版)和(上海版)改名为《和平日报》。1949年7月1日《和平日报》(南京版)以《扫荡报》之名在台湾复刊。

第四是民营报纸。主要如天津新记《大公报》。1936年到上海创办《大公报》(沪版),随国民政府迁重庆出版后创办《大公报》桂林版和香港版。上海《申报》《新闻报》在日军占领上海后继续出版,被国民党政府作为"敌产"接收。陈铭德于1929年9月创刊南京《新民报》、成舍我于1935年9月创刊上海小型报《立报》,严宝礼、徐铸成等人创办上海《文汇报》,邹韬奋于1937年8月在上海创办的《抗战》三日刊。上海文化界救亡协会机关报的上海《救亡日报》。还有国共两党以民间名义创办的新闻报纸,如上海"孤岛"时期国民党的《中美日报》《正言报》,共产党的《译报》《每日译报》等。

第五是外人所办报纸。英文《字林西报》于1945年8月16日在上海复刊。小鲍威尔于1945年10月20日上海复刊《密勒氏评论报》并担主编。俄文日报《保卫祖国》在哈尔滨创刊。

第六是国人在海外所办报纸。主要是国民党海外支部及拥护国民党方针政策及治国方略的海外华侨华人创办并接受国民党海外组织管理（指导）的新闻报纸。主要分布在美国、加拿大及东南亚国家。

②南京政府时期的无线电新闻广播。南京政府时期无线电新闻广播电台中中规模最大的是国民党的"中央广播电台"。国民党的"中央广播电台"于1929年8月1日在南京正式首播。1938年3月10日国民党重庆广播电台作为中央台用汉、蒙、藏、回四种语言播音，后增加厦门语、广州话节目。军政部交通司于1933年秋创建专事"剿匪"宣传的南昌广播电台。1939年2月6日国民党中央短波广播电台开始播音。1940年1月1日移交国际宣传处更名为中国国际广播电台。1940年创办战地流动广播电台，1943年筹办军中播音总队并在各战区建立分队，1949年4月迁往台北。1946年12月1日在南京成立国民党空军广播电台。1948年11月1日迁台北，次年恢复播音。

第二是民营广播电台。如亚美无线电公司创建的"亚美电台"于1929年12月23日在上海开始播音。上海各界抗敌后援会组织的筹募救国捐款广播演讲分别用英、法、德、日、俄和韩语对外广播，直到上海沦陷。南京首家民营电台益世广播电台于1946年5月5日播音，1949年3月迁台湾。

第三是外国在华广播电台。上海的俄国广播协会播音台（俄国广播电台）于1933年初开办。1941年9月27日以苏商名义开办、塔斯社上海分社领导的"苏联呼声"广播电台用汉语及俄、英、德语播送新闻节目。苏联对日宣战后被日军查封，日本无条件投降后恢复播音。德国、意大利等轴心国及英美法等同盟国也在中国尤其是上海租界办有各自的广播电台。

③南京政府时期的新闻纪录电影。"九一八"事变和全民族抗日战争为新闻电影提供了广阔的天地和丰富的题材及创作动力。联华公司的《十九路军抗日战史》、明星公司的《上海之战》、天一公司的《上海浩劫记》，惠民公司的《十九路军光荣史》和亚细亚公司的《上海抗战血战史》等，受到观众热烈欢迎。官方主要有中国电影制片厂（中制）摄制了《卢沟桥事变》《抗战实录》《中国新闻》《民族万岁》及反映少数民族和建设成就的《西藏巡礼》《新疆风光》等。中央电影摄影场（中电）摄制了《抗战特辑》和《平型关战役》《电影新闻》等。西北影业公司摄制的《华北是我们的》主要记录了晋冀鲁豫抗日根据地晋东南地区军事、政治、经济、文化等方面的情况，先后在重庆、成都、

昆明、贵阳等地上映，是国民党统治区纪录片出品中唯一的一部反映八路军抗日根据地抗日生活和斗争的影片。①

（2）南京政府时期以新闻活动为中心的社会机构体系

南京政府时期以新闻活动为中心的社会机构体系主要包括新闻通讯社、新闻教育、新闻学研究、新闻行政管理等方面。

①南京政府时期的新闻通讯社主要包括国民党通讯社、外国在华通讯社、民营通讯社以及共产党创办的新华通讯社。

第一是国民党"中央通讯社"于1932年迁南京。程沧波任社长后进行业务改革，抗战时期先后迁汉口、重庆。抗战胜利后迁返南京。还创办了川康通讯社和建军通讯社以及民族革命通讯社等。1949年经广州随国民党到台北。国民党国防部新闻局于1946年7月在南京成立军事新闻通讯社（简称军闻社），社长先后为杨光凯、张六师。

第二是外国在华通讯社。美国合众社上海分社于1929年3月成立。1929年冬，法国哈瓦斯社收购印度支那太平洋广播通讯社并加以扩充成立哈瓦斯上海分社。法新社上海分社于1947年8月1日宣布停止发稿，拉开了外国通讯社在华业务走向消亡的序幕。

第三是民营通讯社。严谔声于1930年8月在上海创办新声通讯社。1937年11月国际新闻社在桂林建总社，与国民党国际宣传处合作，面向国内外150多家报刊发稿。香港沦陷后暂停业务。

②南京政府时期的新闻教育机构主要有复旦大学新闻系、"青记"的中国新闻学院以及国民党和美国合办的重庆新闻学院等。

复旦大学新闻系于1929年9月从中国文学科分出成立，谢六逸任主任。抗战爆发后，复旦大学新闻系随迁到重庆。系主任先后是谢六逸、程沧波、陈望道。

1935年，国民党中央政治学校成立新闻系，程天放任系主任，次年马星野继任。1939年4月24日，中国青年记者学会香港分会建立的中国新闻学院在香港成立，许世英、陶行知任该学院正副董事，太平洋战争爆发前夕停办。1939年5月1日，国民党在武汉大学创办留日归国人员训练班，康泽任主任。训练班内设新闻组，由谢然之主讲。

1943年10月12日，中央政治学校新闻学院开学。董显光任院长、曾虚白任副院长，克罗斯教授为首任教务长。1943年10月国民党中央宣传部国际宣传

---

① 方方. 中国纪录片发展史［M］. 北京：中国戏剧出版社，2003：77.

处与美国哥伦比亚新闻学院合办重庆新闻学院，目的是为国民党培养国际宣传和新闻方面的人才，共办了两期，1946年7月停办。1945年8月，苏州国立社会教育学院设立新闻系，俞颂华担任新闻系主任。1946年随社教学院迁至苏州拙政园。

③南京政府时期的新闻学研究团体主要有1931年10月21日成立的中国新闻学研究会，由上海进步记者、民治新闻专科学校及复旦大学新闻系部分师生组成，是中国左翼新闻记者联盟的前身。1937年11月8日在上海成立的中国青年新闻记者协会，范长江、恽逸群等为总干事，上海沦陷后迁至武汉，1938年3月15日改名为中国青年新闻记者学会，出版《新闻记者》月刊，"皖南事变"后被国民党当局查封。1941年3月16日由潘公展、程沧波、萧同兹、董显光、马星野、康心文、陈博生等人发起成立于重庆并接受中国国民党中央执行委员会宣传部"指导"的中国新闻学会等。

④南京政府时期的新闻行政机构主要包括南京国民政府交通部在上海设立管理全国电报电话和无线电等事业的电政总局。1928年6月23日国民党中央政治会议临时会议决定包括无线电广播的无线电事业改由建设委员会管辖。国民党国际宣传处（处长曾虚白）1938年2月改隶中央宣传部，抗战时期先后在美、加、澳、印度、英、法等国设立12个办事处。1939年5月26日改隶中央军事委员会战时新闻检查局，其组织训练及技术上的责任由中央宣传部负责。依照"新闻检查标准""战时新闻禁载标准"及中央宣传部与战时新闻检查局的临时指示执行新闻检查。

2. 南京政府时期的新闻事业管理体制

南京政府时期新闻管理体制包括新闻事业组织工作体系和新闻事业法令制度体系两个组成部分。

（1）南京政府时期的新闻运行组织体系

南京政府时期的新闻活动运行组织体系主要包括国民政府行政管理组织体系和国民党党务组织管理体系两个不同序列。

①南京政府时期的行政管理组织体系包括：国民政府主席（后改称"总统"，主要是签署发布具有宪法性质的基本法律及与新闻事业管理直接相关的综合性法律、专门性法律等）→行政院、立法院、司法院、考试院、监察院及"五院"新闻业管理机构（如行政院新闻局等，主要是颁布专门法规或部门行政规章）→省（特别市或直辖市）级及以下各级政府（主要负责执行法律法令和行政规章，制定颁行地方行政规章）→各级政府所属新闻管理机构如警察机关、税务机关、新闻检察机关（主要是对新闻媒介及有关机构的日常运作进行监督

检查，及时惩处违法行为）→新闻媒介如报社、电台、通讯社、教育机构、研究机构及同人团体等（主要是依法组织运作并承担法律责任）。

②南京政府时期的国民党党务管理组织体系包括：国民党中央执行委员会（常务委员会，简称中常委会，是国民党最高决策机构，主要制定颁行国民党的新闻政策）→国民党中央宣传部（国民党具体负责新闻宣传工作管理的职能部门，具体负责新闻宣传等工作并组织党报指导委员会和牵头实施新闻检查等全国性的事务）→国民党省级或特别市或直辖市及以下党部宣传部（主要是根据本地情况制定颁行地方性新闻法规或规程，具体负责检查督促本地区党报的新闻宣传，检查督促当地非党报的新闻报道和言论）→新闻媒介 [报社、电台、通讯社、教育机构、研究机构及同人团体等]（按国民党从中央到省党部及省以下党部的"即时指令"组织运行并承担违反党纪的责任）。

（2）南京政府时期的新闻法令制度体系

南京政府时期的新闻管理法令制度体系包括国民政府序列的法令制度体系和国民党序列的党内文件体系。

①南京政府时期的政府序列法令制度体系包括：第一层级是具有宪法性质的法律。如《中华民国训政时期约法》《中华民国宪法草案》（即五五宪法草案）及《中华民国宪法》等。第二层级是综合、专门法律及"实施细则"。如《著作权法》及其"实施细则"、《出版法》及其"实施细则"、《新闻记者法》及其实施细则及《中华民国民法》《中华民国刑法》《中华民国税法》等。第三层级是管理新闻业的行政规章。如建设委员会颁布施行的《中华民国广播无线电台条例》、交通部颁行的《广播无线电台及其装设及使用暂行章程》、外交部公布的《颁发外籍新闻记者注册证规则》《报馆对于党政之设施应守秘密者外均得自由刊布令》等；第四层级是省级（特别市或直辖市）政府制定颁行的地方规章。如《上海市教育局查禁小报暂行办法》等。

②南京政府时期国民党序列的党内文件体系包括：以国民党中央执行委员会（或常务委员会）名义制定公布的《中央执行委员会宣传部组织条例》《审查刊物条例》《指导普通刊物条例》《宣传品审查条例》《省及特别市党部宣传工作实施方案》《日报登记办法》《检查新闻办法大纲》，《重要都市新闻检查办法》《重要都市检查办法》和省级及以下党部制定颁行的有关制度性文件，如国民党西南执行部的《定期出版物保证办法》等。

3. 南京政府时期的新闻管理运作机制

南京政府时期的新闻业管理运作机制大致是：国民党（政治会议、中常委会、中央全委会，功能是决定新闻业政策）→中央政府（参议院等立法机关议决；总统或"执政"签署颁布宪法性质的基本法律和相关法律）→中央政府职能机关（国防部、教育部、外交部等行政部门制定管理新闻行业的行政规章）→业务管理机关（邮电、电信、交通及税局等机关对新闻电报、报纸或通讯社进行专业性管理等）→省级及以下政府（省党部；警察、税务、电信、文化及工商部门等管理社会新闻活动，并对违法活动予以制止或查处）→新闻媒介（登记者、发行者、总编辑、总主笔等组织实际运作并承担法律责任）。

（二）南京政府时期沦陷区的新闻管理体制

1931年9月日本军队制造"九一八"事变侵占我国东三省，中华民族开始进入局部抗日战争时期。直到日本政府和军方代表于1945年9月2日向盟国正式签署投降书为止的十四年间，日本军队在占领的中国领土上拼凑傀儡政府或汉奸政府，由日本军方出面或指使汉奸新闻人创办新闻媒介鼓吹所谓的"大东亚圣战"，镇压抗日新闻媒介及其新闻活动，形成了具有鲜明侵略性和傀儡性的汉奸新闻管理体制。

1. 南京政府时期沦陷区的新闻媒介体系

日伪占领区的新闻媒介体系包括：新闻报纸如大连的日文报纸《满洲日日新闻》（1932年创刊），北平的敌伪新民会之机关报《新民报》，上海的汉奸报《平报》。北京和天津同时创刊的《华北新报》。新闻通讯社如长春的伪"满洲国通讯社"通讯社（"国通社"）。南京的汪伪中央通讯机关"中央电讯社"。新闻广播如天津的日本公会堂广播电台。日军占领上海后的"大上海广播电台"。南京汪伪政府"南京广播电台"。新闻电影机构如伪"满洲国"的株式会社满洲映画协会。新闻教育机构如日本占领军在北平成立中华新闻学校（后改称中华新闻学院）。新闻行业管理机构如北京伪"北京新闻协会"，长春伪"满洲国"弘报协会及"满洲新闻协会"，南京伪"中国新闻协会"。日本战败后，汉奸新闻人受到了历史的惩罚。

2. 南京政府时期沦陷区的新闻管理体制

南京政府时期沦陷区新闻管理的组织体系是：日本军方（汉奸政府的太上皇和幕后牵线者）→汉奸政府（伪"满洲国"、伪"冀东防共自治政府"、伪"中华民国临时政府"、伪"中华民国维新政府"及汪伪"中华民国国民政府"，制定颁行实施所谓"出版法""新闻法""记者法"等法律）→敌伪政府管理机构（伪"满洲国"内务部、汪伪"中央宣传部"及"内务部"及日本军方"无线电广播监督处"等，制定颁布实施行政管理规章）→省级及以下政府（省政府公署及省政府所设的警察机关、税务机关、电信机关等，依"法"管理新闻媒介的新闻活动并制定地方行政法规）→新闻媒体等（报社、广播电台、通讯社、电影机构、教育机构及同人团体在"法律"许可范围内组织新闻活动并承担法律责任）。

南京政府时期沦陷区的法令制度体系：第一层级是基础性法律。如汪伪政府的《战时文化宣传政策基本纲要》，伪"满洲国"的所谓"宪法"等；第二层级是新闻事业专门法律。如汪伪"国民政府"的《出版法》《新闻法》及伪"满洲国"颁布的《通讯社法》《记者法》和《新闻社法》即"弘报三法"等；第三层级是新闻事业行政法规。如伪"满洲国"颁布的《关于外国记者之件》和《关于外国通讯社或新闻社之支社及记者之件》及日伪广播监督处公布的《私人无线电发射台管理条例》、汪伪政府的《国际宣传局组织法》等；第四层级是新闻媒体及相关机构内部制度（报社、广播电台、通讯社、电影摄制机构、教育机构及同人团体等）。

日本侵略者为侵略扩张抛弃基本人性乱杀无辜，发动所谓的"大东亚圣战"和拼凑"大东亚共荣圈"，用刺刀和谎言统治沦陷区新闻界。卖祖求荣的汉奸新闻人为一己私利丧失民族气节乃至基本廉耻，成为中华民族和中国新闻人的败类。历史证明：所有侵略者、卖国者及其倒行逆施都难逃历史惩罚的命运和结局。

第三节 中国当代新闻管理体制的诞生和发展

1949年10月1日，中华人民共和国中央人民政府主席毛泽东向世界宣告"中华人民共和国中央人民政府今天成立了！"中国历史由此进入中华人民共和国时期。新闻管理体制也随之进入当代时期。中国当代新闻管理体制是经过萌芽、发展、成熟，到中华人民共和国成立时才"呱呱落地"的。

一、中国当代新闻管理体制的萌芽和发展

中华人民共和国是"工人阶级领导的、以工农联盟为基础的人民民主专政的社会主义国家"。[①] 中国共产党自1921年7月成立以来就把"由劳动者重建国家"作为奋斗目标，并为之在政治、军事、文化、宣传等方面进行了艰苦卓绝的斗争，新闻宣传工作则是一个重要的领域，新闻宣传管理制度也逐渐形成和

---

① 中华人民共和国宪法（1982年12月4日公布施行）[G]//王培英.中国宪法文献通编（修订版）.北京：中国民主法制出版社，2007：4.

完善，成为中国当代新闻管理体制的萌芽和基点。

（一）中国红色新闻管理体制的萌芽和成长（1921—1949）

中国当代新闻管理体制的萌芽阶段从中国共产党成立到全民族抗战爆发的1937年左右。共产党领导的红色新闻事业及其管理体制经历了从萌芽、发展到逐渐成熟的过程。

1. 中国红色新闻管理体制的萌芽（1921—1937）

1920年秋至1921年春，上海、北京、广州、武汉等地相继成立共产主义小组（1920年8月成立上海革命局，后来称为上海发起组）。这些共产主义小组成立后相继创办为建党进行思想和组织准备的革命刊物，开始出现并逐渐形成管理制度。

（1）红色新闻管理体制萌芽时期的新闻媒介体系

1921年7月到1937年7月，中国共产党经历了诞生初期的幼稚、国共合作时期的顺利及大革命失败的磨炼、国共十年内战的锤炼并在遵义会议后形成成熟领导核心的历史进程。共产党领导的红色新闻事业也在不同阶段的社会环境中坚持发展，逐步形成较为完整的新闻媒介体系。包括：

中共中央机关报。共产党上海发起组于1920年创办的《共产党》月刊，党成立后先后创办的《向导》《前锋》《新青年》《红旗》《布尔什维克》，在江西中央革命根据地创办的《红色中华》，以及在红军到达陕北后复刊的中华苏维埃共和国中央政府机关报《红色中华》报等。

国家通讯社。1931年11月7日在江西瑞金举行中华苏维埃第一次全国代表大会，大会开幕同一天成立的红色中华通讯社就播发了会议开幕的文字新闻。此后陆续播发了有关大会的动态、报告、决议案及中华苏维埃共和国成立、毛泽东当选为临时中央政府主席等消息。红军长征后，播发红中社新闻的苏维埃政府电台及其人员随军长征，红中社新闻广播暂时停止。红军长征抵达陕北后，红中社文字广播和《红色中华》报同时在瓦窑堡恢复。

全国性群团报刊。中国劳动组合书记部机关报《劳动周刊》及中华总工会机关报《中国工人》，中华妇女联合会机关报《中国妇女》，中国共产主义青年团机关刊物《先驱》《中国青年》《无产青年》《列宁青年》及五卅运动中创办的《热血日报》等。

地方性群团报刊。如上海的《劳动界》《妇女声》、北京的《劳动音》《工人周刊》、广州的《劳动者》《犁头》，四川的《人声》周刊；广州的《青年周刊》、长沙的《湖北农民》；青年团旅欧支部的法国巴黎《少年》杂志（后改名《赤光》）等。

地方党组织报刊。如中共北京地方委员会（后改为中共北京区委，再改为中共北方区委）机关报《政治生活》周刊；著名共产党员萧楚女主编后来成为中共豫陕区机关刊物的河南《中州评论》。中共江苏省委的《上海白话报》以及陕甘宁边区政府机关报《边区群众报》等。

（2）中国红色新闻管理体制的萌芽

萌芽阶段的红色新闻媒介管理体制主要包括新闻媒介运作体系和新闻出版管理制度体系两个组成部分。

红色新闻管理体制萌芽阶段的新闻媒介运作体系具体内涵是：最高层次是党的中央委员会（决定建党宗旨、奋斗目标和政治路线等根本问题）；党的教育宣传委员会（受中央委托管理新闻出版机构，中共中央宣传部前身）；教育宣传委会编辑部（编辑部两位主任，分别负责党刊和团刊）；党刊《新青年》《前锋》《向导》《党报》和团刊《青年工人》《中国青年》《团镌》的编辑人员。中共地方组织新闻宣传的运作体系是：中共中央→党的教育委员会→省级及以下地方党的委员会→受地方党委和中央教育委员会双重领导的宣传教育负责人→地方新闻宣传刊物。

红色新闻管理体制萌芽阶段的新闻出版管理制度体系包括：最高层次是党的章程（如《中国共产党第一个决议》规定"杂志、日刊、百科全书和小册子须由中央执行委员会或临时中央执行委员会经办。各地可根据需要出版一种工会杂志、日报、周报、小册子和临时通讯。无论中央或地方的出版物均由党员直接经办和编辑。任何中央或地方的出版物均不得刊登违背党的方针、政策和决定的文章"）。中共中央会议决议如中共中央关于《教育宣传问题议决案》；中共四大《对于宣传工作之议决案：中国共产党第四次全国大会议决案》，《关于宣传部工作的决议案》及《中共六届二中全会宣传工作决议案》等。中共中央关于新闻工作的制度如《各地方分配及推销中央机关报办法》《关于党报问题的决议》《中共中央为转变目前宣传工作给各级党部的信》《中共中央通知第七十二号——中央党报通信员条例》等。

（二）中国红色新闻管理体制的发展和成熟（1937—1949）

1935年1月在遵义举行的中共中央政治局扩大会议（史称"遵义会议"）标志着中国共产党进入成熟阶段。日本侵略者制造"七七事变"发动全面侵华战争。国民党在大敌当前、民意难违的压力下同意和共产党第二次合作以抵抗日本侵略。中国历史进入新的阶段。

1. 抗日根据地及解放区的新闻媒介体系

从国共正式合作抗日到中华人民共和国中央人民政府在北京宣告成立，共产党领导的红色新闻媒介体系经过曲折发展后进入了成熟阶段。这一体系有以下几个部分组成：

（1）抗日根据地及解放区的新闻报刊

全面抗战爆发后，共产党及其领导的人民武装（八路军、新四军及华南抗日纵队等），在陕甘宁、晋察冀、晋鲁豫等抗日根据地及后来的解放区坚持创办新闻报刊，宣传动员民众投身争取民族在独立和人民解放的革命斗争，发挥了重要方面军的作用。到新中国成立前，基本形成了完整的新闻宣传报刊体系。主要包括：

第一是中共中央机关报。由陕甘宁边区政府机关报《新中华报》"改组"后的中共中央机关报《新中华报》；由延安《新中华报》和《今日新闻》合并创办的中共中央机关报《解放日报》及中共中央机关刊物《共产党人》杂志及由中共中央华北局机关报《人民日报》"转成"的中共中央机关报《人民日报》等。

第二是地方中央局机关报。如中共中央长江局在武汉创刊后迁重庆出版《新华日报》和《群众》周刊；中共中央东北局机关报《东北日报》，中共中央华中局机关报《新华日报》（华中版），中共中央华北局机关报《人民日报》，中共中央北方局机关报《新华日报》（华北版）以及中共中央晋冀鲁豫中央局机关报《人民日报》、中共中央中原局机关报《中原日报》等。

第三是地方中央分局机关报。如中共中央晋察冀分局机关报《晋察冀日报》，中共中央太行分局机关报《新华日报》（太行版），中共中央晋绥分局机关报《抗战日报》；中共中央山东分局机关报《大众日报》等。

第四是群众团体报刊。如八路军总政治部的《八路军军政杂志》，中国共产党青年运动委员会创办的《中国青年》，中共中央妇女运动委员会主办的《中国妇女》，中共中央职工运动委员会机关刊物《中国工人》，陕甘宁边区文化协会机关刊物《中国文化》及陕甘宁边区文化协会主办的《边区群众报》等。

第五是在新解放大中城市创办的共产党机关报。如中共吉林省委机关报《吉林日报》、中共内蒙古自治区委员会机关报《内蒙古日报》、中共天津市机关报《天津日报》、中共山西省委机关报《山西日报》、中共江苏省委机关报《新华日报》、中共浙江省委机关报《浙江日报》、中共河南省委机关报《河南日报》、中共黑龙江省委机关报《黑龙江日报》及中共江西省委机关报《江西日报》等。

（2）抗日根据地及解放区的新闻通讯社

"西安事变"后，红色中华社改名为"新中华社"（简称新华社）。1939年

2月，新华社与《新中华报》社分开成独立单位，直属中央党报委员会领导。抗日战争中，新华社在各主要抗日根据地建立了分社如华北总分社，晋冀豫分社，晋西北分社，晋察冀分社，山东分社和华中分社等；解放战争中，新华社在大战略区先后设立总分社，如华中、晋察冀、山东、晋绥、华东、东北、晋冀鲁豫、西北、华北、中原等总分社；解放战争后期逐步建立各省分社；同时在各野战军设总分社，野战兵团设分社。1947年建立新华社香港分社，到新中国建立时，已先后建立了伦敦分社、布拉格分社和平壤分社。

（3）抗日根据地及解放区的新闻广播电台

1940年12月30日，延安新华广播电台正式播音，到1943年春暂停播音。日本宣布无条件投降后恢复正常广播。八路军收复张家口后建立的张家口新华广播电台于8月24日开始播音①。8月20日，刘亚楼领导建立的哈尔滨广播电台开始播音。1946年9月1日晋冀鲁豫解放区建立的邯郸新华广播电台，在解放战争最艰难时刻接替陕北新华广播电台播音，保证了中共中央对外广播的连续不断。1946年9月23日东北新华广播电台开始播音。其余还有山东的华东新华广播电台、西北新华广播电台等。新解放的大中城市逐步建立广播电台，新中国成立后大部分成为省级或市级广播电台。

（4）抗日根据地及解放区的新闻电影机构

1938年4月1日，抗敌电影社在延安成立。1938年9月，袁牧之和吴印咸从武汉来到延安后，八路军总政治部电影团（俗称延安电影团）成立，先后拍摄了《把生产和战斗结合起来》（又名《南泥湾》）、《八路军》等新闻纪录电影。1946年7月成立延安电影制片厂。② 解放战争中，延安电影制片厂摄制了《保卫延安和保卫陕甘宁边区》素材，后收辑进长纪录片《红旗漫卷西风》和短纪录片《还我延安》中。1946年4月18日，舒群奉命接管"满映"成立东北电影公司任总经理。1946年10月1日改名为东北电影厂（"东影"），是中国共产党领导的第一个大型电影制片厂。1947年5月1日出品纪录片专辑《民主东北》被誉为"新中国电影纪录片摄影家的摇篮"。华北电影队于1947年11月成立石家庄电影制片厂；和平解放后于1949年4月20日成立北平电影制片厂。

2. 抗日根据地及解放区的新闻管理体制

自国共合作抗日以后，抗日根据地及解放区的新闻管理体制不断发展，到

---

① 艾红红. 民国时期的新闻广播业［M］. 新北：花木兰文化事业公司，2020：180.
② 方方. 中国纪录片发展史［M］. 北京：中国戏剧出版社，2003：105.

新中国成立时已基本成熟，只待"呱呱落地"。红色新闻管理体制包括新闻媒介运作组织体系和新闻事业管理法令制度体系。

（1）抗日根据地及解放区的新闻媒介运作组织体系

包括：中共中央（决定党的路线方针和新闻宣传工作政策）→中共中央宣传部（根据中共中央决议具体负责新闻宣传工作的组织、监督和实际运行）→中央党报委员会（具体讨论决定中共中央机关党报党刊的重大问题及重要社论撰写定稿等）→中共中央（战略区）地方局（根据中央决议和指示领导本地区的新闻宣传工作）→中共中央地方局党委宣传部（具体负责所在根据地党组织机关报刊、群团报刊、新闻通讯社及新闻广播电台工作）→中共中央地方分局或省级党委（根据中央决议和指示领导本地区的新闻宣传工作）→中共中央地方分局或省级党委宣传部（具体负责根据地党组织机关报刊、群团报刊、新闻通讯社及新闻广播工作）→新闻媒介（在单位党组织领导下，依托社委会或台委会、编辑委员会、社论委员会及职工代表大会等组织日常运作）。

（2）抗日根据地及解放区的新闻管理法令制度体系

抗日根据地及解放区的新闻管理法令制度体系由六个不同层级的内容构成：

第一个层级是中国共产党全国代表大会的决议（如中共"七大"决议中关于新闻宣传工作的内容）。

第二个层级是中共中央关于新闻事业管理的决定、决议、通知或指示。如中共中央《关于党报问题给地方党的指示》，中共中央《关于统一各根据地内对外宣传的指示》《中共中央关于新解放城市中中外报刊通讯社处理办法的决定》《中共中央对处理帝国主义通讯社电讯办法的规定》《中共中央关于宣传工作中请示与报告制度的决定》等以及中共中央书记处《关于建立〈新中华报〉的边区通讯网问题的通知》等。

第三个层级是中共中央宣传部关于新闻宣传工作的决定指示。如中共中央宣传部《关于电台广播的指示》和《关于各抗日根据地报纸杂志的指示》《为改造党报的通知》等。

第四个层级是中共中央地方（分）局及关于当地新闻宣传工作及新闻通讯工作的指示或决定。如中共中央西北局《关于〈解放日报〉工作问题的决定》，中共中央晋绥分局《关于〈抗战日报〉工作的决定》等。

第五个层级是解放区地方政府或新解放大中城市军管会关于新闻业管理的地方性法规。如北平市军管会《北平市报纸、杂志、通讯社登记暂行办法》，上海市军管会《上海市私营广播电台暂行管制条例》及华北人民政府《华北人民政府新闻发布办法》等。

第六个层级是新闻媒介管理部门（新华通讯社及其总分社）关于全国范围新闻宣传有关工作的指示。如新华总社《关于野战分社的工作方法的指示》，中央宣传部与新华总社《关于纠正各地新闻报道中右倾偏向的指示》，三野新华总分社《关于城市采访的规定》及华东总分社《新华社华东总分社关于新华社、报社分离的指示》等。

二、中国当代新闻管理体制的诞生和探索（1949—1978）

中华人民共和国中央人民政府庄严宣告成立，标志着中国历史正式进入"当代"阶段。在经过革命战争年代数十年艰苦探索和建设达到成熟水平的红色新闻管理体制基础上，中国当代新闻事业及新闻管理体制"呱呱落地"正式诞生了。

（一）中国当代新闻管理体制的诞生（1949—1954）

中华人民共和国建构的新闻管理体制和南京政府的新闻管理体制相比是一个全新的新闻管理体制。之所以是"全新"的新闻管理体制，是因为新闻管理体制所管理的物质对象"新闻媒介体系"发生了根本的变化。

1. 新中国诞生后的新闻媒介体系

自中华人民共和国中央人民政府在北京宣告成立到中华人民共和国第一次全国人民代表大会召开并通过第一部社会主义宪法《中华人民共和国宪法》前，已经建立起一个完整的基本适应党和人民利益发展需要的新闻事业体系。这个体系主要包括：

（1）新中国诞生初期的新闻报刊

新中国诞生初期的新闻报刊主要包括共产党及共产党领导的工青妇团组织机关报等不同类型和层级。

第一是共产党的各级组织机关报。中共中央机关报如《人民日报》、各中共中央地方局机关报如《东北日报》《解放日报》《长江日报》等、各省级党委机关报如《安徽日报》《新疆日报》《河南日报》《新华日报》等及全国地区（专署）、县级党委机关报。

第二是各民主党派报刊。如中国民主同盟机关报《光明日报》（1953年1月至1966年6月为中国各民主党派、中华全国工商联和无党派人士联合主办，"现为中共中央主管主办"）。[①]

第三是工农青少团体报刊。如中国共产主义青年团中央机关报《中国青年

---

① 新华社消息．习近平致信祝贺光明日报创刊70周年，2019-6-16.

报》、由共青团（共青团，1949年至1964年为中国新民主主义青年团）中央主办的中国少年先锋队中央机关报《中国少年报》；中国全国妇女联合会机关报《中国妇女报》，中华全国总工会机关报《工人日报》及以全国农民读者为对象的山东《农村大众报》及《黑龙江农民报》等。

第四是继续出版的民营报纸。如上海《大公报》(《大公报》沪版发表《大公报新生宣言》后，向上海市军管会履行登记手续获准后继续出版)、《文汇报》（上海解放后复刊），天津《进步日报》(《大公报》天津版改组更名）以及《新民报》（北平版、南京版、成都版、重庆版）等。

（2）新中国诞生后的新闻通讯社

中华人民共和国的国家通讯社新华通讯社的前身可追溯到1931年11月成立的红色中华通讯社。1937年1月改名新华通讯社，随着人民革命事业的胜利脚步走进新中国，经过调整和加强成为统一的全国通讯社，也是法定新闻监管机构，目标是成为世界性现代通讯社。中华人民共和国政务院成立后属于文化教育委员会下的新闻总署管。新闻总署撤销后改隶文化教育委员会直接管理。后来成为国务院组成部门之一。在全国（台湾省暂时除外）各省（直辖市、自治区）设有新华社分社，并在世界各国（主要是社会主义国家）设有分社。

1952年9月14日成立并于10月1日开始发稿的中国新闻社，社长金仲华，具体业务负责人为张楚琨。根据华侨爱国统一战线的基本方针和政策，对海外100余家华侨报纸广播汉语记录新闻，报道祖国政治、经济、文教、卫生等建设成就和闽粤要闻、侨乡情况，以促成爱国华侨大团结。

（3）新中国诞生后的新闻广播电台

中华人民共和国中央人民政府成立后，原中央广播事业管理处改组成广播事业局，成为国家新闻总署下设的广播事业专门管理机构。1949年12月5日，北京新华广播一台定名为中央人民广播电台，由中央广播事业局直接领导。1950年4月10日开播"首都报纸摘要"。1951年5月1日开播《全国各地人民广播电台联播节目》。各省（直辖市、自治区）新闻广播电台的广播内容以当地政治、经济、文化、教育及社会新闻为主，并在规定时间段转播中央人民广播电台的"各地广播电台新闻联播节目"，形成了以中央人民广播电台为中心的四级［中央台、大行政区台、省（直辖市）台及市级台］广播宣传网。[1]

（4）新中国诞生后的新闻电影

1946年10月成立的东北电影制片厂（后改名为长春电影制片厂）和1949

---

[1] 赵玉明. 中国广播电视通史［M］. 新1版. 北京：中国广播影视出版社，2014：176.

年4月成立的北京电影制片厂都有专门的新闻纪录电影摄影队。1952年4月政务院特别批准了文化部关于建立新闻纪录片专门机构的报告,决定"从全国干部中尽量抽调一部分力量转到新闻纪录片岗位上来"。[①] 1953年7月7日在北京成立中央新闻纪录电影制片厂(简称"新影")。1953年2月2日,中央批准上海成立中央电影局科学教育电影制片厂。

(5)新中国诞生后的新闻教育机构

新中国成立初,旧中国遗留的新闻教育机构主要有北京燕京大学新闻系、上海复旦大学新闻系、圣约翰大学新闻系、民治新闻专科学校、中国新闻专科学校、苏州社会教育学院新闻系(1950年停办)及广州国民大学新闻研究班等,在新中国成立后大多继续办学。1949年10月,中央人民政府政务院新闻总署直属的北京新闻学校成立。中共中央宣传部1951年10月在北京开办中央宣传干部训练班。1952年全国高校院系调整中,1949年7月成立的上海华东新闻学院、暨南大学新闻系、圣约翰大学新闻系、中国新闻专科学校等先后并入复旦大学新闻系;燕京大学新闻系并入北京大学中文系并改设为编辑专业(后改称新闻专业);上海民治新闻专科学校在1953年停办。1954年9月,中央马列主义学院新闻班在北京开办。

2. 新中国诞生后的新闻管理体制

在中华人民共和国第一届全国人民代表大会召开前,新中国的新闻管理体制主要由新闻媒介运作组织体系和新闻管理法令制度体系两部分组成:

(1)新中国诞生后的新闻媒介运作组织体系

新中国诞生后的新闻媒介运作组织体系主要包括七个不同层级的内容:

第一层级是中国人民政治协商会议(暂时执行全国人民代表大会的职权)。通过《中国人民政治协商会议共同纲领》《中国人民政治协商会议组织法》《中华人民共和国中央人民政府组织法》等新中国的奠基历史性文件。

第二层级是根据《中华人民共和国中央人民政府组织法》选举组织中央人民政府委员会(行使国家政权的最高机关)和中央人民政府政务院(中央人民政府委员会是最高行政机关。政务院是最高执行机关)。

第三层级是中央人民政府政务院下设的中央人民政府新闻总署(依据宪法和国家法律对全国新闻活动实施管理,制定管理新闻业的部门规章)。

第四层级是大行政区政府中设新闻出版局,或分设新闻与出版两局(负责在大行政区贯彻落实宪法或其他法律,结合本地情况制定颁布地方管理新闻活

[①] 方方. 中国纪录片发展史[M]. 北京:中国戏剧出版社,2003:196.

动的行政法规）。

第五层级是大行政区重要省市设新闻出版处，一般省市设新闻出版室、新闻管理处等部门（在大行政区领导下负责在本区贯彻落实宪法或其他法律，结合本地情况制定颁布地方管理新闻活动的行政法规）。

第六层级是没有私营报纸且私营书店甚少的省市在省政府或市政府内设新闻秘书依法布告重要新闻，有关行政管理事务由文教部门设专人负责。

第七层级是具体运作的不同类型的新闻媒介（包括报馆、通讯社、广播台等新闻媒介。新闻教育由教育部门管理）。

（2）新中国诞生后的新闻管理法令制度体系

新生的中华人民共和国各级政府高度重视新闻事业的健康发展，在较短的时间里就初步建立起了较为完整的新闻管理法令制度体系。这一体系主要包括以下层级：

第一层级是具有宪制性法律功能的《中国人民政治协商会议共同纲领》规定人民享有言论、出版、结社、邮电等基本人权和自由，规定人民享有依法监督批评任何政府工作人员的权力和自由。

第二层级是《中华人民共和国中央人民政府组织法》，明确新闻出版署是中央人民政府政务院组成部门，同时须接受文化教育委员会指导的管理体制。

第三层级是中共中央关于新闻工作的决定或指示，如中共中央《关于改新华社为统一集中的国家通讯社的指示》《关于在报纸刊物上展开批评与自我批评的决定》等。

第四层级是中央人民政府政务院关于新闻工作的新闻法规。如政务院《关于统一发布中央人民政府及其所属各机关重要新闻的暂行办法》《关于中央人民政府所属各机关在〈人民日报〉上发表公告及公告性的文件的办法》《管理书刊出版业印刷业发行业暂行条例》《期刊登记暂行办法》等。

第五层级是政府职能部门（如政务院秘书厅、新闻总署、中央广播事业局、邮电部、公安部等）制颁的行政规章。如政务院秘书厅《关于严格遵照统一发布新闻的通知》；新闻总署《关于稿件必须经有关方面审阅后始得发表的指示》；中央广播事业局《规定各地人民广播电台分区管理办法通令》《关于各人民台订定广播节目时间表的规定》；邮电部、新闻总署《关于邮电局发行报纸暂行办法》；新闻总署和出版总署《关于各级新闻出版机关的任务与组织暂行规定（草案）》；公安部《关于发布公安新闻办法的规定》等。

第六层级是各行政区地方新闻法规，如中南军政委员会《中南军政委员会及其所属各机关新闻秘书暂行工作简则（草案）》，中共中央东北局《中共中央东北局新闻与公开出版物保密条例（修正案）》；西南军政委员会批准《西南区组织报刊发行站暂行办法》，中南军政委员会新闻出版局《严禁各地收听敌台广播节目的通知》，东北人民政府公安部《关于管理收音机暂行办法》等。

（3）新中国诞生后的新闻管理运作机制

新中国诞生后的新闻管理运作机制包括党的宣传管理系统和政府行政管理系统。党的宣传工作管理系统：中共中央及其常委会→中共中央宣传部→中共各大区中央局宣传部→中共省（直辖市、自治区）级党委宣传部→中共地区级委员会（俗称地委）及以下党委的宣传部→新闻媒介［媒体内部的党委（组）或党的负责人］。

政府行政管理系统：中国人民政治协商会议→中央人民政府委员会→中华人民共和国政务院→中央人民政府政务院新闻总署（内设中央广播事业局，新闻总署于1952年7月撤销后新闻工作由党的宣传部门代管）→大行政区军政委员会新闻出版局（或分设新闻与出版两局）→省级人民政府或直辖市新闻出版处（新闻出版室）→地区或县级人民政府的新闻室（一般与人民政府办公室合署办公）→具体新闻媒介（依法从事新闻搜集和传播活动并承担法律责任）。

（二）中国当代新闻管理体制的探索（1954—1978）

1954年9月15日至18日，中华人民共和国第一届全国人民代表大会在北京召开。会议通过了《中华人民共和国宪法》等法律，选举产生新的中央政权领导机构，实现了由新民主主义国家制度向社会主义国家制度的飞跃。在中共中央十一届三中全会召开前，中国当代新闻管理体制一直在探索的道路上前进。

1. 中国当代新闻管理体制探索阶段的新闻事业体系

从1954年9月到1978年底的近25年间，新中国经受了严峻的内外考验但仍坚定地在社会主义道路上探索前进，建立了比此前任何阶段都完整的新闻媒介体系。这一阶段的新闻媒介体系和主要有新闻报刊、新闻广播、新闻通讯社、新闻电影、新闻电视等。

（1）中国当代新闻管理体制探索阶段的新闻报刊

这一阶段的新闻报刊经历了错综复杂的发展过程，但基本的体系结构没有大的变化，新闻报刊的主流价值观也没有根本的变化。这一阶段的新闻报刊主要包括：

共产党机关报。除《人民日报》明确是"中共中央机关报"外，省级主要报纸实际兼有共产党组织机关报和同级政府机关报的双重功能。中央地区局撤销后，东北局机关报《东北日报》和西南局机关报《新华日报》停刊，中南局机关报《长江日报》成为武汉市委机关报，西北局机关报《群众日报》改为陕西省委机关报《陕西日报》，华东局机关报《解放日报》改为上海市委机关报。省（市、自治区）党委和政府均办有机关报。以《西藏日报》（汉、藏文版）于1956年4月22日在拉萨创刊为标志，省级行政区党委（政府）机关报覆盖全国大陆。1956年底全国大部分中共地市级组织都办有机关报，一些县级党组织也创办了报纸。

专门性报纸。中国民主同盟机关报《光明日报》成为中国各民主党派、中华全国工商联和无党派人士联合创办的以知识分子为主要读者对象的报纸；上海《大公报》和天津《进步日报》合并成以经济新闻为特色的天津《大公报》出版发行；北京市科协创办了《科学小报》（周刊）。中央人民广播电台创办《广播节目报》（周刊）；福建省侨务办公室创办机关报《福建侨乡报》；中国国民党革命委员会创办机关报《团结报》；中央人民政府冶金部创办行业性报纸《冶金报》等。

少数民族文字报纸。如《西藏日报》（藏文版，中共西藏委员会机关报），《和田报》（维吾尔文版，中共和田地委机关报）、《延边日报》（朝鲜文版，中共延边党委机关报），《团结报》（傣文、景颇文、汉文版，中共德宏傣族景颇族自治州机关报）和《阜新蒙古族自治县报》（蒙古文版）及《巴里坤报》（哈萨克文、汉文版，中共巴里坤县委机关报）等。

军队报刊。1950年全国为六个大军区，1955年全国为13个大军区，各大军区党委及机关都出版有各自的机关报。1956年1月1日，中共中央军事委员会机关报《解放军报》正式创刊，形成了从中央军委机关报到各大军区机关报的完整的人民军队报刊体系。

（2）中国当代新闻管理体制探索阶段新闻广播

1952年12月—1956年7月中央广播事业局先后召开四次广播工作会议和全国农村有线广播工作座谈会，新闻广播事业尤其是农村广播网建设得到迅速发展。1953年，全国有575个县城和乡镇设立了有线广播站。1955年国务院发出《关于在农业、畜牧业、渔业生产合作社重点建立收音站的指示》，广播事业局当年为全国已经建立的一万多个收音站免费供给收音机。全国广播电台的发射总功率比1952年增加4倍，中央人民广播电台增加5.66倍。全国有线广播站发展到1458个，广播喇叭达50.6万只。到1956年底，中央人民广播电台第一、二套节目的播音时间增加到23小时55分，加上少数民族语言广播和对台湾广播每天总计播音38小时40分，比1949年增加6.7倍。到1978年，不仅农村有线广播站遍布全国，农村广播喇叭的入户率也达到了64%。

(3) 中国当代新闻管理体制探索阶段的新闻通讯社

根据中共中央《关于改新华通讯社为统一集中的国家通讯社的指示》和中央人民政府新闻总署《关于统一新华通讯社组织和工作的决定》，新华通讯社迅速成为名副其实的国家通讯社。毛泽东于1955年12月指示新华社"把地球管起来，让全世界都能听到我们的声音"。刘少奇于1956年5月28日和6月19日先后就新华社性质、任务和作用，在国际新闻报道、国内新闻报道、记者工作的谈话中提出"把新华社建设成为世界性通讯社"的目标。新华社在1956年讨论和制订了改进报道工作和建设世界性通讯社的远大规划，提出"争取在12年内把新华社基本建成世界性通讯社的目标"。当年，海外分社由9家增加到19家，同时实行记者工作定额制度，分级分类发稿制度。经过近30年建设，新华社成为完全的国家新闻通讯社和在世界上有一定影响的新闻通讯社。

(4) 中国当代新闻管理体制探索阶段的新闻纪录电影

在上海成立中央电影局科学教育电影制片厂和北京成立专业拍摄新闻纪录影片的中央新闻纪录电影制片厂（新影）后，中国农业电影制片厂于1954年成立。1960年3月12日，北京整合八一电影制片厂的科教片室、北京师范学院的首都教学电影制片厂和北京市卫生局卫生教育所的电影组等成立北京科学教育电影制片厂。长春电影制片厂、西安电影厂、珠江电影厂、峨眉电影厂、八一电影厂等都有以摄制新闻记录和科教片为主要功能的部门和单位，摄制了一系列记录历史重要场景和反映社会主义建设重要成就的新闻纪录片。

(5) 中国当代新闻管理体制探索阶段的新闻电视

毛泽东于1954年指示"要办电视"。1956年5月赴捷克斯洛伐克学习电视的人员回国。1957年8月中央广播事业局成立"北京电视实验台筹备处"。1958年3月，北京广播器材厂黑白电视图像发射机和伴音发射机调试成功。5月1日北京电视台实验播出，9月2日起正式播放节目。上海市委于1958年3月批准筹建上海电视台并在10月1日试播。到1963年全国已建成电视台、试验台和转播台计36座（经济困难时期大多下马）。1964年北京和天津电视台互用微波传送节目试验成功。由于群众组织"夺权"，北京电视台于1967年1月6日停播，2月4日恢复播出。1967年12月中央决定对广播事业局实行军管。1973年1月"军管"结束。1973年5月1日，北京电视台试播彩色电视，1974年10月1日正式播出彩色电视。1977年7月25日，北京电视台以彩色向全国传送和面向北京的两套节目。

(6) 中国当代新闻管理体制探索阶段的新闻教育

新中国成立的中国人民大学新闻系于1955年9月招生，1956年10月创办教学实习报纸《新闻与出版》。其他学校新闻专业正常运行。"文革"中各校普遍停课"闹革命"。复旦大学新闻系实际上停办。中国人民大学新闻系因学校撤销也随之撤销。北京广播学院新闻系也随学校撤销。全国恢复统一招生后，北京大学、复旦大学、北京广播学院及广西大学新闻系或新闻专业恢复招生。中国人民大学于1978年复校，新闻系恢复招生。中国社会科学院、中国人民大学、复旦大学于1978年恢复招收新闻学硕士研究生，新闻教育"春回大地"。

2. 中国当代新闻管理体制探索阶段的新闻管理体制

中国当代新闻管理体制探索阶段的新闻管理体制主要由新闻媒介运作组织体系和新闻管理法令制度体系两部分组成。

（1）中国当代新闻管理体制探索阶段的新闻媒介工作组织体系

中国当代新闻管理体制探索阶段的组织工作体系主要由以下不同功能层级的工作组织（机构）组成。它们是：

第一层级是中华人民共和国全国人民代表大会及其常务委员会。负责制定颁布和修订《中华人民共和国宪法》及其他法律。其地位和权威性在"文革"期间受到严重伤害。

第二层级是中华人民共和国国务院。国家最高行政权力机关，负责统管包括新闻工作在内的全国行政事务并制颁行政法规。

第三层级是国家专司新闻事业的职能部门。新闻总署撤销后1954年11月10日成立国务院第二办公室，范长江为第二副主任。1959年6月改设文教办公室，1966年5月撤销。后设文化部，1970年改为国务院文化组。职责是根据宪法、国家法律和总理指示对全国性新闻活动实施管理，并制定管理新闻业的行政法规。

第四层级是省级政府新闻管理机构。负责在本地区贯彻落实宪法或其他法律，结合本地情况制定颁布地方管理新闻活动的行政法规。

第五层级是地市级政府新闻管理机构。负责在本地区贯彻落实宪法和法律以及省政府制定颁布的行政法规，具体管理当地新闻媒体的新闻活动。

第六层级是新闻媒介，包括报馆、通讯社、广播台等，在法律范围内实施新闻活动并承担法律责任。

（2）中国当代新闻管理体制探索阶段的新闻管理法令制度体系

这一阶段的新闻管理法令制度体系具体包括两个组成部分，即国家法律或行政法规体系和作为执政党的中国共产党的党内文件及纪律体系。

国家法律或行政法规体系包括：

第一个层次是国家基本大法即《中华人民共和国宪法》（第一届全国人民代

表大会通过后经多次修改，规定人民享有言论、出版、结社、大鸣大放和大字报等权力，享有依法监督批评任何政府工作人员的权力和自由）。

第二个层次是国家赋权法即《中华人民共和国中央人民政府组织法》（全国人民代表大会通过。规定国务院职责和下设工作部门，赋予国务院对全国行政事务包括新闻事业进行行政管理的权力和职责）。

第三个层次是国家专门法如全国人大常委会通过的《中华人民共和国治安管理处罚条例》中对出售、出租反动淫秽、荒诞的书刊、画册、图片行为进行处罚的条款。

第四个层次是国务院行政法规。如国务院《关于改进文教事业管理体制的规定》（修改稿）、《关于在公开发行的书刊中刊载涉及我国国界的地图问题的通知》及《关于设置和使用无线电台的管理办法》等；

第五个层次是职能部门规章。如中央广播事业管理局《无线电广播频率管理办法》《划分大中城市无线电发信区域和选择电台场地暂行规定》，文化部《关于严格注意在书刊出版工作保守国家秘密的通报》《关于在报刊图书中尽量使用已经推广的简化汉字的通知》以及国务院批转对外贸易部和公安部制定的《进出口印刷品管理试行办法》等。

作为执政党的共产党同样高度重视新闻事业，并根据实际需要以党内文件的形式向有关工作机构或在这些机构担任领导职务的共产党员传达党对新闻事业管理的要求或纪律。共产党对新闻管理工作文件体系包括：

第一个层次是中共中央文件。如中共中央《关于不得在报刊上批评兄弟国家的理论著作和影片的通知》《关于报刊书籍出版发行工作几个问题的通知》《关于报刊宣传应注意事项的通知》等。

第二个层次是中央转发（批转）的部门文件。如中共中央批发《文化部关于安排1957年新闻出版用纸的报告》，中共中央转发《中央宣传部关于报纸、刊物的创办、停刊与该刊的情况和建议改变批办手续的报告》等。

第三个层次是职能部门文件。如中共中央宣传部《关于绘制和印行领袖像等问题的通知》《批转邮电部报刊推广局关于县报发行工作的情况的报告的通知》。

第四个层次是中央宣传部转发的部门文件。如中央宣传部转发《新华通讯社、邮电部党委关于改进〈参考消息〉发行工作的意见》等。

第五个层次是中共省（市、区）党委及其宣传部下发的地方性新闻管理文件。各省（市、区）具体情况不尽相同，各省（直辖市、自治区）根据中共中央、中央宣传部指示结合当地情况制定对当地新闻媒介实施管理的文件。

第六个层级是一个特殊的现象。"文革"期间新闻媒介及新闻活动处于无序状态，县级乃至县级以下都有革命群众组织或革命委员会创办的"机关报"，一些县及县以下权力机构也会下发一些制度性文件，要求当地新闻媒介执行。

3. 中国当代新闻管理体制探索阶段的新闻管理运作机制

尽管不断受政治运动尤其"文革"的冲击，但主体仍是共产党的宣传工作管理系统和政府行政管理系统两个部分：

第一个部分是共产党宣传工作管理系统，大致是：中共中央→中共中央宣传部→中共各省（直辖市、自治区）委宣传部→省（直辖市、自治区）级以下党委宣传部→新闻媒介（新闻报纸、新闻广播、新闻通讯社等）。

另一个部分是政府行政管理系统，大致是：全国人民代表大会及其常委会→中华人民共和国国务院→国务院下属新闻管理机构（国务院第二办公室、文教办公室、文化部及国务院文教组等）→省级人民政府或直辖市新闻出版处（新闻出版室）→县级人民政府的新闻室（一般与人民政府办公室合署办公）→新闻媒介（新闻报纸、广播电台、电视台及新闻电影摄制单位）。

"文革"初期政府受冲击瘫痪，党组织被"踢开"，"革命群众组织"及"革命委员会"一度执掌新闻宣传大权的现象，"文革"后期逐渐改变，"文革"后彻底结束。

三、中国当代新闻管理体制的恢复建设和不断完善（1979—2019）

中共十一届三中全会是中国共产党及中华人民共和国发展道路上具有深远意义的伟大转折点，自此中国拉开了改革开放的序幕。1992年开始社会主义市场经济体制建设。在进行经济体制改革的同时，积极推进政治体制改革，经济、政治、文化等方面得到历史性发展。中国当代新闻管理体制建设进入崭新的阶段。

（一）中国当代新闻管理体制的恢复建设（1979—1997）

中国当代新闻管理体制的恢复建设包括新闻媒介体系和新闻事业管理法令制度建设两个部分。具体情况如下：

1. 中国当代新闻管理体制恢复建设阶段的新闻媒介体系

这一阶段的中国新闻媒介体系主要包括纸质新闻媒介和非纸质新闻媒介两个部分。

（1）中国当代新闻管理体制恢复建设阶段的纸质新闻媒介

这一阶段中国新闻业界的纸质新闻媒介主要是新闻报纸和新闻刊物。新闻报纸包括：

中共党委机关报：包括中共中央机关报《人民日报》，省（自治区、直辖市）党委机关报及省级以下党委机关报。

城市晚报。在省会及部分地市级城市出现依托"日报"创办"晚报"的新现象。如南京出现了依托省级《新华日报》创办的《扬子晚报》和依托南京市《南京日报》创办的《金陵晚报》等。

都市生活报。自1995年1月《华西都市报》创刊后，注重信息实效性、知识性、实用性和服务性的"都市报"成为省（自治区、直辖市）级新闻报纸领域的又一生力军。

专（行）业报纸。国家行业管理部门或社会行业组织创办以报道行业信息为主的报纸。如《中国汽车报》《中国能源报》及《人民邮电报》《中国铁道报》《中国化工报》《中国国防报》等。

新闻性刊物。如新华社受中共中央宣传部委托于1980年5月创办的《半月谈》，新华社于1981年4月创办的《瞭望》，北京的《环球》及广东的《南风窗》《新周刊》等。20世纪90年代先后出现了《三联生活周刊》《看世界》和《中国新闻周刊》等新闻性刊物。

(2) 中国当代新闻管理体制恢复建设阶段的非纸质新闻媒介

中国当代新闻管理体制恢复建设阶段的非纸质新闻媒介主要有：

首先是新闻广播。1983年3—4月召开第十一次全国广播电视工作会议提出"最近三五年要一年比一年有显著进步"的目标。到1988年底，全国广播电台数量达到461座，比1982年增长2.9倍。80年代出现调频广播、卫星广播，全国广播电台于90年代开始由模拟广播向数字化过渡。1988年珠江台率先推出调频立体声广播，1996年又在亚洲率先使用数字音频广播（DJLB），使广播节目的录制和播出质量有了明显提高。

其次是新闻电视。北京电视台于1978年5月1日定名为中央电视台（同日成立中国国际电视台）。1983年第十一次全国广播电视工作会议提出"1988年底左右大部分县都能看到电视""在第七个五年计划期间实现广播卫星上天，使广播电视基本上覆盖全国"，到20世纪末"要逐步做到户户、人人都能看到电视"的目标。1997年，我国电视台由1978年的32座增加到923座，有线电视台也发展到1280座。

最后是新闻纪录电影。"文革"结束后，中央新闻纪录电影制片厂很快恢复，在摄制记录社会或政治重大事件的新闻纪录电影的同时，摄制了大量具有艺术性、科学性和思想性的科学技术教育和普及性纪录影片。1993年划归中央电视台，由原来以摄制生产新闻纪录电影为主转向以制作电视节目、译制片、纪录电影、电视剧的影视结合生产模式，并改称"中央电视台新影制作中心"，在摄制纪录电影的同时摄制电视剧。

（3）中国当代新闻管理体制恢复建设阶段的新闻通讯社和新闻教育

新华通讯社经过"文革"结束后一个阶段的整顿和恢复，各方面工作回归正常健康发展状态。总社在省（自治区、直辖市）政府所在地设立"新华社（省市名称）分社"（如新华社江苏分社），在一些较为重要的城市设立记者站，建构起覆盖全国的新闻信息搜集报道网络，着力在世界各国（地区）设立分社或派驻记者。到1997年左右，新华通讯社已在国外内外建立起了100多个分社，并建立了亚太、中东、拉美、非洲、欧洲等地区总分社，用汉语、英文、法文、西班牙文、阿拉伯文、俄文、葡萄牙文、日文等文字向世界各国发布新闻稿。

中国新闻教育经历了恢复和迅速发展两个阶段。到1982年底，全国在中国人民大学、复旦大学之外又增办了郑州大学、安徽大学、中国人民警官大学、四川大学、山西大学、河北大学6个大学新闻系和一所培训在职人员的全国记协职工新闻学院，大学专科、本科层次的新闻教育单位达12家，还创办了一所中专即湖南广播电视学校。1983年5月中共中央宣传部和教育部联合下发《关于加强新闻教育工作的意见》，中国大陆地区的新闻教育进入迅速发展阶段。到1992年，全国设有新闻学类专业教学点的普通高校达52所，共设新闻类专业77个，在校生1.719万人，其中博士生335人。2001年12月上海市委宣传部与复旦大学签署协议共建复旦大学新闻学院，2014年进入高峰。到目前为止，基本上（除港澳台）各省（自治区、直辖市）的重点新闻学院都被纳入共建的范围。

2. 中国当代新闻管理体制恢复建设阶段的新闻管理体制

恢复建设阶段的新闻管理体制主要由新闻媒介运作的工作组织体系和管理新闻事业的法令制度体系两个部分组成。

（1）中国当代新闻管理体制恢复建设阶段的新闻媒介运作工作组织体系

中国当代新闻管理体制恢复建设阶段的新闻媒介运作工作组织体系由如下六个不同层级的工作机构组成：

中华人民共和国全国人民代表大会及其常务委员会（国家最高立法机关。其职责是制定颁布和修订《中华人民共和国宪法》及其他需要全国人民代表大会全体会议或常务会议讨论审定通过才能颁布实施的法律）；

中华人民共和国国务院（最高国家行政权力机关。职责是组织和管理国家行政事务，制定新闻事业管理行政法规）；

国务院新闻出版署（1987年1月国务院设立新闻出版署，后设广播电视部，再扩为广播电影电视部。职责是组织和管理全国新闻出版广播电视工作。制定管理新闻出版广播电影电视的行政规章）；

省（区、市）级政府下设新闻出版管理机构（新闻出版局或新闻出版处。职责是依据国家法律和行政规章管理本地区新闻出版工作，并根据授权制定颁布地方新闻行政法规）；

计划单列市或重要地级市政府新闻出版管理机构（职责是依法管理本市新闻媒体的新闻活动）；

新闻媒介（包括报社、通讯社、广播电台、电视台等。在法律范围内具体组织实施新闻活动并承担法律责任）。

(2) 中国当代新闻管理体制恢复建设阶段的新闻管理法令制度体系

这一阶段的新闻事业管理法令制度体系由国家（政府）从行政法律制度角度建立的法令制度体系和执政的共产党从思想意识形态管理角度建立的工作制度体系两个部分组成：

①由国家（政府）从立法或行政角度制定颁行的行政法令制度体系主要包括以下不同层级的内容和社会功能：

第一个层级是国家基本法即《中华人民共和国宪法》（规定新闻事业和新闻活动的目标、方向和基本遵循）；

第二个层级国家赋权法即《中华人民共和国中央人民政府组织法》（规定国务院职责和下设工作部门，赋予国务院对全国行政事务包括新闻事业进行行政管理的权力和职责）。

第三个层级是国家专门法如全国人大（常委会）通过颁行的《中华人民共和国刑法》《中华人民共和国著作权法》《关于惩治走私、制作、贩卖、传播淫秽物品的犯罪分子的决定》《中华人民共和国广告法》等。

第四个层级是国务院颁布的行政法规。如国务院批转实施的《新闻记者职称暂行规定》《外国记者和外国常驻新闻机构管理条例》《出版管理条例》《广播电视管理条例》等。

第五个层级是政府部门规章。如新闻出版署（国家版权局）的《期刊出版管理规定》《印刷行业管理暂行办法》等；中央广播事业局等发布《小功率电视转播台管理办法》，广播电视部发布《广播电视无线电管理办法》等及海关总署《海关对个人携带和邮寄印刷品进出境管理规定》，国家教委《关于地方教育电视台设置管理规定》，交通部《交通系统报刊管理规定》及新华社关于《外国通讯社及其所属信息机构在中国境内发布经济信息的管理办法》等。

第六个层级是地方政府规章。如《河北省新闻工作管理条例》《安徽省图书报刊出版管理条例》及《北京市图书报刊电子出版物管理条例》及《江西省广播电视管理条例》等。

政府行政管理系统对新闻媒介行政管理的运作机制是：全国人民代表大会及其常委会→中华人民共和国国务院→国家广播电影电视总局→省（自治区、直辖市）级人民政府广播电视局→计划单列市或重要的省辖市政府新闻处室→新闻媒介（报纸、广播、通讯社、纪录片摄制单位等，在单位党委或党组领导下的社委会或台委会、编辑委员会具体组织新闻活动）。

②执政的共产党通过委派党员干部担任新闻媒介管理者，并在新闻媒介建立党的组织，通过召开会议、下发文件等形式对新闻活动实施管理的运行体系。

这一运作体系是：中共中央→中共中央宣传部（部级领导兼任中央广播电视台、中央人民广播电台以及中国国际电视台等国家级新闻媒介负责人并负日常管理责任；发布部门规章性文件）→中共省（市、区）委宣传部（部级领导兼任本省主要新闻媒介负责人并实际负责新闻媒介日常运行）→省（直辖市、自治区）级以下党委宣传部（派员兼任本地区新闻媒介的负责人）→新闻媒介（报纸、广播电台、新闻通讯社等，在单位党委或党组领导下的社或台委会、编辑委员会具体组织新闻传播活动）。

（二）中国当代新闻管理体制的全面完善（1997—2019）

从中国共产党第十五次全国代表大会正式提出"在坚持四项基本原则的前提下继续推进政治体制改革，进一步扩大社会主义民主，健全社会主义法制，依法治国，建设社会主义法治国家"和1999年"宪法修正案"把"依法治国""建设社会主义法治国家"写进《中华人民共和国宪法》起，中国当代新闻管理体制进入了全面完善阶段。

1. 新闻管理体制全面完善阶段的新闻媒介体系

从中国共产党"十五大"召开的20世纪末到中共十九大召开的21世纪前20年左右，由于互联网的迅速发展和普及及深入人们生活的各个方面，使得包括新闻传播领域在内的世界各方面都发生了翻天覆地的变化。中国新闻事业体系也呈现出一个崭新面貌。这个新闻事业体系主要包括如下几方面：

（1）新闻管理体制全面完善阶段的传统新闻媒介

传统新闻媒介主要是指互联网媒介出现前就存在的包括新闻性报刊、广播电影电视以及新闻通讯社等新闻媒介或以新闻信息的采访、获得、选择和发布为主要功能的新闻活动机构。

新闻性报刊包括中共党报。如中共中央机关报《人民日报》、省（自治区、直辖市）级党委机关报及省级以下党委机关报。主报的子报子刊。"主报"是指上自中共中央机关报《人民日报》，省（区、市）级主要新闻报纸，下至计划单列市及较重要省辖市所有的主要报纸。随着媒体市场化程度不断推进，这些"主报"纷纷创办不同类型、不同读者定位、不同内容重点及不同出版形式的"子报"或"子刊"，如晚报、都市报、周末报、漫画报、幽默报、体育报、健康报、生活常识及百科知识报等。行业报刊。政府管理部门或行业组织创办以报道行业新闻为主的报纸。如《中国教育报》《人民邮电报》《中国化工报》《人民公安报》《中国文化报》《中国体育报》等。新闻刊物。以市场化运作为特点，以"自主经营、自负盈亏、依法纳税"，实行编辑权与经营权分离出版的报道各类新闻信息的刊物。大多是周刊、半月刊。如《三联生活周刊》《中国新闻周刊》《新周刊》《瞭望东方周刊》《南方人物周刊》等。

经过二十多年发展，新闻广播电视基本形成从中央到地方的完整体系。2006年开始进行数字声音广播技术试验，次年开始推进移动数字声音广播CMMB的发展，2008年开始引入直播卫星广播。2000年的广播电视人口覆盖率由1995年的77.4%、88.3%分别增长到92.74%和93.65%，覆盖人口达10亿左右。国家广电总局自2003年推进有线电视整体转换，迅速加快有线网络数字化、双向化、集约化和规模化。2009年有线电视用户一亿多户，其中有线数字电视用户达5720.5万，接近全国有线电视用户总数的三分之一。根据2018年《国务院机构改革方案》，中国中央电视台（中国国际电视台）与中央人民广播电台、中国国际广播电台组建中央广播电视总台。

中共中央于1995年要求新华社要"成为世界上最大最强的、有中国特色社会主义的、现代化的世界性通讯社"。现在全国各省、自治区、直辖市及香港、澳门特别行政区设有33个分社；在台湾地区设驻点记者；在重点城市设有支社或记者站，在中国人民解放军、中国人民武装警察部队设有分支机构，境外有140多个分支机构，每天24小时不间断用中文等八种文字向世界提供文字、图片、图表、音频、视频、网络、手机短信等各类新闻和信息产品，形成包括传统通讯社业务、报刊业务、网络业务、经济信息服务、数据库和搜索服务、手机和网络及大屏幕等新媒体、电视台等综合性架构。

（2）新闻管理体制全面完善阶段的新兴传播媒介

新兴传播媒介包括传统媒体为适应竞争依托自身优势推出的新兴媒体，如传统媒体的网站和基于传统媒体的手机报等以及依托互联网兴起的新兴媒介，如商业门户网站、电子杂志、社交媒体等。

第一是新闻网站及商业门户网站。其中传统媒体创办的如人民网、新华网、中国网络电视台、凤凰网等；商业门户网站如新浪网、网易、搜狐等。这些网

站大多是运用编辑手段进行新闻融合后二次报道;

第二是电子报纸。是指运用数字化思维方式、多媒体技术手段创造的跨媒体传播形态,而不是纸质报纸通过网络发布的图形版或PDF版。北大方正集团和《浙江日报》合作推出旨在从"报网互动"迈向"报网融合"的电子报纸是一个范例。

第三是电子杂志。是内容来自传统媒体和网络资源又依托数字技术进行制作,保留原有内容鲜活感且兼容视频、音响等多种传播符号形成的全新媒介形态。中国最早的电子杂志是由台湾KURO音乐软件公司"飞行网"研究发行的。中国目前对电子杂志有较大影响力的有ZINECHINA、XPLUS、ZCOM和POCO等公司。广州南方网于2005年8月创办的《物志》是我国第一家由主流报业集团创办的电子杂志。

第四是网络视频。也称IPTV,即交互式网络视频。是利用宽带有线视频网,集互联网、多媒体、无线电通信技术于一身,向家庭用户提供包括数字视频在内的多种交互式服务的媒介形态。网络视频既可是专业电视媒体的网络视频电视台(如中国网络电视台、凤凰宽频、优酷网)等制作播放的节目;也可是专业电视媒体、电影媒体的节目内容网络化,如我国中央电视台电影频道就建立了电影网;还可由网络媒体、网民自己制作上传的视频节目,如网民自己制作后在播客、微播客等平台媒体上传的视频节目。

第五是手机报。由报纸、移动通信商和网络运营商依托手机媒介联手建立的媒介形态。《中国妇女报》于2004年与北京好易时空公司联合推出了我国第一家手机报。目前我国各类型的手机报总数达100多份,仅中国电信一家的定制用户就达4000万左右。微播客为内容偏重于趣味性和娱乐性的"草根手机报"提供了舞台。手机媒体能够集纳多媒体信息,不仅限于手机报,还包括手机电视、手机音频、手机动画等更多内容和形式。

第六是社交媒体。这是用户可以发布消息、分享消息、发表评论、相互传递信息的网络传播平台和媒介形态。特点是互动性强、内容与网民有贴近性和感受性,难以进行事先审查和控制,极易形成网络舆论热点等。目前主要社交媒体如微信、微博、开心网、人人网、豆瓣群主等。到2013年12月,博客和个人空间用户数量达4.37亿,网民使用率为70.70%;微博用户数量达2.81亿,网民使用率为45.5%;社交网站用户增长至2.78亿,网民使用率为45.0%,[①]形成被称为"人人都是新闻记者,人人都是节目主持"的独特景观。

---

① 王润泽. 中国新闻传播史新编[M]. 2版. 北京:中国人民大学出版社,2020:221.

(3) 新闻教育和学术研究机构

2018年1月，国务院学位委员会办公室公示了2017年新增学位授权审核结果。新增新闻传播学一级学科博士授权点的院校8所，原来拥有二级学科博士授权点的南京师范大学和中国社会科学院研究生院取消原来的二级学科增设一级学科博士授权点，全国的新闻传播学一级学科博士点院校达26所。同时新增新闻传播学一级学科硕士学位授权点14个，原来已有二级学科硕士学位授权点的10个单位取消原来的二级学科增设一级学科硕士学位授权点。新增加的新闻与传播学专业硕士学位有56个，整体达到新的水平。

1989年成立并于1991年召开成立大会的全国新闻传播学领域唯一的一个国家级学会中国新闻史学会，创会会长为中国人民大学方汉奇教授，第二任会长为中国传媒大学赵玉明教授，第三任会长为北京大学程曼丽教授，第四任会长为清华大学陈昌凤教授，现任会长为中国人民大学王润泽教授。出版有中国新闻史学会学报《新闻春秋》及多种专刊，每年举行年度学会研讨会，在多国举行过学术论坛，和新加坡黄金辉新闻与信息学院、华中科技大学信息与新闻传播学院等举办的"华文传媒与华夏文明传播国际学术研讨会"已进行十多届，设立并评选了"新闻与传播学学会奖"，截止到2019年有22个二级分会，成为广泛联系学界业界学者专家的重要平台。

2. 全面完善阶段的中国当代新闻管理体制

按新闻管理体制由新闻媒介运作组织体系和新闻管理法令制度体系两个部分组成的观点来观察分析，进入"全面完善阶段"的中国当代新闻管理体制主要包括：

(1) 全面完善阶段的中国当代新闻媒介运作组织体系

全面完善阶段的中国当代新闻媒介运作组织体系包括：全国人大及其常委会（制定颁布或修订颁布《中华人民共和国宪法》及其他需由全国人大及其常委会议讨论通过或审定颁布实施的法律）→国务院（最高国家行政权力机关，全方位组织和管理国家行政事务，制定新闻业管理行政法规）→国家新闻出版署（在国务院领导下具体负责全国新闻出版业管理工作。2001年更名为新闻出版总署。2013年和广播电影电视总局合并成立新闻出版广播电影电视总局。第十三届全国人大第一次会议批准的《国务院机构改革方案》，在国家新闻出版广电总局的广播电视管理职责基础上，于2018年3月组建国家广播电视总局，不再保留国家新闻出版广电总局。国家新闻出版广电总局的新闻出版管理和电影管理职责划入中央宣传部，中央宣传部对外加挂国家新闻出版署暨国家版权局和国家电影局牌子。依据宪法、国家法律对全国新闻出版工作实施管理，制定管理新闻出版业行政法规。）→省（自治区、直辖市）级政府下设广播电视管理机构（2001年后更名为新闻出版局。2013年后更名为新闻出版广电局。在2018年新闻出版及电影管理职责划入同级党委宣传部后更名为新闻广播局。依据宪法、法律和行政规章，管理本地区新闻出版广播电视工作，并依据授权结合本地情况制定颁布有关地方行政法规）→计划单列市或重要的地级（市）政府新闻出版广播电视管理机构［依据宪法、法律和行政规章管理本地区新闻出版广播电视工作，并依据授权结合本地情况制定颁布有关地方行政法规依法管理本（市）新闻媒体的新闻活动］→新闻媒介（新闻报社、新闻通讯社、广播电台、电视台、网络新闻单位等。在法律范围内实施新闻活动并承担法律责任）。

（2）全面完善阶段的中国当代新闻事业管理的法令制度体系

这一阶段的新闻事业管理法令制度体系仍然是由国家（政府）从行政法律制度角度建立的法令制度体系和执政的共产党从思想意识形态管理角度建立的工作运行体系组成：

①国家（政府）从行政法律制度角度建立的法令制度体系，包括：

第一个层级是国家基本大法即《中华人民共和国宪法》（第五届全国人民代表大会第五次会议于1982年12月4日公布实施后多次修订。与新闻事业和新闻活动相关的条款保持稳定）。

第二个层级国家赋权法即《中华人民共和国中央人民政府组织法》（赋予国务院对全国行政事务包括新闻事业组织实施行政管理的权力和职责）。

第二个层级是国家专门法。主要如全国人大（全体会议及常委会）通过的《中华人民共和国民法典》、《中华人民共和国刑法》（1997年3月修订）、《中华人民共和国民事诉讼法》（2007年修订）、《中华人民共和国侵权责任法》（2009年12月）等。

第四个层级是国务院行政法规。如国务院公布《广播电视设施保护条例》（2000年11月修订）、《印刷业管理条例》（2001年7月修订）、《出版管理条例》（2001年12月修订）、《信息网络传播权保护条例》（2006年5月）、《中华人民共和国外国常驻新闻机构和外国记者采访条例》（2008年10月）等。

第五个层级是政府部门规章。如新闻出版署（国家版权局）的《图书、期刊、音像制品、电子出版物重大选题备案办法》（1997年10月）、《互联网出版管理暂行规定》（2002年6月，信息产业部）、《报纸出版管理规定》（2005年9月）；广播电影电视总局《信息网络传播广播电影电视节目监督管理暂行办法》（2000年4月）等及财政部《无线电收费规定》，信息产业部《无线电台执照管理规定》，中国证券监督管理委员会《关于加强证券期货信息传播管理的若干规定》，海关总署《中华人民共和国海关进出境印刷品及音像制品监管办法》，新华通讯社《外国通讯社在中国境内发布新闻信息管理办法》，国务院台湾事务办公室《台湾记者在祖国大陆采访办法》，国务院港澳事务办公室《香港澳门记者在内地采访办法》以及国务院新闻办公室《互联网新闻信息服务管理规定》等。

第六个层级是地方政府规章。如《新疆维吾尔自治区人民政府重要事项新闻发布会制度》《江苏省广播电视设施保护条例实施细则》《安徽省著作权管理办法》等。

②执政的共产党通过在新闻媒介担任领导职务的党员、在新闻媒介建立党的组织、召开党内会议或下发党内文件等手段对新闻媒介的新闻活动实施管理。

第一是选拔、考察和委任中共中央机关报《人民日报》、中央广播电视总台及新华通讯社的主要负责人。由党组织负责考察、任命和监督考核国家级新闻媒体主要负责人。

第二是更加重视新闻出版及电影在思想意识形态领域的地位和作用。2018年的《深化党和国家机构改革方案》中把"新闻出版管理职责"和"电影管理职责"从原国家新闻出版广电总局划入中共中央宣传部，中央宣传部直接执掌"新闻""出版""版权"和"电影"的管理工作，不再实行20世纪80到90年代强调的"党政分开""各管一摊"的新闻管理体制。

第三是"党管新闻"体制延伸到新闻人才培养过程。在中共中央倡导和肯定下，从上海市委宣传部和复旦大学共建复旦大学新闻学院开始，迅速在全国范围内推开了"部校共建新闻学院"做法，具体是由省（自治区、直辖市）级党委宣传部和高等学校（同一行政级别）"共建"新闻学院（系），以保证主流价值观和思想意识在新闻人才培养过程中的领导和指导地位。又发展到宣传部牵头当地主要新闻媒介和高等学校"共建"新闻学院，明确参加"共建"的新闻媒介主要领导任"共建学院"院长，新闻学院院长成为"执行院长"。在这一过程中由相关层级机构制定并以"党内文件"形式和渠道下发决定、意见、指示以及通知等，就构成了中国共产党对新闻事业管理的文件体系。

3. 全面完善阶段的中国当代新闻事业管理的运行机制

（1）中国共产党对新闻媒介运作及人才培养运作机制：中共中央政治局及其常委会→中共中央宣传部（部级领导兼任中央主要新闻媒介负责人，根据中央指示发布部门规章层次的制度性文件）→各省（市、区）党委宣传部（部级领导兼任主要新闻媒介负责人，根据中央和省委指示制定地方性新闻规章）→省（直辖市、自治区）级及以下党委宣传部（兼任本地区新闻媒介负责人并负责落实国家法令和制度性规章）→新闻媒介及新闻人才培养单位［新闻报纸、新闻广播、新闻通讯社以及新闻学院（系）等，在单位党委或党组领导下的社（台）委会、编辑委员会、院务委员会组织新闻传播或教育活动]。

（2）政府行政管理系统则主要通过行政管理手段对新闻媒介的新闻活动实施行政管理。其运作体系大致是：全国人民代表大会及其常委会→中华人民共和国国务院→国家广播电视总局（设在中央宣传部的国家新闻出版署（国家版权局）和国家电影局，共同管理新闻出版广播电影电视及互联网等新闻媒介的新闻活动）→省（自治区、直辖市）级人民政府广播电视局（设在省级党组织宣传部的新闻出版处和电影处，共同管理新闻出版广播电影电视及互联网等新闻媒介的新闻活动）→计划单列市或重要的省辖市政府新闻处室→（一般与政府办公室合署办公）→新闻媒介及新闻人才培养单位［新闻报纸、新闻广播、新闻通讯社及新闻学院等，在单位党委或党组领导下的社（台）委会、编辑委员会、院务委员会具体组织新闻传播或教育活动]。

04

第四篇

| "凉亭结构模式"之"亭基篇" |

第八章

中国新闻史研究史料及其利用

中国新闻史研究的物质基础应该也必须是"历史"的新闻人在特定社会环境下从事新闻活动形成并留传到后世的社会化或半社会化文献史料。文献产生学认为前人从事新闻活动时产生的文献史料在初始阶段往往呈现为无序的状态。文献社会学认为前人只有在特定的社会环境下才有可能产生与当时社会环境相适应的文献史料。由于人类思维的既定规律，几乎所有的历史文献都须经过整理、筛选、排序之后才能被研究者便利和有效地使用。

第一节 中国新闻史研究史料的类型及特点

方汉奇先生指出："新闻史是历史的科学。"历史的科学的研究必须建立在对真实完整全面的新闻史料文献的搜集、整理、筛选、阅读、分析的基础上，才有可能得到经得起历史和时间检验的研究结论和研究成果。打个不是很恰当的比喻，在茫茫一片的田野上，新闻研究者必须从众多的无序的文献史料中搜寻到与新闻史（不仅仅是中国新闻史）研究相关的原始文献史料"稻"，然后从中筛选辨析出对"这一"研究工作具有直接研究价值的文献史料"米"，通过研究（从淘米、加热、调节、沸腾至成熟）的过程产生出具有学术或创新价值的新闻史研究论文"饭"。根据研究计划整体设计撰成的系列性（从不同侧面或阶段对同一研究主题的展开或综合研究）的若干篇专题论文的有机汇辑（或经过规范整合）就是一部具有学术价值的专著。相关史料是从事新闻学研究的起点和基础，没有坚实的新闻史研究史料做基础的新闻史学研究只能靠推测和演绎，是不可能得出具有创新价值并令人信服的结论的。

一、"中国新闻史研究史料"的含义

"史料"是特指所有记载有历史事实及其相关信息的文献史料，是"文献"的组成部分之一，而"文献"则是人类社会成员有意识地荷载有特定知识信息的所有知识载体。中国新闻史研究史料则是特指与从事中国新闻史研究这一特

定社会活动直接相关并具有不可替代实际效果的文献史料。"中国新闻史研究史料"这一概念具有特定且丰富的含义。

（一）是"历史的"文献资料而不是"现在的"文献资料

是产生于已经过往的"历史"时期而不是产生于"当时"的即时性文献资料。当然，新闻界有"今天的新闻是明天的历史"的经验之谈，当今文献资料的利用当然可以研究当代新闻史，现时文献史料的积累也完全作为以后新闻史研究的文献资料，但我们强调的中国新闻史研究史料还是主要是指产生于相当时间（现今历史阶段前的某一阶段或现今阶段的数年、十数年乃至数十年）前的文献史料，而主要不是指"当今"社会环境下产生且比较容易获得的文献资料。

（二）是有"研究价值"的史料而不是"一般意义"的文献史料

是否具有"研究"的价值以及价值大小，主要取决于研究者个体对史料价值的判断。文献史料对特定研究者的研究活动是否具有研究价值，则取决于研究者个体的研究兴趣所在和研究活动所需。研究者的工作主题或研究兴趣可能会随着外部情况或需要的变化发生转移，尤其是对那些年轻的新闻史研究者而言，此后数年乃至数十年间的研究兴趣很有可能发生变化，因而在搜集和积累有关史料文献时应把视域放宽一些，最好不集中在一个点或几个点。

（三）与"中国新闻史"相关而不是与"中国新闻史"无关的文献史料

一是排除不属于"中国新闻史研究史料"的那部分新闻史研究史料，如美国新闻史研究史料、日本新闻史研究史料、法国新闻史研究史料、英国新闻史研究史料等"非"中国的国家新闻史研究的史料，均不属于"中国新闻史研究史料"的范畴。二是强调了"中国新闻史研究史料"所表现的特定中国文化、历史乃至民族、区域特征。如中国新闻史研究史料的特殊类型之一"中国地方志"就是具有鲜明中国特征的文献史料。由于中国有修撰地方志的民族文化传统，所以形成了全国性的"山峦江河志"，各郡、府、道的地理志，各州、县、乡的地方志及延续长远的宗族谱系志等具有鲜明中国特点的文献类群，所记载的山川湖泊江河大道发展演变历史，各地方的自然人文景观和风土人情，宗族的治家治学传统风气等，对于研究地方新闻业的起源和发展，地方新闻人物的成长历程及个性特征等，特定地方新闻媒介的地方文化及内容特色等，都具有极其重要的学术和验证价值。中国地方新闻史和新闻史人物的研究者绝对应该重视中国地方志文献的研究价值。中国是一个由56个兄弟民族和谐相处并共同奋斗、一起建设、共享繁荣的伟大国家。汉族离不开少数民族，少数民族离不开汉族，少数民族之间也相互离不开，成为各民族的共识。中国新闻事业既包括汉族新闻事业和各少数兄弟民族新闻事业，中国新闻史也就包括了汉族新闻史和少数民族新闻史，中国新闻史研究史料同样包括了汉族新闻史研究史料和少数民族新闻史研究史料；中国汉族新闻事业和少数民族新闻事业都是中国新闻事业的有机组成部分，中国汉族新闻史和少数民族新闻史都是中国新闻史中不可缺少的组成部分，中国的汉族新闻史研究史料和少数民族新闻史研究史料同样都是中国新闻史料不可缺少的组成部分。

二、中国新闻史研究史料的类型及特点

对中国新闻史研究史料进行类型分类及认识不同史料类型的主要特点，是为了更好地了解和把握不同类型的研究史料，更充分地发挥这一类史料文献所"擅长"（即在某一方面研究中可具有特殊的）并优于其他类型史料的特殊价值。按照文献学界从知识信息产生、成熟、社会化及加工程度的差异性角度，整体的"中国新闻史研究史料"可以按文献的加工级次划分成如下类型：

（一）零次文献

零次文献是指那些已经形成（完成所有生产程序）但还没有进入"社会化"状态的文献。主要包括尚未公开解密的档案文献，党政机构在运行中生成并且还没有进入档案状态的内部工作文件，目的在于帮助自己记忆而非公开的对中国新闻史上的某些重要事件的内部情况或细节、重要人物的事迹或交往等进行即时性记载并具有史料价值的人物日记，出于中国新闻史领域著名学者之手的专业著作手稿（记载或反映该研究者学术思想变化和转折或重要学术著作的修改情况等重要价值的研究信息），政府机构或政党团体组织讨论决定（或处理）中国新闻史上的重要新闻媒介、新闻事件、新闻人物具有档案文献价值的会议记录以及与中国新闻史研究直接有关的重要人物的相关谈话记录等。

档案、工作文件、日记、手稿、会议记录及谈话记录等文献的共同特点是已在社会生活中产生但还没有实现"社会化"，即不具有全社会成员无差别获得和利用的基本属性。在中国古代，文献实现"社会化"的主要途径是刻写和抄传。到中国近代，文献实现"社会化"的途径主要是在报纸杂志上发表和出版机构出版后向社会销售。在当今社会环境下，文献的"社会化"途径出现多元化，可以采用在刊物上发表的方式向社会公布，也可以通过国家设立的出版社正式出版的方式实现"社会化"，还可以借助互联网络平台向社会公布的方式实现"社会化"。但"零次文献"却大致处于"个人化"或"私有化"状态，因为没有"社会化"，所以除文献拥有者之外的其他社会成员只有通过"个人交

往"等途径才得以知晓和利用，很难实现"社会化"的无差别获得和利用。

(二) 一次文献

一次文献是指社会生活中已经产生的零次文献经过"社会化"途径第一次向全社会公开，并可以提供全社会成员无差别获得和利用的文献资料，通常称之为"原始文献"。主要包括：图书型文献（由国家设立或批准设立的出版社正式出版发行的，具体又包括学术专著、论文集、个人回忆录、学术会议论文集、档案及文件汇编、法律法令汇编等成册出版物）。报刊型文献（"报"是指"报纸"，"刊"是"刊物"，其共同的特点是有专门题名、相对固定版式、栏目、特定且连续的出版序号、计划无限期连续出版。不同之处是报纸一般是散页出版发行，出版周期一般较短，出版频次一般较高、更多注重内容的时效性和可读性；而刊物则一般是成册出版，除新闻性刊物外一般以半月刊、月刊及双月刊为多，也有季刊、半年刊、年刊甚至双年刊）；论文抽印本（包括用于学术会议宣读或交流的论文抽印本和学术刊物在成册刊载的同时印制的单篇论文抽印本，以便于作者向更大范围进行传播和交流）。地方志文献（自20世纪80年代前后开始，在国务院的统筹协调和组织下，全国各省、自治区、直辖市及以下地区先后成立地方志编撰机构，组织专业队伍，进行当地的地方志编撰，除其中一部分交由各级出版社出版发行外，相当一部分由各省或地区的地方志编撰委员会自行出版发行）。互联网文献（包括团队集体创作后在经营性信息平台或公众号上刊载，通过受众点击阅读获得社会和经济效益的内容；或者自由撰稿人在互联网平台上发表的学术专著或论文，以及自媒体人自行采访后通过互联网发布的新闻内容等）。其他"社会化"了的文献（如今人整理出版的朝廷实录、立法机构颁布施行的法律法令、行政和机构制定公布实施的行政法规等通过不同途径实现"社会化"了的文献，其标志是全社会成员可以无差别地获得和利用）。

实现了文献"社会化"获得和无差别利用的被称为"一次文献"，没有实现文献"社会化"获得和无差别利用的文献称为"零次文献"。但在现实生活中客观存在一些介于"零次文献"和"一次文献"之间的文献，即仅实现"部分社会化"（或"有限社会化"）获得和利用的文献。例如，尽管是由出版社正式出版但却限定在特定范围内发行的出版物，如有一阶段国家出版的仅供专业人员研究参考而不是对全社会发行的内部书（俗称"灰皮书"），特定社会系统（军工系统、保密系统、医疗系统或研究系统等）内部编辑出版和发行的专业保密刊物及专业文件汇编性文献等。《参考消息》报也经历了从"半社会化"（或"有限社会化"）到"社会化"的发展过程，最早的《参考消息》由新华社编印出版后只送中央级（中共中央、中央政府负责人及民主党派中央负责人）层次社会成员以及相关研究人员阅知以了解国外有关信息；后来逐步扩大发行范围，先是扩大到省军级，又扩大到县团级，直至"社会化"公开征订发行。中国古代朝廷发布的官报似乎也应该属于"半社会化"或"有限社会化"的文献，朝廷中书省或枢密院（相当于中央政府办公厅）编发的朝廷官报（唐朝的"报状"、宋朝及明朝的"朝报"、清朝的"邸钞"等）一般只发到军、道、州、府、县等政府主官，而不是全社会发行。这些封建朝廷及地方政府主官虽然也是社会成员（以社会成员身份而非家庭成员身份在官衙从政），但这些封建官员肯定不能代表全体社会成员。

（三）二次文献

二次文献是指根据特定需要汇集相关一次文献，然后以一次文献为基础，通过对一次文献（独立单元）的形式或内容特征（信息）进行分析、提取、整序和组织后形成的，以报道传播文献线索信息和便于使用者检索了解相关文献基础信息为基本功能的文献类型。把一定数量的二次文献（单元）按照特定的规则（学科分类、内容主题或其他特征）予以编排后就成为具有检索功能的工具性二次文献汇集。主要包括图书目录（搜集特定时期出版的全部或特定学科或专题图书的形式或内容特征信息后按照特定规则编排起来，便于使用者了解和查检相关图书"有无"信息的图书目录，简称"书目"。如国家版本图书馆编辑出版的《全国总书目》《全国新书目》及后来的《中国国家书目》等及搜集特定学科或专题图书的有关信息编制的专门或专题书目如《中国新闻学图书目录》《中国经济学图书目录》以及各种各类图书馆、信息中心等文献收藏单位编印的"馆藏图书目录"和学术专著正文后作为附录的"本书引用专著目录"等）；论文索引（搜集特定时间阶段内的全部或特定学科或专题的刊载在报纸、刊物或论文集等出版物上的单篇论文形式或内容特征信息，按照特定规则编排的便于使用者了解和查检相关论文"有无"信息的论文题目汇辑，简称"索引"。如上海图书馆编制出版发行的《全国报刊索引》、中国人民大学书报资料中心编制出版的《复印报刊资料索引》以及学术著作正文后作为"附录"的本书引用论文目录等）；文献题录（如中国社会科学院文献中心编制出版的《中国社会科学文献题录》等），从广义上认识，文献数据库的类目（主题）标目一览表等似乎也具有"二次文献"的功能。

二次文献的主要特点是只对文献信息揭示到"单元"整体，其功能只是提供关于特定文献的整体的基本的信息线索（包括文献的题名、内容责任者、出版或刊载该文献的出版社或报刊的名称，向社会公布的时间，文献的整体篇幅或在所载报刊中的位置),而不对文献的内容做再深一层的揭示,所以二次文献只能解决使用者关于特定文献"有什么"的问题,而不能解答使用者关于特定文献"说了什么"的问题,是专业文献工作者对文献予以基础性揭示的成果。使用者可以根据二次文献的指引了解已经存在了"什么",如果是馆藏书目则可以按图索骥地查检、借用或阅读某一种图书和某一篇论文。二次文献的子类型可以根据特定二次文献品种所录文献的覆盖范围划分为综合性、专门(学科)性、专门(主题)性等不同子类型。

(四)三次文献

三次文献是在二次文献揭示文献单元整体基本信息的基础上,对特定品种文献(一种著作或一篇论文)的内容特征进行凝练概括并以规范的学术语言进行表述后形成的文献类型。三次文献主要有内容摘要和文献综述两大类。内容摘要(单元)是对一种文献(著作或论文)的主要内容信息进行揭示和报道。主要有单篇和汇辑两种形式。单篇内容摘要常常被专业刊物以独立单元形式置于所刊发学术论文的正文前,汇辑的内容摘要则是以检索参考工具的形式出现(如文摘刊物《高等学校文科学报文摘》和中国古籍提要《四库全书总目提要》)。文献综述则是对一组文献(几篇、十几篇、几十篇乃至上百、数百篇)的内容进行提炼、分析、梳理和归纳,然后予以总括性的报道或报道兼评论的文献工作成果。

三次文献是在二次文献揭示单元整体基本信息的基础上,对该文献的主要内容(研究内容、研究基础、研究过程及研究结论)等信息进行概括、凝练并以简练的学术语言表述后形成的另一篇文献(尽管以原文献为基础但不是原文献的转抄和剪贴),使用者借助揭示三次文献单元内容特征形成的文献标目,直接检索、了解、获知特定文献的主要内容,并根据文献与需要的吻合度决定是否继续查询和阅读,以达到既阅知较广泛文献又充分利用时间的实际效果。三次文献相对于一次文献(原始文献)具有以较小的篇幅容纳较多文献内容信息的特点,使用者可以用较少的时间获得尽可能多的文献单元的主要信息,从而节约使用者的时间,提高工作效率;相对于二次文献,三次文献既具有二次文献检索功能,又具有揭示报道文献内容特征的特点。对三次文献单元采用学科分类、主题标引或关键词提炼等手段揭示和报道该篇文献内容的学科、主题、时间、地域、或语言等特征,并把作为检索点的文献标目按特定规则编排组织后具有检索功能,就成为可以满足使用者获知文献主要内容信息需要的文献检索工具。

390

（五）四次文献

四次文献是本书提出的特定概念。特指通过编纂方式产生的知识性、检索性和参考性的文献类型，也可以称为"编纂式文献"。主要子类型有字典（如《新华字典》和《中国古汉语字典》）、词典（如《现代汉语词典》和《资本主义大词典》）、年鉴（如《中国年鉴》和《中国新闻传播教育年鉴》）、手册（如《中国手册》《传播学手册》）、年谱（如《孙中山年谱》）、大事记［如《中华人民共和国大事记》（1949.10—2009年）和《中华民国新闻史大事记》（1893.7.28—1949.9.30）］及中国古代产生的政书（以《通志》《通典》《文献通考》为代表三个序列被称为"十通"的中国古代政书，主要记载历朝历代的典章制度）和类书（如《艺文类聚》）等。那些对特定历史时期产生的有研究价值的文献进行搜集、选择和汇编后再次出版（如国家图书馆出版社出版的四编《民国时期主要新闻史料汇编》）同时编有全套书总目录以便使用者检索利用的文献集群，似乎也可以划入这一类型。

和一次、二次、三次文献相比较，四次文献的主要特点就是知识成熟性、辅助检索性、功能参考性及知识再传播性。所谓知识成熟性是指这类文献内容主要是被社会公认的成熟的知识、稳定的知识、权威的知识，而不强调和突出内容的创新性和新颖性。辅助检索性是指这类文献的内容按照特定的便于检索的规则（或学科分类，或标目的读音、或内容的主题词）进行编排，所以对使用者而言就具备了一定的检索功能，或者是使用者通过检索途径能够较迅速地获知相关知识内容。功能参考性是指这类文献对于使用者而言主要是参考价值，可以满足获知常见的一般的基础的知识信息需要。而知识再传播性则一是指字典、词典、年鉴、手册、年谱、大事记等类别文献的本身并不创造新的知识，他们只是把已有且被证明是科学的知识汇集起来通过这种方式再次传播，以扩大知识生产效用和使用的便利性；二是指汇编类文献通过把较少存世的前代文献通过搜集、校订、整理、出版、发行，使原本很难获知利用的稀有文献再次得到传播，提高了此前社会知识生产活动的实际效果。

（六）多元状态文献

即单元文献品种中包括一次、二次、三次等不同级次的文献形式。典型的是《新华文摘》，既有全文转载收录，也有观点摘编，还有论文索引。其中全文转载属于一次文献，观点摘编属于三次文献，而论文索引则属于二次文献。一些专业刊物或专业会议论文集也有既包括全文刊载，也包括内容摘要的情况，不一而足。另外现在已经有多种全文数据库（《申报》全文数据库、大成老旧报刊数据库等），实际是由文献工作者根据预测的需要确定文献选择范围，在选择范围中筛选有研究价值的文献,确定了入选的文献后即按照规定的法则对文献内容按其内容关键词或学科属性或外观特征)进行标引成为文献款目,把文献款目录入文献数据库后经过计算机的自动排序就成为可以进行特定检索的文献库。这也是一次文献(报刊原始文献)和二次文献(单篇文献标目)结合的成果。

第二节 中国新闻史研究史料的发展及分布

中国新闻史研究从整体上讲仍然属于专门(题)性研究的范畴。而学术研究尤其是专门(题)研究对研究素材的专业性要求更高。了解中国新闻史研究史料的分布和检索路径,是从事中国新闻史研究的基本知识储备。

一、中国新闻史研究史料的发展历程

中国新闻传播活动自开始出现"蛛丝马迹"后,经过了缓慢曲折而又丰富的发展过程。在中华民族先人数千年的新闻传播活动中产生了无以计数的"海量"有关知识信息荷载物,成为后人研究中国新闻史重要的既不可缺少、也不可替代的文献史料。综观中国新闻史研究史料的发展历程,我们暂且分为以下几个阶段:

(一)上古时期的中国新闻史史料

这一阶段大致从人类社会产生记载与新闻性消息传播活动的相关文献史料开始,到中国古代春秋战国时期结束、中国出现大一统的封建君主专制王朝(秦朝)为止的这一阶段。在没有文字记录前,我们先人关于新闻性消息传播活动的有关"记忆"是通过"口耳相传"的途径,以"神话传说"的形式一代一代地继承下来和传给后人的。考古学考证,人类社会最早利用的信息载体是龟甲和兽骨,然后慢慢出现竹简和木牍,再然后是丝帛。西汉时期(公元前206年至前8年),中国已经出现了麻质纤维纸,但质地粗糙且数量少,成本高,不普及。史籍记载的东汉兴元元年(公元105年)蔡伦用树皮、麻头、敝布以及破渔网等为原料制成的"蔡侯纸"被认为是现代纸的起源。从理论意义上讲,中国新闻史研究史料的最早载体也有可能是龟甲、兽骨、竹简、木牍及丝帛之类原始信息载体。由于龟甲、兽骨、竹简、木牍及丝帛等信息记载物数量少且不易保存,所以中华民族先人对于社会重大新闻时间的记忆、散播和流传大多是以神话传说故事为主要形式流传下来,再被后人记载进历史典籍的。在秦国

统一中原建立大一统的秦朝前，尽管春秋战国时期的诸侯国已出现文字，但并没有形成统一的汉民族文字（"汉族"之称谓也产生于汉朝后），战国期间除包括秦国在内的"战国七雄"各自为政，不但政府修筑的"官道"宽窄不一，更不必说统一的文字和度量衡，秦始皇推行"书同文、车同轨"及"度量衡"政策对中华民族的统一起了重要的积极作用。"书同文"就是在秦国通用文字基础上略加改造后成为"秦篆"并令全国依此作为书写标准。文字统一的社会效果需要一个时间才能显现，加上秦始皇的"焚书坑儒"摧残了一批历史典籍，所以现今流传下来的历史典籍主要是秦朝以后甚至是汉朝产生的。目前流传时间较长的历史典籍《山海经》传世版本共计18卷，包括《山经》5卷，《海经》13卷。据后人考证其中14卷为战国时作品，4卷为西汉初年作品。作为战国时（应是后期）的14卷作品既能得以流传，应是用"秦篆"重抄过的。一部分产生于"战国"后期，一部分产生于"西汉初年"，其间虽然跳过短暂的秦朝，但秦朝的"书同文"的历史功绩仍不可没。西汉初年司马迁编撰的《史记》中记录不少神话传说故事，西晋时发现的《穆天子传》（又称《周王传》《穆王传》《周穆王传》及《周穆王游行记》等）和东晋人干宝所撰的《搜神记》等都记载了一些神话传说故事，那应该是有关著作的作者通过深入当时生活（类似于搜集民歌民谣等民间音乐的采风）获知这些神话传说故事并记载在书中的。这些著作中记录有神话传说故事并不是说明在这些著作产生的时代仍然出现神话传说，而只是说明先人流传的神话传说到那个时候才被文人获知后得以记载。有人认为《山海经》《搜神记》中记载的神话传说故事是当时我们先人对重大社会新闻事件的记忆并口耳相传的结果，而《穆天子传》则是重大朝政新闻事件的最早记载。

（二）中古时期的中国新闻史史料

这一阶段大致从中国历史上出现第一个大一统的封建君主专制王朝秦朝、中国社会进入以自给自足的农业经济为主要特征的封建社会开始，到中国由封建社会开始向半殖民地半封建社会嬗变的鸦片战争爆发的1840年为止。前后大约2000年。这一阶段新闻史研究史料和前一阶段相比较，最重要也是最本质的发展，就是产生了以通用语言文字（汉民族语言文字，俗称"中文"）作为信息内容记载手段形成了可收藏、可流传的文献史料。从理论上讲，中国在汉朝时期已经是一个大一统的稳定和巩固的封建君主专制政体王朝了。据文献记载，汉朝皇帝准许郡（省级行政长官公署）和同姓或异姓王的封国在京师设"郡国邸"以履行"通奏报待朝宿"的公开职能，实际上形成了当时相对稳定明确的朝政新闻产生和传播的国家制度。戈公振由此认为"邸报出于汉朝"；唐朝代宗年间把"邸"改为"进奏院",现收藏于英国不列颠图书馆和法国国会图书馆的两件书写品,经方汉奇先生考证确定为是唐代的"进奏院状报"已无争议;北宋年间对进奏院管理体制进行改革后出现了由朝廷命官直接控制的真正代表朝廷(皇帝)意志的朝廷官报"进奏院状报";元朝由于国运不满百年且是由蒙古族入主"中原",所以还暂未发现由汉语抄行朝廷官报的文献记载和实物,但明朝的朝廷官报则是由众多文献记载且有"天变邸抄"等记载作为旁证的史实,有人认为从朝廷六部抄传给京师官员者称为"朝报",传播到京师以外地区的称为"京报";明朝的"京报"在清朝依旧如故,且由朝廷通过官办提塘从京师寄向全国,直到清末还在。至于中国古代的民间报刊,几乎是伴随着官办报刊同时出现的,甚至是可说是先有民间报纸后有官办报刊。和朝廷抄传的官报相对应,用地方将领或"郡国"首领提供人力物力所抄传的"郡国邸"报及唐朝藩镇派驻京师进奏官抄传的"进奏院状"也可算最早的非朝廷抄传的报刊(在该意义上似乎也可算作民间报纸)。北宋正是因京师各州镇"进奏院"在抄传"进奏院状"过程中的"严重漏泄"才进行进奏院管理体制改革,可见在北宋时就存在"民间"报纸,南宋时周麟之在给皇帝"进言"中定名的"小报"成为后世对非法民间报纸的统称,元朝时则称之为"小本",一直到清朝前期仍然存在,在顺治年间甚至处于公开合法状态。经过顺康雍乾等几朝的严刑峻法才未见载于史籍,销声匿迹。不久后就出现由朝廷官报"京报"弥散开来的《京报》,辛亥革命胜利后还在出版。除了中国历朝历代朝廷官报和民间报纸外,这一阶段的新闻史研究史料还包括:历朝各代编纂的朝廷正史、民间野史、官刻书籍、私撰著作、私刻书籍、宫廷档案(圣旨、上谕、廷寄、奏折、臣僚进言、皇帝起居注、各朝实录等)以及早期外国人在华创办的近代报刊(如《东西洋考每月统记传》之类)等。

(三)近古时期的中国新闻史史料

这一阶段大致从鸦片战争结束中国社会开始向半殖民地半封建社会嬗变,到中国资产阶级革命取得胜利,封建皇帝退位,全国实现共和政体,其标志是孙中山领导在南京建立中华民国临时政府为止。这一阶段前后大约有70多年。鸦片战争彻底改变了中国既定的运行轨迹,已延续了数千年的纯粹的封建君主专制社会随着中英《江宁条约》(即"南京条约")的签订即刻改变了属性。条约规定中国向英国割让自古以来就是中国领土的香港本岛、中国关税要和英国人"商妥"才能"变更"及英国传教士可以在中国自由传教等,使得中国的国家主权受到了实质性的伤害,使中国以皇帝为国家事务最高决策者的封建社会滑向了国家大事(如关税)需和英国人"商妥"后才能"变更"的半殖民地半封建社会。和中国古代传统新闻史研究史料相比，近古时期新闻研究史料的最大变化就是随着外国传教士把诞生于西方的"新式报章"带进中国、中国新闻事业开始出现近代化过程中产生的新的新闻史研究史料。

首先是记载外国传教士及其新闻活动的文献史料：包括来中国传教兼办报、兼兴学（医）、甚至传教兼情报的外国传教士们与新闻传播活动相关的人生阅历史料；外国传教士在中国办报活动中形成的有关史料（创办报刊过程的文字记载、创办出版的报刊原始文献等）；也包括外国传教士所办报刊对当时中国社会生活产生影响（与当时社会生活中的政治、经济、文化以及新闻事件的相互关系的记载；记载当时政府官员或官署与外国传教士报刊互动关系的文献档案）等方面的文献史料；

其次是记载在外国传教士及其创办的近代报刊影响（带动）下中国政治新闻人创办近代报刊活动的文献史料，包括维新派（后成为保皇派及预备立宪派）创办具有资产阶级团体政党机关报性质、以发表政治观点鼓吹维新或保皇观点的政论文章为内容主体的报刊过程形成的文献史料；资产阶级维新（保皇派）人士创办的政论报刊原始文献；中国资产阶级维新派、保皇派以及预备立宪派新闻人与创办报刊有关的人生阅历文献记载（日记、书信、谈话、著作等）；资产阶级维新派、保皇派及预备立宪派所办报刊与当时政府及社会生活互动过程形成的有关文献史料等；

再次是记载资产阶级革命派人士在从事反清革命斗争过程中创办具有资产阶级团体政党机关报性质、以发表反清革命观点政论文章为内容主体的报刊过程形成的文献史料。包括：资产阶级革命派人士创办的政论报刊原始文献；中国资产阶级革命派新闻人与创办报刊有关的人生阅历文献记载（日记、书信、谈话、著作等）；资产阶级革命派所办报刊与当时政府及社会生活互动过程形成的有关文献史料等；

最后是外国报业资本家在中国创办新闻报刊形成的文献史料。外国在华人员中还有一部分既不隶属于教会团体且本人也不是传教士的办报人（或称为报业资本家或商业投资者）。他们在中国创办新闻报刊活动的直接目的既不是像传教士那样代表万能的耶稣来中国"拯救上帝的羔羊"，也不是为了"开智启蒙"向中国人传播西方工业革命后出现的近代科学技术知识，而是把办报活动作为一种投资行为经营谋利（其中最有代表性的是1872年4月30日集资在上海创办《申报》的英国商人美查及后来美国商人福开森拥有的《新闻报》等）。这一类新闻报纸创办过程中形成的有关文字材料，这些新闻报馆出版发行的原始报刊文献以及这些报刊与当时中国政府、当时中国社会生活中的重大事件互动过程中形成的有关文献史料，也是研究近古时期中国新闻史不可忽视的基本史料。

另外，清末实行新政（洋务运动）或预备立项，在《官书局报》和《官书局汇报》出现后的《北洋官报》带动下，朝廷所办近代化官报《政治官报》和《内阁官报》次第出现过程中所形成的有关文献史料，尽管封建朝廷官报已是封建君主专制王朝官报的"结尾"之作，但对于全面客观研究这一阶段的中国新闻史而言，仍然是不应忽视并且是不可替代的基本史料。除了传统民间报刊、外国人在华创办的近代报刊（各种外国文字的报刊和采用中国文字出版的报刊）、国人创办的近代新闻报刊（汉语报刊和少数民族文字报刊）、国人创办的近代政论报刊、国人在海外创办的新闻报刊以外，历朝各代编纂的朝廷正史、民间野史、地方史志、官刻书籍、私撰著作、私刻书籍、朝廷官报、宫廷档案（圣旨、上谕、廷寄、奏折、官报及起居注、实录等）也是应当引起研究者高度重视的基本史料。

（四）近代阶段的中国新闻史史料

这一阶段从孙中山在南京宣告成立资产阶级共和政体的"中华民国临时政府"开始，到以蒋介石国民党集团为主导的"中华民国"国民政府（即南京政府）首都被中国共产党领导的中国人民解放军占领，共产党领导各民族各阶层人民在北京成立中华人民共和国中央人民政府为止，共有38年左右。

这一阶段中国新闻事业最重要的发展是诞生了以马克思列宁主义为指导思想的中国共产党领导并代表中国最广大人民群众利益的无产阶级新闻事业，经历了大革命运动、十年国共内战、八年国共合作抗日、三年国共两党对决后，到中华人民共和国成立前已经建立由中共中央机关报《人民日报》，具有国家新闻通讯社功能的新华通讯社以及基本覆盖全国大陆地区的各级党报网络，由此形成了数量巨大、历时数十年、类型多样的文献史料，因而这一阶段中国新闻史研究史料的最大变化就是出现了中国无产阶级新闻事业史研究史料。

与此相对应的则是孙中山在近古（清末）时期创建的资产阶级革命团体中国同盟会在进入"中华民国"后先改组成为"国民党"，在反对袁世凯的"二次革命"失败后在日本重组为"中华革命党"，1924年孙中山召开改组后的第一次代表大会时正式定名为"中国国民党"。以蒋介石为首领的国民党右派势力于1927年4月在上海发动了"四一二"反革命政变，汪精卫于同年七月在武汉发动了"七一五"反革命政变，其他国民党新军阀也在各自区域先后进行"清共"，自此开始了长达十年的国共两党势不两立的对峙。因日本发动全面武装侵华战争国共两党宣布合作抗日，在进入抗战相持阶段后国民党军队制造摩擦且一直没有停止；抗战胜利后以"和平建国"为目标的国共和谈失败，随着国民党军队于1946年6月公开进攻共产党的中原解放区，全面内战爆发，两党军队又进行了长达三年的对决，直到国民党军溃败到台澎金马东南沿海岛屿为止。中国国民党新闻事业在"中华民国"时期几十年的建设、发展、演变过程中，同样也形成并留下了数量巨大、内容丰富、类型繁杂的文献史料。国共两党新闻事业文献史料（包括原始新闻报刊、新闻报人、新闻事件、新闻媒介、新闻法制及政府档案）成为这一阶段中国新闻事业研究史料的主体部分。

这一阶段的中国新闻史研究史料中还有三个重要部分，即内容丰富的民营新闻业史料、其他政党新闻业研究史料及外国在华新闻人的新闻活动（或采访报道，或创办报刊）所形成的文献史料，同样是这一阶段独具特色的重要部分。随着新闻技术和机械的发展和普及，新闻电影（电影拷贝和胶片、新闻电影摄制机构、新闻电影的摄制者以及相关文献史料、新闻电影的相关文献史料等）、新闻照片（新闻人物、事件、器物及现场的照片，新闻摄影家的相关文献史料、新闻摄影作品产生过程的文献、新闻摄影机构或团体的有关文献史料等）、新闻广播（广播电台建设的文献史料、新闻广播播音员的文献史料、新闻广播事件的有关文献史料以及新闻广播稿、新闻节目表、新闻节目海报等）也具有独特的学术和研究价值。

当然历朝各代编纂的朝廷正史、民间野史、官刻书籍、私撰著作、私刻书籍、朝廷官报、传统民间报刊、宫廷档案（圣旨、上谕、廷寄、奏折、官报及起居注、实录等）仍然是这一阶段研究新闻史有关专题必不可少的基础性史料。

（五）当代阶段的中国新闻史史料

这一阶段从中华人民共和国中央人民政府于1949年10月1日在北京宣告成立开始至今，目前已经走过了70多年，并且还在继续发展和延续下去。这一阶段中国新闻史研究史料的新发展主要体现在以下三点：

首先是共产党领导建立人民当家作主的中华人民共和国中央人民政府后，因蒋介石国民党集团在国共内战失败后退居到东南沿海的台澎金马诸岛，暂时没有和祖国大陆统一。香港地区和澳门地区则因清朝末期清廷与英国政府以及葡萄牙政府签订的有关条约，中国暂时还没有恢复行使主权，所以中国新闻事业暂时形成"一国四地区"的格局。其中在祖国大陆地区实行社会主义制度，台湾在蒋介石国民党集团统治下实行"威权统治"（2000年后至今一直处于政党轮替状态），香港和澳门分别于1997年7月1日和1999年12月20日先后回归祖国后按照"一国两制""港（澳）人治港（澳），高度自治"的方针，仍然实行资本主义制度。因此中国大陆、台湾、香港和澳门地区新闻事业发展所产生的文献史料也就各具特点。

其次是自20世纪40年代末到目前（21世纪20年代）这70多年的时间里，随着社会进步和科学技术迅速发展，新中国的新闻事业发展也进入"快车道"，新的新闻媒介如电视新闻媒介、互联网新闻媒介、智能手机新闻媒介以及依托互联网媒介产生的诸如抖音、移动电视、IPTV等在较短时间里不断推出更新，产生出"海量"的"五彩缤纷"的新闻史研究史料文献，并使得新闻史研究史料呈现出多类型、多载体、多形态的特点。

最后是随着政府及学术研究界对传统纸质文献整理、重印、出版尤其是数字化出版的重视，学界集中力量整理、政府提供基金资助完成的历史文献整理重印工程成效明显。珍贵重要的历史报刊重印出版（《解放日报》《新青年》《红色中华》《新中华》《人民日报》及《临时政府公报》《临时公报》和《申报》等）。国家图书馆出版社出版的方汉奇主编、王润泽等副主编的《民国时期新闻史料汇编》已出版至第四编。其中第一编（全十六册）收录了民国时期有关新闻的文献60余种，包括新闻学专著、新闻学普及读物、新闻年刊、特刊、纪念刊、期刊和名录等，"对于了解和研究民国时期的新闻发展状况，有珍贵的史料价值"。第四编则是由方汉奇主编，王润泽和郭传芹副主编，收录民国时期新闻史料70余种（全三十册），分为四部分：一为新闻统计资料；二为新闻纪念刊；三为新闻论集，四为新闻学专著，"为研究民国时期的政治、经济、文化的学者，特别是研究新闻史的学者们提供了宝贵的史料。"

当然，历朝各代编纂的朝廷正史、民间野史、官刻书籍、私撰著作、私刻书籍、朝廷官报、传统民间报刊、宫廷档案（圣旨、上谕、廷寄、奏折、官报及起居注、实录等）仍然是这一阶段研究新闻史有关专题必不可少的基础性史料。

二、中国新闻史研究史料的分布

新闻史是历史的科学。历史学是属于社会科学（或称为人文社会科学）的学科范畴，所以中国新闻史研究史料也就大部分分布在与历史学相关的文献类群中，或者说基本上分布在人文社会科学领域的文献中。就目前情况认识，中国新闻史研究史料的分布情况大致如下；

（一）从学科范围认识文献分布规律

按照一般的思维逻辑认识，中国新闻史研究史料似乎应该主要存在于"历史学"（《中国图书馆图书分类法》中的"K"类）中的"中国历史学"（《中国图书馆图书分类法》)中的"K2"类目下。但实际情况是,在《中国图书馆图书分类法》中"新闻事业"是作为"信息、文化教育事业"的下位类存在于整个社会知识体系中的,所以在"历史学"(《中国图书馆图书分类法》中的"K"类)以及"中国历史"(《中国图书馆图书分类法》中的"K2")中并没有"中国新闻史"这个下位类目,只有在"文化教育事业"(《中国图书馆图书分类法》中的"G"类)中才设有"新闻事业"(《中国图书馆图书分类法》中的"G4")的类目,接着是"中国新闻事业"(《中国图书馆图书分类法》中的"G42"),然后再是"中国新闻事业史"。

随着近代科学技术更多地在新闻采访、编辑、印制、销售等环节中应用,中国新闻事业的发展与近代科学技术的关系越来越密切,新闻采访过程中的新闻摄影机械设备、新闻编辑过程中专用的画版、制版工具和设施,新闻制作过程中的印刷机械设备及印报的纸张油墨、新闻发行过程中的交通运输和邮政系统等,无不与新闻事业直接相关。

由于"新闻事业"与社会的政治、经济、文化、科技乃至外交、军事等领域都有密切的互动关系,如果研究中国新闻史的相关方面专题,就应该关注与新闻事业发展进步有密切关系(甚至是特定时间段中发生密切关系)的相应学科(如政治史、社会史、经济史、文学史、科技史以及交通运输史、摄影技术史、机械工业史甚至邮政事业史)等方面的史料。尽管目前还是更多地集中在新闻内容、新闻事件、新闻史人物及新闻媒介的发展沿革等以社会科学为方法和对象研究为主的状态。

(二)从产生时间认识文献分布规律

中国新闻史研究史料说到底是"历史研究的史料",只不过是关于"中国新闻事业"发展历史的史料。历史是有时间性的,而不同时间阶段的社会生活是不尽相同的。所以要研究特定时期新闻史首先应该关注(或者说关注的重点和基点)是该历史阶段产生的有关史料(如唐代的新闻史料与唐代新闻史研究、明代新闻史料与明朝新闻史研究、清朝新闻史料与清朝新闻史研究以及民国时期的新闻史料与民国新闻史研究等)。

不过应该注意到一个现象,即一般情况下前一阶段的社会政治、经济、文化、科技乃至教育等因素可能对这一阶段新闻事业和新闻活动产生影响,这一阶段发生的历史事件可能在下个历史阶段中仍然被人们提起或研究(例如,发生在1903年间的"《苏报》案"至今仍有学者研究并有新的成果出现)[①],但这

---

① 刘泱育. "《苏报》案"到底结束于何时? [J]. 国际新闻界, 2011 (2).

一阶段发生的历史事件很难对前一阶段产生影响（发生于清末的"《苏报》案"不可能对清初的社会政治乃至新闻活动产生影响）。根据这个规律我们可以发现，中国新闻史研究史料与新闻活动相比在产生时间上具有滞后性特点，在影响上具有延后性特点。也就是说，如果研究特定阶段（如民国时期）新闻事业的产生、发展和变化的历史进程及其规律，那就应注意在"中华民国"诞生前的那个特定时期（至少是清朝末年）中与新闻事业存在、发展、变化等具有直接关系的相关因素（政治、经济）的史料，以使研究活动建立在"历史"的根基上。

（三）从物质形态认识文献分布规律

文献的物质形态是指特定文献在社会生活环境中表现的外观形态。不同的文献外观形态往往表现出不同的存在方式和特点。

1. 中国新闻史研究史料的常见外观形态

学术界大多根据中国新闻史研究史料的外观形态把这一整体分为原始报刊、历史档案、历史成果、时人文献、学术专著和学术论文等不同外观类型。

原始报刊。其中报纸更多地记载社会生活的即时发展和变化的信息，刊物更多地记载一个事件或某一事物的来龙去脉及其影响等较为完整系统的信息；

历史档案。历史档案具有不可复制和更改的属性，对于再现特定阶段人物、媒体与政府之关系或者某一事件发生、发展、过程、结果等历史事实具有特殊的"证实"价值；

历史成果。包括具有"历史"属性的专业学术著作、学术论文、调查报告、统计资料、专业演讲以及新闻图片等；

时人文献。包括当时与新闻事业整体或局部或特定事件、媒介等有特殊重要关系的社会成员产生的日记、书信、其他实物及后人访谈录等；

今人成果。主要是学术专著和学术论文。是当今学者研究中国新闻史的有关内容或主题后撰写并出版的学术性著作和学术论文。包括公开出版的学术著作和公开发表在报纸刊物上的学术论文、通过答辩但还没有公开发表的学位论文、学术会议上宣读交流的学术论文以及在互联网平台上发表的有关文章等。

2. 中国新闻史研究史料不同类型的特点

原始报刊、历史档案、历史成果、时人文献、学术专著和学术论文等不同外观类型的中国新闻史研究史料具有不完全相同的特点：

原始报刊是特定时期新闻传播活动的直接成果，是当时新闻工作者对社会政治、经济、军事、外交、教育及科技、宗教等新闻所取立场、视角、倾向的客观记载，是新闻事业随着社会政治发展而发展、随着科学技术进步而进步，随着社会观念演进而演进的忠实记录者,是直接反映新闻活动水平和成效的第一手史料,因而是研究新闻史必不可少也绝对不应忽视的史料基础。

历史档案是特定时期虽然没有向社会公开但实际上已经实行的社会行为的真实记录,尤其是政府对于新闻事业管理运行活动积累的历史资料,包括制颁法令法律过程的文献、政府或团体有关工作会议的记录、政府查禁报刊的名单和时间及缘由、政府监视或限制活动的报人名单及其缘由的材料及特定时期报刊的统计(现存、停刊、创刊)资料等。

历史成果是特指特定历史阶段中的新闻学者、新闻业者、新闻作者乃至新闻读者经过观察、分析、思考、论证、总结产生的具有学术或史料价值的研究成果,是特定时期学术活动内容、范围和水平的真实记录。

时人文献尽管是当时环境下的研究者生产的文献,由于这些文献的产生或是作者所见所闻,或是在广泛搜集史料并进行研究所得,所以具有相当参考和借鉴价值,可以作为特定研究活动的旁证乃至验证性资料。

今人成果主要是学术专著和学术论文。是当今研究者在前人研究成果或研究活动的基础上,依据有关史料对中国新闻史上的特定内容进行创新性研究后获得的成果,或是以专著形式出版向社会公开,或是以论文发表(宣读)形式向社会公布以和同行交流,它们的特点是反映中国新闻史研究在特定主题或领域的最新进展和水平,成为有关研究的继续深入和深化的参照物和新的基础。

第三节 中国新闻史研究史料的检索

中国新闻史研究史料的检索实际上包括了特定新闻史研究专题史料的查检、索取、鉴别和获得的完整过程。一般情况下,中国新闻史研究史料的检索不但具有所有学科文献史料检索的普遍规律,并且还有新闻史研究学科的特殊规律。

一、中国新闻史研究史料检索的一般路径

中国新闻史研究史料检索的一般规律应是利用最便利的检索设施,从空间距离最短、使用最便利及使用效率最高的文献收藏处入手,采用波纹式推进的战术,由近及远地扩大检索文献信息和获得文献实体的范围和路径,直至检索和获得到满足有关研究活动的文献史料。

高等学校新闻史研究者可以先从身边最方便之处入手(可借助本校图书馆的互联网检索设备通过互联网检索有关文献信息),获得可能有帮助研究价值的

文献信息后，先从本校图书馆收藏的文献实体（包括电子文献和数据库文献）中获得这部分文献，这是效率最高的获得文献实体途径。在充分利用本校图书馆收藏的文献实体后，再逐步扩大获得研究文献实体的空间范围：

第一步寻检获得本地区（市）与自己研究所需文献直接相关单位（如专业设置和本研究学科相近的高等学校图书馆、设在本市的省市级公共图书馆及科学院系统和社会科学院系统的文献中心）收藏的文献实体（包括电子文献和数据库文献）；

第二步是寻检设在与研究者所在单位空间距离最近相邻城市的有关高等学校图书馆、省市级公共图书馆以及科学院和社会科学院系统文献中心收藏的文献实体（包括电子文献和数据库文献）；

第三步是通过电子传递、馆际互借等方式获得空间距离更远的国家级文献收藏中心（国家文献保障中心地区中心、中国国家图书馆）收藏的文献实体或数字化文献。

二、中国新闻史研究不同主题史料的检索路径

查检获得研究所需史料文献的路径可归纳为：一次检索，分步获取，由近及远，提高效率。但不同研究主体和研究目标在搜集和利用新闻史料的侧重点上应有所不同。

（一）新闻史人物研究史料的检索路径

新闻史人物是指在特定历史时期的新闻事业或新闻活动、新闻事件、新闻媒介运作、新闻作品的撰写等方面有所建树且具有研究价值（为后人提供历史经验借鉴），并在新闻史上具有一定政治、社会或学术影响的历史人物。新闻史人物研究史料的查检路径一般是：

1. 研究对象即特定历史人物产生并存在和有可能获得的史料文献成果

包括研究对象生前出版的有关著作，身后出版的著作或著作汇集，生前发表的论文及其他文字，生前未发表而后来发表的遗作性论文及其他文字，记载与研究主题相关内容的日记或自编的年谱之类自传性文字，写给家人但与研究主题相关的书信，指导学生或后辈家人学习或研究活动的书信，就学术问题与同行讨论甚至商榷的书信，就社会或政治问题表明自己态度、立场和倾向的书信等。

2. 围绕研究对象即特定新闻史人物产生的史料文献成果

包括当时报刊上对研究对象社会或新闻活动的新闻报道，当时与研究对象共过事或有过交往的社会成员与之相关的回忆录，同时代研究者对研究对象的社会活动、新闻活动、思想发展演变的研究成果文献或对特定人物学术著作、社会活动予以评价（肯定或否定）的文献成果；与研究对象重要的社会或专业活动社会背景、事件经过，媒介创办或变化、停止原因等历史记载的文献成果等。

3. 与研究对象的诞生、成长、生活及新闻活动相关的有关文献成果

例如，记载研究对象出生地风土人情、地方习俗、文化环境、历史事迹等基本历史信息的地方志、家谱及族谱等文献成果，与研究对象各个生活时期对应的当时特定社会环境中的政治、经济、文化、科学、教育等方面要素研究的成果文献。尤其是要关注研究对象即特定历史人物在关键时间点的学术、政治、社会、新闻活动的特殊贡献和作用，以此确定研究对象在新闻史、学术史以及特定领域的历史地位和影响。

（二）新闻媒介研究史料的检索路径

新闻媒介是指在特定时期的社会生活或新闻业界、学界具有较大社会影响并对后人而言具有研究意义和学术价值的"历史"新闻媒介。对特定新闻媒介的特定历史阶段如英敛之时期、王郅隆时期、"新记"（即张季鸾、胡政之、吴鼎昌"三驾马车"搭档）时期、胡政之（张季鸾病故后胡政之主持馆务）时期、王芸生（胡政之从政后）时期的《大公报》也属于新闻媒介研究的范围。新闻媒介研究史料的查检路径一般是：

1. 特定新闻媒介自身产生的史料

主要包括特定新闻媒介在创办、兴办、改刊、重组、休刊、停刊或终刊过程中在政府机关留存的原始档案文献，包括申请登记文件、批准出版的文件、新闻媒介持有的营业执照或者就该媒介某一事件政府的会议记录、处罚或奖励决定等原始文献；

2. 特定新闻媒介存在、发展和运作过程中的史料

即特定新闻媒介在存续时期出版的新闻报纸或刊物的原件，这是研究特定媒介的第一手文献资料，也是不可替代的新闻媒介的政治态度、社会倾向的实证物件。

3. 特定新闻媒介相关人物的史料

主要包括媒介负责人诸如社长、总经理、总编辑、董事会主席或董事长、主要业务骨干等产生的有关文献，包括人生经历的回忆、出版发行的研究成果、重要社会活动经历、在同行中表现突出的学术特长、在社会生活或学术界的社会影响及学术地位等方面。

4. 特定新闻媒介内部机构的文献

主要包括内部工作机构（采访部、新闻部、编辑部、发行部、广告部）的设立、变化、构成、演变和工作人员及其分工情况的文献。

5. 学者、业者或同行的研究成果史料

主要包括对该新闻媒介的历史、现状、相关事件等方面的研究成果，既包括当时的业者、学者及同行对该媒介的研究（评论）成果，也包括当今业者、学者及同行的该媒介的研究成果。如关于中国著名新闻报纸《大公报》的研究专著就有吴廷俊的《新记大公报史稿》、方汉奇等著的《大公报百年史》（1902—2002）以及俞凡的《新记大公报再研究》，还有王润泽的《张季鸾与大公报》等。

（三）新闻史事件研究史料的检索路径

新闻史事件是特指在中国新闻史上发生的或由新闻媒介所报道或刊载的新闻消息或新闻言论引起、后产生较大政治或其他方面影响的社会事件；或由新闻人新闻活动引起的引起社会各界关注并具有较大政治或其他方面影响的社会事件。构成新闻事件一般应具有三个要素，第一是由新闻活动引起政治或社会事件；第二是与特定新闻媒介有关的事件；第三是当时社会各界关注成为一时舆论热点并对后人有一定借鉴和启迪意义的事件。新闻史事件研究史料的查检路径一般是：

1. 该新闻史事件从产生、发展到结束过程中直接产生的史料文献，包括当时新闻报纸的报道、时人的亲历记载、政府档案留存等。

2. 特定新闻史事件主角（新闻媒介、新闻史人物）的直接性文献。新闻媒介创刊、出版、运作的文献遗存，新闻史人物关于新闻事件缘由、动机、经过及影响等亲历性文献。

3. 后人研究该新闻史事件的成果。包括事件发生时期研究者的研究著作或文章，后来研究者对这一事件的研究成果。关于"《苏报》案"的结束时间，一般认为在上海租界会审公廨宣判后就"结束"了，但进入21世纪后仍有学者撰文认为"到章太炎出狱"才真正结束。

4. 关于特定新闻史事件产生、发展、变化及结束的有关社会政治、经济、外交等背景的历史文献。如"《新生》事件"中的日本无事找碴对事件形成的影响、国民政府求和惧战立场对事件处理方式的影响、民族抗日呼声对社会舆情的影响及国民党书报检查制度在事件中的微妙影响等。

5. 关注在不同社会语境下，研究者对特定新闻事件研究结论"位移"的最新文献成果，以使研究站在学术研究的前沿。

第四节　中国新闻史研究史料的辨析及利用

无论是了解中国新闻史研究史料的分布概况和规律，还是熟悉新闻史料的检索路径，其最终的目的都是利用，即把检索并获得的中国新闻史研究史料用于实践的研究活动，产生出预期的研究成果。要强调的并不是所检索和获知的文献史料都可以在研究中应用，而是只有那些经过辨析确凿无误且具有验证（肯定正确）、论证（证明合理）或证伪（证其谬伪）功能的文献史料才能在研究中发挥作用。对新闻史研究史料的辨析应该是利用研究史料进行研究活动的前提性准备。

一、中国新闻史研究史料辨析的主要内容

对中国新闻史研究史料辨析的内容主要是辨别分析经过前一阶段检索和获取工作所获得的有关文献史料的真实性、客观性及新颖性。

（一）考证辨析确认史料的真实性

史料文献的真实性是特指通过他证、自证、互证等不同方法，确认文献史料所记载的历史事实、人物活动、新闻媒介等是否"曾有其事""确有其事""就是这事"，以确认特定史料文献所记载内容的历史真实性，以免上一些"子虚乌有"的史料内容的当，辛辛苦苦忙了一阵却写了一篇"学术神文"的笑话。

据报载，20世纪80年代在近代史研究方面曾出现过年仅三四十岁的社会成员自称"老翁"编造辛亥首义有关史料的学术笑话。一会说"黎元洪是被他外公从床底下拽出来的"，一会儿说"亲历了辛亥首义过程"，这些编造的所谓"回忆性实录"还曾被一些学术刊物公开发表。只是后来编造的内容越来越离奇而引起刊物编辑部的怀疑。经过追查后那位编造者露了馅，结束了这出罕见的"闹剧"。所以对一些似乎"确凿无疑"的"亲历者所说"，还是应该多一点怀疑的眼光和警惕，多留一点"存疑"。

（二）鉴别辨析确认史料的客观性

所谓史料文献的客观性是特指通过比较、鉴别、分析、推理等不同方法，确认文献和史料所记载的历史事实、人物活动、新闻媒介，尤其是特定人物在特定新闻媒介运作过程中的实际地位或特定新闻事件中所起的历史作用等"是否扩大""是否省略""是否片面"，以确认特定文献史料所记载内容的历史客

观性，确认史料所记载的有关记叙不扩大、不缩小、不增加、不回避、不溢美、不遮丑，符合曾经发生过的客观历史事实，具有较高的历史可信度。

有学者专文研究过史量才的"史家办报"与"史家"办报即史量才与《申报》内容倾向之关系。认为史量才提出的"史家办报"可从历史学家的"史家"和以《申报》馆主人史量才的"史家"两个角度加以区分①。研究结果表明，在事关国家、民族等重大事件上面，史量才主持下的《申报》可以说基本坚持了"国有国格、报有报格、人有人格"的办报理念，因而在大事上基本"没糊涂"；但在对《申报》及"史量才形象"有关内容的处理方面则往往表现出以《申报》馆主人史量才的"史家"利益为优先考虑的现象。当时新闻界尤其是上海新闻界也曾有一些甚至不少对《申报》和史量才不利、不敬乃至有损其形象和声誉的报道和舆论，但这些新闻消息和言论基本没有在《申报》上出现过（据说史量才每天上午到报馆必看准备付印前的报纸大样）。一是《申报》馆报人出于对报馆和报馆主人形象的维护，同时也可能有史量才本人的因素，因此《申报》用较大篇幅刊载史量才参加公益活动、淞沪抗战积极捐献和组织上海各界抗日维持会等新闻消息及为民请命、呼吁国内和平、团结一致对外、共同抗日的言论，可以说是有意识地把史量才建构成为一个在国家民族利益面前敢于担当、顺应民心民意、主持公平正义的"完美新闻人"的形象。有鉴于此，后来人对《申报》上涉及《申报》自身及《申报》馆主人史量才的新闻报道和言论似乎应和当时的其他报纸对照着看：既可以和国民党的《中央日报》对照着看，也可以和当时的民营报纸《大公报》对照着看，也可以和当时在上海出版的《时事新报》或《新闻报》对照着看，以求对《申报》的内容有更为全面、客观的认识和评价。

（三）比较辨析确认史料的新颖性

所谓文献史料的新颖性是指通过挖掘、考证、查核、对比等不同方法，确认所拥有的文献史料及其相关实物的原始性和新颖性，确认有关文献史料所记载历史内容"是否有人披露过""是否首次披露"及"有何新信息披露"，以避免研究活动中对特定研究史料的多次转引或多次转手引用别人成果中出现过的史料文献，出现"炒冷饭"式的重复研究。一般情况下，应该使文章或专著中所引用的史料尽可能地"接近"首次披露的原始文献史料，而尽量避免引用第三手乃至第四手的文献史料，至少应引用第一次被引用时的文献原文，以免以

---

① 艾红红."史家办报"与"史家"办报：以《申报》史量才形象建构为例［M］//民国新闻史研究（2016）.南京师范大学出版社，2016：101-112.

讹传讹。

研究史料的新颖性是研究成果具有创新性的基本条件之一，而史料的首次出现不光对于提高成果的学术价值具有直接的作用，而且使该成果对学术界其他成员的研究活动具有更大的社会意义。吴廷俊先生的《新记大公报史稿》是他在一张张地把新记《大公报》翻阅一遍并对有关原始史料进行亲手摘录的基础上的研究成果，所以得出的结论具有说服力；俞凡先生的《新记大公报再研究》是在把国民党收藏的台湾"大溪档案"（俗称"蒋档"）中关于蒋介石和《大公报》的有关原始档案史料"一网打尽"的基础上进行认真研究的成果；尹韵公研究"中国明朝新闻史"、李彬研究"唐代文明与新闻传播"、李漫研究"元朝新闻传播"等，无一不是从大量的历史文献通过"大海捞针"式的寻检，付出了远远超出同时代学人在这一方面的时间和精力，由此获得了尽可能系统完整和全面的与特定研究主题相关的原始文献史料，因而才能够产生具有难以取代的研究成果，并使其成果具有其他研究这一主题的论著难以取代的学术价值。后人在阅读这些具有开创性的成果时，会不断地被此前未见过的新颖史料吸引，其"首次披露"的原始文献史料极可能成为后人进一步的研究活动的新基础。

二、中国新闻史研究史料利用的一般原则

在中国新闻史研究史料的检索和利用过程中，前人总结和积累了许多行之有效的经验和好的做法，这些是后人治学时应该学习、借鉴、继承和发扬的。简单叙述如下：

（一）不要依赖他人

中国新闻史研究史料的收集和利用应强调研究者的亲力亲为，不要简单地依赖网络或数据库，更不能依赖他人。这个"他人"的内涵比较丰富，有的是团队成员，有的是导师指导的博士研究生，还有的竟然是刚入学的硕士研究生乃至本科层次的学生。

网络不可依赖。学术界屡屡发现数据库文献在整理校订和编排上的差错，这是因为数据库生产单位的具体工作人员并不一定是特定学科的专业人员，他们在操作过程中只是机械地执行工作规则，并不了解文献的具体内容。所以从网络上甚至专业数据库中获得的文献史料，也往往会存在一些技术处理方面的差错，如果依赖网络或数据库获得的文献史料而不做任何的辨析和验证，就可能上了计算机或互联网的当，不知不觉地用了错误的文献史料，不知不觉地犯了常识性或基础性的史料错误。

学生不可依赖。国家或省级、厅级的科研项目是具有教授职称乃至博导水平的教师约请同行组织团队、撰写申请书并经过层层评审后获准立项的。科研项目的研究工作应该由教师自己完成，至少是自己带着学生完成或者是指导学生去完成。但有的高等学校教师喜欢或习惯于把自己申请的研究课题部分甚至全部研究工作放心地交给甚至是硬性"分配"给自己的研究生（博士或硕士研究生）去"代工"。这种情况下，不但史料的检索搜集乃至鉴别等全部由学生承担，而且学术论文或专著的撰写也全部由学生完成，结果是教授申请的国家（省、部）级研究项目全部工作都由学生完成，成果水平也就因教授的"依赖"而变成了学生的水平，这不但是对国家的不负责，也是对自己学术声誉的不负责，更是对学生的不负责。学生通过抄袭或作假完成导师"作业"，最后让导师丢脸的事情已经不是一次发生了。切切牢记：学生和网络可以作为研究者延长的手，但不能代替研究者自己"辨别"的脑。

（二）不要盲从名人

中国新闻史研究史料的辨析和利用应提倡独立思考。对所遇到的事物多问几个为什么，如果这些"为什么"能够得到合理的解答，史料文献所记叙内容的真实性和客观性就得到了进一步的确认，就可以减少在史料选择和利用中的失误。

对于姚公鹤的《上海报纸小史》，在1996年有学者在上海新闻史研究著作中记叙"1917年上海商务印书馆出版了姚公鹤的《上海报纸小史》"；2005年出版的《中国新闻学之最》中叙述"中国最早的报刊史著作是1917年由商务印书馆出版的《上海报纸小史》"。2008年出版的"新闻传播学图书精介"记载为"《上海报纸小史》，姚公鹤著，上海商务印书馆1917年1册"。言之凿凿。但基本的事实则如下：一是上海商务印书馆于1917年出版的姚公鹤的著作是收录有《上海报纸小史》一文的《上海闲话》而不是《上海报纸小史》。收录在《上海闲话》中的《上海报纸小史》全文一万三千余字，1917年先后在《东方杂志》第十四卷第六号、第七号和第十二号刊载。上海商务印书馆在1917年已经出版了姚公鹤的《上海闲话》且《上海报纸小史》已收录在《上海闲话》中，所以同一年再单独出版《上海报纸小史》单行本的可能性应该不大。二是目前没有看到《上海报纸小史》单行本在社会上流传或被收藏的记载。笔者查阅了1950年上海新闻图书馆编印的《上海各图书馆藏报调查录》所附"新闻学图书目录"，当时上海主要新闻学图书收藏单位如上海新闻图书馆、圣约翰大学新闻学系资料室等收藏有新闻学图书的图书馆中，没有一个单位收藏有《上海报纸小史》，这其中的很大可能就是《上海报纸小史》根本就没有出版过单行本。三是姚公鹤在"公鹤附志"中称"本篇为记述上海华文各日报历史"，可见姚公鹤对《上海报纸小史》的定位是"篇"而不是"本"。《上海报纸小史》一文和收录该文的《上海闲话》一书体例相差很大。《上海闲话》是姚公鹤用"消暑笔记"形式写的以"沪上掌故"为主要内容的"闲话"，只有分段而没有标题。而《上海报纸小史》则无论是在《东方杂志》上刊载或是收录进《上海闲话》中都有明白无误的标题"上海报纸小史"。四是上海古籍出版社于1988年11月出版的《上海滩与上海人丛书》第一辑收录了姚公鹤《上海闲话》，吴德铎《题记》中称"在上海史料笔记中，姚公鹤的《上海闲话》是影响较大的一种。原书于1917年（民国6年）由上海商务印书馆出版，1925、1933年曾二次重印。"再次验证了上海商务印书馆于1917年出版的是《上海闲话》而不是《上海报纸小史》。上海书林书局于2015年6月出版线装书版式《上海闲话》时用了上海商务印书馆《上海闲话》版本，版权页清楚地表明上海商务印书馆三次出版《上海闲话》的时间分别为"民国六年""民国十四年"和"民国二十二年国难后第一版"，验证了上海商务印书馆出版的《上海闲话》而不是《上海报纸小史》。因此对一些专著或专业"之最"及"图书精介"中记载的姚公鹤《上海报纸小史》由上海商务印书馆出版过"1册"的记载，应经过自己的思考和辨析。

（三）不要有愧前人

中国新闻史研究史料的搜集和利用要充分尊重前人的劳动成果。无论是从学科发展史角度还是社会进步史角度看，后人都是也必须是在前人创造性劳动的基础上继续创新而不断前行的。正是由于一代又一代中国新闻史研究者的不懈努力，中国新闻史研究才能和其他学科一样不断取得新的研究成果，不断达到新的研究高度，不断开辟新的研究领域。但是正如一切劳动都应该获得应有的回报一样，前辈学者在中国新闻史研究方面的劳动成果不但应得到充分的尊重，更应该获得应有的报酬（包括精神的和物质的）。能否充分尊重前人的劳动成果，能否在自己的研究成果中诚实地表明前人研究成果对自己研究的贡献并表示真诚的感谢，既是中国新闻史研究者重要的学术素养，更是应有的基本学术品格。

我国新闻史学泰斗方汉奇先生的《中国近代报刊史》，是我国新闻史学界在20世纪80年代出版的重要新闻史学著作，公认是戈公振出版的《中国报学史》后"50年来第一部有影响的新闻史著作"。该书在坚实的文献史料基础上，第一次系统、全面、客观地叙述了中国近代（1815—1915）第一种中文（汉语）

报刊《察世俗每月统记传》创刊到以宣传"科学""民主"思想为主旨的《新青年》(第一卷为《青年杂志》) 于1915年创刊前的百年间（实际上叙述到五四运动爆发前的1918年底左右）中国报刊的发展历史，由于大量的第一手史料和丰富的信息，该书成为后来大多数研究者研究中国新闻史（尤其是这一阶段新闻史）的基本参考著作和主要原始信息来源。据说方先生在该书出版后也遇到一些"使人心烦的事情"，即在《中国近代报刊史》后面出版的一些新闻史著作中，不同程度地存在成段、成段乃至大段、大段"借用"《中国近代报刊史》中的史料甚至章节的现象，但作者"既没在书中加以说明或标注，也没有任何表示感谢"，"就像是他自己发现的一样"坦然自若。话语中透露出些许无奈和不平。这种情况对每一个人都是不应该的，尤其是对《中国近代报刊史》的作者方汉奇先生不公平的，从学术道德角度是应该"有愧"方先生的，在学术良心上"亏待"了方先生。别人劳动成果可以引用，后来的研究者也应该充分吸收别人新创造的研究成果以提高自己研究的起点，但同时必须强调应当予以"标明"并在适当的地方表示真诚感谢，这样才体现出对别人劳动成果的尊重。如果用了别人的研究成果而不加以"标注"或说明和感谢，这是有违起码的学术道德，也是有违起码的学术规范要求。

（四）不要低估本人

我们经常羡慕一些专家取得的成果，用什么"鸿篇巨制""皇皇巨著""精雕细刻"等美好的词语予以赞赏，这对于那些踏踏实实、勤勤恳恳治学几十年的专家学者是无可厚非的，但正如鲁迅先生所说过的只要在一个题目认真积累资料并实实在在地研究，大多数人都可以成为一个专门家。临渊羡鱼不如退而结网，只要认真踏实地努力，"你"也能成功！在学术研究方面取得成功的经验之一就是"打深井"。这是方汉奇先生数十年新闻治史经验的经典总结，也是被众多事实证明是行之有效的新闻治史规律之一。

"打深井"是一件说说容易做到难，做好更不容易的事情。因为"打深井"需要解决好三个基本问题，即在"什么地方"用"什么手段"打"什么井"。"什么地方打井"是指为准备进行长期持续的研究和探索所选择的领域、对象和主题。通俗说就是要选择"优质矿源地"，选择有优质和丰富产出的"地方"打井。选题应当有延展性，尽量避免打一枪换一个地方。"什么手段打井"是指采用什么研究方法和手段对选定的研究对象进行研究，或者说在什么理论指导下进行特定专题（人物、事件、媒介）的研究。对于新闻史研究而言，一方面可以引进新的理论、体系、方法或框架（但不可能"颠覆"或"重构"历史）；另一方面是不能背离历史唯物主义和辩证唯物主义的立场、观点和方法。"打成什么（样的）井"是指在选题确定后设计的研究成果的表现形式。学术成果的表现形式有多种多样，但不同样式的学术成果之社会功能不尽相同。假如说在"什么地方"用"什么手段"打"什么井"是解决"打深井"的基本问题，而"打井人"心态则是能否打成"深井"的根本问题。华中科技大学吴廷俊教授的新记《大公报》研究、中央民族大学白润生教授的少数民族新闻史研究、中国传媒大学赵玉明教授的中国广播（电视）史研究等，无一不是经过数年、十数年乃至数十年坚持不懈的学术积累和孜孜不倦的学术追求，生产出高水平的研究成果，成为各自的"研究品牌"，在新闻史学界独树一帜，成为同行公认的领军人物。

外人及后人大多只看到那些著名学者取得重要成果后得到社会各界尊重、受到学界同行赞赏、著作得奖、学生荣光等方面的"荣耀"，但很少注意到他们在生产成果过程中吃的苦、受的累、遇到的困难，遭受的白眼甚至登门不见的冷遇等"不很鲜亮"的境遇。大多数成功学者无一不是在困境中不停步，逆境中不改志，顺境中惜时如金，付出超出常人几倍、十几倍乃至几十倍的辛劳，才取得超出常人的成果。实践已经证明"所有努力都不会白费"。重视"原始"，讲究"亲见"，注重"手抄"，认真"比较"。不相信走捷径，不贪图省事，不灰心丧气。经得起挫折，受得住白眼，耐得住寂寞；充分自信和不改初志的定力。认准目标，心无旁骛，持之以恒，咬定青山，"每天挖山不已"，才能有希望"到达光辉的顶点"。

主要引用文献

（专著部分，按条目首字汉语拼音排序）

1. 艾红红，等．中华民国新闻史：第5卷［M］．新北：花木兰文化事业有限公司，2020.

2. 艾红红．民国时期的新闻广播业［M］．新北：花木兰文化事业有限公司，2020.

3. 澳门基金会，上海社会科学院．镜海丛报［M］．影印本．上海：上海社会科学院出版社，2000.

4. 澳门统计暨普查局．澳门统计年鉴：1999—2009［M］．澳门：澳门统计暨普查局，2000—2010.

5. 白润生．中国新闻通史纲要［M］．北京：新华出版社，1998.

6. 柏杨．中国历史年表［M］．海口：海南出版社，2006.

7. 《中国共产党历次党章汇编》编委会．中国共产党历次党章汇编：1921—2012［G］．北京：中国方正出版社，2012.

8. 蔡斐．重庆近代新闻传播史稿：1897—1949［M］．重庆：重庆出版社，2017.

9. 曾虚白．中国新闻史［M］．6版．台北：三民书局股份有限公司，1989.

10. 陈昌凤．中国新闻传播史：传媒社会学的视角［M］．2版．北京：清华大学出版社，2009.

11. 陈纪莹．胡政之与大公报［M］．香港：掌故月刊，1974.

12. 陈建云．中国当代新闻传播法制史论［M］．济南：山东人民出版社，2005.

13. 陈锡祺．孙中山年谱长编：上册［M］．北京：中华书局，1991.

14. 《辞海》编辑委员会．辞海［M］．6版缩印本．上海：上海辞书出版社，2010.

15. 丁淦林，等．中国新闻事业史新编［M］．成都：四川人民出版社，1998.

16. 丁淦林．中国新闻事业史：修订版［M］．北京：高等教育出版社，2007.

17. 丁淦林．中国新闻事业史［M］．北京：高等教育出版社，2005.

18. 方方．中国纪录片发展史［M］．北京：中国戏剧出版社，2003.

19. 方汉奇，等．《大公报》百年史［M］．北京：中国人民大学出版社，2004.

20. 方汉奇．中国新闻传播史［M］．北京：中国人民大学出版社，2002.

21. 方汉奇．中国新闻事业编年史：上［M］．福州：福建人民出版社，2000.

22. 方汉奇．中国新闻事业编年史：中［M］．福州：福建人民出版社，2000.

23. 方汉奇．中国新闻事业编年史：下［M］．福州：福建人民出版社，2000.

24. 方汉奇．中国新闻事业通史：第1—3卷［M］．北京：中国人民大学出版社，1992—1996.

25. 方汉奇．方汉奇文集［M］．汕头：汕头大学出版社，2003.

26. 方汉奇．中国近代报刊史［M］．太原：山西教育出版社，1981.

27. 方豪．英敛之先生日记遗稿［M］．台北：文海出版社，1974.

28. 方诗铭，方小芬．中国史历日和中西历日对照表［M］．上海：上海辞书出版社，1987.

29. 方晓红．中国新闻简史［M］．南京：南京师范大学出版社，2013.

30. 冯自由．革命逸史：上［M］．北京：金城出版社，2014

31. 冯自由．革命逸史：中［M］．北京：金城出版社，2014

32. 冯自由．革命逸史：下［M］．北京：金城出版社，2014

33. 凤凰卫视．从蒋经国到陈水扁：1987—2005台湾"政坛"风云录［M］．北京：中国友谊出版公司，2006.

34. 傅德华．于右任辛亥革命文集［M］．上海：复旦大学出版社，1986.

35. 傅林祥，郑宝恒．中国行政区划通史：中华民国卷［M］．上海：复旦大学出版社，2007.

36. 高维进．中国新闻纪录电影史［M］．北京：世界图书出版公司，2012.

37. 戈公振．中国报学史［M］．北京：中国新闻出版社，1985.

38. 戈公振．中国报学史［M］．上海：上海书店出版社，2013.

39. 韩丛耀. 民国时期的图像新闻业 [M]. 新北: 花木兰文化事业有限公司, 2020.

40. 韩信夫, 姜克夫. 中华民国大事记: 第1—5册 [M]. 北京: 中国文史出版社, 1997.

41. 胡绳. 中国共产党的七十年 [M]. 北京: 中共党史出版社, 1991.

42. 黄瑚. 中国近代新闻法制史论 [M]. 上海: 复旦大学出版社, 1999.

43. 黄瑚. 中国新闻事业发展史 [M]. 2版. 上海: 复旦大学出版社, 2009.

44. 黄天鹏. 新闻学刊全集 [M]. 上海: 光新书局, 1930.

45. 黄炎培. 《申报》最近之五十年: 第3编 [M]. 影印本. 上海: 上海书店, 1987.

46. 黄镇伟. 中国编辑出版史 [M]. 苏州: 苏州大学出版社, 2003.

47. 黄卓明. 中国古代报纸探源 [M]. 北京: 人民日报出版社, 1983.

48. 贾临清. 周恩来新闻实践研究: 1914—1949 [M]. 太原: 三晋出版社, 2012.

49. 经盛鸿. 南京沦陷八年史: 上 [M]. 北京: 社会科学文献出版社, 2005.

50. 经盛鸿. 南京沦陷八年史: 下 [M]. 北京: 社会科学文献出版社, 2005.

51. 邝云妙. 新闻写作教程 [M]. 广州: 广东教育出版社, 1986.

52. 李蓓蓓. 台港澳史稿 [M]. 上海: 华东师范大学出版社, 2003.

53. 李彬. 中国新闻社会史文选 [M]. 北京: 清华大学出版社, 2008.

54. 李彬. 唐代文明与新闻传播 [M]. 修订版. 北京: 中国人民大学出版社, 2014.

55. 李彬. 中国新闻社会史 [M]. 插图本. 北京: 清华大学出版社, 2008.

56. 李行健. 现代汉语规范词典 [M]. 北京: 外语教学与研究出版社, 2004.

57. 李杰琼. 半殖民主义语境中的"断裂"报格: 北方小型报先驱《实报》与报人管翼贤 [M]. 北京: 中国社会科学出版社, 2015.

58. 李景田. 中国共产党历史大辞典: 新民主主义革命时期 [M]. 北京: 中共中央党校出版社, 2011.

59. 李磊. 报人成舍我研究 [M]. 北京: 中国传媒大学出版社, 2011.

60. 李龙牧. 中国新闻事业史稿 [M]. 上海: 上海人民出版社, 1985.

61. 李漫. 元代传播考: 概貌、问题及限度 [M]. 北京: 北京大学出版社, 2013.

62. 刘继忠, 等. 中华民国新闻史: 第3卷 [M]. 新北: 花木兰文化事业有限公司, 2020.

63. 刘家林. 新中国新闻传播60年长编 (1949—2009): 上 [M]. 广州: 暨南大学出版社, 2010.

64. 刘家林. 新中国新闻传播60年长编 (1949—2009): 下 [M]. 广州: 暨南大学出版社, 2010.

65. 刘澜昌. 香港在"一国两制"下的新闻生态 [M]. 台北: 秀威资讯科技股份公司, 2008.

66. 刘少文. 1872—2008: 中国的媒介嬗变与日常生活 [M]. 北京: 中国社会科学出版社, 2010.

67. 刘寿林, 等. 民国职官年表 [M]. 北京: 中华书局, 1995.

68. 刘习良. 中国电视史 [M]. 北京: 中国广播电视出版社, 2007.

69. 刘亚, 等. 中华民国新闻史: 第4卷 [M]. 新北: 花木兰文化事业有限公司, 2020.

70. 刘亚. 民国时期的军队新闻业 [M]. 新北: 花木兰文化事业有限公司, 2020.

71. 马光仁. 上海当代新闻史 [M]. 上海: 复旦大学出版社, 2001.

72. 马光仁. 上海新闻史: 1850—1949 [M]. 上海: 复旦大学出版社, 1996.

73. 马艺, 等. 天津新闻史 [M]. 天津: 天津人民出版社, 2015.

74. 毛泽东. 毛泽东新闻工作文选 [M]. 北京: 新华出版社, 2014.

75. 毛泽东. 毛泽东选集: 第1—4卷 [M]. 北京: 人民出版社, 1991.

76. 茅家琦, 等. 中国国民党史: 上册 [M]. 厦门: 鹭江出版社, 2005.

77. 茅家琦, 等. 中国国民党史: 下册 [M]. 厦门: 鹭江出版社, 2005.

78. 孟庆琦, 董献仓. 影响近代中国的不平等条约 [M]. 北京: 中国人事出版社, 2012.

79. 倪延年. 中国新闻法制通史·第5卷·史料卷 (下) [M]. 南京: 南京师范大学出版社, 2015.

80. 倪延年. 知识传播学 [M]. 南京: 南京师范大学出版社, 1999.

81. 倪延年. 中国古代报刊发展史 [M]. 南京: 东南大学出版社, 2001.

82. 倪延年. 中国新闻法制史 [M]. 南京: 南京师范大学出版社, 2013.

83. 彭永祥. 中国画报画刊: 1872—1949 [M]. 北京: 中国摄影出版社,

2015.

84. 钱承军．建国前中国共产党报刊研究［M］．北京：中国文联出版社，2009．

85. 邱远猷，张希坡．中华民国开国法制史：辛亥革命法律制度研究［M］．北京：首都师范大学出版社，1997．

86. 全国人民代表大会．中华人民共和国香港特别行政区基本法［M］．北京：法律出版社，1997．

87. 上海市档案馆，等．旧中国的上海广播事业［M］．北京：中国广播电视出版社，1985．

88. 上海图书馆．近代中文第一报《申报》［M］．上海：上海科学技术文献出版社，2013．

89. 邵飘萍．实际应用新闻学［M］．北京：京报馆，1923．

90. 史和，等．中国近代报刊名录［M］．福州：福建人民出版社，1991．

91. 史媛媛．清代前中期新闻传播史［M］．福州：福建人民出版社，2008．

92. 宋守山．传媒三十年［M］．广州：南方日报出版社，2009．

93. 孙樵．经纬集：1—3卷［M］．影印本．上海：上海古籍出版社，1979．

94. 孙中山．孙中山全集：第1—3卷［M］．北京：中华书局，1982．

95. 童兵，陈绚．新闻传播学大辞典［M］．北京：中国大百科全书出版社，2014．

96. 万京华，等．民国时期的新闻通讯业［M］．新北：花木兰文化实业有限公司，2020．

97. 王凤超．中国报刊史话［M］．北京：商务印书馆，1991．

98. 王继先．坚守与徘徊：新闻人马星野研究［M］．南京：南京师范大学出版社，2018．

99. 王培英．中国宪法文献通编［G］．修订版．北京：中国民主法制出版社，2007．

100. 王润泽，等．中华民国新闻史：第2卷［M］．新北：花木兰文化事业公司，2020．

101. 王润泽．中国新闻传播史新编［M］．2版．北京：中国人民大学出版社，2020．

102. 王润泽．中国新闻媒介史：1949年前［M］．北京：北京大学出版社，2011．

103. 王天滨. 台湾新闻传播史 [M]. 台北：亚太图书出版社，2002.

104. 王玮琦. 中华革命党之研究 [M]. 台北：正中书局，1979.

105. 王文科，张扣林. 浙江新闻史 [M]. 杭州：浙江大学出版社，2010.

106. 王芝琛，刘自立. 1949年以前的大公报 [M]. 济南：山东画报出版社，2002.

107. 魏特琳. 魏特琳日记 [M]. 南京：江苏人民出版社，2000.

108. 翁翠萍. 1924：中央社，一部中华民国新闻传播史 [M]. 台北："中央通讯社"，2011.

109. 吴廷俊. 中国新闻传播史：1978—2008 [M]. 上海：复旦大学出版社，2011.

110. 吴廷俊. 考问新闻史 [M]. 上海：复旦大学出版社，2013.

111. 吴廷俊. 新记《大公报》史稿 [M]. 武汉：武汉出版社，2002.

112. 吴廷俊. 中国新闻史新修 [M]. 上海：复旦大学出版社，2008.

113. 吴筑清，张岱. 中国电影的丰碑：延安电影团的故事 [M]. 北京：中国人民大学出版社，2008.

114. 郝卫东. 解放前红色报刊发刊词：从《新青年》到《人民日报》原貌重现 [M]. 北京：中央编译出版社，2011.

115. 香港特别行政区政府统计处. 香港统计年刊（2010年版）[J]. 香港统计年刊，2010（1）431.

116. 新华通讯社史编写组. 新华通讯社史：第1卷 [M]. 北京：新华出版社，2020.

117. 徐新平. 中国新闻伦理思想的演进 [M]. 北京：北京大学出版社，2019.

118. 徐友春. 民国人物大词典 [M]. 石家庄：河北人民出版社，1991.

119. 徐载平，徐瑞芳. 清末四十年申报史料 [M]. 北京：新华出版社，1988.

120. 徐中舒. 左传选 [M]. 北京：中华书局，1963.

121. 徐中约. 中国近代史：1600—2000 中国的奋斗 [M]. 北京：世界图书出版公司，2013.

122. 杨光辉，等. 中国近代报刊发展概况 [M]. 北京：新华出版社，1986.

123. 杨天石. 帝制的终结 [M]. 长沙：岳麓书社，2013.

124. 杨雪梅. 陈铭德、邓季惺与《新民报》[M]. 北京：中华书局，2008.

125. 姚福申. 中国编辑史 [M]. 修订本. 上海：复旦大学出版社，2004.

126. 尹韵公. 中国明代新闻传播史 [M] 重庆：重庆出版社，1990.

127. 俞凡. 新记《大公报》再研究 [M]. 北京：中国社会科学出版社，2016.

128. 张功臣. 外国记者与近代中国：1840—1949 [M]. 北京：新华出版社，1999.

129. 张晋藩. 中国法制史 [M]. 北京：中国政法大学出版社，1999.

130. 张宪文，等. 中华民国史大辞典 [M]. 南京：江苏古籍出版社，2002.

131. 张宪文，等. 中华民国史：第1—4卷 [M]. 南京：南京大学出版社，2005.

132. 张晓锋. 中国新闻法制通史·第4卷·港澳台卷 [M]. 南京：南京师范大学出版社，2015.

133. 章开沅. 天理难容：美国传教士眼中的南京大屠杀：1937—1938 [M]. 南京：南京大学出版社，1999.

134. 经盛鸿. 南京沦陷八年史：上册 [M]. 北京：社会科学文献出版社，2005

135. 经盛鸿. 南京沦陷八年史：下册 [M]. 北京：社会科学文献出版社，2005.

136. 赵永华. 在华俄文新闻传播活动史：1898—1956 [M]. 北京：中国人民大学出版社，2006.

137. 赵玉明，艾红红. 中国广播电视史教程 [M]. 北京：中国广播电视出版社，2018.

138. 赵玉明. 中国广播电视通史 [M]. 新1版. 北京：中国广播电视出版社，2014.

139. 赵玉明. 中国广播电视通史 [M]. 北京：北京广播学院出版社，2004.

140. 赵振祥. 唐前新闻传播史论 [M]. 北京：中国文联出版社，2002.

141. 郑贞铭. 20世纪中国新闻学与传播学：台湾新闻传播事业卷 [M]. 上海：复旦大学出版社，2005.

142. 中共中央党史研究室. 中华人民共和国大事记：1949—2009 [M]. 北京：人民出版社，2009.

143. 中共中央党史研究室. 中国共产党的七十年 [M]. 北京：中共党史

出版社，1991.

144. 中共中央党史研究室．中国共产党的九十年［M］．北京：中共党史出版社，2016.

145. 中共中央党史研究室．中国共产党历史：第1卷（1921—1978）［M］．北京：中共党史出版社，2011.

146. 中共中央党史研究室．中国共产党历史：第2卷（1921—1978）［M］．北京：中共党史出版社，2011.

147. 中共中央台湾工作办公室 国务院台湾事务办公室．中国台湾问题：干部读本［M］．北京：九州出版社，1998.

148. 中国第二历史档案馆．中国国民党中央执行委员会常务委员会议录：第5册［M］．桂林：广西师范大学出版社，1999.

149. 中国第二历史档案馆．中华民国史档案资料汇编：第1/2辑［G］．南京：凤凰出版社，1991.

150. 中国社会科学院新闻研究所 中国新闻学联合会．中国新闻年鉴：1988［M］．北京：中国社会科学出版社，1989.

151. 中国社会科学院新闻研究所．中国共产党新闻工作文件汇编：上［G］．北京：新华出版社，1980.

152. 中国社会科学院新闻研究所．中国共产党新闻工作文件汇编：中［G］．北京：新华出版社，1980.

153. 中国社会科学院新闻研究所．中国共产党新闻工作文件汇编：下［G］．北京：新华出版社，1980.

154. 中国新闻史学会新闻传播教育史研究委员会．中国新闻传播教育年鉴：2017［M］．武汉：武汉大学出版社，2017.

155. 中国新闻史学会新闻传播教育史研究委员会．中国新闻传播教育年鉴：2020［M］．武汉：武汉大学出版社，2020.

156. 周佳荣．近代日人在华报业活动［M］．长沙：岳麓书社，2012.

157. 朱传誉．宋代新闻史［M］．台北：商务印书馆，1967.

158. 朱传誉．先秦唐宋明清传播事业论集［M］．台北：商务印书馆，1988.

159. 朱东润．中国历代文学作品选：上编［M］．上海：上海古籍出版社，1979.

160. 朱汉国，杨群．中华民国史：第1册［M］．成都：四川人民出版社，2006.

后 记

本书是在给博士生讲授"中国新闻史专题研究"的讲稿基础上整理充实而成的。笔者于 2007 年获得南京师范大学新闻学博士研究生导师资格，2008 年 9 月指导新闻史论方向博士研究生，始给新闻学博士研究生讲授"中国新闻史专题研究"课程。至今已十年有余了。

一

中国新闻史专题研究作为新闻学博士教育的专业必选课，对课程性质、教法、学法及目标的定位：首先是基础专业课程。由于新闻学博士研究生的专业背景不尽相同，其中一些学生甚至缺乏基础的中国新闻史知识。"中国新闻史专题研究"就是通过提纲挈领的讲授和学生阅读讨论，补充中国新闻史有关的基础知识。其次是宏观概论课程。给新闻学博士研究生讲授"中国新闻史专题研究"，不是给学生讲授系统全面的基础知识，只是在有限的教学课时中给学生关于中国新闻史的"宏观印象"。即让那些在本科或硕士阶段没有接受过系统中国新闻史课程学习的博士研究生了解"中国新闻史"整体的、大概的情况以建立纲要式知识框架。诸如中国新闻事业发展与特定时代社会环境的相互关系，中国官办新闻媒介的起源、发展历程及内在规律，民营新闻媒介的起源、发展及内在规律，新兴新闻媒介的起源、发展及内在规律，中国新闻人群体的形成、演变及其时代特征；重要新闻史事件的社会环境、经过、发展及结果及其社会环境特征；以及中国新闻管理体制的起源和发展沿革等"宏观性"知识。以使那些跨学科攻读新闻学博士学位的研究生，具备基本的中国新闻史知识，形成比较合理的专业知识结构。最后是一门方法技能课。给新闻学博士研究生讲授"中国新闻史专题研究"课程的目的主要是为了通过该门课程的讲授和训练，提高学生研究中国新闻史的基本技能。

为此，本课程采取以研究专题方式组织讲课内容。从不同侧面向学生展示中国新闻史，以求给学生研究思路或路径方面的启迪；专门设置中国新闻史研究史料专题,向学生传授中国新闻史研究史料的含义、分布、检索思路及鉴别利用的基本技能;采用教师专题讲授、学生专题读书、小组专题交流、教师专题评点以及学生提交专题论文的教学方法,培养学生选择专题、确定专题和研究专题的技能。应该说收到了预期的效果。

开设"中国新闻史专题研究"课的指导思想主要是:(1)以学生为主体,教师为主导,重点在学生为主体上。教师的专题讲授主要起引导和示范作用。教师提出专题读书和专题讨论要求。在特定专题范围内,学生选择读哪种书,确定什么主题参加讨论,讨论形式及次序,讨论的组织、同学的质疑或反诘,及课程论文选题和论文撰写等,均由学生组织或决定。教师负责答疑和专业指导。在教学时间安排方面,预留三至四周作为专题研究实践时间,以使学生有充分时间进行专题研究尝试实践讲授内容,提高实际技能。(2)以实用技能为目标,理论思考为辅助,实用技能和理论思考兼顾。博士阶段教育是新闻专业人才培养体系中最高层次的专业教育。学生在完成博士学业后即应成为具有独立研究的专业人才。优秀的博士学位获得者应具有学科研究和创新的能力。在"研究性素养"中,理论思维能力无疑是最重要的能力。因而在向学生讲授中国新闻史基本知识的同时,注重培养学生独立思考和辨析能力。(3)以存量知识讲授为基础,以引导探索未知为目标。作为博士研究生,未来主要是进行研究性工作或工作性研究,科学创新和学科创新是社会对他们期待的基本要求。本课程不但要使学生了解中国新闻史上有什么,而且要启发学生思考中国新闻史上为什么会有这些,引导学生研究中国新闻业各阶段发展与社会环境间有什么特定关系,研究中国新闻史上的新闻媒介、新闻事件及新闻史人物与社会环境、社会潮流、社会矛盾及科学技术、经济发展乃至军事、外交、教育、宗教、民族等社会因素间的互动关系。注重从知识层面向技能层面提升,从技能层面向理论研究层面跨越。

二

对于中国新闻史著作的内容结构,一直在探索和尝试中。在20世纪90年代初和好友吴强合作完成的《中国现代报刊发展史》(1994年南京大学出版社),基本沿用了学术界通行的按照中国革命发展阶段组织本书内容,全书除第一章"中国现代报刊发展的起源和社会背景"外,由"五四运动""中国共产党诞生""大革命时期""十年内战时期""抗日烽火中"和"解放战争时期"等六章组成。后来的《中国古代报刊发展史》(2002年东南大学出版社),全书由"起源和萌芽""秦汉""魏晋隋唐""五代及宋朝""元代及明朝""清初之清中叶"和"清中叶至清末"等七章组成。实际上把数千年中国报刊史做了完整的梳理，成为一列历时数千年从东周末年到民国结束的完整"列车"。

进入21世纪，为体现台湾地区和已回归的香港、澳门地区都是"中国不可分割领土一部分"的思想，在写《中国报刊法制发展史》（2010—2012年南京师范大学出版社）时，采取模拟"长征"系列火箭的"捆绑式结构"。《中国报刊法制发展史》（古代卷、现代卷、当代卷及史料卷）从有文献记载的源头叙述远古时代报刊法制的起源及萌芽，然后依次叙述各朝代报刊法制，一直叙述到20世纪末，形成从古到今的主线发展进程；把曾是英国殖民地的香港地区、曾被葡萄牙"永驻管理"的澳门地区及曾被日本割占且因国共内战至今尚未和祖国统一的台湾地区的有关内容，另写成《中国报刊法制发展史》（港澳台卷，上下）。2007年的国家社科基金重点项目"中国新闻法制史"（07AXW001）最终成果《中国新闻法制通史》，成果主体《中国新闻法制通史》由古代卷、近代卷、当代卷和台港澳卷，仍属于"捆绑式结构"。另两卷是"史料卷上下"和"年表索引"。

2013年组织团队参加国家社科基金重大项目"中华民国新闻史"竞标，在编制投标书过程中，研究成果设计了《中华民国新闻史》（5卷），意在从纵向角度再现和叙述自孙中山在南京领导创建"中华民国临时政府"至蒋介石国民党主导的"民国南京政府"被人民解放军"占领"，中华人民共和国中央人民政府在北京宣告成立前的"民国时期新闻业"发展历程，第一卷正文前有涵盖全书五卷的"本书绪论"；同时设计一套10个专题的"民国新闻专题史研究丛书"。假如把《中华民国新闻史》正文前"总论民国新闻史研究的基础性理论问题"的"绪论"视作"亭脊"，把近40年的中华民国时期新闻史划分成"民国创建前后及袁世凯时期""民国北京政府时期""民国南京政府前期""民国南京政府中期"和"民国南京政府后期"共五个阶段予以叙述的5卷本《中华民国新闻史》视为"亭顶"，那么《民国新闻史专题研究丛书》（包括10个专题分册）倒是有点像"亭柱"了。但一是"凉亭"还缺少"亭基"，二是当时没有形成这一构想，所以还谈不上建构"凉亭结构模式"，因此在本书"绪论"中归为"顶柱结构模式"

自2008年讲授"中国新闻史专题研究"课程开始，最早包括新闻事业起源、新闻史发展阶段、官办报刊和民办报刊。尔后增加新闻史料分布和检索，新闻史研究基本问题及新兴媒介等内容。这次把"官办报刊""民办报刊"和"新兴媒体"合为"中国新闻媒介史"，增加新闻活动史、新闻人群体史、新闻史事件史、新闻管理体制史。调整叙述次序，形成以"研究对象、目标、功能、方法"等叙述内容为"亭脊";以"阶段划分及阶段特征"等叙述内容为"亭项";以新闻活动史、新闻人史、新闻媒介史、新闻史事件史、新闻管理体制史等内容为"亭柱"和以新闻史料分布、检索和辨析为"亭基"的"凉亭结构模式"。

三

2012年7月19日,省委组织部来校宣布领导班子调整决定,本人由于年龄原因和另外三位领导班子成员退出领导岗位,开始"全职教授"生活。11月获准立项江苏省社会科学基金重点项目"民国新闻史研究(1895—1949)"(编号:12TQA001)。2013年6月17日申请获准立项国家社科基金重点项目"中华民国新闻史研究"(编号:13AXW003)。鉴于国家社科规划办公室在公布《2013年度国家社科基金年度项目和青年项目立项结果》的通知中规定"在今年国家社科基金立项的课题中,部分项目存在与教育部及其他省部级在研项目内容相同或相近的情况,对这类课题我办现规定:不得以同一成果申请结项,否则一经发现并查实一律按撤项处理"。为此,本人于2013年7月2日向"江苏省哲学社会科学规划办公室"提交了《关于"民国新闻史研究"项目的研究工作进展暨申请撤销该项目的报告》。7月19日赴黑龙江大学参加第八届世界华文传媒与华夏文明国际学术研讨会,会议期间即诚邀多位专家组织国家重点项目研究团队。在从机场回家的出租车上收到时任分管学院科研的张晓锋副院长的手机短信息,告知推荐的"中华民国新闻史"项目已列入国家社科基金招标项目指南,建议及早撰写投标书。8月5日—20日陪夫人在中山疗养院疗养期间完成了重大项目投标书初稿。江苏省哲学社会科学规划办公室于2013年8月15日下发《关于同意撤销倪延年同志主持的省社科基金项目的函》称:"根据全国规划办的相关规定,因倪延年同志本人申请,我办研究决定同意撤销该省项目,已拨经费不再追回。"2013年10月3—5日,在南京举行了国家社科基金重点项目"中华民国新闻史研究"工作会议。参加这次会议的成员基本上是后来国家重大项目的子课题负责人或特约研究专题负责人。11月22日参加竞标的国家社科基金重大项目《中华民国新闻史》中标立项,由此正式进入国家社科基金重大项目"中华民国新闻史"研究阶段。

2014年5月7—9日项目秘书处承办的中国新闻史学会和南京师范大学联合主办的"首届民国新闻史高层学术论坛"在南京师范大学举行,会议论文集《民国新闻史2014》同时出版。2014年5月8日举行国家社科基金重大项目"中华民国新闻史"开题报告会、项目组第一次工作会议、南京师范大学民国新闻史研究所揭牌和第一批特约研究员聘任仪式。2015年11月6—7日，第二届民国新闻史高层学术论坛在南京举行，同时出版会议论文集《民国新闻史研究2015》，同时举行了项目组第二次工作会议暨编纂委员会第一次会议；2016年8月20—24日在湖南师范大学举行项目组第三次工作会议暨编纂委员会第二次会议；11月12—13日，第三届民国新闻史高层论坛在南京举行并同时出版《民国新闻史研究2016》；2017年8月10—14日在安徽黄山学院举行项目组第四次工作会议暨编纂委员会第三次会议；2018年8月15—20日在天津师范大学举行项目组第五次工作会议暨编纂委员会第四次会议；2018年10月2—5日在扬州大学举行"国家社科基金重大项目中华民国新闻史集体统稿会议"。2019年5月通过全国社科办公室委托江苏省社科办公室组织的结项验收专家鉴定。2019年5月21日和人民出版社达成出版简体字版"合作意向书"。2019年9月30日和台湾花木兰文化事业有限公司签署出版繁体字版《授权出版同意书》，历经三改三校，2021年1月12日收到了样书。从2011年在《安徽大学学报》上发表《论民国新闻史研究的意义、体系和实施原则》一文到收到《中华民国新闻史》（5卷10册）和《民国新闻专题史研究丛书》（10种12册）繁体字版样书，整整十年了。

在这10年中，2007年承担的国家社科基金重点项目"中国新闻法制发展史"于2012年完成并获准结项，2014年1月申请获得国家出版基金资助后于2015年12月由南京师范大学出版社出版《中国新闻法制通史》（6卷8册）。2016年11月获得江苏省社科一等奖（2020年12月获教育部普通高校科学研究优秀成果二等奖）。2018年10月，指导的4位博士生的学位论文修改后的系列专著《南京师范大学民国新闻史研究所丛书第一辑：新闻史人物研究系列》由南京师范大学出版社出版，收录了关梅的《报人与专家：新闻人胡道静研究》、曹爱民的《记者与学者：新闻人黄天鹏研究》、钱珺的《幽默与抗争：新闻人林语堂研究》和王继先的《坚守与徘徊：新闻人马星野研究》。2020年9月第一本研究民国新闻史的个人文集《民国新闻史论稿》由澳大利亚荷马出版社出版，2021年1月20日与南京师范大学出版社签订《南京师范大学民国新闻史研究所丛书第二辑：新闻史人物研究系列》的出版合同，计划收录张朋研究陈独秀、张勇丽研究英敛之、周洴研究范长江和张炳旭研究任白涛的著作；原为"备胎"的《中国近代新闻国际交流史》则由学院资助、中国传媒大学出版社于2021年3月正式出版。

四

在研究新闻史及指导新闻史论方向博士生的过程中，我得到诸多学术大家和同行好友的支持与指导。尤其清楚地记得，2008年年底和我指导的第一个博士研究生刘泱育专程拜访"新闻史学泰斗"方汉奇先生。当我向方先生汇报没有读过博士对指导博士生内心惶恐和忐忑不安时，方先生说，"第一个博士肯定不是博士指导的"，予我以鼓舞。正是在尊敬的方先生、丁淦林先生、赵玉明先生、吴廷俊先生和白润生先生等老一辈学者和尹韵公、程曼丽、李彬、黄旦、黄瑚等教授的关心支持和鼓励下，在11年中既是壮着胆子又战战兢兢地招收并指导培养毕业了10个博士生，自2008年9月开始给新闻学博士生讲授《中国新闻史专题研究》课程。正是得到上述前辈和学者的鼓励和支持，我才有少许胆量指导博士研究生，进而给博士生讲课，才可能有了这本在讲稿基础上完善的拙作，在此发自内心地表示感谢。当然在一切的努力中，夫人程光熙女士无微不至的关心照顾和亲爱女儿一家的浓浓亲情，更是我须臾不能缺少的精神支柱——该书第一稿就是在澳洲女儿家完成的。发自内心地感谢感恩夫人和女儿一家的亲情关怀。

倪延年

二〇二〇年六月五日初稿于澳大利亚悉尼爱女家

二〇二一年五月十日定稿于南京寓所